ACCESO GRATIS a la Lectura en la Nube

Para visualizar el libro electrónico en la nube de lectura envíe junto a su nombre y apellidos una fotografía del código de barras situado en la contraportada del libro y otra del ticket de compra a la dirección:

ebooktirant@tirant.com

En un máximo de 72 horas laborables le enviaremos el código de acceso con sus instrucciones.

La visualización del libro en **NUBE DE LECTURA** excluye los usos bibliotecarios y públicos que puedan poner el archivo electrónico a disposición de unacomunidad de lectores. Se permite tan solo un uso individual y privado.

LA DESHEREDACIÓN

LA DESHEREDACIÓN

Manuel Ángel Gómez Valenzuela
Profesor de Derecho Civil de la Universidad de Cádiz

tirant lo blanch
Valencia, 2025

La aceptación de la presente obra ha tenido en consideración la evaluación y calificación otorgada por los expertos componentes del tribunal calificador de la tesis doctoral en la que se basa, cumpliendo con el criterio correspondiente de los revisores externos y ofreciendo la calidad debida a la presente edición.

"Esta obra ha sido financiada por la Universidad de Cádiz y por la Fundación Campus Tecnológico de Algeciras"

EDITA: TIRANT LO BLANCH
C/ Artes Gráficas, 14 - 46010 - Valencia
TELFS.: 96/361 00 48 - 50
FAX: 96/369 41 51
Email: tlb@tirant.com
www.tirant.com
Librería virtual: www.tirant.es
DEPÓSITO LEGAL: V-2612-2025
ISBN: 979-13-7010-326-2

Si tiene alguna queja o sugerencia, envíenos un mail a: *atencioncliente@tirant.com*. En caso de no ser atendida su sugerencia, por favor, lea en *www.tirant.net/index.php/empresa/politicas-de-empresa* nuestro procedimiento de quejas.

Responsabilidad Social Corporativa: http://www.tirant.net/Docs/RSCTirant.pdf

"Quizás anhelaba el espíritu de la ley y no la letra"
(John Ford, Judge Priest, 1934)

Índice

Capítulo IV.

Capítulo V.

Abreviaturas

A: auto
AA. VV: Autores varios
AP: Audiencia Provincial
AAP: Auto de la Audiencia Provincial
art: artículo
arts: artículos
ATS: Auto del Tribunal Supremo
AATS: Autos del Tribunal Supremo
BOE: Boletín Oficial del Estado
CCCat: Código Civil de Cataluña
CC: Código Civil
CDCIB: Decreto Legislativo 79/1990, de 6 de septiembre, por el que se aprueba el texto refundido de la compilación del derecho civil de las Islas Baleares
CDFA: Decreto Legislativo 1/2011, de 22 de marzo, del Gobierno de Aragón, por el que se aprueba, con el título de «Código del Derecho Foral de Aragón, el Texto Refundido de las Leyes civiles aragonesas
CDFUE: Carta de los Derechos Fundamentales de la Unión Europea
CE: Constitución Española
CEDH: Convenio para la Protección de los Derechos Humanos y de las Libertades Fundamentales, hecho en Roma el 4 de noviembre de 1950
CDPD: Convención Internacional de las Naciones Unidas sobre los derechos de las personas con discapacidad, hecha en Nueva York en 2006
cfr.: confróntese

DGRN: Dirección General de los Registros y del Notariado

DGSJFP: Dirección General de Seguridad Jurídica y Fe Pública

etc: etcétera

Ley 11/1981: Ley 11/1981: Ley 11/1981, de 13 de mayo, de modificación del Código Civil en materia de filiación, patria potestad y régimen económico

Ley 30/1981: Ley 30/1981: Ley 30/1981, de 7 de julio, por la que se modifica la regulación del matrimonio en el Código Civil y se determina el procedimiento a seguir en las causas de nulidad, separación y divorcio

Ley 13/1983: Ley 13/1983, de 24 de octubre, de Reforma del Código Civil en materia de tutela

Ley 30/1991: Ley 30/1991, de 20 de diciembre, de modificación del Código Civil en materia de testamentos

Ley 41/2003: Ley 41/2003, de 18 de noviembre, de protección patrimonial de las personas con discapacidad y de modificación del Código Civil, de la Ley de Enjuiciamiento Civil y de la Normativa Tributaria con esta finalidad

Ley 15/2005: Ley 15/2005, de 8 de julio, por la que se modifican el Código Civil y la Ley de Enjuiciamiento Civil en materia de separación y divorcio

Ley 10/2008: Ley 10/2008, de 19 de julio, del libro cuarto del Código Civil de Cataluña, relativo a las sucesiones

LAPCD: Ley 8/2021, de 2 de junio, por la que se reforma la legislación civil y procesal para el apoyo a las personas con discapacidad en el ejercicio de su capacidad jurídica

LEC: Ley de Enjuiciamiento Civil

LDCG: Ley 2/2006, de 14 de junio, de derecho civil de Galicia

LDCV: Ley 5/2015, de 25 de junio, de Derecho Civil Vasco

LH: Ley Hipotecaria

LJV: Ley 15/2015, de 2 de julio, de la Jurisdicción Voluntaria

LN: Ley del Notariado

LOPJM: Ley Orgánica 1/1996, de 15 de enero, de Protección Jurídica del menor

LORPM: Ley Orgánica 5/2000, de 12 de enero, reguladora de la responsabilidad penal de los menores

LTRHA: Ley 14/2006, de 26 de mayo, sobre técnicas de reproducción humana asistida

núm: número

op.: en la obra citada

p.: página

pp.: páginas

R: resolución

RR: resoluciones

R. 650/2012: Reglamento nº 650/2012, del Parlamento Europeo y del Consejo, de 4 de julio de 2012, relativo a la competencia, la ley aplicable, el reconocimiento y la ejecución de las resoluciones, a la aceptación y la ejecución de los documentos públicos en materia de sucesiones mortis causa y a la creación de un certificado sucesorio europeo

RDGRN: Resolución de la Dirección General de los Registros y del Notariado

RRDGRN: Resoluciones de la Dirección General de los Registros y del Notariado

RDGSJFP: Resolución de la Dirección General de Seguridad Jurídica y Fe Pública

RRDGSJFP: Resoluciones de la Dirección General de Seguridad Jurídica y Fe Pública

RN: Reglamento del Notariado

SAP: Sentencia de la Audiencia Provincial

S: sentencia
SS: sentencias
ss: siguientes
SJPI: Sentencia del Juzgado de Primera Instancia
STS: Sentencia del Tribunal Supremo
STC: Sentencia del Tribunal Constitucional
STJUE: Sentencia del Tribunal de Justicia de la Unión Europea
STJCE: Sentencia del Tribunal de Justicia de la Comunidad Económica Europea
TEDH: Tribunal Europeo de Derechos Humanos
TC: Tribunal Constitucional
TJUE: Tribunal de Justicia de la Unión Europea
TJCE: Tribunal de Justicia de la Comunidad Económica Europea
TOL: repertorio de la base de datos de Tirant lo Blanch
TRLGCU: Real Decreto Legislativo 1/2007, de 16 de noviembre, por el que se aprueba el texto refundido de la Ley General para la Defensa de los Consumidores y Usuarios y otras leyes complementarias
TS: Tribunal Supremo
vid: véase
vol: volumen

Agradecimientos

A mi maestra la Profesora Blandino Garrido, por todo el cariño, dedicación y magisterio que me ha brindado durante estos años.

A mi maestro el profesor Barba, por sus valiosas aportaciones y consejos.

Prólogo

A primera vista, pudiera parecer que el tema objeto de esta obra, la secular institución de la desheredación, se encuentra agotado y que es difícil innovar o aportar alguna idea sugerente en el inamovible posicionamiento doctrinal y jurisprudencial sobre el carácter sancionador y excepcional de la desheredación y la consiguiente necesidad de interpretar de forma restrictiva, desterrando el recurso a la analogía, las causas que permiten privar de la legítima. Curiosamente, como es sabido, esta doctrina, que se viene incorporando, como un mantra, a la fundamentación de las resoluciones de nuestros tribunales, no supuso un impedimento para que el Tribunal Supremo admitiera, más allá del tenor de las causas de desheredación de nuestro vetusto Código Civil, que el maltrato psicológico se integra en el maltrato de obra y se erige en un motivo para desheredar válidamente al descendiente. El artilugio empleado, de sobras conocido, fue considerar que la proscripción de la analogía y de la interpretación extensiva de las causas de desheredación, «no significa que la interpretación o valoración de la concreta causa, previamente admitida por la ley, deba ser expresada con un criterio rígido o sumamente restrictivo». Sin duda, la realidad se imponía y nuestro Alto Tribunal pretendió con esta pionera decisión —tantas veces confirmada ante la profusión de demandas impugnatorias de desheredaciones— ofrecer una solución a las pretensiones de aquellos progenitores que se habían sentido «abandonados», especialmente en los años finales de la vida, situación que parece que la pandemia vino a intensificar. Esta realidad a la que ha tenido que hacer frente el Tribunal Supremo no ha sido tomada en consideración por nuestro legislador, que sigue sin acometer una reforma en profundidad del Derecho sucesorio y, en especial, del cuestionado sistema legitimario codificado.

Es ingente la producción científica que desde la codificación hasta nuestros días se ha adentrado en el estudio del binomio legítima-desheredación, interés que los recientes pronunciamientos jurisprudenciales sobre la interpretación de las causas desheredativas no ha hecho sino avivar. Sin arredrarse por ello, el autor ha dedicado tiempo y esfuerzo a la elaboración de este tratado sobre la desheredación. Con trabajo intenso, constante y riguroso, al igual que creativo, ha logrado presentar un estudio que, sin caer en la reiteración de consabidos planteamientos, ofrece una minuciosa respuesta a los numerosos interrogantes que suscita la figura de la desheredación en nuestros días. En efecto, a poco que el lector se adentre en la lectura de este libro podrá comprobar que la profundización en el estudio de las instituciones, con una perspectiva histórica, teleológica y comparada, permite realizar fundadas aportaciones que dan un giro a criterios que supuestamente eran sagrados, pero que no ofrecían una adecuada respuesta a la realidad vivida. Este es uno de los valores esenciales del trabajo que presentamos: el novedoso y al mismo tiempo, riguroso y sólido planteamiento que desgrana respecto de la multiplicidad de cuestiones que suscita la figura de la desheredación sucesoria.

Para lograr este objetivo, el autor ha estructurado su estudio en cinco capítulos, cada uno de los cuales aborda un aspecto clave de la desheredación. Desde su arquitectura y fundamentos hasta su capacidad, efectos y causas, la tesis no solo examina la evolución histórica de la institución y los problemas que plantea en la actualidad, sino que también analiza su interrelación con otros mecanismos sucesorios y su impacto en la práctica jurídica. A lo largo del análisis, se identifican inconsistencias normativas y se proponen reformas encaminadas a dotar de mayor coherencia al sistema sucesorio, atendiendo tanto a las exigencias de la seguridad jurídica como a la necesidad de adaptar la regulación de la desheredación a las nuevas realidades sociales y familiares.

La libertad de testar —en cuanto manifestación del reconocimiento de la dignidad personal y del libre desarrollo de la personalidad— y el principio de la solidaridad familiar —entendido de manera bidireccional o recíproca— son los dos faros que alumbran la argumentación y el desarrollo de la obra, en un análisis iluminado de una coherencia que no se abandona a la hora de tomar postura ante los complicados conflictos que suscita la decisión del causante de privar de la legítima. El autor parte en su análisis, como el mismo declara, «de la tenencia de unas cartas determinadas en el tablero sucesorio, y que la legítima, por suerte o desgracia, existe».

En el primer capítulo, el autor sienta las bases del estudio analizando el concepto y la naturaleza jurídica de la desheredación. Uno de los puntos más innovadores es su propuesta de eliminar el carácter estrictamente sancionador de esta figura, alejándola de su tradicional función punitiva y acercándola a un ejercicio más amplio de la libertad de testar. Se abordan cuestiones esenciales como la desheredación parcial y condicional, así como otras figuras afines como la indignidad y la exclusión testamentaria. También se profundiza en los requisitos formales, la expresión de causa en el testamento y los problemas probatorios que pueden surgir en la impugnación de una desheredación injusta. A través de este enfoque, se pretende ofrecer una visión más dinámica y flexible de la institución, conciliando la necesidad de proteger los derechos de los herederos forzosos con la progresiva tendencia hacia una mayor autonomía del causante en la configuración de su sucesión. De este modo, la obra plantea una reflexión crítica sobre la compatibilidad entre los principios de justicia sucesoria y la libertad individual, sentando las bases para una posible evolución normativa que responda a las nuevas realidades sociales y jurídicas.

Tras haber atesorado un profundo conocimiento de la desheredación, a través de una exhaustiva investigación de la doctrina clásica y moderna que ha dedicado sus esfuerzos a desentrañar la esencia de esta figura, el autor opta por abandonar aquellos planteamientos que, aun aceptados con cierta automaticidad, no encajan debidamente, a su juicio, en el arquitrabe de la sucesión testamentaria. Esta profunda investigación le conduce a abandonar el dogma de la naturaleza sancionadora de la desheredación y del inevitable aforismo *odiosa sunt restrigenda* aplicado a sus causas. Para ello, parte de la premisa de que la regla general es la libertad de testar, la legítima una excepción y la desheredación, como excepción de la excepción, un acto dispositivo causalista que debe seguir los mismos cánones hermenéuticos del principio general. Conforme a este planteamiento, defiende fundadamente que la legítima tiene que ser objeto de una interpretación restrictiva y que es la desheredación la que ha de interpretarse conforme a todos los medios hermenéuticos que contempla el artículo 3 CC, con independencia de que el resultado al que se llegue sea el de una interpretación extensiva.

En el segundo capítulo, el autor profundiza en un aspecto fundamental de la desheredación: la capacidad tanto del testador para desheredar como del heredero para ser desheredado. Este análisis se enmarca en las reformas introducidas por la Ley 8/2021, que ha supuesto una transformación significativa en la regulación de la capacidad jurídica en España.

El estudio se centra, en primer lugar, en las limitaciones que pueden afectar la capacidad del testador, particularmente en situaciones de ancianidad o discapacidad. Se destaca la importancia de garantizar que el juicio de discernimiento del testador sea genuino y efectivo, evitando así posibles escenarios de abuso, manipulación o influencias indebidas que podrían comprometer la autenticidad de su última voluntad. En este contexto, el papel del notario adquiere una relevancia esencial como garante de la libre expresión de la voluntad del disponente, en especial cuando se trata de personas con discapacidad psíquica.

Además, la obra examina en detalle la capacidad específica requerida para desheredar, tomando como punto de referencia la nueva redacción del artículo 665 del Código Civil. A partir de ello, el autor sostiene que, aunque el notario se configura como la principal figura de apoyo para asistir a las personas con discapacidad en la formulación de su testamento, sería deseable, desde una perspectiva *de lege ferenda*, que la normativa evolucionara hacia un modelo más flexible, permitiendo a estas personas testar con medidas de apoyo adaptadas a su situación.

Por otro lado, el capítulo aborda también la cuestión de la capacidad para ser desheredado, ofreciendo argumentos bien fundamentados en favor de la posibilidad de que un menor de edad pueda ser objeto de desheredación. Se argumenta que, siempre que el menor tenga la aptitud suficiente para comprender el significado de la solidaridad familiar y actuar en consecuencia, no existiría un impedimento absoluto para su desheredación. Esta reflexión abre un interesante debate sobre la relación entre capacidad jurídica y responsabilidad familiar dentro del marco del derecho sucesorio.

En el tercer capítulo, el autor analiza en profundidad las consecuencias jurídicas de una desheredación válida, abordando sus efectos tanto sobre el legitimario como sobre la estructura sucesoria en su conjunto. Se sostiene que la desheredación priva al legitimario de su legítima, pero no necesariamente de su condición de heredero, lo que genera importantes implicaciones prácticas. En este contexto, se examina el destino de la legítima no percibida, el derecho de representación de los descendientes del desheredado, así como la imputación de donaciones previas y la posible extinción del deber de alimentos. A partir de este análisis, se plantea la necesidad de revisar las normas relativas a la imputación de liberalidades anteriores y de garantizar la coherencia del sistema sucesorio, de modo que se preserve la seguridad jurídica sin menoscabar la libertad dispositiva del causante.

El cuarto capítulo profundiza en una cuestión crucial: las consecuencias de una desheredación injusta y los mecanismos disponibles para su impugnación. Se examinan las vías para reclamar la legítima cuando la privación carece de justificación, así como el impacto de la desheredación injusta en una partición testamentaria ya realizada. En particular, se presta atención a la problemática interpretativa del artículo 851 del Código Civil, cuya aplicación ha generado controversia en la jurisprudencia. En este sentido, el autor propone una revisión normativa que refuerce la protección del legitimario injustamente desheredado, evitando que la voluntad testamentaria pueda traducirse en una vulneración arbitraria de sus derechos.

Estos análisis se sustentan en una premisa central que vertebra gran parte del trabajo: la desheredación no equivale a la exclusión total de la herencia, sino únicamente a la privación de la legítima. Así, si la desheredación es declarada injusta, el legitimario no tendrá derecho a la parte de libre disposición, ya que la voluntad desheredativa implica una exclusión testamentaria tácita. Al mismo tiempo, se defiende que la desheredación no elimina la condición de legitimario, que deriva del parentesco, lo que permite al autor argumentar que la donación realizada por el causante al hijo desheredado debe imputarse a su legítima estricta, evitando así que se vea afectada la parte de libre disposición.

Desde esta misma perspectiva, se sostiene que, en caso de desheredación injusta de un descendiente, este solo podrá percibir la legítima estricta, quedando privado del tercio de mejora. Esta idea también tiene implicaciones en relación con los ascendientes: si todos los descendientes han sido desheredados, los ascendientes no podrán reclamar su legítima. Dado que la desheredación implica únicamente la privación de la legítima, los descendientes desheredados siguen siendo legitimarios, lo que impide considerar que no existan descendientes a los efectos del artículo 807.2° del Código Civil.

El último capítulo, el más extenso y también uno de los más innovadores, se dedica al estudio de las causas legales de desheredación, estableciendo una diferenciación clara entre aquellas aplicables a hijos, ascendientes y cónyuges. En este análisis, se presta especial atención al maltrato psicológico como causa de desheredación, una cuestión que ha adquirido una notable relevancia en la jurisprudencia reciente. En este contexto, el autor examina la posibilidad de introducir una causa abierta de desheredación basada en la ruptura de la relación familiar, lo que permitiría al testador excluir a un legitimario sin necesidad de que concurra una causa específica tipificada en la ley.

La posibilidad de desheredar ante la ausencia de relación familiar es otro de los temas polémicos a los que se da cumplida respuesta en este estudio. Descarta el autor que dicho hecho se pueda subsumir en la negativa a prestar alimentos, que constituye una obligación patrimonial. Considera admisible, en cambio, que se repute como una manifestación de maltrato, sin necesidad de que el testador tenga que acreditar una perturbación emocional. Se defiende, pues, que la ausencia de relación, imputable esencialmente al legitimario, es una modalidad de maltrato. Sin embargo, desde una perspectiva de *lege ferenda*, el autor rechaza la posibilidad de introducir una cláusula de desheredación excesivamente amplia y ambigua, como la referida a los "atentados contra la solidaridad familiar", al considerar que ello podría generar inseguridad jurídica y abrir la puerta a interpretaciones arbitrarias que desvirtúen el principio de protección de la legítima.

La tesis de Manuel Ángel Gómez Valenzuela es un trabajo riguroso, sólidamente fundamentado y con un enfoque innovador. Su revisión crítica de la desheredación y su propuesta de reforma ofrecen una nueva perspectiva sobre esta institución, desafiando el paradigma tradicional y abriendo el debate sobre la necesidad de una reinterpretación más acorde con la realidad jurídica y social contemporánea. Este estudio representa una valiosa contribución académica y jurídica, cuyo impacto será sin duda relevante en futuras reformas legislativas y en la evolución de la doctrina sobre la desheredación.

Merece además especial reconocimiento la madurez con la que el autor aborda este trabajo, en el que ha desarrollado sus ideas con notable autonomía, siempre bajo la guía de sus referentes académicos. Esta autonomía se manifiesta de manera evidente si se considera que uno de los prologuistas, favorable a la revisión del sistema de la legítima, ha sostenido en diversas ocasiones la conveniencia de introducir una cláusula general de desheredación por violación de los deberes familiares. Esta cláusula, según su propuesta, debería ser dotada de contenido a partir del significado que la solidaridad familiar adquiere en el marco de los principios y valores del derecho de familia, especialmente en su relectura a la luz del ordenamiento constitucional. En este sentido, se ha planteado que tal cláusula general podría representar una válvula de apertura adecuada, que permitiría flexibilizar la institución de la desheredación sin entregarla al arbitrio del juez, dado que el modo de dotar de contenido a una cláusula general es necesariamente normativo.

El autor no considera convincente la idea de una cláusula abierta de desheredación, lo que demuestra su capacidad crítica e independencia intelectual a la hora de abordar la cuestión. Su análisis no solo se inscribe en el debate doctrinal, sino que también lo enriquece con una perspectiva propia y bien argumentada, consolidando así su aportación al estudio de la desheredación en el derecho sucesorio.

Uno de los aspectos más destacados de la tesis y, sin duda, uno de los mayores aciertos de Manuel Ángel Gómez Valenzuela, es haber explorado la posibilidad de aplicar la desheredación por analogía. Para ello, el autor descarta que la desheredación posea una naturaleza sancionadora y sostiene, en cambio, que constituye una manifestación de la expansión del principio de libertad de testar, concebido como regla general, frente a la cual la legítima se configura como una excepción.

Precisamente esta perspectiva representa la contribución más valiosa de su análisis: haber demostrado que la desheredación no es tanto una figura de naturaleza excepcional, sino más bien la afirmación de un principio estructural del sistema sucesorio. En efecto, podría sostenerse que la desheredación implica, en cierto modo, una dimensión «sancionadora», en la medida en que supone la imposición de un régimen menos favorable para el legitimario como consecuencia de una conducta considerada reprochable.

No obstante, lo verdaderamente relevante no es tanto refutar su carácter sancionador, ya que este calificativo debería interpretarse en un sentido meramente descriptivo, sin que de ello se sigan consecuencias de orden sustantivo o limitaciones en su aplicación. Lo esencial radica en determinar con precisión los principios rectores de la institución: establecer que la autonomía de la voluntad constituye el eje fundamental, que la legítima representa una excepción y que, en este contexto, la desheredación se configura como una extensión del principio general de libertad dispositiva.

Desde esta óptica, la tesis ofrece una aportación de gran relevancia, que no quedaría en absoluto desvirtuada aun cuando se aceptara que la desheredación posee un componente sancionador, siempre que con ello simplemente se quiera indicar que implica un tratamiento menos favorable para el legitimario en comparación con el que le correspondería en ausencia de esta circunstancia.

Estas y otras muchas cuestiones, encuentran una minuciosa respuesta en el libro que tenemos el enorme agrado de prologar y que contiene el trabajo presentado y defendido por Manuel Ángel Gómez Valenzuela, bajo el mismo título, para la colación del grado de doctor. Una tesis que ha sido codirigida por los autores de este prefacio, al amparo de un convenio de cotutela suscrito entre las Universidades de Roma La Sapienza y de Cádiz y que obtuvo la máxima calificación posible: Sobresaliente *cum laudem* por unanimidad. La tesis fue defendida en la Facultad de Derecho de la Universidad de Cádiz el 24 de febrero de 2025, ante un tribunal presidido por la doctora María Paz García Rubio, Catedrática de Derecho Civil de la Universidad de Santiago de Compostela e integrado por el doctor Giovanni de Lorenzo, Profesor Asociado de Derecho Civil de la Universidad de La Sapienza y la doctora María Dolores Cervilla Garzón, Catedrática de Derecho Civil y Directora del Departamento de Derecho Privado de la Universidad de Cádiz. A ellos expresamos nuestro agradecimiento por su generosidad al compartir sus valiosas apreciaciones sobre el contenido de la tesis durante el debate suscitado en el acto de defensa.

A lo largo de los años de realización de la tesis doctoral, Manuel Ángel Gómez Valenzuela ha desarrollado con maestría investigaciones previas sobre la desheredación que han sido recomendadas como bibliografía complementaria en algunos manuales universitarios. Por otra parte, su planteamiento en torno a que la desheredación debe ser interpretada conforme a todos los cánones hermenéuticos y, sobre todo, a la luz del principio de solidaridad familiar, ya luce como principal postura a tener en cuenta en el *Curso de Derecho Civil IV. Derecho de Familia y Sucesiones* (coord. Sánchez Calero), Tirant lo Blanch, Valencia, 2024, página 727. Esta referencia no es baladí, habida cuenta que, durante años, se ha dicho que la desheredación tiene que ser objeto de una interpretación restrictiva, reproduciendo este planteamiento la mayoría de los manuales publicados hasta la fecha. Cabe destacar, asimismo, que uno de los trabajos sobre la desheredación ("La desheredación del menor de edad", *Revista Boliviana de Derecho*, núm. 32, 2021), figura citada en la relevante RDGSJFP de 15 de enero de 2024, cuyo impacto resulta innegable en cuanto avala la posibilidad de desheredar al menor de edad.

La pasión del autor por el estudio del Derecho Civil va acompañada de una dedicación a las labores docentes ejemplar. Desde el año 2021, el Área de Derecho Civil del Departamento de Derecho Privado de la Universidad de Cádiz cuenta entre sus miembros más jóvenes con el profesor Gómez Valenzuela que, tras unos años dedicados al ejercicio profesional de la abogacía, optó por el camino de la investigación y la docencia universitaria. Desde entonces, su labor como profesor ha estado siempre imbuida de unas dosis de entusiasmo y dedicación acordes a su constante compromiso con el estudio y su capacidad de preguntarse, de crear y de argumentar.

Estamos convencidos de que esta monografía constituirá un punto de inflexión en la concepción del binomio legítima-desheredación, pero, sobre todo, un excelente material para la reflexión, teórica y práctica. Esperamos que el autor siga invirtiendo su esfuerzo y buen hacer en aportar a la ciencia jurídica obras de calado como la que presentamos, augurándole una exitosa carrera como investigador y docente universitario.

En Roma y en Cádiz, en el mes de febrero de 2025.

Vincenzo Barba
Profesor Ordinario de Derecho Civil
Universidad de Roma La Sapienza

María Amalia Blandino Garrido
Profesora Titular de Derecho Civil
Universidad de Cádiz

Introducción

La desheredación es una figura sucesoria que no precisa de demasiadas presentaciones. Todo el gremio relacionado, directa o indirectamente, con el Derecho Civil, sabe que trata de una disposición testamentaria que permite al causante privar de la legítima. Además, también es conocido que, en teoría, por tratarse la desheredación de una sanción, sus normas y, en concreto, las causas previstas en la ley que permitirán al causante excepcionar la legítima, tienen que ser objeto de una interpretación restrictiva, estando vetada la aplicación analógica de sus normas.

Esta última afirmación, en torno a que la desheredación es una figura sancionadora y que, por ende, tiene que ser interpretada conforme al aforismo, que no principio, *odiosa sunt restrigenda,* ha sido repetida, hasta la saciedad, por la doctrina y la jurisprudencia. Seguramente, el lector que tenga este trabajo en sus manos esperará que aquí se reproduzca este planteamiento, ya defendido por eminentes autores, para luego visualizar una prolija cita de sentencias y una propuesta de *lege ferenda* en la que se apueste por una modernización de la desheredación y, en particular, de las causas desheredativas. Es más, nos aventuramos a afirmar que algunos prescindirán de la lectura de esta introducción e irán, directa y derechamente, al epígrafe en el que estudiamos las causas de desheredación de hijos y descendientes. Es posible que esta determinación se deba a la creencia, que quizás tuviéramos nosotros antes de abordar este estudio, de que todo lo que se tenía que decir sobre la desheredación, ya se ha dicho, y que el único aspecto que pudiere despertar interés, por su abundante tratamiento doctrinal y jurisprudencial, sobre todo a partir de este siglo, cs la posibilidad de desheredar a los descendientes por maltrato psicológico.

Desconocemos si estas líneas que ahora escribimos podrán frenar esta inercia, que, dicho sea de paso, sometería este trabajo a una suerte de reduccionismo. No obstante, ya adelantamos que las sucesivas páginas pretenden hacer una revisión de gran parte de los planteamientos que se manejaron en el pasado, y no solo respecto a la hermenéutica de las causas de desheredación, sino de toda su arquitectura normativa, yendo desde su naturaleza jurídica hasta sus efectos.

Por otro lado, hemos de confesar que hemos tenido ciertas dificultades a la hora concretar el objeto de este estudio, pues el mismo versa sobre la desheredación. Tal y como conocemos la desheredación en España, la misma consiste, no en privar de la condición de heredero a cualquier posible sucesor, sino en privar de la legítima. Sin legítima no hay, en sentido estricto, desheredación. Al planificar los temas que trataremos en las próximas páginas, y, en concreto, en el proceso de fijar los planteamientos que nos hemos propuesto defender, no fueron pocas las veces que nos formulamos la siguiente cuestión: ¿por qué invertir tiempo en la modernización de la desheredación si, transformando o derogando la legítima, fortaleciendo la libertad de testar, se eliminarían de golpe muchos de los problemas que existen hoy día? Nos aventuramos a decir, a día de hoy, que el mejor destino que podría tener este trabajo es el de quedar relegado al baúl de los recuerdos, pues ello sería sintomático de que el sistema legitimario tendría una importancia ínfima o residual en el ordenamiento jurídico español, ya sea porque la legítima se ha reducido, o se ha transformado en una legítima asistencial o en una prestación de alimentos *post mortem,* o, directamente, se ha derogado. Mucho tememos que eso no ocurrirá, al menos a corto plazo, máxime en el contexto de fragmentación política actual, donde verbos tales como hablar, debatir o pactar, en torno a una propuesta, se vislumbra como una entelequia si lo trasladamos a la práctica parlamentaria. Por ello, y como quiera que el objeto inmediato de este trabajo es la desheredación, y no cuestionar necesariamente el sistema legitimario, partiremos en nuestro análisis de la tenencia de unas cartas determinadas en el tablero sucesorio, y que la legítima, por suerte o desgracia, existe.

Es más, viéndolo de manera prospectiva, es cierto que todo trabajo, amén de efectuar una crítica a la ley, dibuja, con más o menos acierto, varias propuestas de reforma, en la convicción de que el legislador, tarde o temprano, hará su trabajo; pero, situándonos en el escenario de que el asquilosamiento de la desheredación se postergue *sine dine*, haremos propuestas de *lege lata* que irán, ya adelantamos, en el sendero de fortalecer la libertad de testar, reduciendo la legítima a su mínima expresión, en la medida en que nos lo permita la ley y, no menos importante, la hermenéutica. Ante un tema como el que se presenta, el jurista tiene dos opciones: una, criticar la ley y limitarse hacer una propuesta de reforma; otra, consistente, además de lo anterior, en proponer interpretaciones evolutivas y vanguardistas que coadyuven a la evolución del sistema jurídico, con el fin de resolver los problemas que se presentarán en un futuro próximo. Ambas opciones son respetables, además de que el hecho de elegir una u otra opción no convierte a uno en mejor jurista. Sin embargo, ya adelantamos que nosotros abogaremos por la segunda vía.

Dicho esto, expondremos, sin más circunloquios, la estrucutura de este trabajo y las razones del porqué hemos apostado por el esqueleto que se describirá a continuación. El trabajo se dividirá en cinco capítulos, que no serán de idéntica extensión. En el primero, denominado «Arquitectura de la desheredación», estudiaremos las cuestiones más elementales de la figura, en concreto, su concepto, la naturaleza jurídica, las cuestiones de forma, la prueba de la desheredación o la reconciliación. El segundo, titulado «Capacidad para desheredar y capacidad para ser desheredado», pudiere resultar controvertido si comparamos este trabajo con otros que han tratado, monográficamente, la desheredación; el hecho de que hayamos decidido dedicar un capítulo específico a tales cuestiones se debe, en gran parte, a la reciente publicación de la LAPCD, que ha marcado un punto de inflexión en la capacidad de testar y, también, en el modo de enfocar el ejercicio de la capacidad. Así, teniendo en cuenta que, en no pocas ocasiones, la persona que pretenda desheredar presentará, ya sea por la ancianidad o por una discapacidad, una merma de sus facultades intelectivas y volitivas, se torna en un imperativo categórico kantiano hacer una disertación sobre las posibilidades de ejercer sus derechos en torno al negocio testamentario y, en concreto, sobre la posibilidad de materializar la desheredación. Respecto a la capacidad para ser desheredado, ocurre lo mismo, donde otrora el menor o la persona con discapacidad eran vistas como una suerte de convidados de piedra, el nuevo enfoque de la capacidad ha fomentado que estas, en algunas ocasiones, puedan responder civilmente de sus actos, en tanto en cuanto tengan aptitud para comprender lo que implica la solidaridad familiar y actuar conforme a esta comprensión. El tercer y cuarto capítulo tendrá por objeto, como sus respectivos nombres indican, estudiar los efectos de la desheredación justa y los de la desheredación injusta. Finalmente, el último capítulo irá destinado al estudio de las causas desheredativas, cuya composición será asimétrica, ya que las causas de desheredación de hijos y descendientes serán objeto, por evidentes razones, de un análisis de mucha más envergadura que las causas de desheredación de ascendientes y cónyuge, que hoy día tienen una importancia residual.

Capítulo I.

Arquitectura de la desheredación

1. CONCEPTO

El Código Civil no contiene un concepto de la desheredación, ni tiene por qué tenerlo, pues el fin del legislador debe ser regular las instituciones, no definirlas, siendo harto frecuente que cuando este se aventura a ofrecer una definición o un concepto de una institución llueva toda suerte de críticas, máxime cuando la definición se adscribe a una concepción dogmática que no va avalada por el consenso de la doctrina[1]. Fuera como fuere, lo cierto es que, en el marco teórico, la desheredación es una de las excepciones prevista en el ordenamiento jurídico a la regla de la intangibilidad cuantitativa y cualitativa de la legítima[2], consistiendo en privar de la legítima al legitimario según

---

1 Véase, por ejemplo, el artículo 618 CC que califica la donación como un acto y no como un contrato [puede verse, en torno a la naturaleza contractual de la donación, las SSTS 31 julio 1999 (TOL 5.120.306), 31 marzo 2001 o 20 mayo 2011 (TOL 2.136.962)]; también el artículo 647 CC, que a la hora de contemplar la donación modal, emplea el término condición en sentido vulgar, en vez de cargas, obligaciones o gravámenes [SSTS 3 noviembre 1931 (TOL 5.033.357)), 11 marzo 1988 (TOL 1.735.339), 23 noviembre 2004 (TOL 536.336), 20 julio 2007 (TOL 1.123.956)]; o, en el ámbito sucesorio, podemos remitirnos al artículo 667 CC, que al decir que el testamento es el «acto por el cual una persona dispone para después de su muerte de todos sus bienes o de parte de ellos», parece que se alinea con la tesis de que el testamento es un acto jurídico, en vez de negocio jurídico,

2 Royo Martínez, M.: *Derecho sucesorio «mortis causa»*, Edelce, Sevilla, 1951, p. 247. A pesar del sistema legitimario y sus contadas excepciones, la legítima no implica que, al margen de la desheredación, la autonomía de la voluntad del causante se reduzca a su mínima expresión, pues como decía Castán

la voluntad del causante recogida en testamento. No otra cosa se infiere del artículo 813 CC, que dispone que «[el] testador no podrá privar a los herederos de su legítima sino en los casos expresamente establecidos por la ley». La desheredación conjuga la autonomía de la voluntad del causante con la idea de que la legítima representa un freno a su libertad de disponer, supeditándose el éxito de la desheredación a que el legitimario protagonice algunas de las causas desheredativas prevista por la ley. No en vano, se deduce del artículo 848 CC que la desheredación es un acto causalista, al decir que «sólo podrá tener lugar por algunas de las causas que expresamente señala la ley», haciendo un equilibrismo la ley entre la autarquía civil del testador con los hechos que determina la ley como justas causas de desheredación[3].

La mayoría de los autores que han estudiado la desheredación han aportado su propio concepto. Sánchez Román, apuntando que el legislador no define la desheredación por fiarla al elemento puramente gramatical[4], dice que consiste en una

---

Tobeñas, J.: *Derecho Civil. Tomo tercero. Derecho de familia. Derecho de sucesiones,* Reus, Madrid, 1942, pp. 441 y 442, el causante podrá valerse del «correctivo de las m*ejoras*» para graduar las cuotas de los legitimarios. A lo que nosotros apuntamos las últimas reformas que tienden a la flexibilización de la legítima, cabiendo la posibilidad de gravar la legítima mediante una sustitución fideicomisaria al margen de la desheredación (arts. 808 y 813), el pago de la legítima en metálico (arts. 841-847 y 1056 CC) o la *cautela socini* (art. 820.3° CC).

3 Decía Manresa y Navarro que la necesidad de que la desheredación se fundara en algunas de las causas establecidas en la ley se debía a que era voluntad del legislador no dejar la desheredación al libre arbitrio del testador, pues de lo contrario tal abandono legislativo «haría en realidad casi omnímoda la voluntad de los ascendientes, de los descendientes ó del esposo, viniendo á ser casi estéril el propósito de la ley al imponer como forzosa la legítima» (Manresa y Navarro, J. M.: *Comentarios al Código Civil español, Tomo VI,* Imprenta de la Revista de Legislación, Madrid, 1911, p. 591).

4 Sánchez Román, F.: *Estudios de Derecho Civil, VI. 2, Derecho de sucesión,* Analecta, Pamplona, 1910, p. 1105.

«facultad concedida al testador para reprimir las graves faltas y la maldad de aquellos que debieran heredarle; y, tratándose del padre, el medio de castigar, valiéndose de su propia autoridad, al hijo que, por su conducta ó por las ofensas que le haya causado, se haga indigno de sucederle»[5]. Castán Tobeñas concretó más el concepto, diciendo que la desheredación es «aquella disposición testamentaria por la que se priva de su legítima a un heredero forzoso en virtud de una justa causa de las que taxativamente señala la ley»[6]. Royo Martínez, citado por Puig Brutau[7], dice que desheredar «es privar de la legítima por causa grave, justificada y demostrable a quien por razón de parentesco tendría derecho a ello», especificando a renglón seguido que es «una facultad que la ley concede a quien otorga testamento teniendo herederos forzoso, y en ejercicio de la cual puede privar de la legítima que le correspondería a uno, o varios, de los mismos»[8]. Lacruz Berdejo decía que la desheredación supone, como excepción prevista en el artículo 813 CC al deber de dejar la legítima, «privar a un legitimario de su derecho cuando éste incurre en algunas de las causas taxativamente prevista por la ley»[9-10]. El concepto que ensaya Roca-Sastre, que descarta definirla simple y llanamente como la privación de la

---

5 Sánchez Román, F.: *Estudios de Derecho Civil, VI. 2, Derecho de sucesión,* op. cit., p. 1103.

6 Castán Tobeñas, J.: *Derecho Civil. Tomo tercero. Derecho de familia. Derecho de sucesiones,* op. cit., 442.

7 Puig Brutau, J.: *Fundamentos de Derecho Civil, Tomo V, Volumen III,* Bosch, Barcelona, 1964, p. 211.

8 Royo Martínez, M.: *Derecho sucesorio «mortis causa»,* op. cit., p. 247.

9 Lacruz Berdejo, J. L.: «La legítima», en AA.VV., *Derecho de sucesiones conforme a las leyes de 13 mayo y de julio de 1981,* Bosch, Barcelona, 1981, p. 527.

10 Similar definición ensayan Diez-Picazo, L. y Gullón, A.: *Sistema de Derecho Civil, Volumen IV, Derecho de familia. Derecho de sucesiones,* Tecnos, Madrid, 1990, pp. 486 y 487, al expresar que es «una disposición testamentaria por virtud de la cual se priva a un heredero forzoso o legitimario de su derecho a la legítima en virtud dc alguno de las causas [sic] que expresa la ley».

legítima en testamento por una causa legal, pone más énfasis en la autorización que la ley otorga al causante de desheredar, al decir que la desheredación es una «institución jurídica» por la cual «la ley autoriza al causante para privar a los legitimarios de la legítima por causa de ingratitud»[11].

La doctrina más moderna no se aleja de las anteriores definiciones. Así, Jordano Fraga expone que la desheredación es «la declaración de voluntad testamentaria por la que el testador, concurriendo en ellos algunas de las causas legalmente establecidas a tal efecto, priva, al abrirse la sucesión de aquél, de su derecho a la legítima a cualquiera de los herederos forzosos»[12]. Es interesante este concepto, pues especifica que la privación de la legítima se produce cuando se abre la sucesión: efectivamente, es así, pues, en puridad, no se puede afirmar que mientras viva el causante los legitimarios tengan un derecho a la legítima, siendo muestra de ello que estos no podrán, antes de abrirse la sucesión, ni con el pretexto de defender sus derechos legitimarios, impugnar los actos dispositivos que realice el causante, aunque fueran a título gratuito, ya que los legitimarios, hasta que se produzca la apertura de la sucesión, lejos de tener un derecho, lo que tendrán realmente es una mera expectativa[13]. El planteamiento contrario, como dice la jurisprudencia, «atentaría contra el derecho a la libre disposición

---

11 ROCA-SASTRE MUNCUNILL, L.: *Derecho de Sucesiones, Tomo II*, Bosch, Barcelona, 1991, p. 554.

12 JORDANO FRAGA, F.: *Indignidad sucesoria y desheredación (Algunos aspectos conflictivos de su recíproca interrelación)*, Comares, Granada, 2004, p. 1.

13 QUESADA PÁEZ, A.: «Legítimas y desheredación», *Revista Aranzadi Doctrinal*, núm. 3/2015 (BIB 2015\559), p. 4, y GALICIA AIZPURUA, G.: «Tutela cuantitativa de la legítima en el Código Civil: cuestiones dudosas y jurisprudencia relevante», *Cuadernos de Derecho Privado*, 7, septiembre-diciembre 2023, p. 58.

de los bienes, convirtiendo los derechos legitimarios en una vinculación» (STS 11 diciembre 2001[14]).

Más recientemente, Represa Polo menciona que la desheredación es la «privación de la legítima realizada por el testador siempre y cuando concurran las causas expresadas en la ley y que pueden ser distintas según quién sea la persona del desheredado»[15]. Efectivamente, la tipificación de las causas de desheredación varían según el legitimario, al contrario que en Cataluña, donde el legislador catalán no discrimina en la tarifación de las causas desheredativas, utilizando las expresiones «causante» y «legitimario» (art. 451-17 CCCat)[16]. Este hecho no es baladí, pues, como se verá más adelante, no son pocos los autores que han denunciado la falta de reciprocidad de las causas a la hora de que los ascendientes y descendientes puedan desheredar. Barceló Doménech, no solo define la desheredación como «la facultad que tiene el testador de privar a los herederos de su legítima en los casos expresamente determinados por la ley», sino que a renglón seguido añade que uno de los aspectos más relevantes de su regulación es «la consideración de las causas de desheredación como *numerus clausus*» que no deben «ser objeto de analogía ni de interpreta-

---

14 STS 11 diciembre 2001 (TOL 4.924.425). Véase también, entre otras, las SSTS 17 octubre 1958 (TOL 4.351.262) y 24 enero 1998 (TOL 170.574).

15 Represa Polo, Mª P.: *La desheredación en el Código Civil*, Reus, Madrid, 2016, p. 22.

16 Igualmente, el artículo 263 LDCG no discrimina a los legitimarios a la hora de tarificar las causas de desheredar, contemplando, sencillamente, que las mismas se aplican a «cualquier legitimario», aunque algunas de ellas, como el «incumplimiento grave o reiterado de los deberes conyugales», solo sean aplicables a los cónyuges (art. 263.3ª). Consideramos que es una opción que el legislador español debería contemplar de *lege ferenda*, sobre todo por coherencia normativa, pues los dos primeros apartados del artículo 756 CC prevén como causa de indignidad la comisión de acciones u omisiones cuyo suyo pasivo no necesariamente es el causante, sino sus personas más cercanas.

ción extensiva»[17], afirmación que en un posterior epígrafe será objeto de revisión.

Hechas estas aportaciones meramente recopilatorias, no le faltaba razón a Vallet de Goytisolo, que definió la desheredación como «el acto formal por el cual el testador, invocando una causal legal y cierta, excluye de su derecho a un legitimario»[18], cuando denunció en 1968 que «desheredar» ya no rendía tributo a su significado etimológico, pues habiendo desaparecido el deber formal de instituir herederos a los legitimarios, y avalando el artículo 813 CC que la legítima se atribuya mediante herencia, legado o donación[19], la desheredación ya no consiste en privar de la condición de heredero, sino, simplemente y llanamente, como ha apuntado la doctrina arriba expuesta[20], en privar de la legítima[21].

---

17 Barceló Doménech, J.: «Abandono de las personas mayores y reciente doctrina del Tribunal Supremo español sobre la desheredación por causa de maltrato psicológico», *Actualidad Jurídica Iberoamericana,* núm. 4, 2016, p. 292.

18 Vallet de Goytisolo, J.: *Limitaciones de Derecho sucesorio a la facultad de disponer, Tomo I, Las legítimas,* Instituto Nacional de Estudios Jurídicos, Madrid, 1974, p. 652.

19 De la Cámara Álvarez, M.: *Compendio de Derecho sucesorio,* LA LEY, Madrid, 2011, p. 194.

20 También puede verse Rivera Fernández, M.: *La desheredación: ¿puede el testador privar a su parientes más próximos de su parte en la herencia?,* Tecnos, Madrid, 1990, p. 10, que dice que, actualmente, «no podemos entender la desheredación como una privación del título de heredero, ya que es muy dudoso que los legitimarios, específicamente contemplados en el artículo 807 del Código Civil, ostenten tal condición».

21 Vallet de Goytisolo, J.: «El apartamiento y la desheredación», *Anuario de Derecho Civil,* 1968, pp. 14 y 15. En lo subsiguiente, en vez de esta obra, citaremos *Limitaciones de Derecho sucesorio a la facultad de disponer, Tomo I, Las legítimas,* Instituto Nacional de Estudios Jurídicos, Madrid, 1974, del mismo autor, ya que, pese a mantener su esencia, se trata de un trabajo posterior y ampliado respecto a la versión 1968.

No vamos a entrar, más allá de lo que demanden algunos puntos, en la naturaleza jurídica de la legítima, elefantiasis que excedería del objeto de este estudio y fomentaría la suspicacia del lector sobre el ánimo tautológico del que escribe, más cuando, como dice García Rubio, su naturaleza, tal y como está configurada en el Código Civil, es plural[22], pues aunque la doctrina mayoritaria la conciba, generalmente, como *pars bonorum*[23], también es cierto que cuando se satisface en dinero (arts. 821, 829, 1056 y 841-847 CC) puede visualizarse como *pars valoris bonorum*[24], como recientemente ha apuntado, entre

---

22 García Rubio, Mª. P.: «Legítimas en el Derecho español. Diversidad, complejidad y retos que plantean sobre la legítima del Código Civil», en AA.VV., *Los desafíos contemporáneos de la legítima hereditaria*, Olejnik, Chile, 2021, p. 43.

23 Puig Brutau, J.: *Fundamentos de Derecho Civil, Tomo V, Volumen III*, op. cit., p. 41; Vallet de Goytisolo, J.: *Limitaciones de Derecho sucesorio a la facultad de disponer, Tomo I, Las legítimas*, op. cit., p. 200; Roca-Sastre Muncunill, L.: *Derecho de Sucesiones, Tomo II*, op. cit., p. 39; O´Callaghan Muñoz, X.: *Compendio de Derecho Civil, Tomo V, Derecho de sucesiones*, Editorial Universitaria Ramón Areces, Madrid, 2012, pp. 204 y 206; Castán Tobeñas, J.: *Derecho Civil español, común y foral, Tomo sexto, Derecho de sucesiones, volumen segundo* (revisada y puesta al día por Román García, Antonio M.), Reus, Madrid, 2015, p. 429; Espejo Lerdo de Tejada, M.: «Artículo 806», en AA.VV., *Código Civil Comentado, Volumen III*, Civitas, Pamplona, 2016, p. 765; Torres García, T. F.: «La legítima en el código civil español: un panorama general», en AA.VV., *Las legítimas y la libertad de testar. Perfiles críticos y comparados*, Aranzadi, Pamplona, 2019, p. 42; Cobas Cobiella, Mª. E.: «El sistema legitimario español. Una nueva configuración en orden a los nuevos modelos familiares», *Actualidad Jurídica Iberoamericana*, núm. 17 *bis*, diciembre 2022, p. 2424; Galicia Aizpurua, G.: «Tutela cuantitativa de la legítima en el Código Civil: cuestiones dudosas y jurisprudencia relevante», op. cit., p. 48; Barba, V.: «Legados otorgados a legitimarios. Función, imputación y asunción de la carga en el Derecho español e italiano», *Anuario de Derecho Civil*, tomo LXXVII, 2024, p. 11 (nota a pie de página núm. 1).

24 Puede verse Roca Sastre, R. Mª.: «Naturaleza jurídica de la legítima», *Revista de Derecho Privado*, Vol. 28, 1944, pp. 185 y ss. (véase también el mismo autor en *Estudios sobre sucesiones, Tomo II*, Madrid, 1981, p. 63), que fue refutado por Dávila García, J.: «Herederos y legitimarios en el Registro de la Propiedad»,

otros, Juárez Torrejón[25]. Pero en lo que sí tenemos que enfatizar es en negar que la legítima sea *pars hereditatis*[26], pues

---

Revista Crítica de Derecho Inmobiliario, núm. 209, 1945, p. 651, que, apostando por afirmar que la legítima era *pars bonorum,* mencionaba que Roca Sastre «confunde la tesis general con una de sus excepciones», pues la forma de pago en valor, a su juicio, solo se autoriza en casos excepcionales. Es cuestionable la refutación de Dávila García, pues, más allá de los artículos 821, 829, 1056 y 841-847 CC, que parecen excepciones a la regla de que la legítima tiene que ser satisfecha con bienes hereditarios, podría debatirse que lejos de catalogarse como una excepción, la satisfacción de la legítima en metálico puede vislumbrarse como una posibilidad ordinaria o usual, toda vez que el causante puede entregar la legítima mediante donación en metálico, en virtud del artículo 819 CC, quedando la íntegra percepción de la legítima garantizada mediante una afección real sobre los bienes de la herencia (art. 15 LH). Es por ello por lo que, por el mismo argumento que la doctrina criticó y critica la denominación de heredero forzoso, al poderse entregar la legítima mediante donación o legado sin necesidad de que se designe heredero al legitimario, se podría defender que la naturaleza de la legítima es *pars valoris bonorum,* como así parece apuntar Bosch Capdevilla, E.: «El cálculo de la legítima de los descendientes en los derechos civiles españoles», en AA.VV., *La libertad de testar y sus límites,* Marcial Pons, Madrid, 2018, p. 157. En contra de la naturaleza de la legítima como *pars valoris bonorum,* al margen de las *excepciones* contempladas en el Código Civil, puede verse Busto Lago, J. M.: «Artículo 806», en AA.VV., *Comentarios al Código Civil,* Aranzadi, Pamplona, 2021, pp. 1060 y 1061.

[25] Véase también Rivera Fernández, M.: *La preterición en el Derecho común español,* Tirant lo Blanch, Valencia, 1994, p. 189. Juárez Torrejón, Á.: «Concepto y naturaleza jurídica de la legítima», en AA.VV., *Estudios sobre las limitaciones dispositivas mortis causa en el Derecho común: la legítima y las reservas hereditarias,* Aranzadi, Pamplona, 2023, pp. 73 y 77, que subraya que la condición de legitimario es independiente de la condición de heredero o legatario, «en el entendido que, cuando un legitimario repudia la herencia (o legado) que se defiere, no significa que renuncia a su condición de legitimario». Huelga decir que este razonamiento, que compartimos, es extrapolable a la desheredación.

[26] A favor de la tesis de la legítima como *pars hereditatis,* debiendo el legitimario ser instituido heredero, puede verse, entre otros, a Sánchez Román, F.: *Estudios de Derecho Civil, VI. 2, Derecho de sucesión,* op. cit., pp.791 y 792,

el legitimario no tiene derecho a una cuota de la herencia a título de heredero, sino, solamente, a recibir una porción de bienes de la herencia, con independencia del título. El hecho de que el Código Civil emplee la denominación de «heredero forzoso» responde a un mero vestigio histórico procedente del Derecho Romano, sin que sea dable la remisión a la literalidad del artículo 806 CC[27] para defender que el legitimario tiene que ser instituido heredero, pues, con base, precisamente, en su dicción, es perfectamente posible defender lo contrario, ya que el inciso no dice que el testador deba reservar una «cuota hereditaria», que hubiera sido lo congruente al referirse a los herederos forzosos, sino una «porción de bienes»[28], la cual podrán recibir, *ex* artículo 815 CC, por cualquier título[29].

ROYO MARTÍNEZ, M.: *Derecho sucesorio «mortis causa»*, op. cit., p. 185, o PEÑA BERNALDO DE QUIRÓS, M.: «La naturaleza de la legítima», *Anuario de Derecho Civil*, núm. 4, 1985, pp. 849-908, quien mantuvo un intenso debate, con dúplica incluida («La naturaleza de la legítima», *Anuario de Derecho Civil*, núm. 2, 1986, pp.571-580), con Vallet de Goytisolo («Aclaraciones acerca de la naturaleza de la legítima», *Anuario de Derecho Civil*, núm. 3, 1986, pp. 833-849).

27 El precepto es copiado, casi *ad pedem litterae,* del artículo 1784 del Código Civil portugués de 1867, que decía lo siguiente: «Legítima es la porción de bienes de que el testador no puede disponer por haberla reservado la Ley a determinados herederos llamados por esto herederos forzosos».

28 VALLET DE GOYTISOLO, J.: *Limitaciones de Derecho sucesorio a la facultad de disponer, Tomo I, Las legítimas,* op. cit., p. 185.

29 Señalan, entre otros, que la expresión «herederos forzosos» es incorrecta, PUIG BRUTAU, J.: *Fundamentos de Derecho Civil, Tomo V, Volumen III*, op. cit., pp. 13 y 14; ROCA SASTRE, R. Mª.: *Estudios sobre sucesiones, Tomo II*, op. cit., pp. 51-53; LACRUZ BERDEJO, J. L.: «La desheredación», op. cit., p. 530; ALBALADEJO GARCÍA, M.: *Curso de Derecho Civil, V, Derecho de sucesiones*, Bosch, Barcelona, 1982, p. 371; DIEZ-PICAZO, L. y GULLÓN, A.: *Sistema de Derecho Civil, Volumen IV, Derecho de familia. Derecho de sucesiones,* op. cit., p. 455; O´CALLAGHAN MUÑOZ, X.: *Compendio de Derecho Civil, Tomo V, Derecho de sucesiones,* op. cit., p. 205; LASARTE ÁLVAREZ, C.: *Derecho de sucesiones. Principios de Derecho Civil, Tomo séptimo* (revisada y actualizada con la colaboración de CERVILLA GARZÓN, Mª. D., y GARCÍA PÉREZ, C. L.), Marcial Pons, Madrid, 2021, p. 164; BUSTO

LAGO, J. M.: «Artículo 806», op. cit., pp. 1061 y 1062; JUÁREZ TORREJÓN, Á.: «Concepto y naturaleza jurídica de la legítima», op. cit., p. 56. También puede verse la STS 23 diciembre 2011 (TOL 2.3888.783). En contra, ALGABA ROS, S.: *Efectos de la desheredación,* Tirant lo Blanch, Valencia, 2002, pp. 88-94, para quien el Código Civil, en este punto, no adolece de falta de rigor; los argumentos de la autora se resumen en que, aun reconociendo que la legítima se puede atribuir por cualquier título, la regla general es que el legitimario será heredero, citando, a título de ejemplo, los artículos 756.2, 763, 806, 814, 815, 817 y 857, añadiendo que el artículo 815 se configura como una excepción a la regla, pues de no haber sido activada por el testador o de ser la desheredación injusta, el legitimario adquirirá la legítima a título de heredero. No vamos a entrar ahora, por evidentes razones, en el título por el cual el legitimario adquirirá la legítima de ser la desheredación injusta, sin embargo, para rebatir a la autora partiremos de un dato que, quizás, parezca de Perogrullo. Antes de la Ley 13/2005, de 1 de julio, por la que se modifica el Código Civil en materia de derecho a contraer matrimonio, el Código Civil se refería al «hombre y la mujer» en el artículo 44, pórtico de los preceptos que regulaban los requisitos del matrimonio. Evidentemente, tenía que ser así, porque no se contemplaba el matrimonio entre personas del mismo sexo. Sin embargo, tras la citada ley, que cristalizó el matrimonio homosexual, donde los artículos 44, 637, 1323, 1344, 1348, 1351, 1361, 1365, 1404 o 1458, decían el hombre y la mujer, pasó a decir «cónyuges». Igualmente, y toda vez que se contempló a partir de 2005 que las parejas homosexuales pudiesen adoptar, donde el legislador decía, en relación con la patria potestad, el padre y la madre (arts. 154 o 160 CC), pasó a decir «progenitores». En su día, dicho cambio de denominación fue criticado por Lasarte, denunciando que el abandono por el legislador de la referencia a «los padres» por su «entreguismo al movimiento homosexual, no dejaba de ser una manifestación de cierta estulticia», ya que no se podía eliminar la idea de que los padres y madres representaban, estadística y sociológicamente, la regla general (LASARTE ÁLVAREZ, C.: *Derecho de familia. Principios de Derecho civil. Tomo VI,* Marcial Pons, Madrid, 2010, p. 345). Bajo nuestro prisma, rendía tributo a la realidad de las cosas el cambio de denominación, pues toda vez que las personas del mismo sexo podían contraer matrimonio y adoptar, no hubiese sido técnicamente correcto que, *ad exemplum,* el artículo 44 CC siguiera hablando del hombre y la mujer, o el artículo 154 CC hablara de «padres» en vez de «progenitores». Y ahora decimos que lo vertido es extrapolable a la denominación de «heredero forzoso», pues, a pesar de no conocer, ni

Debe tenerse en cuenta que, en el Derecho Romano clásico, el *paterfamilias*, que tenía reconocida totalmente la libertad de testar por las XII Tablas, podía disponer de sus bienes con absoluta libertad, teniendo la obligación de instituir como herederos a sus *herederes sui* o desheredarlos, de modo que la desheredación o la *exheredatio*, como exigencia meramente formal, era necesaria si el *paterfamilias* no quería instituir algunos de los *heredes sui*, no precisando alegar ni citar causa alguna. No fue hasta el Derecho justinianeo cuando la legítima, que equivalía, según el número de hijos a un tercio o la mitad de la herencia, pasó de ser formal a material, debiendo ceñirse el causante para desheredar a la concurrencia de una justa causa,

falta que hace, si estadísticamente la regla general es que los legitimarios sean herederos, basta que el testador pueda entregar la legítima mediante donación o legado para percatarse de que el *nomen* que sigue empleando el legislador es, amén de atávico, impreciso. Por esta razón, no estamos de acuerdo con Algaba Ros cuando, en la misma obra citada (pp. 81 y 95), afirma que la desheredación, que reconoce que consiste en privar de la legítima, supone privar también de la condición de heredero forzoso. La autora parte del siguiente silogismo: si la premisa mayor es que la desheredación priva de solicitar lo que por legítima corresponda y la premisa menor es que la legítima confiere la condición de heredero forzoso, la conclusión «ha de ser que la desheredación es la privación de la condición de heredero forzoso». Para refutar este planteamiento partiremos, emulando a la autora, de otro silogismo: Si la premisa mayor es que la desheredación priva de la legítima y la premisa menor es que la legítima se puede entregar por cualquier título, no teniendo que ser instituido el legitimario como heredero, la conclusión es que la desheredación no priva de la condición de heredero forzoso. Es más, la propia autora reconoce, implícitamente, que la denominación de heredero forzoso está superada, pues, al afrontar el examen del artículo 851 CC y sus perniciosas consecuencias si se secunda una interpretación literal, dice: «el art. 851 se aplica al testamento y no a la partición efectuada. Situado en este contexto el precepto, es decir, aplicado directamente al testamento, observamos que el propio art. 851 CC nos muestra que es un vestigio del pasado pues parte de la ya superada conexión de la legítima con la institución de heredero» (Algaba Ros, S.: *Efectos de la desheredación*, op. cit., p. 305).

que en un primer momento, de ejercitar los desheredados la *querella inofficiosi testatemti*[30], debía ser apreciada discrecionalmente por el Tribunal de los *Centumviri* y luego, a fin de evitar la arbitrariedad, se positivaron en la Novela 115 de Justiniano. Este régimen causalista de la desheredación pasó a Las Partidas (Título VII de la Sexta Partida), y luego al Proyecto isabelino de 1851[31], para finalmente desembocar en el Código Civil, donde, previo reconocimiento de la libertad de testar, el causante, de tener legitimarios, tenía la carga de dejarles lo que les correspondiese por legítima, no de instituirlos herederos. Por ello, habiendo desaparecido la obligación de instituir como herederos a los legitimarios, la etimología del término desheredación, e incluso de heredero forzoso, es pretérita, pues desheredar no implica privar de la condición de heredero al legitimario, ni

---

[30] Respecto a la *querella inofficiosi testamenti*, puede consultarse Varela Gil, C.: «La *querella inofficiosi testamenti*», en AA.VV., *Temas actuales de Derecho Privado* II, Aranzadi, Pamplona, 2023, pp. 201-215.

[31] El artículo 666 del Proyecto de 1851 decía: «El heredero forzoso puede ser únicamente desheredado por alguna de las causas expresamente señaladas en la Ley, y no por otras, aunque sean de igual ó mayor gravedad». *Ad abundantiam*, el artículo 645 señalaba que «[el] heredero forzoso á quien el testador dejase *por cualquier título* menos de la legítima, sólo podrá pedir el complemento de ésta». A pesar de que el precepto hiciera mención al «heredero forzoso», como hoy hace el artículo 806 CC, de la expresión señalada en cursiva infería García Goyena que la legítima se podía dar por cualquier título, pues cuando el heredero forzoso, no instituido en testamento como tal, se le atribuyese parcialmente la legítima, este, lejos de poder ejercitar la acción de preterición, tendría que vehicular su pretensión de respeto a la regla de la intangibilidad cuantitativa de la legítima a través de la acción de complemento, prevista en el artículo 645. Lo expuesto, representaba una ruptura respecto al Derecho Romano, donde si faltaba la institución de heredero el testamento era nulo, pues se «atendía mas al honor del título, que a la realidad de la cosa, o al valor de los dejado» (García Goyena, F.: *Concordancias, motivos y comentarios del Código civil español, Tomo II,* Madrid, 1852, p. 350).

necesariamente de toda la herencia, como veremos más adelante, sino, solamente, de la legítima[32].

Como quiera que en materia contractual rige la regla de que los contratos han de calificarse por su propio contenido y no según la denominación que las partes les hayan dado, siendo esta una verdad tan paladina que es extensible a la interpretación de la ley, debiendo interpretarse y calificarse los preceptos por su propia arquitectura y efectos, con independencia de cómo han sido calificados por el legislador, no extrañará al lector que, en lo sucesivo, empleemos la denominación de legitimario, en vez de heredero forzoso. El rechazo a la terminología del Código Civil podría ser extrapolable, incluso, al término desheredación, sin embargo, seguiremos remitiéndonos a dicho *nomen* por tradición histórica y, porque a pesar de su etimología, el atento lector habrá podido comprobar que esta consiste, simplemente, en privar de la legítima, como hemos explicado *supra*. Quizás el término desheredación, en el sentido que hemos planteado, sea preferible incluso por economía lingüística, ya que los términos alternativos que han propuesto algunos autores albergan más de una palabra, pudiéndose citar, por ejemplo, a Cámara Lapuente, que propuso emplear la denominación «exclusión de los herederos legítimos»[33] en vez

---

[32] Para un mayor análisis de la evolución de la desheredación, puede verse Pascual Quintana, J. M.: «La desheredación en el Derecho español: su desenvolvimiento histórico», *Separata facticia de la Revista de la Facultad de Derecho de la universidad de Oviedo*, 1955.

[33] Cámara Lapuente, S.: *La exclusión testamentaria de los herederos legales*, Civitas, Madrid, 2000, p. 16. Quizás, el autor no estuvo afortunado a la hora de proponer dicho nombre, porque, lo que conocemos hoy como desheredación, no trata de excluir a los herederos legítimos, sino de privar de la legítima, pues, como él mismo reconoce, desheredar no consiste en «privar de la condición de heredero a algunos de los herederos forzosos» (p. 14).

de desheredación, o Jordano Fraga, que expuso que sería más correcto decir «privación de la legítima»[34].

A tenor de lo expuesto[35], y a la vista de que ninguna de las definiciones reseñadas contemplan la reconciliación, que puede afectar a la singladura de la desheredación en una concreta sucesión, nosotros aquí definimos la desheredación, en el intento, quizás superfluo, de aportar algo, como el acto dispositivo reglado del testador por virtud del cual priva a los legitimarios de la legítima o de parte de ella en virtud de algunas de las causas contempladas en la ley, salvo que medie la reconciliación entre el causante y el legitimario o el perdón de aquel[36].

34 Jordano Fraga, F.: *Indignidad sucesoria y desheredación (Algunos aspectos conflictivos de su recíproca interrelación)*, op. cit., p. 90.

35 Es posible que el lector atento se percate de que no hemos citado definiciones de la desheredación que subrayan que esta no solo priva de la legítima, sino, además, de la condición de legitimario, como la de O´Callaghan Muñoz, que dice que es «la disposición testamentaria por la que el causante priva al legitimario de su carácter de tal y de su porción legitimaria, en virtud de una de las causas establecidas taxativamente por la Ley» (O´Callaghan Muñoz, X.: *Compendio de Derecho Civil, Tomo V, Derecho de sucesiones*, op. cit., p. 232), o la de Algaba Ros, que la define como «un acto formal y una sanción civil por la que el legitimario es privado de la condición de heredero, de la totalidad de la herencia salvo que expresamente el testador haya dispuesto otra cosa, y de la posibilidad de solicitar lo que por legítima le corresponda conservando, sin embargo, para determinados efectos la condición de legitimario» (Algaba Ros, S.: «Maltrato de obra y abandono emocional como causa de desheredación», *InDret*, abril 2015, p. 5). No rehusamos entrar en el debate en torno a si la desheredación priva o no de la condición de legitimario, pero como quiera que lo trataremos, con exhaustividad, posteriormente, apelaremos aquí a la paciencia del lector.

36 En otros trabajos ensayamos una definición de la desheredación partiendo del concepto de indignidad de Albaladejo, adaptándolo a las particularidades de la desheredación. Así, en 2020 dijimos que la desheredación privaba de la «porción legitimaria» («El internamiento de padres y ascendientes como causa de desheredación», *Revista Boliviana de Derecho*, núm. 30, 2020, p. 397). Sin embargo, apuntamos al año siguiente que era menester decir «legitima»,

No se nos escapa que la mención de que la desheredación es un «acto» obliga a contraponerla con el concepto de negocio jurídico. Si partimos de que el negocio jurídico es una declaración de voluntad cuyos efectos coinciden con aquella declaración, mientras que el acto jurídico es una declaración de voluntad con unos efectos determinados *ex lege*[37], se podría decir que la desheredación podrá adscribirse a una u otra noción según las circunstancias. Si el causante deshereda y no hay otros legitimarios que puedan adquirir la legítima por la vía del acrecimiento o del derecho de representación, resultará que la herencia, extinta la legítima, pasará a ser de libre disposición en su plenitud, coincidiendo los efectos de las desheredación con las previsiones que haya articulado el causante en el testamento; a lo que hay que añadir que, si admitimos, como luego se verá, que el causante pueda modular, *ex voluntate*, los efectos de la desheredación, privando parcialmente de la legítima al legitimario mediante la llamada desheredación parcial, el ligamen de la desheredación con la teoría del negocio jurídico es coherente. Sin embargo, como quiera que habiendo descendientes del desheredado estos adquirirán su legítima mediante el mal llamado derecho de representación, *ex* artículo 857 CC, o que, en ausencia de descendientes de ulterior grado y habiendo otros legitimarios del mismo grado

---

pues aunque el artículo 806 defina la legítima como una «porción de bienes», ni el legislador ni el testador están obligados a señalar o fijar determinados bienes que han de ser reservados al legitimario, máxime cuando el causante no ordena la partición *ex* testamento y cabe la posibilidad de entregar la legítima en metálico («La desheredación del menor de edad», *Revista Boliviana de Derecho*, núm. 32, 2021, pp. 390 y 391). Ahora, en vez de «tacha», decimos «acto dispositivo» del causante, para enfatizar que la desheredación emana, siempre que concurra una causa legal, de la soberanía de la voluntad del testador, que es el principio general del Derecho sucesorio.

37 DIEZ-PICAZO, L. y GULLÓN, A.: *Sistema de Derecho Civil, Volumen I, Introducción. Derecho de la persona. Autonomía privada. Persona jurídica*, Tecnos, Madrid, 1990, p. 498.

del desheredado, estos adquirirán su cuota parte de legítima mediante el acrecimiento, que no derecho de acrecer, previsto en el artículo 981 CC, la idea de que la desheredación es un acto jurídico adquiere más fuerza, máxime cuando las normas que regulan tanto el derecho de representación como el acrecimiento entre colegitimarios son imperativas, salvo que a su vez los beneficiarios de estas disposiciones sean desheredados.

2. NATURALEZA JURÍDICA: PROPUESTA DE DESTIERRO DEL CARÁCTER SANCIONADOR DE LA DESHEREDACIÓN

Sin duda, unos de los fundamentos del Derecho Civil y, en concreto, del Derecho de sucesiones, es el principio de la autonomía de la voluntad, pero, de haber legitimarios, este principio no es omnímodo, pues el causante no es totalmente soberano a la hora de contemplar el destino de su patrimonio para después de su muerte, debiendo respetar la legítima de los mal llamados herederos forzosos. Siendo la regla general la autonomía de la voluntad y la excepción la legítima[38], el legislador patrio contempla, como un retorno a la regla general, la desheredación, acto jurídico que, a pesar de nacer de la voluntad del causante, no es anticausalista, sino que tiene que estar basado en alguna de las causas, en palabras del artículo 848 CC, que «expresamente señala la Ley»[39]. Es importante señalar que la regla general es la autonomía de la voluntad o, en el

---

38 RAGEL SÁNCHEZ, L. F.: *La Cautela gualdense o Socini y el artículo 820.3.º del Código Civil*, Dykinson, Madrid, 2004, p. 116.

39 Explicaba MANRESA Y NAVARRO, J. M.: *Comentarios al Código Civil español, Tomo VI,* op. cit., p. 591, que el causalismo de la desheredación se debía a que, de no ser así, el legislador «haría casi omnímoda la voluntad de los ascendientes, de los descendientes ó del esposo, viniendo á ser casi estéril el propósito de la ley al imponer como forzosa la legítima».

ámbito sucesorio, la autarquía civil del testador, ya que el planteamiento contrario, consistente en afirmar que la regla general es la intangibilidad de la legítima y la desheredación una excepción, ha sido uno de los argumentos que ha enarbolado la doctrina para afirmar, unánimemente, que la desheredación es una sanción[40].

Se decía, en este sentido, que la legítima, que se debía, según algunos, por obra y gracia del Derecho natural[41], se fundamentaba en el *officium pietatis* o deber de amor entre los parientes consanguíneos más próximos, extrapolándose este concepto axiológico al plano jurídico mediante el deber de alimentos, predicable en vida, y a través de la legítima, que se materializa *post mortem*[42]. Sin embargo, ante algunas manifestaciones de ingratitud del legitimario, se erige, siguiendo a Sánchez Román, la desheredación, como medio de eficaz garantía que permite mantener la disciplina, el orden y la justicia en el seno

---

40 Véase, por ejemplo, SÁNCHEZ ROMÁN, F.: *Estudios de Derecho Civil, VI. 2, Derecho de sucesión,* op. cit., p. 1094, que catalogando la legítima como «un derecho á ser heredero en cierta cuota, por ministerio de la Ley, por este propio ministerio, y no por la voluntad del testador», debe establecerse excepciones a dicho derecho, como la indignidad o la desheredación. También JORDANO FRAGA, F.: *Indignidad sucesoria y desheredación (Algunos aspectos conflictivos de su recíproca interrelación),* op. cit., p. 89, que señala que, a tenor del artículo 813 CC, la desheredación aparece como la excepción a la regla o principio de la inviolabilidad de la legítima y de ahí la interpretación o aplicación restrictiva de su régimen legal.

41 Decía Alonso Martínez en 1875 (citado por ROGEL VIDE, C.: *El derecho a la herencia en la Constitución,* Reus, Madrid, 2017, p. 25), sobre el deber de los progenitores de dejar la legítima a los hijos, lo siguiente: «Del *estado familiar,* inherente a nuestro ser, surge, impuesto por la naturaleza, el *deber de la mutua asistencia,* deber que no puede realizarse sino dentro del sistema de propiedad perpetua, hereditaria, transmisible de padres a hijos».

42 ROYO MARTÍNEZ, M.: *Derecho sucesorio «mortis causa»,* op. cit., pp. 181 y 182.

de la familia[43], añadiendo Castán Tobeñas que se trata de un «castigo» ante la «infracción de aquellos deberes más trascendentales y precisos»[44]. Lo dicho en el párrafo anterior, en torno a que la desheredación es la excepción al sistema legitimario y que mediante la misma el causante *castiga* al legitimario, ha propiciado que los autores cataloguen la desheredación como una sanción o pena en el ámbito del Derecho civil[45], a lo que

---

43 Sánchez Román, F.: *Estudios de Derecho Civil, VI. 2, Derecho de sucesión,* op. cit. 1095.

44 Castán Tobeñas, J.: *Derecho Civil. Tomo tercero. Derecho de familia. Derecho de sucesiones,* op. cit., p. 442.

45 Puede verse, entre otros, a Alonso Martínez, M.: *El Código civil en sus relaciones con las legislaciones forales,* 1884, p. 129; Royo Martínez, M.: *Derecho sucesorio «mortis causa»*, op. cit., p. 247; Puig Brutau, J.: *Fundamentos de Derecho Civil, Tomo V, Volumen III,* op. cit., pp. 226; Puig Peña, F.: *Tratado de Derecho Civil Español, Tomo V, Sucesiones, Vol. II, Relaciones sucesorias particulares,* Editorial Revista de Derecho Privado, Madrid, 1963, pp. 415 y 421; Jordano Fraga, F.: *Indignidad sucesoria y desheredación (Algunos aspectos conflictivos de su recíproca interrelación),* op. cit., pp. 2, 3 y 56; Casado Casado, B.: *El Derecho Sancionador Civil. Consideraciones generales y supuestos*, Universidad de Málaga, Málaga, 2009, pp. 209 y ss.; Álvarez Álvarez, H.: «El alcance de la desheredación: la desheredación parcial», en AA.VV., *Estudios de Derecho de sucesiones. Liber Amicorum T.F. Torres García,* LA LEY, Madrid, 2014, pp. 98, 113 y 114; Romero Coloma, A. Mª.: «El maltrato de obra como causa de desheredación de hijos y demás descendientes», *Revista Aranzadi Doctrinal,* núm. 3/2014 (BIB 2014\1461), pp. 1, 5 y 9; Farnós Amorós, E.: «Desheredación por ausencia de relación familiar: ¿hacia la debilitación de la legítima?», op. cit., pp. 466 y 467; Algaba Ros, S.: «Maltrato de obra y abandono emocional como causa de desheredación», op. cit., pp. 5, 6, 8, 9, 10 y 14; Berrocal Lanzarot, A. I.: «El maltrato psicológico como justa causa de desheredación de hijos y descendientes», *Revista Crítica de Derecho Inmobiliario,* núm. 748, 2015, p. 932; Manzano Fernández, Mª M.: «La exclusión del hijo en la herencia del testador (Una visión actualizada de la desheredación en el Código Civil)», *Revista Crítica de Derecho Inmobiliario,* núm. 756, 2015, pp. 1848, 1861 y 1863; De Barrón Arniches, P.: «Libertad de testar y desheredación en los Derecho civiles españoles», *InDret,* octubre 2016, pp. 6, 11, 14, 16, 19, 20, 23, 26, 27, 30, 38 y 46; Represa Polo, Mª P.: *La desheredación en el Código Civil,* op. cit.,

hay que añadir el hecho de que el legislador, con propósito enfático, dispusiera en el artículo 848 CC que la desheredación «*sólo* podrá tener lugar por algunas de las causas que expresamente señala la ley»[46], interpretando la doctrina, al disertar sobre el citado precepto, que las causas desheredativas son un

---

pp. 25, 27 y 28; VAQUER ALOY, A.: «Acerca del fundamento de la legítima», *InDret*, octubre 2017, p. 20; DE LA IGLESIA MONJE, Mª. I.: «Imposibilidad de los abuelos de ver y mantener relaciones con sus nietos: supuesto de maltrato psicológico y causa de desheredación», *Revista Crítica de Derecho Inmobiliario*, núm. 780, 2020, p. 2293; ORDÁS ALONSO, M.: *La desheredación y sus causas. Derecho civil común y derecho civiles forales y especiales*, Wolters Kluwer, Madrid, 2021, p. 28; ATXUTEGI GUTIÉRREZ, J.: *Apartamiento y desheredación en el Derecho civil vasco*, Atelier, Barcelona, 2022, pp. 198 y 199; RIBERA BLANES, B.: «Maltrato psicológico y abandono afectivo como causa de desheredación», *Actualidad Jurídica Iberoamericana*, núm. 17 *bis*, diciembre 2022, pp. 2467, 2468, 2469 y 2487; MAGARIÑOS BLANCO, V.: *Libertad para ordenar la sucesión. Libertad de testar*, Dykinson, Madrid, 2022, p. 323; ARANDA RODRÍGUEZ, R.: «La desheredación», op. cit., p. 272; MARÍN SALMERÓN, A.: «La interpretación jurisprudencial del art. 853.2 del CC: maltrato de obra, maltrato psicológico y ausencia de relación manifiesta y continuada imputable al legitimario», en AA.VV., *Retos del Derecho de sucesiones en el siglo XXI*, Reus, Madrid, 2023, p. 866; SERRANO CHAMORRO, Mª E.: «¿El maltrato psicológico puede ser una causa de desheredación justa?», en AA.VV., *Condiciones y negocios jurídicos mortis causa*, Tirant lo Blanch, Valencia, 2023, p. 614; SUÁREZ, L. y ESTENÓZ, Y.: «La desheredación a la luz de la dignidad humana y la solidaridad familiar. Valoraciones del sistema sucesorio cubano», *Revista Boliviana de Derecho*, núm. 37, enero 2024, p. 266; NICASIO JARAMILLO, I. Mª.: «¿Fundamenta la solidaridad familiar la legítima en la interpretación del Tribunal Supremo?», en AA.VV., *Autonomía privada, familias y herencias*, Colex, A Coruña, 2024, pp. 148 y 163; SÁNCHEZ VALLE, Mª. R.: «El desapego familiar y el maltrato psicológico como causa de desheredación. El estado de la cuestión en la jurisprudencia», op. cit., pp. 324 y 333; PLANAS BALLVÉ, M.: ¿Cuándo la falta de relación entre causante y legitimario puede considerarse una causa legítima de desheredación?», *Diario LA LEY*, núm. 10660, febrero 2025, p. 2.

46 De manera similar, el artículo 852 CC dice que son «justas causas para la desheredación, en los términos que específicamente determinan los artículo 853, 854 y 855, las de incapacidad por indignidad para suceder, señaladas en el artículo 756 con los números 1º, 2º, 3º, 5º y 6º».

numerus clausus, sin que la desheredación pueda fundarse en otras causas, aunque fueren de mayor gravedad, ni en motivos análogos[47].

Nosotros aquí nos vamos a desligar de aquellas posiciones que han recalcado, sin ambages, la naturaleza sancionadora de la desheredación, y no será por un celo dogmático exento de consecuencias jurídicas, sino todo lo contrario. Lo que vamos a decir a continuación podríamos haberlo postergado al análisis de las causas de desheredación, pero, sin ánimo de incurrir en tautologías, hemos de detenernos, aunque sea someramente, en la estrecha vinculación que ha tenido la concepción de la desheredación como una suerte de sanción con la hermenéutica que han secundado los tribunales en torno a las causas desheredativas, ya que naturaleza jurídica y hermenéutica se presentan aquí como aspectos íntimamente ligados.

Es un hecho notorio que doctrina y jurisprudencia han desarrollado una exégesis en torno a que, por tratarse la desheredación de una sanción, sus normas deben ser objeto de una interpretación restrictiva, no siendo posible su interpretación extensiva ni aplicación analógica[48]. En puridad, la singladura jurisprudencial de la interpretación restrictiva comenzó con la STS 30 septiembre 1975[49], la cual fue comentada y criticada un año después por De Castro[50]. Los hechos que desem-

---

47 Mucius Scaevola, Q.: *Código civil, Tomo XIV,* Imprenta de Ricardo Rocas, Madrid, 1898, p. 867; Sánchez Román, F.: *Estudios de Derecho Civil, VI. 2, Derecho de sucesión,* op. cit., p. 1106; Manresa y Navarro, J. M.: *Comentarios al Código Civil español, Tomo VI,* op. cit., p. 592; Lacruz Berdejo, J. L.: «La desheredación», op. cit., p. 528.

48 Puig Ferrol, L. y Roca i Trias, E.: *Institucions del Dret civil de Catalunya,* Bosch, Barcelona, 1988, p. 466.

49 STS 30 septiembre 1975 (TOL 4.251.070).

50 Aunque el comentario, que se publicó en *Anuario de Derecho Civil,* abril-junio 1976, pp. 557-578, date de 1976, citaremos el siguiente trabajo del autor: De Castro y Bravo, F.: *Estudios jurídicos del profesor Federico de Castro,* Vol. 2,

bocaron en la citada sentencia traen causa de un testamento otorgado por un padre que desheredó a uno de los hijos por «malos tratos de obra e injurias graves», disponiendo que en caso de que la desheredación se declarase injusta, el hijo solo adquiriría su parte de legítima estricta. Omitiendo otros datos que son irrelevantes para nuestra exposición, el juzgado *a quo*, ante la demanda presentada por el desheredado reclamando la ineficacia de la desheredación, estimó la pretensión de este, declarando nula la cláusula testamentaria que albergaba la desheredación. Los hermanos del desheredado interpusieron recurso de casación, el cual fue desestimado. El Tribunal Supremo confirmó, en el segundo considerando, el fallo dictado en primera instancia respecto a la ineficacia de la desheredación, basándose en que los herederos no acreditaron los hechos alegados por el causante para desheredar al hijo. A pesar de que el considerando podría haberse quedado ahí, ya que bastaba con citar el artículo 850 CC y hacer referencia a la orfandad probatoria de la causa alegada por el testador para desestimar la impugnación articulada por los hermanos del demandante, el Tribunal Supremo dijo, además, que las causas de desheredación debían "interpretarse restrictivamente por aplicación del principio general de derecho «odiosa sunt restrigenda» y porque de otra forma se podría dar al traste con todo el sistema legitimario".

Coincidimos con De Castro en que la regla *odiosa sunt restrigenda* no constituye un principio general del Derecho, como erróneamente afirma la STS 30 septiembre 1975[51], sino una

---

Centro de Estudios Registrales, Madrid, 1997, pp. 1611-1633, que reproduce el primero. Dicha elección se debe a que el trabajo publicado en 1976 no fue firmado con su nombre y apellidos, sino de manera pseudoanónima, figurando tan solo las siglas de sus apellidos (C.B).

51 También la doctrina ha apuntado que la citada regla se trata de un principio general del Derecho, como, entre otros, Vela Sánchez, A. J.: «El contrato de

mera regla o máxima que simplemente narra una práctica, un mero «adorno teórico, utilizable a discreción», sin que tenga la consideración de fuente del Derecho[52], pues para valorar si una norma es odiosa o favorable, y determinar si debe ser objeto de una interpretación extensiva o restrictiva, «habrá que observar ante todo, su carácter, su sentido, su origen y la finalidad por ella perseguida»[53]. En el sentido expuesto, se ha dicho por autores como Lasarte, no sin previamente considerar dudoso mantener estos criterios, que «las normas que imponen limitaciones a la libertad de los sujetos, o que restringen sus derechos, deben interpretarse restrictivamente, en la medida en que son normas odiosas (*odiosa sunt restrigenda*)», y, a la inversa, «las normas que favorecen la libertad de los sujetos o les dispensan un mejor trato, deben interpretarse extensivamente (*favorabilia sunt amplianda*)»[54]. El error del Tribunal Supremo, y de todos aquellos autores que han reproducido su criterio, ha sido mirar el problema solo desde un ángulo, el de los legitimarios. Si concebimos la legítima como un derecho de los legitimarios y la desheredación como la privación de este derecho, puede ser que, desde esta perspectiva, la desheredación deba ser objeto de una interpretación restrictiva (*odiosa sunt restrigenda*); sin embargo, si vemos la legítima como una limitación de disponer del causante o un freno a su autonomía de la voluntad, es evidente que la desheredación ensancha esta libertad, eliminando dicho freno impuesto por el legislador, y,

---

vitalicio como alternativa apropiada a la desheredación», *Anuario de Derecho Civil*, tomo LXXVI, 2023, julio-septiembre, p. 1029.

52 De Castro y Bravo, F.: *Estudios jurídicos del profesor Federico de Castro*, Vol. 2, op. cit., pp. 1616 y 1617.

53 De Castro y Bravo, F.: *Estudios jurídicos del profesor Federico de Castro*, Vol. 2, op. cit., p. 1617.

54 Lasarte Álvarez, C.: *Parte general y Derecho de la persona. Principios de Derecho Civil I* (revisada y actualizada con la colaboración de Yáñez Vivero, F.), Marcial Pons, Madrid, 2021, p. 75.

por ende, las causas desheredativas, e incluso la desheredación en su conjunto, debe ser objeto de una interpretación extensiva (*favorabilia sunt amplianda*).

Téngase en cuenta que las causas de desheredación responden, mayormente, a la redacción decimonónica del Código Civil, siendo, conforme a su literalidad, insuficientes, de no ser interpretadas, para dar respuestas a muchas de las manifestaciones de insolidaridad familiar[55]. Conforme a la literalidad de las causas, la desheredación no se puede erigir como una institución idónea para proteger la dignidad del causante que es acreedor de una lesión por un incumplimiento de los deberes familiares que incumben a los legitimarios. En este escenario, el jurista contemporáneo tiene dos opciones: o bien realizar un análisis crítico de la ley haciendo una propuesta de *lege ferenda*; o bien, y sin perjuicio de lo anterior, proponer interpretaciones innovadoras, evolutivas y vanguardistas con el noble anhelo de contribuir a la evolución del sistema jurídico. Nosotros optaremos por esta última opción.

Partiendo de la premisa de que el carácter odioso de la desheredación es relativo, a tenor de una visión panorámica del

---

55 Decía Rebolledo Varela lo siguiente en relación con las causas de desheredación: «tal concreción de las causas de desheredación, que precisamente según algunos supone un importante valor, en opinión de otros supone actualmente uno de sus mayores problemas pues tal concreción hace que en muchas ocasiones no coincidan con ellas los hechos reales del trato que algunos padres reciben de sus hijos y descendientes que, aun siendo moral y socialmente reprobables para la mayoría de la población, quedan en muchos supuestos -obviamente no todos, porque hay desheredaciones que se declaran justas, pero en casi todos- fuera del ámbito del art. 853 CC en la interpretación estricta que de él se realiza por los Tribunales» (Rebolledo Varela, Á. L.: «Problemas prácticos de la desheredación eficaz de los descendientes por malos tratos, injurias y abandono asistencial de los mayores», en AA.VV., *La familia en el Derecho de sucesiones: cuestiones actuales y perspectivas de futuro*, Dykinson, Madrid, 2010, p. 386).

binomio legítima-desheredación, y que la regla *odiosa sunt restrigenda* es un mero recurso fácilmente manipulable, no negaremos que el tratamiento *tralatizio* de la desheredación como una sanción sigue representando un poderoso acicate para seguir apostando por la interpretación restrictiva de sus normas, erigiéndose el intérprete, de seguir este planteamiento, como una suerte de convidado de piedra. Así las cosas, y como quiera que el indudable magisterio de De Castro no ha servido para abandonar, lo que él mismo llamó, la teoría primitiva de la ley[56], concibiéndose las causas desheredativas como normas *pseudopenales*, con todo lo que ello conlleva, a continuación expondremos una serie de argumentos en la empresa de desmitificar la naturaleza sancionadora de la desheredación.

Prima facie, se puede pensar que, en el fragor del apasionado debate entre la libertad de testar y el sistema de legítimas, fue intención del legislador que la desheredación fuese objeto de una interpretación restrictiva. Quizás coadyuve a ello una interpretación histórica y gramatical de la desheredación, pues Las Partidas decían, tras la enumeración taxativa de las causas de desheredación, lo siguiente: «*Mas si por alguna razon qualquier, que no fuesse de las sobredichas en estas leyes, deseredasse el padre a su fijo, non le valdría tal desheredamiento*» (Ley 8ª, Titulo VII, Sexta Partida). Más tajante fue el artículo 666 del Proyecto isabelino de 1851, al decir que el heredero forzoso «puede ser únicamente desheredado por alguna de las causas expresamente señaladas en la ley, y no por otras, aunque sean de igual o mayor gravedad». Ahora, tenemos el artículo 848 CC, que, aunque tuviese como base el Proyecto isabelino[57], no tuvo el

---

56 De Castro y Bravo, F.: *Derecho civil de España. Parte General, Tomo I*, Instituto de Estudios Políticos, Madrid, 1955, p. 496.

57 Véase la Base 1ª de la Ley de Bases de 11 de mayo de 1888, por la que se autoriza al Gobierno para publicar un Código Civil con arreglo a las condiciones y bases establecidas en la misma.

mismo celo enfático que este, disponiendo que la desheredación «sólo podrá tener lugar por algunas de las causas que expresamente señala la ley». Sin embargo, De Castro dijo que ni del texto del Código Civil ni de sus antecedentes «se encuentra motivo alguno para inclinarse por la interpretación restrictiva de *cada una* de las causas de desheredación», y nosotros ahora abogamos, aunque inclinar la balanza a favor de una u otra afirmación sea una tarea ardua, por secundar dicha tesis.

Hemos visto que el artículo 666 del Proyecto isabelino descartaba de plano que el legitimario pudiese ser desheredado por una causa no prevista en la ley, aunque fuese de más gravedad, pero ello no implicaba que la causa, previamente admitida por la ley, no pudiese ser interpretada o que esta en todo caso tuviese que ser objeto de una interpretación restrictiva. Es más, a tenor de un análisis más exhaustivo de los antecedentes históricos se puede sostener lo contrario. La doctrina ha residenciado el origen del maltrato de obra previsto en el artículo 853.2ª CC en la Ley 4ª, Título VII, de la Sexta Partida, que contemplaba la desheredación del hijo cuando este «*á sabiendas é sañudamente mete manos airadas en su padre para ferirle, é para prenderle*». Cierto es que, a primera vista, la causa del artículo 853.2ª, conforme a sus antecedentes históricos, está estrechamente relacionada con la compulsión física, como así se hizo eco la doctrina[58]; no obstante, García Goyena, a la sazón principal redactor del Proyecto de Código Civil de 1851 y cuyas aportaciones posteriores pueden ser visualizadas como una interpretación auténtica[59], se desligó de la fórmula reseñada de Las Partidas al redactar el artículo 672.2º del Proyecto,

---

58 PÉREZ ESCOLAR, M.: «Causas de desheredación y flexibilización de la legítima», op. cit., p. 1144.

59 Lo afirmó SALINAS QUIJADA, F.: «Navarra en el Proyecto isabelino de Código civil de 1851 y en las Concordancias de García Goyena», *Príncipe de Viena*, núm. 173, 1984, p. 656.

optando por el archiconocido maltrato de obra a la hora de recoger una de las causales de desheredación de hijos y descendientes[60]. Semejante giro no fue baladí, pues, como explica el autor, viendo la variedad de elocuciones que empleaban los códigos extranjeros, se optó por el maltrato de obra para dar «cierta latitud al Juez», detallando que se podía subsumir en el maltrato desde un puntapié al padre, hasta tenerlo encerrado o «arrimarle ascuas a los pies siendo ciego»[61], pudiendo servir de «punto de apoyo» al juez, a fin de valorar los hechos alegados por el testador, el deber de respeto que los hijos deben profesar al padre aún después de la minoría de edad[62].

Pero aún en la hipótesis de que fuese intención de legislador patrio que las causales de desheredación fuesen objeto de una interpretación restrictiva, ello no es determinante. Como quiera que legítima y desheredación son las dos caras de la misma moneda[63], y visto que el fundamento de la legítima no viene como tal cristalizado en la ley, creemos que lo esencial del régimen sucesorio, como decía Vallet de Goytisolo, «es la adecuación del sistema al fin pretendido y al objeto de que se trate», debiéndose valorar «el clima moral social de la época y lugar, las costumbres y los usos vividos, e incluso el mismo objeto o contenido de la herencia en cuestión»[64]. Desarrollando

60 El artículo 671 señalaba que todas las causas de indignidad lo son también respectivamente de desheredación, y el artículo 672.2° decía que son también causas de desheredación contra los hijos y descendientes en relación con la sucesión del ascendiente: «Haberlos maltratado de obra o injuriado gravemente de palabra».

61 García Goyena, F.: *Concordancias, motivos y comentarios del Código Civil español, Tomo II*, op. cit., p. 116.

62 García Goyena, F.: *Concordancias, motivos y comentarios del Código Civil español, Tomo I*, Madrid, 1852, p. 155.

63 Represa Polo, Mª P.: *La desheredación en el Código Civil*, op. cit., p. 49.

64 Vallet de Goytisolo, J.: *Limitaciones de Derecho sucesorio a la facultad de disponer, Tomo I, Las legítimas*, op. cit., p. 49.

esta idea, se ha querido buscar el arquitrabe de la legítima en la solidaridad familiar, sin embargo, este fundamento ha sido criticado recientemente por Magariños Blanco, apuntando que la legítima se basa, sencillamente, en el mero parentesco, aspecto este sobre el cual el legislador hace residenciar el derecho a la legítima[65]. Si se extrapola el concepto de solidaridad familiar a otras instituciones como el deber de alimentos entre parientes, es cierto que aquella se patenta más en este que en la legítima, al socaire de que el legislador no hace depender la adquisición de la misma a que el legitimario esté en una situación de necesidad o vulnerabilidad[66]. Sin embargo, ello no es

---

65 MAGARIÑOS BLANCO, V.: *Libertad para ordenar la sucesión. Libertad de testar*, op. cit., p. 307.

66 Sin embargo, en otros ordenamientos, el ligamen entre la legítima y la solidaridad familiar es más patente, como en Rusia, donde el Código Civil ruso acoge la libertad de testar (art. 1119), con el único límite de una legítima *asistencial,* destinada a aquellos parientes que «no puedan trabajar» o a aquellas personas, que, teniendo un vínculo de parentesco con el causante, hayan convido con él en situación de dependencia durante al menos el año anterior a la apertura de la sucesión, interpretando el Tribunal Supremo de la Federación Rusa, mediante sentencia de 29 de mayo de 2012, que no pueden trabajar los menores de edad y las personas que, habiendo alcanzado la mayoría de edad, tengan derecho a una pensión laboral, con independencia de que la pensión haya sido reconocida. No en vano, PÉREZ SIMÓN, M.: «La legítima en el Código Civil ruso. Un análisis histórico y comparado», *InDret,* enero 2016, p. 25, señala que la legítima rusa tiene una clara finalidad asistencial, aunque sea de cuota fija. Lo mismo cabe decir respecto a Cuba, país heredero de la legítima eslava, donde el Código civil cubano de 1987, según la interpretación dada por sus tribunales (vid., Sentencia Tribunal Supremo, Sala de lo Civil y de lo Administrativo, núm. 232, de 24 de marzo de 2003), supedita la adquisición de la legítima al vínculo consanguíneo, matrimonial o análogo a la relación conyugal y, además, a que el legitimario no sea apto para trabajar y dependa económicamente del causante. Siguiendo a Pérez Gallardo, no son aptos para trabajar aquellas personas que por una imposibilidad física o psíquica no puedan realizar una labor productiva, que les permita recibir una remuneración para satisfacer sus necesidades básicas; en cuanto a la dependencia económica con el causante, señala el citado autor

óbice para afirmar que, en parte, la *ratio* que guió al legislador para consagrar la legítima, en detrimento de la libertad absoluta de testar, fue lo que, bajo su entendimiento, respondía a la protección de la familia[67]. Otra cuestión será que, partiendo de dicho fundamento, la ley hiciese depender la adquisición de la legítima al mero parentesco, sin importar el vínculo afectivo, y sin materializarse todas las manifestaciones de insolidaridad familiar en la desheredación[68]. Estando presente esta disfunción, el objetivo es que, en clave hermenéutica, todos los aspectos de la legítima, y en concreto la desheredación, tengan como faro la solidaridad familiar, a fin de que, ante la ausencia de la actividad del legislador, tan acostumbrado a usar la técnica del avestruz cuando se trata de dar respuesta a los problemas, el intérprete pueda rendir tributo a dicho concepto. Téngase en cuenta que el presupuesto de la legítima es el parentesco, pero lo que verdaderamente le da sentido es la solidaridad familiar, cuya presunción de existencia descansa en la sangre; pero ello no obsta a que, valga la hipérbole, la presunción consanguínea pueda ser destruida, a instancia del causante que deshereda,

---

que no es requisito *sine qua non* la convivencia, pues puede haber personas que, aun sin convivencia, dependían del causante, en tanto en cuanto este era el sostén pecuniario ineludible del legitimario (PÉREZ GALLARDO, L. B.: *Estudios sobre la legítima asistencial*, Organización Nacional de Bufetes Colectivos, La Habana, 2016, pp. 64 y 67).

67 Así lo dijo ROYO MARTÍNEZ, M.: *Derecho sucesorio «mortis causa»*, op. cit., pp. 181 y 182, que, reconociendo que la legítima es una imposición legal a favor de los parientes más próximos y que la asociación entre la legítima y los alimentos es remota, no dudó en afirmar que el fundamento de ambas instituciones «calan hasta estratos comunes de la solidaridad familiar».

68 Como apunta VIVES VELO DE ANTELO, P.: *Razones para mantener la legítima y propuesta de regulación*, Fundación del Notariado, Madrid, 2024, p. 367, en relación a la dimensión normativa de la solidaridad familiar, el Código Civil «no refleja la potencial solidaridad familiar que debiera inspirar nuestro régimen de legítimas, sinedo la conducta del legitimario irrelevante jurídicamente en muchos supuestos».

por hechos protagonizados por los legitimarios que, en teoría, y solo en teoría, tendrían que haber rehusado actuar con una ceguera respecto al concepto de la solidaridad familiar.

Creemos, dado que la solidaridad familiar es uno de los argumentos más esgrimidos por quienes defienden el sistema legitimario, que el citado fundamento debe servirnos, paradójicamente, para releer el Derecho de sucesiones desde una perspectiva humanista, y conciliar la legítima con la libertad de disponer del causante y, no menos importante, con su dignidad. Así, donde otrora la solidaridad familiar, en el contexto del sistema legitimario, era unidireccional, contemplándose la legítima como un deber insoslayable del causante con independencia de que los legitimarios hubiesen rendido tributo a los deberes familiares, salvo que dicho incumplimiento se pudiese subsumir en algunas de las causa de desheredación, ahora nosotros abogamos por la idea de que la solidaridad familiar sea bidireccional o recíproca[69]; es decir, una decidida apuesta porque en la hermenéutica del sistema y, en concreto, de las causas de desheredación, no solo se contemple desde la perspectiva de «la defensa a ultranza del desheredado»[70], sino también desde el prisma de los deberes legales y morales que incumben a los legitimarios y, no menos importante,

---

69 Así lo defiende Vaquer Aloy, que pese a no desligarse del carácter sancionador de la desheredación, dice, apelando a la solidaridad familiar, que la conducta del legitimario, aunque no revista la gravedad del maltrato físico o emocional, no debe ser irrelevante, máxime cuando «[no] hay, pues, obstáculo legal ni hermenéutico a que las causas de desheredación existentes puedan ser aplicadas en clave más teleológica, de modo que respondan, con mayor efectividad, a la solidaridad intergeneracional» (Vaquer Aloy, A.: «Acerca del fundamento de la legítima», op. cit., pp. 20 y 21).

70 Expresión empleada por Lasarte Álvarez, C.: «Abandono asistencial de la tercera edad y desheredación de los descendientes en la España contemporánea», en AA.VV., *La protección de las personas mayores*, Tecnos, Madrid, 2007, p. 364, para criticar la regulación normativa de la desheredación

de la libertad dispositiva del causante, que no deja de ser una manifestación del reconocimiento de la dignidad personal y del libre desarrollo de la personalidad extrapolado al Derecho de sucesiones[71-72]. Si partimos de que los defensores del sistema legitimario no dudan en enarbolar la bandera de la solidaridad familiar para justificar la petrificación del Derecho de sucesiones, nosotros decimos que, para que la legítima rinda tributo a su fundamento, hemos de actualizar, conforme a una interpretación sociológica y teleológica, el contenido de este concepto jurídico indeterminado, y por ello la desheredación debe escapar de la cárcel jurídica en la que ha estado recluida durante largos años para poder afrontar los desafíos de la actual coyuntura[73].

En el ámbito de la interpretación sociológica, la aseveración de que la legítima de hoy no es la misma que la legítima decimonónica no es un mero artificio vacío o inocuo, sino que está corroborado por las distintas reformas de las que ha sido objeto la institución, siendo confirmada esta evolución incluso por quienes defienden hoy día, sin ambages, la legítima[74]. Efectivamente, el legislador, e incluso la jurisprudencia, han

---

71 De Barrón Arniches, P.: «Libertad de testar y desheredación en los Derecho civiles españoles», op. cit., p. 6.

72 También se hace eco de la flexibilización de la legítima, a fin de proteger otros intereses, Pizarro Moreno, para defender la posibilidad del arbitraje sucesorio entre legitimarios (Pizarro Moreno, E.: «El arbitraje testamentario (mejor, sucesorio). Propuestas de *lege ferenda*», op. cit., p. 536).

73 Martínez Fernández, Á.: «Pasado y presente de la Cautela Socini», en AA.VV., *Fundamentos del derecho sucesorio actual,* Marcial Pons, Madrid, 2018, p. 437, quizás incurriendo en una hipérbole, ha manifestado que la desheredación se trata de una institución que, por la interpretación restrictiva de sus causas, está *derogada tácticamente.*

74 Véase Espejo Lerdo de Tejada, M.: *Tendencias reformistas en el Derecho español de sucesiones. Especial consideración al caso de las legítimas,* Wolters Kluwer, Madrid, 2020, pp. 59-107.

dejado de visualizar la legítima como un derecho absoluto de los legitimarios, intentando conciliar la misma con la conjugación de otros intereses[75]. A título de ejemplo, puede citarse el segundo párrafo del artículo 1056 CC, que permite al testador adjudicar una explotación económica o un paquete mayoritario de acciones o participaciones de una sociedad de capital o grupo de estas a una o varias personas que no tienen porqué tener la consideración de legitimarios, ordenando que se pague en metálico la legítima, incluso con dinero extrahereditario, y no, necesariamente, en interés de la familia, sino en aras de la conservación de la empresa[76], pudiéndose postergar el pago hasta cinco años a computar desde el fallecimiento del causante. También puede citarse el artículo 808 CC, que permite exceptuar la intangibilidad cualitativa, e incluso cuantitativa, de la legítima, para proteger al descendiente que se encontrare en una situación de discapacidad, o el artículo 822 CC que posibilita la donación o legado de un derecho de habitación sobre la vivienda habitual a favor de un legitimario con discapacidad, sin que se compute dicha atribución para el cálculo de la legítima si en el momento del fallecimiento el beneficiario estuviere conviviendo en ella.

Pero la dulcificación de la legítima, a fin de proteger otros intereses, no solo ha venido de la mano del legislador, sino también de la jurisprudencia. Valga el ejemplo de la cautela sociniana, cuya validez ha sido objeto de un largo debate. Según algunos, el usufructo universal a favor del cónyuge viudo, habiendo descendientes, vulnera la regla de la intangibilidad

---

75 Lo reconoció GARRIDO DE PALMA, V. M.: «La desheredación y la exclusión», *Revista Jurídica del Notariado,* núm. 53, enero-marzo 2005, p. 188.

76 BLANDINO GARRIDO, Mª. A.: «La adjudicación de la empresa familiar y en pago de la legítima: el artículo 1056. II CC», en AA.VV., *Cuestiones civiles y mercantiles en la empresa familiar,* Wolters Kluwer, Madrid, 2022, p. 26, residencia el fundamento del precepto en la conservación de la empresa y no, necesariamente, en el interés de la familia.

cualitativa de la legítima, entendiéndose, conforme a la redacción originaria del artículo 813 CC, que el único gravamen posible sobre la legítima de los descendientes viene impuesto por la legítima del cónyuge, que consiste en el derecho de usufructo sobre el tercio destinado a mejora (art. 834 CC), sin que pueda ir más allá. Sin embargo, la jurisprudencia, desde la STS 19 noviembre 1901[77], ha admitido, a fin de proteger al cónyuge viudo y con base en el artículo 820.3º CC, la cláusula testamentaria en la que el testador deja a sus legitimarios una parte de la herencia que excede de la legítima estricta, pero sometida a la condición o gravamen consistente en que, si deciden impugnarla, verán reducida su adquisición a lo que les corresponda por legítima estricta.

Mención aparte merece la archiconocida STS 3 junio 2014[78], que bautizó el denominado «maltrato psicológico» como causa de desheredación[79]. Sin entrar a analizar ahora pormenorizadamente la sentencia y las posteriores que se han dictado, la misma versó sobre una desheredación articulada por el padre respecto a dos hijos. La familia vivía en Alemania, pero tras la crisis matrimonial, los hijos tomaron partido por la madre; el padre regresó a España y pasó su última enfermedad bajo los cuidados de la hermana, no teniendo ninguna relación con los hijos. El causante desheredó a los legitimarios por todas las causas previstas en el artículo 853 CC; así, adujo en el testamento que había sido objeto de injurias, maltrato de obra y que los hijos se habían negado a prestarle cuidados. En instancias inferiores descartaron la concurrencia de dichas causas;

---

77 Citada y transcrita parcialmente por la STS 21 noviembre 2011 (TOL 2.299.929).

78 STS 3 junio 2014 (TOL 4.395.123).

79 Decimos que solo bautizó porque creemos que la línea aperturista de las causas de desheredación se debe en gran parte a la STS 26 junio 1995 (TOL 1.668.607).

respecto a las injurias y el maltrato de obra adujeron que había una orfandad probatoria, y, en cuanto a la negativa de los hijos a cuidar del padre, el juzgado estimó que este tenía recursos económicos suficientes para procurar su propia subsistencia. Sin embargo, sí estimaron probado el abandono que protagonizaron los hijos, subsumiéndolo en el maltrato psicológico. Planteado por los desheredados un recurso de casación, estos alegaron, previa cita de la STS 28 junio 1993[80], que «la falta de relación afectiva o el abandono sentimental con los padres son circunstancias y hechos que, de ser ciertos, corresponden al campo de la moral y no a la apreciación o valoración jurídica», toda vez que las causas de desheredación tenían que ser objeto de una interpretación restrictiva, pues, de lo contrario, se daría al traste con todo el sistema legitimario. Lo lógico habría sido que, dada la manida interpretación restrictiva de las causas de desheredación, el recurso hubiese sido estimado, pero el Tribunal Supremo dijo que aunque estuviese proscrita la analogía y la interpretación extensiva de las causas desheredación, taxativamente contempladas en el artículo 848 CC, ello «no significa que la interpretación o valoración de la concreta causa, previamente admitida por la ley, deba ser expresada con un criterio rígido o sumamente restrictivo». Tras esta declaración, expuso que «en la actualidad, el maltrato psicológico, como acción que determina un menoscabo o lesión de la salud mental de la víctima, debe considerarse comprendido en la expresión o dinamismo conceptual que encierra el maltrato de obra».

La prestidigitación en la que incurre el Tribunal Supremo es notable cuando dice que las causas desheredativas no admiten una interpretación extensiva y, a renglón seguido, contempla el maltrato psicológico como hecho subsumible en el maltrato de obra. Repetimos, adaptándolo a la actual problemática, lo que dijimos *supra* al criticar la denominación de heredero

---

80 STS 28 junio 1993 (TOL 1.663.032).

forzoso: la interpretación, según el resultado, es la que es, no la que diga el intérprete. Por mucho que en su día se esforzara el Alto Tribunal en afirmar que las causas desheredativas no pueden ser objeto de una interpretación extensiva o aplicación analógica, el resultado al que se llegó en 2014 fue el de una interpretación extensiva, donde el sentido del artículo 853.2° CC superó, si se quiere, el de su literalidad, suponiendo un giro copernicano respecto a la jurisprudencia que siempre había relacionado el maltrato de obra, con alguna excepción[81], con la compulsión física; tanto es así que, durante la anterior centuria, los supuestos de abandono habían devenido irrelevantes, al entenderse, conforme a una interpretación restrictiva, que tales hechos no encajaban en el maltrato de obra[82].

---

81 Se trata de la STS 26 junio 1995, donde la esposa del desheredado expulsó a la causante de la casa donde vivía el matrimonio, no adoptando aquel ninguna medida para remediar el hecho, viéndose obligada la madre desheredante a ocupar otra vivienda cercana, la cual estada en estado ruinoso, «sin otras atenciones y ayudas que la de una sobrina», situación que se prolongó hasta su fallecimiento. Aunque la causa que se alegó en testamento fue el maltrato de obra (art. 853.2ª CC), a pesar de que el hijo no fue el autor de la expulsión, ni llegó a emplear en ningún momento la fuerza física, el tribunal estimó justa la desheredación.

82 Nos remitimos, *ad exemplum*, a la STS 4 noviembre 1997 (TOL 215.345), que reputó injusta la desheredación de un padre respecto a sus dos hijos con el que no tuvo contacto alguno, ni siquiera cuando aquel estaba padeciendo las dolencias mortales que le condujeron a la muerte. En palabras del fundamento de derecho cuarto: «El motivo se desestima, porque los hechos imputados no son subsumibles en el artículo citado (negativa a prestar alimentos, sin motivo legítimo y malos tratos de obra o injurias graves de palabra), la jurisprudencia que interpreta este precepto, por su carácter sancionador, es absolutamente restrictiva en la interpretación y no extiende su aplicación a casos no previstos en la ley. Los desheredados ni negaron alimentos ni maltrataron de obra o palabra al padre , y no demostrada la causa de la desheredación (artículo 850) por la parte a quien le incumbe, la desestimación es la única decisión posible»

Se podrá discrepar de nosotros en la tesis de la interpretación extensiva, entendiéndose que el Tribunal Supremo aplicó la analogía para integrar el maltrato psicológico, pero lo que es paladino es que se apartó de la regla *odiosa sunt restrigenda,* bastión del sistema legitimario, y que el resultado fue todo lo contrario a una interpretación restrictiva del artículo 853.2º CC[83]. Y todo ello con el pretexto, no de defender a ultranza a

[83] Con la revocación de las donaciones por causa de ingratitud (según Puig Brutau, J.: *Fundamentos de Derecho Civil, Tomo V, Volumen III,* op. cit., p. 212, tiene el mismo fundamento que la desheredación), el Tribunal Supremo, con un quiebro torero, incurrió en la misma contradicción [véase, por ejemplo, la STS 20 julio 2015 (TOL 5.512.942)]. Aunque el artículo 648.1º CC contemple como causa de revocación de la donación por ingratitud que el donatario «cometiere algún delito contra la persona, el honor o los bienes del donante» y que la revocación sea catalogada por la doctrina como una sanción (Lacruz Berdejo, J. L.: «La donación», en AA.VV., *Derecho de obligaciones, Volumen tercero, Contratos y cuasicontratos,* Bosch, Barcelona, 1986, p. 149), debiendo ser objeto de una interpretación restrictiva (De la Válgoma, Mª.: «Revocación de las donaciones por ingratitud. Análisis del artículo 648.2º del Código Civil», *Revista general de legislación y jurisprudencia,* núm. 251, 1981, p. 396, y Pérez de Ontiveros Baquero, M. C.: «La revocación de las donaciones por ingratitud del donatario», en AA.VV., *Tratado de las Liberalidades. Homenaje al Profesor Enrique Rubio Torrano,* Aranzadi, Pamplona, 2017, pp. 588 y 589), el Tribunal Supremo, no sin antes afirmar que la revocación no puede ser objeto de una interpretación extensiva [STS 13 mayo 2000 (TOL 2.615)], estimó la acción de revocación de unos padres contra la hija diciendo que no era necesario que esta cometiese un delito contra la «persona, honra y otros bienes», pudiendo subsumirse en el precepto cualquier otro delito «por el que pudiera resultar ofendido el donante en su gratitud», no precisando tampoco el éxito de la acción una previa sentencia penal condenatoria, ni que el proceso penal se haya iniciado, «bastando la existencia de una conducta del donatario socialmente reprobable, que revistiendo caracteres delictivos, aunque no estén formalmente declarados como tales, resulte ofensiva para el donante» (vid., fundamento de derecho tercero de la STS 20 julio 2015). En nuestra opinión, estamos de acuerdo con dicha exégesis, pues, como dicen Gago Simarro y Antuña García, sería una contradicción que se pudiese privar a un legitimario de su legítima

los legitimarios que habían protagonizado un hecho omisivo contrario a la solidaridad familiar, sino de poner en alza «la dignidad de la persona como germen o núcleo fundamental de los derechos constitucionales (artículo 10 CE) y su proyección en el marco del Derecho de familia como cauce de reconocimiento de los derechos sucesorios, especialmente de los derechos hereditarios de los legitimarios del causante»[84].

Aunque valoremos los esfuerzos de autoras como Algaba Ros para reinterpretar el alcance del carácter sancionador de la desheredación[85], y a pesar de que nosotros en su día dijéramos, probablemente por una falta de gallardía, que la desheredación era una sanción familiar[86], ahora decimos, directamen-

por el maltrato psicológico y, en cambio, este pudiese conservar los bienes donados imputables en la legítima (Gago Simarro, C. y Antuña García, P.: «La ausencia de relación familiar: ¿justa causa de desheredación de hijos y descendientes?», *Revista Crítica de Derecho Inmobiliario,* núm. 784, 2021, p. 1213); sin embargo, no se puede negar la evidencia: tanto el artículo 648.1° CC como artículo 853.2ª CC fueron objeto de una interpretación extensiva, como así lo ha apreciado, recientemente, Rogel Vide, C.: *Revocabilidad de la donación por ingratitud del donatario,* Reus, Madrid, 2024, pp. 69 y 70.

84 A propósito de dicha sentencia, Berrocal Lanzarot dijo que el Tribunal Supremo desechó la concepción de sanción de la desheredación (Berrocal Lanzarot, A. I.: «El maltrato psicológico como justa causa de desheredación de hijos y descendientes», op. cit., p. 942).

85 La autora dice que la desheredación es una sanción privada, no pública, siendo así que el principio de legalidad del artículo 25 CE abarca las sanciones de naturaleza pública, añadiendo, citando a Ramos Tapia, que si incluso en las sanciones de naturaleza pública se admite la interpretación extensiva siempre que el método de interpretación sea aceptable, cuanto más en el marco de la desheredación. No obstante, la autora descarta que la interpretación extensiva de la desheredación llegue a la analogía, habida cuenta que está proscrita para las normas sancionadoras (Algaba Ros, S.: «Maltrato de obra y abandono emocional como causa de desheredación», op. cit., pp. 9 y 10).

86 Gómez Valenzuela, M. Á.: «La desheredación del menor de edad», op. cit., p. 399.

te, que la desheredación ni es una sanción, ni es una pena[87]. Las instituciones evolucionan, y de la misma manera que la privación de la patria potestad fue visualizada en el pasado como una sanción[88] para dejar de serlo e interpretarse a tenor del interés del menor[89], la desheredación debe experimentar

---

87 Si visualizaramos como normas sancionadoras aquellas que, simplemente, pueden generar efectos perjudiciales a una de las partes, es cierto que las normas que disciplinan la desheredación pueden identificarse con la sanción, como también pudiere concebirse de tal modo, por ejemplo, el artículo 1124 CC, que contempla la posibilidad de resolver las obligaciones recíprocas cuando uno de los obligados «no cumpliere lo que le incumbe». Pero obsérvese que en España la naturaleza sancionadora de determinadas normas y, en concreto, de la desheredación, ha estado ligada a la creencia de que constituye una penal civil para el desheredado y que, por ende, sus reglas deben ser objeto de una interpretación restrictiva, por generar efectos *odiosos* para el legitimario. Valorando que el legislador reconoció, al redactar la Disposición transitoria 3ª del CC, que en el Derecho Civil existen disposiciones que «sancionan con penalidad civil» y que se ha vinculado la desheredación con la «sanción» o la «pena» (véase, *ad exemplum*, ALGABA ROS, S.: *Efectos de la desheredación*, op. cit., p. 190), el propósito que tenemos en las páginas siguientes es desligar la desheredación de dicha categoría, a fín de que sus normas puedan ser interpretadas según determina el artículo 3 CC, con independencia de que la hermenéutica, según el resultado, sea el de una interpretación extensiva.

88 Véase, por ejemplo, GUILARTE MARTÍN-CALERO, C.: «Algunas reflexiones acerca de la incapacitación, la rehabilitación y la privación de la patria potestad [Comentario a la sentencia del Tribunal Constitucional de 9 de octubre de 2002 (STC 174/2002)], *Actualidad Civil*, núm. 24, 2003, p. 9, y, más detalladamente, CASADO CASADO, B.: *El Derecho Sancionador Civil. Consideraciones generales y supuestos*, op. cit., pp. 120-182. En el ámbito jurisprudencial, puede verse la STS 6 julio 1996 (TOL 216.859), que tachó la privación de la patria potestad como una «norma sancionadora».

89 Por todas, la STS 24 mayo 2000 (TOL 4.927.084), seguidas de otras dictadas por Audiencias Provinciales como la SAP Badajoz 29 noviembre 2002 (TOL 7.717.222), que dijo que «la privación de la patria potestad, que por su gravedad ha de reputarse excepcional y aplicarse únicamente en casos extremos, *no puede ser considerada sin más una especie de sanción abstracta a la conducta indigna de sus titulares*, pues sobre tal consideración prima el interés

la misma evolución, pasando de conceptuarse como una sanción para pasar a concebirse, en aras de la solidaridad familiar, como un acto dispositivo causalista que debe ser interpretado conforme a todos los medios hermenéuticos que contempla el artículo 3 CC, con independencia de que el resultado al que se llegue sea el de una interpretación extensiva.

Algo parecido a lo que hoy defendemos con la desheredación ocurrió, *mutatis mutandi*, con la responsabilidad personal del administrador respecto de las deudas sociales cuando, concurriendo causa de disolución de la sociedad, no la promoviese. En este ámbito, donde la jurisprudencia decía que dicha responsabilidad tenía carácter sancionador[90], defendiendo no pocos autores dicha adscripción, a fin de que el montante indemnizatorio no descansase solo en el perjuicio causado, sino también en el desvalor de la conducta[91], el Tribunal Supremo empezó a matizar dicha caracterización a raíz de la STS 26 septiembre 2007[92]. A propósito de las normas que contemplaban dicha responsabilidad[93], el Alto Tribunal dispuso en esta sentencia que solamente se puede decir que tengan carácter sancionador en sentido impropio, dado que no tienen por finalidad «la protección del interés general, sino, propiamente, la de los intereses de los acreedores sociales», desligándose definitivamente de la subsunción sancionadora la STS 23 febrero

del menor y, por ello mismo, la conveniencia y oportunidad de tan rigurosa medida para su adecuada protección» (cursiva nuestra).

90 SSTS 23 diciembre 2003 (TOL 340.964), y 26 marzo 2004 (TOL 365.373).

91 Prendes Carril, P.: «Naturaleza jurídica de la responsabilidad concursal de los administradores sociales tras la STS de 23 de febrero de 2011», *Actualidad Jurídica Aranzadi*, núm. 825/2011 (BIB 2011\1144), p. 3.

92 STS 26 septiembre 2007 (TOL 1.150.980).

93 Artículo 105.5 de la Ley 2/1995, de 23 de marzo, de Sociedad de Responsabilidad Limitada y artículo 262.5 del Real Decreto Legislativo 1564/1989, de 22 de diciembre, por el que se aprueba el texto refundido de la Ley de Sociedad Anónimas.

2011[94], seguida de otras, siendo de sumo interés que uno de los argumentos que sacó a colación esta última resolución fue, reiterando lo que dijo la STS 26 septiembre 2007, que intereses particulares, como el de los acreedores sociales, no justificaba atribuir al artículo 172.3 de la Ley 22/2003, de 9 de julio, Concursal, el carácter de sanción.

A nuestro juicio, dicha exégesis es extrapolable a la desheredación, pues el interés particular de los legitimarios, que representa la excepción a la regla general que no es otra que la libertad de testar, no justifica, en absoluto, la naturaleza sancionadora de la desheredación, que constituye, insistimos, una materialización del principio general, permitiendo esta premisa, no solo abandonar el mantra de la interpretación restrictiva de sus normas, sino incluso, la aplicación analógica[95]. A este respecto, poniendo el foco ahora en el artículo 4.2 CC, la desheredación no puede identificarse con una pena, toda vez que, al amparo del artículo 34.3 CP, no se reputarán penas las «privaciones de derechos y las sanciones reparadoras que establezcan las leyes civiles o administrativas»[96].

En verdad, es extraño, desde nuestro prisma, la naturaleza sancionadora de normas civiles donde los intereses contrapuestos son de particulares, pudiendo ser apreciada esta relatividad según lo dicho páginas atrás sobre la desheredación y las reglas *favorabilia sunt amplianda* y *odiosa sunt restrigenda.* Creemos que

---

94 STS 23 febrero 2011 (TOL 2.063.687).

95 En contra, ALGABA ROS, S.: «Maltrato de obra y abandono emocional como causa de desheredación», op. cit., p. 10, y REPRESA POLO, Mª P.: *La desheredación en el Código Civil*, op. cit., p. 66, que, a pesar de abogar por la interpretación extensiva de la desheredación, excluyen su aplicación analógica por su carácter sancionador.

96 INFANTE RUIZ, F. J.: «Indignidad y desheredación. Una visión actual», en AA.VV., *Cuestiones actuales en materia de mediación, familia y sucesiones*, Wolters Kluwer, Madrid, 2020, p. 456.

la afirmación del carácter sancionador de las normas civiles tiene que reducirse a su mínima expresión, debiendo circunscribirse, si se quiere, a aquellas normas donde el Estado forma parte del binomio de la relación jurídica actuando con *iure imperii,* como ocurre, por ejemplo, con las normas que puedan conllevar la pérdida de la nacionalidad española (arts. 24 y 25 CC), que sí pueden, o deben ser, objeto de una interpretación restrictiva.

Siguiendo con la mirada en el artículo 4.2 CC, que regula el veto a la analogía, tampoco estamos de acuerdo con que la desheredación sea una norma excepcional, pues, como ya dijimos *ab initio* de este epígrafe y repetimos ahora citando a Sáenz de Santa María Vierna, coincidimos con el autor con que el principio general del Derecho es la voluntad del testador como la ley de la sucesión y la legítima, como freno negativo, limitativo del principio, es solo la excepción, representando la desheredación, como excepción a la legítima, una «excepción a la excepción», que debe desenvolverse en la misma línea que el principio general[97]. Por tanto, la desheredación, como manifestación de la libertad de testar, no solo debe desligarse de la interpretación restrictiva, sino que también podrá ser objeto de una aplicación analógica.

No negaremos que algunos juristas defensores del sistema legitimario pensarán que este planteamiento conduce, irremediablemente, a que el juez se adhiera a la teoría del Derecho libre; sin embargo, no debemos olvidar, que el intérprete, como dijera López y López, es deudor de la «racionalidad del argu-

97 Sáenz de Santa María Vierna, A.: «Elogio de la desheredación», *Anuario de la Facultad de Derecho,* Universidad de Extremadura, núm. 29, 2011, pp. 546 y 547.

mento» y la «razonabilidad del resultado»[98]. Partiendo de ello, nosotros ahora decimos que si el razonamiento va avalado de una coherencia lógico-formal y tiene un asidero más o menos mediato en una o algunas de sus normas, la tesis de ampliar las causas desheredativas será válida si el resultado es razonable, y ello solo será posible si la solidaridad familiar se mira, como dijéramos hará un par de años[99], en sentido bidireccional. Es decir, no solo como estandarte para defender lo que, a nuestro juicio, es una institución anacrónica como la legítima, sino también para proteger la dignidad del causante y a fin de «evaluar el comportamiento de los legitimarios»[100]. Cierto es que esta toma de postura no es la deseable en aras de salvaguardar el principio de seguridad jurídica (art. 9.3 CE), pero, parafraseando el Preámbulo de la Ley 10/2008, de 19 de julio, del libro cuarto del Código Civil de Cataluña, relativo a las sucesiones[101], si queremos alcanzar el ideal de justicia que consagra el artículo 1 CE como valor superior del ordenamiento jurídico, consideramos necesario asumir este coste.

---

98 López y López, Á. M.: «Conversaciones con difuntos», *Quaderni fiorentini per la storia del pensiero giuridico moderno*, Vol. 29°, núm. 1, 2000, p. 314.

99 Gómez Valenzuela, M. Á.: «La desheredación del menor de edad», op. cit., p. 399.

100 Barba, V.: «Temas e interpretaciones del Derecho sucesorio italiano», *Revista Boliviana de Derecho*, núm. 32, junio 2021, p. 375.

101 El contexto en el que el legislador catalán dijo que es preferible alcanzar el sentido de justicia antes que el de seguridad jurídica, fue en la justificación de la adición de la ausencia de relación familiar como nueva causa de desheredación: «a pesar de que, ciertamente, el precepto puede ser fuente de litigios por la dificultad probatoria de su supuesto de hecho, que puede conducir al juzgador a tener que hacer suposiciones sobre el origen de desavenencias familiares, se ha contrapesado este coste elevado de aplicación de la norma con el valor que tiene como reflejo del fundamento familiar de la institución y el sentido elemental de justicia que es subyacente».

Tampoco vemos óbice para desmitificar que la desheredación sea una sanción que se diga que sus normas son imperativas o, siguiendo a Capilla Roncero y García Rubio, «semi-imperativas» o «imperativas o imperfectas»[102], pues sin perjuicio de las reformas legales y los avances jurisprudenciales expuestos someramente *supra* que han optado por la flexibilización de la legítima, dulcificando su rigorismo, debe ponerse en valor que, tanto el preterido como el desheredado, podrán renunciar al ejercicio de las acciones materiales que le asisten, siendo ello posible, como afirma Capilla Roncero, porque los interés protegidos por el legislador son disponibles, no afectando su renuncia a ningún interés u orden público (art. 6.2 CC)[103]. Además, la relatividad del carácter de *ius cogens* del sistema legitimario ha adquirido un mayor protagonismo si tenemos en

---

[102] Capilla Roncero, F.: «Artículo 813. Prohibición de privar de la legítima», en AA.VV., *Código Civil comentado, Vol. 2,* Civitas, Madrid, 2016, p. 809, y García Rubio, Mª. P.: «Legítimas en el Derecho español. Diversidad, complejidad y retos que plantean sobre la legítima del Código Civil», en AA.VV., *Los desafíos contemporáneos de la legítima hereditaria,* Olejnik, Chile, 2021, p. 42, optan por esta categorización, pues aunque el causante no pueda vulnerar la legítima, ello no impide a cada legitimario disponer de la misma una vez abierta la sucesión.

[103] Capilla Roncero, F.: «Nulidad e impugnabilidad del testamento», *Anuario de Derecho Civil,* núm. 1, 1987, pp. 67 y 68.

cuenta que el artículo 21 del R. 650/2012 (art. 12.5 CC)[104-105]

---

104 El considerando núm. 38 lo advierte cuando dice que la ley elegida conforme a la *professio iuris* debe tener suficiente conexión con el causante «para evitar que se elija una ley con la intención de frustrar las expectativas legítimas de los herederos forzosos». Según Lafuente Sánchez, la elección de la ley por la que se va a regir la sucesión del causante puede estar sujeta a limitaciones que eviten el fraude de ley, lo que se traduce en una «autonomía de la voluntad controlada» (Lafuente Sánchez, R.: «Hacia un sistema unitario europeo en materia de ley aplicable a las sucesiones internacionales», *Cuadernos de derecho transnacional*, vol. 5, núm. 2, 2013, p. 360). Atendiendo a la pluralidad legislativa de España, ha habido casos donde el causante ha cambiado de vecindad civil para eludir el sistema legitimario del Derecho común. En este sentido, la STS 5 abril 1994 (TOL 1.666.699), aplicó el fraude de ley (art. 6.4 CC) en la sucesión de un matrimonio cuyos cónyuges tenían vecindad civil de Derecho común y pasaron a adquirir la vecindad foral vizcaína con la supuesta finalidad de eludir la legítima del Código Civil, y todo ello a pesar de que el marido ejerció de comerciante en Bilbao y el patrimonio ganancial urbano estaba ubicado en Bilbao.

105 Véase también la RDGRN 20 julio 2016 (TOL 5.832.237), que rechazó subsumir en el concepto del orden público internacional la legítima: «En la misma línea, que excluye el debate de la inclusión de las legítimas del concepto de orden público, aun recibidas por vía de abintestato, se sitúa el ordenamiento español constitucional que en el que el artículo 33.1 de la Constitución Española reconoce tras el derecho a la propiedad privada, el derecho a la herencia. Decae, por tanto, el argumento del recurrente, pues en España los aspectos cuantitativos y cualitativos de la legítima, podrán tener un encaje principal en el artículo 33 de la Constitución, pero no en el 14 del mismo texto, que recoge el principio fundamental de la interdicción de discriminación por razón de nacimiento, sexo, raza o religión. Así fue entendido, fuera de nuestras fronteras, por el Bundesverfassungsgericht alemán en Sentencia de 19 de abril de 2005, respecto de la reforma del Derecho de sucesiones y prescripciones de Alemania, en vigor desde el 1 de enero de 2010 que consideró que la libertad de testar es un reflejo del derecho a la propiedad privada y del principio de la autonomía privada en la libre autodeterminación del individuo y que no hay mandato constitucional por el que el causante deba conceder un trato igualitario a sus descendientes si no es discriminatorio. En cualquier caso, la jurisprudencia en España ha sentado el principio de que la regulación de las legítimas en nuestro orde-

avala, en cierta medida, el *dumping* sucesorio, posibilitando dejar en agua de borrajas la legítima, ya que es posible que la ley que rija toda la sucesión sea aquella donde el causante tuviese su residencia habitual al momento del fallecimiento[106]. Asimismo, el rigorismo de la legítima ha sido modulado hasta el punto de no subsumirse en el concepto de orden público interno, como declaró la STS 15 noviembre 1996[107].

Por último, el ligamen de la legítima con el Derecho natural o con la garantía constitucional del artículo 33 CE tampoco justificaría que la desheredación sea una sanción, pues tal relación es, a nuestro juicio, inexistente. La tesis de que la legítima era debida por derecho natural se basaba en la idea de que se trababa de una institución *post mortem* subrogada de la obligación de alimentos. Sin embargo, se descartó que la legítima estuviese vinculada a la ley natural, tratándose de una institución que podía quedar al albur, como no podía ser de otro modo y así se ha demostrado, de la política jurídica[108].

namiento no integra el concepto de orden público internacional desde la Sentencia del Tribunal Supremo de 27 de abril de 1978, salvo que afectaran al principio constitucional de no discriminación por razón de nacimiento, sexo, raza o religión».

106 Barba, V.: «Temas e interpretaciones del Derecho sucesorio italiano», op. cit., p. 374, citando el Reglamento sucesorio, también pone en cuestión que la legítima se subsuma en el orden público internacional. Igualmente, García Rubio, Mª. P.: «Reseña bibliográfica de Vives Velo de Antelo, Mª Patricia: *Razones para mantener la legítima y propuesta de regulación*, Fundación del Notariado, Madrid, 2024», *Anuario de Derecho Civil*, Tomo LXXVII, 2024, p. 1345, que, directamente, descarta que la legítima sea una insitución de orden público, «ni interno, ni internacional».

107 STS 15 noviembre 1996 (TOL 11.799).

108 Puy Muñoz, F. P.: *Lecciones de Derecho Natural, vol. 1*, Santiago de Compostela, 1970, p. 445. Véase también Roca Trías, E.: «Una reflexión sobre la libertad de testar», op. cit., p. 1263, que descarta que haya un derecho moral a la herencia.

Lo mismo ocurre con la protección constitucional de la legítima; a pesar de que hay posiciones minoritarias, como la de López y López y Rogel Vide, que defienden que la razón de ser de la legítima es la función social de la herencia en favor de determinados parientes y que su supresión sería inconstitucional[109], la doctrina mayoritaria en España aboga por dejar extramuros de la garantía constitucional, ora del artículo 33 CE ora del 39 CE, el sistema legitimario. Sánchez González, que ha estudiado con profundidad y rigor esta cuestión, manifiesta que el derecho a la herencia, previsto en el artículo 33 CE, es una prolongación del derecho a la propiedad privada, reconociendo la facultad del propietario de disponer *mortis causa* de sus bienes, sin que sea dable, máxime con la pluralidad legislativa de España donde hay territorios que no reconocen la legítima[110], que esta se subsuma en el contenido esencial del derecho a la herencia[111]. Siguiendo a la autora, tampoco podemos decir que el artículo 39 CE, que consagra la protección constitucional de la familia, sea un obstáculo para reformar el sistema de legítima e, incluso, consagrar la libertad de testar, porque dicho principio, que recuérdese es un principio rector,

---

109 López y López, Á. M.: «El derecho a la propiedad privada y a la herencia. Función y límites», en AA.VV., *Comentarios a la constitución socio-económica de España*, Comares, Granada, 2002, pp. 279-282; Rogel Vide, C.: *El derecho a la herencia en la Constitución*, op. cit., pp. 68 y ss.

110 Puede citarse la ley 267 de la Ley Foral 21/2019, de 4 de abril, de modificación y actualización de la Compilación del Derecho Civil Foral de Navarra o Fuero Nuevo, que consagra una legítima meramente formal, consistiendo esta en atribuir a cada heredero forzoso «cinco sueldos febles o carlines por bienes muebles y una robada de tierra en los mores comunes por inmuebles». También Derecho foral vasco, donde el artículo 89 LDCV, contempla que los que ostenten vecindad civil ayalesa puedan disponer libremente de sus bienes, pudiendo apartar a sus legitimarios sin necesidad de alegar justa causa, y sin que hasta la fecha se haya debatido la constitucionalidad de dicho precepto.

111 Sánchez González, Mª. P.: «Límites constitucionales a la libertad de testar», op. cit., pp. 22-25.

no concreta «la modalidad o forma en la que habría de materializarse semejante protección»[112-113]. Más recientemente, Verdera Server ha dicho que el derecho a la herencia previsto en el artículo 33 CE lo que trata de proteger es la preservación de un ámbito privado de transmisión *mortis causa,* sin que la función social de la herencia ni su garantía institucional puedan ser un instrumento para, so pretexto de proteger a la familia, exigir un sistema de legítimas[114].

Mirando más allá de la frontera patria, es cierto que la archiconocida Sentencia del Tribunal Constitucional alemán 19 abril 2005, criticada por Vaquer Aloy[115], consideró que la legítima de los descendientes, aunque estos no se encontraren en situación de necesidad, es un valor protegido constitucionalmente en clave de solidaridad familiar y protección a la familia; sin embargo, dicha sentencia, en el intento de extrapolarse al ordenamiento jurídico español, es un simple apunte de Derecho comparado sin mayor relevancia jurídica[116]. Lo que en todo caso podrá tener consecuencias en el orden sucesorio español es el artículo 17 CDFUE, que consagra el derecho a toda

---

112 Sánchez González, Mª. P.: «Límites constitucionales a la libertad de testar», op. cit., pp. 35 y 36.

113 En opinión de Rodríguez Martínez: «el sistema legitimario no es una exigencia constitucional y que, por tanto, no sería inconstitucional una nueva regulación del Derecho de sucesiones que consagrara la libertad de disposición del causante y suprimiera las legítimas, aunque debieran existir otras instituciones o mecanismos de protección de la familia» (Rodríguez Martínez, Mª. E.: «Legítimas y libertad de disposición del causante (1)», *La Ley,* núm. 8865, 2016, p. 4).

114 Verdera Server, R.: *Contra la legítima,* Fundación Notariado, Madrid, 2022, pp. 75, 104 y 105.

115 Vaquer Aloy, A.: «Reflexiones sobre una eventual reforma de la legítima», *InDret,* julio 2007, p. 13.

116 Así lo reconoce Barrio Gallardo, A.: «El ocaso de las legítimas largas», op. cit., p. 293.

persona «a disfrutar de la propiedad de los bienes que haya adquirido legalmente, a usarlos, a disponer de ellos y a legarlos», y la hermenéutica del TEDH, que ha desarrollado una exégesis en torno a la cual los hijos no ostentan un derecho en la herencia de sus progenitores, pudiendo los Estados regular, a su discrecionalidad, el sistema sucesorio, sin que se pueda admitir que la legítima forme parte del orden público internacional[117].

En definitiva, teniendo presente que la dignidad de la persona es uno de los arquitrabes del orden político y social (art. 10 CE), y que la Constitución en los Estados modernos, lejos de tener un valor programático, es preceptiva, lo axiológico debe primar sobre la forma, y, en este sentido, reivindicamos que los cánones hermenéuticos que estuvieron presentes en la doctrina y en la jurisprudencia decimonónica y en la anterior centuria sean revisados, colocando a la persona y los principios que fundamentan las reglas como baluarte del sistema, pues de lo contrario veríamos cómo, en detrimento de la libertad y la dignidad personal, se seguiría alzando la dictadura de la legítima, y no será por su existencia en sí misma considerada, sino por la interpretación de las causas de desheredación, respondiendo a una hermenéutica restrictiva al abrigo de la férrea salvaguarda de los intereses de los legitimarios, opacando la dignidad del causante y su libertad de testar.

---

117 Véase, entre otras, las SSTEDH 13 junio 1979 (TOL 168.773) o 22 diciembre 2004 (TOL 9.086.199). Esta última dice, en relación con el artículo 8 CEDH, lo siguiente: «Este artículo no exige, sin embargo, el reconocimiento de un derecho general a unas liberalidades o a cierta parte de la herencia de sus autores, incluso de otros miembros de su familia: en materia patrimonial también deja, en principio, a los Estados contratantes la elección de los medios destinados a permitir a cada uno llevar una vida familiar normal y tal derecho no es indispensable para la prosecución de ésta».

3. LA DESHEREDACIÓN PARCIAL

En la doctrina ha habido un intenso y apasionado debate en torno a la desheredación parcial, motivado, sin duda, por el silencio del Código Civil, el precedente del Derecho Romano[118] y, sobre todo, por la Ley 3ª del Título VII de la Sexta Partida, la cual la prohibía expresamente, al decir su tenor literal lo siguiente: «*E cualquier a quien desheredasen, debe ser desheredado sin ninguna condición, e de toda la heredar lo debe desheredar, e non de una cosa solamente; e si assi non lo fiziessen, non valdría*»[119].

Sánchez Román, partiendo de que el fundamento de la desheredación reside «en la existencia de un sentimiento profundo de agravio del desheredado en la persona del testador», afirmaba que un estado de ánimo del ofendido que traccione

---

118 La regla romana, que procedía de un fragmento de Paulo con la réplica de Scaevola, se hallaba en el Digesto XXVIII, 2, 19, diciendo lo siguiente: "*Quum quidam filiam ex asse heredem scripsisset, filioque, quem in potestate habebat, decem legasset, adiecit: «et in cetera parte exheres mihi erit», et quaereretur, an recte exheredatus videretur, Scaevola respondit: non videri; et in disputando adiciebat, ideo non valere, quoniam nec fundi exheres esse iussus recte exheredaretur, aliamque causam esse institutionis, quae henigne acciperetur, exheredationes autem non essent adiuvandae*". Según la traducción de Batlle Vázquez, M.: «Invalidez de la desheredación parcial en nuestro Derecho», *Anales de la Universidad de Murcia*, 1952, p. 64: "Habiendo uno instituido heredero de toda la herencia a su hija, y habiendo legado diez a un hijo, que tenía bajo su potestad, añadió: «y en la restante parte quedará para mí desheredado», y preguntándose si se le consideraría bien desheredado, Scaevola respondió: no se la considera; y discutiendo añadía, que esto no era válido, porque tampoco el que se mandó que fuese desheredado de un fundo estaría bien desheredado, y que era distinta la causa de la institución, la cual se interpreta favorablemente, pero que las desheredaciones no debían ser favorecidas".

119 Según Pascual Quintana, J. M.: «La desheredación en el Derecho español: su desenvolvimiento histórico», op.cit., p. 322, el fundamento del inciso «está en la imposibilidad de establecer una escala gradual, en la que pueda casuísticamente determinar el alcance de la falta cometida por el heredero, conforme a unas reglas de antemano prefijadas por la ley».

su sentimiento, aplicando la desheredación parcial, es «de todo punto contrario a la economía jurídica de la desheredación», remitiéndose, a su vez, a los precedentes legales para negar su validez[120]. La misma apología de la imposibilidad de fraccionar el sentimiento del ofendido ni el castigo, que ha sido una constante en la doctrina[121], secundó un año después Manresa y Navarro, añadiendo que no cabía la posibilidad de que el testador privara de la legítima a un heredero forzoso y le legue el tercio de libre, «ni que fundándose en una justa causa, deshérede sólo en cuanto á la mitad ó á un tercio de la legítima»[122]. Castán Tobeñas, decía que la desheredación debía ser de toda la herencia, pues «la falta, lo mismo que el perdón y el castigo, son siempre una sola cosa y no pueden descomponerse en partes»[123]. Royo Martínez, remitiéndose a la «naturaleza punitiva y rigurosa de la desheredación», se adhería lacónicamente a la tesis negativa de la desheredación parcial, aunque «mediara causal legal demostrable»[124].

No fue hasta 1957, cuando Batlle Vázquez abordó un estudio *ad hoc* sobre la desheredación parcial, propugnando su in-

---

120 Sánchez Román, F.: *Estudios de Derecho Civil, VI. 2, Derecho de sucesión*, op. cit., pp. 1109 y 1110.

121 Puede citarse Mucius Scaevola, Q.: *Código civil, Tomo XIV*, op. cit., p. 873, que, defendiendo previamente que el perdón no podía ser parcial, dijo que el hecho de la desheredación parcial resultaría «inmoral». Semejante argumento manejó Clemente de Diego, F.: *Instituciones de Derecho Civil español, Tomo III*, Imprenta de Juan Pueyo, Madrid, 1932, p. 234, que sostenía, previa negación de la desheredación parcial, que siendo la desheredación «una e indivisa la falta, así tiene que serlo el castigo y el perdón, sin poder descomponerse en partes».

122 Manresa y Navarro, J. M.: *Comentarios al Código Civil español, Tomo VI*, op. cit., p. 595.

123 Castán Tobeñas, J.: *Derecho Civil. Tomo tercero. Derecho de familia. Derecho de sucesiones*, op. cit., p. 444.

124 Royo Martínez, M.: *Derecho sucesorio «mortis causa»*, op. cit., p. 253.

validez. El autor se preguntaba si el silencio del Código Civil se debía a que era una obviedad que la desheredación debía ser total o suponía una derogación implícita de lo establecido anteriormente en las Partidas. Según el autor, había varios argumentos para negar la validez de la desheredación parcial: a tenor de una interpretación histórica, y previa cita de la Base decimoquinta de la Ley 11 de mayo 1888, decía que había que abogar por la prohibición de las Partidas, citada *supra*, pues se tenía que mantener en esencia la legislación vigente sobre la desheredación[125]. Asimismo, señalaba que los artículos 851 y 857 CC estaban redactados partiendo de que la desheredación debía ser total, explicando que si el testador había dejado al heredero forzoso menos de lo que le correspondía por legítima a través de la desheredación parcial, aquel podría pedir, *ex* art. 815 CC, el complemento o suplemento[126]. Finaliza esgrimiendo que aunque parezca extraño que el testador pueda privar de todo y no pueda hacerlo de una parte, con el rigorismo de

---

125 Decía lo siguiente la Base decimoquinta de la Ley 11 mayo 1888, publicada en la Gaceta de Madrid: «El tratado de las sucesiones se ajustará en sus principios capitales á los acuerdos que la Comisión general de codificación reunida en pleno, con asistencia de los señores Vocales correspondientes y de los Sres. Senadores y Diputados, adoptó en las reuniones celebradas en Noviembre de 1882, y con arreglo á ellos se mantendrá en su esencia la legislación vigente sobre los testamentos en general, su forma y solemnidades, sus diferentes clases de abierto, cerrado, militar, marítimo y hecho en país extranjero, añadiendo el ológrafo, así como todo lo relativo á la capacidad para disponer y adquirir por testamento, á la institución de heredero, la desheredación, las mandas y legados, la institución condicional ó á término, los albaceas y la revocación ó ineficacia de las disposiciones testamentarias, ordenando y metodizando lo existente, y completándolo con cuanto tienda á asegurar la verdad y facilidad de expresión de las últimas voluntades».

126 En similar sentido puede verse Puig Brutau, J.: *Fundamentos de Derecho Civil, Tomo V, Volumen III*, op. cit., p. 222, que, manteniendo una postura ambigua sobre la desheredación parcial, reconoce que aunque el Código Civil no se refiera a ella, parece dar por supuesto que ha de ser total, citando los artículos 815, 851 y 857 CC.

negar la desheredación parcial se pretende «buscar mayores dificultades para la desheredación, porque es lo cierto que si la persona ofendida tuviera facultad para regular por partes su ofensa y su derecho, se decidiría con más facilitad a usar de él que no sabiendo que tiene que optar entre el todo y la nada, en cuya situación es mucho más difícil la decisión y la misma dificultad hace que para la determinación preceda mayor deliberación y con ella mayor grado de perfección en el juicio»[127].

Lacruz Berdejo consideró que es dudosa la admisión de la desheredación parcial, en el sentido de que el causante pueda privar al legitimario solo de una parte de lo que le corresponda por legítima o gravarla si concurre una justa causa, no obstante, reconoció que pueden obtenerse efectos similares si el causante le atribuye al desheredado algo de la herencia como heredero voluntario, sin que ello implique necesariamente una reconciliación[128]. Roca-Sastre planteó un interesante binarismo, distinguiendo, previa admisión de su validez, entre la desheredación parcial directa e indirecta. A través de la primera el causante deshereda «al legitimario ingrato sólo en parte alegando para ello una determinada causa legal de desheredación y, por tanto, atribuyéndole, por cualquier título, únicamente parte de la legítima que le corresponda», mientras que a través de la desheredación parcial indirecta el causante puede «disponer de bienes o derechos hereditarios a favor del mismo [el legitimario], por vía de institución de heredero, legado, modo o cualquier título, e incluso por vía de donación o mediante no revocar por ingratitud la donación ya hecha»[129]. En cambio, Díez-Picazo y Gullón sostenían que la deshereda-

---

127 Batlle Vázquez, M.: «Invalidez de la desheredación parcial en nuestro Derecho», op. cit., pp. 67-69.

128 Lacruz Berdejo, J. L.: «La desheredación», op. cit., p. 530.

129 Roca-Sastre Muncunill, L.: *Derecho de Sucesiones, Tomo II*, op. cit., p. 559.

ción debía ser total, pues el artículo 813 CC habla de privación de la legítima, «no de la totalidad o parte de ella»[130].

Si hay un autor que ha defendido, sin ambages, la desheredación parcial, es Vallet de Goytisolo, que desde 1959 ha abogado por su admisión[131]. Según su tesis, el silencio del Código Civil debe interpretarse en favor de toda supresión a su prohibición, explicando que no consistiendo ya la desheredación en la exclusión del título de heredero por el que debía atribuirse la legítima y habiendo desaparecido, desde el Derecho castellano, la regla *nemo pro parte testato pro parte intestato decedere potest*, la prohibición romana de las Partidas carece de virtualidad. Se planteó el autor si el desheredante «debe poder graduar la pena reduciéndola, o bien si no puede evitar la alternativa de desheredar implacablemente [...] o perdonar reconciliándose con la radical consecuencia de excluir totalmente [...] las consecuencias de la desheredación», resolviendo esta incógnita contestando que de la misma manera que las autoridades judiciales pueden tener en cuenta circunstancias atenuantes, por la misma lógica podrá hacerlo el desheredante, máxime cuando este, pese a la desheredación, puede proveer de alimentos al desheredado, concluyendo que en caso de que el desheredante le asigne algún bien al desheredado, no hay inconveniente en que este se impute al tercio de legítima, sin que el artículo 857 CC represente un óbice para ello, pues los hijos del desheredado solo ocuparán su lugar «en cuanto aquello de que efectivamente sea privado su padre por la desheredación»,

---

130 Diez-Picazo, L. y Gullón, A.: *Sistema de Derecho Civil, Volumen IV, Derecho de familia. Derecho de sucesiones*, op. cit., p. 487.

131 Vallet de Goytisolo, J.: «¿Puede desheredarse parcialmente o bajo condición?», *Revista de Derecho Notarial*, julio-diciembre 1957.

debiendo reducirse de la legítima que adquieran los nietos lo que el desheredado hubiese obtenido del causante[132].

Tras la exposición de Vallet de Goytisolo, la doctrina más moderna se ha inclinado, pese a que sigue existiendo debate[133], por apostar por la validez de la desheredación parcial. Así, Algaba Ros arguye que cabe admitir la desheredación parcial, alegando que el silencio del Código Civil no puede hilvanarse con su prohibición, máxime cuando los principios que imperan en el Derecho de sucesiones son el *favor testamenti* y el respeto a la voluntad del testador, debiendo ser interpretadas las normas limitativas de derechos conforme al aforismo *odiosa sunt restrigenda*. La autora defiende que el legitimario, una vez desheredado, podría recibir cualquier bien del causante imputable al tercio de legítima estricta, teniendo vetado aquel el ejercicio de la acción de complemento o suplemento de la legítima, al haber sido despojado de la condición de «heredero forzoso»[134].

Jordano Fraga, que recogió el testigo de Vallet de Goytisolo, elaboró uno de los razonamientos más convincentes a favor de la desheredación parcial, la cual admite sin reservas. Según el autor, habiendo desaparecido la vinculación del pago de la legítima con el título o condición de heredero del legitimario, la regla prohibitiva del Derecho Romano, acogida posteriormente por las Partidas, carece de razón de ser, siendo preci-

---

132 Vallet de Goytisolo, J.: *Limitaciones de Derecho sucesorio a la facultad de disponer, Tomo I, Las legítimas*, op. cit., pp. 668 y 669.

133 Busto Lago, J. M.: «Artículo 849», op. cit., p. 1002, duda de su admisibilidad, ante el silencio del Código Civil. Según Lasarte Álvarez, C.: *Derecho de sucesiones. Principios de Derecho Civil, Tomo séptimo* (revisada y actualizada con la colaboración de Cervilla Garzón, Mª. D., y García Pérez, C. L.), op. cit., p. 213, el «causante, pues, puede desheredar o no, pero si lo hace, ha de entenderse que la desheredación alcanza a la íntegra cuota legitimaria que podría haberle correspondido».

134 Algaba Ros, S.: *Efectos de la desheredación*, op. cit., pp. 106 y 107.

samente dicho cambio lo que explica que en el texto vigente del Código Civil haya desaparecido la prohibición expresa de la desheredación parcial. Además, según su tesis, con la desheredación parcial no se trata de fraccionar o dividir la ofensa, como sostenía la doctrina clásica, sino de «limitar» o «graduar las *consecuencias sancionatorias* de dicha ofensa», pudiendo el causante, cuya voluntad es la ley de la sucesión, graduar la sanción, máxime cuando si la ley consiente expresamente lo más, también consiente, de manera implícita, lo menos. Respecto a los argumentos de orden legal que sostenían que la desheredación pivotaba sobre la idea de que esta debía ser total (arts. 813, 815, 851 y 857 CC), el autor aduce que ello no prueba nada en contra de su admisibilidad, pues «el Código contempla la situación de desheredación más normal: total porque el testador y causante desheredante *no* ha limitado/restringido sus efectos»[135].

Romero Coloma, emulando, *mutatis mutandi*, la tesis de Lacruz Berdejo, argumenta que como quiera que no existen causas de desheredación parcial[136], si el legitimario ha recibido menos de lo que le corresponde por legítima, este en todo caso podrá ejercitar la acción de complemento, con independencia de que el causante haya o no citado alguna causa de desheredación. Según la autora, ante el silencio del Código Civil, es posible conseguir los efectos de la desheredación

---

[135] Jordano Fraga, F.: *Indignidad sucesoria y desheredación (Algunos aspectos conflictivos de su recíproca interrelación)*, op. cit., pp. 108 y 109.

[136] Evidentemente, en el Código Civil no hay causas de desheredación parcial y ni tiene por qué haberlas para debatir sobre esta forma de desheredación. Sin embargo, otros ordenamientos, como el austriaco, contemplan la «reducción de la porción obligatoria», con efectos análogos a la desheredación parcial, prevista para el caso de que haya una falta de trato familiar entre el causante y el legitimario, estando en tal caso facultado aquel para reducir a la mitad la legítima, siempre que no sea el causante el que «evitó el contacto sin motivo alguno o dio una razón legítima para la falta de contacto» (art. 776 ABGB).

parcial atribuyendo al desheredado algo de la herencia, «no suponiendo ello, con carácter excluyente, arrebatar al desheredado sólo una parte de lo que por legítima le corresponde, sino que, una vez privado de todo, se le atribuye algo, pero con posterioridad, y en concepto de heredero voluntario»[137]. Entendemos que donde dice la autora que el desheredado recibe algo como «heredero voluntario», significa que lo adquirido del causante tras la desheredación debe imputarse al tercio de libre disposición. Esta construcción guarda similitud con la de O´Callaghan Muñoz, que partiendo de que la desheredación no consiste solo en privar de la legítima, sino de la condición de legitimario[138], niega la desheredación parcial[139], lo que no impide "que, dentro de la parte de libre disposición, el testador le nombre sucesor universal (heredero de este tercio) o

---

137 ROMERO COLOMA, A. Mª.: *La desheredación. De hijos y descendientes, padres y ascendientes, y del cónyuge. Estudio doctrinal y jurisprudencial de sus causas*, Bosch, Barcelona, 2005, pp. 22 y 23.

138 O´CALLAGHAN MUÑOZ, X.: *Compendio de Derecho Civil, Tomo V, Derecho de sucesiones*, op. cit., p. 232.

139 También defiende, *prima facie*, que la desheredación priva de la condición de sucesor forzoso, Atxutegi Gutiérrez, posicionándose en contra de la desheredación parcial, pues para el autor «la desheredación no está únicamente vinculada con la legítima, sino también con una imposibilidad de suceder». No obstante, diríamos que su planteamiento es contradictorio, pues a pesar de relacionar la desheredación con la privación de la condición de legitimario o «sucesor forzoso», defiende posteriormente que, a pesar de la desheredación, el legitimario no se convierte en un extraño, pudiendo las donaciones imputarse al tercio de legítima estricta. Es más, más adelante, al ensayar un concepto de desheredación muy completo, pone el acento en que la desheredación no priva de la condición de legitimario (cursiva nuestra): «La desheredación es un acto jurídico que posibilita al causante, conforme a su expresa voluntad, sancionar civilmente conductas tipificadas de sus legitimarios; para privarlos de sus derechos sucesorios patrimoniales y excluirlos de la sucesión, a *pesar de que mantengan la condición de legitimarios*». (ATXUTEGI GUTIÉRREZ, J.: *Apartamiento y desheredación en el Derecho civil vasco*, op. cit., pp. 194, 195 y 199).

particular (un legado), pero la trascendencia de que se le priva de su «cualidad de legitimario» radica en que nada de lo recibido o que reciba puede imputarse a su legítima, sino a la parte de libre disposición, con todas sus consecuencias"[140]. Similar planteamiento parece defender Álvarez Álvarez, que expone que «la desheredación parcial se admite no en el sentido de que se pueda desheredar a un legitimario solo en una parte de la legítima, sino que podrá recibir parte de la herencia pero no como legitimario, sino como heredero dentro del tercio de libre disposición»[141], enfatizando la idea de que cuando el desheredado recibe algo como heredero voluntario, ora mediante legado ora a través de una donación, «es cuando se habla de la admisión de la desheredación parcial»[142]. Más recientemente, De Barrón Arniches se ha inclinado por su admisión, rechazando la aplicación analógica del artículo 451-18.2 CCCat que la prohíbe expresamente; en su opinión, estando la desheredación relacionada con la libertad del causante, este debe ser libre de «graduar la pena que quiere imponer a su legitimario, por ejemplo, en función de la gravedad de la conducta de éste»[143]. También puede verse, en similar sentido, Martínez Espín, especificando que el bien recibido por el desheredado habrá de imputarse al tercio de legítima, sin que el artículo

---

140 O´Callaghan Muñoz, X.: *Compendio de Derecho Civil, Tomo V, Derecho de sucesiones*, op. cit., p. 235.

141 Afirmación citada recientemente por Díaz Alabart en apoyo de su tesis (Díaz Alabart, S.: «La indignidad para suceder y la desheredación. Algunas reflexiones tras la promulgación de la Ley (8/2021)», en AA.VV., *La persona con discapacidad en el Derecho de sucesiones*, Aranzadi, Pamplona, 2023, p. 209.

142 Álvarez Álvarez, H.: «El alcance de la desheredación: la desheredación parcial», op. cit., p. 114.

143 De Barrón Arniches, P.: «Libertad de testar y desheredación en los Derecho civiles españoles», op. cit., p. 15.

857 CC sea obstáculo para ello[144], como en su día manifestara Vallet de Goytisolo.

Parangónese la toma de postura de Romero Coloma y Álvarez Álvarez con la de O´Callaghan Muñoz, para aquellas la privación de la legítima y la atribución al legitimario de algún bien o derecho con cargo al tercio de libre disposición, o como «heredero voluntario», sería una manifestación de desheredación parcial, mientras que el segundo, que niega tajantemente su validez, admite la posibilidad de que el desheredado sea designado sucesor del tercio de libre disposición, sin que ello implique una desheredación parcial, toda vez que para él la desheredación supone la privación, no solo de los efectos patrimoniales inherentes a la legítima, sino, directamente, de la condición de legitimario. Por ello, una de las preguntas que debemos plantearnos, antes de tomar partido, es la siguiente: ¿Qué es la desheredación parcial?

Conforme al concepto de desheredación que hemos defendido *ab initio* de este trabajo y cuyas consecuencias analizaremos posteriormente con mayor exhaustividad, la desheredación no supone, necesariamente, privar de toda la herencia, sino, simplemente, de la legítima[145]. Es decir, el legitimario desheredado quedará excluido de recibir la *portio* debida y ten-

---

144 Martínez Espín, P.: *Lecciones de Derecho Civil. Derecho de sucesiones,* Tecnos, Madrid, 2020, pp. 235 y 236.

145 Parece que este también es el punto de vista de Carrau Carbonell, que manifiesta, en relación a los participantes en la partición de la herencia cuando hay un desheredado, y sin subsumir la opción de que el desheredado adquiera algo del tercio de libre en la desheredación parcial, lo siguiente: «en ella no intervendrá el desheredado, puesto que al ser privado de su legítima, es privado de todo derecho a la herencia salvo el hipotético caso de que el testador le hubiere legado al desheredado algo con cargo al tercio de libre disposición» [Carrau Carbonell, J. M.: «La desheredación por maltrato psicológico y su dificultad de aplicación práctica», *Revista de Derecho Civil,* vol. II, núm. 2 (abril-junio, 2015), p. 253].

drá vetado el ejercicio de la acción de complemento o suplemento de la legítima, salvo que demande judicialmente que la desheredación fue injusta. Por ello, si el causante deshereda al legitimario en testamento en virtud de una justa causa y le atribuye algún bien con cargo al tercio de libre disposición, coincidimos con Jordano Fraga y Represa Polo en que la desheredación no será parcial, sino total[146-147].

Habrá desheredación parcial cuando el causante, en virtud de una justa causa, desherede al legitimario y le designe a su

---

146 JORDANO FRAGA, F.: *Indignidad sucesoria y desheredación (Algunos aspectos conflictivos de su recíproca interrelación)*, op. cit., pp. 122 y 123; REPRESA POLO, Mª P.: *La desheredación en el Código Civil*, op. cit., pp. 219 y 220.

147 GALLEGO DOMÍNGUEZ, I.: «La desheredación en el Código Civil», en AA.VV., *Derecho de sucesiones contemporáneo. Aspectos civiles y fiscales*, Tirant lo Blanch, Valencia, 2020, p. 170, también se posiciona a favor de la desheredación parcial, en virtud del principio de libertad testamentaria, señalando que el desheredado recibirá «bienes y derechos que el testador declare imputables a la legítima». A nuestro juicio, lo que precisaría declaración expresa sería que el bien fuere imputable al tercio de libre disposición, en cuyo caso la desheredación será total, no parcial. Si desheredado el legitimario recibe algún bien, ya sea *inter vivos* o *mortis causa*, será imputable, directamente, al tercio de legítima, *ex* artículo 819, sin necesidad de una declaración *ad hoc* del testador en orden a la imputación (vid., arts. 819 y 828 CC). Por otro lado, parece que ARANDA RODRÍGUEZ, Remedios, «La desheredación», op. cit., p. 272, acoge el planteamiento de Romero Coloma y Álvarez Álvarez al decir que la desheredación (cursiva nuestra) «priva al sucesor forzoso de cualquier derecho sucesorio y no recibe llamamiento *salvo que sea una desheredación parcial*». Es paladino que si el testador priva parcialmente al legitimario de la legítima y le deja algo, en una manifestación de desheredación parcial, con cargo al tercio de legítima estricta, recibirá bienes, ya sea a título de heredero o legatario. Pero, incluso, siendo la desheredación total, el desheredado puede ser instituido con cargo al tercio de libre disposición. Por ende, no debe supeditarse, en caso de desheredación, la condición de sucesor, ora a título universal ora a título particular, a que haya una desheredación parcial, ya que el desheredado, siendo la desheredación total, también podrá ser sucesor, siendo imputable sus adquisiciones a la parte de libre.

vez beneficiario de una parte de la legítima estricta, sin que la disposición en favor del desheredado equivalga, necesariamente, a una reconciliación o perdón, no pudiendo ejercitar este la acción de suplemento de la legítima, toda vez que con la desheredación el causante le privó de los efectos patrimoniales inherentes a la misma, salvo lo que haya exceptuado este en virtud de la autonomía de su voluntad.

En este punto, no podemos compartir la opinión de Ragel Sánchez: el autor, acertadamente, identifica la desheredación parcial con la privación de una parte de la legítima, pero luego expone que el testador que quiera desheredar parcialmente «puede conseguir ese resultado privando totalmente de la legítima y atribuyendo al mismo tiempo un legado o una herencia voluntaria al desheredado con cargo a la parte disponible, lo que incluye el tercio de mejora cuando el desheredado es descendiente»[148]. En nuestra opinión, es indiscutible que el testador, suponiendo que no se admitiera la desheredación parcial, puede conseguir que el desheredado adquiera bienes designándolo sucesor de la parte de libre disposición; sin embargo, decir que con dicha posibilidad se consigue el mismo resultado que con la desheredación parcial hay un abismo, sobre todo si nos situamos en la óptica del testador, que verá como por argumentos morales, hoy superados, no podrá disponer de la parte de legítima estricta a favor del desheredado, sino que tendrá que mermar el tercio donde la autonomía de la voluntad tiene su máxima expresión. Quizás, desde el prisma del desheredado, lo mismo le dará, en un hipotético caso, recibir bienes imputables a la legítima estricta o al tercio de libre disposición, salvo que no hubiere bienes hereditarios suficientes, en cuyo caso, como instituido en la parte de libre disposición, no podrá pedir la reducción de las donaciones o legados inofi-

---

148 Ragel Sánchez, L. F.: «Artículo 848», en AA.VV., *Comentarios al Código Civil, Tomo V*, Tirant lo Blanch, Valencia, 2013, p. 6268.

ciosos; dicha indiferencia, en absoluto, es extrapolable al causante, que quizás albergue el deseo de dejar completamente el tercio de libre disposición a un extraño y verá atónito como, según algunos, dicha posibilidad no es posible, porque si desea atribuir algún bien al desheredado lo tendrá que hacer a cargo de dicho tercio, lesionando, más de lo que supone el sistema legitimario, la libre disposición de sus bienes.

El tratamiento de la desheredación parcial estaría incompleto si no atendiésemos, más detenidamente, al planteamiento de O´Callaghan Muñoz. El autor, citado *supra*, acoge la tesis negativa, teniendo como asidero su postura que la desheredación no consiste, solamente, en privar de la legítima, sino de la condición de legitimario[149]. Acogida esta exégesis, el autor es congruente al negar la desheredación parcial, pues despojado el legitimario de tal condición en virtud de la desheredación, cualquier atribución *inter vivos* o *mortis causa* habrá de imputarse, inexorablemente, al tercio de libre disposición, pudiendo concurrir dichas liberalidades, como hemos visto, con la desheredación, la cual será total, porque esta consiste, según nuestro planteamiento, en la privación de la legítima. Por lo tanto, antes de posicionarnos sobre la admisibilidad o no de la desheredación parcial tenemos que resolver la incógnita que gira en torno a si la desheredación priva o no de la condición de legitimario, mal llamado heredero forzoso, o solo de la atribución patrimonial[150].

---

149 Tres años más tarde, el autor parece modular su planteamiento en torno a que la desheredación priva al legitimario de tal condición, al decir que la desheredación es la privación del «derecho a la legítima» (O´CALLAGHAN MUÑOZ, X.: «A vueltas con la desheredación y a revueltas con la legítima», *Actualidad civil*, núm. 5, mayo 2015, p. 1).

150 Muestra de que la cuestión planteada no es baladí, es la opinión de Rebolledo Varela, que se posiciona a favor de que la desheredación no priva de la condición de legitimario, sino del derecho a recibir la atribución patrimonial: «Nótese que se habla de privación del derecho a percibir necesariamente

En puridad, la inmensa mayoría de los autores que han estudiado la desheredación han puesto de manifiesto, con mayor o menor elocuencia, que esta consiste, simple y llanamente, en privar de la legítima; rara vez algún autor ha dicho, sin reservas, que la desheredación también implica desposeer al legitimario de dicha condición. La explicación de tal consenso, probablemente, sea de orden legal, ya que, *ad exemplum*, el artículo 813 CC dice que «[el] testador no podrá privar a los herederos *de su legítima* sino en los casos expresamente determinados por la ley». Cierto es que el Código patrio no está dotado de gran precisión terminológica, valga como prueba el propio término desheredación, sin embargo, la idea de que el testador solamente puede privar de la legítima, no de la condición de legitimario, venía confirmada de antes por el Título VII de la Sexta Partida, que decía, en cuanto a la desheredación de los descendientes, lo siguiente. «*Si el padre deshereda a su fijo por alguna razón cualquier de las que diximos en las leyes antes de esta, si fuere provada, dezimos que deue perder por ende el fijo la heredad del padre*»[151]. En nuestra opinión, la desheredación solo priva de

---

una atribución patrimonial en la herencia del ascendiente, o de privar de la legítima a quien en principio tendría derecho a ella. Es decir, no privación de la condición de legitimario o extinción de la legítima, sino de reclamar lo que por legítima le correspondería sin la desheredación, distinción que no sólo es un juego de palabras sino que encierra un importante problema dogmático y conceptual de relevantes repercusiones prácticas: como se verá, de ello depende la admisión o no de la desheredación parcial, si el desheredado hace o no número para el cálculo de la legítima de los demás colegitimarios y si lo por él recibido se imputa a la legítima o a la parte libre, etc., cuestiones todas sobre las que existen interpretaciones jurídica encontradas y que, en muchas ocasiones, puede ser resueltas por el propio testador» (Rebolledo Varela, Á. L.: «Problemas prácticos de la desheredación eficaz de los descendientes por malos tratos, injurias y abandono asistencial de los mayores», op. cit., p. 392).

151 Observese, siguiendo la RAE, que la expresión «heredad» hacía más referencia a la porción de bienes que le correspondía al hijo y no tanto a su condición de legitimario.

la atribución patrimonial inherente a la legítima y, en caso de que se admitiese la desheredación parcial, de reputarse justa, de la acción de complemento y de suplemento. De no ser así, como apunta Bermejo Pumar, cualquier atribución al desheredado, aunque fuere mediante donación *inter vivos* antes de materializarse la desheredación total, tendría que imputarse, inexorablemente, a la parte de libre disposición[152]. En efecto, por coherencia dogmática, despojado el desheredado de la condición de legitimario, cualquier atribución tendría vetada la imputación en la legítima, vislumbrándose en clase de retroceso el arco dispositivo del causante, que vería como todas las atribuciones al desheredado mermarían la cuota de la herencia donde el principio de la autonomía de la voluntad brilla en todo su esplendor.

Otros Derecho forales, como el aragonés, afirman, quizás implícitamente, que el desheredado sigue siendo legitimario pese a la desheredación; así lo deducimos nosotros del artículo 490.1 CDFA[153], que prevé que las liberalidades que reciba el desheredado del causante se imputan en la legítima colectiva. En el Derecho común tenemos el artículo 813 CC, que dispone que el testador tan solo podrá privar a los herederos «de su legítima», no de su condición de legitimario. En este escenario, y en la empresa de refutar la tesis de O´Callaghan Muñoz, creemos que se puede llegar a la misma solución que contempla el Derecho aragonés a tenor del artículo 819 CC, que dispone que las donaciones hechas «a los hijos, que no tengan el concepto de mejoras, se imputarán en su legítima». Como quiera

---

152 BERMEJO PUMAR, Mª. M.: «La legítima», en AA.VV., *Instituciones de Derecho Privado, Tomo V, Sucesiones, Volumen 3º*, Civitas, Madrid, 2001, p. 518.

153 El inciso dice lo siguiente: «Serán imputables a la legítima colectiva las liberalidades recibidas del causante de sus descendientes, incluso premuertos, incapaces de suceder, desheredados con causa legal o renunciantes a la legítima».

que la condición de hijo y, por ende, de legitimario viene dada, generalmente[154], por la sangre o por la adopción, la desheredación solo podrá privar al hijo de los derechos inherentes a la legítima, siendo indisponible la cualidad de legitimario, habida cuenta que viniendo esta determinada por el vínculo de parentesco, el causante no podrá borrar de un plumazo el parentesco que le liga con su estirpe[155]. Por ende, habiendo una pluralidad de legitimarios, el desheredado seguirá siendo legitimario pese a la desheredación. Llegados a este punto, sí reconocemos la posible existencia de la desheredación parcial, en el sentido de que el causante, hipotéticamente, podrá privar al legitimario de una parte de la legítima. Ahora tocará posicionarnos sobre su validez o invalidez.

Desde nuestro punto de vista, debe abogarse por la admisión de la desheredación parcial. El presunto carácter indisponible de la legítima, alegado por los defensores de la teoría negativa, no justifica que el testador no pueda desheredar y, al alimón, atribuir algún bien al desheredado con cargo al tercio de su legítima, máxime en un contexto en el que las distintas reformas del Código Civil han ido en la senda de flexibilizar

---

154 Entiéndase el adverbio empleado atendiendo a la posibilidad de generar Pun vínculo de filiación, al margen de la sangre y la adopción, a tenor de las previsiones de la LTRHA.

155 Esta es la óptica que parece compartir Capilla Roncero, F.: «Artículo 819», op. cit., cuando, al tratar de la repudiación o renuncia del legitimario, aduce que la condición de legitimario es indisponible, pudiendo imputarse las donaciones que recibió del causante en la cuota legitimaria que podría haber percibido. También Manzano Fernández, Mª M.: «La exclusión del hijo en la herencia del testador (Una visión actualizada de la desheredación en el Código Civil)», op. cit., p. 1854, que afirma que «la cualidad de legitimario es indisponible; la atribuye la Ley y lo hace sin excepción. El testador no puede retirar la consideración de legitimario al hijo; puede privarle de su atribución que, por efecto del artículo 857 del Código Civil, pasará a los descendientes directos de este, pero seguirá siendo legitimario porque el artículo 807 del Código Civil le concede esta cualidad por los lazos de parentesco que le unen con el causante».

el sistema legitimario. No compartimos los argumentos, más incardinados en lo moral que en lo legal, de la imposibilidad de dividir o partir el sentimiento de ofensa del agraviado, remitiéndonos en este punto a las brillantes refutaciones de Jordano Fraga, ya citado. El análisis de la desheredación parcial no debe tratar de juzgar o escrutar el sentimiento que albergue el testador en orden a la ofensa protagonizada por el legitimario, aspecto que debe quedar en el arcano íntimo de su conciencia, sino si, con base en el principio de la autonomía de la voluntad, arquitrabe del Derecho de sucesiones, es posible que el causante pueda privar, parcialmente, de la legítima a quien tiene derecho a ella.

Una de las razones que ofreció Vallet de Goytisolo para defender la desheredación parcial consistió en explicar que, de la misma manera que la autoridad judicial puede tener en cuenta circunstancias atenuantes, por la misma lógica podrá hacerlo el desheredante[156]. Como quiera que suponemos que el autor se refería a las circunstancias atenuantes del Derecho Penal (art. 21 en relación con el art. 66 CP)[157], su argumento nos parece un mero adorno retórico, pues, por mucho que se empeñen algunos, el Derecho Penal y la desheredación circulan, afortunadamente, por senderos distintos. En un pleito de desheredación, la autoridad judicial tendrá dos opciones: o bien declarar que la desheredación fue justa o injusta, con los efectos que marcan los artículos 851 y 857 CC, sin que pueda dulcificarlos, modularlos o atenuarlos. Lejos de la autoridad

---

156 Vallet de Goytisolo, J.: *Limitaciones de Derecho sucesorio a la facultad de disponer, Tomo I, Las legítimas,* op. cit., p. 669.

157 No creemos que se refiriese a la posibilidad de modificar equitativamente la pena de las obligaciones con cláusula penal (art. 1154 CC), ya que dicha posibilidad de atenuación es francamente excepcional, precisando de un pacto de las partes para el caso de incumplimiento parcial o irregular de las obligaciones contractuales, que nada tiene que ver con la desheredación.

judicial, el único sujeto capaz de atenuar los efectos de la desheredación es el causante, mediante la desheredación parcial.

En defensa de nuestra posición en torno a la admisibilidad de la desheredación parcial, y sin perjuicio de los razonamientos que compartimos de Jordano Fraga y Algaba Ros, invitamos al lector a formularse la siguiente pregunta: si, tal y como defenderemos cuando tratemos los efectos de la desheredación justa, habiendo desheredación total, las donaciones del causante previas al testamento y no revocadas deben imputarse a la legítima del desheredado (art. 819 CC)[158], ¿por qué no admitir la desheredación parcial si con esta se consiguen similares efectos y, además, lo que no es baladí, se fundamenta en la voluntad coetánea del causante? No en vano, Roca-Sastre diferenciaba entre la desheredación parcial *stricto sensu*, consistente en la desheredación al legitimario ingrato «sólo en parte alegando para ello una determinada causa legal de desheredación y, por tanto, atribuyéndole, por cualquier título, única-

---

158 Ello se debe a que el desheredado sigue siendo legitimario y, habiendo legítima, las donaciones o atribuciones *mortis causa* deberán imputarse en el tercio de legítima estricta, siendo extensible esta idea a los supuestos de repudiación (véase, entre otros, Ragel Sánchez, L. F.: *La Cautela gualdense o Socini y el artículo 820.3.º del Código Civil*, op. cit., 195). Ciertamente, las donaciones a favor del legitimario repudiante, salvo previsión en contrario del donante, se consideran *pro legítima*, pues de lo contrario la parte de libre disposición, que es el bastión de la autonomía de la voluntad del causante, estaría al albur de la desheredación o repudiación del legitimario. Por esta razón, no compartimos, como más adelante veremos, el criterio de la jurisprudencia en torno a que las donaciones hechas al legitimario que ha repudiado la herencia deben imputarse en la parte de libre disposición, partiendo de la idea de que el legitimario es un extraño en la sucesión [[vid., SSTS 27 abril 1961 (TOL 4.337.343, 17 diciembre 2019 y 18 diciembre 2024 (TOL 10.331.197)]. En cambio, como ya hemos señalado, el artículo 490 CFDA establece que se imputarán a la legítima colectiva «las liberalidades recibidas del causante por cualquiera de sus descendientes, incluso premuertos, incapaces de suceder, desheredados con causa legal o renunciantes a la legítima».

mente parte de la legítima que le corresponda», y la *desheredación parcial indirecta,* fundamentada, respecto al legitimario, en «desheredarle totalmente y, al mismo tiempo o no, disponer de bienes o derechos hereditarios a favor del mismo, por vía de institución de heredero, legado, modo o cualquier otro título, e incluso por vía de donación o mediante no revocar por ingratitud la donación ya hecha»[159]. Por lo tanto, si los efectos de la «forma indirecta de desheredación parcial» y la desheredación parcial en sentido estricto son similares, con mayor razón ha de propugnarse la validez de esta última, que descansa en la soberanía de la voluntad del testador que, como no podía ser de otro modo, es la ley de su sucesión.

No hay jurisprudencia que se posicione a favor o en contra de la desheredación parcial, a pesar de que se intente hacer ver lo contrario por parte del propio Tribunal Supremo y parte de la doctrina.

En la STS 23 enero 1959[160], el tribunal determinó que, en caso de desheredación injusta, el desheredado, de concurrir con otros descendientes del causante, solo percibiría su parte de legítima estricta, aunque el testador no hubiese hecho expresa disposición del tercio de mejora, mencionando, en relación con el testador, que «la voluntad expresa de éste de desheredar totalmente a un hijo, incluye la *desheredación parcial,* en aquella parte de cuya atribución de éste depende, conforme a la ley, de su libérrima voluntad, taxativamente contraria a tal atribución en el caso que se resuelve» (cursiva propia). Decir que los efectos de una desheredación injusta son una manifestación de desheredación parcial es una imprecisión técnica, pues esta requiere, conforme al concepto que hemos defendido, que, concurriendo una justa causa de desheredación, se prive al desheredado, que concurra con sus hermanos, *solo de*

159 ROCA-SASTRE MUNCUNILL, L.: *Derecho de Sucesiones, Tomo II,* op. cit., p. 559.

160 STS 23 enero 1959 (TOL 4.348.959).

una parte de la cuota que le correspondería de legítima estricta. La aseveración del Tribunal Supremo equivaldría a decir que en el supuesto de que el causante haga expresa atribución del tercio de mejora a favor de uno de sus descendientes, limitando la porción de otro a lo que le corresponda por legítima estricta, sería también una expresión de desheredación parcial, lo que sería un absurdo.

Por otro lado, Algaba Ros citó la STS 20 febrero 1981[161], subrayando que se posiciona en contra de la desheredación parcial, afirmación que, en absoluto, podemos compartir. En el supuesto que llegó al Tribunal Supremo una madre dispuso en testamento que nada legaba a su hijo, por haberle dado en vida mucho más de lo que correspondía por legítima. El hijo presentó demanda reclamando, entre otras cosas, la nulidad parcial del testamento. Desde nuestro prisma, dichos hechos no pueden relacionarse con la desheredación y, menos aun, con la desheredación parcial[162]. Como dijo la citada sentencia, para que se pudiere admitir que hubo una desheredación, aunque fuere injusta, es precisa una disposición testamentaria por mor de la cual se prive al legitimario de su legítima en virtud de alguna de las causas que señala el artículo 853 CC. La madre no desheredó, simplemente, dijo en testamento, mencionando al hijo –hecho que descartaría asimismo la preterición-, que

161 STS 20 febrero 1981 (TOL 1.740.202).

162 En la STS 6 abril 1998 (TOL 14.806), la causante dispuso en testamento que no le dejaba nada a su hijo porque le dio en vida la legítima mediante donación. El tribunal, con una notable imprecisión técnica, dijo que «nos hallamos en presencia [...] de una preterición intencional o, en su caso, una desheredación injusta», que no concretó toda vez que los efectos que, hoy día, determinan los artículos 814 y 851 para ambas figuras son idénticos, en el sentido de que circunscriben el perjuicio al desheredado injustamente o preterido intencionalmente a lo que le correspondería por legítima estricta, excluyéndose el tercio de mejora de concurrir con otros descendientes que no fueron preteridos ni desheredados.

no le dejaba nada *mortis causa* por las donaciones que recibió en vida, siendo así que el importe de dichos actos dispositivos no cubría totalmente lo que le correspondía por legítima. En este estado de cosas, el tribunal estima la acción de complemento o suplemento de la legítima, diciendo lo que sigue al final del segundo considerando: «el heredero forzoso, como el recurrente, a quien en vida haya hecho alguna donación su causante, no puede considerarse desheredado ni preterido y solo puede reclamar que se complete su legítima, al amparo del citado art. 815, que le faculta para pedir la integridad de esa porción hereditaria cuando el testador le haya privado de parte de ella». La autora dice que la sentencia no puede ser aceptada, «pues nos llevaría al resultado de que no cabría desheredar al legitimario que se le hubiesen donado bienes, y olvida la propia esencia de la desheredación», que no es otra, siguiendo su planteamiento, que «una pena civil que puede ser utilizada por el testador cuando concurra una de las causas establecidas en el Código civil, que no se ve impedida en su ejercicio por la existencia de una donación a favor del que fue desheredado»[163].

¿Quid iuris? Ni el tribunal niega la posibilidad de desheredar cuando, previamente, el legitimario haya recibido bienes, ni tampoco niega la validez de la desheredación parcial. Aquí, simple y llanamente, no hubo desheredación, porque supuestamente la madre, al amparo del artículo 815 CC, le había atribuido la legítima en vida, resultando que las donaciones no cubrían el importe de la *portio debida*. Si la madre, realizadas tales donaciones, hubiese materializado la desheredación en testamento, mediante una voluntad expresa de desheredar y alegando algunas de las causas que cita el artículo 853 CC, lo que habría habido, en puridad, es una desheredación total, que a la postre habría tenido efectos análogos a la parcial, por-

---

163 ALGABA ROS, S.: *Efectos de la desheredación*, op. cit., pp. 107 y 108.

que la cuota legitimaria del desheredado se habría reducido, de concurrir otros legitimarios, de manera proporcional al importe de las donaciones que aquel hubiese recibido; de modo que con la desheredación, el desheredado, otrora donatario, habría quedado desposeído de los efectos patrimoniales inherentes a la legítima, como la acción de complemento o suplemento. Por ende, ni el Tribunal Supremo negó la posibilidad de desheredar cuando, previa a la desheredación, hubo actos de disposición a título gratuito, ni tampoco dijo que no cabía la desheredación parcial.

Habida cuenta que el debate sobre la desheredación parcial sigue latente, y valorando que autores como Díez-Picazo y Gullón se amparan, lacónicamente, en el artículo 813 CC para negar su validez, solo bastaría, en la empresa de positivizarla y dar por concluido el debate, reformar el citado precepto, proponiendo la siguiente dicción: «El testador no podrá privar a los herederos de su legítima *o parte de ella* sino en los casos expresamente determinados por la ley». Así se contempla, *mutatis mutandi*, en el artículo 1265 del Código Civil colombiano de 31 de mayo de 1873, que define la desheredación, denominada en Colombia *desheredamiento*, como «una disposición testamentaria en que se ordena que un legitimario sea privado del todo *o parte* de su legítima».

4. LA DESHEREDACIÓN CONDICIONAL

La Ley 3ª, Titulo VII, de la Sexta Partida, siguiendo el precedente de la Novela 115 de Justiniano, prohibía la desheredación condicional, al decir que «*[e] cualquier a quien desheredasen, deue ser desheredado sin ninguna condición*». El Proyecto isabelino de 1851, al igual que el vigente Código Civil, guarda silencio, al contrario que el artículo 451-18 CCCat, que la prohíbe. Este silencio no ha sido un asidero para que la doctrina defienda lo que se ha llamado, quizás con escaso rigor, desheredación condicional, sino todo lo contrario, como veremos a continuación.

Scaevola, señalando previamente que el artículo 790 CC admite que las disposiciones testamentarias, tanto a título universal como particular, pueden hacerse bajo condición, decía que la desheredación condicional estaría proscrita por el artículo 813 CC, que a la sazón señala que la legítima no podrá quedar al albur de ningún tipo de condición. No obstante, reconocía que, habiendo incurrido el hijo en una causa legal de desheredación, no había inconveniente alguno en que el testador sometiera a condición, no la legítima, sino el perdón, poniendo como ejemplo la desheredación de la hija por haberse entregado a la prostitución[164], cuyo perdón quedaba supeditado a que contrajera matrimonio en el plazo de un año[165]. Sánchez Román, arguyó que la desheredación debía hacerse puramente, y no bajo condición o plazo, justificando su postura en los antecedentes históricos y en el carácter «excepcional y extremo» de la desheredación, contraria «á toda idea de incertidumbre, condicionalidad ó contingencia». Sin embargo, como ya defendiera Scaevola, admitía el supuesto donde la desheredación se realizase en testamento al amparo de una causa legal anterior al otorgamiento y se hiciese depender la remisión de la pena a «un hecho futuro é cierto relacionado íntimamente con la causa», apostillando que, lejos de tratarse de una desheredación condicional, sería un *perdón condicional*[166].

---

164 Recuérdese que en la fecha en la que el autor escribió dichas líneas la prostitución de la hija o de la nieta estaba prevista como causa de desheredación en el artículo 853.3ª CC.

165 Mucius Scaevola, Q.: *Código civil, Tomo XIV*, op. cit., p. 872.

166 Sánchez Román, F.: *Estudios de Derecho Civil, VI. 2, Derecho de sucesión,* op. cit., p. 1108. Similar criterio siguió, Manresa y Navarro, J. M.: *Comentarios al Código Civil español, Tomo VI,* op. cit., p. 595, quien no admitió la desheredación condicional, so pretexto de que la causa o el hecho debía existir y ser conocido por el testador al tiempo de otorgar testamento, quedando

En cambio, Royo Martínez, que negaba la desheredación condicional, tampoco admitía que el perdón o la reconciliación pudiesen ser sometidos a condición, plazo o modo, debiendo ser esta a su juicio pura y simple[167]. Lo que sí contemplaba el autor es la desheredación articulada durante la litispendencia de un proceso penal o civil cuando de la sentencia hubiera de resultar la existencia o inexistencia de la causa, por así estar contemplada en la ley. Según su planteamiento, la sentencia actuaría como condición suspensiva respecto a la desheredación, debiéndose permitir que los herederos instituidos prosiguiesen el litigio hasta la desembocadura del proceso[168]. Puig Peña, que estaba en contra de la desheredación condicional y admitía el perdón condicional, suscribe el planteamiento

---

vedada la posibilidad de que «la pena de la desheredación nazca después por un acto aun no realizado»; pero ello no obstaba, siguiendo al autor, a que el perdón se sometiese a un hecho futuro e incierto «relacionado íntimamente con la causa», extramuros de cualquier capricho del causante. En la misma senda puede verse CLEMENTE DE DIEGO, F.: *Instituciones de Derecho Civil español, Tomo III*, op. cit., p. 234; PUIG PEÑA, F.: *Tratado de Derecho Civil Español, Tomo V, Sucesiones, Vol. II, Relaciones sucesorias particulares*, op. cit., p. 429; y PUIG BRUTAU, J.: *Fundamentos de Derecho Civil, Tomo V, Volumen III*, op. cit., p. 221.

167 ROYO MARTÍNEZ, M.: *Derecho sucesorio «mortis causa»*, op. cit., pp. 252 y 253.

168 El supuesto que planteó Royo Martínez es la desheredación entre cónyuges por concurrir alguna de las causas que daban lugar al divorcio (art. 855.1ª en relación con el art. 105 CC). Si el cónyuge que deshereda había instado el divorcio y durante la pendencia del proceso desheredó al cónyuge, era perfectamente posible que falleciese antes del dictado de la sentencia, careciendo, a priori, de razón de ser la continuación del proceso de divorcio habida cuenta que el fallecimiento de uno de los cónyuges disolvía el matrimonio (art. 52 CC). La tesis del autor era que los herederos tenían legitimación para continuar el proceso y que la sentencia que declarase que concurría alguna de las causas de divorcio que contemplaba el artículo 105 CC tenía alcance retroactivo, en virtud de la aplicación analógica del tercer párrafo del art. 834 CC, que supeditaba la condición de legitimario del cónyuge separado por demanda de divorcio al resultado del pleito (ROYO MARTÍNEZ, M.: *Derecho sucesorio «mortis causa»*, op. cit., pp. 253 y 254).

de Royo Martínez, aunque, por razones que desconocemos, descarta que la sentencia penal pueda actuar como condición suspensiva, aceptando solo esta, y que los herederos puedan continuar el proceso fallecido el causante, cuando se trate de una sentencia civil[169].

Vallet de Goytisolo, que negaba la desheredación condicional y admitía el perdón condicionado, realizó un esfuerzo de sistematizar la problemática, distinguiendo varios supuestos[170]:

En primer lugar, la desheredación articulada en testamento condicionada a que en el futuro incida el legitimario en una causa de desheredación. El autor rechazaba esta posibilidad, citando el artículo 849 CC, que exige que la desheredación exprese la causa legal en que se funda, entendiendo el autor que dicha exigencia se traduce en que es necesario que la causa haya ocurrido al tiempo de otorgarse testamento, amén de que la desheredación, por su gravedad, «reclama un hecho real ocurrido, no una previsión imaginada aunque resulte profética».

En segundo lugar, la desheredación efectuada por el testador sin tener la certeza del hecho y condicionada a que éste resulte probado. Vallet no veía inconveniente en admitir que la *conditio iuris* exigida por el artículo 850 CC se elevase a condición expresa establecida por el testador, ni que dicha condición pudiese invalidar la desheredación. El autor decía que la certeza de la causa que exige el artículo 850 CC es de «carácter objetivo referido al hecho causante y no por un requisito subjetivo del testador», pudiendo ser esta certeza subjetiva «varia-

---

169 Puig Peña, F.: *Tratado de Derecho Civil Español, Tomo V, Sucesiones, Vol. II, Relaciones sucesorias particulares,* op. cit., pp. 429 y 430.

170 Vallet de Goytisolo, J.: *Limitaciones de Derecho sucesorio a la facultad de disponer, Tomo I, Las legítimas,* op. cit., pp. 671-673.

ble según el temperamento de éste y, además, muy difícil de calibrar».

En tercer lugar, la desheredación ordenada para el supuesto de que se produzca la sentencia que fundamente la causa de desheredación. Esta opción, planteada por primera vez por Royo Martínez y que Vallet defendía, consistía en que el testador desheredaba por una causa que requería de una sentencia que actuaba como *conditio iuris*. Siguiendo al autor, de existir el hecho al tiempo de otorgar el testamento y conocido por el testador, la desheredación era válida, supeditándose su eficacia a que después se dictase la sentencia que garantizara su efectividad.

En cuarto y último lugar, la desheredación fundada en un hecho ocurrido con anterioridad al testamento, pero condicionada a la posterior conducta o a un hecho ulterior del desheredado. Vallet admitía que la desheredación se condicionase a un hecho o a una conducta que tuviese lugar antes de la muerte del testador y que tuviera relación con la causa de desheredación, en la medida que representara un «arrepentimiento, rectificación de conducta o penitencia», entendiendo el autor, como ya hiciera la doctrina citada, que equivalía a una *remisión o perdón condicionado*. Igual solución secundaba si dicha condición, relacionada con la conducta del desheredado y su relación con el arrepentimiento, pudiera cumplirse después de la muerte del causante, considerando que habría una desheredación justa «y superpuesta a ella una institución, un legado o una atribución modal a favor del desheredado, en lugar de su legítima e imputable a ella, condicionados a que éste rectifique, en algún modo, su conducta». En cambio, estimaba que si la condición puesta por el testador a modo de perdón se refiriese a un hecho ajeno a la conducta y a los signos de arrepentimiento o penitencia del desheredado, la desheredación debía estimarse por no hecha, con independencia de su licitud o ilicitud, alegando que estas condiciones serían «contrarias a la esencia de un acto tan grave como la desheredación», hasta el punto de que, por su falta de seriedad, la desvirtuarían e invalidarían. Esta última condición, extramuros del arrepentimiento, solo invalidaría la desheredación, sin que equivaliese, a los efectos del artículo 757 CC, a una rehabilitación o perdón para el caso de que el hecho protagonizado por el legitimario se subsumiese, a su vez, en una causa de indignidad.

Autores posteriores, como Roca-Sastre[171], Lacruz Berdejo[172], Algaba Ros[173], Manzano Fernández[174], Busto Lago[175] u Ordás Alonso[176], siguiendo prácticamente el esquema y las aportaciones de Vallet, han negado la desheredación condicional y han admitido el perdón sometido a condición.

En el ámbito de la práctica forense, son pocas, por no decir inexistentes, las sentencias que, como *ratio decidendi*, hayan tratado la desheredación condicional. Es recurrente que la doctrina moderna cite la STS 18 diciembre 1988[177], donde un padre desheredó a sus hijos sin expresar la causa, condicionando la desheredación a que estos reintegraran a la masa hereditaria bienes que les fueron transferidos. En realidad, del fundamento de derecho noveno de la sentencia se infiere que

---

171 Roca-Sastre Muncunill, L.: *Derecho de Sucesiones, Tomo II*, op. cit., pp. 560 y 561.

172 Lacruz Berdejo, J. L.: «La desheredación», op. cit., p. 530.

173 Algaba Ros, S.: *Efectos de la desheredación*, op. cit., p. 197.

174 Manzano Fernández, Mª M.: «La exclusión del hijo en la herencia del testador (Una visión actualizada de la desheredación en el Código Civil)», op. cit., pp. 1865 y 1866.

175 Busto Lago, J. M.: «Artículo 806», op. cit., p. 1118.

176 Ordás Alonso, M.: *La desheredación y sus causas. Derecho civil común y derecho civiles forales y especiales*, op. cit., pp. 62 y 63.

177 STS 19 diciembre 1988 (TOL 1.733.529).

se estimó la nulidad de la desheredación, previa cita de los artículos 848 y 851 CC, no porque el Tribunal Supremo creyera que la desheredación condicional estaba proscrita por el legislador, sino porque, sencillamente, la misma no se fundó en ninguna de las causas que establece la ley para desheredar, desheredando el causante lacónicamente a los hijos y supeditando la eficacia de la desheredación a que estos cumplieran determinados actos tras la apertura de la sucesión. Desde nuestra óptica, si el testador hubiere desheredado alegando una eventual causa que pudiesen cometer en el futuro los legitimarios, se podría hablar, *stricto sensu,* de desheredación condicional, pero en el caso objeto de la *litis* el testador se inhibió de la carga de expresar la causa. Tampoco consideramos que se tratase un caso de perdón condicional, pues, como hemos visto, cabría hablar de perdón condicional si el legitimario hubiese protagonizado un hecho subsumible en alguna causa de desheredación y el testador, citando la causa, hubiere desheredado, supeditando el perdón a un hecho futuro. Siguiendo los hechos de la sentencia, no cabría hablar de perdón condicional[178], ya que difícilmente podrá concurrir este sin una des-

---

178 Más acertada nos parece, aunque no sea jurisprudencia (art. 1.6 CC), la remisión a la SAP Vizcaya 19 diciembre 2013 (TOL 4.315.545), citada por Cabezuelo Arenas [Cabezuelo Arenas, A. L.: *Maltrato psicológico y abandono afectivo de los ascendientes como causa de desheredación (art. 853.2 CC),* Tirant lo Blanch, Valencia, 2018, pp. 23 y 24], que dijo *obiter dicta,* en su fundamento de derecho segundo, lo siguiente: «Habrá de ser exigible igualmente conforme a la doctrina que estamos exponiendo, que dicha causa de desheredación exista ya al tiempo de otorgar el testamento en el que se especifique, pues otra cosa sería pretender que puede llevarse a cabo testamentariamente una desheredación condicional o potencial y ello sería tanto como dejar abierta una puerta que la ley no permite y que además iría en contra precisamente de la propia naturaleza de ese acto de desheredación que, como privación de un derecho prácticamente blindado en nuestro ordenamiento jurídico, tan solo puede ser objeto de exclusión, como hemos dicho, por causas muy

heredación previa que sea válida, estando huérfana de causa la planteada en este caso.

Dicho esto, seguiremos el mismo patrón expositivo de Vallet de Goytisolo para volcar nuestro posicionamiento:

1. En nuestra opinión, negamos la validez de la desheredación condicional *stricto sensu*, pero no, como hiciera la doctrina clásica, con base en la naturaleza excepcional o sancionadora de la desheredación; que, conforme a lo dicho más arriba, es resulta infundada, sino a tenor de lo dispuesto en el artículos 848 y 849 CC, que dicen que la desheredación solo podrá tener lugar por alguna de las causas que señala la ley, debiendo expresarse en testamento la causa en que se funde. No habiendo concurrido la causa antes del otorgamiento del testamento, y entendiendo que la desheredación es un acto jurídico, habrá voluntad desheredativa, objeto, que consiste en la privación de la legítima, y forma, toda vez que como acto *ad solemnitatem* la desheredación se habrá articulado en testamento, pero faltará la causa, estando huérfana la desheredación de uno de sus elementos esenciales, sin que sea dable defender la postergación del elemento causal a la muerte del de *cujus*, ya que los presupuestos del acto desheredativo tendrán que concurrir en

concretas y definidas; además, cualquier posibilidad o situación que pueda suceder posteriormente puede y debe hacerse constar mediante el otorgamiento de nuevo testamento, dada la naturaleza esencialmente revocable de ese acto de voluntad (artículo 737 CC)». También puede verse, en el ámbito de la doctrina registral, la RDGRN 6 marzo 2019 (TOL 7.128.871), que expresa que la «desheredación requiere que se le atribuya al desheredado una acción (u omisión) que la Ley tipifique como bastante para privarle de la legítima, y que haya ocurrido antes de que se otorgue el testamento».

el momento del otorgamiento del testamento[179-180], como se infiere de los citados preceptos[181].

---

179 Como explica Ragel Sánchez, hay que rechazar la desheredación sometida a la condición suspensiva de que se produzca un hecho futuro, «porque la condición mira al futuro y la desheredación contempla el pasado» (RAGEL SÁNCHEZ, L. F.: «Artículo 848», op. cit., p. 6271)

180 La SAP Valladolid 5 diciembre 2005 (TOL 802.299), negó la validez de la desheredación condicional: "De cualquier forma se dice en relación con este punto que si las disposiciones del testamento «entran en vigor» a la muerte del testador, basta con que la causa de desheredación concurra en ese momento. Pero esta tesis es inadmisible: una cosa es que los efectos de la disposición testamentaria sólo tienen lugar a partir del fallecimiento del testador (lo cual no deja de ser absolutamente natural si se tiene en cuenta que la voluntad testamentaria es «el acto por el cual una persona dispone para después de su muerte de todos sus bienes o de parte de ellos» según el artículo 667 del Código civil) y otra muy diferente que la existencia de una causa de desheredación -que además debe ser una de las previstas legalmente en el artículo 854 con carácter general y en el 855 en relación con el cónyuge- deba apreciarse en su concurrencia en el momento de dicho fallecimiento [...] Pretender que puede llevarse a cabo testamentariamente una desheredación condicional o potencial sería tanto como dejar abierta una puerta que la Ley no permite y que además iría en contra precisamente de la propia naturaleza de ese acto de desheredación como privación de un derecho prácticamente blindado en nuestro ordenamiento jurídico, tan solo puede ser objeto de exclusión por causas muy concretas y definidas que concurran en el momento en que formalmente se lleva a cabo aquella desheredación. Porque, además, cualquier posibilidad o situación que pueda suceder posteriormente puede llevarse a cabo mediante el otorgamiento de otro testamento, dada la naturaleza esencialmente revocable de ese acto de voluntad (artículo 737 del Código civil)".

181 ALGABA ROS, S.: *Efectos de la desheredación*, op. cit., p. 197, citando a Rivas Martínez, dice que el artículo 849 CC impide la desheredación condicional al establecer la necesidad de que en el testamento se exprese la causa en que se funde y ello «requiere que la misma se haya producido, con anterioridad al momento del otorgamiento». Secunda este razonamiento TORRES GARCÍA, T. F. y DOMÍNGUEZ LUELMO, A.: «La legítima en el Código Civil (I)», en AA.VV., *Tratado de legítimas*, Atelier, Barcelona, 2012, p. 68.

2. Respecto a la desheredación donde el testador no tiene certeza del hecho y la condiciona a que resulte probado, abogamos por su validez. El causante, *ad exemplum*, puede desheredar a un hijo por la negativa injustificada a prestar alimentos, en virtud del art. 853.1ª CC, concurriendo todos los presupuestos, pero es posible que el testador, pese a plasmar la voluntad desheredativa y remitirse a la causa, albergue suspicacias en torno a si el legitimario tenía capacidad económica para prestarle los alimentos, y, en concreto, a si la negativa era o no justificada, ya que la relación entre causante y legitimario no era recurrente; a pesar de ello, el testador deshereda. Si la causa concurría objetivamente en el momento del otorgamiento del testamento y existe voluntad de desheredar, deviene irrelevante, como decía Vallet, la certeza subjetiva del desheredante, máxime cuando esta puede ser variable según el carácter y el temperamento del testador.

Ahora bien, creemos que en el caso de que la duda del testador llegue hasta tal punto de elevar la probanza por los herederos de la causa desheredativa a condición impuesta en el testamento, la falta de prueba de la desheredación no conllevará la ineficacia de la misma por ser la desheredación injusta, sino su inexistencia. Si nos remitimos al artículo 851 CC, podemos ver que la falta de prueba de la causa alegada por el testador «anulará la institución de heredero en cuanto perjudique al desheredado», pero valdrán los legados, mejoras y demás disposiciones testamentarias en lo que no perjudique la legítima». Como veremos al analizar los efectos de la desheredación injusta, este precepto fue interpretado por la doctrina, especialmente por Vallet, y la jurisprudencia de modo que, concurriendo descendientes del mismo grado y no habiendo disposición expresa del testador mejorando a uno de ellos, la legítima que percibirá el desheredado injustamente no alcanzará el tercio de mejora, sino que únicamente se circunscribirá al tercio de legítima estricta[182]. Por ello, decir que la prueba de la desheredación es una *conditio iuris*, como decía Vallet, es una hipérbole, pues los efectos de la desheredación injusta no son necesariamente los mismos que si la desheredación no se hubiese producido. En el caso de desheredación injusta, no disponiendo expresamente el causante del tercio de mejora, la legítima no se repartirá a partes iguales, sino que el descendiente no desheredado percibirá su parte de legítima estricta y el tercio de mejora y, en cambio, el desheredado injustamente solo su parte de legítima de estricta. Si el testador, en cambio, supedita expresamente la desheredación a la condición suspensiva de que esta resulte probada en juicio si el desheredado la negare ¿qué efectos cabrá atribuir a dicha disposición? A nuestro juicio, como condición suspensiva que es, si la desheredación no resultare probada, la misma, en ausencia del hecho futuro e incierto a la que se supeditó, sería inexistente, y de haber otros legitimarios de la misma línea y grado, el desheredado no solo percibirá su legítima estricta, sino también el tercio de mejora, pudiendo abarcar la adquisición el tercio de libre disposición si el testador no dispuso de dichas cuotas en testamento. Y ello será así por la propia arquitectura de la condición suspensiva, pues de no producirse el hecho futuro e incierto consistente en la probanza de la causa, la consecuencia no será la del artículo 851 CC, según la exégesis del Tribunal Supremo, sino la inexistencia de la desheredación, pues será como si esta no hubiese nacido en el mundo jurídico.

3. También estamos de acuerdo con la posibilidad de que el testador supedite la desheredación, basada en una causa que precise de una sentencia, a que esta se dicte en el sentido que marca la causa prevista en el Código Civil. Pero como sucede en el caso previsto anteriormente, si el testador cristaliza como condición suspensiva que se dicte la sentencia que fundamen-

---

182 Por todas, la STS 23 enero 1959.

taría la causa, la ausencia de la misma no conllevará que la desheredación sea injusta, con los efectos descritos en el artículo 851 CC, sino su inexistencia, de modo que el resultado, salvo previsión contraria del testador disponiendo del tercio de mejora y de libre disposición, sería el mismo que si la desheredación nunca se hubiese articulado en testamento.

4. En cuanto al perdón condicional, consistente en que se deshereda en virtud de un hecho ocurrido con anterioridad al otorgamiento del testamento, condicionándose el perdón a la posterior conducta del desheredado, estamos de acuerdo con su licitud y sus potenciales ventajas. Con relación a esta hipótesis, la doctrina ha secundado una postura conservadora, exigiendo que la conducta del desheredado a la que se supeditaba el perdón y que era exigible, a discrecionalidad del testador, antes o después de la apertura de la sucesión, tuviera que estar relacionada con el arrepentimiento. De este modo, si el hecho futuro e incierto no estaba relacionado con la penitencia por la que tenía que transitar el desheredado, la condición era nula, al contravenir la esencia de la gravedad de la desheredación.

Aquí tenemos que discrepar y será con base en la tesis que venimos defendiendo respecto a las consecuencias de la desheredación. Cuando tratamos la desheredación parcial dijimos que la desheredación no priva de la condición de legitimario, sino de la atribución patrimonial inherente a la legítima, pudiendo el desheredado, únicamente, impugnar la desheredación; en caso de desheredación parcial, aunque lo recibido por el desheredado sea imputable a la legítima, este, despojado de todos los privilegios patrimoniales inherentes a la legítima, tendrá vetado el ejercicio de la acción de complemento o suplemento, pudiendo solo reclamar que la desheredación fue injusta. Con el perdón condicional ocurre, *mutatis mutandi*, lo mismo: si el testador deshereda al legitimario por un hecho anterior al otorgamiento del testamento, aquel podrá supeditar el perdón a una condición como lo pudiera hacer respecto a cualquier disposición testamentaria (art. 790 CC), siempre que aquella sea lícita, sin tener que albergar la condición un ligamen con el arrepentimiento, la penitencia o la causa desheredativa alegada en testamento. Desheredado el legitimario, el testador quedará desvinculado, respecto a la legítima de aquel, de las reglas de la intangibilidad cuantitativa y cualitativa y, por ende, el segundo párrafo del artículo 813 CC, que veta imponer sobre la legítima un gravamen, condición o sustitución, quedaría en agua de borrajas. Por tanto, no nos cabe la menor duda de que, siendo la desheredación justa, el causante podrá supeditar el perdón a cualquier condición, aunque esta no tenga ningún ligamen con la redención o el arrepentimiento del desheredado.

5. Otra hipótesis de desheredación condicional está relacionada con la desheredación del nieto. Rebolledo Varela plantea si es posible desheredar a los nietos que han incurrido en alguna causa de desheredación para el caso de posterior premoriencia del progenitor con derecho a la legítima. Estaríamos ante una desheredación articulada para el supuesto de que el descendiente de primer grado no pueda adquirir la legítima cuando se abra la sucesión y el nieto sea el llamado por el derecho de representación. Según el autor, se trata de una desheredación condicional válida, aunque no en el sentido habitualmente entendido por la doctrina. En nuestra opinión, desheredado el nieto, la privación de la legítima solamente desplegará sus efectos si, no habiendo sido desheredado el ascendiente, este premuere al causante y el nieto fuere el llamado a la legítima del causante por el derecho de representación[183]. En tal caso, no negamos la validez de la desheredación, aunque la eficacia de la misma quede al albur de la premoriencia del hijo al que «representaría» el nieto.

---

[183] Rebolledo Varela, Á. L.: «Problemas prácticos de la desheredación eficaz de los descendientes por malos tratos, injurias y abandono asistencial de los mayores», op. cit., p. 396.

6. Por último, tenemos que hacer referencia al caso donde el legitimario incurre en una causa de desheredación y el causante, que puede desheredarlo, no lo hace, sino que, adjudicándole en testamento, total o parcialmente, lo que le corresponda por legítima, dispone que en caso de que ejercite alguna reclamación en relación a la sucesión, quedará privado de todo lo que le hubiese adjudicado en pago de su legítima. A nuestro modo de ver, hay una sustancial diferencia entre someter la desheredación a una condición suspensiva –supuesto que, como se ha expuesto, no resulta admisible- y someter, no la desheredación en sí, sino la conservación de la legítima, a una condición resolutoria.

Esta última posibilidad resulta, a nuestro juicio, valida, en tanto en cuanto es coherente con la posibilidad del perdón sometido a condición, pues, habiéndose materializado la causa desheredativa antes del otorgamiento del testamento, se hace depender la conservación de la legítima a un hecho futuro e incierto. Es más, téngase en cuenta, por analogía, los siguientes argumentos: a) Actualmente, es posible que, aunque el legitimario no haya incurrido en una causa de desheredación, el testador, mediante la cautela sociniana (art. 820.3º CC), pueda postergar la adquisición efectiva de la legítima estricta al fallecimiento del cónyuge viudo, y no solo eso, sino que, de concurrir varios descendientes, también podrá supeditar la adquisición de la mejora, que se subsume en la legítima, y del tercio de libre disposición a que alguno de los descendientes no reclame, desde la apertura de la sucesión, su parte de legítima estricta; b) también es posible que, sin haber incurrido los descendientes en causa de desheredación, estos no adquieran su parte de legítima a la apertura de la sucesión, incluso que queden *de facto* privados de ella, pues cabe que el causante, si tuviese un hijo «en una situación de discapacidad», disponga a su favor de la legítima estricta del resto de descendientes mediante una «sustitución fideicomisaria de residuo», autorizándole para disponer onerosamente[184] de los bienes que, de no haber mediado la sustitución, habrían adquirido el resto de descendiente (art. 808 CC); c) asimismo, es factible que el legitimario, aunque no haya protagonizado una causa de desheredación, vea postergada la adquisición de los bienes concretos que componen la herencia hasta que hayan transcurrido diez años desde el fallecimiento del causante, si este así lo dispuso en testamento (arts. 1051 y 400 CC); d) por último, e insistimos, aunque no haya mediado causa de desheredación, es posible que el causante haya dispuesto que el legitimario no reciba bienes hereditarios en pago de su legítima, autorizando que se satisfaga su legítima en metálico, pudiéndose aplazar el pago hasta dos años desde la apertura de la sucesión (art. 844 CC), sin perjuicio de que el aplazamiento puede alcanzar hasta los cincos años en el supuesto del artículo 1056 CC.

Por lo tanto, si el causante puede supeditar, gravar o postergar la adquisición de la legítima estricta, aunque el legitimario no haya incurrido en una causa de desheredación, con más razón podrá supeditar su pérdida a que este, que previamente al testamento violó los postulados básicos de la relación familiar, ejercite acciones judiciales en relación con la sucesión. Obsérvese que aquí no se estaría sometiendo a una condición potestativa la adquisición de la legítima, sino su pérdida. Es más, en nuestras recurrentes cavilaciones ha rondado varias veces la misma pregunta: ¿por qué razón aquellos valedores del sistema legitimario, fieles defensores de la naturaleza sancionadora de la desheredación y, por ende, de su interpretación restrictiva, estarían en contra de este planteamiento? El único argumen-

---

184 Como dice Cervilla Garzón, Mª. D.: «Apuntes sobre el fideicomiso de residuo como fórmula de protección de la persona con discapacidad tras la reforma de la Ley 8/2021», en AA.VV., *Personas vulnerables y Derecho,* Tirant lo Blanch, Valencia, 2024, p. 171, si «algo queda claro en el art. 808 CC es la expresa prohibición de disposiciones a título gratuito *inter vivos* y, en cualquier caso, las *mortis causa*».

to que manejamos, más allá de los clásicos convencionalismos relacionados con la teoría de la pena, es una petrificación de la libertad de testar, en contra de los antecedentes que hemos reseñado que acreditan la línea evolutiva de la legítima, pues semejantes disposiciones en nada perjudican al legitimario ingrato, que, pudiendo haber sido privado simple y llanamente de su legítima, por concurrir una causa de desheredación, la adquirirá, aunque sometida su conservación a un hecho futuro e incierto, que además depende de su voluntad.

El problema gravitará, como hemos anunciado *ab initio* de este punto, en la fórmula que se emplee en el testamento, ya que, según lo que hemos dicho en anteriores apartados, la desheredación consiste en privar de la legítima y de todas las acciones que le pudiesen corresponder al legitimario, salvo la relativa a la acción de desheredación injusta. Así, mediando desheredación, hemos defendido, en sede de desheredación parcial, que es loable que se adjudique al desheredado parte de su legítima estricta, quedando privado de la acción de complemento o suplemento, salvo que se declare que la desheredación fue injusta; argumento que es extrapolable al caso del perdón sometido a condición, cuya validez propugnamos, como también hizo la doctrina precedente. Sin embargo, el supuesto que estamos tratando alberga más complejidad.

Si de los términos del testamento se infiere que el causante supeditó la desheredación a la condición suspensiva de que el desheredado no realice una determinada conducta, podría decirse que la desheredación, con todo lo que ello conlleva, es inexistente al tiempo de la apertura de la sucesión, no desplegando sus efectos hasta que el legitimario realice los hechos relacionados con la condición y, hasta entonces, tendrá la protección que tiene todo legitimario, entre ellas, la que brinda el ordenamiento en aras de defender la intangibilidad de la legítima. Si es así, estaría supeditándose la desheredación a una condición suspensiva y, teóricamente, es controvertido sostener que, estando latente la desheredación, la legítima esté sujeta a límites, pues estos no se activarán hasta tiempo después de la apertura de la sucesión, cuando el legitimario, en su caso, realice la conducta que el causante quiso vetar, no antes.

En este escenario, donde la condición a la que se ha supeditado la desheredación aun no ha llegado a cumplirse, haciendo inexistente la desheredación, el legitimario podría ejercitar ante los tribunales todas las acciones que afecten a la intangibilidad de la legítima. Su planteamiento no estará necesariamente huérfano de razón si, antes de cumplirse la condición, defiende la invalidez de la condición resolutoria a la que se ha supeditado su legítima, sin necesidad de ejercitar la acción de desheredación injusta, ya que podría alegar que la desheredación, latente por la condición suspensiva, no ha nacido en el mundo jurídico y, por ende, todas las condiciones y gravámenes impuestos en la legítima son nulos (art. 813 CC).

Por ello, creemos que el testador tendrá que desheredar en primer lugar y, tras materializarse la desheredación, podrá, en el mismo testamento o en otro posterior, disponer, total o parcialmente, de la legítima a favor del legitimario desheredado, supeditando su conservación a que no realice la acción u omisión que prevea el testador. Así, la desheredación, que es un título apto para fundamentar las adquisiciones a favor de terceros y también las limitaciones a la legítima, desplegará su eficacia *ab initio* de la sucesión, reputándose válido el olvido por el testador de la regla de la intangibilidad de la legítima, la cual sometió a una condición, salvo que el desheredado ejercite una acción de desheredación injusta y obtenga sentencia estimatoria.

Ergo, no se trataría de someter la desheredación a una condición suspensiva, vistos los problemas que ello podría acarrear, sino de, previa desheredación, supeditar la conservación de la legítima a una condición resolutoria, pues tan solo cuando se ha llegado a cabo la desheredación el causante estará exonerado del deber de respetar la intangibilidad cualitativa de la legítima[185].

5. OTRAS FIGURAS DE PRIVACIÓN SUCESORIA

5.1. Indignidad

5.1.1. Crítica a la interpretación restrictiva y proscripción de la analogía en materia de indignidad

La indignidad sucesoria, término que vulnera a todas luces los derechos humanos, toda vez que la persona, por muy reprensibles que sean los actos que haya protagonizado, no puede ser despojada de su dignidad, ha sido definida, por Jordano Fraga, como «la privación automática, *ex lege*, al ofensor, salvo rehabilitación concedida por el causante ofendido, y en virtud de la comisión por aquél de cualquiera de los hechos legalmente tipificados a tal fin, de todo derecho sucesorio en la sucesión abierta de tal causante»[186]. Uno de los caracteres que comparte con la desheredación es su relatividad, pues, tanto el indigno como el desheredado no serán inhábiles o incapaces para suceder en cualquier sucesión *mortis causa*, sino solo respecto a un concreto y determinado causante[187]. Por otro lado, se ha dicho que ambas figuras comparten el carácter de representar una sanción o pena privada, con la consecuencia de que

---

185 Valga la disertación vertida en este punto para hacerla extensible, si se quiere, al perdón sometido a una posterior conducta del desheredado.

186 Jordano Fraga, F.: *Indignidad sucesoria y desheredación (Algunos aspectos conflictivos de su recíproca interrelación)*, op. cit., p. 1.

187 Jordano Fraga, F.: *Indignidad sucesoria y desheredación (Algunos aspectos conflictivos de su recíproca interrelación)*, op. cit., p. 4.

deben interpretarse sus causas restrictivamente, por el aforismo, que no principio, *odiosa sunt restrigenda*, teniendo vetada la aplicación analógica de sus normas[188].

Evidentemente, no podemos tratar *in extenso* la naturaleza jurídica de la indignidad; sin embargo, apelamos a la paciencia del lector para, al menos, poner en tela de juicio que la indignidad, pese a que albergue un matiz punitivo, sea realmente una pena, con todo lo que ello conlleva. En las anteriores páginas, al tratar la naturaleza de la desheredación, nos desligamos radicalmente de que esta fuese concebida como una sanción o pena, y dijimos que, simplemente, se trata de un acto jurídico que debía interpretarse conforme a todos los cánones hermenéuticos del artículo 3 CC. Ofrecimos varios argumentos para defender dicho planteamiento, aunque algunos de ellos no sean extrapolables a la indignidad, toda vez que esta opera *ope legis* y no debe ir avalada necesariamente por la voluntad del causante, hecho que descartaría *per se* el fundamento subjetivo que algunos han querido encontrar en la indignidad[189]. Citan-

---

188 MENA-BERNAL ESCOBAR, Mª. J.: *La indignidad para suceder*, Tirant lo Blanch, Valencia, 1995, p. 269; ALGABA ROS, S.: *Efectos de la desheredación*, op. cit., pp. 106 y 107; JORDANO FRAGA, F.: *Indignidad sucesoria y desheredación (Algunos aspectos conflictivos de su recíproca interrelación)*, op. cit., p. 7; DÍEZ GARCÍA, H.: «Artículo 756», op. cit., p. 5636; MARTÍN MELÉNDEZ, Mª. T.: «La causa de indignidad para suceder del artículo 756.7.º del Código Civil», op. cit., p. 812; LÓPEZ MAZA, S.: «Artículo 756», op. cit., p. 1007; ALGABA ROS, S.: «Artículo 756», en AA.VV., *Comentarios al Código Civil, Tomo III (Arts. 744 a 1155)*, Tirant lo Blanch, Valencia, 2023, pp. 3709 y 3710.

189 MARTÍN MELÉNDEZ, Mª. T.: «La causa de indignidad para suceder del artículo 756.7.º del Código Civil», op. cit., pp. 811 y 812, se inclina por el fundamento objetivo de la indignidad, consistente en encontrar en la voluntad de la ley el castigo que merecen los hechos previstos como causa de indignidad, descartando el fundamento subjetivo con base en que «si el causante perdona al indigno sin hacerlo en la forma prescrita por la ley (a. 757 CC), la indignidad y sus efectos persistirán». No vamos a entrar en el meollo del fundamento de la indignidad, pero no podemos suscribir el argumento de

do a Infante Ruiz, apreciamos que no podrían considerarse pena las privaciones de derechos que pudiesen establecer las normas civiles (art. 34.3 CP), además de que, en puridad, si se quisiera mantener la naturaleza sancionadora de normas civiles, esta categoría debería ser reducida a su mínima expresión, circunscribiéndose a aquellos supuestos donde el Estado tuviese una participación, como sujeto de Derecho, con *iure imperii* en el binomio de la relación jurídica. No es baladí la cita de Infante Ruíz, pues, pese a lo que el lector pudiese pensar, su cita del artículo 34.3 CP no la hizo a propósito de debatir, únicamente, en torno a la naturaleza sancionadora de la desheredación, sino también de la indignidad. Sobre el papel, puede entrar dentro del canon académico afirmar, hasta la saciedad, que la indignidad, como sanción, debe ser objeto de una interpretación restrictiva y que está proscrita la interpretación analógica de sus normas; no obstante, el problema llega cuando el intérprete, como dijera López y López, entra en contacto con el caso concreto, «lleno de huesos, de carne y sangre, por ser de la vida»[190]. En esta tesitura, el que escribe se vuelve a plantear si las instituciones deben estar, inexorablemente, ancladas en los atávicos esquemas teóricos, que reproducen por doquier los estudiosos como si de unos convidados de piedra se tratase, o deben evolucionar para dar respuesta, en defecto de la ley, a los problemas de la vida misma.

la autora para negar el fundamento subjetivo de la misma. Es evidente que la desheredación, que se fundamenta, principalmente, en la voluntad del causante, debe sujetarse a unos requisitos formales, siendo el principal que se materialice en testamento, tanto es así que sin testamento, esta no podrá desplegar sus efectos, aunque la voluntad de desheredar se pueda acreditar por otros medios, pues se trata de un acto *ad solemnitatem.* Nos preguntamos: ¿se podría negar, con base a lo dicho, que entonces la desheredación no alberga un fundamento subjetivo?

190 López y López, Á. M.: «Conversaciones con difuntos», *Quaderni fiorentini per la storia del pensiero giuridico moderno,* Vol. 29º, núm. 1, 2000.

No en vano, los tribunales, como ya hicimos patente con la desheredación[191], se han dado de bruces con los problemas «de huesos, de carne y sangre», y lejos de abrazar la interpretación restrictiva de las causas de indignidad, han adoptado un criterio flexible, cercano a los confines de la interpretación extensiva o, según algunos, de la analogía. A título de ejemplo, puede plantearse el supuesto en el que un hombre le quita la vida a una mujer y a los dos hijos que tenían en común y, posteriormente, se suicida; de mantener una interpretación restrictiva del artículo 756.1° CC, que exige sentencia firme, el *ius delationis* respecto a la herencia de la mujer fallecida lo tendrían sus hijos y, fallecidos estos minutos después sin aceptar o repudiar la herencia de la madre, pasaría el *ius delationis*, por la vía del derecho de transmisión (art. 1006 CC), al heredero intestado, a la sazón el padre homicida, de modo que, habiéndose suicidado este sin aceptar ni repudiar la herencia de sus hijos y, en su caso, la de la madre, pasarían, ambos *ius delationis*, a sus propios herederos, que podrían ser los ascendientes paternos, impidiendo esta secuencia, curiosamente, que los ascendientes maternos se convirtieran en los herederos, pues es cierto que el verdugo, antes de suicidarse, tenía capacidad para heredar y que con su fallecimiento logró extinguir la responsabilidad penal (art. 130.1° CP), impidiendo el dictado de una sentencia condenatoria.

Precisamente, estos fueron los hechos de la SAP Murcia 19 noviembre 2012[192], donde un marido mató a su esposa y a los hijos para luego, tras confesar el delito a la policía, suicidarse, discutiéndose en el litigio si era de aplicación la redacción, por aquel entonces, del artículo 756.2° CC, que tarificaba como causa de indignidad al «que fuere condenado en juicio por haber atentado contra la vida del testador, de su cónyuge, descen-

191 Véase, por todas, la STS 3 junio 2014.

192 SAP Murcia 19 noviembre 2012 (TOL 2.725.219).

dientes o ascendientes». Es paladino que, de haberse abogado por una petrificación de la interpretación de la causa al abrigo del criterio restrictivo y el aforismo *odiosa sunt restrigenda*[193], el marido, que en el momento de dar muerte a su esposa y a los hijos tenía capacidad para heredar, habría adquirido el *ius delationis* de ambas herencias y, fallecido sin ejercitarlo, habría pasado a sus propios herederos, excluyendo a la ascendencia materna. Esta fue la decisión de la sentencia de primera instancia que, sin embargo, fue revocada en apelación, al mantener el tribunal que, ante la imposibilidad del dictado de una sentencia penal condenatoria, es posible que, cuando no quepa la incoación y la conclusión del proceso penal, el tribunal civil sea «quien estime si se produjo el acto indigno»[194]. Este planteamiento supone acoger la tesis que en su día defendió Vallet de Goytisolo, seguido de Albaladejo, de la posibilidad del tribunal civil de condenar la indignidad al no especificar el precepto que fuese necesaria una condena penal[195], pese a la

---

193 MARÍN LÓPEZ, M. J.: «Artículo 756», en AA.VV., *Comentarios al Código Civil*, Aranzadi, Pamplona, 2009, p. 904, dijo que si no se dictó una sentencia penal condenatoria, por muy patente que fuera la comisión o el reconocimiento por el heredero del delito, la causa de indignidad no podría apreciarse.

194 En Francia hay un sistema dual de indignidad que se asimila, *mutatis mutandi*, al que secundó la SAP Murcia 19 noviembre 2012; por un lado, el artículo 726 del Código Civil francés prevé una serie de causas de indignidad que precisan de una condena del heredero como autor o cómplice y, por otro, dispone el artículo 727 que puede ser indigno, previa declaración judicial, quien hubiere protagonizado alguna de las causas de indignidad sin que se hubiere dictado sentencia condenatoria por fallecimiento del autor o caducidad de la acción.

195 VALLET DE GOYTISOLO, J.: *Limitaciones de Derecho sucesorio a la facultad de disponer, Tomo I, Las legítimas*, op. cit., p. 680. ALBALADEJO GARCÍA, M.: «Artículo 756», en AA.VV., *Comentarios al Código Civil y Compilaciones forales, Tomo X, Vol. 1º*, Edisofer, Madrid, 1987, p. 225, dijo que lo que «lo que fundamenta la indignidad es el hecho delictivo, y la condena es sólo para que aparezca con

improrrogabilidad de la jurisdicción penal para condenar los tipos delictivos tipificados en la ley (art. 9.3 LOPJ) y ante la imposibilidad de que una persona fallecida sea acreedora de una condena penal en el sentido estricto del término[196-197].

---

seguridad que el sucesor fue el autor, no puede la letra de la ley que pide tal condena llevarse al extremo de que existiendo el hecho indigno resulte imposible establecer la indignidad porque no quepa, por la razón que sea, el juicio criminal. Así que yo diría que éste es necesario, en principio, siempre, pero cuando no sea posible podrá sustituirse por la declaración por sentencia civil, en el juicio de indignidad que aprecie ésta, considerando que el caso no queda excluido por la condena, imposible en él, que pide el número 2.°, sino que queda fuera de las previsiones de esta norma y ha de ser resuelto a tenor de los principios generales del Derecho (art. 1, núms. 1 y 4) que permiten y aconsejan que a falta de sentencia criminal, baste una civil».

196 También puede verse la STEDH 1 diciembre 2009 (TOL 9.071.369), que consideró que una causa de indignidad que impide la valoración de la muerte del causante por no recaer sentencia condenatoria, vulnera el artículo 8 CEDH, debiendo evitarse la interpretación estricta o restrictiva de la norma cuando ello suponga un grave perjuicio.

197 La SAP Murcia 19 noviembre 2012 declaró que, siendo indigno el padre, heredarían a partes iguales los abuelos maternos y paternos con base en los artículos 938 y 940 CC. Gago Simarro, que califica esta decisión como «salomónica», no está de acuerdo, diciendo que deberían haber heredado solo los abuelos maternos, pues, según el artículo 766 CC, el indigno no transmite derecho alguno a sus propios herederos y el derecho de representación respecto a la legítima solo operaría en línea descendente *ex* artículo 761 CC [GAGO SIMARRO, C.: «Sentencia firme e indignidad para suceder», *InDret*, 2023, pp. 282 y 283 (nota núm. 26)]. No estamos de acuerdo con la autora, teniendo en cuenta que los herederos de la esposa eran sus hijos y que estos fallecieron después de su madre sin ejercitar el *ius delationis*, transmitieron dicho derecho a sus propios herederos, que eran los abuelos, toda vez que el indigno fue despojado de la condición de heredero con efectos *ex tunc*. Así las cosas, como quiera que el heredero era el padre, excluido de la sucesión por indignidad, los siguientes parientes con derecho a heredar *ab intestato* respecto a los hijos fallecidos serían los abuelos de ambas líneas en virtud del art. 940 CC; si estos, llamados a la herencia de sus dos nietos

Dispuestos a parificar, no es el supuesto citado el único absurdo al que se puede llegar de secundar una interpretación restrictiva y prohibición de la analogía en materia de indignidad. Lacruz y Albaladejo incluían como causas de indignidad, a renglón seguido de enumerar las causales del artículo 756 CC, las contenida en el artículo 713 CC, que determina la privación de todo derecho sucesorio, como heredero abintestato o testamentario, al que dolosamente dejare de presentar el testamento cerrado que obre en su poder dentro del plazo de diez días desde que tuviere conocimiento del fallecimiento del testador, o al que «lo sustrajere dolosamente del domicilio del testador o de la persona que lo tenga en guarda o depósito» y al que «lo oculte, rompa o inutilice de otro modo»[198]. Nos preguntamos lo siguiente: si dicha acción la protagoniza el heredero con un testamento ológrafo, ¿no podría ser privado de la herencia por la sutileza teórica de que está proscrita la

por derecho propio, aceptaron herencia, pudieron, inclusive los paternos, acceder y ejercitar el *ius delationis* de la herencia de la madre y convertirse, según la teoría de la adquisición directa del *ius transmissionis*, en herederos de esta, habida cuenta de que los progenitores del declarado indigno no eran incapaces para sucederle [véase la STS 11 septiembre 2013 (TOL 4.001.236) que, descartando la teoría clásica del derecho de transmisión, dice que de operar este no habría una doble transmisión sucesoria, sino una sucesión directa de los herederos transmisarios al causante, de modo que «los bienes pasan directamente del primer causante al heredero transmisario cuando éste ejercita positivamente el denominado *ius delationis*» tanto respecto a la herencia del transmitente como de la del causante].

198 Lacruz Berdejo, J. L.: «Indignidad e incapacidad», op. cit., p. 77, y Albaladejo García, M.: *Curso de Derecho Civil, V, Derecho de sucesiones*, op. cit., p. 82. Posteriormente a los citados autores, Pérez de Vargas Muñoz también ha afirmado que los artículos 111 y 713 albergan causas de indignidad (Pérez de Vargas Muñoz, J.: «Incidencias del nuevo Código Penal sobre la causa tercera de indignidad del artículo 756 del Código Civil», *Revista Jurídica del Notariado*, abril-junio 1996, p. 70.

aplicación analógica en la indignidad? A nuestro juicio, donde el artículo 713 CC dice testamento cerrado debe subsumirse también el testamento ológrafo[199].

Volviendo sobre el caso de la SAP Murcia 19 noviembre 2012, con independencia de que se crea que el tribunal interpretó extensivamente la norma o abrazó la analogía[200], valga el supuesto para percatarse de que, a la hora de la verdad, y ante el nauseabundo resultado al que podría conducir la interpretación restrictiva de las causas de indignidad[201], el camino que debe seguirse en su aplicación e interpretación debe ser el mismo que reivindicamos en la desheredación: interpretar la indignidad conforme a todos los cánones hermenéuticos del

---

199 También manejaba esta afirmación ALBALADEJO GARCÍA, M.: *Curso de Derecho Civil, V, Derecho de sucesiones*, op. cit., p. 85.

200 Según INFANTE RUIZ, F. J.: «Indignidad y desheredación. Una visión actual», op. cit., p. 460, en relación con la comentada sentencia, no se trató de una interpretación extensiva, sino de una «*analogía iuris* y de la grande».

201 Autoras como GARCÍA RUBIO, Mª. P. y OTERO CRESPO, M.: «Capacidad, incapacidad e indignidad para suceder», en AA.VV., *Tratado de Derecho de sucesiones, Tomo I*, Aranzadi, Pamplona, 2016, p. 262, han criticado el sistema rígido de causas de indignidad «en una realidad tan cambiante como la actual», pues pone de relieve que puede haber conductas «tan graves o más que algunas de las previstas entre las causas de indignidad y que, sin embargo, no pueden dar lugar a su aplicación».

artículo 3 CC, con independencia de que el resultado al que conduzca sea el de la interpretación extensiva[202-203].

5.1.2. Diferencias entre indignidad y desheredación

Apuntada esta idea, que debería constituir una similitud entre desheredación e indignidad, a continuación resaltaremos las que, *a priori*, la doctrina ha señalado como sus diferencias:

---

202 Algunos autores, a veces con cierta timidez, han abogado por este criterio. Puede citarse a ALBALADEJO GARCÍA, M.: «Comentario al artículo 756 CC», en AA.VV., *Comentarios al Código Civil*, EDERSA, Madrid, 1987, p. 209, que está a favor de subsumir en el artículo 756 CC «conductas repugnantes no singularmente contempladas por la ley, que siendo moralmente tanto y más malas que las que sí, aunque no las prevea su letra, quepan, sin embargo, de algún modo, razonablemente en su espíritu; porque no hay que olvidar que por mucho que se predique la interpretación restrictiva, ello no excluye de apreciar como causa de indignidad algún hecho de tal índole que mereciendo serlo, aunque no aparezca singularizado en el catálogo legal, quepa incluirlo en alguno de sus conceptos». La autora MENA-BERNAL ESCOBAR, Mª. J.: *La indignidad para suceder*, op. cit., p. 65, a pesar de decir que las causas de indignidad tienen que ser objeto de una interpretación restrictiva por su carácter sancionador, arguye, previa cita de Albaladejo, que nada obsta a que, siguiendo el espíritu implícito de la ley, se castigue con la privación de herencia la conducta del heredero que por su gravedad sea merecedora de ello, aun cuando la propia ley no la contemple expresamente. Más recientemente, MARTÍNEZ VELENCOSO, L. M.: «El maltrato psicológico como causa de revocación de la donación», *Diario La Ley*, núm. 8633, octubre 2015, p. 5, expone, a propósito del artículo 756.1º CC y la ausencia de sentencia condenatoria, que, a tenor de la apertura hermenéutica del Tribunal Supremo al hilo de la desheredación por maltrato psicológico y la revocación de las donaciones por ingratitud, las causas de indignidad «no necesariamente deberían considerarse *numerus clausus*».

203 Máxime si tenemos en cuenta, partiendo de la citada, en nota a pie de página, STEDH 1 diciembre 2009, que la interpretación restrictiva de las causas de indignidad podría dar lugar a que el Estado español fuera condenado por violación del artículo 8 CEDH, con la posibilidad de interponer un recurso de revisión ante el Tribunal Supremo (artículo 5 bis LOPJ).

1. En primer lugar, la desheredación solo es aplicable a los legitimarios, a todos los enumerados en el artículo 807 CC, mientras que la indignidad afecta a todo sucesor, ora a título de heredero ora a título de legatario, ya sea testado o intestado.

Durante la primera mitad de la pasada centuria hubo una polémica doctrinal en torno a si la indignidad privaba también de la legítima, pues la antigua redacción del artículo 756.2º CC decía que si el que fuere condenado en juicio por atentar contra la vida del testador, o de su cónyuge, descendientes o ascendientes, se trataba de un heredero forzoso, «perderá su derecho a la legítima», arguyendo algunos autores que, habida cuenta de que las restantes causas no hacían mención a la privación de la legítima, debía entenderse que el heredero forzoso, salvo que fuese indigno por el ordinal segundo del citado artículo 756 o desheredado, conservaba su derecho a reclamar la legítima. Aunque este debate actualmente carece de sentido, visto que dicha expresión se eliminó por el legislador en las sucesivas reformas del artículo 756 CC, la STS 28 febrero 1947[204], entendió, con buen criterio, que el indigno, sea por la causa que fuere, quedaría privado de toda la herencia, incluida la legítima.

2. En segundo lugar, la desheredación, como acto jurídico, se basa en la expresa voluntad del testador, teniendo un marcado fundamento subjetivo. En cambio, la indignidad, opera, como hemos dicho al principio de este apartado, *ope legis*, siempre que el sucesor protagonice algunas de las causas previstas en el artículo 756 CC[205]. Cabe, no obstante, la posibilidad de

---

204 STS 28 febrero 1947 (TOL 4.452.460).

205 Recientemente, Noriega Rodríguez, L.: *La indignidad para suceder en el Derecho común; especial referencia a sus causas*, Aranzadi, Pamplona, 2023, pp. 25-27, ha debatido si los artículos 713 y 111 CC albergan causas de indignidad. Lacruz Berdejo, J. L.: «Indignidad e incapacidad», op. cit., p. 77, al enumerar las causas de indignidad, citaba los artículos 111 y 713 CC, mientras que

que el sucesor, pese a realizar, por acción u omisión, un hecho subsumible en las causas de indignidad, suceda al causante si este ha remitido, expresa o tácitamente, la indignidad (art. 757 CC).

3. En tercer lugar, se ha dicho que la órbita de la desheredación es la sucesión testada[206], por cuanto la desheredación, conforme al Derecho común, debe hacerse en testamento, expresando en él la causa en que se funde (art. 849 CC), mientras

---

Mena-Bernal Escobar, Mª. J.: *La indignidad para suceder*, op. cit., pp. 59 y 60, negaba dicha subsunción a tenor de su ubicación sistemática, extramuros del artículo 756 CC, explicando, además que la aplicación del precepto no lleva aparejado que el legitimario pueda perder la legítima, pues el inciso dispone solo «perderá todo derecho a la herencia». Albaladejo, en cambio y como hemos visto más arriba, subsumió el supuesto del artículo 713 CC en el concepto de indignidad, hasta el punto de que, yendo en contra del *status quo* doctrinal que vetaba la interpretación extensiva y aplicación analógica de las causas de indignidad, defendía que la causa, aplicable normativamente al testamento cerrado, era extrapolable al testamento ológrafo (Albaladejo García, M.: *Curso de Derecho Civil, V, Derecho de sucesiones*, op. cit., pp. 82 y 85). En cuanto al supuesto del artículo 111 CC, Noriega Rodríguez se inclina por identificarlo con la indignidad, explicando que la exclusión de la patria potestad es mucho más grave que la privación, y esta está contemplada como causa de indignidad en el artículo 756.2º CC. A nuestro juicio, se podría alegar que la exclusión de la patria potestad no es una causa de indignidad por el simple hecho de que, mientras que la remisión de la indignidad es personalísima *ex* artículo 757 CC, la exclusión no lo es, habida cuenta de que esta dejará de producir efectos «por determinación del representante legal aprobada judicialmente»; sin embargo, se trata de un problema que no solo se presenta en el artículo 111 CC, sino también en la indignidad, pues en el caso de que un progenitor sea indigno por haber sido privado de la patria potestad (art. 756.2º CC), y el otro progenitor, tras la sentencia, disponga de una sustitución pupilar si el hijo es menor de catorce años (art. 775 CC), nombrando heredero al progenitor indigno, este quedará rehabilitado, sin necesidad, sobre la literalidad de la norma, de que la sustitución o remisión de la indignidad sea aprobada judicialmente.

206 Puig Brutau, J.: *Fundamentos de Derecho Civil, Tomo V, Volumen III*, op. cit., p. 216.

que la indignidad operaría tanto en la sucesión testada como *ab intestato*. Es discutible la primera afirmación, pues la desheredación también puede desplegar todos sus efectos en la sucesión intestada en el caso, no único, de que el testador otorgue testamento y no disponga de parte o todos sus bienes o, nombrando herederos, estos repudien la herencia y, por mor del artículo 912 CC, entre en juego la sucesión intestada. En estos casos, el desheredado, aunque sea heredero intestado, no recibirá la delación de la herencia, no quedando privado solo de la legítima, sino también del resto de la herencia, aunque no sea, más allá de la legítima, con base en la desheredación *stricto sensu*. Ello se debe a los efectos, como vimos, someramente, al tratar la desheredación parcial y la exclusión testamentaria.

Ciertamente, mientras que la indignidad priva al sucesor de adquirir toda la herencia, la desheredación, de concurrir, afecta a la legítima; el hecho de que el desheredado no adquiera nada de la parte de libre de disposición se debe a los efectos de la exclusión testamentaria implícita o tácita del causante. Si ha sido voluntad del testador que el legitimario quede privado de lo que le pudiese corresponder por legítima, habrá una voluntad, más o menos presunta, de que no se le defiera la herencia por ley si es de aplicación la sucesión intestada y, además, que dicha privación no se ciña solo a la *portio debida*. En tal caso, privado de la legítima mediante un acto causalista como la desheredación, que debe ser expreso, también será privado de todo lo que exceda de la legítima con base en una exclusión testamentaria, que no precisa de ninguna justa causa, teniendo como arquitrabe la voluntad, expresa o tácita, del causante articulada en testamento. Es por ello por lo que dijimos, al tratar de la desheredación parcial, que si el testador privaba de la legítima al legitimario y le dejaba algo de la herencia con cargo a la parte de libre disposición, no habría desheredación parcial, sino total, ya que, insistimos, la desheredación consiste en privar de la legítima. Se puede identificar lo expuesto con la idea de que la voluntad desheredativa alberga dos figuras:

por una parte, la desheredación, que priva de la legítima, y, por otra, salvo que sea contradicha por el testador, la exclusión testamentaria tácita, cuyos efectos van más allá de la legítima, privando al desheredado de todo lo que le pudiese corresponder si se activa la sucesión *ab intestato*[207].

4. En cuarto lugar, mientras que algunas causas de indignidad pueden concurrir tras la apertura de la sucesión[208], todas las causas de desheredación deben ser anteriores al otorgamiento del testamento, ya que no se admite, ni admitimos, la desheredación condicional, la cual no se debe confundir con el perdón condicionado.

5. En quinto lugar, se ha dicho por algunos autores que tanto en la desheredación como en la indignidad el desheredado o el indigno carecerán del *ius delationis*[209]. Desde nuestro punto de vista, siendo ello cierto en la desheredación, negamos que el presunto indigno carezca del *ius delationis* a la apertura

---

207 Vallet de Goytisolo, J.: *Limitaciones de Derecho sucesorio a la facultad de disponer, Tomo I, Las legítimas*, op. cit., p. 709, decía que «[quien] ha sido válidamente excluido de la sucesión legalmente forzosa, tanto más ha de entenderse privado de la porción que la ley sólo atribuye con carácter meramente subsidiario y de la que el testador puede excluir al heredero "ab intestato", sin necesidad de razón justificativa alguna», prosiguiendo luego, en la nota a pie de página núm. 250 *in fine*, que la exclusión en la sucesión intestada en caso de desheredación justa es un efecto extramuros de su ámbito exclusivo, que no es otro que la privación de la legítima, «como reflejo de la voluntad del causante, manifestada al desheredar, que si quiere privar al que deshereda de lo que forzosamente le era debido, es evidente que tanto más le quiere excluir de aquello que sólo depende de su voluntad dejárselo o no dejárselo».

208 Véase los artículos 756.1°, 2°, 3° o 4° CC en relación con el artículo 758 CC.

209 Albaladejo García, M.: *Curso de Derecho Civil, V, Derecho de sucesiones*, op. cit., p. 83; Diez-Picazo, L. y Gullón, A.: *Sistema de Derecho Civil, Volumen IV, Derecho de familia. Derecho de sucesiones*, op. cit., p. 334; Lasarte Álvarez, C.: *Derecho de sucesiones. Principios de Derecho Civil, Tomo séptimo* (revisada y actualizada con la colaboración de Cervilla Garzón, Mª. D., y García Pérez, C. L.), op. cit., p. 40.

de la sucesión. Debe tenerse en cuenta que muchas causas de indignidad, como las previstas en los artículos 756.4º, 5º, 6º y 7º CC, no deben ir avaladas por una sentencia que constituya el supuesto de hecho de la causa, siendo precisa la valoración judicial de la concurrencia del supuesto de hecho; en este escenario, nadie podrá impedir, incluso si hay sentencia que fundamente la causa -no la indignidad-, que el presunto indigno acepte la herencia[210]. Si aquellos sucesores instituidos herederos o legatarios o, que sin serlo, tengan la vocación hereditaria, desean hacer valer la indignidad, lo que tendrán que hacer, según el artículo 762 CC, es plantear una demanda en el plazo de cinco años desde que el indigno tomare posesión de la herencia o legado. De obtener una sentencia estimatoria, el indigno perderá la condición de heredero o legatario con carácter retroactivo, quedando obligado a restituir los bienes hereditarios con sus accesiones y con todos los frutos y rentas que haya percibido (art. 760 CC); mientras que si la sentencia no es desestimatoria o de presentarse la demanda de manera extemporánea, el indigno consolidaría su posición[211], aun en el caso de que, previamente, hubiese una sentencia que fundamentara, no la declaración de indignidad, sino la causa. Es decir, el hecho de que el indigno pierda la condición de heredero con

---

[210] Según Jordano Fraga, F.: *Indignidad sucesoria y desheredación (Algunos aspectos conflictivos de su recíproca interrelación)*, op. cit., p. 33, «la indignidad no excluye completamente la posibilidad de adquirir *mortis causa* por parte del indigno, éste puede llegar a adquirir, e, incluso, llegar a convalidar su adquisición sucesoria en la sucesión del causante ofendido; mientras que la justa desheredación, dentro de su propio ámbito, elimina anticipadamente la posibilidad de toda adquisición sucesorias *mortis causa* en la sucesión del causante desheredante». Igualmente puede verse, Torres García, T. F. y Domínguez Luelmo, A.: «La legítima en el Código Civil (I)», op.cit., p. 73.

[211] Lacruz Berdejo, J. L.: «Indignidad e incapacidad», op. cit., p. 82. Puede verse también, De la Cámara Álvarez, M.: *Compendio de Derecho sucesorio*, op. cit., p. 225 y 226, y Represa Polo, Mª P.: *La desheredación en el Código Civil*, op. cit., pp. 44 y 45.

efectos *ex tunc* en absoluto lleva aparejado que este carezca del *ius delationis,* pues, salvo que este reconozca la causa de indignidad, los interesados en hacerla valer tendrán que impetrar la actividad jurisdiccional[212]; tanto es así que el artículo 762

---

[212] Interesante es el paralelismo que establece Hernández Gil entre la indignidad y la anulabilidad: «El paralelo entre la anulabilidad y la indignidad no sólo es teórico. De igual modo que el negocio anulable produce sus efectos provisionalmente, mientras la indignidad no sea impugnada el presunto indigno se considera heredero. La anulación no procede *ex officio*; tampoco la impugnación de la indignidad, sino por personas determinadas. Así como los contratos anulables son susceptibles de convalidación, la indignidad puede dejar de producir efecto. Lo mismo que para la procedencia de la confirmación es preciso el conocimiento de la causa de nulidad (art. 1.311), para que proceda la rehabilitación es necesario conocer la causa de indignidad (art. 757). De igual forma que la confirmación purifica el negocio de los vicios de que adoleciera (art. 1.313), la remisión hace cesar definitivamente los efectos de la indignidad» (Hernández Gil, A.: «La indignidad sucesoria: naturaleza jurídica, declaración judicial y efectos», *Revista de Derecho Privado,* 1961, p. 478). García Rubio, Mª. P. y Otero Crespo, M.: «Capacidad, incapacidad e indignidad para suceder», op. cit., p. 262, aducen que «la ineficacia asociada a la indignidad y la incapacidad no es automática, sino que ha de ser hecha valer por las personas que resultarían favorecidas en caso de ser reconocida y, salvo reconocimiento expreso del indigno o inhábil, exige un pronunciamiento judicial». También Vela Sánchez, A. J.: «La indignidad sucesoria por ofensas *post mortem* al causante en el Código civil español, *Anuario de Derecho Civil,* Tomo LXXIV, 2021, p. 365, que expresa lo siguiente: «A mi modo de ver, salvo reconocimiento expreso del indigno, lo que seguramente no sucederá con frecuencia, la declaración judicial de indignidad será necesaria para evitar la delación hereditaria a favor del presunto indigno y que éste entre en la posesión material y efectiva de los bienes hereditarios, así como para reclamar su devolución en el supuesto de que el heredero o legatario actuante tuviera ya tal verdadera posesión. La indignidad sucesoria no opera automáticamente, *ex lege* o *ipso iure,* sino que debe proclamarse o pronunciarse judicialmente, *ex officio iudicis,* a reclamación de los interesados o legitimados activamente, y previa comprobación de la concurrencia de alguna de las causas establecidas en el estudiado artículo 756 CC, pues no resultan imaginables fácilmente situaciones de indignidad para suceder que no precisen previa intervención judicial».

CC concede legitimación para «declarar la incapacidad» por indignidad, no para declarar la capacidad, la cual se presume, pese a la malograda redacción del artículo744 CC.

En este sentido, es curioso que Díez-Picazo y Gullón, previa defensa que de existir la causa de indignidad en el momento de la apertura de la sucesión el indigno carecería del *ius delationis,* fundamentando su postura en que el Código Civil no recogió la redacción, heredera del artículo 3457 del Código Civil de México[213], del artículo 761 del Anteproyecto de 1882 («la incapacidad y la indignidad no producen el efecto de privar al indigno o incapaz sino mediante su conformidad o después de declararla en juicio a petición de algún interesado, sin que pueda procederse de oficio»); esta teoría se sustenta, asimismo, en que solamente tienen legitimación para impetrar la actividad jurisdiccional en la indignidad los que se beneficiarían de la ineficacia del llamamiento del indigno[214]. Sin embargo, justamente, este argumento avalaría nuestra tesis de que el indigno tendría el *ius delationis* y que nadie, salvo el juez, le podrá impedir ejercerlo. Dicho de otro modo, salvo que el indigno reconozca la indignidad, podrá aceptar la herencia, viéndose abocados los interesados a presentar una demanda para obtener la declaración de indignidad[215]; insistimos, el artículo 762

---

213 Decía que «[la] incapacidad no produce el efecto de privar al incapaz de lo que hubiera de percibir, sino después de declarada en juicio, a petición de algún interesado, no pudiendo promoverla el Juez de oficio».

214 Diez-Picazo, L. y Gullón, A.: *Sistema de Derecho Civil, Volumen IV, Derecho de familia. Derecho de sucesiones,* op. cit., p. 337; Albaladejo García, M.: *Curso de Derecho Civil, V, Derecho de sucesiones,* Bosch, Barcelona, 1981, p. 88.

215 Uno de los motivos por los que Bonet Ramón, F.: *Código civil comentado con sus Apéndices forales»*, Aguilar, Madrid, 1962, p. 667, defendió la coexistencia de la indignidad y la desheredación, es que los hechos de aquella «han de ser objeto de la debida prueba y declaración judicial correspondiente», a diferencia de la desheredación. En la misma senda, Algaba Ros, S.: *Efectos de la desheredación,* op. cit., p. 37.

CC prevé el plazo de cinco años para deducir la acción «para declarar la incapacidad»[216], no la declaración de capacidad, la cual se presume.

Precisamente, por este planteamiento no podemos suscribir la aseveración de Albaladejo, consistente en que es «inútil» contemplar como causas de desheredación aquellas que lo son de indignidad, bajo el prisma de que no es necesario desheredar al indigno, que sea a su vez legitimario, para que no pueda suceder[217]; porque, como él mismo reconoce, aunque se sostenga que el indigno carezca del *ius delationis*, lo cierto es que, salvo que este admita la causa, su posición puede resultar convalidada e inimpugnable si los interesados no promueven la declaración de indignidad en el plazo previsto en el artículo 762 CC[218]. Por ello, a fin de evitar dichas consecuencias, perniciosas para la voluntad y la dignidad del testador, el legislador, a la hora de tarificar las causas de desheredación, se remitió a algunos ordinales del artículo 756 CC, en la empresa de que los herederos instituidos por el testador no tengan la necesidad, *ex* artículo 850 CC, de impetrar la actividad jurisdiccional para que la privación sucesoria del indigno, a la postre desheredado, surta plenos efectos jurídicos[219].

---

216 Ragel Sánchez, L. F.: «Artículo 848», op. cit., p. 6269, dice que «la indignidad la establece la ley y la declara el juez».

217 Albaladejo García, M.: *Curso de Derecho Civil, V, Derecho de sucesiones*, op. cit., p. 389.

218 Así lo afirmó, tajantemente, Vallet de Goytisolo, J.: *Limitaciones de Derecho sucesorio a la facultad de disponer, Tomo I, Las legítimas*, op. cit., p. 654.

219 Puede verse Puig Peña, F.: *Tratado de Derecho Civil Español, Tomo V, Sucesiones, Vol. II, Relaciones sucesorias particulares*, op.cit., p. 418, que, citando la STS 11 febrero 1946 (TOL 4.455.732), dice que, siendo la desheredación «un pronunciamiento de condena», que excluye al legitimario de la comunidad sucesoria, si el testador no hiciera, a través de la desheredación, esta declaración, «el heredero que ha incurrido en una situación de indignidad, sigue, de

6. Por último, en la indignidad es posible que el testador, unilateralmente, remita tácita o expresamente sus efectos (art. 757 CC). Respecto a la remisión tácita, será posible si el ofendido, previo conocimiento de la causa, otorga testamento designando heredero o legatario al indigno o, sin nombrarlo, se abstiene de confirmar la indignidad, y, en cuanto a la expresa, manifestando en documento público la remisión. Por otro lado, y dado que en este trabajo nos hemos decantando por la validez de la desheredación parcial, aquí haremos lo propio con la indignidad, en el sentido de que el causante, a la sazón principal ofendido por la causa, tendrá plena disponibilidad de atenuar sus consecuencias, pues, como dice Jordano Fraga, si la ley «consiente lo más -la remisión completa de la indignidad-, con ese mismo fundamento consiente, evidentemente, también lo menos -la remisión parcial de la indignidad, dejando subsistentes algunos, no todos, de sus efectos, consecuencias sancionatorias-»[220].

En lo que se refiere a la desheredación, una lectura literal del artículo 856 CC puede hacer pensar que solo cabe la reconciliación, como negocio bilateral, para dejarla sin efecto total o parcialmente, pero, como veremos en el epígrafe correspondiente, también será posible, a nuestro juicio, dejarla sin efecto mediante el perdón, no precisando este del concurso del desheredado.

---

momento, como tal heredero hasta tanto ésta no se compruebe y se declare que no forma parte de la comunidad sucesoria». Más recientemente ha suscrito este planteamiento Ordás Alonso, M.: *La desheredación y sus causas. Derecho civil común y derecho civiles forales y especiales*, op. cit., p. 33.

220 Jordano Fraga, F.: *Indignidad sucesoria y desheredación (Algunos aspectos conflictivos de su recíproca interrelación)*, op. cit., p. 69.

5.1.3. Debate sobre la coexistencia de dos figuras y ensayo de una propuesta: hacia un único régimen de privación sucesoria

Reseñadas, con más o menos éxito, las similitudes y diferencias entre la indignidad y la desheredación, hemos de formularnos la siguiente pregunta, algo manida, pues ya ha sido planteada por otros autores: ¿Es loable que sigan coexistiendo, actualmente, ambas instituciones? En el Código Civil francés la desheredación se derogó, heredando esta tendencia unificadora el Código Civil italiano[221] y el belga. Según Pothier, citado, entre otros, por Scaevola[222], la desheredación, existiendo la indignidad, era redundante, pues por las mismas causas por la que el legitimario puede ser desheredado, lo convierten en indigno de heredar si el causante no conoció la causa o murió antes de que esta ocurriera, amén de que siendo la legítima una figura de Derecho necesario, de *ius cogens*, solo la ley podrá privar de ella, sin que se pueda dejar la misma al arbitrio del causante.

Tanto Scaevola como Manresa y Navarro abogaron por la dualidad, diciendo el primero que la desheredación era necesaria «para mantener el buen orden y la disciplina en el interior de la familia, castigando severamente á quienes atentan á los deberes más altos y más necesarios para su existencia», añadiendo que la desheredación tiene un carácter y sentido

---

221 Autores italianos de la talla de Vincenzo Barba han reivindicado, en un ordenamiento que no tiene positivizada la desheredación, esta figura como «un verdadero instrumento de aplicación y realización del principio de solidaridad familiar» (Barba, V.: «Temas e interpretaciones del Derecho sucesorio italiano», op. cit., p. 375, y «La sucesión de los legitimarios en Italia. Principios, problemas y propuestas», op. cit., p. 109).

222 Mucius Scaevola, Q.: *Código civil, Tomo XIV*, op. cit., p. 859.

distinto a la indignidad, pues «una cosa es la falta social y otra la falta familiar»[223-224].

Roca-Sastre, refutando la tesis de Pothier, dijo, resaltando previamente que las causas de indignidad y desheredación eran distintas, así como sus efectos, que conceder una autorización legal al causante para privar de la legítima mediante la desheredación no es desorbitado, máxime si se supedita a ciertos requisitos que impidan el abuso, pues no hay nadie mejor que el causante para ponderar o graduar las circunstancias concurrentes, avalando el binomio de Scaevola entre las faltas sociales, que se subsumen en la indignidad, y las faltas familiares, que entrarían dentro de la órbita de la desheredación[225].

Andando más en el tiempo, tenemos el caso de Cuba. Pese a que la mayoría de los textos sudamericanos han mantenido la desheredación, en Cuba, donde se aplicó el Código Civil español durante la mayor parte de la pasada centuria, el legislador cubano, al igual que hiciera el venezolano[226], la eliminó con ocasión de la publicación del Código Civil de 1987, consagrando al alimón lo que la doctrina ha bautizado como la «legítima

---

223 Mucius Scaevola, Q.: *Código civil, Tomo XIV*, op. cit., p. 860.

224 Manresa y Navarro, J. M.: *Comentarios al Código Civil español, Tomo VI*, op. cit., p. 590: «Este sistema, que no puede negarse que encierra grandes ventajas, no ha sido aceptado por la generalidad de los Códigos modernos, teniendo, sin duda, en cuenta que, además de las causas de indignidad que revisten un carácter más general y social, puede haber otras que, sin encerrar esa gravedad, digámoslo así, absoluta, ofendan justamente el orden familiar, y deban producir la privación de la legítima: causas especiales, relativas, apreciables sólo con relación á los descendientes, á los ascendientes ó los cónyuges, que no cabe incluir entre las de indignidad, ni pueden ser despreciadas y quedar sin correctivo».

225 Roca-Sastre Muncunill, L.: *Derecho de Sucesiones, Tomo II*, op. cit., pp. 555 y 556.

226 Véase la Sección I, Capítulo I, Título III del Libro III del Código Civil de Venezuela de 26 de julio de 1982.

asistencial»[227], a la que ya hemos hecho referencia en este trabajo, prevista a favor de herederos especialmente protegidos, los cuales solo podrán ser despojados de ella si incurren en una causa de «incapacidad» de las contempladas en los artículos 469.1 y 470[228].

---

227 Barba, V.: «El sistema de la legítima en el Derecho cubano. Los herederos especialmente protegidos», en AA.VV., *Perfiles del Derecho Sucesorio Cubano*, Olejnik, Chile, 2021, p. 47, niega que en Cuba la legítima tenga un contenido puramente asistencial, pues, a su juicio, «consiste en una cuota de la herencia que, además, es también muy significativa, pues siempre asciende a la mitad del caudal hereditario, con independencia del número y concurrencia de los legitimarios», explicando que el carácter de la asistencia se refiere a la función de la legítima, no a su naturaleza, debiéndose «cuando el heredero especialmente protegido se encuentra en una condición en la que necesita asistencia, en una condición de vulnerabilidad económica, pero no significa que su contenido sea asistencial, es decir, que sólo consista en dar alimentos». Suscribimos esta afirmación, aun considerando que, más allá del plano teórico, se podría esgrimir, atendiendo a la economía cubana y los límites al derecho a la propiedad privada, que la legítima, salvo contadas excepciones, es asistencial también en su finalidad, pues aunque sea cierto que su naturaleza sea *pars bonorum*, toda vez que el legitimario tiene derecho a la mitad de la herencia (art. 492.1), ora en una cuota de bienes ora en una parte alícuota del patrimonio hereditario, pudiendo abarcar más allá de lo que precise para satisfacer sus necesidades, en la mayoría de las ocasiones dicha cuota, o será, a duras penas, suficiente para que legitimario satisfaga sus necesidades más perentorias o, difícilmente, podrá llegar a colmarlas, máxime en un Estado donde el ciudadano cubano no puede tener, si su economía se lo permitiese, más de dos inmuebles: una casa para habitar y una casa de campo (para un mayor análisis del desenvolvimiento del derecho a la propiedad privada en Cuba, puede verse Fernández Martínez, M.: «Las formas de propiedad como estatuto jurídico regulado en la Constitución Cubana», en AA.VV., *La constitucionalización de las instituciones del Derecho Civil cubano*, Olejnik, Chile, 2020, pp. 39-49).

228 Se contempla en el artículo 469.1, reformado recientemente por la Disposición final decimotercera del Código de las Familias, aprobado por la Ley 156/2022, las siguientes causas de incapacidad: «a) Los que cometan presuntos hechos delictivos intencionales contra la vida y la integridad corporal, el honor, la indemnidad sexual, la libertad o los derechos patrimoniales del causante, sus

La derogación de la desheredación en Cuba ha sido criticada por Pérez Gallardo, que ha apostado por recuperarla, conciliando la protección de los legitimarios con la salvaguarda de las facultades del testador «para sancionar comportamiento impíos de los más cercanos familiares a quienes, por demás, se les sostiene económicamente»[229]. También Suárez y Estenóz, que, apelando a la dignidad humana, exponen que la legítima asistencial cubana no se opone al ejercicio de la facultad de los testadores de desheredar, deseando que en la futura recodificación se tenga en cuenta la desheredación, en la empresa de privar de la legítima a aquellos que han protagonizado si-

---

descendientes, ascendientes, cónyuge o pareja de hecho afectiva, hermanos, sobrinos y tíos, así como de hijos e hijas afines, padres y madres afines y otros parientes socioafectivos dentro del tercer grado de parentesco; b) los que hayan empleado engaño, fraude o violencia para obligar al causante a otorgar una disposición testamentaria, o a cambiar o dejar sin efecto la otorgada; c) los que hayan negado alimentos o atención al causante de la sucesión; d) los que hayan propiciado el estado de abandono físico o emocional del causante de la sucesión, de tratarse de persona adulta mayor o en situación de discapacidad; e) el padre o la madre del causante que haya sido privado de la responsabilidad parental; f) los que hayan incurrido en situación de violencia familiar o violencia de género, en cualquiera de sus manifestaciones, sobre el causante de la sucesión; y g) los hijos que, sin causa justificada, le hayan impedido al causante de la sucesión en su condición de abuelo, el ejercicio del derecho a comunicarse y relacionarse con sus nietos». Asimismo, el artículo 470 prevé como causa de incapacidad una conducta que, más que atender a la dignidad del causante o a la reconstrucción de su presunta voluntad, atiende más al celo *Orwelliano* del Estado cubano para frenar la emigración de aquellos que, sin que necesariamente hayan atentado contra la solidaridad familiar incurriendo en alguna de las causales del artículo 469, simplemente buscan un futuro mejor, disponiendo que es también causa de incapacidad «el hecho de abandonado definitivamente el país».

229 Pérez Gallardo, L. B.: *Estudios sobre la legítima asistencial*, op. cit., pp. 108 y 109.

tuaciones de «maltrato, irrespeto y violencia intrafamiliar» que alteran el desarrollo de la familia[230].

Se podría decir, ciñéndonos al ejemplo cubano, que la recuperación de la desheredación representaría un brindis al sol, pues sin necesidad de refutar la defensa de la dignidad y la autonomía de la voluntad del causante como argumento para su positivización, el recurso a la desheredación sería, en la práctica, insignificante, ya que, teniendo en cuenta que tienen derecho a la legítima los «herederos especialmente protegidos», entendiéndose por tales aquellos que no sean aptos para trabajar y dependan económicamente del causante[231], difícilmente la desheredación podrá desplegar sus efectos respecto a los parientes menores de edad y aquellos que, por una imposibilidad física o psíquica, no puedan realizar una labor productiva, que son quienes, generalmente, se encuentran en la órbita del artículo 493 del Código Civil cubano. Este silogismo, que equipararía la imposibilidad de procurarse el propio sustento con la ausencia de las suficientes facultades intelectivas y volitivas para comprender la solidaridad familiar y actuar conforme a dicha comprensión, es un reduccionismo que en este trabajo nos empeñaremos en desmitificar, pues ni la minoría de edad ni la discapacidad son cualidades, *per se*, suficientes para descartar que el legitimario haya protagonizado, siendo consciente de sus actos, un comportamiento cruel y despiadado contra los deberes familiares y, ateniéndose a ello, pueda ser desheredado.

---

230 SUÁREZ, L. y ESTENÓZ, Y.: «La desheredación a la luz de la dignidad humana y la solidaridad familiar. Valoraciones del sistema sucesorio cubano», op. cit., p. 287.

231 Véase el artículo 493.1 del Código Civil cubano: «Son herederos especialmente progetidos, siempre que no estén aptos para trabajar y dependan del causante, los siguiente: a) los hijos o sus descendientes en caso de haber premuerto aquéllos; b) el cónyuge sobreviviente; y c) los ascendientes».

Retomando nuestro ordenamiento jurídico, Jordano Fraga, aun admitiendo que de *lege lata* la desheredación e indignidad no son redundantes[232], ha abogado por la unificación de lo que él mismo llamó un único «régimen sancionatorio» sobre la base de la indignidad sucesoria, en el que se agruparían sin distinción todas las causas idóneas para la exclusión de la sucesión del causante agraviado, con independencia de que afectasen a legitimarios, actuando la exclusión *ipso iure*, salvo perdón expreso o tácito del causante ofendido, y permitiendo al causante, si la causa fuese anterior al testamento, hacer constar, por razones de certidumbre, la existencia de indignidad al otorgar el negocio testamentario respecto a algunos de sus legitimarios[233].

En nuestra opinión, los argumentos que empleó Pothier para defender la derogación de la desheredación en Francia no pueden ser compartidos en este trabajo, pues parten de una desconfianza absoluta hacia el causante y de un paternalismo injustificado hacia los legitimarios, en el sentido de que solo la ley podrá privar a estos de lo que les corresponde. Además de ello, visto el margen de actuación que el legislador patrio, con las últimas reformas, ha concedido a la autonomía de la voluntad del causante en relación con las legítimas, sería un contrasentido que se derogara la desheredación so pretexto de que la legítima es indisponible para el testador, dejando a la ley como el último bastión para que los interesados puedan reivindicar la solidaridad familiar. Además de ello, y al amparo del distinto funcionamiento actual de la indignidad y la desheredación, en tanto en cuanto esta priva del *ius delationis* desde la apertura de la sucesión mientras que aquella, salvo reconocimiento del

---

232 Jordano Fraga, F.: *Indignidad sucesoria y desheredación (Algunos aspectos conflictivos de su recíproca interrelación)*, op. cit., pp. 64-67.

233 Jordano Fraga, F.: *Indignidad sucesoria y desheredación (Algunos aspectos conflictivos de su recíproca interrelación)*, op. cit., p. 10.

indigno, se tendrá que hacer valer por los interesados en los tribunales (art. 762 CC), se considera justificado el mantenimiento de un recurso testamentario para que el testador, con base en su dignidad y su autonomía privada, prive de la sucesión a aquellos que, violentando la solidaridad familiar, han incurrido en alguna causa desheredativa.

Cierto es que, de *lege ferenda*, pueda haber muchas propuestas. Curiosamente, la que defiende Suárez y Estenóz para Cuba rinde más tributo al régimen unificado que propuso Jordano Fraga que a la desheredación propiamente dicha, o al menos como hoy día está regulada en España, pues reclaman la aplicación, *ex voluntate*, de las causales de la incapacidad para suceder del artículo 469 del Código Civil cubano a un hipotético «instituto desheredatorio», unido a la introducción de más causas dentro de la órbita del citado precepto, que actualmente regula, de modo análogo a la indignidad en España, la «incapacidad» para suceder.

A nuestro juicio, la propuesta de *lege ferenda* podría consistir, partiendo de la idea de Jordano Fraga, en unificar las causas de indignidad y desheredación al amparo de una nueva institución, la cual no se denominaría, conforme a un léxico respetuoso con los derechos humanos, «indignidad», sino «privación sucesoria». De incurrir el sucesor, legitimario o no, en algunas de las futuras causas, tendría el *ius delationis*, pero claudicante, ya que los interesados podrían hacer valer la privación ante los tribunales. En cambio, si el que protagonizara la causa de privación fuese un legitimario, el causante podría, vía testamento, confirmar la privación, en cuyo caso, como ocurre actualmente con la desheredación, el legitimario sería despojado del *ius delationis*, teniendo él la carga, y no el resto de herederos, de demandar ante los tribunales que la privación fue injusta. De no impugnarse la privación por el legitimario o de confirmarse la causa, este quedaría privado no solo de lo que le correspondiese por legítima, sino de toda la herencia, pues aquí la privación, al contrario de la desheredación actualmente, que da cobijo a dos actos o negocios jurídicos -desheredación *stricto sensu* y exclusión testamentaria- albergaría un solo acto jurídico, cuyos efectos irradiaría a toda la herencia, sin perjuicio de que el testador, si lo deseara, atenuase sus consecuencias, como ocurre ahora, *mutatis mutandi,* con la desheredación parcial, bien dejándole una parte de la legítima estricta o, al margen de la desheredación parcial de hoy, atribuyéndole algo con cargo a la parte de libre disposición. En definitiva, se trataría, *grosso modo,* de unificar las que ahora son causas de indignidad y desheredación bajo la cobertura de una misma institución, diferenciado su desenvolvimiento según el causante la haya materializado o no en testamento y admitiendo, como no podía ser de otro modo, la posibilidad del perdón y de atenuar los efectos de la privación.

5.2. La exclusión testamentaria

5.2.1. Significado y debate en torno a su admisibilidad

Cuando recurrimos a la expresión exclusión testamentaria, a la que ya hemos hecho referencia en este trabajo, o, en palabras de Puig Brutau, «testamento negativo»[234], nos referimos a aquella disposición por virtud de la cual el testador, sin realizar ninguna atribución positiva, expresa su voluntad de excluir a todos o algunos de los herederos legales o intestados de la sucesión[235], la cual se regirá, en defecto de disposición atributiva,

---

234 Puig Brutau, J.: *Fundamentos de Derecho Civil, Tomo V, Volumen III,* op. cit., p. 236. También, Vallet de Goytisolo, J.: *Panorama del Derecho de sucesiones. I. Fundamentos,* Civitas, Madrid, 1982, p. 1086.

235 Cámara Lapuente, S.: *La exclusión testamentaria de los herederos legales,* op. cit., p. 12.

por las propias reglas de la sucesión abintestato, a excepción del llamamiento de los excluidos.

Recientemente, se ha vuelto a plantear[236], por Domínguez Luelmo y Álvarez Álvarez, si es posible la «desheredación» en la sucesión intestada, esto es, si el causante podrá, vía testamento, excluir de la sucesión a alguna persona de las llamadas por ley, más allá de los legitimarios[237]. Ya adelantamos, compartiendo el criterio de los citados autores, que debe admitirse dicha posibilidad, sin necesidad de que el testamento albergue una disposición atributiva; pero, aunque el acto jurídico por virtud del cual se excluya a los herederos intestados pueda guardar ciertas semejanzas con la desheredación, en el sentido de que se excluye a determinadas personas de heredar, se muestra muy alejado de su significado jurídico, al menos, como conocemos la figura en España. Ciertamente, la desheredación, conforme a la evolución que ha tenido en nuestro ordenamiento, consiste en privar de la legítima mediante una manifestación de voluntad que debe fundarse en algunas de las causas establecidas en la ley; en cambio, la exclusión testamentaria, que no debe ir avalada por causa alguna más que la voluntad del testador, tiene por objeto privar del llamamiento abintestato a determinados parientes, que no tienen por qué ser legitimarios[238].

---

236 Previamente puede verse LACRUZ BERDEJO, J. L.: «La sucesión intestada, en general», op. cit., p. 557, que, en un apartado titulado «[desheredación] en la sucesión intestada», recopila citas doctrinales en torno a la validez o invalidez de la exclusión testamentaria.

237 DOMÍNGUEZ LUELMO, A. y ÁLVAREZ ÁLVAREZ, H.: «La sucesión intestada», en AA.VV., *Manual de Derecho Civil, Volumen VI, Derecho de sucesiones,* Wolters Kluwer, Madrid, 2021, p. 128.

238 El hecho de que la exclusión testamentaria se plantee siempre con parientes que no tienen la condición de legitimarios no implica que esta pueda operar respecto a estos. Piénsese el caso donde el testador sin desheredar ni, necesariamente, instituir heredero o legatario, manifiesta que el legitimario perciba solo lo que le corresponda por legítima, excluyéndolo expresamente del

En el Código Civil, a diferencia de otros Derecho forales como el aragonés[239], la exclusión testamentaria no está regulada; sin embargo, y al contrario de la experiencia de otros países, como Italia[240], que han vacilado en su recepción, la doc-

---

resto sin alegar justa causa. En este escenario, se abrirá la sucesión intestada, *ex* artículo 912 CC, y el legitimario percibirá su *portio debida* y, respecto a la parte residual extramuros de la legítima, se llamará por ley a los herederos intestados, a excepción del legitimario excluido.

239 En Aragón, el Capítulo V, Título VI, del Libro III del CDFA, regula, con una técnica legislativa mejorable, tanto la desheredación como la exclusión testamentaria, contemplando que el heredero abintestato excluido queda privado del derecho a suceder abintestato y que la desheredación hecha sin fundamentado en una causa legal y cierta o que no resulte probada no excluirá al legitimario de su legítima, pero sí de los demás derechos que le pudiesen corresponder en la sucesión del testador en el caso de que entre en juego la sucesión intestada (art. 513 CDFA).

240 El artículo 587 del Código Civil italiano define el testamento como el acto revocable por el que una persona dispone de todo o parte de su patrimonio para cuando deje de vivir (la redacción original es la siguiente: «*Il testamento è un atto revocabile con il quale taluno dispone, per il tempo in cui avrà cessato di vivere, di tutte le proprie sostanze o di parte di esse*»). Tradicionalmente, la exégesis de la *Corte di Cassazione* (véase las sentencias de 20 junio 1967, 23 noviembre 1983 y 18 junio 1944) consistía en identificar el concepto del testamento con un acto de naturaleza atributiva, rechazando la validez de la exclusión testamentaria por tratarse de un acto de eficacia negativa. Sin embargo, ello no fue óbice para que el propio tribunal reconociese la validez de la cláusula de exclusión de herederos, llamada allí de desheredación, si del testamento se podía inferir que había una voluntad del testador de hacer una designación sucesoria. De este modo, articulada la exclusión y averiguada la voluntad, siquiera implícita, del testador de designar sucesores a otros herederos, aunque fuesen intestados, la exclusión valdría siempre que no afectase a los legitimarios, produciéndose un llamamiento que se fundamentaba en la voluntad implícita o tácita del causante. No obstante, la sentencia de 25 mayo 2012 de la *Corte di Cassazione* ha representado un parteaguas, pues, sin poner en duda que, por mor del artículo 587, el contenido típico del testamento debe ser patrimonial, ha negado que deba tener, imperativamente, una función atributiva, aclarando que el verbo *disporre* que late en el precepto puede tener un contenido positivo, consistente en la atribución de bienes, o

trina moderna la admite sin ambages[241-242], sobre todo a raíz de un excelso trabajo de Cámara Lapuente. El autor alega los siguientes argumentos a favor de su admisibilidad:

1. En primer lugar, el hecho de que el Código Civil nada disponga sobre la exclusión testamentaria no implica que los mecanismos de privación sucesoria respondan a un sistema de

---

negativo, donde se puede hallar la cláusula de desheredación o de exclusión de herederos intestados. Siendo ello así, dicha cláusula tiene plena virtualidad para excluir al heredero intestado, rigiéndose el fenómeno sucesorio por las reglas de la sucesión testada, ya que emana del testamento la exclusión, e intestada, pues, en defecto de atribución de bienes, será la ley quien defiera la herencia a los parientes del causante, exceptuándose al desheredado no legitimario (véase, sobre el particular, BONGIOVANNI, V. «La desheredación en el ordenamiento italiano a la luz de las novedades introducidas por la reforma en materia de filiación», op. cit., pp. 195-202 y, especialmente, DI LORENZO, G.: *Testamento ed esclusione dalla successione*, Giuffré Editore, Milano, 2017).

241 Previamente, CASTÁN TOBEÑAS, J.: *Derecho Civil. Tomo tercero. Derecho de familia. Derecho de sucesiones*, op. cit., pp. 506 y 507, defendió su admisión: «En el Derecho español, en realidad, no se habla ni hay para qué hablar de desheredación en estos casos, pues como la sucesión intestada o legítima sólo tiene lugar en defecto de testamentaria (arts. 658 y 913), las personas llamadas por la ley a la sucesión intestada no son herederos más que en cuanto no haya herederos testamentarios. Pero prácticamente pueden darse esos dos mismos modos de *exclusión* a favor del presunto heredero *abintestato*. La forma puramente negativa es perfectamente admisible, pues aunque el art. 667 de nuestro Código defina el testamento como acto de disposición de bienes, no deja de haber disposición por modo indirecto cuando el testador, al excluir a unos posibles herederos, provoca el llamamiento de otros. Será conveniente, sin embargo, proceder con cautela en la interpretación de las cláusulas de exclusión de herederos *abintestato*, admitiendo sólo dicha exclusión cuando sea indubitada la voluntad del testador en ese sentido».

242 Véase, entre otros, MARTÍNEZ MARTÍNEZ, Mª.: *La sucesión intestada: revisión de la institución y propuesta de reforma*, Boletín Oficial del Estado, Madrid, 2016, pp. 71 y 158, que dice que, excluido el pariente por una exclusión testamentaria –la cual admite-, no es descartable el derecho de representación a favor de los descendientes del excluido, salvo que también hayan sido apartados del llamamiento *ab intestato*.

numerus clausus, de suerte que solo se admita la indignidad, la preterición y la desheredación. Como quiera que el artículo 743 CC dispone que las disposiciones testamentarias serán ineficaces «sólo en los casos expresamente prevenidos en este Código», debe admitirse un elenco de disposiciones testamentarias atípicas.

2. En segundo lugar, el hecho de que nuestro ordenamiento se nutra de la mentalidad romanista, por virtud la cual hay dos tipos de sucesión, la testamentaria y la intestada, no es argumento para negar validez y eficacia a la exclusión testamentaria, habida cuenta de que, en virtud del párrafo tercero del artículo 658 CC, la máxima *nemo pro parte testatus, pro parte intestatus decedere potest* ha quedado abrogada, pudiendo coexistir la sucesión intestada con disposiciones testamentarias válidas por virtud de las cuales se instituyan herederos o legatarios.

3. En tercer lugar, no es óbice para admitir la exclusión testamentaria la definición del testamento que alberga el artículo 667 CC, que lo define como «un acto de disposición de bienes», bajo el argumento de que «excluir» es todo lo contrario a «disponer», pues, sin perjuicio de que se admiten numerosas disposiciones, arraigadas al concepto de atipicidad[243], que no son propiamente dispositivas o patrimoniales, no es descartable que la exclusión, aunque no sea, *per se*, un acto atributivo, se subsuma en el concepto de disposición, ya que cuando el

---

[243] Barba, V.: «Temas e interpretaciones del Derecho sucesorio italiano», op. cit., p. 380, en un interesante trabajo donde establece una diferenciación entre el testamento y los actos de última voluntad, afirma que todo lo que quede extramuros de la delación de la herencia puede confiarse a un acto de última voluntad que no debe identificarse con el negocio testamentario (p. 371), poniendo en tela de juicio la validez y utilidad del binomio que gira en torno al contenido típico y atípico del testamento, sobre la base de que «las disposiciones testamentarias no patrimoniales no constituyen un verdadero testamento».

testador manifiesta que no quiere que alguien le suceda, esta disponiendo negativamente de sus propios bienes.

4. En cuarto lugar, frente a la tesis de Roca-Sastre y Puig Peña, que negaban la exclusión porque suponía una injerencia de un particular en una materia de orden público como la sucesión intestada, se alza Cámara Lapuente, aduciendo que la sucesión abintestato tiene naturaleza dispositiva, no imperativa, tanto es así que, con independencia de la exclusión, el testador podría desligarse del llamamiento que efectúa la ley designando a algún sucesor, ya sea a título de heredero o legatario.

5. En quinto lugar, refuta Cámara Lapuente el argumento vertido por Roca Sastre y Pascual Quintana en torno a que la exclusión testamentaria podía obedecer a una voluntad arbitraria, irregular y desordenada del testador, arguyendo que sostener dicha afirmación iría contra la declaración general de capacidad de testar del artículo 662 CC, sin perjuicio de que el ordenamiento, sin necesidad de negar la validez de la exclusión testamentaria que se fundamenta en la libertad de testar, tiene medios de defensa contra los posibles vicios de la voluntad testamentaria[244].

5.2.2. Su interrelación con la desheredación

Huelga decir que suscribimos todos los argumentos expuestos en torno a la admisibilidad de la exclusión testamentaria. Ahora bien, que sea paladina la diferencia entre esta y la desheredación no implica que ambas figuras no puedan converger en una misma sucesión. Apuntaremos a continuación dos supuestos someramente, que serán objeto de un ulterior análisis cuan-

244 Cámara Lapuente, S.: *La exclusión testamentaria de los herederos legales*, op. cit., pp. 54-62.

do tratemos los efectos de la desheredación, debiendo partirse aquí de la premisa de que la legítima está presente, no solo en la sucesión testamentaria, sino también en la intestada[245].

El primer supuesto parte del hecho de que ha habido una desheredación justa y el testador, o bien no dispuso de sus bienes o, disponiendo de ellos designando un sucesor, este repudia la herencia o renuncia al legado. Conforme al concepto de desheredación que hemos defendido en este trabajo, no cabe duda de que el desheredado no percibirá su legítima, aunque, por imperativo del artículo 912 CC, se produzca la apertura de la sucesión intestada[246]; ahora bien ¿se le deferirá la herencia en todo lo que exceda de la legítima por ser el heredero abintestato del causante? Contestando a este interrogante, algunos autores sostuvieron en el pasado que la desheredación tiene su órbita de actuación en la legítima; en el caso de que se abriera la sucesión intestada, el desheredado sería llamado por ley para heredar, salvo que este hubiere protagonizado una causa de indignidad, en cuyo caso no solo quedaría privado de la legítima por la desheredación, sino de toda de la herencia[247].

---

245 MENA-BERNAL ESCOBAR, Mª. J.: *La indignidad para suceder*, op. cit., p. 95; ESPEJO LERDO DE TEJADA, M.: *La legítima en la sucesión intestada en el Código Civil*, Marcial Pons, Madrid, 1996, p. 67; ALGABA ROS, S.: *Efectos de la desheredación*, op. cit., pp. 439-441; JORDANO FRAGA, F.: *Indignidad sucesoria y desheredación (Algunos aspectos conflictivos de su recíproca interrelación)*, op. cit., pp. 153-158; MARTÍNEZ MARTÍNEZ, Mª.: *La sucesión intestada: revisión de la institución y propuesta de reforma*, op. cit., p. 50.

246 Por esta razón, no podemos compartir la aseveración de Sánchez Román o Puig Brutau de que la desheredación solo es propia de la sucesión testada (SÁNCHEZ ROMÁN, F.: *Estudios de Derecho Civil, VI. 2, Derecho de sucesión*, op.cit., p. 1105, y PUIG BRUTAU, J.: *Fundamentos de Derecho Civil, Tomo V, Volumen III*, op. cit., p. 216).

247 PUIG PEÑA, F.: *Tratado de Derecho Civil Español, Tomo V, Sucesiones, Vol. II, Relaciones sucesorias particulares*, op. cit., p. 440; PUIG BRUTAU, J.: *Fundamentos de Derecho Civil, Tomo V, Volumen III*, op. cit., p. 231; ROCA-SASTRE MUNCUNILL, L.: *Derecho de Sucesiones, Tomo II*, op. cit., p. 573.

Por mor de este planteamiento, y a tenor del funcionamiento de la indignidad que hemos defendido *supra*, para que el desheredado fuese despojado del *ius delationis*, los interesados tendrían que promover la declaración de indignidad, pues, en caso contrario, su posición como heredero se consolidaría. En contra de esta teoría, coincidimos con Vallet de Goytisolo y Cámara Lapuente, con que el desheredado que ha sido privado de la legítima no será acreedor del llamamiento por ley si se abre la sucesión intestada, pues, como hemos dicho en páginas anteriores, habrá una exclusión testamentaria implícita o tácita[248] que se fundamenta, indirectamente, en la desheredación, toda vez que si el testador ha excluido al legitimario de la legítima, «tanto más ha de entenderse privado de la porción que la ley solo le atribuye con carácter meramente subsidiario»[249].

El segundo supuesto se centra en que el testador desherede al legitimario y se declare judicialmente que la desheredación es injusta, abriéndose, salvo que el testador la haya evitado disponiendo de todos sus bienes y contemplando, incluso, una sustitución vulgar para evitar la vacancia de todo o parte de la herencia si los herederos instituidos en primer lugar no llegan a adquirirla, la sucesión intestada[250]. En tal caso, cabe plantearse si el desheredado adquirirá la legítima o será llamado a toda la herencia. Si el testador, confiando en que la desheredación fuese justa y desplegase todos sus efectos, no adoptó la cautela de prever las consecuencias de la hipotética invalidez de la desheredación, excluyendo al legitimario de la parte que ex-

---

248 CÁMARA LAPUENTE, S.: *La exclusión testamentaria de los herederos legales*, op. cit., pp. 100 y 101.

249 VALLET DE GOYTISOLO, J.: *Limitaciones de Derecho sucesorio a la facultad de disponer, Tomo I, Las legítimas*, op. cit., pp. 708 y 709.

250 JORDANO FRAGA, F.: *Indignidad sucesoria y desheredación (Algunos aspectos conflictivos de su recíproca interrelación)*, op. cit., pp. 154 y 155, hace una prolija enumeración de todos los escenarios donde entraría la sucesión intestada en concurrencia con una desheredación injusta.

cediese de la legítima, este, igualmente, solo adquirirá la *portio debida,* pues, aunque el Código Civil no alberge una regla como el artículo 513.1 CDFA, que interpreta la voluntad de desheredar como una manifestación de exclusión testamentaria de la parte de libre, ha de entenderse que ha habido una exclusión tácita o implícita[251], atribuyéndosele al desheredado injustamente solo aquello de lo que no se le pudo privar por un acto de mera voluntad. Dicho de otro modo, como de la parte de libre disposición se le puede privar con base en la autarquía del testador, ha de entenderse que la voluntad desheredativa alberga dos actos jurídicos: la desheredación *stricto sensu,* que no desplegará efectos si fue declarada injusta, y la exclusión testamentaria tácita, cuya órbita de actuación se ceñirá a la parte de libre disposición.

5.3. La preterición intencional

Aquí, con el fin de evitar tautologías, vamos a hacer un simple breve esbozo de las diferencias más sustanciales entre la preterición intencional y la desheredación, ya que el recurso a la preterición será recurrente a lo largo de este trabajo para defender algunos de nuestros planteamientos.

Se ha puesto de manifiesto por autores como Puig Brutau que las diferencias entre una y otra figura consiste en que, mientras que la preterición es la omisión de un legitimario «acompañada del silencio del testador», la desheredación «significa una privación de la legítima acompañada de la alegación de una causa legal»[252]. Resalta también esta diferencia Puig Peña, que menciona que la exteriorización solemne de la desheredación «supone la

---

251 Cámara Lapuente, S.: *La exclusión testamentaria de los herederos legales,* op. cit., p. 101.

252 Puig Brutau, J.: *Fundamentos de Derecho Civil, Tomo V, Volumen III,* op. cit., p. 217.

diferencia más sensible entre este instituto y el de la preterición», pues aunque en las dos se produce la «exclusión del heredero», en la preterición hay un «mero *prescindir*, bien porque no le mencione para nada en el testamento o bien porque aun nombrándole no se haga a su favor asignación alguna»; en cambio, siguiendo al autor, «en la desheredación existe un *privar*, lo cual representa una posición sancionadora de la voluntad por vía de castigo, lo que puede no ocurrir en la preterición»[253].

En relación a esta afirmación, Puig Peña dijo, en 1963, que el silencio característico de la preterición «puede obedecer y generalmente obedece al olvido o desconocimiento de la situación sucesoria»[254]. Sin embargo, en la medida en que la preterición, lejos de ser errónea, puede ser calificada, a tenor de las circunstancias del caso concreto, de intencional, es dable entender que sus efectos hayan sido equiparados, desde la STS 23 enero 1959, a los de la desheredación injusta, diferenciándose en el artículo 814 CC, a partir de la reforma de la Ley 11/1981, los efectos de la preterición intencional de la errónea o no intencional, cuando el preterido fuere un descendiente.

Así, el silencio del legitimario en testamento, a sabiendas el causante de su existencia, implicara que, tratándose de un descendiente que concurriere en la sucesión con otros descendientes no preteridos ni desheredados, su percepción se limitará al *quantum* proporcional de su legítima estricta, quedando excluido del tercio de mejora y del tercio de libre disposición, pues la preterición intencional, al igual que la desheredación[255], se trata de un acto jurídico, sustentado en una decla-

---

253 Puig Peña, F.: *Tratado de Derecho Civil Español, Tomo V, Sucesiones, Vol. II, Relaciones sucesorias particulares,* op. cit., p. 421.

254 Puig Peña, F.: *Tratado de Derecho Civil Español, Tomo V, Sucesiones, Vol. II, Relaciones sucesorias particulares,* op. cit., p. 421.

255 No en vano, De la Cámara Álvarez, M.: «El derecho de representación en la herencia testada y la preterición de los herederos forzosos», *Revista de De-*

ración de voluntad tácita del testador[256] que, a su vez, engloba otros actos, como la exclusión testamentaria[257].

---

recho Notarial, enero-marzo, 1955, p. 68, se refería a la preterición intencional como «desheredaciones tácitas».

256 Se entiende por declaración de voluntad tácita, siguiendo a De Castro, como «la conducta tenida en cuenta no es *por sí misma* significativa de una declaración de voluntad, sino que de tal conducta *se infiere que debió haber tal voluntad*» (De Castro y Bravo, F.: *El negocio jurídico*, Civitas, Madrid, 1985, p. 67). Sin embargo, Algaba Ros, no considera extrapolable la construcción de la declaración de voluntad tácita a la preterición, aunque fuere intencional, entendiendo que «no cabe apreciar y valorar las declaraciones tácitas de voluntad en el testamento, pues el testamento, negocio jurídico eminentemente formal, en el que incluso la interpretación extrínseca está limitada a encontrar conexión en el propio texto, no cabe valorar las declaraciones tácitas» (Algaba Ros, S.: *Efectos de la desheredación*, op. cit., p. 394). No estamos de acuerdo con la autora; la admisión de la declaración de voluntad tácita en el Derecho de sucesiones no hay que relacionarla con aquellos supuestos donde el causante, prescindiendo absolutamente del testamento y su forma *ad solemnitatem*, realiza manifestaciones de voluntad, sino con los escenarios donde, para averiguar la voluntad real del causante que ha articulado su última voluntad en testamento, las disposiciones testamentarias no están dotadas de la suficiente perspicuidad, ya sea por su silencio o por los términos ambiguos del propio testamento. Así, de la misma manera en que, por ejemplo, el artículo 828 CC estima que el legado a favor del descendiente que no cabe en el tercio de legítima estricta ni en el tercio de libre disposición puede imputarse en el de mejora, tratándose de un supuesto de mejora tácita, debe entenderse, igualmente, que, en una sucesión en la que concurra varios descendientes, el olvido de uno de ellos, a sabiendas por el testador de su existencia, debe ligarse a una voluntad del causante de privar al preterido de su legítima; y no solo eso, sino que, pese a la ausencia de declaración de voluntad expresa respecto al preterido, su percepción, si llegare a reclamar la legítima, se circunscribirá a la legítima estricta, interpretándose el silencio del causante como un deseo de excluirlo de la mejora y del tercio de libre.

257 Esta es la postura Lledó Yagüe, F.: *Compendio de Derecho de sucesiones*, Dykinson, Madrid, 1998, pp. 515 y 516, seguido de Cámara Lapuente, S.: *La exclusión testamentaria de los herederos legales*, op. cit., pp. 111 y 112.

El problema residirá en que así como en la desheredación, o en cualquier acto dispositivo expreso -como excluir al legitimario de la sucesión sin designar una causa-, hay una prueba indubitada de privar de la legítima y, en su caso, de todo lo que quede extramuros de ella, en la preterición del legitimario, como revela el artículo 814 CC al regular sus efectos, no se patenta esta voluntad; por ello, podrá ser calificada como intencional o errónea, no existiendo ninguna presunción *ex lege* a favor de ninguna de ellas. Ello implica que, *a priori*, y en defecto de presunción, los interesados en hacer valer una u otra clase de preterición tendrán la carga de probarla en juicio[258], en el contexto de que el preterido reclamare judicialmente su legítima.

No obstante, y pese a la ausencia en el Código Civil de un precepto como el artículo 505.2 CDFA, que dispone que la «preterición se presumirá intencional, salvo prueba en contrario», quizás la configuración del sistema induzca a pensar que, en el Derecho común, rige la misma presunción, ya que teniendo el descendiente preterido, en ausencia de acuerdo con todos los interesados, la carga de reclamar judicialmente su legítima, le corresponderá, como demandante, probar, salvo que se conforme con ver limitada su percepción a la cuota proporcional de legítima estricta, que la preterición fue no intencional, gravitando, generalmente, la prueba en demostrar la ignorancia que tenía el causante de la existencia de que el preterido era un hijo biológico cuya filiación no constaba cuando el causante otorgó testamento[259].

---

[258] Gago Simarro, C.: «La preterición de los descendientes», en AA.VV., *Fundamentos romanísticos del derecho contemporáneo*, BOE, Madrid, 2021, p. 335 (nota a pie de página núm. 24).

[259] Gaspar Lera, S.: «Preterición de descendiente sobrevenido al testamento. Calificaciones y acciones sucesorias tardías», *Revista de Derecho Civil*, vol. VII, núm. 5, octubre-diciembre, 2020, pp. 233 y 234.

Aquí llega la desembocadura de esta exposición, dado que, como dijimos *ab initio* de este apartado, la cita de la preterición será recurrente en este trabajo.

6. PRESUPUESTOS DE LA DESHEREDACIÓN

6.1. El testamento como arquitrabe de la desheredación

Como hemos dicho en páginas anteriores, la desheredación es un acto o negocio causalista, que no solo depende de la voluntad del desheredante, sino que requiere que el legitimario haya protagonizado alguna causa de desheredación de las previstas en el Código Civil, que, sin perjuicio de que sean tasadas, ello no implica que no estén sujetas a los cánones hermenéuticos que están cristalizados en el artículo 3 CC, con independencia del resultado interpretativo al que se llegue, admitiendo nosotros, incluso, su aplicación analógica. La desheredación, como acto *mortis causa* típicamente testamentario (art. 848 CC), tiene que tener como continente el testamento, pues, de lo contrario, resultaría inocuo y estéril debatir sobre si aquella fue justa o injusta, habida cuenta de que, directamente, será *inexistente*[260]. Por ende, aunque la voluntad deshereda-

260 No negaremos que dicha categoría es controvertida en la doctrina patria, pues muchos supuestos de inexistencia han sido subsumidos, doctrinalmente, en la nulidad. Controversia que se debe, en parte, a que en España, al contrario de lo que ocurre con el BGB, el Código Civil no contiene una regulación del negocio jurídico y su invalidez, debiendo extraerse su arquitectura de las normas que regulan la ineficacia de negocios jurídicos expresamente tipificados por el legislador, como el contrato, el matrimonio o el testamento. Sumergiéndonos someramente en esta construcción, hay autores modernos que diferencian la inexistencia y la nulidad; así, mientras la nulidad responde a aquel negocio jurídico que contraviene una norma imperativa o prohibitiva (art. 6.3 CC), la inexistencia se dará cuando en el negocio jurídico falte,

tiva y la causa fueren susceptibles de acreditarse por cualquier medio de prueba, es requisito *sine qua non* que se hayan materializado en testamento.

A la vista de que en el Derecho común se contemplan varias formas testamentarias, denominadas comunes (art. 676 CC) y especiales (art. 677 CC), es obvio que se podrá desheredar recurriendo a cualquier forma testamentaria, siempre que reúna, so pena de nulidad (art. 687 CC), todas sus solemnidades, quedando proscrita, evidentemente, la posibilidad de desheredar en capitulaciones matrimoniales o mediante un contrato oneroso celebrado con un tercero, pues aunque estos dos últimos negocios jurídicos pudiesen albergar disposiciones *mortis causas*, como la promesa de mejorar (art. 827 CC) u operaciones particionales (art. 1271 CC), no se trata de un negocio

---

radicalmente, alguno de los elementos esenciales para su perfección, mencionando O´Callaghan Muñoz que, en tal caso, el negocio jurídico no llega a existir en su concepto jurídico, «sino que existe tan sólo una apariencia de tal», que a veces puede ser preciso destruir mediante el ejercicio de una acción procesal (O´Callaghan Muñoz, X.: *Compendio de Derecho Civil, Tomo I, Parte general*, Editorial Universitaria Ramón Areces, Madrid, 2012, p. 360), aunque no siempre. Quizás, ejemplo de esta confusión es el artículo 687 CC, que dispone que «será nulo el testamento en cuyo otorgamiento no se hayan observado las formalidades respectivamente establecidas en este capítulo». En nuestra opinión, habría sido más correcto decir que *no producirá efecto alguno* el testamento en cuyo otorgamiento no se hayan observado las formalidades establecidas en la ley, pues si, por ejemplo, una persona, en circunstancias normales u ordinarias, «instituye heredero» a otro mediante un mensaje enviado a un tercero a través de un canal de mensajería telemática, tan en boga hoy día, lo correcto será decir, no que se trata de un testamento nulo, sino, directamente, inexistente, por no haberse recogido la manifestación de última voluntad en alguna de las formas testamentarias establecidas en el Código Civil. Igualmente, en el caso del matrimonio, si una pareja presta, por ejemplo, el consentimiento matrimonial ante el presidente o secretario de una asociación, se podría decir, sobre la literalidad del artículo 73.2º CC, que el matrimonio es nulo, pero, realmente, es inexistente, pues la forma del matrimonio no es *ad probationem*, sino *ad solemnitatem*.

típicamente testamentario[261], que, por naturaleza, es unilateral

[261] Hablamos de negocio testamentario en el sentido estricto del término, contraponiéndolo a la noción de acto jurídico, aunque de la literalidad del artículo 667 CC parece desprenderse que el testamento, más que negocio, es un acto. No obstante, debe tenerse en cuenta que la *dictio legis* del artículo 667 CC es heredera del Proyecto isabelino de 1951, que concebía el testamento como «un acto solemne y esencialmente revocable por el que dispone el hombre de todo o parte de sus bienes para después de su muerte en favor de una o más personas». La definición que late en el artículo 667 CC ha sido criticada duramente por la doctrina, pudiendo citarse a Sánchez Román, quien dijo que no era completa, ni exacta, ni útil (SÁNCHEZ ROMÁN, F.: *Estudios de Derecho Civil, VI. 1, Derecho de Sucesión,* Analecta, Pamplona, 1910, pp. 202-204). Sin duda, cuando el legislador, más allá de regular una institución, se aventura a definirla, corre el riesgo de adherirse a una concepción dogmática, y ello es lo que ha pasado con el testamento, que lo conceptua como una especie de acto jurídico. Precisamente, Sánchez Román ha concebido el testamento como un acto jurídico (SÁNCHEZ ROMÁN, F.: *Estudios de Derecho Civil, VI. 1, Derecho de Sucesión,* op. cit., pp. 207 y 208). Lasarte, que se adhiere también a la tesis de que el testamento es un acto, dice que todo dependerá de lo que se entienda por acto o negocio jurídico, pues, al contrario de la regulación del BGB, el legislador no define lo que es un negocio jurídico [LASARTE ÁLVAREZ, C.: *Derecho de sucesiones. Principios de Derecho civil VII* (revisada y actualizada con la colaboración de CERVILLA GARZÓN, Mª. D., y GARCÍA PÉREZ, C. L.), op. cit., p. 44]. Si partimos, como dijimos al tratar la desheredación, de que el negocio jurídico es una declaración de voluntad cuyos efectos coinciden con aquella declaración, mientras que el acto jurídico es una declaración de voluntad con efectos *ex lege* (DIEZ-PICAZO, L. y GULLÓN, A.: *Sistema de Derecho Civil, Volumen I, Introducción. Derecho de la persona. Autonomía privada. Persona jurídica,* op. cit., p. 498), entendemos que el testamento es un negocio jurídico, toda vez que sus efectos no solo son queridos por el testador, sino que se rigen por el principio de la autonomía de la voluntad (ROCA-SASTRE MUNCUNILL, L.: *Derecho de Sucesiones, Tomo I,* Bosch, Barcelona, 1989, p. 83). Se podría reprochar a esta adscripción dogmática del testamento que el legislador consagra, como hemos visto, un sistema fuerte de legítimas, siendo así que si hay legitimarios la autonomía privada podría quedar relegada a una pequeña parte de su patrimonio y, por ende, los efectos del testamento, más que emanar de la voluntad del testador, vendrían determinados por el sistema legitimario. A dicho planteamiento hipotético nosotros decimos, en primer

y personalísimo (arts. 669 y 670 CC).

Lo anterior no empece para que en aquellos Derecho forales donde se admite la validez de otros testamentos, como el mancomunado, así como de otros negocios *mortis causa* no testamentarios, la desheredación se pueda materializar en dichos negocios. Es el caso de Aragón, donde el artículo 509 CDFA permite desheredar en pacto, en testamento y en el acto de ejecución de la fiducia, y de Cataluña, contemplándose en el artículo 451-18 CCCat la desheredación articulada en testamento, codicilo o pacto sucesorio. En el Derecho civil vasco la cuestión es más compleja, pues si bien es cierto que, por ejemplo, el artículo 24 LDCV contempla la posibilidad de ordenar la sucesión *mortis causa* mediante el testamento mancomunado, también denominado testamento de hermandad, no se regula de manera expresa la desheredación, lo que implica que se aplicarán las disposiciones del Código Civil supletoriamente (art. 13.2

lugar, y recordando a Sáenz de Santamaría Vierna, que el principio general del Derecho de sucesiones es la libertad de testar y la legítima es la excepción (Sáenz de Santamaría Vierna, A.: «Elogio de la desheredación», op. cit., p. 547), no pudiendo definirse una institución a tenor de la excepción, cabiendo además la posibilidad de que el testador, si concurren determinadas causas, deje inactiva la excepción mediante la desheredación, la cual emana de la voluntad del testador. En segundo lugar, aunque sea cierto que el sistema de legítimas puede reducir hasta en un tercio la libre disposición del causante si concurren hijos y descendientes, no puede desconocerse, máxime con las última reformas, que aun así el testador goza de cierta discrecionalidad en la distribución de su patrimonio, pudiendo mejorar a uno o varios legitimarios, establecer una sustitución fideicomisaria gravando el tercio de legítima estricta si uno de los legitimarios se hallare en situación de discapacidad (art. 808 CC), atribuir a un legitimario o a un extraño una explotación económica o una sociedad de capital, pudiendo demorar hasta cinco años el pago en metálico de la legítima al resto (art. 1056 CC), establecer una cautela *socini*, ordenar, incluso a través del contador-partidor, el pago en metálico de la legítima (art. 841 CC), etc. Por lo tanto, aunque en una sucesión concurran legitimarios, ello no impide adscribir el testamento a la noción de negocio jurídico.

CC)[262], y, en este contexto, cabe preguntarse si cabría desheredar, únicamente, mediante testamento, en virtud de la aplicación supletoria del artículo 849 CC, o también mediante otras formas testamentarias no previstas por el legislador patrio. A nuestro juicio, la aplicación supletoria del Código Civil en sede de desheredación implica que se aplicará la arquitectura normativa de la figura jurídica en lo no regulado por el Derecho foral vasco, sin que ello implique desvirtuar la idiosincrasia de sus formas testamentarias[263], máxime cuando estas están reguladas expresamente por la ley foral.

Por último, hemos de manifestar que el rótulo de este apartado no constituye una hipérbole, pues, para que pueda hablarse de desheredación en sentido estricto es necesario, como mínimo, que la voluntad desheredativa se refleje, expresamente, en testamento. Dicha afirmación no es baldía, pues cada vez es más frecuente el empleo del término *desheredación de hecho* para describir aquellas manifestaciones donde, sin desheredación mediante, el causante, a través de actos *inter vivos* o *mortis causa,* se descapitaliza con el fin de no dejarle nada de legítima a algún legitimario. Rebolledo Varela, elaboró un interesante estudio sobre dichos supuestos, confesando en el primer párrafo de su obra la indefinición subyacente a dicha denominación[264]. No obstante, dicha matización, digna de loa, no ha

---

262 Aplicación supletoria criticada por Galicia Aizpurúa, quien lamenta que el Derecho foral vasco no albergue una regulación propia de la desheredación, a pesar de que la cita en los artículos 50 y 108.3 LDCV (GALICIA AIZPURÚA, G.: «Notas a la Ley 5/2015, de 25 de junio, de Derecho civil vasco», *Actualidad Jurídica Iberoamericana,* núm. 4, febrero 2016, p. 316).

263 A favor de la posibilidad d desheredar en otros negocios jurídicos distintos al testamento en el País Vasco, puede verse ATXUTEGI GUTIÉRREZ, J.: *Apartamiento y desheredación en el Derecho civil vasco,* op. cit., pp. 202 y 224.

264 REBOLLEDO VARELA, Á. L.: «El legitimario ante la desheredación de hecho», *Revista Doctrinal Aranzadi Civil-Mercantil,* vol. III (BIB 1995\164), p. 1.

sido óbice para que el término se haya seguido empleando por la doctrina.

No nos sonroja confesar que, al planificar esta obra, cavilamos dedicar un apartado a lo que vulgarmente se llama «desheredación de hecho», como así lo han hecho otras obras que han estudiado específicamente la desheredación[265]; sin embargo, al final hemos rehusado tratarla, pues, por un lado, insistimos en que no hay más desheredación que aquella donde la voluntad de desheredar se materializa en testamento, y, por otro, porque algunos supuestos de la «desheredación de hecho» serán tratados, tangencialmente, cuando estudiemos los efectos de la desheredación injusta, a propósito del análisis del artículo 825 CC y del tratamiento que han recibido, en el seno de los tribunales, los contratos de compra y venta que, en realidad, albergan una liberalidad, perfeccionados con el propósito de desigualar a los legitimarios e, incluso, privarles de la legítima.

6.2. La designación del desheredado

De la misma manera que es requisito *sine qua non* la designación del heredero para la eficacia de la institución, es imprescindible en la desheredación la correcta designación del desheredado, debiendo aplicarse analógicamente los artículos 772 y 773 CC[266]. Conforme a dichos preceptos -herederos, *mutatis mutandi*, de Las Partidas[267]-, el testador habrá de señalar en

---

[265] Ordás Alonso, M.: *La desheredación y sus causas. Derecho civil común y derechos civiles forales y especiales*, op. cit., pp. 52-54.

[266] Manresa y Navarro, J. M.: *Comentarios al Código Civil español, Tomo VI*, op. cit., p. 596.

[267] La Ley 3ª, Título VII, 6ª Partida, decía lo siguiente: «*Ciertamente, nombrandolo por su nome, o por sobrenome, o porotra señal cierta, deue el testador desheredar á qualquier de los que descieuden del, por la, liña derecha quando lo quiere fazer, quier sea*

testamento el nombre y apellidos del legitimario desheredado, valiendo también la desheredación si, omitiendo el nombre, «lo designare de modo que no pueda dudarse quién sea el instituido» (art. 772 CC), sin que el error en la designación invalide, necesariamente, la desheredación, siempre y cuando de otra manera pueda saberse la identidad del legitimario desheredado (art. 773 CC). Manresa y Navarro reputaba válida una desheredación cuyo tenor era «desheredo á mi padre por tal causa»; en cambio, si, habiendo varios hijos, la desheredación se hace mediante la cláusula «desheredo á mi hijo», el autor defendía, como no podía ser de otro modo, su invalidez[268], aunque por medios extratestamentarios pudiese demostrarse al hijo al que se refería el testador.

La doctrina registral ha avalado que el Registro de la Propiedad niegue la inscripción de aquellos títulos por los que se procede a inscribir bienes inmuebles que tienen como antecedente un testamento donde se deshereda irregularmente a los desheredados. La RDGRN 23 mayo 2012[269], que es ejemplo de ello, trató un caso donde el causante, que otorgó testamento abierto notarial, desheredó a sus dos hijos y, literalmente, «a

---

varon, o quier sea muger, o sea en su poder, o non, de manera que ciertamente pueda saber, qual es aquel que deshereda. Pero manera y a en que desheredaria el testador alguno de los que descendiessen del: non nombrando por su nome. E esto seria como si el testador ouiesse vn fijo tan solamente, e dixesse: Desheredo mia fijo. Ca assaz se entiende,-que desheredado es, pues que non ha inas de aquel fijo. Mas si ouiere mas fijos, non seria desheredado niuguno dellos por tales palabras. Otrosi dezimos, que quando el testador ha vn fijo tan solamente, a quien quiere desheredar, e dizele mal, que lo puede fazer diziendo assi: El malo e el ladron, e el matador, que non meresce ser llamado mio fijo, desheredolo por tal yerro que me fizo: ca tal desheredacion como esta, tanto vale como si lo nombrasse señaladamente quandole desheredasse, e qualquier a quien desheredassen deue ser desheredado sin ninguna condicion e de toda la heredad lo deue desheredar, e non de vna cosa tan solamente: e si assi non lo fiziessen non valdria».

268 Manresa y Navarro, J. M.: *Comentarios al Código Civil español, Tomo VI*, op. cit., p. 596.

269 RDGRN 23 mayo 2012 (TOL 2.570.720).

toda la descendencia de éstos», por la causa prevista en el artículo 853.2ª CC, designando heredera a la esposa. Dispuesta esta a inscribir los bienes inmuebles en el Registro de la Propiedad, el registrador negó la inscripción, calificando negativamente el título que sustentaba la solicitud, siendo esta decisión confirmada por el centro directivo, sin que la escritura complementaria en la que se dejaba constancia de los descendientes mediatos del testador a la fecha de su fallecimiento, que no especificaba su fecha de nacimiento ni si existían al tiempo de la desheredación, pudiere subsanar, a juicio del centro directivo, este defecto de forma[270]. Similar razonamiento secundó la RDGRN 25 mayo 2017[271], donde un padre desheredó a sus hijas y «a todos los descendientes de éstas, por la causa establecida en el artículo 853, número 2ª del Código Civil». En cambio, en la RDGRN 6 marzo 2019[272], aunque el resultado fue el mismo, negando la validez de la desheredación prescindiendo del proceso judicial, los que padecieron la defectuosa designación no

---

270 El fundamento de derecho octavo de la citada resolución, si bien reconoce que la desheredación es un título bastante para que la misma, *per se*, goce de eficacia, ello no empece para que «se niegue *ab initio* eficacia a las desheredaciones que no se funden en una causa de las tipificadas en la Ley, o que se refieran a personas inexistentes al tiempo del otorgamiento del testamento, o a personas que, de modo patente e indubitado (por ejemplo un recién nacido) resulte que no tienen aptitud ni las mínimas condiciones de idoneidad para poder haber realizado o ser responsables de la conducta que se les imputa. También debe poder deducirse del título de la sucesión, o del documento atributivo de la herencia, la aptitud genérica del desheredado para serlo. Por todo ello, ha de considerarse que si bien a través de la escritura complementaria se han concretado los descendientes del testador, fuera de sus hijos, que quedaron a su fallecimiento, no se han consignado los datos que permitan determinar cuáles de aquéllos habían nacido al tiempo de otorgar el testamento y reunían, por su edad, un mínimo de aptitud para ser desheredados».

271 RDGRN 25 mayo 2017 (TOL 6.156.214).

272 RDGRN 6 marzo 2019.

fueron los nietos, sino los bisnietos, desheredándose a aquellos mediante la expresión de sus nombres y apellidos y estos a través de la siguientes fórmula: «a sus respectivos hijos mayores de edad».

El planteamiento del centro directivo parte de que, al ser la desheredación un acto o negocio *ad solemnitatem*, el incumplimiento de la forma (arts. 772 y 773 CC) acarrea su nulidad, la cual se puede apreciar de oficio. *Prima facie*, considerábamos loable este razonamiento, y pensábamos que, siendo la desheredación nula, en el entendido de que la forma constituye un elemento esencial de la misma, no era necesario que los hipotéticamente desheredados ejercitasen una acción judicial para obtener lo que por legítima les corresponde. Sobre este asunto, cabe recordar las palabras de Rebolledo Varela, que se planteó, sin llegar a profundizar en la cuestión, (seguramente por la naturaleza del trabajo en que vertió la idea, ya que se trataba de una obra colectiva), si la desheredación no realizada en testamento o en un testamento nulo por defecto de forma «es realmente nula o sólo injusta», cuestión que el autor no estimaba baladí, considerando que estaba dotada de importantes consecuencias prácticas que no llegó a detallar[273]. Hilvanando esto con aquellos pasajes donde el autor se refirió, someramente, a la acción de desheredación injusta, creemos que las consecuencias prácticas a la que se refería Rebolledo Varela consistían en que mientras la desheredación que no se fundamenta en una causa prevista en la ley o no resultare probada si el desheredado la negare (desheredación injusta) se sometía al plazo de caducidad de cuatro años propio de las ac-

[273] Rebolledo Varela, Á. L.: «Problemas prácticos de la desheredación eficaz de los descendientes por malos tratos, injurias y abandono asistencial de los mayores», op. cit., pp. 398 y 399.

ciones de rescisión o de anulabilidad[274], la desheredación que no respetara la forma de rigor podría ser considerada nula, lo que implicaría, según nuestra deducción, la posibilidad de su apreciación de oficio, y que, en defecto de ser apreciada de oficio, el desheredado pudiese conseguir la nulidad mediante una acción procesal, que no estaría sujeta al plazo de cuatro años propio de las acciones de anulabilidad o de rescisión.

Este tesis la reputábamos, *ab initio*, correcta, pero luego, y sin que sea necesario ahora que hagamos una disertación sobre la naturaleza de la acción de desheredación injusta, tema que trataremos más adelante, nos llegamos a plantear lo siguiente: si es doctrina jurisprudencial y registral que para los efectos previstos en el artículo 814 CC, en relación a la preterición intencional, es precisa la iniciativa del preterido, que tendrá que ejercitar una acción judicial, ¿por qué no contemplar la misma consecuencia si se ha desheredado sin designar a los legitimarios conforme a lo dispuesto en los artículos 772 y 773 CC? Si se quiere, se puede plantear de otro modo: ¿por qué el centro directivo avala que los registradores rechacen, calificación negativa mediante, la inscripción de títulos que parten de testamentos donde no se ha dispuesto, correctamente, de la desheredación y, en cambio, inscribe aquellos títulos donde se ha preterido de manera intencional al legitimario?

A la fecha en la que escribimos estas líneas no vamos a negar que seguimos teniendo vacilaciones sobre el particular, y si el lector llegara a leer esta confesión será porque, al revisar la obra, no se desvanecieron, pero nos arriesgamos a decir que las resoluciones citadas representan una contradicción. Y ello en la medida en que, sin justificación alguna, anudan a la desheredación irregular unos efectos opuestos a los aplicados

---

274 Rebolledo Varela, Á. L.: «Problemas prácticos de la desheredación eficaz de los descendientes por malos tratos, injurias y abandono asistencial de los mayores», op. cit., p. 452.

a la preterición intencional. Si en el testamento se designan sucesores y, además, se deshereda a un legitimario omitiendo su nombre, apellidos o señas por las cuales pudiere ser identificado, el testamento, que no incurre en caducidad ni en vicios sustanciales de forma, deberá seguir rigiendo la sucesión, y, respecto a las designaciones hechas, habrán de reputarse válidas, siendo necesario que, salvo pacto con los instituidos, una sentencia prive de efectos las disposiciones testamentarias que no respeten lo previsto en la ley, sin que sea dable que, prescindiendo del dictado de una sentencia, se pueda ignorar el contenido patrimonial del testamento. Es más, como dijo la RDGRN 13 septiembre 2001[275], en un supuesto de preterición no intencional, no puede considerarse que el testamento quede automáticamente ineficaz en cuanto a su contenido patrimonial, sin necesidad de declaración judicial en tal sentido, «pues ni el término anulación del 814 del Código Civil, se compadece con la nulidad radical o con la inversión de la carga de la iniciativa procesal que comporta, ni esta figura encajaría en los supuestos debatidos, en los que no hay inobservancia de requisitos formales esenciales (cfr. artículo 687 del Código Civil), ni vulneración de preceptos prohibitivos o imperativos (cfr. artículo 6 del Código Civil)»[276].

---

275 RDGRN 13 septiembre 2001 (TOL 76.887).

276 La RDGRN 13 septiembre 2001 no hace sino ratificar el criterio de la RDGRN 15 octubre 1871, que dijo lo siguiente: «Por más que en el testamento existe la preterición del hijo y que éste pueda, si interesa a su derecho, solicitar y obtener la rescisión o nulidad del mismo, la verdadera cuestión, dada la especial competencia de este Centro directivo, no puede ser otra sino examinar detenidamente hasta donde se extienden las facultades de los Registradores para suspender o negar la inscripción de los documentos que se presentan en el Registro. Estos funcionarios tienen taxativamente prescrita la órbita de sus atribuciones en sus arts. 18 y 65 de la Ley, que no puede traspasar sin intrusión en lo que es propio de los Tribunales de Justicia. Si bien el testamento de que se trata podrá rescindirse por la desheredación que sin justa causa contiene, en virtud de haber sido privado el hijo de la testadora de la

Ligando esta toma de postura del centro directivo ante la preterición con el supuesto en que el testador deshereda sin designar correctamente a los «desheredados», una conclusión se impone: ha sido voluntad del testador que los legitimarios no instituidos en testamento como herederos o legatarios o desheredados irregularmente no adquieran su legítima y, entendiéndose que la desheredación así dispuesta ningún efecto genera, suprimiéndose al menos intelectualmente del testamento, este surtirá efectos, adquiriendo los sucesores nombrados lo previsto por el testador, en toda la extensión prevista en el testamento. De no ser así, se estaría equiparando, *de facto*, la errónea designación de los desheredados con supuestos tales como la caducidad del testamento, prescindiéndose, injustificadamente, de una declaración judicial que debe concurrir a falta del consentimiento de todos los interesados en la sucesión. Y ello no implica vulnerar el sistema legitimario, sino más bien reconocer que la voluntad del testador es la ley de la sucesión, pudiendo hacerse constar en la inscripción de bienes inmuebles, mediante nota marginal, la afección real de los bienes objeto de partición al pago de la legítima que pudiese reclamar judicialmente el desheredado o el preterido (arts. 15

porción legítima que le corresponde por la ley, la verdad que es no es nulo *ipso iure* o necesariamente, como se dice en el art. 65, para que pueda proceder la denegativa de inscripción, puesto que la nulidad ha de depender de los derechos que ejercite el desheredado, si viere convenirle y de la sentencia que en su día se pronuncie por los Tribunales competentes». Además, en el ámbito exclusivo de la preterición, suscribieron o confirmaron la tesis de la RDGRN 13 septiembre 2001, las RRDGRN 4 mayo 1999 (TOL 132.710), 21 noviembre 2014 (TOL 4.565.479), 29 enero 2016 (TOL 5.638.652), y 6 julio 2016 (TOL 5.806.679), 2 agosto 2018 (TOL 6.790.023).

y 46 LH) [277-278]. La tesis contraria sería como avalar que el notario dejara de autorizar un testamento que cohonesta con la voluntad del causante por el simple hecho de que pretende preterir a un legitimario.

Se observará que la línea de flotación de nuestra postura podría quedar dañada si nuestras consideraciones sobre la necesidad de que el preterido ejercite una acción judicial fuesen desvirtuadas, ya que hemos parangonado la desheredación irregular, por vulnerar los artículos 772 y 773 CC, con la preterición intencional. Delgado Juega defendió en 2004 la posibilidad de que el Registro de la Propiedad apreciara de oficio la preterición, al entender que se trataba de un supuesto

---

277 Reputados autores, como Vallet de Goytisolo, J.: *Limitaciones de Derecho sucesorio a la facultad de disponer, Tomo I, Las legítimas,* op. cit., pp. 979 y 979, consideraban dudoso que el artículo 15 LH se aplicara extramuros del Derecho catalán, sin embargo, Ragel Sánchez, cuya conclusión compartimos, estima que se aplica a todos los supuestos donde el legitimario no haya recibido su legítima mediante herencia, legado, donación, reserva, reversión o adjudicación en la partición [Ragel Sánchez, L. F.: «La mención de la legítima en el registro de la propiedad por la vía del art. 15 LH», *Revista Aranzadi Doctrinal,* núm. 11/2019 (BIB 2019\9587), p. 10].

278 El artículo 15 LH justifica que, en supuestos como los relatados, los herederos, so riesgo de que se les exija una prueba diabólica, no tienen que acreditar la inexistencia de legitimarios, pero sí que, al menos, manifiesten que, hasta donde llega su conocimiento, el causante carecía de los mismos. Es verdad, como dice Ragel Sánchez, que el artículo 15 LH no da cobertura a la protección del derecho del preterido, pues, salvo que los herederos reconozcan vía notarial que el causante tenía legitimarios, la preterición no deja «huella ni rastro alguno donde pueda entrar la calificación del Registrador» (Ragel Sánchez, L. F.: «Acceso de la legítima al Registro de la Propiedad por cauces diferentes al art. 15 LH», *Revista Aranzadi Doctrinal,* núm. 3/2020 (BIB 2020, 8831), p. 18), no obstante, en virtud de los artículos 42 y 84 LH, es posible el recurso a la anotación preventiva de la demanda que los legitimarios preteridos o desheredados presenten para reclamar su derecho.

de nulidad de las disposiciones testamentarias[279], remitiéndose a la STS 14 octubre 1997[280]. Aquí una madre, preterida en el testamento de su hija, instó una declaración de herederos abintestato, al considerar que el testamento era nulo por la preterición, petición que fue estimada en 1974. Transcurridos varios años, en 1986, un sobrino designado sustituto en el testamento de la causante, demandó la nulidad de la declaración de herederos intestados, pidiendo que se restauraran los llamamientos testamentarios. El tribunal dijo que, en caso de testamento válido, sería evidente la nulidad de la declaración de herederos; sin embargo, en el caso objeto de litigio, abogó por confirmar la nulidad del testamento donde se pretirió a una legitimaria. Ante la hipótesis, alegada por el demandante, de que no debía distinguirse entre la preterición intencional y la desheredación injusta, con el objeto de plantear que la preterida debería haber ejercitado en todo caso una acción judicial contra la preterición, la sentencia salió al paso diciendo que cabía calificar la preterición como errónea o no intencional, pues fue «producto de la verosímil esperanza de sobrevivir la testadora, joven, a la madre de provecta edad»[281]

Ni la exégesis de la citada sentencia es extrapolable al supuesto que estamos estudiando, ni los aportes de Delgado Juega desmerecen, a día de hoy, nuestra teoría, y ello por las siguientes razones:

1. En primer lugar, la defectuosa designación de los desheredados patenta una voluntad explícita de privarles de la legítima, y en nada se asemeja a la preterición no intencional o errónea. Se podría reprochar a nuestro argumento que, precisamente,

---

279 Delgado Juega, L.: «Reflexiones en torno a desheredación, preterición y registro en el Derecho común», en AA.VV., *Libro homenaje al profesor Manuel Albaladejo García, Vol. 1*, Universidad de Murcia, Murcia, 2004, p. 1189.

280 STS 14 octubre 1997 (TOL 216.483).

281 Véase también la STS 6 abril 1998.

por haberse designado defectuosamente a los desheredados, será imposible determinar los sujetos pasivos de dicha voluntad explícita, pero si deparamos en que es posible interpretar el testamento (art. 675 CC), no será difícil colegir que los destinatarios de dicha voluntad serán los legitimarios que no figuren en el testamento como herederos ni legatarios, a quienes el causante no les quiso dejar ni lo mínimo que le corresponde por ley.

2. En segundo lugar, incluso en los supuestos de preterición no intencional, el centro directivo ha confirmado, recientemente, el criterio de la RDGRN 13 septiembre 2001, pudiéndose citar, sin perjuicio de las resoluciones ya mencionadas en nota a pie de página, la RDGRN 2 agosto 2018, que, en un supuesto de preterición, confirmó el criterio de que, a falta de acuerdo con todos los interesados, es necesaria una sentencia judicial[282-283].

---

[282] En la RDGRN 2 agosto 2018, los hechos relevantes al caso fueron los siguientes: El causante otorgó testamento en 1999, legando a su esposa el usufructo universal e instituyendo herederas a sus dos hijas; posteriormente, en el año 2003, adopta, junto a su esposa, a un hijo, no modificando el testamento de 1999; fallece en 2007, y, a instancias de la viuda, se abrió acta de declaración de herederos intestados, determinando el notario que la preterición fue no intencional y declarando a los tres hijos, inclusive al preterido, herederos. Solicitada la inscripción de los bienes en el Registro de la Propiedad, el registrador deniega la inscripción, esgrimiendo la irregularidad del título sucesorio, mencionando que solo la autoridad judicial, en un procedimiento contradictorio, puede decretar la nulidad de una disposición testamentaria. Criterio que fue confirmado por el centro directivo, diciendo que la ley (era aplicable el artículo 259 LDCG), faculta al preterido a instar la «declaración de nulidad, sin imponer un efecto de nulidad ipso iure, automático y por ministerio de la Ley», siendo necesario que se instara judicialmente por el hijo adoptivo, que fue el preterido, la nulidad de la institución de heredero hecha en testamento. Aunque no coincidamos, en su totalidad, con todos los razonamiento vertidos por la resolución, si estamos de acuerdo con su parte dispositiva, que confirma la tesis que venimos defendiendo.

[283] Antes de dichas resoluciones, reputados autores como Vallet de Goytisolo, estimaron que la preterición no podía ser apreciada de oficio (VALLET DE

3. En tercer lugar, es relevante el artículo 56 LN, que, tras su modificación por la LJV, exige, para la tramitación del expediente de declaración de herederos abintestato, «sentencia firme que declare la invalidez del título sucesorio o de la institución de heredero». Es cierto que el precepto avala también que la declaración de herederos intestados se haga cuando haya un documento auténtico del que «resulte a juicio del Notario, indubitadamente, que, a pesar de la existencia de testamento o contrato sucesorio, procede la sucesión abintestato», pero, en nuestra opinión, la *ratio* del inciso está pensada para aquellos casos donde el testamento adolezca de la falta de algunos de los requisitos de forma o donde la delación a los instituidos no sea efectiva[284], sin que pueda prejuzgar el contenido de las disposiciones testamentarias, como confirmó la RDGRN 2 agosto 2018.

4. En cuarto lugar, y relacionado con lo anterior, alegamos, en apoyo de nuestra postura, la exégesis de la STS 10 diciembre 2014[285], que rechazó, en sede de preterición, la nulidad de las disposiciones testamentarias, al decantarse por la naturaleza rescisoria de la acción de preterición, afirmando, expresa-

---

Goytisolo, J.: *Limitaciones de Derecho sucesorio a la facultad de disponer, Tomo I, Las legítimas,* op. cit., p. 976).

284 Sanmartín Escriche, F. y Lacalle Serer, E.: *Comentarios a la Ley 15/2015, de la jurisdicción voluntaria,* Tirant lo Blanch, Valencia, 2017, p. 646, contemplan, en virtud del artículo 56 LN, otros supuestos donde el notario podrá, de forma indubitada, llegar a la conclusión que procede la apertura de la sucesión intestada, como cuando se produce «la premoriencia del único heredero instituido sin tener sustituto», bastando con la exhibición del certificado de defunción del heredero, en caso de que este haya repudiado la herencia y carezca, igualmente, de sustituto, o la revocación de la disposiciones testamentaria a favor del cónyuge del testador cuando haya mediado nulidad, divorcio o separación judicial posteriores al otorgamiento del testamento.

285 STS 10 diciembre 2014 (TOL 4.748.252).

mente, que la preterición del legitimario no puede ser apreciada de oficio[286].

Por lo tanto, serán los legitimarios desheredados irregularmente o, si se quiere, omitidos en el testamento, los que tendrán la iniciativa procesal para reclamar su legítima, ya sea mediante una acción de desheredación injusta o a través de la acción de preterición, manteniéndose las designaciones dispuestas en testamento hasta que no resultaren contradichas por una resolución judicial. De modo que, previa demanda del legitimario, la sentencia deberá manejar dos posibilidades: o bien entender que ha habido una desheredación injusta con los efectos previsto en el artículo 851 CC, o, de estimarse que no concurrió, técnicamente, una desheredación porque se omitieron los requisitos de forma para su validez, declarar nula o inexistente dicha disposición y, suprimida del testamento, integrar, como se hace con los contratos, la *voluntas testatoris*, pudiéndose considerar que, eliminada la disposición desheredativa, ninguna mención se hizo a los legitimarios que no figuraron como herederos o legatarios, llegando a la conclusión de que estos fueron objeto de una preterición intencional (art. 814 CC), circunscribiendo su adquisición, de concurrir otros legitimarios no preteridos ni desheredados en testamento, a su parte de legítima estricta.

Es decir, aunque dogmáticamente se pudiere defender que la defectuosa designación del desheredado se pudiere subsu-

---

286 En palabras del fundamento de derecho segundo: «En efecto, el criterio sustentado viene confirmado tanto por la posibilidad de renunciabilidad de la acción de impugnación por preterición y su no declaración de oficio, como por la validez de la transacción al respecto; pero, sobre todo, tal y como expresamente destaca la Sentencia citada de 3 de noviembre de 2014 (núm. 587/2014), por la interpretación sistemática que a estos efectos cabe establecer entre los artículos 764 y 813 del Código Civil en orden a la preferencia de la validez testamentaria aun en el supuesto de que carezca de institución de heredero o que dicha institución resulte ineficaz».

mir en la categoría de la nulidad, ello no debe dar lugar a que los legitimarios, no mencionados en testamento conforme a los artículos 772 y 773 CC, tengan una ventaja procesal de la que carece el preterido intencionalmente, pues es evidente que el causante, desheredación defectuosa o irregular mediante, mostró una voluntad explícita de que los legitimarios mal designados no percibiesen lo que les correspondiese por legítima. Por lo tanto, a fin de ser coherentes, lo lógico será integrar la *voluntas testatoris,* reorientando jurídicamente la voluntad plasmada, con más o menos acierto, en el testamento; de este modo, si el causante tenía descendiente y desheredó irregularmente a uno de ellos en testamento, omitiendo su nombre y apellidos, este tendrá que ejercitar la acción pertinente para obtener su legítima, la cual se circunscribirá, de salir victorioso, a su parte de legítima estricta, siempre que concurran en la sucesión otros descendientes que no fueron preteridos ni desheredados en testamento.

No se nos escapa que esta tesis no es la más respetuosa con el principio de seguridad jurídica, además de la indefensión que pudiere acarrear al legitimario, cuyo escepticismo respecto a la acción a ejercitar puede ser notable, ya que puede defenderse que lo procedente es el ejercicio de la acción desheredación injusta o la de la preterición; pero, sin perjuicio de que dichas acciones, según la jurisprudencia, están sujetas al mismo plazo de cuatro años, si la pretensión está correctamente formulada, hecho bastante probable, ya que los efectos de ambas figuras son los mismos según la exégesis jurisprudencial de los artículos 814 y 851 CC, la incorrecta identificación de la acción no será óbice para estimar la pretensión[287], máxime cuando en

[287] Valga como ejemplo la STS 6 abril 1998, donde una madre, que, según su versión, le había donado determinados bienes al hijo, dijo en testamento que no le dejaba nada porque, además, este le debía unas cantidades que se comprometió a abonarle en su día, condonándole la presunta deuda en tes-

otros ámbitos, como en el de Derecho de daños, el Tribunal Supremo ha secundado, en un ejercicio de pragmatismo y a fin de garantizar el derecho a la tutela judicial efectiva (art. 24 CE), la teoría de la yuxtaposición de responsabilidades, en aquellos casos donde el que tiene que cumplir una obligación contractual causa un daño a la contraparte y se desconoce si el mismo fue causado o no dentro de la órbita del contrato[288-289].

---

tamento, quedando satisfecha de este modo su legítima. El hijo presentó una demanda pidiendo, entre otras cosas, la invalidez e ineficacia de la institución de herederos y la disposición de legados, además del reconocimiento de su derecho a percibir un tercio de la totalidad de la herencia, y, subsidiariamente, la nulidad de la institución de heredero y la «reserva de la validez de los legados» en cuanto no resultaren inoficiosos. El tribunal dijo que, habiendo quedado demostrado que ninguna donación hizo la causante a favor de su hijo, resultaba evidente que se trata «de una preterición intencional o, en su caso, una desheredación injusta», cuya calificación podía hacer de oficio el tribunal según el principio *iura novit curia*, en cuanto ello no entrañaba alteración alguna de la *causa petendi*, pues tanto la preterición intencional como la desheredación injusta «ha de comportar que la institución de heredero hecha a favor» de la hija designada en testamento «deba ser anulada, pero no en su totalidad sino en cuanto perjudique al heredero forzoso intencionalmente preterido o, en su caso, injustamente desheredado según establecen los art. 814.1° del Código Civil (para la preterición intencional) y 851 del mismo Cuerpo Legal (para la desheredación injusta), cuya legítima que ha de ser respetada es solamente la legítima estricta o corta».

288 Nos remitimos, entre otras, a las SSTS 11 marzo 1996 (TOL 1.669.442), 8 julio 1996 (TOL 217.713), 18 febrero 1997 (TOL 215.061), 28 junio 1997 (TOL 215.270), 6 mayo 1998 (TOL 5.119.892), 8 abril 1999 (TOL 1.645), 30 diciembre 1999 (TOL 5.157.417), 8 febrero 2000 (TOL 1.787), 26 septiembre 2000, 11 diciembre 2001 (TOL 4.924.464), y 23 diciembre 2004 (TOL 645.286).

289 También en el ámbito de la desheredación, pues el Tribunal Supremo, en supuestos donde la causante dispuso en testamento que no le dejaba nada al hijo porque ya le había pagado en vida la legítima, ha dicho que se trata de «una preterición intencional o, en su caso, una desheredación injusta», que rehusó concretar, bajo el argumento de «que los efectos que, hoy día, determinan los artículos 814 y 851 para ambas figuras son idénticos, en el

6.3. La expresión de la causa de desheredación en el testamento

Dispone el artículo 849 CC que la desheredación, además de que solo podrá hacerse en testamento, deberá expresar «en él la causa legal en que se funde». Es decir, no solo deberá consignarse en el negocio testamentario la voluntad desheredativa, sino también la causa en que fundamenta -según el testador-, la privación de la legítima. El precepto tiene su precedente en la Ley 1ª, del Título V, del Libro IV del Fuero Real, que decía que era necesario en la desheredación que se nombrara «*señaladamente la razón porque lo deshereda, ó en su manda (testamento), ó delante de testigos*». *Mutatis mutandi,* la regla pasó a la Ley 10ª del Título VII de Las Partidas, que disponía que era necesario que el padre mostrara en el testamento «*razón cierta porque lo faze nombrándola, diciendo señaladamente, que por aquella razón lo desereda*», añadiendo a renglón seguido que de no expresarse la causa, el testamento «*non valdria*», pues «n*on la podria despues mostrar el heredero; nin deue ser oido sobre esta razon*». El artículo 667 del Proyecto de 1851, dijo, de manera muy similar a la actual dicción del artículo 849 CC, que la desheredación debía hacerse en testamento, «expresándole la causa especial en que se funde». Según Scaevola, que recogía el testigo de Las Partidas al explicar porque era necesaria la designación de la causa, el rigor de la ley se debía más al «ánimo de evitar dudas y cuestiones litigiosas» que el de imponer una mera condición rutiaría, de modo que no cupiese duda «sobre la voluntad del testador» en relación con la causa protagonizada por el legitimario y no con otras[290].

sentido de que circunscriben el perjuicio al desheredado injustamente o preterido intencionalmente a lo que le correspondería por legítima estricta, excluyéndose el tercio de mejora de concurrir con otros descendientes que no fueron preteridos ni desheredados» (STS 6 abril 1998).

[290] Mucius Scaevola, Q.: *Código civil, Tomo XIV,* op. cit., p. 868.

En los albores de la publicación del Código Civil, la STS 4 noviembre 1904[291] dijo, en un supuesto donde el padre había desheredado al hijo por unas injurias (art. 853.2ª CC), que no existe «precepto alguno que obligue al testador a determinar el hecho constitutivo de la injuria o las palabras en que éste se haga consistir». Igualmente, Manresa y Navarro, a la hora de disertar sobre el artículo 849 CC, decía que la ley no exigía en ningún momento que el testador detallase el modo y forma en que se produjo la causa, no teniendo que dar un relato fáctico de la ofensa cometida por el hijo[292].

En 1978, Vallet amplió el estudio del artículo 849 CC, diciendo que el requisito de expresar en el testamento la causa en que se funde la desheredación quedaría cumplido en los siguientes supuestos: a) Expresando la causa legal aunque no se precisen los hechos constitutivos, que de ser ciertos correspondería probarlos a los herederos si fuesen contradichos por el desheredado (art. 850 CC); b) Refiriéndose el testador al hecho constitutivo, «aunque no se indique la causa legal a que corresponda»[293]; c) Señalando el desheredante «genéricamente una causa que pueda comprenderse en alguna o varias de las legalmente tipificadas»; d) Cuando, aunque el testador no precise el hecho ni se refiera a una causa legal genérica ni específicamente determinada, «las palabras con las que el testador se exprese sean suficientemente explícitas para hacer enten-

---

291 STS 19 noviembre 1904 (TOL 5.854.897).

292 MANRESA Y NAVARRO, J. M.: *Comentarios al Código Civil español, Tomo VI*, op. cit., p. 594.

293 MUCIUS SCAEVOLA, Q.: *Código civil, Tomo XIV*, op. cit., pp. 870 y 871, también admitía dicha posibilidad, poniendo como ejemplo el siguiente: «Deshere-do á mi hijo porque me ha llamado ladrón» o «Desheredo á mi hija por la vida prostituida que lleva», aunque no negaba que dicha posibilidad podía albergar problemas interpretativos cuando el testador empleaba fórmulas más generales.

der que se refirió a hechos ocurridos por la ley como causa de desheredación»[294].

La doctrina contemporánea no ha aportado mucho más a la hermenéutica que desarrolló la doctrina clásica y, especialmente, Vallet de Goytisolo, citando numerosos estudios a este autor cuando se ha abordado el análisis del artículo 849 CC[295]. Ragel Sánchez dijo que lo aconsejable es que el testador reproduzca «los términos utilizados por el Código Civil y mencionar el precepto concreto en que se recoja», sin perjuicio de que sería válida igualmente la desheredación que, junto a la voluntad terminante de desheredar, se refiera a alguna causa desheredativa empleando «palabras diferentes»[296]. La STS 25 septiembre 2003[297], que citaremos posteriormente cuando estudiemos las causas de desheredación, uno de los aspectos que trató fue la indeterminación de la causa de desheredación, en un caso donde el marido había desheredado a su esposa porque lo abandonó cuando a aquel le diagnosticaron un cáncer; ello motivó que expresara en su testamento, otorgado en 1994, que la desheredaba «por incumplimiento de los deberes cónyuges». El Alto Tribunal, que estimó el recurso de casación presentado por los herederos instituidos en testamento, dijo que no era «preciso relatar y menos detallar los hechos que provocan la desheredación», máxime cuando la voluntad de

---

294 Vallet de Goytisolo, J.: *Limitaciones de Derecho sucesorio a la facultad de disponer, Tomo I, Las legítimas,* op. cit., pp. 664 y 665.

295 Algaba Ros, S.: *Efectos de la desheredación,* op. cit., p. 184; Rebolledo Varela, Á. L.: «Problemas prácticos de la desheredación eficaz de los descendientes por malos tratos, injurias y abandono asistencial de los mayores», op. cit., pp. 418-424; Represa Polo, Mª P.: *La desheredación en el Código Civil,* op. cit., p. 52; Ordás Alonso, M.: *La desheredación y sus causas. Derecho civil común y derecho civiles forales y especiales*, op. cit., pp. 105-107.

296 Ragel Sánchez, L. F.: «Artículo 849», op. cit., p. 6273

297 STS 25 septiembre 2003 (TOL 314.125).

desheredar se presentó en el testamento «como decidida y suficientemente patente».

Retomando la tesis de Vallet, estamos de acuerdo en que el testador no tenga que realizar una descripción pormenorizada de los hechos en que se sustenta la desheredación, pues aunque ello pueda facilitar la prueba de la misma si el desheredado la negare, debemos valorar que, si ya la desheredación es difícil *per se,* por la interpretación restrictiva que ha secundado la jurisprudencia durante el pasado siglo, más ardua será si, a título de ejemplo, el achacoso anciano que va al notario para disponer de su última voluntad se ve en la tesitura de tener que relatarle al fedatario público todas las miserias de la relación familiar. Por ello, consideramos que basta con que el testador se remita, no al artículo en sí, sino al ordinal del mismo que contempla la causa desheredativa[298], aunque ello pueda generar, a la postre, más perjuicios que beneficios, y no solo desde la perspectiva de la seguridad jurídica, sino también poniendo el foco en el papel que tendrán que adoptar los herederos, encargados de probar la causa si el desheredado la negare, ya que hay preceptos que no contemplan una causa de desheredación, sino dos, como el artículo 853.2ª, que prevé por un lado, el maltrato de obra y, por otro, la injuria grave de palabra, y todo ello sin perjuicio de que el citado ordinal también sirve de cobertura para el maltrato psicológico, según la exégesis que ha venido desarrollando el Tribunal Supremo[299]. Por esta

---

298 La STS 9 julio 1974 (TOL 4.253.385), dijo, al enumerar los requisitos de la desheredación, que es necesario que «se exprese la causa legal en que se funde la decisión del testador (art. 849 del referido Código), indicándola con claridad, aun cuando no sea imprescindible su reseña circunstanciada, siempre que se haga factible su individualización y no se impida la posibilidad de impugnarla».

299 Por todo lo expuesto, no compartimos el razonamiento de la SAP Cáceres 23 julio 2004 (TOL 467.241), donde una madre desheredó a su hija en testamento citando el artículo 853.1ª, que contempla como causa de desheredación

razón, sería recomendable, de *lege ferenda*, cambiar la técnica legislativa, y subsumir en ordinales distintos cada causa, con el

---

el negar, «sin motivo legítimo, los alimentos al padre o ascendientes que le deshereda». Impugnada la desheredación por la hija, el tribunal consideró que la testadora no expresó los hechos que fundamentaban la desheredación, diciendo que, aunque no sea necesario citar el número concreto del precepto «sí es necesario especificar la causa concreta y específica». Aunque es posible que asistiese la razón a la desheredada, ya que la madre, que tenía recursos económicos suficientes para sufragar sus necesidades, desheredó a su hija, que vivía en otro municipio, por negarse a cuidarla, no pudiéndose subsumir este hecho en la negativa a prestar alimentos, no estamos de acuerdo con la exégesis que desarrolla el tribunal en torno al artículo 849 CC, pues contemplando el artículo 853.1ª CC una única causa de desheredación, era evidente que si la madre citó en su testamento dicho ordinal pretendió fundamentar la desheredación en la negativa injustificada a prestar alimentos. Quizás, podría haber sido loable el planteamiento del tribunal si la desheredante se hubiese limitado a citar el artículo 853.2ª CC, que tarifica dos causas distintas, pero no tratándose del artículo 853.1ª CC. Más inexplicable resulta la SAP Valencia 21 enero 2008 (TOL 1.300.164), en un caso en el que la testador desheredó a su hija alegando en su testamento las «graves ofensas y maltratos que ha recibido de su hija [...] así como por haberle negado ésta, sin motivo legítimo, alimentos». A juicio del tribunal, la «defensa de la sucesión legitimaria» y la interpretación restrictiva de la desheredación, exige «una concreción de palabras o hechos, no bastando al efecto con alusiones genéricas a injurias o insultos o malos tratos de obra». La más reciente SAP Málaga 25 enero 2018 (TOL 6.661.464), en un supuesto similar al de la SAP Cáceres 23 julio 2004, dijo, previa cita de esta resolución, que la desheredación mediante la cita del artículo 853.1ª no es concreta ni específica, y, aunque «no es necesario citar el número concreto del precepto», sí es necesario «especificar la causa». Lo curioso es que, aunque este argumento, que no compartimos, le hubiese servido al tribunal para desestimar el recurso de apelación *in limine*, a renglón seguido entra en el fondo del asunto. No logramos comprender la motivación de la sentencia: si el tribunal estima que no es necesario citar el ordinal correspondiente pero sí es preciso especificar la causa, ¿qué duda puede albergar el tribunal, en cuanto a la causa que fundamenta la desheredación, respecto a un testamento que cita un artículo y un ordinal (art. 853.1ª CC) que prevé solo una única causa de desheredación?

fin de facilitar la desheredación, conciliar esta con la intimidad del testador y, por último, para que el desheredado tenga un conocimiento preciso de la causa que motivó la desheredación.

En cuanto a la posibilidad de prescindir de la cita de la causa y describir, simplemente, los hechos, también la consideramos admisible si estos se pueden subsumir en alguna causa de desheredación[300], ya que es perfectamente viable que el testador, profano en Derecho y desconocedor de las causas exactas de desheredación, recurra a formas testamentarias donde no intervenga en su redacción y confección el fedatario público, como el testamento ológrafo, el cerrado o el testamento en peligro de muerte o en epidemia.

---

300 En la SAP Vizcaya 5 noviembre 2015 (TOL 5.678.400), la madre no designó ninguna causa citando el articulado del Código Civil, sino que se limitó a hacer una descripción de los hechos en los que se sustentaba la desheredación, según se puede ver mediante la transcripción de la cláusula desheredativa: «Que su hijo, Inocencio, le ha manifestado reiteradamente que está llena de maldades y brujerías, y que la casa, igual que ella, está también embrujada y llena de maldades, dejándola sola y abandonada, no obstante estar grave como consecuencia de una enfermedad crónica que padece desde hace más de diez años, que se ha ido agravando paulatinamente, causándole una movilidad muy reducida y obligándola a desplazarse en una silla de ruedas. Que su hijo Teodosio, le atribuye la responsabilidad de todos los males que, según él, ha padecido en la vida, y le niega formal y expresamente su condición de madre, careciendo de interlocución alguna con él, hasta el punto de haber intentado la testadora felicitarle el día de su cumpleaños y sufrir el desplante de que le colgara el teléfono». A juicio del tribunal, dicho modo de materializar la desheredación no vulneró el artículo 849 CC, siendo confirmada la desheredación por la STS 13 mayo 2019 (TOL 7.238.960), que dijo, en el punto núm. 20 del fundamento de derecho segundo, lo siguiente: «La sentencia recurrida no incurre en la incongruencia omisiva denunciada pues, en su fundamento del derecho segundo, concluye a raíz del testamento, conforme a lo previsto en el art. 853.2 CC, que la testadora incluyó como causas de desheredación no sólo la relativa a las injurias, sino también el maltrato psicológico. Maltrato psicológico que quedó claramente descrito en los exponendos I y II del testamento».

Más recelos tenemos con la posibilidad descrita por Vallet de que el causante señale «genéricamente una causa que pueda comprenderse en alguna o varias de las legalmente tipificadas». No sabemos exactamente a que se refiere el autor, pudiéndose manejar varias hipótesis: la primera es que el causante cite, por ejemplo, un ordinal que recoja dos causas distintas, como el artículo 853.2ª CC; a pesar de los inconvenientes que pueda acarrear dicha práctica, en nuestra opinión respeta el artículo 849 CC, como hemos defendido en el anterior párrafo. Ahora bien, si la segunda hipótesis se relaciona con que el desheredante se limite a citar, simple y llanamente, el artículo[301], albergando todos ellos varios ordinales con sus respectivas causas (arts. 853, 854 y 855 CC), estamos en contra de dicha posibilidad, pues estaría prostituyendo el fundamento del artículo 849 CC[302].

---

[301] Un ejemplo sería el siguiente: «Deshereado a mi hijo Rodolfo en virtud del artículo 853 CC».

[302] Suscribimos, evidentemente, la motivación de la SAP Vizcaya 4 diciembre 2002, donde el testador desheredó a su esposa e hijos con las siguiente cláusula: «En base a los artículos 855 y 853 del Código Civil, deshereda completamente a sus hijos Doña María Consuelo y Don Rubén, y a su esposa Doña Margarita». La sentencia, remitiéndose al artículo 849 CC, declaró injusta la desheredación, diciendo lo siguiente: «Por mucha laxitud que quiera darse al requisito de la expresión legal de la causa, lo cierto es que la referencia genérica a los preceptos mencionados no cumple con las exigencia [sic] legal de expresar en el testamento la causa en que se funda tal desheredación. Como expone la parte apelada en su escrito de demanda, dado por reproducido en el de oposición a la apelación, los artículos 855 y 853 del Código civil mencionados en el testamento comprenden una serie de supuestos, de carácter diverso y notoriamente heterogéneo entre sí, que conducen a una imprecisión de la causa, contraria al propósito del legislador. Y no puede alegarse de contrario, como argumenta la parte apelante en su escrito de demanda, que el sentido de la cláusula testamentaria es el de expresar las dos causas del precepto invocado para los hijos (art. 853 CC) y las cuatro del invocado para la mujer (art. 855), refiriéndose, al remitirse a esos dos artículos, a todo el contenido de los mismos, sin que aporte nada en favor

Se podría reprochar a nuestro posicionamiento que es ortodoxo con el artículo 849 CC y que podría suponer una petrificación del sistema legitimario, a lo que nosotros podríamos contestar lanzando la siguiente cuestión: partiendo de que tenemos unas cartas determinadas y que la legítima, por suerte o desgracia, existe, y que, asimismo, no solo basta la voluntad

---

de tal interpretación el hecho de que el notario autorizase dicha disposición. Este argumento, a nuestro juicio, debe ser desestimado, pues, llevado a sus últimas consecuencias llevaría a prescindir de la exigencia legal mencionada, pues sobreentendido que la desheredación sólo surte sus efectos cuando concurra una de las causas señaladas en la ley (art. 851 CC), nada aporta la mención genérica de dichos preceptos, sin precisar una causa concreta de las que allí se recogen, o bien una causa genérica que pueda encajar en alguna o alguna de las tipificadas legalmente, impidiendo a los desheredados la posibilidad de impugnarla. Tal interpretación no se ajusta a lo dispuesto en los artículos 849 y 851 CC, en cuya virtud la desheredación debe hacerse en testamento y con expresión de la causa legal en que se funda, debiendo, en otro caso, anularse la institución de heredero en cuanto perjudique al desheredado, pues, si bien el cumplimiento de dicha exigencia legal debe entenderse realizado de cualquiera de las formas señaladas, la causa legal en que se funda la decisión del testador, como ha señalado la jurisprudencia del TS, se debe indicar con claridad, aun cuando no sea imprescindible su reseña circunstanciada, siempre que se haga factible su individualización y no se impida la posibilidad de impugnarla». La misma conclusión alcanzó la SAP Málaga 21 mayo 2010 (TOL 5.365.306), donde la madre desheredó a su hijo remitiéndose, simple y llanamente, a los artículos 850 a 853 del Código Civil, considerando el tribunal que «la causa de desheredación no se expresa con claridad», debiéndose reputar injusta la desheredación. También la SAP Cádiz 26 junio 2017 (TOL 6.824.096), donde una madre desheredó a sus hijos citando, solamente, el artículo 853 CC; según el fundamento primero de la sentencia, la desheredación era injusta por lo siguiente: «tal expresión en si no dice ni aporta nada, ya que expresa algo innecesario por evidente, como es que es por una causa de las previstas en el artículo 853 del Código civil, ya que no puede ser por otra, al no existir. Es una expresión vacía de contenido. Pero del elenco de causas, la jurisprudencia exige que se determine en concreto cual sea la causas que motiva la decisión. No se hace en este caso y con ello bastaría para estimar la demanda y desestimar el recurso de apelación formulado».

de desheredar, sino que también es preciso citar la causa (art. 849 CC), ¿qué diferencia habría entre desheredar a un descendiente sin más y desheredar citando, lacónicamente, el artículo 853 CC? A nuestro juicio, ninguna, pues el desconcierto del descendiente desheredado sería el mismo, ya que, sin perjuicio de las causas de indignidad que sirven de desheredación (art. 852 CC), la cita del artículo 853 CC no aporta nada, ya que no hay otras causas para desheredar a los hijos y descendientes.

Por lo dicho, no podemos compartir el criterio de la SAP Málaga 5 marzo 2010[303], que, estudiando la legalidad formal de una desheredación donde el testador, para desheredar a sus hijos y nietos, se limitó a reflejar en el testamento que lo hacía «por las causas previstas en el artículo 853 del Código», expuso que, acreditada la voluntad de desheredar, debía entenderse que fue intención del testador que se aplicaran ambas, «aunque no describió ni concretó los hechos constitutivos de tales causas», remitiéndose la resolución a la STS 25 septiembre 2003 para avalar su decisión. La cita de la STS 25 septiembre 2003 es maquiavélica, porque la cláusula desheredativa que estudió la SAP Málaga 5 marzo 2010 ninguna analogía tenía, respecto a su indeterminación, con la que fue objeto de *litis* ante el Tribunal Supremo, pues en esta un cónyuge desheredó a su esposa «por incumplimiento de los deberes conyugales», infiriéndose, sin demasiada complejidad, que el testador se refería a la causa prevista en el artículo 855.1ª CC, como así se demostró en juicio, al quedar acreditado que la esposa incumplió el deber de ayuda y socorro mutuo (arts. 67 y 68 CC). Ordás Alonso, en cambio, efectúa una valoración positiva de la SAP Málaga 5 marzo 2010, explicando que «no hay diferencia alguna de contenido entre esta cláusula de remisión y aquellas otras cláusulas testamentarias en las que se deshereda a un hijo por haber negado alimentos y maltratado de obra e

303 SAP Málaga 5 marzo 2010.

injuriado gravemente de palabra al testador, cuya legalidad no es cuestionada»[304]. Nosotros aquí insistimos: sin perjuicio de que de reputarse válidas dichas cláusulas se estaría desvirtuando el artículo 849 CC, impidiendo al desheredado conocer la causa de desheredación, no se nos puede olvidar que, desde la perspectiva de la desheredación de hijos y descendientes, el artículo 853 CC no contempla solamente tres causas de desheredación (negativa a prestar alimentos, injuria grave de palabra y el maltrato de obra), sino nueve, pues, sin perjuicio del «maltrato psicológico», el precepto se remite a los ordinales 2º, 3º, 5 y 6º del artículo 756 CC[305].

Que condenemos dichas cláusulas desheredativas genéricas y ambiguas no justifica, a nuestro juicio, el celo tuitivo que a veces muestra el centro directivo a favor de los derechos de los legitimarios. De la misma manera que, en caso de preterición, el testamento es un título apto para fundamentar las adjudicaciones de bienes, que solo puede ser desvirtuado por una sentencia dictada tras el ejercicio de una acción de preterición,

---

304 Ordás Alonso, M.: *La desheredación y sus causas. Derecho civil común y derecho civiles forales y especiales*, op. cit., p. 110.

305 Vamos a enumerar: 1. Negativa a prestar alimentos (art. 853.1ª); 2. Injuria grave de palabra (art. 853.2ª); 3. Maltrato de obra (art. 853.2ª); 4. Condena por sentencia firme por delitos contra la libertad, la integridad mora y la libertad e indemnidad sexual (art. 756.2º); 5. Condena por sentencia firma a pena grave por delito contra los derechos y deberes familiares (art. 756.2º); 6. Remoción del ejercicio de la curatela de una persona con discapacidad por causa que le sea imputable (art. 756.2º); 7. Condena por denuncia falta por haber acusado al causante de un delito tipificado con pena grave (art. 756.3º); 8. Obligar al testador con amenaza, fraude o violencia a hacer testamento o a cambiarlo (art. 756.5º); 9. Impedir al testador con amenaza, fraude o violencia a hacer testamento, revocar el que tuviere hecho o suplantare, ocultare o alterare otro posterior (art. 756.6º). Evidentemente, no computamos la privación por sentencia firme de la patria potestad o la remoción del ejercicio de la tutela o acogimiento familiar de un menor, porque no es aplicable, como causa de desheredación, a los descendientes.

la desheredación dispuesta sin cumplir lo previsto en el artículo 849 CC debe correr la misma suerte, como dijimos cuando en el anterior epígrafe tratamos la designación del desheredado. Así, aunque sea defendible que la omisión de la causa en testamento o su designación genérica pudiere acarrear la invalidez radical de la desheredación, nadie negará que, del mismo modo que en la preterición intencional hay una voluntad implícita de que el preterido no adquiera la legítima, en la desheredación descrita hay una voluntad expresa de que el legitimario defectuosamente desheredado no adquiera su parte. Por lo tanto, la adquisición por este de la *portio debida* queda a expensas de que ejercite la acción correspondiente, pues ante una voluntad testamentaria patente, el incumplimiento del artículo 849 CC en cuanto a la designación de la causa no puede invertir la iniciativa procesal que corresponde al legitimario preterido o desheredado.

Para parificar esta crítica, nos remitiremos a la RDGSJFP 5 noviembre 2020[306], no sin antes ponerla en contexto. La regla general es que, mediando desheredación, la misma, si cumple los requisitos formales, tendrá plenos efectos, teniendo el desheredado la carga de demandar judicialmente, salvo que el desheredado y los sucesores reconozcan, extrajudicialmente, que la desheredación fue injusta. Esta excepción somete, en parte, la desheredación al principio de la autonomía de la voluntad, posibilitando que los interesados no padezcan la lentitud de la administración de justicia y los cuantiosos gastos de todo proceso judicial. El propio centro directivo ha admitido la validez de estos pactos, siempre que estén suscritos por «todos los afectados». Así, si se deshereda a un hijo que tiene descendencia y se instituyen como sucesores a otros hijos o a un extraño, el acuerdo dejando sin efecto la desheredación deberá perfeccionarse no solo con el desheredado y sus hermanos, o

306 RDGSJFP 5 noviembre 2020 (TOL 8.211.810).

con el extraño en su caso, sino también con el descendiente del desheredado, ya que, de haber desheredación, el descendiente de segundo o ulterior grado adquirirá la legítima estricta que, de no haber mediado desheredación, correspondería a su ascendiente[307].

Centrándonos ahora en la RDGSJFP 5 noviembre 2020, la misma parte de un supuesto donde la testadora, que le premurieron tres hijas antes de testar, sobreviviéndole solo una, desheredó a las nietas «por las causas recogidas en el Código Civil»; ante la solicitud de inscripción de las operaciones particionales, la registradora calificó negativamente el documento, pues pese a que las instituidas como herederas y las desheredadas intervinieron en la partición, reconociendo aquellas que la desheredación no reunía los elementos esenciales para su

---

[307] Véase, entre otras, las RRDGRN 25 mayo 2017 y 3 octubre 2019 (TOL 7.586.052). En la última resolución citada, la heredera y las dos hijas desheredadas formalizaron un acuerdo por el que aquella reconocía que la desheredación articulada en testamento era injusta. El centro directivo se planteó si los descendientes de las desheredadas se podían subsumir en el concepto de «afectados», diciendo lo siguiente: «Pues bien, la respuesta debe ser positiva, puesto que, en caso de efectividad de la desheredación, estos estarían llamados en su condición de legitimarios por imperativo del artículo 857 del Código Civil. En efecto, al producirse el cese de su acción para reclamar la legítima, como consecuencia del acuerdo de la falta de certeza de la causa de desheredación, se ven afectados porque pierden su condición de legitimarios como consecuencia de no ser cierta esa causa de la desheredación de sus madres. En consecuencia, procede exigir que si las desheredadas carecen de hijos y descendientes, deberá manifestarse así expresamente por los otorgantes, y, en otro caso, esto es, si las desheredadas tienen hijos y descendientes, deberá acreditarse (mediante acta de notoriedad o cualquier otro medio de prueba admitido en Derecho) quiénes son los mismos, manifestando expresamente que son los únicos hijos y descendientes de la misma y siendo precisa su intervención en la escritura pública en que se realizan las operaciones particionales de la herencia del causante o, la ratificación de las operaciones ya practicadas». Más recientemente, puede verse la RDGSJFP 9 junio 2022 (TOL 9.148.688).

validez, la registradora exigió, en virtud del artículo 857 CC, que dicho acuerdo dejando sin efecto la desheredación debía ser suscrito, también, por los descendientes de las desheredadas y, en caso de carecer de descendientes, que se manifestara expresamente en el documento de partición que carecía de ellos. El centro directivo estimó el recurso presentado por el notario que autorizó la escritura, fundamentando la decisión en que la intervención del resto de posibles descendientes era innecesaria, y no porque no se reputaran interesados o «afectados» en el acuerdo sobre la desheredación, sino porque la desheredación no cumplió la exigencia del artículo 849 CC, no pudiendo desplegar ningún efecto. Huelga decir que, desde el prisma de la resolución, si la desheredación hubiese cumplido los requisitos de rigor y los instituidos como sucesores y los desheredados hubiesen formalizado un acuerdo por el que dejasen sin efecto la desheredación al considerar los primeros, por ejemplo, que difícilmente podía probarse en juicio la causa alegada, el centro directivo habría exigido la intervención de los descendientes llamados por el artículo 857 CC, pero aquí se prescindió de dicha intervención al considerar que el incumplimiento del artículo 849 CC llevaba aparejada una especie de nulidad radical.

No estamos de acuerdo ni con la parte dispositiva ni con la motivación, pues prostituye, a todas luces, la voluntad del testador materializada en un testamento válido en cuanto a la forma, pese a que la cláusula desheredativa que albergaba no cumpliese el rigor del artículo 849 CC. Pongámonos en el siguiente escenario: en el supuesto que desembocó en la RDGSJFP 5 noviembre 2020, la testadora nombró herederas a partes iguales a su hija y a una de sus nietas, desheredando a otras dos nietas «por las causas recogidas en el Código Civil». Nos preguntamos lo siguiente: Si la testadora, en vez de desheredar a las nietas con fórmula ambigua mediante, las hubiese preterido, ¿qué habrían adquirido las nietas? Pues, valorando que los efectos de la preterición intencional son los mismos que los de la desheredación injusta, su adquisición se habría circunscrito a su cuota parte de legítima estricta. En cambio, eliminada la cláusula desheredativa del testamento y prescindiendo de la resolución judicial, ni habrá desheredación injusta ni preterición intencional, pudiendo reclamar las desheredadas, como mínimo, la legítima larga, sin perjuicio de que, por las obras y milagros del centro directivo, no solo se quedó en agua de borrajas el artículo 851 CC, que contempla los efectos descritos de la desheredación injusta cuando la desheredación se haga «sin expresión de causa», sino que las desheredadas, para su gracia, quedaron liberadas de la carga procesal de ejercitar la correspondiente acción. Y todo ello contraviniendo el artículo 15.4 LH, que dispone que cuando el causante «hubiere desheredado a algún legitimario o manifestado en el título sucesorios que ciertas legítimas fueron totalmente satisfechas, se entenderá que los legitimarios aludidos aceptan respecto de terceros la desheredación o las manifestaciones del causante» si durante el plazo de cinco años «no impugnaren dicha disposición».

En nuestra opinión, la escritura de partición debería haber accedido al Registro de la Propiedad, sin perjuicio de que las desheredadas, con razón, demandasen, *ex* artículo 851 CC, que la desheredación no se hizo conforme a Derecho, concediéndole el tribunal su parte de legítima estricta, tal y como marca el precepto, ni más ni menos. Insistimos, es una contradicción que, en caso de preterición, el testamento, en su plenitud, pueda fundamentar todas las adquisiciones de los instituidos, los cuales podrán inscribir las adquisiciones de bienes inmuebles en el Registro de la Propiedad, teniendo el preterido la carga de demandar ante los tribunales la legítima, y, en cambio, en caso de una desheredación que prescinde de la causa se desnaturalice la iniciativa procesal que corresponde al desheredado, máxime teniendo en cuenta que, al contrario que en la preterición, nadie podrá negar que en la desheredación, con independencia de la ambigüedad con que se designe la causa, la voluntad de privar de la legítima no es implícita, sino expresa.

En contra de nuestra postura, parece que se posiciona Represa Polo, que dice, brevemente, que puede ser acertada la actuación del Registro de la Propiedad de denegar la inscripción cuando la desheredación se haga «sin causa o sin recoger causa de las previstas en la ley»[308]. También Delgado Juega, el cual no refutaremos aquí porque, sin perjuicio de que lo hemos confrontado en el anterior epígrafe, al tratar la designación del desheredado, siendo extrapolable aquí lo allí expuesto, lo volveremos a confrontar en el siguiente epígrafe, cuando abordemos la acción de desheredación injusta, pues el autor sostiene que el desheredado no tendría que materializar la negativa mediante la presentación de una demanda, bastando que exprese extrajudicialmente la negación de la causa, desplazando en tal caso a los herederos la iniciativa procesal que la ley residencia en el desheredado[309].

Siguiendo el sendero casuístico del artículo 849 CC, es interesante el supuesto que desembocó en la SAP Valencia 10 julio 2013[310]. Aquí un padre otorgó testamento notarial abierto en 2007, desheredando a su hija por «las causas reguladas en el artículo 855-2 del CC», instituyendo heredero a su hijo, con sustitución vulgar para su descendencia. La hija presentó demanda, solicitando la nulidad de la cláusula desheredativa, ya que la causa citada en el testamento solamente era aplicable a los cónyuges, oponiéndose el hermano demandando, alegando que la cita del artículo 855.2ª CC se debió a un error de transcripción en la escritura pública, debiéndose entender que la desheredó por injuria grave de palabra y maltrato de obra (art. 853.2ª CC). La sentencia de primera instancia desestimó la demanda, considerando probada las causas prevista en el

---

308 Represa Polo, Mª P.: *La desheredación en el Código Civil*, op. cit., p. 252.

309 Delgado Juega, L.: «Reflexiones en torno a desheredación, preterición y registro en el Derecho común», op. cit., pp. 1198- 1206).

310 SAP Valencia 10 julio 2013 (TOL 3.995.261).

artículo 853.2ª CC. Ante el recurso de apelación presentado por la desheredada, el tribunal acabó estimándolo, diciendo que el error de transcripción pudo haberse subsanado a tenor del artículo 153 RN, además de que el mismo pudo haberse advertido *ab initio,* en el momento de la lectura del testamento (art. 695 CC), pudiendo haber subsanado el notario dicho error. Concluye la resolución que, como quiera que se citó en el testamento una causa desheredativa no prevista para los descendientes, sino para el cónyuge, era procedente declarar la nulidad de la cláusula desheredativa, pues en la desheredada no concurría la condición de cónyuge, sino de hija.

Nos sorprende la nulidad declarada. Desconocemos la razón por la que el heredero demandado, tan *pronto* como le fue notificada la demanda, no instó la subsanación del testamento, pues aunque el artículo 153 RN solo contemple la subsanación de los errores materiales, las omisiones y los defectos de forma de los documentos notariales *inter vivos,* la jurisprudencia ha admitido también la subsanación de los documentos *mortis causa*[311], sin que sea preceptivo que la subsanación se realice por el notario autorizante, admitiéndose también que sea por obra de «su sustituto o sucesor en el protocolo», salvo que se trate de subsanar la omisión de juicios de capacidad o de identificación de las partes, que compete exclusivamente al notario que autorizó el testamento (art. 153 RN), pudiendo incluso instarse la subsanación del testamento después de su otorgamiento, pues, como dijo la STS 12 marzo 2012, el artículo 153 RN «no excluye que se pueda realizar tiempo después»[312]. Pero, con in-

---

311 Véase la STS 20 marzo 2012 (TOL 2.494.144).

312 Es interesante la RDGRN 1 agosto 2018 (TOL 6.790.033), que, aunque confirmó la negativa del Registro de la Propiedad a inscribir unas escrituras porque se omitió en el testamento la hora del otorgamiento (art. 695 CC), el centro directivo supeditó la posterior inscripción del documento a su subsanación.

dependencia de la subsanación que debería haber sido instada por el heredero -insistimos en que desconocemos si la promovió vía notarial-, el último párrafo del artículo 153 RN admite que, siendo imposible la subsanación, se pueda efectuar por resolución judicial. Desconocemos los detalles del caso, a los cuales no hemos tenido acceso, ya que solo hemos leído la sentencia dictada en segunda instancia, pero de haber intentado el heredero demandado la subsanación y habiendo recibido la negativa del notario que autorizó el testamento de su sustituto, se podría haber subsanado el error manifiesto en la resolución judicial que se pronunció sobre la legalidad de la desheredación, pues contemplando el artículo 855.2ª CC como causa de desheredación «[las] que dan lugar a la patria potestad, conforme al artículo 170», era obvio que el padre desheredante se refería al artículo 853.2ª CC, debiendo haber primado el *favor testamentii* y no el exacerbado formalismo del que hizo gala la sentencia.

Esta postura que defendemos no representa un oxímoron con la tesis defendida más arriba en torno a rechazar la cita del precepto prescindiendo de los ordinales para la desheredación de los descendientes, pues una cosa es remitirse, lacónicamente, al artículo 853 CC y otra bien distinta es citar en la desheredación de un descendiente, por error, el artículo 855.2ª CC, pudiendo inferir el descendiente desheredado y el tribunal, sin demasiada complejidad, que la causa que fundamentaba la desheredación era la del artículo 853.2ª CC y no la contemplada exclusivamente para los cónyuges, que ninguna relación albergaba con la relación existente entre el descendiente y el causante. Es más, creemos que, de la misma manera que el error en el nombre, apellidos o cualidades del heredero no vicia la institución cuando pueda saberse la identidad de la persona nombrada (art. 773 CC), dicho criterio debió ser extrapolable al error en la causa citada[313].

Una cuestión sobre la que profundizó la doctrina clásica fue sobre la posibilidad de desheredar en un testamento y citar la causa en otro posterior. Scaevola rechazaba una interpretación gramatical y rigurosa del artículo 849 CC, a cuyo tenor el intérprete podría inferir que la causa debe ser citada en el testamento que alberga la voluntad desheredativa. El autor mencionaba que la existencia de dos testamentos, no incompatibles entre sí, y, por ende, carente el posterior de fuerza revocatoria, no suponía dos o más voluntades distintas, sino que «todos ellos reúnen é integran una voluntad sola, viniendo á ser en realidad un testamento único»[314], siendo de la misma opinión otros autores, como Manresa y Navarro[315]

---

313 Es extrapolable al caso comentado, y que avalaría nuestra teoría, la STS 7 enero 1928 (citada por Puig Brutau, J.: *Fundamentos de Derecho Civil, Tomo V, Volumen II,* Bosch, Barcelona, 1963, pp. 237 y 238), donde un testador, que quiso nombrar legatario al sobrino, le llamó primo en el testamento, no viciando la designación habida cuenta que en el testamento se hizo constar el primer apellido, que compartía el primo con el sobrino, y aquel, al momento del otorgamiento del testamento, ya había fallecido, señalando la sentencia que no era presumible que el causante, que tenía capacidad de testar, quisiera beneficiar en la sucesión a una persona fallecida [STS 7 enero 1928 (TOL 5.036.779)].

314 Mucius Scaevola, Q.: *Código civil, Tomo XIV,* op. cit., p. 869.

315 Manresa y Navarro, J. M.: *Comentarios al Código Civil español, Tomo VI,* op. cit., p. 594, explica esta hipótesis del siguiente modo: «Debe tenerse presente que la última voluntad de una persona la constituyen el conjunto de actos ó disposiciones que expresan lo que quiere se haga después de su muerte, y por tanto, que si esa persona otorgó varios testamentos dejando en el último subsistentes en parte los anteriores, todos ellos, en cuanto deban cumplirse, forman en verdad una sola última disposición, lo que hace posible y válido que, desheredado un heredero forzoso sin expresión de causa en un testamento, se haga constar esa causa en otro posterior, ó que expresada una justa causa y omitido después un hijo, se le deshereде más tarde de un modo expreso,

o Sánchez Román[316]. Compartimos esta postura, sin que sea admisible que la cita de la causa se realice en otros documentos que no se pueden subsumir en algunas de las formas testamentarias establecidas en la ley.

Es relevante, a estos efectos, la desheredación que se discutió en la STS 27 junio 2018[317], donde un padre que deshereda a su hija citando, literalmente, «los artículos 848 y siguientes del Código Civil», incorpora al testamento una carta que mandó a la hija mostrando su deseo de reanudar la relación familiar y la copia de una denuncia, escrita por el padre contra la hija, que presentó la esposa de aquel en las dependencias de la Guardia Civil, la cual fue archivada. A pesar de que el tribunal podría haberse servido del artículo 849 CC para no entrar en el debate de otros puntos discutidos en casación, como la posible existencia de un maltrato de obra y psicológico o la ineficacia de la desheredación por una reconciliación, omitió pronunciarse sobre dicha forma de articular la desheredación, al igual que la SAP Cantabria 21 septiembre 2015[318], que fue objeto de recurso. En cambio, la sentencia del juzgado *a quo*[319] expuso que la desheredación era injusta porque «en su testamento abierto el testador no especificó la causa de desheredación y se limitó a adjuntar una carta dirigida a su hija en 2008 y una denuncia sobre malos tratos de fecha anterior (2009) a la reconciliación habida entre padre e hija». No le faltaba razón al juez que dictó la sentencia de primera instancia, pues la remisión en testamento a los artículos 848 y siguientes del Código Civil,

---

siempre que combinadas las disposiciones de unos y otros testamentos, conste claramente la desheredación y la causa legal y cierta en que se funde».

316 Sánchez Román, F.: *Estudios de Derecho Civil, VI. 2, Derecho de sucesión*, op. cit., p. 1106.

317 STS 27 junio 2018 (TOL 6.660.360).

318 SAP Cantabria 21 septiembre 2015 (TOL 5.646.091).

319 SJPI Cantabria 8 octubre 2014.

constituía un cajón de sastre que dejaba en aguas de borrajas el artículo 849 CC, sin perjuicio de que la carta y la copia de la denuncia eran documentos extratestamentarios que, como tales, no formaban parte del negocio testamentario[320]. Otra cosa será que la denuncia por malos tratos presentada contra la hija y la carta remitida a esta donde se infería, según el testimonio

---

[320] A pesar de que no verse sobre un supuesto de desheredación, es ilustrativa la STS 4 noviembre 2009 (TOL 1.748.420), donde un hombre, que se encontraba en la unidad de cuidados intensivos de un hospital, quiso otorgar testamento y para ello recurrió al testamento en peligro de muerte. El enfermo, ante cinco testigos mayores de edad, declaró que quería que su última voluntad fuese la que había manifestado en su domicilio unos días antes a una oficial de una notaría. Parece ser, que el testador le trasladó a dicha oficial su última voluntad, la cual fue recogida por esta en un documento informático depositado en el ordenador de la notaría, no llegándose a autorizar el testamento por la mala salud del causante. Tras su fallecimiento, se instó la protocolización del testamento en peligro de muerte, accediéndose a dicha petición; no obstante, se recurrió el auto, revocándolo el Juzgado de 1ª Instancia, decisión que fue confirmada por la SAP Murcia 22 abril 2005, la cual fue objeto de un posterior recurso de casación. El Tribunal Supremo desestimó el recurso, diciendo que la voluntad testamentaria debería haberse expresado, simultáneamente, ante los cinco testigos, sin que sea admisible «los testamentos *per relationem*testa en los que se oculta la voluntad testamentaria con referencia a papeles privados», salvo que dichos documentos privados reúnan los requisitos previstos para el testamento ológrafo (art. 672 CC). Finaliza señalando lo siguiente: «El testador declaró lo que se ha trascrito en el Fundamento primero, o sea, que quería que se cumpliese lo que aparecía en un documento depositado en la Notaría. Para que esta voluntad valiese como testamento, como pretende ahora la recurrente, se requeriría que hubiese quedado cubierta con la forma del testamento ológrafo, lo que no ocurre aquí, por estar conservado lo que se pretende que valga como declaración de voluntad por causa de muerte, en un documento informático, que no cumple ninguna de las formas requeridas en el Código para la validez del testamento. En consecuencia no procede considerar que se nos hallemos ante un testamento válido porque carece de expresión de la voluntad testamentaria y la pretendida voluntad no reúne los requisitos de forma necesarios para su validez como tal testamento».

del propio causante, una ausencia de relación familiar, pudiese servir, a los efectos del artículo 849 CC, como testamento ológrafo, si reunía los requisitos de dicha forma testamentaria. A decir verdad, esta posibilidad no es heterodoxa, pues en el caso bautizado como *Pacicos de mi vida*, la STS 8 junio 1918[321] consideró válido como testamento ológrafo la primera carta de novios escrita por una enamorada, donde le decía a su novio que la misiva que le mandaba era su testamento y que su deseo era el siguiente: «todo para ti, todo para que me quieras siempre y no dudes del cariño de tu Matilde».

Análoga problemática se dio en la RDGSJFP 10 febrero 2021[322], donde una madre, mediante testamento otorgado el día 15 de octubre de 2015, desheredó a sus dos hijos «por las causas previstas en el artículo 853 del Código Civil», instituyendo heredera a su hija. Posteriormente, la testadora hace constar, mediante acta de manifestaciones autorizada el día 21 de octubre de 2015 ante dos testigos, y sin hacer referencia al testamento que había otorgado previamente, que la hija designada heredera y el marido de esta habían tenido que dejar su residencia habitual por el estado físico en que se encontraba aquella, necesitando ayuda y cuidados que se los estaba dispensando su hija y su yerno y que los otros dos hijos habían roto la relación familiar, aseverando esta versión los testigos del acta de manifestaciones. Posteriormente, la heredera y la contadora-partidora notificaron a los desheredados dicha acta de manifestaciones, para que tuvieren conocimiento de la causa por las que se les desheredaba. El centro directo negó la validez de dicha desheredación, diciendo lo siguiente: «Por los razonamientos precedentes debe concluirse que en este caso debe negarse eficacia a la desheredación, pues la testadora no menciona de manera expresa la concreta causa legal en que se

321 STS 8 junio 1918 (TOL 5.045.672).

322 RDGSJFP 10 febrero 2021 (TOL 8.324.159).

funda para desheredar a sus hijos (arts. 848 y 849 del Código Civil) y se limitó a indicar que los deshereda «por las causas previstas en el artículo 853 del Código Civil», precepto legal en el cual se incluyen muy diversas causas de desheredación y, por ello dicha mención es a todas luces insuficiente según la doctrina del Tribunal Supremo y de esta Dirección General. Esta conclusión no queda empañada por el hecho de que en la escritura calificada se testimonie un acta notarial de manifestaciones de la testadora con dos testigos acerca de determinadas circunstancias con las cuales se pretende dar por probada la certeza de determinada causa legal de desheredación. Y es que la expresión de dicha causa tiene carácter solemne y por ello debe manifestarse en testamento». Aunque estemos de acuerdo con el razonamiento del centro directivo, ello no justifica su celo tuitivo respecto a la legítima, debiendo haber hecho tales valoraciones el tribunal ante el que se pudiere plantear la desheredación injusta, que es el competente para valorar, *ex* artículo 851 CC, si la designación de la causa se hizo conforme a lo previsto en el artículo 849 CC.

Nuestra postura no niega la posibilidad de que se interprete la voluntad del testador «mediante la utilización de medios de prueba extrínsecos para determinar la causa concreta de desheredación», como defiende Rebolledo Varela[323], pero siempre que el desheredante, al menos, cumpla la exigencia mínima de designar el precepto, en su caso, con su correspondiente ordinal, a fin de evitar la inseguridad e indefensión que puede acarrear que en juicio se debatiese todas las causas desheredativas susceptibles de aplicarse al legitimario desheredado.

Pudiere parecer ortodoxo o inflexible nuestro posicionamiento, y quizás algunos lo vean incluso contradictorio con la

---

323 Rebolledo Varela, Á. L.: «Problemas prácticos de la desheredación eficaz de los descendientes por malos tratos, injurias y abandono asistencial de los mayores», op. cit., p. 423.

línea vanguardista que hemos defendido respecto a la exégesis de las causas de desheredación y el rechazo a la naturaleza sancionadora de la misma, pero no debe olvidarse el carácter esencialmente formal del testamento; y, aunque en circunstancias extraordinarias, hemos defendido, incluso de *lege lata*, una relajación de la forma[324], ello no puede conducir a que, en circunstancias ordinarias, neguemos la forma *ad solemnitatem* del testamento. Por lo tanto, si la cita de la causa de desheredación debe hacerse en testamento, que, como hemos dicho, no debe ser necesariamente el mismo que albergue la voluntad desheredativa, no cabe, prescindiendo del testamento, el recurso a documentos extratestamentarios para que el desheredado conozca la causa de desheredación, pues, con independencia de que pudiere acreditarse que dichos documentos fueron de la autoría del desheredante, la forma del testamento no es *ad probationem*, sino *ad solemnitatem*, constituyendo un elemento esencial del mismo, y, partiendo de dicha premisa, debe interpretarse el artículo 849 CC.

---

324 En plena pandemia provocada por el COVID-19 reivindicamos una modernización de las formas testamentarias, proponiendo la posibilidad de testar mediante medios digitales, especialmente en aquellas situaciones en que, en un contexto donde cerró la oficina notarial, se vislumbraba harto difícil recabar la presencia de testigos idóneos en el testamento en peligro de muerte y en epidemia, máxime teniendo en cuenta el miedo colectivo al contagio, abogando incluso porque, con la ley por aquel entonces en vigor, primara la voluntad del causante y la equidad como medio de ponderación de las normas en detrimento de la forma *ad solemnitatem* del testamento (Gómez Valenzuela, M. Á.: «Problemática de testar mediante medios digitales en tiempos de epidemia: análisis, de *lege lata* y de *lege ferenda*, de la modernización de las formas testamentarias», en AA.VV., *Declaración de voluntad en un entorno virtual*, Aranzadi, Pamplona, 2021, pp. 267-283). Dos años después de dicho trabajo, el legislador introdujo, por medio de la Ley 11/2023, de 8 de mayo, el artículo 17 *ter* LN, contemplando la posibilidad, en caso de epidemia, de otorgar testamento abierto notarial mediante videoconferencia ante notario.

Otra cuestión digna de estudio que expondremos aquí será si, habiendo citado el testador una causa de desheredación, el tribunal puede estimar que concurrió otra distinta no alegada en el testamento, resultando de sumo interés esta problemática no solo desde la perspectiva del artículo 849 CC, sino también poniendo la mirada en el deber de congruencia de las sentencias (art. 218 LEC). Para ello, descenderemos a la ladera fáctica, analizando la problemática que se dio en la SAP Santa Cruz de Tenerife 26 abril 2013[325]. La testadora desheredó a sus hijos y a sus nietas citando el artículo 853.2ª CC, y aunque los hechos concretos no fueron consignados en el testamento, lo que motivó la desheredación fue un «auténtico y prolongado abandono de los hijos y nietas respecto a su madre y abuela», estimando probado el tribunal que los desheredados «se desentendieron afectivamente de su madre», especialmente durante su última enfermedad, teniendo que ser atendida en todas sus necesidades básicas, que a juicio del tribunal comprendían el «afecto, alimentaciones y cuidados de toda clase», por sus hermanos, que fueron los que la acompañaron en sus últimos ingresos hospitalarios. El tribunal dijo que, a tenor de la prueba practicada en juicio, la causa desheredativa se acercaba más a la prevista en el art. 853.1ª CC, que contempla la negativa a prestar alimentos, que a las previstas en el artículo 853.2ª CC, motivando del siguiente modo su decisión:

En primer lugar, aunque la testadora fuese asesorada por un notario al otorgar el testamento, no resta dificultad a la hora de acertar «en la tipificación exacta de los innumerables motivos y amplitud de conductas que conducen a desheredación a un legitimario»; en segundo lugar, el testamento fue otorgado en el año 2003, cambiando las circunstancias de la testadora desde aquel entonces hasta el año de su muerte (2009), «dándose la circunstancia de que a medida que fueron apareciendo

---

325 SAP Santa Cruz de Tenerife 26 abril 2013 (TOL 3.963.490).

las múltiples enfermedades que a lo largo de sus últimos años padeció la testadora, es cuando se fue manifestando y progresando la desatención y descuido de los actores con respecto a su madre, produciéndose así una transposición de la causa de desheredación invocada en el testamento a la tipificada en la otra causa de desheredación prevista en el precepto legal»; en tercer y último lugar, el tribunal consideró que no se produjo una alteración de los presupuestos fácticos de la *causa petendi*, «por cuanto que en la demanda se enumeran una serie de conductas de los desheredados que tienen que ver con la negación de alimentos, si bien adecuando su tipificación a la causa invocada en el testamento».

Nuevamente aquí volvemos a padecer cierta orfandad fáctica respecto a algunos datos del supuesto, aún así, creemos que estamos en condiciones de escrutar, someramente, la sentencia. El tribunal dijo que era difícil subsumir con exactitud la causa de desheredación de una testadora que padeció el abandono de sus descendientes; estamos totalmente de acuerdo, motivo por el cual rechazaremos secundar un dogmatismo exacerbado en cuanto a la exégesis del artículo 849 CC. La sentencia, del año 2013, fue dictada antes de que el Tribunal Supremo, por medio de la STS 3 junio 2014, integrara el maltrato psicológico dentro de la «dinámica conceptual» del maltrato de obra, lo que en parte justifica la subsunción del abandono en el artículo 853.1ª CC y no en el artículo 853.2ª CC. Tal y como veremos cuando abordemos el análisis de las causas de desheredación, en el ámbito de las Audiencias Provinciales había algunos tribunales que, previamente a la sentencia del Alto Tribunal, reconducían las situaciones de abandono que causaban al causante una perturbación emocional -lo que después se bautizó como «maltrato psicológico»-, por la vía de la negativa a prestar alimentos, sirviéndose de una interpretación extensiva del artículo 853.1ª CC, mientras que otros entendían que se subsumía en el maltrato de obra (art. 853.2ª). Finalmente, el Tribunal Supremo secundó una interpretación extensiva, no del concepto de alimentos, sino del maltrato de obra. Por ello, la sentencia objeto de comentario debe ser valorada al compás del momento en que se dictó y, partiendo de dicha contextualización, no creemos que se vulnerara el artículo 849 CC -máxime cuando a la postre se demostró que la causante, que se remitió al artículo 853.2ª CC, tenía razón a la hora de citar la causa de desheredación en su testamento-, ya que ninguna indefensión ni perjuicio ocasionó a los desheredados, que pudieron hacer valer sus derechos en el proceso donde se discutió la desheredación.

En la SAP Ciudad Real 9 mayo 2019[326], ocurrió algo parecido. Un padre desheredó a su hijo mediante un testamento otorgado el 18 de mayo de 2010 citando el artículo 853.1ª CC, relatando, además, los hechos en que se fundaba la desheredación, al decir que desheredaba al hijo porque le negó a él y a su esposa fallecida «los cuidados y atenciones debidas, desocupándose de él y dejándolo a su suerte en los momentos de su enfermedad, sin tener trato humano con él, todo lo cual es público y notorio». Omitiendo ahora que la citada sentencia estimó el recurso de apelación presentado por el desheredado porque no consideró probado a quien era imputable la ruptura de la relación, es interesante la interpretación que hace del artículo 849 CC, pues, al tiempo del dictado de la sentencia, no así del otorgamiento del testamento, ya había jurisprudencia sobre la subsunción del maltrato psicológico en el artículo 853.2ª CC. El tribunal señala que la cita del artículo 853.1ª, en vez del artículo 853.2ª, es irrelevante, pues el testador no se limitó a citar la causa, sino que describió los hechos que, a su juicio, la sustentaba, no siendo óbice el error en cuanto a la subsunción para que el desheredado conociese los motivos de la desheredación.

---

326 SAP Ciudad Real 9 mayo 2019 (TOL 7.320.071).

Distinto será si, *ad exemplum*, desheredándose por injuria grave de palabra, el tribunal, descartando dicha causa, estimase que concurrió una negativa a prestar alimentos, en el sentido escrito del término (art. 142 CC), sobre todo si tenemos en cuenta que, no habiendo citado el desheredante dicha causa, podrá ser porque no hubo una voluntad de desheredar por dichos hechos que pudieron haber fundamentado la desheredación en su momento[327]. La misma conclusión debe alcanzarse si resultare que la causa no citada se produjere después del otorgamiento del testamento donde se desheredó por otra distinta, supuesto en el que tampoco consideramos admisible que el tribunal pudiere remitirse a una causa omitida en el testamento, aunque se acreditare que el causante no volvió a otorgar testamento porque, en palabras del artículo 663 CC, no podía «conformar o expresar» una voluntad testamentaria. Dicho planteamiento supondría desvirtuar el artículo 849 CC, no solo en cuanto a la expresión de la causa, sino también respecto a la desheredación en sí, en la medida en que podrían pretender los herederos que el tribunal estimara como justa una «desheredación»[328] que jamás se dispuso en testamento.

---

[327] García Goyena explicaba, al comentar el artículo 668 del Proyecto, que decía que la prueba no podría extenderse a causa no expresada por el testador, que el inciso podía suprimirse, ya que es una consecuencia del artículo 667, que decía que el testador debía expresar en testamento la causa especial en que se funde la desheredación, siendo objeto de prueba, si el desheredado negare la existencia de la causa, precisamente la citada en testamento y no otras omitidas (García Goyena, F.: *Concordancias, motivos y comentarios del Código Civil español, Tomo II*, op. cit., p. 111). Según Vallet de Goytisolo, la supresión de dicho inciso en el actual artículo 850 CC nada cambia, pues su contenido se halla implícito en el artículo 849 CC (Vallet de Goytisolo, J.: *Limitaciones de Derecho sucesorio a la facultad de disponer, Tomo I, Las legítimas*, op. cit., p. 697).

[328] Colocamos el entrecomillado porque, *stricto sensu*, no hay otra desheredación que la dispuesta en testamento.

En el ATS 31 enero 2018[329], que inadmitió a trámite sendos recursos de casación y extraordinarios por infracción procesal presentados contra la SAP Salamanca 27 mayo 2015[330], el testador desheredó a su hijo «por haberle injuriado y calumniado en público, y ello conforme al artículo 853, párrafo 2º de nuestro Código Civil». La mayoría de las pruebas testificales que se practicaron en juicio giraron en torno a intentar acreditar una ausencia de relación entre el hijo y el padre, a pesar de que la causa citada en testamento estaba relacionada con expresiones injuriosas y calumniosas vertidas por el hijo. La única prueba que se practicó en relación con la causa citada fueron dos testificales que, además, no fueron propuestas por la heredera demandada, sino acordada de oficio por el juez *a quo,* decisión que fue reprochada por la Audiencia Provincial, pues suponía una vulneración del principio de justicia rogada que no tenía cobertura legal. Al margen de ello, el tribunal consideró que la injuria y la calumnia no quedaron suficientemente probadas, al contrario que la ausencia de relación, que se prolongó durante la última enfermedad del causante, pero, secundando una interpretación restrictiva de la desheredación, no valoró dicho abandono como causa de desheredación. En el recurso de casación que presentó la heredera citó la STS 3 junio 2014, argumentando que el maltrato tenía que ser objeto de una interpretación flexible, a lo que opuso el ATS 31 enero 2018 que lo que debió ser objeto de prueba y valoración eran los hechos mencionados en testamento, es decir, las injurias y calumnias proferidas en público y no la falta de relación afectiva y de comunicación entre padre e hijo, no alegada en testamento por aquel.

Se podría decir que el Alto Tribunal podría haber resuelto como hizo la SAP Ciudad Real 9 mayo 2019, dado que el testa-

---

329 ATS 31 enero 2018 (TOL 6.509.379).

330 SAP Salamanca 27 mayo 2015 (TOL 5.090.702).

mento abierto notarial se otorgó el día 28 de mayo de 2009 y, por aquel entonces, no había jurisprudencia sobre el maltrato psicológico. Sin embargo, tenemos nuestras dudas, inclinándonos más por el acierto de la resolución. En primer lugar, el testador contó con el asesoramiento del notario y, aunque todavía no había jurisprudencia sobre el maltrato psicológico, la mayoría de las audiencias provinciales se inclinaban por subsumir el abandono en el maltrato de obra o en la negativa a prestar alimentos, siendo minoritarias, por no decir inexistentes, las sentencias que lo subsumían en la injuria grave de palabra. En segundo lugar, aunque no resultaron acreditadas las injurias y las calumnias, parece ser que, desde el prisma del testador, estas existieron, pues así lo expresaron dos personas ante notario a ruego del testador. Por lo tanto, si el causante se limitó a decir en el testamento que desheredaba al hijo, conforme al artículo 853.2ª CC, por «haberle injuriado y calumniado en público», omitiendo la palabra *maltrato*, se podía colegir que no constaba una voluntad de desheredarlo por el abandono y, por tanto, es loable que el tribunal no se aviniese a valorar dicha causa, aunque el testamento se otorgara antes de la STS 3 junio 2014.

Por último, en la reciente RDGSJFP 24 octubre 2023[331], el testador designó heredera a su esposa en un testamento otorgado el día 8 de marzo de 2017, desheredando a un hijo «por haber incurrido en maltrato de obra a su persona y a la de su esposa, así como por haber desasistido al testador con ocasión de las operaciones quirúrgicas a las que se ha sometido», y al otro por «haber desasistido al testador con ocasión de las operaciones quirúrgicas a las que ha sido sometido». Es decir, los dos hijos fueron desheredados por haber desasistido al testador, pero respecto al primero, a diferencia del último, se incluyó también como causa el maltrato de obra. La registrado-

331 RDGSJFP 24 octubre 2023 (TOL 9.775.219).

ra suspendió, inexplicablemente, la inscripción instada por la heredera única, porque la desasistencia al testador con ocasión de las operaciones quirúrgicas «no es una de las causas» reguladas en el Código Civil, «máxime cuando el mismo testador no considera tal desasestimiento [sic] en las intervenciones quirúrgicas un motivo de maltrato, al diferenciar ambas causas respecto del primer hijo». Contra dicha nota la heredera presentó recurso ante la DGSJFP, alegando, entre otros motivos, que aunque la causa de desheredación que cite el testador debe ser alguna de las legalmente previstas, no cabe exigir una «calificación jurídica exacta, ni menos aún que emplee ad solemnitatem los mismos términos que usa el legislador al establecer las causas que habilitan la desheredación», pudiendo ser la desheredación eficaz si la misma se justifica «en circunstancias, hechos o motivos que sean incardinable en los conceptos jurídicos previstos por el legislador como causas de desheredación». El centro directo, afortunadamente, estimó el recurso, pues sin perjuicio de que en dicho supuesto la «calificación por parte del testador no puede ser determinante», parece ser que el causante pretendió distinguir entre la desasistencia, que puede subsumirse en el «maltrato psicológico», y el maltrato de obra físico, que, según el testamento, incurrió el primer hijo desheredado.

Compartimos el razonamiento de la resolución y vamos más allá: aunque el testador se hubiese limitado a citar el artículo 853.2ª CC, omitiendo describir los hechos, la desheredación habría sido legal y justa si la heredera llegara a demostrar en juicio, tras la impugnación de los desheredados, el maltrato psicológico que hipotéticamente se produjo, pues consideramos loable que el testador se limite a citar el ordinal del precepto que contempla, ya sea literalmente o mediante una interpretación extensiva, la causa.

6.4. La causa desheredativa que entra en vigor entre el otorgamiento del testamento y la apertura de la sucesión: problemas de conflicto intertemporal de normas

Desde la publicación del Código Civil en el año 1889, las causas de desheredación han sido objeto de varios cambios, los cuales se han revelado insuficientes desde la perspectiva de la evolución de la legítima y de los modelos familiares[332]. No podemos descartar que, en los próximos años, de mantenerse

---

[332] La Ley 22/1978, de 26 de mayo, sobre despenalización del adulterio y del amancebamiento, modificó el artículo 852 CC, y donde antes se contemplaban como causas de desheredación las enumeradas en los artículos 756.1º, 2º, 3º, 5º y 6º CC, la reforma suprimió, inexplicablemente, la remisión al artículo 756.6º CC y añadió, en el inciso final, como causa de desheredación de cualquier legitimario el adulterio con el cónyuge del testador. La Ley 30/1981 modificó el artículo 855.1ª CC, suprimiendo como causa de desheredación entre cónyuges las que dieren lugar a la separación personal, para prever el incumplimiento grave y reiterado de los deberes conyugales. La Ley 6/1984, de 31 de marzo, de modificación de determinados artículos, recogidos en varios cuerpos legales, sobre interdicción, suprimió el artículo 853.4ª CC, por virtud el cual se podía desheredar al descendiente si había sido condenado «por un delito que lleve consigo la pena de interdicción civil». La Ley 11/1990, de 15 de octubre, sobre reforma del Código Civil, en aplicación del principio de no discriminación por razón de sexo, suprimió del artículo 852 CC el adulterio con el cónyuge del testador como causa de desheredación, decisión que fue criticada por algunos autores, y, a su vez, suprimió el artículo 853.3ª CC, que contemplaba como causa de desheredación de descendientes el haberse entregado «la hija o nieta a la prostitución». Seis años después, la LOPJM volvió a incorporar como causa general desheredativa en el artículo 852 CC la prevista en el artículo 756.6º CC, que prevé como causa de indignidad, y ahora también de desheredación, el que con amenaza, fraude o violencia «impidiere a otro hacer testamento, o revocar el que tuviese hecho, o suplantare, ocultare o alterare otro posterior». Otras reformas, aunque no entraron a modificar las causas específicas de desheredación, afectaron a estas, como los cambios que hizo la LJV a los ordinales 1º, 2º y 3º del artículo 756, como veremos, detenidamente, cuando estudiemos la desheredación de progenitores y ascendientes.

la legítima, se actualicen las causas de desheredación, contemplando algunos hechos que, actualmente, no tienen cobertura para desheredar. Seguramente, dichas causas rindan tributo, con más o menos acierto, a la solidaridad familiar y a las normas elementales de respeto y decoro de la relación que liga al causante y al legitimario, y, siendo quizás tributarias del sentido común o de lo que el causante medio de hoy reputa injusto, puede ser que hayan quedado reflejadas, al menos en cuanto a la descripción de los hechos, en testamentos otorgados antes de una hipotética reforma, produciéndose el fallecimiento una vez que entren en vigor las nuevas causas.

En este escenario, que pudiere ser tachado de distópico dada la abulia del legislador en modernizar las causas de desheredación, nos planteamos si se puede estimar como justa una desheredación basada en una causa que, en el momento del otorgamiento del testamento, no estaba contemplada en el Código Civil y que entró en vigor entre el otorgamiento del testamento y la apertura de la sucesión del desheredante. Huelga decir, que no puede estimarse como una cuestión de laboratorio, y ello por dos razones: la primera se debe a que el causante no está obligado por el artículo 849 CC a citar la causa, como hemos dicho en el anterior apartado, pudiendo describir unos hechos que, a su juicio, motivarían la desheredación; así, aunque los hechos consignados por el causante no puedan ser subsumidos en ninguna de las causas previstas en la ley, ni mediante una aplicación analógica ni a través de una interpretación extensiva, es posible que, en virtud de una reforma publicada antes de fallecer, tengan cobertura legal. La segunda razón reside en los precedentes legales, pues si las distintas leyes que han reformado hasta la fecha las causas desheredativas no han regulado el conflicto temporal relatado[333],

[333] La única ley que reformó la desheredación que contempló una disposición transitoria fue la Ley 11/1981, que dispuso en la Disposición transitoria 8ª

persona de fe será la que crea que, en un futuro, el legislador será previsor y cauteloso en este ámbito.

En ausencia de respuesta concreta, nos debemos remitir a las disposiciones transitorias previstas en el Código Civil, que, aunque tuvieron como objeto inmediato regular los problemas de Derecho transitorio ocasionados por las leyes dictadas antes de 1889 y el Código Civil, hoy, igualmente, se aplican, como dice Cañizares Laso, a «todos aquellos cambios de legislación en los que no se dispongan específicas normas transitorias», teniendo una función orientadora respecto de la regla que marca el artículo 2.3 CC[334].

Para resolver esta problemática, tendremos que analizar, tal y como ha planteado el debate la doctrina, las siguientes normas del Código Civil: en primer lugar, la Disposición transitoria 2ª, que contempla la preservación, con las limitaciones establecidas en la nueva ley, de los «actos y contratos» celebrados bajo el régimen de la ley anterior y que sean válidos con arreglo a ella, considerándose igualmente válidos «los testamentos aunque sean mancomunados, los poderes para testar y las memorias testamentarias que se hubiesen otorgado o escrito» bajo la ley derogada, pero la «revocación o modificación de estos actos o de cualquiera de las cláusulas contenidas en ellos no podrá verificarse, después de regir el Código, sino testando con arreglo al mismo»; en segundo lugar, la Disposición transitoria 3ª, que dispone que las disposiciones que «sancionan con penalidad civil o privación de derechos actos u omisiones que

---

que las sucesiones abiertas «antes de entrar en vigor esta Ley se regirán por la legislación anterior y las abiertas después por la nueva legislación».

334 Cañizares Laso, A.: «Disposiciones transitorias», en AA.VV., *Comentarios al Código Civil, Tomo V (Arts. 1583 a Disposiciones adicionales),* Tirant lo Blanch, Valencia, 2023, p. 8771. Véase también Lasarte Álvarez, C.: *Parte general y Derecho de la persona. Principios de Derecho Civil I* (revisada y actualizada con la colaboración de Yáñez Vivero, F.), op. cit., p. 83.

carecían de sanción en las leyes anteriores, no son aplicables al que, cuando éstas se hallaban vigentes, hubiese incurrido en la omisión o ejecutado el acto prohibido por el Código»; y, finalmente, la Disposición transitoria 12ª, a cuyo tenor los «derechos a la herencia del que hubiere fallecido, con testamento o sin él, antes de hallarse en vigor el Código, se regirán por la legislación anterior», mientras que la «herencia de los fallecidos después, sea o no con testamento, se adjudicará y repartirá con arreglo al Código; pero cumpliendo, en cuanto éste lo permita, las disposiciones testamentarias»; finalmente, la citada disposición menciona que se respetarán, por lo tanto, «las legítimas, las mejoras y los legados», pero «reduciendo su cuantía, si de otro modo no se pudiera dar a cada partícipe en la herencia lo que le corresponda según el Código».

Según Manresa y Navarro, los «derechos a la herencia» que menciona la Disposición transitoria 12ª no se refieren a los que emanan de la voluntad del testador, sino «exclusivamente los que sobre la herencia del causante confiere la ley á determinadas personas con entera independencia de la voluntad del testador en la sucesión testada, y aun contra su voluntad», refiriéndose, por ende, a los derechos de los legitimarios que el artículo 807 CC contempla[335]. Desde esta perspectiva, como quiera que la ley anterior a la entrada en vigor del Código Civil no reconocía porción legitimaria al cónyuge ni a los hijos naturales, y siendo la legítima de los hijos legítimos cuatro quintos de la herencia, quedando prácticamente reducida a su mínima expresión la libre disposición, Manresa y Navarro explicaba que si el causante, que otorgó testamento antes del 1 de mayo de 1889, falleciese después de entrar en vigor el Código Civil, «resultaría aumentada la parte disponible y las mejoras y disminuidas las legítimas», y para armonizar ambos resultados

---

335 Manresa y Navarro, J. M.: *Comentarios al Código Civil español, Tomo XII,* Imprenta de la Revista de Legislación, Madrid, 1907, p. 952

habría de cumplirse el testamento, el cual podría ser incluso mancomunado (Disposición transitoria 2ª), «reduciendo ó aumentando respectivamente las participaciones, si así fuere necesario, para que todos los partícipes forzosos en la herencia, según el nuevo derecho, recibiesen lo que les corresponda conforme al mismo»[336].

Ante el hipotético reproche que se pudiere hacer a esta interpretación, en el sentido de que las legítimas de los hijos se verían reducidas de cuatro quintos a dos tercios, el autor decía que «en materia sucesoria no hay derecho adquirido hasta la apertura de la sucesión, ó sea hasta el fallecimiento del causante»[337]. Es decir, el conflicto temporal de normas no se resolvía defendiendo a ultranza la expectativa, que no el derecho, que tenían los legitimarios instituidos en testamento, sino al compás de las nuevas disposiciones del Código Civil, las cuales debilitaban, en comparación con la ley anterior, la legítima de los descendientes, aumentando la parte de libre disposición. Por lo tanto, mientras que la Disposición transitoria 2ª preveía la validez de las formas testamentarias contempladas antes de regir el Código Civil[338], con independencia del fallecimiento del causante y de que estuviesen o no proscritas

---

336 Manresa y Navarro, J. M.: *Comentarios al Código Civil español, Tomo XII*, op. cit., p. 953. Puede verse también, Castilla Barea, M.: «Disposición Transitoria Duodécima», en AA.VV., *Comentarios al Código Civil, Tomo IX*, Tirant lo Blanch, Valencia, 2013, pp. 13469 y 13470.

337 Manresa y Navarro se remite a la STS 24 junio 1897 (TOL 5.067.674) para apoyar su argumento, la cual, siguiendo su propio trabajo, decía lo siguiente: «el principio de la irretroactividad de la ley nueva sólo rige para los derechos nacidos bajo el imperio de la antigua, y notorio es que los derechos hereditarios no nacen hasta la, defunción de la persona de cuya sucesión se trate» (Manresa y Navarro, J. M.: *Comentarios al Código Civil español, Tomo XII*, op. cit., p. 954).

338 Castilla Barea, M.: «Disposición Transitoria Duodécima», op. cit., pp. 13468 y 13469.

por la nueva norma, la Disposición transitoria 12ª prescribía que la legítima se deberá regir por el Código Civil si el óbito se produjo después de su entrada en vigor, aunque dicha regla, insistimos, supusiese reducir la cuota legitimaria de los herederos forzosos[339].

Centrándonos en la desheredación, Algaba Ros menciona que el conflicto se plantea entre la Disposición transitoria 3ª y la 12ª, decantándose por la aplicación de la primera «por la propia idiosincrasia de la desheredación»[340], la cual considera una «pena civil» que se presenta como una «sanción»[341], explicando que la aplicación de la Disposición transitoria 12ª «supondría aplicar retroactivamente una disposición sancionadora, lo que contraría lo preceptuado en la Constitución y en la propia Disposición Transitoria Tercera de nuestro Código civil»[342]. Tomando este punto de partida, la autora diferencia dos escenarios: si el testamento contiene una causa de desheredación que en el momento de testar era justa y, posteriormente, se deroga, no admitiéndose legalmente en el momento de la apertura de la sucesión, la desheredación sería injusta. Igualmente, sería injusta si el testamento contiene una causa de desheredación no admitida legalmente que, después, se acoge legislativamente como causa desheredativa, pues admitir esta causa, a su juicio, implicaría aplicar retroactivamente una disposición sancionadora[343]. Concluyendo que para que la desheredación sea justa será preciso, como mínimo, que esta estuviere contemplada en el momento del otorgamiento del testamento y al momento del fallecimiento del testador.

---

339 Manresa y Navarro, J. M.: *Comentarios al Código Civil español, Tomo XII*, op. cit., p. 953.

340 Algaba Ros, S.: *Efectos de la desheredación*, op. cit., p. 193.

341 Algaba Ros, S.: *Efectos de la desheredación*, op. cit., p. 190.

342 Algaba Ros, S.: *Efectos de la desheredación*, op. cit., p. 193.

343 Algaba Ros, S.: *Efectos de la desheredación*, op. cit., pp. 193 y 194.

A refutar la tesis de Algaba Ros le podríamos dedicar no pocas líneas. Hilvanando este epígrafe con aquel donde abordamos la desmitificación de la naturaleza sancionadora de la desheredación[344], no sorprenderá al lector que nos desliguemos, absolutamente, del planteamiento de la autora. Sin perjuicio de remitirnos a lo allí expuesto para no incurrir en redundancias, a continuación vamos a enumerar, sucintamente, los argumentos que sirven de asidero para defender que justa será la desheredación -que, por supuesto, resulte probada si el desheredado la negare-, que se fundamente en una causa prevista legalmente en el momento de la apertura de la sucesión y que no lo estaba al tiempo de otorgar el testamento donde se consignó la voluntad desheredativa:

1. En primer lugar, la desheredación ni es una sanción ni una penal civil; en las relaciones sinalagmáticas privadas, como aquella que conforma el binomio legítima y desheredación, el reconocimiento de un derecho a los legitimarios comporta, correlativamente, un perjuicio o, si se quiere, un límite para el causante. Desde esta perspectiva, ni la hermenéutica ni el conflicto intertemporal de normas de la desheredación se puede enfocar unívocamente, conforme al interés del legitimario, sino que también habrá que valorar el interés del causante. Por ello, desde nuestra perspectiva es inadmisible que, en este tipo de relaciones privadas, haya normas que puedan reputarse como penas o sanciones.

La Disposición transitoria 3ª se redactó en un momento en el que estaba contemplaba legalmente la pena de la interdicción civil[345]; por aquel entonces, donde algunas instituciones o consecuencias jurídicas de determinadas normas eran califi-

---

344 Véase el epígrafe 2. de este capitulo.

345 Para un análisis de la interdicción civil véase el trabajo de Manzanares Samaniego, J. L.: «La pena de interdicción civil», *Anuario de Derecho penal y ciencias penales,* 1979, pp. 345-379.

cadas, por la doctrina y la jurisprudencia, como una suerte de sanción (valga el ejemplo de la privación de la patria potestad, como ya dijimos al criticar la naturaleza sancionadora de la desheredación). Sin embargo, recientemente, autoras como Domínguez Martínez han dicho, al estudiar la citada disposición, que resultando la idea de sanción menos clara en el ámbito civil que en el penal o administrativo, «no hay propiamente sanción en este ámbito, sino, todo lo más, privación de ciertos derechos»[346].

Es más, ahondando en esta idea, nos parece una hipérbole que, al abordar determinadas categorías de invalidez contractual genuinamente privadas, como la nulidad contractual, se siga considerando que tienen naturaleza sancionadora, cuando, tratándose de una relación entre particulares, el interés público es inexistente o extraordinariamente difuso, al contrario de lo que sucede con el Derecho Penal o el Derecho Administrativo. Así, aunque no desconocemos que en alguna ocasión el Tribunal Supremo ha aplicado la Disposición transitoria 3ª a supuestos de nulidad contractual, en los que el contrato, pese a reunir todos los elementos intrínsecos y formales para su validez, vulneraba una prohibición que, al entrar en vigor la ley posterior, fue derogada[347], obsérvese que algunos autores son reacios a que se aplique la citada disposición en estos casos. En este sentido, para Castilla Barea, sin perjuicio de que la nulidad por la ausencia en el contrato de algunos de sus elementos

---

346 DOMÍNGUEZ MARTÍNEZ, P.: «Disposición transitoria tercera», op. cit., p. 2452. La autora luego matiza, en la misma página, que existen ciertas normas del Código Civil de las que se desprende su naturaleza sancionadora, citando la pérdida de la nacionalidad española «no de origen». Estamos de acuerdo, debiendo observase que es dudoso el carácter civil de la norma, pues su naturaleza encaja mejor en el Derecho público, pues aquí no hay una relación entre particulares, sino entre un particular y el Estado, que actúa con *iure imperii*.

347 STS 24 abril 1991 (TOL 1.728.932).

esenciales no pueda ser contemplada como «castigo o penalidad civil», arguye que, incluso cuando el contrato contravenga una norma prohibitiva, es discutible que el supuesto entre en la órbita de la Disposición transitoria 3ª, «porque la convalidación del negocio nulo que se derivaría de aplicar la nueva legislación no siempre sería la solución más benigna, toda vez que, en el ámbito de las relaciones jurídico-civiles, es frecuente que la atribución de un beneficio favorable para una de las partes suponga un correlativo perjuicio para la contraria»[348].

Por lo tanto, de la misma manera que Castilla Barea rechaza aplicar la Disposición transitoria 3ª a la nulidad contractual, nosotros igualmente la descartamos para la desheredación, ya que supondría, como nos enseña el sabio refranero español, *desvestir a un santo para vestir a otro*, ya que lo que es beneficioso para el desheredado será perjudicial para el causante, y a la inversa.

2. En segundo lugar, rechazar la aplicación retroactiva de una norma a los legitimarios por el mero hecho de que, en el momento de otorgar testamento, la causa desheredativa no estaba contemplada por el legislador, representa una patente desconexión temporal, pues, al tiempo del otorgamiento del testamento, el titular del derecho, en todo caso, era el desheredante, que ejerció su libertad de testar, teniendo los legitimarios una mera expectativa jurídica que no cristalizará en un derecho hasta la apertura de la sucesión. Por lo tanto, lo más coherente es aplicar la Disposición transitoria 12ª, que, expresamente, regula la legítima, disponiendo que se regirá por la ley nueva siempre que esta haya entrado en vigor al tiempo de la apertura de la sucesión, que será cuando el derecho de los legitimarios a reclamar lo que por legítima les corresponda se materialice, no antes. Pero es más, el legislador de 1889 no se mantuvo ajeno a esta tesis, pues en vez de encorsetar la libre

---

348 Castilla Barea, M.: «Disposición Transitoria Segunda», op. cit., pp. 13414 y 13415.

disposición del causante al momento de testar, que se reducía a un quinto de la herencia si había descendientes, dispuso que la «herencia de los fallecidos después, sea o no con testamento, se adjudicará y repartirá con arreglo al Código», de modo que, como dijo Manresa y Navarro, se ampliaba la libre disposición, pasando a un tercio, y se reducía la legítima, que pasaba a dos tercios, sin que el legislador se planteara por aquel entonces que el testamento se tuviese que adaptar a la ley nueva, que debilitaba la legítima.

Evidentemente, la desheredación es subsumible en esta regla, porque, aunque suponga la negación de la legítima, se somete a la arquitectura normativa del sistema legitimario, ya que no cabe hablar de desheredación sin legítima.

3. En tercer lugar, y por si la aplicación de la Disposición transitoria 12ª no convenciese al lector, detengámonos en la Disposición transitoria 1ª, cuyo tenor es el siguiente: «Se regirán por la legislación anterior al Código los derechos nacidos, según ella, de hechos realizados bajo su régimen, aunque el Código los regule de otro modo o no los reconozca. Pero si el derecho apareciere declarado por primera vez en el Código, tendrá efecto, desde luego, aunque el hecho que lo origine se verificara bajo la legislación anterior, siempre que no perjudique a otro derecho adquirido de igual origen». Según Manresa y Navarro, si el derecho es declarado por primera vez en la ley nueva y no se reconocía antes, queda sujeto a la ley nueva, «aunque los hechos tenidos como generadores de los mismos se verificaran estando vigente el derecho antiguo»; sin embargo, como quiera que el reconocimiento de este nuevo derecho pudiera perjudicar otro derecho «ya adquirido con arreglo a la legislación anterior», se deja a salvo esta eventualidad atendiendo a razones de justicia y equidad, en cuyo caso no se aplicará la citada regla, «por virtud de la consideración tenida en cuenta por el legislador, de que es más digno de respeto el que va á sufrir el daño con el perjuicio de su derecho, que el que

habría de recibir el beneficio concedido por la ley nueva al reconocer el derecho antes no reconocido»[349].

Extrapolemos esto a la desheredación: el causante desheredó por una causa que no estaba reconocida en la ley derogada, aplicable en el momento del otorgamiento del testamento, sino que se reconoció después, en la ley nueva vigente a la apertura de la sucesión. En tal caso, como el derecho a desheredar por una determinada causa aparece *ex novo* en la nueva ley, se aplicará, *prima facie,* esta. Ahora bien, cabe formularse la siguiente pregunta en cuanto a la excepción que contempla la citada disposición transitoria: ¿La entrada en escena de la nueva causa, que concede el derecho a desheredar por los hechos que le sirven de base y que alegó el testador, perjudica un *derecho adquirido* bajo la ley reformada? No, pues el derecho de los legitimarios era inexistente antes de la apertura de la sucesión, materializándose, en todo caso, como derecho subjetivo, con el fallecimiento del causante.

Con esto no queremos decir que la cuestión en discordia se subsuma en la Disposición transitoria 1ª, en lugar de en la 12ª, sino que constituye un argumento más para atender a todos los intereses en juego, habida cuenta que la aplicación de la regla 3ª solo pondría en alza el interés del legitimario. Es decir, así como la regla 1ª avalaría incluso una desheredación fundamentada en una causa prevista antes de la ley nueva y que fue derogada por esta, la regla 3ª limitaría, extraordinariamente, la libertad de testar, no sirviendo la causa citada en testamento, y no reconocida legalmente al momento del otorgamiento, para fundamentar una desheredación a pesar de que la ley nueva aplicable al tiempo de la apertura de la sucesión pasó a contemplarla; sin perjuicio de que se aplicaría una ley que, antes de su derogación, ninguna conexión tenía con los legitimarios,

---

349 Manresa y Navarro, J. M.: *Comentarios al Código Civil español, Tomo XII,* op. cit., p. 923.

que, huérfanos de derecho alguno, simplemente tenían una mera expectativa[350]. Como decía Aristóteles en la Ética a Nicómaco: *in medio virtus.*

4. En cuarto lugar, Algaba Ros dice que en la desheredación es importante el momento del otorgamiento de testamento, ya que de admitir la desheredación por una causa que se puede contemplar en el futuro pero que, en el momento de testar, no estaba prevista, sería como admitir una «desheredación condicional»[351]. No estamos de acuerdo con este argumento, pues aunque algunos hayan ensanchado el concepto de desheredación condicional, confundiéndolo a veces con lo que realmente es un perdón condicional, que tiene como antecedente una desheredación basada en una justa causa cuyos hechos se dieron antes de la desheredación, condicionándose el perdón a una futura conducta del desheredado, debe depararse en que siempre que se ha tratado la desheredación condicional *stricto sensu* los autores se han referido a una desheredación articulada sobre unos hechos inexistentes al tiempo del otorgamiento del testamento y que se pudieren dar en el futuro. En cambio, al tratar el conflicto intertemporal de la desheredación, partimos de la base de que el legitimario ha sido autor, por acción u omisión, de unos hechos que, a pesar de que no se puedan subsumir en ninguna de las causas que prevé el Código Civil, se dieron antes del otorgamiento del testamento, lo que motivó, a juicio del cau-

---

350 Domínguez Martínez, P.: «Disposición transitoria duodécima», op. cit., p. 2457, dice, a propósito de comentar la Disposición transitoria 12ª, que aunque dicha regla no tenga hoy una aplicación directa en cuanto a que ya no se discuten herencias de personas fallecidas con anterioridad al Código Civil, «se trata de una disposición de la que puede inducirse un principio general de derecho intertemporal, perfectamente aplicable a las ulteriores reformas del CC», de forma que «la muerte de una persona es la que determina el nacimiento de los derechos a su herencia, de manera que el derecho aplicable es el vigente en ese momento».

351 Algaba Ros, S.: *Efectos de la desheredación*, op. cit., p. 190.

sante, la desheredación. Por consiguiente, así como más arriba negamos la posibilidad de que el desheredante fundamente la desheredación en unos hechos inexistentes al momento de testar, por el carácter causalista y formal de la desheredación, sí admitimos la posibilidad de que la futura causa desheredativa ampare o de cobertura a la desheredación del pasado, sin que, en puridad, ello implique aplicar retroactivamente una norma, ya que el nacimiento del derecho del legitimario se produce al tiempo de la apertura de la sucesión, no antes.

Pero vamos a más; si según Algaba Ros la desheredación sustentada en unos hechos previos al testamento y fundamentada jurídicamente en una causa prevista posteriormente por el legislador es una manifestación de desheredación condicional, proscrita por la doctrina mayoritaria, ¿se podría sostener, por el mismo planteamiento, que no es posible desheredar al nieto cuando el progenitor vivía al momento del otorgamiento del testamento? Porque aquí el ascendiente, que ha padecido una manifestación de insolidaridad familiar del nieto, lo deshereda por si el hijo, que también es legitimario llamado en primer lugar y que puede ser que no haya sido desheredado, le premuera. En nuestra opinión, la desheredación es válida, sin que sea dable decir que el nieto no puede ser desheredado porque no es un hecho cierto que vaya a heredar, toda vez que, mientras viva el hijo del causante y no premuera, ni sea desheredado ni declarado indigno, el legitimario *stricto sensu* del desheredante será el hijo y no el nieto.

7. LA ACCIÓN DE DESHEREDACIÓN INJUSTA

7.1. Iniciativa procesal del desheredado y naturaleza jurídica de la acción

El Código Civil no dice, expresamente, que el desheredado tendrá que ejercitar una acción judicial para que la desheredación se declare injusta y pueda obtener lo que le corresponda por legítima. Simplemente menciona que la prueba de ser cierta la causa de desheredación corresponderá a los herederos «si el desheredado la negare» (art. 850 CC), identificando la desheredación injusta con aquella que se hizo «sin expresión de causa, o por causa cuya certeza, si fuere contradicha, no se probare», o que no sea una de las previstas en la ley (art. 851 CC). La doctrina clásica siempre ha mencionado que la negativa a la desheredación habrá de materializarse mediante el ejercicio de una acción[352], sin que el desheredado pueda bordear la ley y obtener su legítima mediante otros procedimientos, como la declaración de herederos *ab intestato,* pues como dijo la STS 20 mayo 1931[353], dicho expediente no es suficiente, ya que, salvo acuerdo con todos los interesados, será preciso el ejercicio de la correspondiente acción procesal.

Recapitulando lo que hemos dicho más arriba, la desheredación hecha sin la correcta designación de los desheredados, conforme marcan los artículos 772 y 773 CC, así como la realizada sin expresión de causa o, directamente, por una causa no prevista en el Código Civil, sin que fuere susceptible de apreciarse a través de la interpretación extensiva de alguna causa tipificada o integrarse mediante la aplicación analógica de la norma, también debía subsumirse en la categoría de desheredación injusta; y, por ende, requería la impugnación del desheredado para su inaplicación. Construimos esta teoría para defender que el desheredado, en una sucesión cuyo causante haya manifestado una voluntad explícita de desheredar, no puede tener un privilegio del que carece el preterido, y así

---

352 Mucius Scaevola, Q.: *Código civil, Tomo XIV*, op. cit., p. 876, mencionó que la iniciativa de la contienda judicial corresponde al desheredado, «puesto que al heredero bástale este título para lograr la posesión de los bienes, por la fuerza propia del testamento que contiene la desheredación».

353 STS 20 mayo 1931 (TOL 5.033.544).

como la preterición no cabe que sea apreciada de oficio, precisando de una resolución judicial a falta de acuerdo con todos los interesados, cabía predicar la misma solución cuando se materializase en testamento una desheredación irregular, ora porque no se designó en forma a los desheredados, ora porque se omitió la causa. Respecto a la incorrecta designación del desheredado, podría construirse el silogismo consistente en que, si el desheredado se designó incorrectamente, no habrá manera, parafraseando el artículo 773 CC, de conocer ciertamente cuál fue la persona desheredada y, ante el desconocimiento del destinatario de la voluntad desheredativa, no habrá, en sentido estricto, desheredación irregular, pues el legitimario no puede saber si ha sido desheredado o no. Pero una conclusión se impone: si el legitimario no figura en testamento instituido como heredero o legatario, sabiendo el causante, por el parentesco que le ligaba, su condición de legitimario, se infiere, conforme a la interpretación de la voluntad del testador, que no será conforme a la *voluntas testatoris* que adquiera la *portio debida*.

Para defender este planteamiento dimos varios argumentos, refutando a aquellos autores, como Delgado Juega, que confieren atribuciones omnímodas al Registro de la Propiedad. Sin perjuicio de remitirnos a lo allí dicho, tenemos que volver sobre dicho autor, pues, ha defendido en el presente siglo que la negativa de la causa desheredativa no tiene porqué manifestarse mediante una acción judicial, bastando la manifestación extrajudicial para que los herederos tengan la carga de probar la causa de la desheredación. Si bien el autor reconoce que la desheredación con expresión de una causa de las comprendidas en la ley no vicia las disposiciones testamentarias, «sino que simplemente abre la vía de la negativa del desheredado o su impugnación», no considera que la negativa del desheredado se tenga que desenvolver en la esfera judicial para que produzca ciertos efectos, esbozando los siguientes argumentos[354]:

1. En primer lugar, cita la STS 11 febrero 1988[355], donde el Alto Tribunal avaló que unas hijas desheredadas, que no habían impugnado judicialmente la desheredación, reclamaran las cantidades adeudadas al causante derivadas de un contrato de préstamo.

2. En segundo lugar, niega la naturaleza rescisoria de la acción, diciendo que se trata de una «nulidad parcial». Partiendo de ello, sin perjuicio de que la nulidad puede ser apreciada de oficio, también debe permitirse, siguiendo al autor, que la oposición por parte del desheredado se haga fuera de un procedimiento judicial, desplazando la iniciativa procesal y la carga de la prueba a los herederos.

3. En tercer lugar, menciona que los artículos 850 y 851 CC solo tratan «de resolver el problema de la distribución de la carga de la prueba», sin que incorporen ninguna presunción en torno a la iniciativa procesal a la hora de reclamar que la desheredación es injusta.

4. En cuarto lugar, arguye, partiendo del carácter excepcional de la desheredación, que supone liberar al causante de una limitación que le viene impuesta por la ley, que serán los herederos, como continuadores de la voluntad del causante y principales interesados en defender la eficacia del testamento, quiénes deben sostener la legalidad de la desheredación frente a cualquier alegación en contrario del desheredado, pues este, para impugnar la validez del testamento, nada tiene que probar, «en la medida que la negativa implica que la carga de la prueba corresponde a los que sostienen la validez del testa-

---

354 Delgado Juega, L.: «Reflexiones en torno a desheredación, preterición y registro en el Derecho común», op. cit., pp. 1198-1203.

355 STS 11 febrero 1988 (TOL 1.735.509).

mento», siendo nulo el testamento en tanto no se pruebe la causa de desheredación.

5. En quinto lugar, no sin previamente afirmar que la desheredación es una sanción para el desheredado, no considera razonable que la negativa no pueda efectuarse en la esfera extrajudicial, y menos razonable ve que el desheredado tenga que esperar una sentencia firme para obtener su legítima, dada la dilación de los procedimientos, haciendo referencia, asimismo, a la presunción de inocencia que, según el autor, asiste al desheredado.

Es cierto, como hemos dicho *ab initio* de este epígrafe, que los artículos 850 y 851 CC no regulan, al menos con la claridad que debiera, que la negativa del desheredado, a falta de acuerdo con los afectados, deba ventilarse judicialmente, centrándose, respectivamente, en normativizar la carga de la prueba (art. 850 CC) y los efectos de la desheredación injusta (art. 851 CC); pero de dicha falta de perspicuidad no puede inferirse que bastará, para que el desheredado pueda obtener su legítima, que negare la causa desheredativa o la desheredación en sí extrajudicialmente, pues, como veremos, la arquitectura normativa del sistema no está configurada conforme a dicha premisa.

Delgado Juega, como hemos visto, se remite a la STS 11 febrero 1988. Ya adelantamos, que discrepamos en cuanto a la decisión que adoptó la sentencia, y también decimos que de sus razonamientos no puede colegirse, directa o indirectamente, la tesis que defiende el autor. Para verlo, será mejor que relatemos, someramente, los hechos relevantes: el causante otorgó testamento, designando herederas, de los dos tercios de legítima, a sus tres hijas, además de instituir como heredera a su esposa del tercio de libre disposición, sin perjuicio de su cuota usufructuaria; años después otorgó testamento ológrafo, que revocaba el anterior, desheredando a sus tres hijas y designando heredera a una extraña; el causante falleció en 1983 y, partiendo del testamento donde se designó heredera a las tres hijas, se realizó la partición al año siguiente, no heredando nada la esposa porque, según se infiere del relato, esta premurió al causante; en el año 1985, se adveró y protocolizó el testamento ológrafo donde se materializó la desheredación. Dos años antes de fallecer, en 1981, el causante perfeccionó un contrato de préstamo, por virtud del cual prestaba a un tercero siete millones de pesetas durante dos años.

Como el prestatario adeudaba al causante cantidades al tiempo de su fallecimiento, las tres hijas desheredadas interpusieron una demanda reclamándole a aquel la devolución del capital más los intereses, oponiéndose el demandado alegando, entre otros motivos, la falta de legitimación activa de las demandantes, que fueron desheredadas en el último testamento, recibiendo además un requerimiento extrajudicial de la heredera designada para que se abstuviere de realizar cualquier pago a aquellas. El Juzgado *a quo* estimó la excepción del demandado, siendo revocada esta decisión en segunda instancia, lo que motivó que el demandado presentara un recurso de casación, esgrimiendo que las demandantes no tenían la condición de herederas, ya que el testamento en el que basaban su legitimación fue revocado por el testamento ológrafo posterior en el que se las desheredaba, amén que el crédito litigioso no fue atribuido en la partición a ninguna de las herederas, «permaneciendo, pues, en situación de comunidad».

El tribunal desestimó el recurso. En cuanto al último motivo del recurrente aquí expuesto, dijo la sentencia que, suponiendo que fuese válida la partición sustentada en un testamento revocado, las demandantes no intervinieron «en beneficio de la comunidad», sino que solamente pidieron, según la literalidad de la demanda, que se declarase la deuda a cargo del demandado y que se le condenara a su pago, dejando constancia que la pretensión se ejercitaba «a favor de los herederos» del causante. Creemos que este argumento carece de fuerza, pues sin perjuicio de que se admite la existencia del *falsus procurator* (art. 1259 CC), el artículo 503.2º de la LEC de 1881, vigente por aquel entonces, requería que en caso de que el litigante actuase en representación de otro acompañara, junto a la demanda, el documento que acreditare dicha representación, pudiéndose plantear, a su vez, la falta de personalidad del actor como excepción dilatoria (art. 544.2º LEC 1881). Respecto a la desheredación, dijo el Tribunal Supremo que, conforme a la STS 20 mayo 1931, «mientras no sea anulado el testamento en que se contiene la desheredación, carece el desheredado de todo derecho sobre la herencia del causante», reconociendo que no constaba que el último testamento ológrafo fuese anulado, ni que las demandantes lo hubiesen intentado. No obstante, y aunque lo dicho por la propia sentencia podría haber servido para estimar el recurso de casación del demandado, acabó por reconocer la legitimación de las desheredadas, a tenor de las siguientes razones: en primer lugar, «los términos imprecisos de la desheredación y del alcance de la misma»; en segundo lugar, la condición de legitimarias de las desheredadas, que debía mantenerse abstracción hecha del testamento del padre y de los efectos de la desheredación, amén de la prueba de los hechos en que se sustenta; en tercer y último lugar, los términos de la demanda, pues en el *petitum* las desheredadas concretaron que actuaban a beneficio de los herederos del prestamista.

Cualquiera que tenga la oportunidad de leer el texto de la sentencia podrá comprobar que el Tribunal Supremo resolvió con una ceguera absoluta hacia la desheredación, guiándose más por poner fin al estado canallesco de morosidad del prestatario que por pronunciarse, técnicamente, en torno a la legitimación de la que carecían las demandantes. Por ello, consideramos que esta sentencia, víctima de la subjetividad que puede acarrear en el arcano íntimo de la conciencia del juzgador la injusticia de no cumplir lo pactado, no puede servir como asidero para defender que no es precisa la acción judicial para que el desheredado obtenga su legítima, máxime cuando la propia sentencia reconoce que, mientras no sea «anulado el testamento», el desheredado carece de todo derecho sobre la herencia del causante. Es más, mirando prospectivamente el supuesto en liza, ningún derecho podrían alegar las desheredadas, mientras no obtuvieren un pronunciamiento judicial declarando injusta la desheredación, respecto a la cantidad objeto de condena; es más, de haber tomado aquellas posesión del dinero, la heredera designada en el último testamento podría reclamarles el capital y los intereses del préstamo, asistiendo a las desheredadas el único derecho a descontar de la entrega los pagos satisfechos en abogado y procurador para reclamar la cantidad, al quedar equiparadas al poseedor de mala fe (art. 455 CC), de la misma manera que el indigno que, habiendo tomado posesión de los bienes hereditarios, estará obligado a restituirlos tras el dictado de la sentencia que declare la indignidad (art. 760 CC).

Pero obsérvese que entre los argumentos de Delgado Juega no se encuentra solo la cita de la STS 11 octubre 1988, que, a nuestro juicio, ha quedado desvirtuada[356], sino también el de

---

356 Es más, conforme a nuestra teoría, el desheredado, hasta que no se dicte sentencia que declare injusta la desheredación, quedará privado de toda acción que, *ex lege*, pudiese corresponder a los herederos, como aquella prevista por los daños causados al honor, a la intimidad o a la propia imagen del causante y que, por su fallecimiento, no pudo ejercitar por sí o por su representante, pues aunque este no haya designado sucesor en testamento, limitándose a desheredar al legitimario, el desheredado no podrá enarbolar el artículo 4.2 de la Ley Orgánica 1/1982, de 5 de mayo, de protección civil del derecho al honor, a la intimidad personal y familiar y a la propia imagen (LO 1/1982), que confiere legitimación, a falta de herederos, al cónyuge, descendientes, ascendientes o hermanos del causante, pues el artículo 9.4 especifica que la indemnización se entenderá comprendida «en la herencia del perjudicado», llegándose a la conclusión de que, si la legitimación se define como la relación que existe entre las partes y el objeto del proceso, ningún interés podrá defender el desheredado que, por concurso de la desheredación y la exclusión testamentaria, ningún derecho ostentará sobre la herencia del perjudicado.

la naturaleza jurídica de la acción, pues el autor, partiendo de que se trata de una nulidad, estima que es posible apreciar de oficio la invalidez de la desheredación, sin que el desheredado tenga la carga de negar la causa judicialmente. A título de exordio a lo que se dirá a continuación, tenemos que manifestar que coincidimos, plenamente, con Capilla Roncero en poner de manifiesto la dificultad que existe, incluso a día de hoy, a la hora de extrapolar el tratamiento de la ineficacia del negocio jurídico al testamento, pues, pese a tratarse de un negocio jurídico como lo es el contrato, las categorías de ineficacia se adaptan con mayor exactitud a la ineficacia contractual que a la testamentaria, dificultad que se ve agravada porque el Código Civil no dedica un régimen jurídico propio a la ineficacia del testamento, al contrario de lo que sucede con los contratos[357-358]. No obstante lo dicho, que sin duda dificultará la empresa, no será óbice para que tomemos partido respecto a la naturaleza de la acción, cuestión cuya resolución tendrá importantes consecuencias prácticas, advirtiendo previamente al lector que, por la naturaleza de esta obra, no podemos hacer una disertación tan extensa como complejo se presenta el problema, limitándonos aquí solo a esbozar las diferentes posturas para volcar luego nuestro posicionamiento.

---

357 Capilla Roncero, F.: «Nulidad e impugnabilidad del testamento», op. cit., pp. 4 y 7.

358 Objeción que previamente puso en el tablero las STS 12 noviembre 1964 (TOL 4.324.345) y 26 noviembre 1968 (TOL 4.276.828), diciendo el segundo considerando de la primera lo siguiente: «nuestro ordenamiento civil, no recoge en un título o capítulo la doctrina general relativa a la ineficacia de los negocios jurídicos, con su gama de inexistencia, anulabilidad, resolución, rescisión, revocación, renuncia, denuncia, caducidad, etc., ni contiene tampoco una normación general sobre la ineficacia de los testamentos; por lo que habrá de inducirla de los diversos preceptos que a una u otra aludan, pero sin que pueda aplicarse íntegramente a los testamentos la doctrina general sobre la nulidad de los negocios jurídicos por ser aquéllos unos negocios de estructura unilateral y comprensivos de declaraciones no recepticias»

Manresa y Navarro no trató, *ex profeso*, la acción de desheredación injusta, sino que en su obra hacía una remisión a lo vertido en sede de preterición[359], pues consideraba que ambas acciones eran herederas de la *querella inofficiosi testamenti*. Para el autor, que se ceñía a la literalidad de los artículos 814 y 851 CC, la finalidad de dicha acción era la anulación de la institución de heredero, teniendo una naturaleza mixta, real y personal, según existieren bienes inmuebles en la herencia, mencionando que la iniciativa procesal correspondía al preterido o desheredado, salvo si los herederos instituidos reconocían el derecho del legitimario, en cuyo caso no habría necesidad de ejercitar la acción[360].

Sánchez Román, decía que la expresión «anulará», que luce en el artículo 851 CC, en caso de que la desheredación no se hiciera sin las condiciones legales necesarias, equivale «á *invalidación*, ó mejor *insubsistencia*, pues que nunca fué válida desde que se ordenó fuera de los términos estrictamente necesarios según la ley, y mal puede anularse ó invalidarse, lo cual supone que alguna vez fué válida, cuando no lo *fué* desde *ab initio*, á no ser que se explique esa solución desde el punto de vista, en rigor técnico-legal, de que mientras no se ejercite la querella de inoficioso testamento por parte del desheredado en forma ilegal, no sobreviene la consecuencia de la anulación de la institución de heredero, y, por tanto, ésta subsistiría», explicando, a renglón seguido, que la anulación es *relativa*, solo en cuanto perjudique al desheredado[361]. A pesar de que el autor no realizara una disertación sobre la naturaleza de la acción,

---

359 Manresa y Navarro, J. M.: *Comentarios al Código Civil español, Tomo VI*, op. cit., p. 599.

360 Manresa y Navarro, J. M.: *Comentarios al Código Civil español, Tomo VI*, op. cit., p. 363.

361 Sánchez Román, F.: *Estudios de Derecho Civil, VI. 2, Derecho de sucesión*, op. cit., pp. 1110 y 1111.

parece que descarta que esta sea de nulidad, pues reconoce que, mientras no sea impugnada por el desheredado, la desheredación surte efectos, no pudiendo ser apreciada de oficio, pudiéndose inferir, quizás, que se adhiere a la teoría de que se trata de una acción de anulabilidad, pues, una vez que el desheredado haya ejercitado la acción, que el autor relaciona con la *querella inofficiosi testamenti,* los efectos de la desheredación cesan, a fin de que el desheredado adquiera su legítima. Otro punto de vista puede ser que, habiendo ligado Sánchez Román la acción de desheredación injusta con la *querella inofficiosi testamenti,* se llegue a la conclusión de que abogó por la naturaleza rescisoria de la acción, pues tal era la naturaleza, siguiendo a Vallet de Goytisolo, de la querella de inoficioso testamento[362].

Uno de los autores que, quizás, más se acercó a identificar la naturaleza de la acción de desheredación injusta con la acción de nulidad, fue García Valdecasas, que, partiendo de la distinción entre cuota de reserva y cuota de legítima, sostenía que la desheredación injusta era nula, produciéndose una «delación forzosa de la cuota reservada si la institución de heredero hecha por el testador sobrepasa la parte de libre disposición en perjuicio de la legítima del desheredado», siendo así que la institución de heredero era nula parcialmente, en cuanto perjudicara al desheredado, nulidad que, añadía, era «radical» e «ipso iure» desde el fallecimiento del testador[363].

Sin embargo, Dávila García, pese a la dicción del artículo 851 CC, no identificaba la acción con la nulidad, sino con la rescisión, porque la institución de heredero no se anula, sino que «se reduce o comprime en todo lo necesario para pagar la legítima», tratándose, no de una reducción de la institución

---

362 Vallet de Goytisolo, J.: *Limitaciones de Derecho sucesorio a la facultad de disponer, Tomo I, Las legítimas,* op. cit., p. 976.

363 García Valdecasas, G.: «La legítima como cuota hereditaria y como cuota de valor», *Revista de Derecho Privado,* 1963, pp. 966-970.

de heredero, sino de una «reducción en el contenido económico», pues la institución quedaría igual, reduciéndose solo el activo hasta lo que fuere necesario para pagar la legítima[364].

Igualmente, Vallet de Goytisolo no estimaba que la desheredación injusta originara una nulidad *ipso iure*, sino que era precisa su impugnación por el desheredado, diciendo que la institución de heredero, pese a la dicción del artículo 851 CC, no se anulaba, sino que se rescindía por inoficiosa, apostando por la naturaleza rescisoria de la acción con base en los siguiente argumentos[365]: 1. La Ley de Bases de 11 de mayo de 1988, que se remitía al Derecho histórico patrio, que identificaba la acción de desheredación injusta con la querella de inoficioso testamento, sin que, a juicio del autor, la palabra «anulará» sea determinante, pues en los antecedentes al Código Civil se empleaban, indistintamente, las palabras «nulo» y «rescindido». 2. La desheredación, pese a ser injusta, puede ser aceptada por el desheredado, expresa o tácitamente, pudiendo incluso renunciar al ejercicio de la acción. 3. Existe una presunción de veracidad de la causa, aunque sea falsa, salvo, en palabras del artículo 851 CC, que «fuese contradicha», exigiéndose la iniciativa del desheredado para invalidar la desheredación. 4. Si con la preterición es preciso que el preterido ejercite la acción, no pudiendo apreciarse de oficio, «con mayor razón, por tratarse más aún y siempre de una injuria personalísima al injustamente desheredado, sólo éste debe poder ejercitar tal acción», teniendo validez las disposiciones testamentarias, respecto a terceras personas interesadas, hasta que no se ejercite la acción». 5. La institución de heredero, a pesar de que se declare injusta la desheredación, puede mantener íntegramente

---

364 Dávila García, J.: «Herederos y legitimarios en el Registro de la Propiedad», op. cit., p. 654.

365 Vallet de Goytisolo, J.: *Limitaciones de Derecho sucesorio a la facultad de disponer, Tomo I, Las legítimas*, op. cit., pp. 975-977.

su contenido económico si al desheredado le fuese satisfecha la legítima en vida del testador mediante donaciones, y aunque la querella pueda triunfar en cuanto al aspecto moral, «ninguna atribución de bienes habría de rectificarse».

En cambio, Algaba Ros no se muestra conforme con naturaleza rescisoria de la acción, identificando su naturaleza con la acción de nulidad parcial, advirtiendo, previamente, que se trata de una ineficacia, provocada, originaria, absoluta y parcial. A continuación resumiremos sus argumentos: 1. En primer lugar, descarta que sea una acción de anulabilidad, no sin advertir que es discutible admitir la validez de dicha categoría. Citando a Díez-Picazo, que caracterizaba la anulabilidad por ser «un medio jurídico puesto por la ley a disposición de determinadas personas para facilitar la protección de concretos intereses que se consideran dignos de la tutela jurídica», quedando al arbitrio de las partes la decisión final en torno a la validez o invalidez del negocio jurídico, dice que, mientras que la acción de desheredación injusta solamente la pueden ejercitar determinados sujetos, como es el desheredado y sus acreedores, que «no son parte del testamento», la anulabilidad contractual solamente la puede ejercitar quienes son parte del negocio «que sufriera la incapacidad o estuviera afectada por el vicio del consentimiento (o su representante legal)»[366]. 2. En segundo lugar, tampoco comparte que se trate de una acción de rescisión, pues, citando a De Castro, la rescisión procede cuando hay un negocio válidamente celebrado que, por producir un perjuicio a las partes o a un tercero, podrá ser declarado ineficaz, y, partiendo de esta definición, estima la autora que existen graves inconvenientes para encuadrar la rescisión en el artículo 851, pues desde el primer momento existe una lesión causada por «un defecto en la celebración del negocio

366 Algaba Ros, S.: *Efectos de la desheredación*, op. cit., pp. 328-330.

testamentario»[367]. 3. Finalmente, se decanta por la teoría de la nulidad parcial, porque las disposiciones testamentarias donde se articula la desheredación «son contrarias al ordenamiento jurídico», vulnerando «normas imperativas o sustitutivas», viniendo determinados imperativamente los efectos por el artículo 851 CC[368].

Más recientemente, Represa Polo ha dicho que la naturaleza de la acción de desheredación injusta «está próxima a las acciones de nulidad», pues, a su juicio, «el fin de la misma es lograr la ineficacia de una cláusula testamentaria por ser contraria a las normas que regulan la legítima de carácter imperativo», concretando que se trata de una «nulidad parcial, dirigida a dejar sin efecto la desheredación y la institución de heredero»[369]. En cambio, Ordás Alonso, se adhiere a la tesis de Vallet de Goytisolo, en torno a que se trata de una acción rescisoria[370].

En puridad, estaríamos engañando al lector si nos posicionáramos de un modo absoluto, pues tanto la tesis de la nulidad parcial como de la rescisión en materia de desheredación se sostienen al amparo de argumentos que no entronizan, en su plenitud, con las características que la doctrina ha dibujado respecto a dichas categorías de ineficacia del negocio jurídico. Se trata de una dificultad que ya advertimos citando a Capilla Roncero y, ahora, podemos ver que tienen pleno valor aquellas palabras vertidas por la STS 12 noviembre 1964, respecto a la imposibilidad de aplicar, íntegramente, al testamento o las disposiciones testamentarias la doctrina de la ineficacia del negocio jurídico. Pero, como veremos a continuación, esta dis-

---

367 ALGABA ROS, S.: *Efectos de la desheredación*, op. cit., pp. 330-331.

368 ALGABA ROS, S.: *Efectos de la desheredación*, op. cit., pp. 331-334.

369 REPRESA POLO, Mª P.: L*a desheredación en el Código Civil*, op. cit., pp. 230 y 231.

370 ORDÁS ALONSO, M.: *La desheredación y sus causas. Derecho civil común y derecho civiles forales y especiales*, op. cit., p. 161.

función no solo resulta patente en materia testamentaria, sino también en otros negocios jurídicos alejados del fenómeno sucesorio, ya que, aunque el legislador utilice un determinado *nomen* de ineficacia negocial al prever la consecuencia jurídica en caso contravención de una norma, la categoría empleada no se amolda, con exactitud, a lo que a la postre resulta de su regulación legal. Lo veremos a continuación:

1. Algaba Ros se decanta por la teoría de la nulidad, en concreto de la nulidad parcial, porque la desheredación injusta contraviene una norma imperativa como la legítima. Para refutar este argumento, podríamos volver a citar a Capilla Roncero, que discutió, en varias obras, la naturaleza imperativa de la legítima, so pretexto de que el interés protegido por el legislador es disponible, no afectando su renuncia a ningún interés u orden público[371]. Efectivamente, cabe la posibilidad, como hemos visto más arriba, de que el desheredado renuncie al ejercicio de la acción, incluso que se someta al juego de cualquier transacción con los herederos instituidos por el testador, argumento que sacó a colación Vallet de Goytisolo para defender que la acción es rescisoria, y no de nulidad[372].

Pero, a nuestro juicio, este argumento no es determinante, ya que otras normas, no relacionadas con el Derecho de sucesiones, sancionan la contravención de determinadas reglas con la nulidad de pleno derecho e, igualmente, cabe la posibilidad de que la parte perjudicada perfeccione con la contraparte un negocio por virtud del cual aquella renuncia a demandar la nulidad. Para parificarlo, daremos un giro copernicano, y nos sumergiremos, brevemente, en el ámbito de los consumidores

---

371 Capilla Roncero, F.: «Nulidad e impugnabilidad del testamento», op. cit., pp. 67 y 68, y «Artículo 813. Prohibición de privar de la legítima», op. cit., p. 809.

372 Vallet de Goytisolo, J.: *Limitaciones de Derecho sucesorio a la facultad de disponer, Tomo I, Las legítimas,* op. cit., p. 976.

y usuarios, omitiendo citas bibliográficas que son prescindibles para la comprensión del supuesto. Es sabido que el artículo 83 TRLGCU sanciona con la nulidad de pleno derecho la existencia de cláusulas abusivas, teniéndolas por no puestas. Esta nulidad puede apreciarse de oficio[373], es imprescriptible, tiene efectos retroactivos, salvo alguna nauseabunda excepción del Tribunal Supremo que bordeó la prevaricación[374], y no es susceptible de que el consumidor renuncie, previamente, a los derechos que reconoce la norma (art. 10 TRLGCU). Sobre el papel, la invalidez prevista en la norma tuitiva de consumidores y usuarios se acopla, a la perfección, en la teoría de la nulidad. Sin embargo, así como Capilla Roncero rechazó la tesis de la nulidad cuando de la legítima se trata, apelando a que la acción se somete al juego de la autonomía de la voluntad del desheredado, siendo loable que este, una vez abierta la sucesión (art. 816 CC), perfeccione cualquier negocio jurídico en torno al ejercicio de dicha acción, dicha premisa también es predicable en materia de cláusulas abusivas, pues los pactos de renuncia, entre el empresario y el consumidor, han sido avalados por la STJUE 9 julio 2020[375], siempre que no se refieran

---

373 Véase, entre otras, la STJCE 27 junio 2000 (TOL 9.935.159) y la STJUE 26 octubre 2006 (TOL 1.083.257).

374 Nos referimos a la conocida STS 9 mayo 2013 (TOL 3.671.048), que limitó los efectos de la retroactividad de la declaración de nulidad, por abusivas, de las cláusulas suelo, al amparo de los hipotéticos «trastornos graves con trascendencia al orden público económico» que, a juicio de la sentencia, podía provocar el hecho de que las entidades bancarias se viesen obligadas a restituir, *ex tunc*, las cantidades que obtuvieron del consumidor con nocturnidad y alevosía. Afortunadamente, esta exégesis fue desvirtuada por la STJUE 21 diciembre 2016 (TOL 7.984.659), sin perjuicio de que quedar en entredicho, años antes, la función nomofiláctica del Tribunal Supremo, al dictarse sentencias, a lo largo y ancho del país, que condenaron a las entidades bancarias a devolver todas las cantidades percibidas, sin limitar, maquiavélicamente, la retroactividad inherente a la nulidad.

375 STJUE 9 julio 2020 (TOL 7.998.252).

a controversias futuras y la renuncia proceda de un consentimiento libre e informado.

2. Siguiendo con el planteamiento de Algaba Ros, otro de los argumentos que enarbola la autora para adherirse a la teoría de la nulidad, es que los efectos de la desheredación injusta vienen determinados imperativamente por el artículo 851 CC. Hemos de reconocer que, para refutar en este punto a la autora, quizás tendríamos que disertar sobre el título por el que el desheredado injustamente adquiere su legítima, amén de los efectos sobre la partición ya hecha, pero creemos que, con el siguiente ejemplo, será suficiente: supongamos que el testador, con varios descendientes (A, B y C), deshereda al hijo A y nombra sucesores en lo que les corresponda por legítima estricta a B y C, legándole a cada uno, mediante la disposición de bienes concretos, el tercio de mejora y nombrando a un extraño heredero del tercio de libre disposición. En la cláusula desheredativa el testador dice que «en caso de que la desheredación se declare injusta, se le pague su parte de legítima estricta al hijo A con dinero en metálico, autorizando incluso a los otros instituidos para que dicho pago se haga, tan pronto como se dicte sentencia, con dinero extrahereditario»; y ello a pesar de que el supuesto no se subsumiría en el artículo 1056 CC, que permite que la legítima se satisfaga con dinero extrahereditario cuando el testador quiera conservar indivisa una explotación económica o mantener el control de una sociedad de capital. O bien, consigna expresamente el testador que «en caso de que la desheredación se declare injusta, se reducirán y, en su caso, se anularán, los legados», salvaguardando las designaciones hechas a título de heredero. Nos planteamos: ¿dichas disposiciones deben reputarse inválidas so pretexto del presunto carácter imperativo del artículo 851? A nuestro juicio no, pues el desheredado podrá obtener el valor de la parte que le corresponde de su legítima estricta. Pero vamos a más, es bien sabido que la nulidad tiene efectos retroactivos, de manera que su alcance se retrotrae al momento de la apertura de la

sucesión; sin embargo, como veremos posteriormente, ello no será óbice para que se mantenga la validez de la partición ya hecha, teniendo los herederos la única obligación de pagarle al desheredado injustamente su legítima en metálico, como así ha manifestado, recientemente, el Tribunal Supremo en sede de preterición[376]. Es decir, si es una regla de la nulidad que esta no puede ser fundamento de ningún efecto negocial[377], con la desheredación no se cumple esta premisa, máxime cuando la partición, si es convencional, tiene naturaleza de negocio jurídico. A mayor abundamiento, la expresión del artículo 851 CC en torno a que «se anulará la institución de heredero», no puede visualizarse literalmente, pues como apuntó Puig Peña, no se anula, ni siquiera parcialmente, el testamento, sino que, simplemente, se reduce[378-379].

3. Respecto a los argumentos de Vallet de Goytisolo, hemos visto que, para negar la teoría de la nulidad, apela al carácter disponible de la desheredación por el desheredado. Es cierto, la acción de desheredación injusta por el desheredado es tan renunciable y disponible como lo es respecto al consumidor que renuncia al ejercicio de acciones para reclamar la nulidad de determinadas cláusulas abusivas una vez que tiene conocimiento de que, efectivamente, son abusivas y ha sido instruido de las consecuencias de dicha renuncia. Decimos esto porque, a día de hoy, ese argumento quizás no sea suficiente para desvirtuar la acción la nulidad, pues dicha posibilidad también cabe respecto a otras normas cuya contravención es sancionada por el legislador con la nulidad de pleno de derecho.

---

376 STS 13 junio 2023 (TOL 9.617.059).

377 O´Callaghan Muñoz, X.: *Compendio de Derecho Civil, Tomo I, Parte general,* op. cit., p. 362.

378 Puig Peña, F.: *Tratado de Derecho Civil Español, Tomo V, Sucesiones, Vol. II, Relaciones sucesorias particulares,* op. cit., p. 444.

379 Igualmente, Ragel Sánchez, L. F.: «Artículo 851», op. cit., p. 6282.

4. También apela Vallet al principio de justicia rogada de la desheredación injusta, que no es posible apreciar de oficio, al contrario de lo que sucede con la nulidad, teniendo el desheredado, como el preterido, la carga procesal de presentar una demanda solicitando que se declare injusta la desheredación. En otras figuras negociales, como el matrimonio, también se sancionan con la nulidad determinados supuestos al mismo tiempo que se limita la legitimación para pedirla, sin perjuicio de su posible convalidación. Por ejemplo, el matrimonio contraído por error, coacción o miedo grave (art. 73.5º CC), nadie negará que es nulo; sin embargo, el artículo 76 CC impide a cualquier interesado o al Ministerio Fiscal ejercitar la acción de nulidad, quedando restringida la legitimación activa al cónyuge que hubiera sufrido el vicio. Es más, la nulidad, generalmente, no es convalidable, ni sanable por caducidad o prescripción; no obstante, los respectivos párrafos segundos de los artículos 75 y 76 CC permiten la convalidación de matrimonios que, en origen, eran nulos, por el hecho de la convivencia durante un año una vez que el contrayente menor haya alcanzado la mayoría de edad o que haya cesado el vicio del consentimiento[380].

Hemos hecho patentes todas las fisuras que presenta adherirse a una u otra teoría para demostrar que, incurrir en un celo dogmático respecto a la naturaleza jurídica de la acción de desheredación, más que virtudes, traerá limitaciones al debate, pues es imposible subsumir, plenamente, la acción en discordia en alguna de las categorías de ineficacia. Lo que sí ha quedado claro, después de esta exposición, y en contraposición a la postura de Delgado Juega, es que incluso aquellos autores que han apostado por la tesis de la nulidad radical han reconocido que, en todo caso, resulta necesaria la iniciativa procesal del desheredado, sin que la desheredación injusta pueda ser apre-

---

380 Sobre el particular, puede verse la reciente STS 24 enero 2024 (TOL 9.856.587).

ciada de oficio, como ocurre con el matrimonio, donde, pese a que determinadas causas puede llevar aparejada su nulidad, en algunas es necesario que el cónyuge perjudicado despliegue una actividad procesal, sin que el Ministerio Fiscal, que ni se le menciona cuando se trata de la legítima en el Código Civil, pueda promoverla (artículo 76 CC).

Ahora bien, lo dicho no será óbice para que, hechas estas apreciaciones, dibujemos una conclusión, la cual no será meramente descriptiva. Descartamos que la acción de desheredación injusta sea una acción de nulidad, pues, sin perjuicio de que ello contravendría la libertad de testar, que, no se olvide, es el principio general, representando la legítima la excepción, no son pocas las manifestaciones legales y jurisprudenciales que le alejan de la nulidad de pleno derecho, y así lo hemos puesto de manifiesto en este apartado. Quizás, la acción se acerque más a la naturaleza rescisoria, pero deparase en la objeción que presentó en su día Algaba Ros: mientras en la rescisión hay un negocio válidamente celebrado que, por producir un perjuicio a las partes o a un tercero, puede ser declarado ineficaz, en la desheredación, a su juicio, la lesión existe en su origen[381]. Podemos refutar con varios argumentos esta afirmación:

Si entendemos que el origen de la desheredación se sitúa en el momento del otorgamiento del testamento, no puede decirse que la desheredación es inválida, pues el desheredado no sabrá si su legítima ha resultado lesionada hasta la apertura de la sucesión, que será cuando se tenga que calcular, conforme al artículo 818 CC, la legítima, pudiendo ocurrir que esta esté cubierta por las donaciones y liberalidades que en vida hizo a su favor el causante.

En cambio, si consideramos que el origen de la desheredación se sitúa temporalmente en el momento de la apertura

---

381 Algaba Ros, S.: *Efectos de la desheredación*, op. cit., p. 331.

de la sucesión, que será cuando nazca en el mundo jurídico el derecho del legitimario, tampoco vemos que ello, *per se*, sea motivo suficiente para descartar la proximidad de la acción de desheredación injusta a la naturaleza rescisoria. Así como la acción rescisoria permite impugnar un acto o negocio válido en sus elementos esenciales pero que, posteriormente, ocasiona unos efectos desproporcionados, la acción de desheredación injusta se dirige a atacar una disposición testamentaria que tiene como continente un testamento perfectamente válido, pero que, al fallecimiento del causante, se revela que produce unos efectos lesivos para el legitimario desheredado. Creemos que el error reside en mirar la invalidez desde la perspectiva de la desheredación *stricto sensu*, cuando lo verdaderamente determinante es la expresión de la voluntad desheredativa, pues, poniendo el foco en esta, se podrá colegir que, en absoluto, la voluntad desheredativa articulada en testamento es ineficaz en su origen; tanto es así que, pese a la desheredación injusta, despliega una series de efectos en la sucesión del causante.

Así, tanto si la voluntad desheredativa no se fundó en causa alguna, como si lo hiciera en una causa no prevista en la ley, o en una causa que, después de demandar el desheredado, no resultare probada, aquella disposición testamentaria servirá como asidero para salvaguardar, en la medida de lo posible, la voluntad del testador, representando, a nuestro juicio, un contrasentido afirmar que la desheredación no reunía los elementos esenciales para su validez. A este respecto, siendo la voluntad del testador la ley de la sucesión, bastará con que haya plasmado la voluntad desheredativa en un testamento válido para que tenga ciertos efectos, sin perjuicio de aquellos otros que produce, provisional e interinamente, la desheredación *stricto sensu*. Veámoslo sintéticamente:

a. En caso de que se haya desheredado injustamente a un descendiente que concurría en la sucesión con sus hermanos, que no fueron desheredados, el desheredado percibirá, como determina la jurisprudencia[382], su legítima estricta, quedando excluido del tercio de mejora aunque no haya sido objeto de expresa disposición por el testador, pues, constando la voluntad desheredativa, se ha de respetar esta voluntad en la medida de lo posible, quedando privado el desheredado de todo, salvo de la parte proporcional de legítima estricta.

b. Asimismo, hemos defendido en este apartado, y desarrollaremos luego, que, mientras la desheredación no se impugne, los herederos instituidos podrán hacer la partición y, en caso de que la desheredación se declare injusta, aquella, conforme al principio de conservación de los actos jurídicos, se mantendrá, con la obligación de los instituidos de pagar la legítima en metálico al que fue desheredado. En este sentido, la desheredación injusta no puede o no debe provocar la nulidad de la partición, ya que servirá como título atributivo de las adjudicaciones efectuadas a favor de los instituidos, sin que sea viable suspender las operaciones particionales hasta el dictado de una sentencia apreciando la legalidad o ilegalidad de la desheredación. En consecuencia, al amparo de la voluntad desheredativa, el desheredado injustamente solo tendrá derecho a reclamar el pago de su legítima en metálico, manteniéndose en poder de los instituidos los bienes de la herencia, situación que guarda semejanzas, *mutatis mutandi*, con los efectos que prevé el artículo 1295 CC para la rescisión de los contratos.

c. A lo anterior ha de añadirse que, en el supuesto de que, habiéndose desheredado injustamente a un legitimario, entrare en juego la sucesión intestada, aquel solo tendrá derecho a su legítima, quedando excluido de la parte de

---

382 Por todas, véase la ya citada STS 23 enero 1959.

> libre disposición. Este efecto obedece a que la voluntad desheredativa, plasmada en un negocio testamentario que reunía todos los elementos esenciales para su validez, alberga también una exclusión testamentaria, anticausalista por naturaleza, y, por tanto, aunque a la postre se revele que dicha voluntad no sirvió para privar de la legítima, no será óbice para que pueda fundamentar una privación de todo lo demás.

Con esto queremos patentar que, en contra de lo que opina Algaba Ros, creemos que si la cláusula desheredativa se consigna en testamento, la voluntad de desheredar, que es lo verdaderamente determinante, reunirá todos los elementos esenciales para su validez, pues, de lo contrario, sería imposible explicar todos los efectos jurídicos que hemos descrito, aun sin ánimo exhaustivo. Es decir, así como la teoría de la nulidad conllevaría, sin perjuicio de otras consecuencias defendidas por Delgado Juega, declarar nulo todo lo hecho posteriormente al acto desheredativo, inclusive la partición, pudiendo reclamar el desheredado hasta lo que pudiese corresponderle de la parte de libre disposición si entrara en juego la sucesión intestada, al quedar en agua de borrajas la exclusión testamentaria que albergaba la voluntad desheredativa, las consecuencias que hemos defendido, y que defenderemos con mayor exhaustividad cuando abordemos los efectos de la desheredación, acercan más la acción a la naturaleza rescisoria o, al menos, la alejan exponencialmente de la de nulidad, sin que pueda identificarse plenamente, insistimos, con una u otra.

Por lo tanto, no compartimos, en absoluto, la afirmación en torno a que no es posible aproximar la acción de desheredación injusta a la acción rescisoria so pretexto de que la desheredación, desde el origen, no reunía los elementos esenciales para su validez, pues si la voluntad de desheredar se ha plasmado en un testamento válido irradiará, inexorablemente, múltiples efectos en la sucesión, aunque a la postre la desheredación sea declarada injusta.

7.2. Legitimación activa

7.2.1. El desheredado que no recibió, ni inter vivos ni mortis causa, la legítima

No aportaremos más de lo que ya han dicho otros autores si decimos que tendrá legitimación activa para ejercitar la acción de desheredación injusta el legitimario desheredado. *Prima facie,* se podría sostener que, habiendo recibido el desheredado su legítima mediante donación, este carecerá de legitimación para el ejercicio de la acción, pues ningún beneficio obtendrá del resultado del proceso. Creemos que todo dependerá de las circunstancias del caso concreto, pudiéndose diferenciar varios escenarios. Lo veremos a continuación planteando algunos supuestos que, en puridad, suponen adelantar conceptos que veremos en el capítulo donde tratemos los efectos de la desheredación:

1. Si en una sucesión concurren tres hijos, siendo desheredado uno de ellos, limitándose el testador a designar herederos a los dos restantes en la legítima, los instituidos adquirirán, por mitad, la legítima larga. Si el desheredado recibió lo que le correspondía por legítima estricta mediante donaciones, a nuestro juicio, no tendrá legitimación para impugnar la desheredación si sus hermanos han aceptado herencia. Mientras los hermanos no ejerciten el *ius delationis,* el desheredado gozará de legitimación para formular una *interpellatio in iure* (art. 1005 CC). Sea de manera voluntaria o a través de la *interpellatio,* si los dos aceptan, la legitimación del desheredado para el ejercicio de la acción sería inexistente, pues ninguna consecuencia tendría la hipotética sentencia estimatoria o, mirando la literalidad del artículo 851 CC, ninguna institución de heredero habría que «anular». En cambio, si al menos uno de ellos repudia, quedando vacante una parte de la legítima estricta, el desheredado que recibió su legítima mediante donación

tendrá plena legitimación para impugnar el acto desheredativo, pues, a pesar de entenderse excluido del tercio de mejora que corresponde en su integridad al descendiente instituido heredero que aceptó la herencia, no se le podrá privar, ante la vacancia de una cuota de la legítima estricta perteneciente al otro descendiente que repudió, del acrecimiento entre colegitimarios que contempla el artículo 985 CC, que se ceñirá al tercio de legítima estricta, adquiriendo íntegramente el de mejora el otro hijo designado heredero.

2. En cuanto al supuesto donde se deshereda al único legitimario, cuya legítima se cubrió completamente mediante donaciones, designándose a un extraño como heredero o legatario, creemos que el desheredado carecerá de legitimación, al margen de que el instituido acepte o repudie la herencia, pues aunque repudie la herencia -subsumible en la libre disposición, habida cuenta de que ya se cubrió la legítima-, la adquirirá, en ausencia de sustituto vulgar, el heredero *ab intestato* llamado a la sucesión en defecto del desheredado, ya que, como hemos dicho más de una vez a lo largo de esta obra, la voluntad desheredativa alberga una exclusión testamentaria, de modo que, aunque la desheredación se declare injusta, la exclusión desplegará sus efectos jurídicos, quedando privado el desheredado de todo llamamiento deferido por la ley.

3. Si el hijo es desheredado y premurió al causante, dejando descendencia, esta no podrán ejercitar la acción de desheredación injusta que correspondía al progenitor, pues adquirirán la legítima del desheredado en virtud del artículo 857 CC.

4. En cambio, si un legitimario es desheredado y no es aplicable el derecho de representación, coincidimos con Algaba Ros en que sus herederos, aunque no sean parientes del desheredante, podrán ejercitar la acción de desheredación injusta, salvo que el desheredado hubiese renunciado en vida y tras la apertura de la sucesión a su ejercicio, de la misma manera que el artículo 655 CC permite a los herederos y causahabientes

del legitimario solicitar la reducción de las donaciones inoficiosas[383].

Por lo tanto, aunque la legitimación *ad causam* se trate de una cuestión de fondo que, en puridad, no puede apreciarse *ab initio* del proceso judicial inadmitiendo la demanda, los tres primeros supuestos descritos podrán servir, a instancia del demandado, para que el tribunal dicte un fallo desestimatorio por falta de legitimación, ya que ninguna institución de heredero habría que «anular» (art. 851 CC), como tampoco habría que reducir ningún legado o donación (arts. 820 y 655 CC)[384]. Defender lo contrario sería algo así como reconocer la procedencia de la acción de preterición, con los efectos inherentes al artículo 814 CC, respecto a un legitimario que, a pesar de haber sido omitido en testamento, recibió la legítima en vida del causante, pues, como dice Martínez Espín, sería absurdo acudir a las normas de preterición cuando el legitimario no tiene nada que reclamar[385-386].

---

383 ALGABA ROS, S.: *Efectos de la desheredación*, op. cit., p. 331.

384 RIVERA FERNÁNDEZ, M.: *La preterición en el Derecho común español*, op. cit., pp. 219 y 220.

385 MARTÍNEZ ESPÍN, P.: «Artículo 814», op. cit., p. 5935.

386 GAGO SIMARRO, C.: «La preterición de los descendientes», op. cit., pp. 332 y 333, expone que, conforme al Derecho Romano, existía preterición si el testador había omitido u olvidado a un legitimario en su testamento aunque hubiese recibido alguna liberalidad en vida en concepto o en pago de su legítima, señalando que, actualmente, la STS 20 febrero 1981 cambió de criterio, negando la existencia de preterición en dichos supuestos. Puede ser que dicha sentencia, así como la STS 15 febrero 2001 (TOL 99.681), sirva de asidero para defender la postura que tanto la autora como nosotros defendemos en cuanto a la inexistencia de preterición; sin embargo, no nos inclinaríamos a decir que ambas sentencias sean determinantes, pues las respectivas causantes mencionaron al legitimario en testamento, señalando que les habían donado al legitimario, falsamente preterido, varios bienes. Así, en la primera resolución, la madre dijo en testamento que «nada lega a su hijo don Teodoro por haberle dado ya la testadora mucho más de lo que por

7.2.2. La dudosa transmisibilidad de la acción iure sanguinis por cuestiones honoríficas

Se infiere de lo dicho hasta aquí que, salvo la excepción mencionada, en la que los herederos del desheredado ejercitaren la acción habiendo fallecido este sin renunciar a la misma (art. 655 CC), la acción es personal y ejercitable únicamente por el desheredado, sin perjuicio de lo que luego se dirá; no obstante, Vallet de Goytisolo decía que, excediendo la desheredación de ser una mera cuestión económica, la acción será transmisible *iure sanguinis* si se trata de salvaguardar el honor del desheredado, ante las gravísimas acusaciones de deshonra que puede albergar el hecho de la desheredación[387]. Tesis que ha sido suscrita por otros autores, que, afirmando que la acción de desheredación es personalísima, defienden que será transmisible *iure sanguinis* si se trata de proteger la imagen o el

---

legítima acreditaría»; la sentencia, en el primer considerando, descartó que se tratase de una desheredación, pues esta existirá cuando haya una voluntad desheredativa basada en alguna de las causas establecidas en la ley, voluntad que fue inexistente en el testamento, pues la razón de no dejar nada al hijo no fue privarle de la legítima, sino haberle dado en vida más de lo que le correspondía. En cuanto a la preterición, el segundo considerando también la descartó, pues teniendo por acreditado que la madre donó bienes al hijo, pero en cuantía insuficiente para cubrir la totalidad de su legítima, el único derecho que asistía al demandante no era el del ejercicio de la acción de preterición, sino el «de pedir el complemento de la legítima» al amparo del artículo 815 CC. En la segunda de las sentencias citadas, igualmente, una madre dijo en testamento que nada les dejaba a sus dos hijos por haberles dado en vida sobradamente la legítima, especificando los bienes que habían sido objeto de donación; el Alto Tribunal, aunque descartase, *obiter dicta*, que se tratase de un supuesto de preterición intencional o desheredación injusta, centró el objeto del debate en la procedencia o no de la obligación de colacionar.

387 Vallet de Goytisolo, J.: *Limitaciones de Derecho sucesorio a la facultad de disponer, Tomo I, Las legítimas*, op. cit., pp. 977 y 978

buen nombre del desheredado[388], siempre que, matiza Ordás Alonso, el desheredado no haya renunciado a la acción expresa o tácitamente[389].

Tenemos nuestras dudas sobre las bondades de esta posibilidad, pues estimamos que la pretensión ligada a la acción de desheredación injusta es patrimonial, sin que la deshonra que pudiese acarrear el hecho de la desheredación pueda justificar, *per se*, la legitimación del desheredado o sus causahabientes. Es más, apoyar esta teoría sería como reconocer la legitimación *ad causam* de un desheredado que, en vida, recibió la legítima, demandando que se declare injusta una desheredación por cuestiones de honra cuando ninguna disposición habría que anular o reducir, vislumbrándose la tramitación del proceso inocua, estéril y baldía.

La mayoría de los autores que ha secundado esta teoría se remiten, lacónicamente, a la STS 10 junio 1988[390], sin que de la misma se pueda inferir, ni siquiera indirectamente, que la acción es ejercitable o transmisible por meras cuestiones honoríficas. Aquí, el testador desheredó a su esposa y a sus dos hijos, designando herederos a sus padres. Los tres desheredados, demandaron judicialmente que la desheredación fue injusta, pretensión que fue estimada en la sentencia que, a la postre, fue objeto de recurso. Entre los motivos del recurso de casación, los demandados alegaron que la esposa carecía, a la

388 Algaba Ros, S.: *Efectos de la desheredación*, op. cit., p. 331; Berrocal Lanzarot, A. I.: «El maltrato psicológico como justa causa de desheredación de hijos y descendientes», op. cit., p. 935; Busto Lago, J. M.: «Artículo 851», op. cit., p. 1121.

389 Dice Ordás Alonso que, en tales supuestos, no será transmisible la acción si el desheredado tuvo conocimiento de la desheredación y falleció sin impugnarla ante los tribunales o cuando hubiere renunciado expresamente a ejercitarla (Ordás Alonso, M.: *La desheredación y sus causas. Derecho civil común y derecho civiles forales y especiales*, op. cit., p. 167).

390 STS 10 junio 1988 (TOL 1.735.070).

apertura de la sucesión, de la condición de legitimaria, pues ambos cónyuges estaban separados, careciendo de sentido la impugnación de la desheredación. La citada sentencia dijo que dicho motivo era intrascendente, dado que legitimada o no la esposa para la impugnación de la desheredación, en el mismo proceso la impugnaron también los hijos, sin que la acción ejercitada por aquella «se traduzca en un derecho a la legítima vidual», pues la sentencia recurrida negó a la esposa la condición de legitimaria, sin que fuera impugnada por esta tal declaración[391].

Como se puede ver, ni el Tribunal Supremo dijo expresamente que la acción se pueda ejercitar o transmitir *iure sanguinis* por cuestiones honoríficas, ni se puede inferir de sus

---

[391] Transcribimos literalmente el fundamento de derecho sexto: "Por último y en lo que al cónyuge supérstite se refiere, dado que a él se hace una específica referencia en el motivo segundo, es de indicar que tampoco pueden ser atendidas las alegaciones hechas en dicha motivación, consistentes en que la esposa del testador no se encuentra situada en el lugar que el artículo 851 del Código Civil establece para poder actuar la pretensión que esgrime en la litis, dado que como vivía separada del esposo no tenía derecho a la legítima y, a su vez, si no era titular de derechos legitimarios la impugnación de la desheredación pierde todo su sentido. La motivación, perece, en primer lugar por su completa intrascendencia a los efectos de la litis, dado que legitimada o no para el ejercicio de la acción de impugnación de la desheredación, ésta habría de seguir su «iter» por esgrimirla también los hijos del causante. Pero es que, además en el motivo se están confundiendo dos conceptos distintos, el de la desheredación y el de los derechos legitimarios y ello, pese a que existiendo ya esa separación de hecho de que el motivo habla y aparece indicada en el primero de estos fundamentos, el causante testador deshereda a su mujer con base en las circunstancias que en el testamento expresa, desheredación que por las razones expuestas en el tercer fundamento de la sentencia de apelación no tenía razón de ser, sin que ello, por las consideraciones igualmente expuestas en dicha resolución, se traduzca en un derecho a la legítima vidual que la concede el artículo 834 del Código Civil, derecho legitimario éste que el Juzgador de apelación la niega sin que se haya impugnado por la interesada tal declaración".

fundamentos dicha posibilidad. Aquí, sencillamente, la sentencia dijo que el recurso, en lo atinente a la esposa, era jurídicamente irrelevante, pues también fueron desheredados los hijos y, además, el hecho de que eventualmente se declarase injusta la desheredación del cónyuge era irrelevante, pues carecía de la condición de legitimaria. Es decir, la estimación del recurso presentado por los herederos por dicho motivo era jurídicamente intrascendente y fue dicha irrelevancia la que fundamentó su desestimación, pues, pese a su estimación, no se habría anulado a favor de la demandante la institución de heredero hecha a favor de los padres del desheredante. Es más, consideramos que, precisamente, dicha sentencia puede servir de fundamento para avalar nuestra teoría, pues si la esposa, que perdió la condición de legitimaria, se hubiese configurado como la única demandante, el juzgado *a quo* podría haber desestimado la demanda sin muchos titubeos, al amparo de que su estimación, igualmente, habría sido inútil, careciendo la pretensión de relevancia patrimonial[392].

---

[392] Así lo consideró la SAP Badajoz 23 enero 2003, diciendo lo que sigue en el fundamento de derecho segundo: «Como con acierto expresa el Juzgador a quo a la hora de analizar la presente controversia debe distinguirse entre la situación de la esposa del fallecido, Dña. María Milagros, y la de sus hijas en tanto que respecto de la primera la demanda debe ser desestimada simplemente porque carece de todo objeto pues la misma, al estar separada legalmente de su marido antes de su fallecimiento, según aceptan expresamente en su propia demanda inicial, carece de todo derecho sucesorio y, por tanto, de derecho alguno a la legítima, en forma de usufructo, que contempla nuestra legislación civil común debiéndose destacar que el art. 834 del C.Civil subordina los derechos del cónyuge viudo al hecho de que al tiempo de morir su consorte no estuviese separado o lo estuviese por culpa del difunto, que no es el caso, e incluso en cuanto a los llamamientos a la sucesión intestada el art. 945 excluye igualmente al cónyuge separado por sentencia firme o incluso de hecho de mutuo acuerdo y que conste fehacientemente de manera que de ninguna forma dicha demandante podría tener la cualidad de legitimaria o de heredera del difunto y, en consecuencia, su acción de impugnación no puede ser estimada».

7.2.3. El ejercicio de la acción de desheredación injusta por los acreedores del desheredado

Otra cuestión de interés en lo atinente a la legitimación, gira en torno a la posibilidad de que los acreedores puedan ejercitar la acción de desheredación injusta en defecto del desheredado. Problemática que se puede presentar cuando, habiendo una desheredación, el desheredado insolvente no la ejercitare por mera inercia o porque el causante, en connivencia con el legitimario, lo deshereda para que los acreedores de este no tengan ninguna posibilidad de obtener el pago de la deuda, tratándose este último supuesto de una desheredación hecha, *stricto sensu*, en fraude de los acreedores.

En el primer supuesto perfilado es, sin duda, la acción subrogatoria la que compete al acreedor del desheredado. A primera vista, en el último caso planteado, donde el causante, de consuno con el legitimario, lo deshereda para defraudar las expectativas de los acreedores, el debate podría plantearse respecto a la posibilidad de ejercitar la acción subrogatoria o la acción pauliana; pues en aquella hay una «culpabilidad por inercia», mientras que en esta hay una «culpabilidad por fraude»[393]. No obstante, la eventual existencia de un *animus nocendi* en la figura del desheredado no desvirtúa la subsunción de la acción a ejercitar en la arquitectura de la acción subrogatoria; téngase en cuenta que mediante la acción pauliana los acreedores reconstituyen el patrimonio del deudor para cobrar el crédito, consiguiendo que retornen a su patrimonio bienes que salieron fraudulentamente. En la desheredación articulada en fraude de los acreedores la voluntad desheredativa plasmada en testamento es un título suficiente para

---

393 Puig Peña, F.: *Tratado de Derecho Civil Español, Tomo IV, Obligaciones y contratos Vol. I, Teoría general de la obligación*, Editorial Revista de Derecho Privado, Madrid, 1946, p. 259.

que el desheredado quede privado del *ius delationis,* de modo que los bienes de la herencia nunca lleguen a formar parte de su patrimonio. Por ello, si el desheredado rehúsa ejercitar la acción de desheredación injusta, los acreedores deberán ejercitar la acción subrogatoria, pues aunque en aquel existiese un *animus nocendi* que se residenció en el mismo acto de la desheredación, que contó con la aquiescencia del causante, la acción a ejercitar no es de reconstitución patrimonial (acción pauliana), sino de *integración patrimonial* (acción subrogatoria), con el fin de que en el patrimonio del desheredado ingresen bienes que nunca estuvieron en él, pero que debieron estar[394] de no haberse empleado la desheredación como mecanismo defraudatorio.

Conforme a la exégesis doctrinal y jurisprudencial[395] del artículo 1111 CC, son requisitos de la acción subrogatoria los siguientes: 1. Que el demandante tenga la condición de acreedor. 2. Que el acreedor no pueda obtener el pago de la deuda de otra manera, por la inexistencia de bienes en el patrimonio del deudor. 3. Que los derechos y acciones que por inercia o abulia no ejercitó el deudor no sean «inherentes a su persona». Sin duda, en relación a la desheredación, el último requisito es el que reviste más enjundia, pues, como hemos visto más arriba, la doctrina, empezando por Vallet de Goytisolo, nunca ha dudado en caracterizar la acción de desheredación injusta como personalísima, solamente transmisible en supuestos puntuales[396].

---

394 Puig Peña, F.: *Tratado de Derecho Civil Español, Tomo IV, Obligaciones y contratos Vol. I, Teoría general de la obligación,* op. cit., pp. 258 y 260.

395 Por todas, la STS 4 junio 1928 (TOL 5.036.046).

396 Nos ratificamos en lo dicho anteriormente respecto a que, así como vemos loable que los herederos del desheredado injustamente ejerciten la acción salvo que este haya renunciado a ella, en virtud de la aplicación analógica del artículo 655 CC, somos reticentes respecto a la posibilidad de transmitir la legitimación *iure sanguinis* por cuestiones honoríficas.

En nuestra opinión, el reconocimiento de que, generalmente, el desheredado es el único legitimado para el ejercicio de la acción en virtud de su naturaleza personalísima no es un obstáculo para que, ante su inacción, los acreedores puedan ejercitarla en virtud de la acción subrogatoria. Es cierto que la condición de legitimario, con todo lo que ello conlleva, es personalísima, pero obsérvese que la acción a ejercitar por los acreedores no tiene como objetivo la obtención del *status* de legitimario, que conserva el desheredado pese a la desheredación, sino de integrar la legítima en el patrimonio de este con base en el parentesco que sirve de presupuesto para reclamarla. Los derechos inherentes a la persona a los que se refiere el artículo 1111 CC son aquellos personalísimos, que suelen albergar un ligamen con el estado civil, la ciudadanía o la familia, siendo estos derechos los que los acreedores tienen vetado ejercitar, aunque pudieran albergar, indirectamente, efectos en el patrimonio del deudor, pues solo a este corresponde ejercitarlos.

Es decir, suponiendo que el deudor fue objeto de una preterición errónea porque el causante desconocía que aquel era su hijo, es sabido que, antes de reclamar la legítima, el preterido tendrá que ejercitar la acción de reclamación de la filiación para que, una vez determinado el parentesco y tenga adquirida la condición de legitimario, el hijo pueda obtener su legítima. Pues bien, aunque este tenga acreedores y se hallare en un estado de insolvencia, estos no podrán ejercitar la acción tendente a la determinación de la filiación, pues la legitimación para el ejercicio de las acciones tendentes al reconocimiento de una situación jurídica extrapatrimonial de carácter personal solamente compete a las personas que mencione la ley, aunque de dicha situación jurídica extrapatrimonial deriven derechos patrimoniales[397].

---

397 LACRUZ BERDEJO, J. L.: «Algunas consideraciones sobre el objeto de la acción subrogatoria», *Anuario de Derecho Civil*, núm. 4, 1950, pp. 1105, 1116 y 1117.

En este estado de cosas, autores como Lacruz Berdejo, que han estudiado *ad hoc* la acción subrogatoria, han defendido la posibilidad de que los acreedores del legitimario puedan ejercer todas las acciones que competen a este con relación a su legítima[398], incluyendo expresamente el autor la acción de desheredación injusta, entre otras[399]. Es más, de la misma manera que el derecho a reclamar alimentos no es transmisible a tenor del carácter *intuitu personae* de la relación alimenticia, ello no es óbice para que las pensiones atrasadas, que tienen una naturaleza típicamente patrimonial al concretarse en una obligación pecuniaria, puedan ser objeto de compensación, renuncia y transmisión (art. 152 CC). Este argumento resulta extrapolable al ligamen subyacente entre la acción subrogatoria y la desheredación, pues los acreedores, mediante el ejercicio de la acción de desheredación injusta, no van a solicitar la constitución de una situación jurídica personal o familiar, que ya existe, sino, simplemente, reclamar los derechos patrimoniales que tienen como presupuesto la condición de legitimario del deudor y que la desheredación no desvirtúa, pues como hemos dicho en esta obra, el estado de legitimario viene determinado por el parentesco, no por la percepción de la legítima.

En definitiva, el ejercicio de dicha acción por los acreedores del desheredado no confiere a aquellos la condición de legitimarios, como tampoco, en la órbita del artículo 1001 CC,

---

398 El Tribunal Supremo, en la STS 3 octubre 1979 (TOL 1.741.196), reconoció la legitimación de los acreedores para reclamar la legítima del deudor en un caso donde en el testamento del padre se dispuso que nada disponía a favor del hijo porque su legítima había sido satisfecha en vida. Más próximo al tema objeto de estudio es la SAP León 15 julio 2004 (TOL 514.131), que, remitiéndose a la STS 3 octubre 1979, avaló la legitimación de Caja España para impugnar una desheredación que el desheredado, a la sazón deudor, no llegó a ejercitar.

399 Lacruz Berdejo, J. L.: «Algunas consideraciones sobre el objeto de la acción subrogatoria», op. cit., pp. 1107 y 1108.

los acreedores que *aceptan* la herencia en nombre del heredero que repudia se convierten en herederos del causante, tratándose, simplemente, de un derecho conferido por ley a los acreedores, no para conferirle la condición de herederos respecto a una sucesión donde no han sido instituidos como tales, sino, simplemente, como «medida de protección del crédito»[400]. Es más, a propósito de la cita del artículo 1001 CC, huelga decir que el ejercicio por los acreedores de la acción de desheredación injusta no provocará que estos adquieran, íntegramente, la legítima que pudo haber percibido el desheredado, sino que, parafraseando el precepto, la acción solo aprovechará a los acreedores en cuanto baste para cubrir el importe de sus créditos, adjudicándose el exceso a las personas que corresponda[401].

7.2.4. El valor de cosa juzgada de la sentencia en caso de pluralidad de desheredados

Para hablar del carácter relativo de la cosa juzgada cuando, respecto a una misma sucesión, son varios los legitimarios desheredados, nos serviremos de la STS 19 abril 2023[402], que, a juzgar por las sentencias dictadas en instancias inferiores, si tuviéremos que describir el proceso con una sola palabra, diríamos que fue *kafkiano,* sin perjuicio de que la sentencia dictada en casación resolvió con acierto el recurso de casación presentado por la desheredada.

---

400 Lasarte Álvarez, C.: *Derecho de sucesiones. Principios de Derecho Civil, Tomo séptimo* (revisada y actualizada con la colaboración de Cervilla Garzón, Mª. D., y García Pérez, C. L.), op. cit., p. 284, el cual relaciona el artículo 1001 CC con la acción subrogatoria o pauliana.

401 Algaba Ros, S.: *Efectos de la desheredación,* op. cit., p. 348.

402 STS 19 abril 2023 (TOL 9.524.362).

Todo empezó cuando un padre otorgó, el 17 de agosto de 2005, un testamento abierto notarial, disponiendo que, desde que se separó judicialmente de su esposa, fue maltratado de obra e injuriado gravemente por sus dos hijos, no teniendo relación alguna con ellos, desconociendo sus domicilios, y no mostrando ningún interés en conocer su situación personal y económica. En el mismo testamento, designó heredera a su «compañera». Fallecido el testador en 2012, la hija desheredada presentó demanda contra la heredera, solicitando que se declarase la inexistencia de la causa de desheredación del testamento de su padre, además de instar la nulidad de la institución de heredera a favor de la demandada en todo aquello que perjudicase la legítima de la demandante *y su hermano,* que también fue desheredado. La demandada no contestó a la demanda, siendo declarada en situación de rebeldía, entendiéndose que, conforme al sistema de *ficta litiscontestatio* que secunda el artículo 496.2 LEC, se oponía a la pretensión de la actora. El juzgado *a quo* desestimó, sorprendentemente, la demanda, a pesar de que el artículo 850 CC atribuye la carga de la prueba de la causa de desheredación a los herederos si «el desheredado la negare».

La demandante presentó recurso de apelación, denunciando, amén de que la resolución recurrida había incurrido en una incongruencia omisiva, un error en la aplicación o interpretación del artículo 850 CC, en relación con el artículo 217 LEC. La SAP Madrid 17 diciembre 2018[403] dijo que no compartía el criterio del juzgado *a quo,* que atribuyó a la demandante la carga de probar un hecho negativo como es la inexistencia de la causa de desheredación, oponiéndose a la literalidad del artículo 850 CC, subrayando además que el testamento no cumplía los requisitos legales, pues no contenía «una descripción detallada de las conductas de sus hijos, que supuestamen-

403 SAP Madrid 17 diciembre 2018 (TOL 7.091.347).

te constituyeron los maltratos de obra, ni las expresiones por las que el testador se consideró gravemente injuriado de palabra, ni las concretas circunstancias de tiempo o lugar en que las mismas se produjeron»[404], además de que la citada causa de desheredación fue negada por la demandante, desplazando la carga de probar la causa a la heredera designada en testamento, que no se personó en el proceso ni propuso prueba alguna para acreditar la causa. A pesar de que con mero tenor literal del artículo 850 CC hubiese bastado para estimar el recurso de apelación, el tribunal acabó por desestimarlo, arguyendo que la desheredada en su demanda «no ha contradicho ni negado que fuera cierta la aludida falta de contacto ni su desinterés por la situación personal, de salud y/o económica de su padre desde el año 1980 hasta la fecha del fallecimiento del testador», finalizando su razonamiento con unos pasajes sobre la exégesis del maltrato psicológico que, a efectos de este análisis, es superfluo exponer.

Contra dicha sentencia, la desheredada presentó recurso de casación por la aplicación indebida del artículo 853.2ª en relación con los artículos 850 y 851 CC, alegando que no constaba que la ausencia de relación citada en testamento les fuere imputable a ella y a su hermano, sino que la ruptura se produjo a raíz de la crisis matrimonial entre el padre y la madre, sin que constara que aquel hubiese intentado mantener una mínima

---

404 No estamos de acuerdo con dicha afirmación, pues la cláusula desheredativa cumplía, a todas luces, el artículo 849 CC, máxime cuando el testador no se limitó a citar el ordinal correspondiente de la causa de desheredación. Pasamos a transcribir el contenido literal de la cláusula: «Que desde la fecha de su separación judicial, en la que fue maltratado de obra e injuriado gravemente de palabra por sus citados hijos, no ha tenido relación con éstos, sin que conozca sus domicilios y sin que haya tenido noticia alguna desde aquella fecha, demostrando de esta forma su desinterés total por las circunstancias particulares del testador en cuanto concierne a su situación personal, de salud y/o económica».

relación familiar, amén de que tampoco existía prueba alguna de la existencia de haberse producido una lesión a la salud mental del testador. El tribunal estimó el recurso, basando su decisión, principalmente, en que la falta de relación no permite afirmar, sin más, la existencia de un maltrato psicológico ni un abandono injustificado, máxime cuando «no existe prueba alguna, prueba que incumbía a la designada heredera, que no se ha personado en el procedimiento, desconociéndose igualmente si el padre realizó algún intento de ponerse en contacto o conocer la situación de su hija». Pero en lo que aquí interesa, el tribunal concretó los efectos de la estimación del recurso, que correlativamente implicaba la estimación de la demanda, a la hija demandante, única desheredaba que ejercitó la acción de desheredación injusta, manteniéndose la desheredación del hermano, pues, aunque la demandante dijera en el *petitum* de la demanda que se declarase injusta también la desheredación de aquel, no constaba que actuara en su nombre ni que tuviese legalmente atribuida su representación.

Este criterio del valor relativo de la cosa juzgada en materia de desheredación ya fue esbozado por la STS 4 noviembre 1997[405], donde una hija demandó a la hermana del testador, designada heredera, pidiendo al juzgado que se declarase injusta la desheredación. El otro hijo del causante, también desheredado, no demandó, sino que compareció posteriormente en el proceso haciendo suya la demanda presentada por su hermana, no presentando la parte demandada ninguna objeción en el trámite previsto en el artículo 691 LEC 1881. La sentencia enfatizó que la demandante «sólo puede instar por y para ella» la nulidad de la cláusula desheredativa, pues estas son «eminentemente subjetivas», pudiendo concurrir en un desheredado y no en el otro; sin embargo, en el caso objeto dc litigio los efectos de la sentencia también se extendieron al hijo

[405] STS 4 noviembre 1997.

desheredado, ya que la parte demandada se aquietó a la decisión judicial de primera instancia de tenerle como parte procesal, no acarreando dicha aquiescencia ninguna indefensión[406].

A primera vista, diríamos que estamos de acuerdo con el hecho de que, habiendo una pluralidad de desheredados, la sentencia que declare injusta la desheredación solamente tendrá eficacia entre las partes procesales, pues, como ya hemos dicho

---

[406] En la SAP Santa Cruz de Tenerife 14 diciembre 2015 (TOL 5.679.267), el causante desheredó a varios de sus hijos, presentando una demanda una de las desheredadas solicitando que se declarase injusta las desheredaciones que figuraban en el testamento del padre. Estimada la demanda, la heredera recurrió la sentencia, diciendo que la demandante carecía de legitimación activa para impugnar la desheredación de su hermano, pues, así como respecto a la impugnación de la hermana de la demandante constaba la representación, al ser esta su tutora, no pasaba lo mismo respecto a su hermano. La hija demandante alegó, en segunda instancia, que, en lo atinente al hermano, la impugnación la hacía en beneficio de todos los herederos, a la sazón desheredados, que deberían integrar la comunidad hereditaria. Alegación que el tribunal no estimó, diciendo que, hasta que no se anule judicialmente la desheredación, no existiría comunidad hereditaria, habida cuenta que el testador nombró solo a una persona como heredera, añadiendo lo siguiente: «la desheredación, por otro lado, tiene como base unos hechos y causas exclusivamente personales que no se comunican entre los herederos y son propias de éstos, de manera que la acción de impugnación es puramente personal y responde al interés propio e individual del desheredado; a través de ella se defiende ese interés personal sin que se reclame ninguna derecho de la herencia yacente o de la comunidad de herederos, ni se actúe en beneficio de ésta a la que, de momento, no pertenece el legitimario desheredado. Sobre esta base hay que concluir que la actora carece de legitimación para impugnar la desheredación de su hermano, también legitimario, don Demetrio, pues ello implica el ejercicio de un derecho personal de éste para el que no se encuentra facultada como tampoco ostenta su representación; es el legitimario desheredado el que debe negar la causa de la desheredación e interponer la acción correspondiente, para lo que no se encuentra legitimado el otro heredero forzoso también desheredado, pues no es titular del objeto litigioso (art. 10 de la LEC) es decir, del derecho que corresponde a éste y que se discute en el proceso».

a lo largo de esta obra, la desheredación no es una figura de *ius cogens,* sino que se somete al principio de justicia rogada, motivo por el cual condenamos, en anteriores epígrafes, aquellas resoluciones registrales que apreciaban de oficio la ineficacia de la desheredación, bajo el argumento de que el incumplimiento de los requisitos previstos en la ley para desheredar se subsumen en la nulidad de pleno derecho, amén de que, si son varios los legitimarios, no tienen porqué darse sentencias contradictorias, pues, en un plano teórico, aunque la causa citada sea la misma, los hechos que determinaron la desheredación respecto a cada legitimario son individuales y personalizados.

Sin embargo, este punto de vista resultaría discutible si la causa de desheredación se funda en el maltrato psicológico por una ausencia de relación familiar, pues son abundantes los casos donde los hermanos, al alimón, rompen amarras con el progenitor, teniendo a veces esta determinación de los hijos como antecedente la crisis matrimonial que desligaron a sus progenitores. En este escenario, no afirmaríamos, tajantemente, que no existe riesgo de sentencias contradictorias, pues, aunque se dicten dos sentencias que afecten a legitimarios distintos, puede ser que un juzgado haya determinado que unos mismos hechos avalaban la desheredación y otro, en cambio, no. Evidentemente, el peligro relatado de sentencias contradictorias se difuminaría de plano si el demandante o el demandado instan la intervención provocada del otro desheredado, conforme a las previsiones del artículo 14 LEC.

7.3. Legitimación pasiva

En lo relativo a la legitimación pasiva, el Código Civil no contiene una regulación *ad hoc.* Es cierto que el artículo 850 CC dispone que la prueba de ser cierta la desheredación corresponde «a los heredero» si el desheredado la negare, pero de dicha regla no se puede inferir que, únicamente, tendrá legitimación pasiva el heredero, y ello por dos razones: la primera, es que el artículo 850 CC menciona la palabra «heredero» en sentido impropio, esto es, solo para prever que la carga de la prueba en caso de desheredación no corresponde al desheredado, sino a los sucesores instituidos por el causante. En segundo lugar, se podría inferir que, siendo el heredero, y no otro sucesor como el legatario, el sucesor de la personalidad del causante, será aquel quién tendrá que ser demandado, con independencia de que otros sucesores puedan ser acreedores de un perjuicio en caso de que se declare injusta la desheredación; sin embargo, teniendo en cuenta que la legitimación se define como la relación de una persona con el objeto del proceso, es paladino que, al margen de los herederos, tendrán que ser demandados, bajo la cobertura de un litisconsorcio pasivo necesario, todos los sucesores, con independencia del título, cuyo nombramiento o atribución patrimonial pudiera resultar mermada si la demanda presentada por el desheredado fuere estimatoria[407], y todo ello a fin de salvaguardar todos los derechos previstos en el artículo 24 CE[408].

Consecuencia de lo anterior es que, habiendo sido desheredado el hijo, siendo llamada su propia descendencia por la vía del artículo 857 CC, esta también tendrá que ser demandada, pues, en caso de que la sentencia estime que la desheredación fue injusta, el llamamiento de la descendencia de segundo o ulterior grado quedaría en agua de borrajas, careciendo estos de la condición de legitimarios *stricto sensu*. Así lo expuso la

---

407 Calvo Vidal, F.: «La preterición. Sus efectos (el mundo no está precisamente lleno de preteridos)», op. cit., p. 242, afirma, respecto a la acción de preterición, con un criterio que consideramos extrapolable a la desheredación, que tienen legitimación pasiva todos aquellos que deban soportar la reducción, así como los que tengan interés en sostener la validez de las disposiciones testamentarias afectadas.

408 Algaba Ros, S.: *Efectos de la desheredación*, op. cit., pp. 353 y 354.

STS 31 octubre 1995[409], al resolver un supuesto en que, desde la primera instancia, se apreció la excepción del litisconsorcio pasivo necesario respecto a la desheredación de un hijo que, en la demanda, rehusó demandar a sus propios hijos, que eran herederos por derecho de representación, siendo confirmada la resolución en segunda instancia. El renuente demandante, no satisfecho, presentó recurso de casación, el cual, como no podía ser de otro modo, fue desestimado, diciendo el tribunal que «son los hijos del desheredado los que tienen la cualidad de legitimarios (que correspondía al padre y que perdió por la desheredación), por lo que en aquel proceso ostentan indiscutiblemente la posición de parte demandada (junto a los demás herederos, en su caso), y la sentencia les afectará de modo directo e inmediato, pues si es favorable al desheredado perderán su condición de legitimarios y su derecho a la herencia»[410].

Por último, la doctrina ha dicho que, en caso de que el testador hubiere nombrado un albacea, este también tendrá que ser demandado[411], como guardador de la última voluntad testamentaria del causante (art. 902.3ª CC), siendo confirmada la legitimación pasiva del albacea por la jurisprudencia[412], al contrario de lo que sucede con los supuestos de preterición,

---

[409] STS 31 octubre 1995 (TOL 1.668.108).

[410] Puede verse también la SAP Alicante 31 enero 2003.

[411] Rivera Fernández, M.: *La desheredación: ¿puede el testador privar a su parientes más próximos de su parte en la herencia?*, op. cit., p. 34; Algaba Ros, S.: *Efectos de la desheredación*, op. cit., pp. 353 y 354; Ragel Sánchez, L. F.: «Artículo 850», op. cit., p. 6306; Rebolledo Varela, Á. L.: «Problemas prácticos de la desheredación eficaz de los descendientes por malos tratos, injurias y abandono asistencial de los mayores», op. cit., pp. 428 y 429; Berrocal Lanzarot, A. I.: «El maltrato psicológico como justa causa de desheredación de hijos y descendientes», op. cit., p. 935.

[412] SSTS 23 enero 1959 y 9 octubre 1975. Aunque no constituyan jurisprudencia, puede verse también la SAP Cáceres 15 mayo 2002 (TOL 7.716.686) y la SAP A Coruña 30 septiembre 2003.

donde el Tribunal Supremo ha manifestado, más de una vez, que la relación jurídico-procesal puede constituirse con los herederos, pudiendo prescindirse del albacea[413].

---

[413] SSTS 30 septiembre 1964 (TOL 4.324.074), y 13 julio 1985 (TOL 1.737.018). Esta última, compartió el razonamiento de la sentencia recurrida, que dijo lo siguiente: "Que procede desestimar el primero de los motivos en que se apoya el recurso de casación de que se trata, fundamentado por la recurrente, al amparo del número 1.º del artículo 1.692 de la Ley de Enjuiciamiento Civil, en vigor al ser interpuesto, por pretendida violación, por no aplicación, del número 4.º del artículo 533 de la Ley de Enjuiciamiento Civil, a causa de no haber sido demandados los albaceas contadores designados en el testamento de que se trata, porque como certeramente ha sido puesto de manifiesto en el primero de los Considerandos de la sentencia de primera instancia, expresamente aceptados en la que es ahora objeto de recurso, la posición sustantiva de dichos albaceas contadores es accesoria frente al referido testamento en cuestión, y por tanto no puede entenderlos como directamente afectados en la relación jurídico material debatida, dado que la litis entablada afecta al alcance y efectos del testamento otorgado por Don José C. A. el 12 de noviembre de 1976, que implícitamente revoca los anteriores al no haber cláusula alguna de mantenimiento de cláusulas de ellos, conforme a lo prevenido en el artículo 739 del Código civil, y puesto que el testamento que contenga preterición no determina su consideración de hecho y jurídica de «no perfecto», sino simplemente ineficaz en el aspecto de la institución de heredero que contenga con omisión de herederos forzosos, en cuanto mantiene la pervivencia, según establecía el artículo 814 del Código Civil en su redacción anterior a lo normado en la Ley 11/1981, de 13 de mayo, de «las mandas y mejoras en cuanto no sean inoficiosas», y a tenor del mismo precepto en su nueva redacción por consecuencia de esa ley con relación a la preterición intencional procediendo como consecuencia el que «no perjudica la legítima» con «reducción de la institución de heredero -que por tanto se mantiene- antes que los legados, mejoras y demás disposiciones testamentarias», y en cuanto a la preterición no intencional, de ser preteridos todos los herederos forzosos, «se anularán las disposiciones testamentarias de contenido patrimonial» y de resultar preteridos todos los herederos forzosos «se anulará la institución de herederos, pero valdrán las mandas y mejoras ordenadas por cualquier título, en cuanto unas y otras no sean inoficiosas» y de

7.4. Plazo

7.4.1. Debate doctrinal

Se habrá visto que no escatimamos tinta al hablar de la naturaleza jurídica de la acción de desheredación injusta. Aunque el denuedo en despejar dicha cuestión teórica ha tenido como fin esencial defender que el desheredado, en defecto de acuerdo con los interesados, es quién tiene que demandar la ineficacia de la desheredación, no pudiendo ser apreciada de oficio, ni menos aún trasladar a los herederos instituidos la carga procesal de plantear su legalidad en juicio si el desheredado no llegare a presentar una demanda, limitándose a negar la causa extrajudicialmente, el análisis de la naturaleza jurídica de la acción lleva aparejada otras consecuencias prácticas nada desdeñables. Una de ellas, aclarado que incumbe al desheredado la iniciativa procesal, se centra en el plazo para plantear judicialmente que la desheredación es injusta, pues, según se adscriba la acción a una u otra teoría, será aplicable un plazo u otro, habida cuenta que el legislador, en más de una centuria desde que se publicó el Código Civil, no se ha dignado a establecer un plazo para ejercitar la acción[414], al contrario de lo que ocurre con algunos Derecho forales que, sin duda, han sido más respetuosos con el principio de seguridad jurídica[415].

---

estarse en presencia de institución de heredero a favor del cónyuge «sólo se anulará en cuanto perjudique a las legítimas»".

414 En Las Partidas (Leyes 1ª, 4ª y 6ª, Título VIII, sexta Partida) el plazo era de cuatro años.

415 En Galicia, el artículo 266 LDCG contempla un plazo de caducidad de cinco años para el ejercicio de la acción de preterición o de desheredación injusta, al igual que el artículo 451-20.3 CCCat. En cambio, el artículo 493 CDFA establece un plazo de prescripción de cinco años para todas las acciones relacionadas con la legítima.

En este escenario, sirva lo expuesto cuando disertamos sobre la naturaleza jurídica de la acción para descartar, de plano, que se trate de una acción de nulidad, pues, sin perjuicio de que dicha adscripción podría coadyuvar a apreciar de oficio aquellas desheredaciones dispuestas en testamento que no se ajusten a lo establecido en la ley, también podría servir, quizás por aquellos que abogan por la fosilización del Derecho sucesorio, para estimar que su ejercicio no está sujeto a ningún plazo de caducidad o prescripción. Sin embargo, descartada la nulidad, por las razones que hemos expuesto *supra*, tampoco conlleva que pueda identificarse la acción de desheredación, plenamente, con otras clases de acciones cuya dogmática se ha desarrollado, fundamentalmente, en materia contractual, pues, aunque el contrato y el testamento se subsuman en el concepto de negocio jurídico, en el sentido de que en ambos hay declaraciones de voluntad cuyos efectos vienen determinados *ex voluntate* y no tanto *ex lege*, obedecen a una arquitectura distinta. Así las cosas, reiteramos que, quizás, la acción de desheredación injusta se acerque más a la naturaleza rescisoria que a la de nulidad, pese a la malograda expresión del artículo 851 CC al regular los efectos de la desheredación injusta.

Focalizando el estudio en el plazo de la acción de desheredación injusta, la división de la doctrina ha sido proporcional al debate sobre su naturaleza, como no podía ser de otro modo, pues la subsunción en una u otra teoría repercutirá, inexorablemente, en el plazo. Manresa y Navarro[416] decía que la acción era mixta, personal o real, de modo que la acción tendría un plazo de prescripción de treinta años, si hubiere en

---

416 Recuérdese que el autor no escribió sobre la acción de desheredación injusta, sino que directamente se remitía a su exposición sobre la acción de preterición, pues consideraba que ambas acciones tenían un tronco común, que era la querella de inoficioso testamento (MANRESA Y NAVARRO, J. M.: *Comentarios al Código Civil español, Tomo VI*, op. cit., p. 599).

la herencia bienes inmuebles, o seis años, si estuviere formada solo por bienes muebles[417]. En cambio, Vallet de Goytisolo, apostaba, tanto para la acción de preterición como la de desheredación injusta, por aplicar el plazo de cuatro años propio de las acciones rescisorias[418]. Lacruz Berdejo, advirtiendo que las categorías de nulidad o anulabilidad no son acreedoras de una traducción exacta al ámbito sucesorio, consideraba que ambas acciones debían estar sujetas al plazo de prescripción, propio de las acciones personales que no tuvieren señalado un plazo *ad hoc*, de quince años (art. 1964 CC)[419], al igual que De la Cámara Álvarez que, no sin advertir que, teóricamente, tenía mejor fundamento el plazo de cuatro años propio de las acciones de rescisión o anulabilidad de los contratos, terminó apostando por el plazo de quince años[420].

La doctrina contemporánea no ha mantenido posiciones muy dispares respecto a las que secundaron los autores clásicos. Torres García y Domínguez Luelmo, remitiéndose a Lacruz, apostaron por relacionar la acción de desheredación injusta con las de naturaleza personal, subrayando que el plazo de prescripción era de 15 años *ex* artículo 1964 CC[421]. Más recientemente, Carrau Carbonell considera razonable entender que se trata de una acción de anulabilidad, «por ser una ineficacia parcial y sobrevenida del testamento», aplicándose

---

417 Manresa y Navarro, J. M.: *Comentarios al Código Civil español, Tomo VI*, op. cit., p. 363.

418 Vallet de Goytisolo, J.: *Limitaciones de Derecho sucesorio a la facultad de disponer, Tomo I, Las legítimas*, op. cit., pp. 926 y 978.

419 Lacruz Berdejo, J. L.: «La desheredación», op. cit., pp. 526 y 527.

420 De la Cámara Álvarez, M.: *Compendio de Derecho sucesorio*, op. cit., pp. 231 y 232.

421 Torres García, T. F. y Domínguez Luelmo, A.: «La legítima en el Código Civil (II)», op. cit., p. 72.

el plazo de cuatro años desde el fallecimiento del testador[422]. En cambio, Algaba Ros, en coherencia con su tesis de la nulidad de pleno derecho, defendió que la acción era imprescriptible, aunque matizando que, como quiera que la acción de petición de la herencia está sujeta a un plazo de treinta años, debía predicarse la misma temporalidad respecto a la acción de desheredación, entendiendo, citando a Capilla Roncero[423], que las acciones restitutorias nacidas al amparo de una acción de nulidad estaban ligadas, de manera que prescrita aquellas, se imposibilitaría el ejercicio de esta[424].

7.4.2. La STS 25 septiembre 2019

Este intenso debate doctrinal parece que ha sido dulcificado por la STS 25 septiembre 2019[425], que, a la sazón, ha sido la primera resolución que, desde la vigencia del Código Civil, se ha pronunciado, expresamente, sobre el plazo de la acción de desheredación injusta. Los hechos que sirvieron de sustrato fáctico a la sentencia fueron los siguientes: una madre desheredó a su hijo, falleciendo el día 6 de junio de 2010; el desheredado presentó demanda el 8 de octubre de 2015 pidiendo que se declarara injusta la desheredación. En primera instancia se estimó la pretensión, siendo revocada en segunda instancia por la SAP Asturias 2 diciembre 2016[426], que consideró que dicha acción estaba sometida a un plazo de caducidad de cuatro años desde el fallecimiento del testador. El desheredado

---

422 Carrau Carbonell, J. M.: «La desheredación por maltrato psicológico y su dificultad de aplicación práctica», op. cit., p. 254.

423 Capilla Roncero, F.: «Nulidad e impugnabilidad del testamento», op. cit., p. 59.

424 Algaba Ros, S.: *Efectos de la desheredación*, op. cit., pp. 362 y 363.

425 STS 25 septiembre 2019 (TOL. 7.513.080).

426 SAP Asturias 2 diciembre 2016 (TOL 5.930.084).

planteó un recurso de casación, el cual fue desestimado por el Alto Tribunal. La sentencia apunta que, someter el plazo de la acción a un plazo de prescripción de quince años, propio de las acciones personales, provocaría que la probanza de los hechos en que se sustenta la desheredación resultara imposible o de muy difícil logro, «dado el trascurso del tiempo entre la fecha en que ocurrieron los hechos en que se funda y la discusión posible sobre su realidad», máxime teniendo en cuenta la contemplación jurisprudencial del maltrato psicológico. Partiendo de ello, considera que la resolución recurrida no infringió el artículo 1301 CC, propio de las acciones de anulabilidad, declarando como doctrina jurisprudencial que «la acción para impugnar la desheredación que se considera injusta está sujeta en su ejercicio al plazo de cuatro años desde que se abre la sucesión y puede ser conocido el contenido del testamento».

7.4.3. Visión crítica

A tenor de la fundamentación y fallo de la sentencia, expondremos, brevemente, una serie de consideraciones, no sin antes aportar un relato cronológico hasta la STS 25 septiembre 2019:

1. La fundamentación de la STS 25 septiembre 2019, parte de los razonamientos de la sentencia dictada en segunda instancia, la cual se remite, a su vez, a la STS 10 diciembre 2014, ya citada en este trabajo. En esta última sentencia, que analizó un supuesto de preterición no intencional, fue objeto de debate el plazo para el ejercicio de la acción de preterición y el *diez a quo*. Aquí, el Tribunal Supremo no subsumió la acción, expresamente, en las categorías de la anulabilidad o de la rescisión, sino que, con una argumentación un tanto confusa, se limitó a decir que el plazo de cuatro años de la acción no está sujeto a un régimen de imprescriptibilidad, sino de caducidad, propio del «régimen de la anulabilidad de los contratos», para

luego argüir que, «conforme al tronco común de la rescisión», el plazo no comenzará a transcurrir para los menores de edad o las personas sujetas a tutela hasta que aquellos adquieran la mayoría de edad[427] o cesare la incapacidad, haciendo suya la tesis que en su día secundó Vallet de Goytisolo, citado en la sentencia, respecto al comienzo del plazo de la acción. *Prima facie*, el lector podría pensar que la sentencia secundó la teoría de la rescisión, y no solo por recurrir a Vallet, sino porque también citó el artículo 1299 CC, pero debe depararse en que, antes de esta referencia a la rescisión, la propia sentencia manifiesta que el plazo es de caducidad, remitiéndose al régimen de la anulabilidad de los contratos.

2. Hasta aquí queda claro que, respecto a la acción de preterición, el plazo era de cuatro años, no siendo un plazo de prescripción, sino de caducidad y, por ende, no susceptible de interrupción. Aunque dogmáticamente la STS 10 diciembre 2014 pueda ser objeto de reproche, habida cuenta de la confusión latente en torno a si se trata de una acción de anulabilidad o de rescisión, en la ladera práctica quedó meridianamente claro el plazo y que las reclamaciones extrajudiciales del preterido no lo interrumpiría. El problema subyace en que un año después, en la STS 23 junio 2015[428], el Alto Tribunal hizo una pirueta jurídica, y donde dijo que la acción de preterición estaba sujeta a un plazo de caducidad de cuatro años, pasó a decir, en un caso de preterición intencional, que si se ejercita en el mismo proceso una acción de preterición junto a una acción de petición de la herencia en relación a la legítima del preterido, el plazo, que pasa a ser de prescripción y no de caducidad, es de treinta años.

---

427 En Aragón, en cambio, el artículo 493 CDFA dispone que si el legitimado fuese menor de catorce años al iniciarse el cómputo, el plazo finalizará para él cuando cumpla diecinueve.

428 STS 23 junio 2015 (TOL 5.205.655).

Obsérvese que, por el planteamiento de esta sentencia, se podría colegir que todas las acciones relativas a la legítima estarían sujetas al mismo plazo de treinta años, coincidente con la petición de la herencia, si, el legitimario, junto a la acción declarativa, ejercita la acción de petición[429]. Evidentemente, no estamos de acuerdo: una cosa es afirmar, teóricamente, que la legitimación para el ejercicio de una acción declarativa -acción de preterición- está condicionada a la posibilidad de ejercitar la acción de condena -acción de petición de la herencia-[430], y otra, bien distinta, es que todas las acciones declarativas estén ligadas al mismo plazo previsto en la acción de condena. Es decir, que la jurisprudencia contemple un plazo para demandar la petición de la herencia extraordinariamente generoso[431] no conlleva, por absurdo, que todas las acciones declarativas ejercitables *ex ante* estén sujetas al mismo plazo, pues, insistimos, por esa regla de tres todas las acciones relacionadas con el sistema legitimario que puedan implicar que el demandante, a la postre, ejercite una acción de petición de la herencia, tendrían un plazo de prescripción de treinta años, inclusive la acción de desheredación injusta. En este sentido, Capilla Roncero decía que cuando la condición de heredero o legitimario se discute «en base a la impugnación del testamento, entonces la petición de herencia vendrá limitada temporalmente por el menor plazo de los cuatro años o quince años que, según cada

---

429 En nuestra opinión, el desheredado no está obligado a acumular a la acción de desheredación injusta la de petición de la herencia, máxime cuando la entrega de bienes puede ser que haga voluntariamente por los obligados, no teniendo ninguna oposición el desheredado una vez que se declare injusta la desheredación.

430 Capilla Roncero, F.: «Nulidad e impugnabilidad del testamento», op. cit., pp. 59 y 60.

431 Para un mayor análisis del plazo de la acción, puede verse Gaspar Lera, S.: *La acción de petición de herencia*, Aranzadi, Pamplona, 2001, pp. 34-45, 106-115.

autor, dura la acción de impugnación»[432-433]; no obstante, la STS 23 junio 2015, en vez de supeditar el plazo de la acción de petición de la herencia al plazo de cuatro años que contempló la STS 10 diciembre 2014 respecto a la acción de preterición, vinculó el plazo de treinta años de aquella a esta.

3. En este contexto, la SAP Asturias 2 diciembre 2016, que fue objeto del recurso de casación que desembocó en la STS 25 septiembre 2019, se enfrentó a la polémica del plazo de la acción de desheredación injusta. El tribunal cree que la polémica en torno al plazo de la acción de desheredación quedó resuelta por la STS 10 diciembre 2014, que, pese a referirse a la acción de preterición, se sirve de su exégesis en el fundamento de derecho segundo, no sin recalcar, después, que la preterición y la desheredación no son la misma figura jurídica. Pero una hipótesis volaba sobre el imaginario: si el desheredado hu-

---

432 Capilla Roncero, F.: «Nulidad e impugnabilidad del testamento», op. cit., p. 60.

433 Otros autores han defendido el mismo criterio. Puede verse Albaladejo, que dijo que el primer paso es el reconocimiento de ser heredero por parte del demandante, y, siendo la entrega de la herencia consecuencia de ello, «no es posible conseguir ésta cuando no cabe plantear, por haber pasado ya el tiempo hábil para hacerlo, la reclamación conducente a obtener el reconocimiento de heredero» (Albaladejo García, M.: *Curso de Derecho Civil, V, Derecho de sucesiones*, Bosch, Barcelona, 1997, p. 202). Más recientemente, Gaspar Lera dice lo siguiente: «Sin embargo, si no hubiera justificado previamente el título en el que basa su llamamiento, como sucede en el caso de preterición –también en el de indignidad y en el de desheredación injusta–, no parece que por el solo hecho de probar su parentesco proceda la acción de petición de herencia, de manera que la prescripción o caducidad de esas otras acciones dirigidas a acreditar la condición de legitimario deberían cerrar el paso a esta última. De otra forma habría que admitir que la carga formal de mencionarlo se difumina desde el momento que el remedio frente a su incumplimiento pasa a ser una acción de plazo prescriptivo más largo, sin un contenido propio» (Gaspar Lera, S.: «Preterición de descendiente sobrevenido al testamento. Calificaciones y acciones sucesorias tardías», op. cit., pp. 252 y 253).

biese acumulado a la acción de desheredación aquella relativa a la petición de la herencia, ¿habría abogado el tribunal por aplicar el plazo de treinta años como hiciera la STS 23 junio 2015? Precisamente, el tribunal marcó las diferencias entre la desheredación y la preterición[434] para distanciarse de esta posibilidad, mencionando que toda acción de desheredación lleva aparejada la petición de la legítima por el desheredado, consecuencia inherente a la ineficacia que marca el artículo 851 CC, por lo que no es posible que dicha acción «se sujete al plazo de prescripción de la acción de petición de herencia ya que bastaría entonces con instar la impugnación solicitando la eficacia de lo dispuesto en aquel precepto con restitución de la legítima al desheredado, como en el caso que nos ocupa, para aplicar sin más la prescripción de la acción de petición de herencia eludiendo el imperativo plazo de caducidad de la acción impugnatoria propiamente ejercitada»[435].

---

[434] Véase el fundamento de derecho tercero: «la desheredación por el contrario implica la designación expresa del heredero desheredado en una de las disposiciones del testamento a quien se priva de su legítima en virtud de una de las cláusulas legalmente previstas, por lo que obliga al desheredado, si quiere hacer valer sus derechos, a impugnar esta exclusión específica por vulnerar la citada disposición lo establecido en el art. 848 y siguientes, con el efecto anulatorio que dicta el artículo 851 CC, no totalmente coincidente con el artículo 814 CC, por lo que el ejercicio de dicha acción de impugnación se sujeta al plazo del artículo 1301 y no admite periodo superior para su ejercicio».

[435] En el mismo sentido, la SAP Teruel 30 diciembre 2005 (TOL 817.263) y la SAP Barcelona 7 mayo 2015 (TOL 5.400.071), diciendo esta última lo siguiente: «Es forzoso que prospere la de impugnación, aunque no se haya nominado expresamente en la demanda, para que la de reclamación de legítima tenga éxito, pues lo contrario es jurídicamente imposible. No cabe la reclamación sino en base a ostentar la cualidad de legitimario, y ésta sólo se puede alcanzar destruyendo la disposición testamentaria por la que se deshereda al legitimario. Por lo tanto, caducada la acción de impugnación, el testamento queda plenamente válido y con él la cláusula por la que se deshereda a los actores».

Estamos totalmente de acuerdo con esta última aseveración, la cual puede servir para que el Tribunal Supremo rectifique el criterio que adoptó en la STS 23 junio 2015. Por lo demás, y toda vez que la sentencia dictada en segunda instancia se sirvió de la STS 10 diciembre 2014, aquella es acreedora de su doctrina: a pesar de no apostar por subsumir la acción en la anulabilidad o rescisión, somete la acción de desheredación injusta al plazo de caducidad de cuatro años.

4. Y aquí llegamos a la STS 25 septiembre 2019, que, confirmando el plazo de caducidad de cuatro años, apuesta, al contrario que los precedentes jurisprudenciales en torno a la preterición, por subsumir la naturaleza de la acción en la teoría de la anulabilidad, diciendo lo siguiente: «no puede considerarse infringido el artículo 1301 CC por el hecho de haber sido extendido el plazo de cuatro años propio de las acciones de anulabilidad al presente supuesto».

Además, el tribunal descartó el plazo de las acciones personales porque, siendo los herederos quienes deberán probar la causa de desheredación, a juicio de la sentencia resultaría «imposible o de muy difícil logro si se sujeta el ejercicio de la acción a un plazo de prescripción tan amplio como el general de quince años de las acciones personales», dado el «trascurso del tiempo entre la fecha en que ocurrieron los hechos en que se funda y la discusión posible sobre su realidad». Leyendo este pasaje transcrito, surge de nuevo otra cuestión: antes, el plazo de prescripción de las acciones personales era de quince años, pero el artículo 1964 CC fue modificado por la Ley 42/2015, 5 de octubre, pasando a ser de cinco años. El Tribunal Supremo descartó aplicar el plazo de las acciones personales porque, a su juicio, era de aplicación el que estaba vigente antes de la Ley 42/2015, que ascendía a quince años[436]. Valorando dicha mo-

---

[436] Echevarría de Rada, no está de acuerdo, estimando, con base en la Disposición transitoria quinta de la Ley 42/2015, en relación con el artículo 1939 CC, que

dificación, nos preguntamos lo siguiente: si el nuevo plazo de las acciones personales hubiera sido aplicable al supuesto objeto de *litis* ¿podría haberse decantado el tribunal por aplicar a la acción de desheredación injusta el plazo de cinco años de las acciones personales? Lo dudamos; aunque el rigor teórico de la sentencia sea censurable, no se le podrá negar su indudable pragmatismo, pues, al contrario de lo que ocurre con el plazo de las acciones personales y rescisorias, el plazo de anulabilidad es de caducidad[437], no de prescripción[438], presentando esta característica una gran ventaja, que no es otra que no será susceptible de interrupción[439], de manera que, partiendo de la inseguridad jurídica inherente a que el plazo de preterición y de desheredación no esté previsto en la ley, el Tribunal Supremo trató, quizás inconscientemente, de acercarse a la seguridad jurídica, pues al no ser susceptible de interrupción el debate sobre los derechos legitimarios de los desheredados o preteridos, la inseguridad de la adjudicación derivada de un testamento válido que omite a un legitimario o lo deshereda no se eternizaría *sine die*[440].

---

era de aplicación el nuevo plazo de cinco años (Echevarría de Rada, T.: «La acción de impugnación de la desheredación injusta: plazo de ejercicio. Comentario a la sentencia del Tribunal supremo de 25 de septiembre de 2019», en AA.VV., *Comentarios a las sentencias de unificación de doctrina (Civil y Mercantil), Vol. 11*, Dykinson, Madrid, 2020, p. 383).

437 Así lo viene diciendo en los últimos años la jurisprudencia, pudiendo citarse las SSTS 19 diciembre 2016 (TOL 5.916.654), 25 octubre 2017 (TOL 6.408.393), 23 octubre 2020 (TOL 8.181.622), y 11 marzo 2021 (TOL 8.377.026).

438 La SAP Valencia 5 febrero 2007 (TOL 1.140.708), que aplica el plazo de quince años del artículo 1964 CC, es curioso porque, pese a subsumir la acción en la anulabilidad, dice que al no tener «un término prescriptivo específico» debe aplicarse el plazo general de aquellas acciones que no tienen legalmente un plazo de prescripción.

439 Vaquero Pinto, Mª. J.: «Artículo 1301», op. cit., p. 1700.

440 En cambio, Echevarría de Rada, que comentó *ad hoc* la STS 25 septiembre 2019, abogó, en caso de desheredación injusta, por aplicar el plazo de pres-

Con lo anterior no queremos decir, ni mucho menos, que la acción de desheredación injusta es una acción de anulabilidad, pues estimamos que los supuestos de esta no concurren en aquella, pero antes de poner la mirada crítica en la STS 25 septiembre 2019, que no es paradigma de brillantez técnica, es menester poner el foco culpabilístico en el legislador, que en más de ciento treinta años de vigencia del Código Civil no se ha dignado a reformarlo a fin de contemplar un plazo para el ejercicio de la acción, siendo deseable que, al igual que en Aragón[441], de *lege ferenda* se unifiquen los plazos de todas aquellas acciones que el legitimario pudiese ejercitar en defensa de sus respectivos intereses.

Por último, hemos de realizar un breve apunte en relación al dies *a quo* del plazo de cuatro años fijado por la STS 25 septiembre 2019. Esta dice, a propósito de fijar la doctrina jurisprudencial, que el referido plazo ha de computarse «desde que se abre la sucesión y puede ser conocido el contenido del testamento». Hoy día, el contenido de todos aquellos testamentos donde haya intervenido el notario no se podrá conocer, como mínimo, hasta que hayan transcurrido quince días desde el fallecimiento del causante[442], día a partir del cual la persona interesada podrá evacuar la solicitud al Registro de Última Voluntad y obtener el último testamento otorgado ante notario, no siendo hasta dicha fecha cuando ha de concretarse el *dies*

---

cripción de cinco años del artículo 1964 CC, al tratarse de una acción de naturaleza personal, sin que sea admisible, siguiendo a la autora, que se objete su excesiva amplitud, amén de que el plazo de cinco años coincidiría con otros contemplados en materia sucesoria, como el previsto en el artículo 762 CC para la declaración de indignidad (Echevarría de Rada, T.: «La acción de impugnación de la desheredación injusta: plazo de ejercicio. Comentario a la sentencia del Tribunal supremo de 25 de septiembre de 2019», op. cit., p. 385).

441 Nos remitimos al artículo 493 CDFA.

442 Véase el artículo 5.3° del Anexo Segundo del RN.

a quo para ejercitar la acción de desheredación injusta[443]. A tenor de tal premisa, algunas normas decimonónicas del Código Civil pueden considerarse tácitamente derogadas, como aquella prevista en el artículo 1004 CC, que dispone que hasta que transcurran nueve días desde la muerte del causante no podrá intentarse contra los herederos la *interpellatio in iure* del artículo 1005 CC, ya que no se sabrá quienes son los herederos del causante hasta que el interesado visualice su última voluntad, que no será hasta que haya transcurrido, como mínimo, quince días desde el fallecimiento[444].

Por otro lado, nos hemos planteado si el *dies a quo* debe situarse en la mayoría de edad, si el desheredado es menor de edad, o en la extinción de las medidas de apoyo, si se tratare de una persona con discapacidad. Esta tesis fue defendida, *mutatis mutandi*, por Vallet de Goytisolo, que decía, en relación a la acción de desheredación injusta, que, respecto a las «personas sujetas a tutela», el plazo de cuatro años propio de las acciones rescisorias debía contar «desde que cese la incapacidad»[445]. Quizás, si la legítima fuese una materia que entronice con el orden público, sería loable este planteamiento, como actualmente ocurre con las acciones relativas a la filiación (art. 137 CC); pero como quiera que la legítima es una figura de Derecho Privado, más alejada que cerca del orden público nacional y europeo, y a la vista de que ello podría postergar *sine die* el debate sobre la legítima y el reparto de los bienes en una sucesión *mortis causa*, no consideramos admisible manejar dicha

---

443 En el mismo sentido, se pronuncia el fundamento de derecho *in fine* de la SAP Valencia 16 julio 2013.

444 En similar sentido, puede verse, entre otros, a Lasarte Álvarez, C.: *Derecho de sucesiones. Principios de Derecho Civil, Tomo séptimo* (revisada y actualizada con la colaboración de Cervilla Garzón, Mª. D., y García Pérez, C. L.), op. cit., p. 269, y Colina Garea, R.: «Artículo 1004», op. cit., p. 1280.

445 Vallet de Goytisolo, J.: « El apartamiento y la desheredación», op. cit., p. 91.

excepción, máxime cuando el hecho de que el desheredado sea una persona menor de edad o con discapacidad no le impedirá, ora mediante el apoyo asistencial ora a través de la representación, ejercitar las acciones que le asiste.

Llegado este punto, quizás el lector espere leer aquí una propuesta de *lege ferenda* respecto al plazo de la acción de desheredación injusta. Postergaremos la toma de postura al siguiente epígrafe, donde al final del mismo trataremos la relación que alberga la prueba de la desheredación con el plazo para demandar la desheredación es injusta.

8. LA PRUEBA DE LA CAUSA DE DESHEREDACIÓN

El estudio de la prueba de la causa que fundamenta la desheredación no se puede abordar sino desde una perspectiva casuística de los casos que han desembocado en los tribunales; por ello, en este epígrafe abordaremos los aspectos sustanciales de la prueba, sin perjuicio de que, al estudiar las distintas causas de desheredación, comentemos los aspectos controversiales que han sido objeto de discusión en cuanto a la prueba, remitiéndonos allí a lo que se escribirá a continuación para no incurrir en más tautologías.

El artículo 850 CC dispone que «[la] prueba de ser cierta la causa de la desheredación corresponderá a los herederos del testador si el desheredado la negare». La norma es fruto de los antecedentes del Código Civil, pudiendo citarse la Ley 1ª, Título IX del Libro tercero del Fuero Real, que fue seguida por las Partidas, que consagró que la prueba corresponderá a los herederos hasta en cuatro ocasiones[446], y, posteriormente, pasó al Proyecto de 1851, cuyo artículo 668 decía que la prueba

---

[446] Partida 6ª, Título VII, Ley 8ª; Partida 6, Título VII, Ley 10ª; Partida 6ª, Título VIII, Ley 1ª; Partida 6ª, Título VIII, Ley 4ª.

«de ser cierta la causa de la desheredación incumbe á los herederos del testador; y no podrá extenderse á causa no espresada por el mismo». La última parte del aserto fue suprimida por el legislador de 1889, quizás, inspirado en las palabras de García Goyena, que, al comentar el artículo 668, dijo que su segunda parte era redundante, pudiendo inferirse del artículo 667, que mencionaba que el testador tenía que expresar en testamento la causa especial que fundamente la desheredación; y que lo que tenía que ser objeto de prueba era la causa citada en testamento, no otras distintas[447-448].

Scaevola, al comentar el artículo 850 CC, dijo que el legislador, influenciado por los antecedentes legales, pudo, *a priori*, haber prescindido del artículo 850 CC, pues por «los principios que rigen nuestro sistema de enjuiciamiento» era obvio, siguiendo su prisma, que con independencia de que la iniciativa de la contienda judicial corresponda al desheredado, serán los herederos, como «continuadores de la personalidad jurídica del causante»[449], quienes tendrán la carga de probar la veracidad de la causa de desheredación, ya que el que afirma la certeza de un hecho debe demostrarlo[450]. Sin embargo, prosigue diciendo, remitiéndose a la Ley 10ª, Título VII, de la Sexta Partida[451], que el artículo 850 CC, más que regular la carga de la prueba, lo que pretende es consagrar la regla de que la

---

447 García Goyena, F., *Concordancias, motivos y comentarios del Código Civil español, Tomo II*, op. cit., p. 111.

448 Véase, además, el ATS 31 enero 2018.

449 Sánchez Román, F.: *Estudios de Derecho Civil, VI. 2, Derecho de sucesión*, op. cit., p. 1107.

450 Mucius Scaevola, Q.: *Código civil, Tomo XIV*, op. cit., pp. 875 y 876.

451 El aserto decía lo siguiente: «*Pero dezimos, que magüer diga el padre en su testamento razon cierta, porque desereda su fijo o su nieto, que non deue ser creydo, a menos de la prouar el mesmo; o aquellos que establescio por sus herederos*».

causa desheredativa alegada sea susceptible de prueba por los medios ordinarios, como si de una condición se tratase[452].

Tenemos que hacer un *interruptus* respecto al recorrido doctrinal del artículo 850 CC, ya que no estamos de acuerdo con este planteamiento. Supongamos que el testador deshereda por injuria grave de palabra (art. 853.2ª CC), reconociendo en testamento que carece de prueba documental que acredite los hechos y que las expresiones injuriosas las profirió el descendiente sin testigos presentes, siendo así que ante la eventual negativa del desheredado al reconocimiento de los hechos, la única prueba susceptible de practicarse en juicio, que es el interrogatorio del causante, no se podrá practicar, porque cuando el desheredado ejercite la acción de desheredación injusta aquel ya habrá fallecido. Ahora, situémonos en el contexto en que los sucesores designados adquieren, de dicha sucesión, bienes inmuebles, cuya inscripción en el Registro de la Propie-

---

452 MUCIUS SCAEVOLA, Q.: *Código civil, Tomo XIV*, op. cit., p. 877: «Hay algo, sin embargo, en este precepto, que se lee entre líneas, y que puede servir para su justificación. No es de la incumbencia de la prueba de lo que se trata, sino del alcance de las facultades del testador, y de la necesidad en éste de fundarse en hechos comprobados ó comprobables. Á nuestro juicio, la repetizión con que en las Partidas se alude á la prueba, y hasta los mismos lugares en que se consigna su necesidad, demuestran, no el propósito de establecer principios procesales, para lo cual hubiese bastado con preceptuarlo de una vez, sino el de poner un límite á la facultad concedida á los testadores, advirtieudo constantemente la necesidad de referirse á hechos ciertos. Por eso, sin duda, en la ley 10ª, tit. VI1, Partida 6ª, se dice claramente que no basta que el padre exprese la causa de la desheredación para ser creido, sino que ha de existir prueba; y por eso también, con independencia de toda idea de cuestión litigiosa, permite que la prueba se haga por el padre, como lo establecía anteriormente el Fuero Real. Debemos, pues, entender que el art. 850, más que al acto de la prueba, se refiere á su posibilidad, y que constituye una nueva condición de las que se empezaron á imponer en los artículos 848 y 849. Esto es; que no sólo ha de fundarse la desheredación en una causa de las señaladas por la ley, y ser expresada en el testamento, sino que el hecho ha de ser susceptible de prueba por los medios ordinarios».

dad solicitan. Si según Scaevola la posibilidad de la prueba de la causa desheredativa es una condición de la desheredación, ¿ello implicaría que el registrador puede denegar la inscripción porque la causa citada, según manifestaciones del propio testador, será de imposible prueba, habida cuenta que las expresiones se vertieron en la intimidad, con la sola presencia del causante y el desheredado o que el contador partidor deje sin efecto la desheredación ordenada porque, a la vista de las circunstancias, la acción de desheredación injusta prosperará? Evidentemente no, pues el desheredado, que incluso puede reconocer la veracidad de la causa[453], tiene, de negarla, la iniciativa procesal para demandar que la desheredación fue injusta, y hasta que no se dicte sentencia estimatoria, en defecto de acuerdo con los sucesores, la desheredación será un título apto para privar de la legítima, sin que se pueda afirmar que la imposible probanza de la causa desheredativa invalida, prescindiendo de una resolución judicial, la desheredación.

En este sentido, dijo Sánchez Román que habiendo desheredado el testador por una causa de las previstas en la ley, la certeza de la causa «constituye una *presunción* á favor del cumplimiento de la disposición testamentaria en que se ordene», que, aunque sea provisional e interina, no precisará de prueba hasta que el desheredado la negare[454], sin que sea suficiente la declaración de herederos *ab intestato* para que el desheredado pueda obtener la legítima, ya que, salvo acuerdo con todos los

---

453 Manresa y Navarro, J. M.: *Comentarios al Código Civil español, Tomo VI,* op. cit., p. 593, dice que no siempre será necesaria probar la causa desheredación, sino solo cuando el desheredado la negare, pues si este «se conforma, la causa se presume cierta». Realmente, la presunción descansa en el testamento y no tanto en su reconocimiento por el desheredado.

454 Sánchez Román, F.: *Estudios de Derecho Civil, VI. 2, Derecho de sucesión,* op. cit., p. 1107.

interesados, será preciso el ejercicio de la correspondiente acción[455].

Por otro lado, no solamente podrán probar la causa desheredativa los herederos si el desheredado la negare, sino, como dijo Rivera Fernández, todos «aquellos que pretendan la eficacia de la desheredación», como un legatario de parte alícuota o, incluso, el albacea, como sujeto obligado a cumplir la voluntad del testador[456]. Lo que no podrá hacer el albacea ni el contador partidor es dejar unilateralmente sin efecto la desheredación prescindiendo del concurso de los sucesores.

Esto último fue confirmado por la RDGN 31 marzo 2005[457], donde un padre, remitiéndose a los ordinales 1ª y 2ª del artículo 853 CC, desheredó en el año 2002 a cuatro de sus cinco hijos porque le ignoraron incluso en su última enfermedad, designando heredero universal a otro hijo y nombrando un contador partidor. Al fallecimiento del causante en 2003, el contador partidor adjudicó a los cuatros hijos desheredados su legítima estricta mediante la entrega de un bien inmueble, manifestando en la escritura de adjudicación de la herencia, previa evocación a sus amplias facultades interpretativas inherentes a su cargo de contador partidor, que la justificación de dicha adjudicación residía en la «dificultad de probar la certeza de la causa de la desheredación si los desheredados la negaren, a la vista de lo dispuesto en los artículos 850 y 851 del Código Civil». Instada la inscripción de la meritada escritura, el regis-

---

455 STS 20 mayo 1931.

456 Rivera Fernández, M.: *La desheredación: ¿puede el testador privar a su parientes más próximos de su parte en la herencia?*, op. cit., pp. 15 y 16. Igualmente, Algaba Ros, S.: *Efectos de la desheredación*, op. cit., p. 355, que menciona que, de lo contrario, sujetos como los legatarios, que pueden verse afectados por la desheredación injusta, sufrirían una indefensión proscrita por el artículo 24 CE.

457 RDGRN 31 marzo 2005.

trador, con buen criterio, procedió a su calificación negativa, dado que, a su juicio, para dejar sin efecto la desheredación era necesario -amén, añadimos nosotros, del consentimiento del hijo designado heredero, que curiosamente no menciona en la calificación-, el concurso de los hijos y descendientes de los desheredados, ya que estos, como interesados o afectados (art. 857 CC), deben consentir que se prescinda de la desheredación. El notario que autorizó la escritura planteó un recurso, apelando a las facultades interpretativas que la ley reconoce al contador partidor y que el registrador, al denegar la inscripción, prejuzgó la justicia de la desheredación, invistiéndose de facultades judiciales de las que carecía, sustrayendo al contador partidor de parte de sus facultades.

Antes de entrar en el razonamiento del centro directivo, tenemos que mencionar que, en puridad, el registrador, al contrario de lo que sucede en otras ocasiones, no prejuzgó la justicia de la desheredación, como adujo el notario recurrente, sino que simplemente hizo, conforme a Derecho, una calificación del negocio jurídico por el que se dejó sin efecto una desheredación ordenada en testamento. Dicho esto, el centro directivo rechazó el recurso, confirmando el criterio del registrador, pues sin perjuicio de las amplias facultades que la ley y la jurisprudencia conceden al contador partidor, este no puede arrogarse, *motu proprio*, «funciones decisorias que son privativas del testador como la de desheredar o revocar disposiciones testamentarias ni, en general, declarar por sí mismo su ineficacia total o parcial, cuestión que corresponde a los Tribunales de justicia a solitud de los herederos -o legitimarios- que procedan a su impugnación». Además, añade que, sin perjuicio de la posibilidad de que el contador partidor pueda reducir las disposiciones testamentarias inoficiosas, ello no implica que tenga potestad para considerar ineficaz una desheredación que se funde en una causa legal citada en testamento cuya certeza no ha sido contradicha judicialmente por los desheredados. A mayor abundamiento, según el contenido del testamento, ello implicaría una extralimitación, a tenor de que el testador únicamente legitimó al contador partidor a reducir la disposición testamentaria hecha a favor del hijo designado heredero si llegara «a plantearse por sus otros hijos acción alguna por su desheredación»[458].

Por otra parte, es sabido que algunas causas específicas de desheredación pueden ser susceptibles de reproche penal, como, *ad exemplum*, la negativa a prestar alimentos (arts. 853.1ª CC)[459], la injuria grave de palabra (art. 853.2ª CC)[460] o el maltrato de obra (art. 853.2ª CC)[461]. Sin perjuicio de que cuando estudiemos cada causa refutaremos a aquellos autores que han propugnado que era necesaria una sentencia condenatoria en sede penal para que la desheredación no sea injusta si el desheredado la negare[462], ahora nos sumergiremos en el valor probatorio que tiene la sentencia dictada en la jurisdicción penal en el posterior proceso civil donde se discuta la desheredación.

Vallet de Goytisolo decía que no sería necesaria la prueba por los herederos «cuando la certeza de la causa resulta de antemano probada, ya sea por existir una sentencia condenatoria o bien porque el mismo testador haya adecuadamente formalizado la prueba». Que no sea necesaria la prueba por los herederos cuando el testador la haya adecuadamente formalizado es discutible, pues aunque los testigos de la causa de desheredación citada en testamento hayan consignado su testimonio en un acta de notoriedad, ello no obsta a que dicho testimonio se tenga que practicar en el juicio, bajo los principios de orali-

---

458 Dicha exégesis es extensible al albacea [RDGRN 19 abril 2013 (TOL 3.711.534)].

459 Artículo 227 CP.

460 Artículos 173.4, 205 y 208 CP.

461 Artículos 147 y 173.2 CP.

462 Precisamente, la STS 4 noviembre 1904, en un caso donde se desheredó por injuria grave de palabra, dijo que no era necesaria una sentencia condenatoria para que se pudiese apreciar la causa de desheredación.

dad, inmediación, defensa y contradicción, pues, sin perjuicio de que ello garantizaría la correcta valoración de la prueba por el juez, que es a quien corresponde juzgar y hacer ejecutar lo juzgado (art. 117 CE), salvaguarda, a su vez, el derecho de defensa y el derecho a un proceso con todas las garantías (art. 24 CE), pues permitirá al abogado del desheredado formular, conforme al desarrollo de la prueba testifical, todas las preguntas que tengan relación con el objeto del proceso. Por lo tanto, aunque los testigos, que deben haber tenido percepción directa de los hechos y no basar su conocimiento en meras manifestaciones del testador[463], hayan comparecido ante notario, reflejándose en un acta de notoriedad su testimonio, si no se ratifican en el acto del juicio quedarán en agua de borrajas; entenderlo de otro modo supondría una fragrante vulneración del principio de la proscripción de la indefensión.

En esta línea, aunque no pocos autores, sobre todo a raíz de la STS 3 junio 2014, hayan hablado de la *preconstitución de la prueba,* en relación a la posibilidad de que los testigos comparezcan ante notario para consignar su testimonio en una

---

463 Así lo dijo la SAP Badajoz 19 abril 1994, en el fundamento de derecho segundo: «En el supuesto ahora examinado aparece que no existe una prueba lo suficientemente convincente como para poder tener por acreditado que efectivamente se produjeron los hechos en los que el testador basa la desheredación efectuada conforme al art. 853.2.° del Código Civil. Sólo los testigos traídos a juicio por la demandada han manifestado que efectivamente la actora maltrató de obra e injurió gravemente de palabra al testador, pero al margen de la relativa relevancia probatoria de un medio de prueba como la testifical, lo cierto es que ninguno de los testigos pudo afirmar que presenció como tuvieron lugar los malos tratos o se vertieron las injurias graves, limitándose a manifestar que tales hechos los conocieron porque así les fue manifestado por el testador, sin que tuviesen una percepción directa de los mismos. Con tales premisas no cabe en modo alguno tener por acreditado la certeza de la causa de desheredación, lo que determina la necesidad de rechazar el recurso ahora examinado, confirmando plenamente la resolución impugnada».

escritura pública, debe leerse y valorarse el término reseñado tipográficamente en sentido vulgar, pues la anticipación de la prueba, en el marco del proceso civil, debe respetar el principio de contradicción (art. 295 LEC), sin perjuicio de que ni el testador ni sus herederos tendrán legitimación para solicitar lo que es, estrictamente hablando, el aseguramiento de la prueba, pues la incoación del proceso donde se discuta la desheredación corresponde, únicamente, al desheredado (art. 293 LEC). Con esto queremos transmitir que, por mucho que el notario esté legitimado, por mor del artículo 209 RN, a practicar cuantas pruebas y diligencias considere necesarias para garantizar la veracidad del relato ofrecido por el testador y por terceros, si la versión de estos no es ratificada en el correspondiente juicio no podrá valorarse como prueba que acredite la justicia de la desheredación, salvo que se quiera arrasar con todos los derechos que el artículo 24.2 CE reconoce al desheredado[464].

Ahora bien, esto no significa que no sea recomendable el recurso al acta de notoriedad cuando solamente se pueda recurrir al testimonio de terceros para acreditar la causa de desheredación, y ello por tres razones: la primera reside en que

---

464 La ya meritada SAP Salamanca 27 mayo 2015, al enjuiciar la desheredación de un padre que desheredó a su hijo por injuria grave de palabra y la heredera no propuso como prueba testifical la comparecencia de dos testigos que dieron su versión de los hechos ante notario, dijo lo siguiente (cursiva propia): «en segundo término, y en orden a la valoración del resultado de la indicada prueba testifical, se ha de destacar que la parte demandada aportó con su escrito de contestación a la demanda sendos escritos firmados a presencia notarial por los testigos Don Hilario y Don Leonardo, pero no se propuso como prueba en el momento de la audiencia previa la declaración de los mismos. E interrogada la demandada sobre la causa o motivo de no haber propuesto la declaración de tales testigos, se manifestó por la misma que había sido porque los referidos no deseaban venir a declarar por tener miedo al demandante, causa que se ha revelado incierta en función de lo manifestado por los mismos, *lo que revela una intención por parte de la demandada de hurtar al demandante toda posibilidad de contrainterrogatorio*».

desde el otorgamiento del testamento hasta la celebración del juicio, si el demandado negare la causa, pueden transcurrir décadas, y aunque los testigos estén vivos, el acta de notoriedad coadyuvará a que los recuerdos del episodio que fundamentó la desheredación no queden relegados al olvido o a la imprecisión del relato; la segunda consiste en garantizar la veracidad del testimonio, pues siendo la prueba testifical tan volátil, no será la primera vez que el testigo, que le confesó al testador que presenció los hechos que motivaron la desheredación, tenga la tentación, por razones escabrosas o inconfesables, de acogerse al refrán *donde dije digo, digo Diego*; la tercera razón se basa en que será parte procesal los herederos, no el testador, que habrá pasado a mejor vida, y aquellos podrán desconocer las circunstancias que motivaron la desheredación, pudiendo suceder que, notificada la demanda del desheredado, no sepan a qué pruebas recurrir para acreditar la veracidad de la causa.

Respecto al valor de las sentencias dictadas en la jurisdicción penal, Lacruz Berdejo, en contra del criterio expuesto por Vallet de Goytisolo, dijo que «ni siquiera una condena penal demuestra siempre de modo incontrovertible la suficiencia de la causa alegada por el desheredante, pues cabe imaginar algún caso-límite en el cual la presencia de atenuantes muy cualificadas, sin excusar del todo de la pena, haga demasiado grave la accesoria de desheredabilidad»[465]. Estamos de acuerdo, siendo innumerables los supuestos que se podrían dar en la práctica y que confirman este razonamiento; piénsese, a título de ejemplo, en el caso donde un progenitor está atentando contra la vida de uno de los miembros de la familia, y el hijo, para repeler la acción, recurre a un uso desproporcionado de la fuerza, lesionando al progenitor agresor. Aquí, aunque el hijo haya sido condenado penalmente por un delito de lesiones, es probable que se le haya rebajado la pena, incluso en

465 Lacruz Berdejo, J. L.: «La desheredación», op. cit., pp. 529 y 530.

uno o dos grados (art. 68 CP), por la aplicación de la eximente incompleta de la legítima defensa (arts. 20.4º y 21.1ª CP), no siendo óbice la condena para que, con independencia de la vinculación del juez civil a la declaración de hechos probados en la sentencia penal, el comportamiento pueda ser valorado, en el proceso donde se discuta la desheredación, a tenor de las circunstancias de la relación familiar[466-467]. A este respecti,

---

[466] En la SAP Madrid 7 marzo 2000, un padre desheredó a sus cinco hijos por la causa prevista en el artículo 853.2ª CC. Tres de ellos, fueron condenados en su día en un juicio de faltas por vejaciones contra el padre y la que era entonces su pareja, por haberles increpado llamándoles «hijos de puta». Los hijos, también presentaron varias denuncias contra su padre, las cuales fueron absolutorias. La sentencia, pese a la sentencia condenatoria, estimó injusta la desheredación, valorando el clima familiar, pues al parecer, el padre, tan pronto como se produjo el fallecimiento de su esposa, madre de los desheredados, formalizó una relación con otra mujer que comenzó antes del fallecimiento de su esposa, pretendiendo, un año después, que su novia se fuera a la vivienda familiar donde el causante convivió con la difunta, apreciando el tribunal, sorprendentemente, que «estaba racionalmente justificado el ánimo exacerbado de los hijos». Evidentemente, no tenemos por qué secundar el fallo y el razonamiento de la sentencia, que solo citamos aquí para patentar como una sentencia condenatoria no siempre conlleva que la desheredación sea declarada justa.

[467] Aunque no versara sobre un supuesto de desheredación, puede también citarse la SAP Asturias 1 febrero 2016 (TOL 5.643.632), donde un hijo, de 19 años de edad al tiempo del dictado de la sentencia, presentó una demanda contra sus padres reclamándoles alimentos. La madre se opuso alegando el artículo 152.4º CC, causa suficiente para apreciar por el juzgador *a quo* su exoneración, basando su decisión en que el hijo demandante, cuando era menor de edad, fue condenado en la jurisdicción de menores por un delito de maltrato familiar habitual en el ámbito familiar. De las circunstancias familiares que relata la sentencia, se extrae que el hijo, en plena adolescencia, tuvo conocimiento de que su padre biológico era otra persona, hecho que coadyuvó a que sus padres se divorciasen, comenzando su madre una nueva relación convivencial. Tras el divorcio, la madre no cumplió el deber de alimentos, que fue sufragado por el que era su consorte, que, tras el proceso de filiación, ninguna obligación tenía respecto al que era su hijo. En

el juez del orden civil, en virtud de la improrrogabilidad de la jurisdicción penal (art. 9 LOPJ), está vinculado por los hechos probados en el proceso penal, pero no por la valoración jurídica con relación a la desheredación, aspecto que jamás será objeto de *litis* en el primer proceso[468].

---

este contexto, el hijo, siendo menor, fue condenado el 9 de julio de 2013, por un maltrato que no fue de obra, sino de palabra. El tribunal, estimó el recurso de apelación del hijo, al reputar que los hechos que dieron lugar a la condena del actor, cuando era menor de edad, no revestían la gravedad suficiente para ser subsumibles en el artículo 853.2ª CC, argumentado lo siguiente en el fundamento de derecho tercero: «Si a ello se añade que aun no provocados directamente por la progenitora, ésta no puede estimarse fura [sic] del todo ajena al grave conflicto familiar que propiciaron los mismos, en cuanto esa situación de agresividad verbal que reflejan los hechos probados coincide en el tiempo con el inicio de una nueva relación sentimental de la madre, tras su divorcio de la persona que el actor siempre había considerado su padre, con el que estaba muy unido, -de hecho es la persona con quien en la actualidad convive y que ha avenido asumiendo todos sus gastos de alimentación-, así como con un cambio de lugar de residencia con la dificultad que ello conllevaba de relacionarse con el aquel, y con la comunicación por parte de la madre al actor de que el citado no era su padre, circunstancias todas ellas que propiciaron esa desestabilización en el menor, tanto en los estudios como en el nuevo entorno familiar, lo que sino justifica si minora la gravedad de los hechos protagonizados por este ultimo que recoge como probados la sentencia penal».

468 La SAP Barcelona 14 enero 2016 (TOL 5.661.599), dice: «En general podemos admitir que cuando el maltrato hacia el testador ha merecido una condena penal, su autor puede estar incurso en la causa de desheredación que examinamos atendida la vinculación de los tribunales civiles con la relación de hechos declarados probados en una Sentencia penal». Sin duda, la expresión «en general» y «puede estar incurso», revela que la sentencia penal condenatoria no es concluyente, pudiendo ser los hechos declarados probados en la jurisdicción penal objeto de una distinta valoración en la jurisdicción civil.

Aunque en sede de desheredación no haya un cuerpo jurisprudencial[469] en torno al valor de las sentencias penales en la jurisdicción civil, es extrapolable la jurisprudencia existente en el ámbito del Derecho de daños, la cual resumiremos a continuación para luego hilvanarlo con la desheredación. La jurisprudencia ha dicho, reiteradas veces, que la sentencia penal absolutoria por causas distintas a la inexistencia del hecho o por no estimar suficientemente probado que el acusado fue autor de los mismos, concede al juez civil plena legitimación para valorar los hechos posteriormente, pues no genera el efecto de cosa juzgada; lo que puede suceder cuando la sentencia es absolutoria por no declararse probado que la persona enjuiciada en el proceso penal fue autora de los hechos o porque los mismos no se pueden subsumir en ninguno de los tipos delictivos que prevé la ley. Ello no prejuzga que la conducta, activa u omisiva, pueda ser fuente de responsabilidad civil, gozando en tal caso el juez civil de plena libertad para valorar las pruebas que se practiquen, incluida la prueba testifical que en su día se ventiló en el juicio penal. Además, aunque rija la libre apreciación probatoria, también ha declarado la jurisprudencia que el testimonio de las actuaciones del proceso penal en el proceso civil posterior, así como la propia sentencia penal pueden tener eficacia probatoria, al tratarse de un «medio de prueba documental cualificado» respecto a los hechos allí contemplados y valorados, aunque el juez civil se rija por el sistema de libre apreciación de la prueba[470].

---

469 Entiéndase por cuerpo jurisprudencial aquellas sentencias dictadas por el Tribunal Supremo (art. 1.6 CC).

470 SSTS 28 noviembre 1992 (TOL 1.655.462), 3 noviembre 1993, 1 diciembre 1994 (TOL 1.666.383), 4 noviembre 1996 (TOL 216.749), 14 abril 1998 (TOL 5.156.976), 24 octubre 1998 (TOL 5.157.094), 22 diciembre 1999 (TOL 5.157.403), 31 enero 2000 (TOL 1.780), 12 abril 2000 (TOL 4.927.027), 12 abril 2002 (TOL 4.975.464), 15 septiembre 2003 (TOL 311.902), 30 marzo

Aplicado *mutatis mutandi* al ámbito de la desheredación, cabe afirmar que, si el fallo de la sentencia penal ha sido absolutorio porque se declaró probado que el desheredado no fue autor de los hechos que luego sustentaron la desheredación o porque los hechos que se le imputaron fueron inexistentes, la sentencia vinculará al juez civil, pues, como dice el Tribunal Constitucional, repugnaría el principio de seguridad jurídica y el derecho a la tutela judicial efectiva que unos mismos hechos existan y, a su vez, dejen de existir, vulnerando el derecho a obtener una respuesta inequívoca, huérfana de pronunciamientos contradictorios, por parte de los órganos encargados de impartir justicia[471]. En cambio, como dijimos antes, así como la sentencia penal condenatoria no será óbice para que el tribunal declare injusta la desheredación porque unos mismos hechos, desde la perspectiva civil, obedezcan a una distinta valoración[472], tampoco lo será que el juez penal, por una orfandad probatoria (esto es, por no estar suficientemente probados los hechos que se le atribuyeron o la autoría de los mismos), haya absuelto al acusado, posteriormente desheredado, teniendo el juez civil plena libertad para valorar la prueba que se practique en juicio y, por ende, para declarar justa la desheredación basada en unos hechos que, en su día, no fueron objeto de reproche penal.

En el intento de confirmar lo dicho, nos remitiremos a la SAP Málaga 26 diciembre 2014[473], donde un padre otorgó testamento desheredando a su hija por las causas 1ª y 2ª del artículo 853 CC, aludiendo a la negativa a prestarle alimentos y a las injurias graves proferidas. Según los hechos de la sentencia,

---

2005 (TOL 613.530), 17 marzo 2006 (TOL 866.955), 11 enero 2012 (TOL 2.394.685), 14 enero 2014 (TOL 4.075.911).

471 Véase, entre otras, la STC núm. 34/2003, de 25 de febrero (TOL 246.499).

472 Nos remitimos a la SAP Asturias 1 febrero 2016, ya citada.

473 SAP Málaga 26 diciembre 2014 (TOL 5.220.769).

la hija y su marido expulsaron al causante de la vivienda donde vivía con el matrimonio, ya que este se negaba a poner a nombre de la hija un bien inmueble, siendo este bien el más cuantioso de su patrimonio que, finalmente, heredó otro hijo. El padre en su día presentó una denuncia, alegando que la hija «le pellizcaba» y le dedicaba insultos tales como «hijo de puta» o «cabrón». La sentencia penal fue absolutoria al apreciar el juez versiones contradictorias, lo que no impidió que el padre, posteriormente, consignara las circunstancias vividas en un documento notarial. El juzgado *a quo* estimó justa la desheredación, valorando, entre otras pruebas, la denuncia presentada y el informe del médico forense que se practicó en el proceso penal. La hija desheredada, disconforme con el fallo, presentó un recurso de apelación, fundado en que dichos documentos no debieron ser valorados, habida cuenta que la sentencia fue absolutoria; este motivo no fue apreciado por el tribunal, para quien el examen de la desheredación y de las actuaciones penales no suponían una violación del derecho a la tutela judicial efectiva, en el sentido de que no generaban pronunciamientos contradictorios, ya que la sentencia penal no fue absolutoria por declarar que los hechos denunciados eran inexistentes, sino porque, sencillamente, hubo versiones contradictorias que no pudieron fundamentar una sentencia condenatoria, máxime cuando -añadimos nosotros- en el proceso penal rige la regla probatoria *in dubio pro reo*.

Mención aparte merece la prueba del maltrato psicológico como causa de desheredación. Que el artículo 850 CC atribuya la carga de la prueba a los herederos si el desheredado la negare, es coherente, *prima facie*, con el artículo 217 LEC, pues quien alegue la existencia de un hecho debe demostrarlo. El problema reside en que así como el maltrato de obra o la injuria grave de palabra es susceptible de prueba, pues se trata de demostrar una conducta activa del desheredado, no ocurre lo mismo con el maltrato psicológico, que, omitiendo los vaivenes de la jurisprudencia, podemos señalar, de momento, que consiste, según la STS 3 junio 2014, en una «acción que determina un menoscabo o lesión de la salud mental de la víctima», que, en palabras de la STS 30 enero 2015, es capaz de generar al causante un «estado de zozobra y afectación profunda». Este maltrato, como veremos, puede proceder de una omisión de aquel descendiente que, a sabiendas de la situación de vulnerabilidad del ascendiente, rehúsa, sin justificación suficiente, toda relación con él, y es aquí donde surge el problema respecto a la prueba, pues los herederos estarán avocados a una prueba diabólica, al verse en la tesitura de demostrar un hecho negativo, como es la ausencia de relación. Dado que el Tribunal Supremo relacionó la interpretación extensiva del maltrato de obra con conceptos tales como la perturbación emocional, el estado de zozobra o la afectación profunda en el causante, no faltaron autores que recomendaron que se incorporara al testamento, ya fuera mediante acta de notoriedad o acta de manifestaciones, el testimonio de personas próximas al causante que pudiesen corroborar su versión, amén de informes psicológicos para *acreditar* el maltrato por ausencia de relación familiar[474]. Pero dichos medios de prueba, más que acreditar la causa desheredativa, representan indicios, y ello por lo siguiente: por un lado, el testimonio de las personas próximas al causante simplemente corroborarán las manifestaciones que hizo en su día el causante en testamento en cuanto al abandono de los descendientes, no pudiendo acreditar los testigos, aunque se lo confesara el causante, la existencia del mismo por tratarse de un hecho negativo; es decir, así como una prueba testifical donde el testigo diga, simplemente, que el testador le referenció que el legitimario le había injuriado o golpeado sería inocua, valorándose, a lo sumo, como un mero indicio, con la ausencia de relación ocurre lo mismo, pues, salvo que

---

474 Carrau Carbonell, J. M.: «La desheredación por maltrato psicológico y su dificultad de aplicación práctica», op. cit., pp. 254 y 255.

el testigo esté veinticuatros horas diarias con el causante, solamente podrá constatar la versión que le trasladó el testador, no la ausencia de relación en sentido estricto[475]. Por otro lado, el informe psicológico difícilmente podrá acreditar el nexo causal entre el estado que padece el testador y el abandono, el cual se pudo deber al comportamiento de los hijos o a otras causas. Por lo tanto, lo que resulta, *de facto*, es que, a raíz de los indicios que presenta el heredero, se invierte la carga de la prueba, pues, sin llegarse a probar, en puridad, el maltrato psicológico, se hace recaer sobre el desheredado la probanza de la relación familiar con el causante. A tenor de lo dicho, caben dos conclusiones: o bien se reconoce que el maltrato psicológico, cuando se manifieste en una ausencia de relación familiar que cause al testador una perturbación emocional, difícilmente se podrá probar por los herederos, que son quienes tienen la carga de la prueba (art. 850 CC); o que, en la práctica, por meros

[475] Además de la SAP Badajoz 19 abril 1994, ya citada, puede verse la SAP Pontevedra 7 febrero 2002, que dijo que, respecto a los testigos que responden afirmativamente a las preguntas relativas a la negación de alimentos y a los malos tratos, dando por cierta la propia manifestación que compartió con ellos el testador, «no puede considerarse prueba suficiente para tener por acreditada la causa de desheredación, pues ello valdría tanto como convertir la afirmación del hecho sometido a prueba, en prueba misma, lo que supone una subversión de la lógica y del sistema probatorio». En la misma senda, la SAP Granada 11 octubre 2012 (TOL 2.673.860), al decir que los testigos propuestos por los hechos «no han ofrecido un testimonio directo de haber presenciado los malos tratos o las injurias graves que se imputan, sino meras referencias a lo que les manifestó el causante o los vecinos del pueblo». La SAP Murcia 19 septiembre 2013 (TOL 3.960.628), tampoco otorgó valor a la testifical de referencia, donde el testigo no apreció ni la agresión ni el insulto de la hija al padre que motivó la desheredación, exponiendo en juicio, simplemente, la versión que compartió con él el testador. Por último, la SAP Valencia 4 abril 2018 (TOL 6.586.362), también descartó, en un caso de desheredación, las testificales vertidas por quienes solo tenían conocimiento de los hechos a raíz de lo que les transmitió el causante, sin tener una percepción directa de los hechos.

indicios presentados por los herederos, se está desplazando la carga de la prueba hacia el desheredado, pues si este no desvirtúa la versión indiciaria del testador o de los herederos, en no pocas ocasiones se declarará justa la desheredación.

Nos podemos servir, para fundamentar lo expuesto, de la ya citada STS 19 abril 2023. Como ya se explicó, el tribunal estimó el recurso de casación presentado por una hija que había sido desheredada por maltrato psicológico, con la particularidad de que, en instancias inferiores, su demanda fue desestimada pese a que la heredera demandada fue declarada en rebeldía, no desplegando ninguna actividad probatoria. En casación se estimó el recurso articulado por la hija, destacando el tribunal que la falta de relación no permitía afirmar, sin más, que hubo un maltrato psicológico ni un abandono injustificado, sobre todo teniendo en cuenta que la prueba incumbía a la parte demandada, desconociéndose, en palabras de la sentencia, si el padre realizó o no algún intento de ponerse en contacto o conocer la situación de su hija, dado que las relaciones se rompieron a raíz de una crisis matrimonial. Supongamos que la demandada hubiera comparecido en el proceso en forma y, no acredita, pero sí aporta indicios de que no hubo ninguna relación entre el padre y la hija y, que, a consecuencia de ello, el padre padeció una perturbación emocional. Nos preguntamos: ¿cómo será posible acreditar que la falta de relación no fue imputable al padre? Se trata de un hecho negativo que, a la postre, quedará probado si el desheredado que, en puridad, no tiene la carga de la prueba *ex* artículo 850 CC, no desvirtúa la afirmación vertida por el desheredante o sus herederos.

Hacemos estas consideraciones no, realmente, como crítica a esta práctica que están secundado muchos tribunales, cuya exégesis vanguardista les honra, sino para hacer patente que es precisa una reforma del artículo 850 CC. *Prima facie*, cavilábamos decir que la reforma debería prever que, en caso de que la desheredación sea por maltrato psicológico, la carga de la prueba correspondiese al desheredado. Esta propuesta sería laudable si todo maltrato psicológico se pudiese identificar siempre con una ausencia de relación familiar que provocase al testador una perturbación emocional, en cuyo caso podría ser coherente que la carga de la prueba de la existencia de una relación familiar normal, huérfana de toxicidades y ajena a todo episodio de maltrato, incumba al desheredado. Pero claro, dicha conducta puede ser constitutiva de un maltrato psicológico, como también otras, que no tienen por qué identificarse con una omisión, como aquel que, sin llegar a maltratar de obra al causante, golpea, día sí día también, a su animal doméstico para provocarle a aquel una perturbación emocional, subsumible en el maltrato psicológico[476]. En tal caso, si el desheredado tiene que probar la ausencia de dicho maltrato estaríamos, nuevamente, ante una prueba diabólica. Por ello, la reforma del artículo 850 CC es una misión actualmente difícil de acometer, pues, sin perjuicio de que el maltrato psicológico no figura como tal en el artículo 853.2ª, no siempre ha de ser identificado con la ausencia de relación familiar, ya que es un concepto dinámico que puede englobar múltiples conductas, que no se relacionan, necesariamente, con una omisión. Por ello, ante la posibilidad de que el legislador rehúse modificar las causas desheredativas en el entendimiento de que la interpretación de los tribunales es suficiente para dar respuesta a los problemas que se presentan en el ámbito de la desheredación, cabría plantear si quizás convendría recuperar la tesis de Scaevola, y proponer la derogación del artículo 850 CC, en la empresa de que los operadores jurídicos se remitan, directamente, a las normas procesales para hacer recaer en uno u

---

476 Que este tipo de acciones tengan su correlativa consecuencia no es extraño en nuestro Derecho, pues, por ejemplo, puede provocar que se descarte una guarda y custodia compartida sobre un hijo menor de edad (art. 92.7 CC) o que la persona que se encuentre a un animal perdido quede exento de devolverlo a su dueño si apreciare indicios fundados de que el animal ha sido objeto de malos tratos o de abandono (art. 611 CC).

otro sujeto, según se trate de una acción u omisión, la carga de la prueba.

Consideraba en su día Lasarte que el desheredado era quién tenía que «demostrar el mantenimiento de los lazos afectivos, la cercanía sentimental, los cuidados propios de cada caso en relación con la persona causante», abogando por aplicar la regla «con carácter general a cualesquiera supuestos de legítima» y proponiendo la siguiente reforma del artículo 850 CC: «La prueba de la falsedad de la causa de desheredación corresponderá a la persona que pretenda contradecir la correspondiente cláusula testamentaria»[477]. Insistimos, dicha propuesta podría ser, en un momento dado, viable, si el maltrato psicológico se pudiese identificar, exclusivamente, con la ausencia de relación familiar, como está previsto en la letra e) del artículo 451-17.2 CCCat[478], pero no siendo así, y valorando que hay otras causas desheredativas que suponen una conducta activa del desheredado (véase la injuria grave de palabra o el maltrato de obra), tan injusto sería que los herederos tuviesen que probar que hubo una ausencia de relación familiar que provocó al causante una «perturbación emocional», como que correspondiese al desheredado la carga de probar que no injurió ni maltrató de obra al causante, pues estaríamos *desvistiendo a un santo para vestir a otro.*

García Goldar propone, en caso de maltrato psicológico, invertir la carga de la prueba, diciendo que «es más fácil probar

477 Lasarte Álvarez, C.: «Abandono asistencial de la tercera edad y desheredación de los descendientes en la España contemporánea», op. cit., p. 382.

478 De hecho, a la fecha en la que estamos escribiendo estas líneas, hay una propuesta en el Parlamento de Cataluña para modificar el artículo 451-20 CCCat, a fin de invertir la carga de la prueba cuando la causa alegada en el testamento sea la ausencia manifiesta y continuada de la relación familiar, correspondiendo al desheredado, y no a los herederos, la carga de probar la existencia de la relación.

la existencia de una relación (registro de llamadas, mensajes, fotos, etc.), que probar su ausencia», amén de que la ley exija «una descripción detallada de los hechos que han causado ese daño, y no meramente la indicación de la causa, en términos generales»[479]. Nos ratificamos en lo dicho anteriormente; la ausencia de relación familiar es solo una especie de maltrato psicológico, el cual puede materializarse en múltiples conductas que, por el daño que ocasionen al testador, podrían entrar también dentro de la dinámica conceptual del maltrato de obra; en consecuencia, a no ser que el legislador tipifique como causa desheredativa la ausencia de relación familiar, como el legislador catalán, no consideramos aceptable que, para cualquier supuesto de maltrato psicológico, se invierta la carga de la prueba. Respecto a la propuesta que viene acerca de que la ley exija una descripción detallada de los hechos, tampoco estamos de acuerdo, pues no es improbable que dicha previsión restrinja aún más la desheredación, debilitando la libertad de testar, ya que la dogmática en torno a que solo basta citar la causa desheredativa, sin entrar a analizar los hechos, lo que en el fondo persigue es que el testador no tenga que relatarle al fedatario público todas las miserias familiares, lo que conlleva recordar algunos hechos que, para aquel, pudieron ser traumáticos.

Más interesante nos parece la idea de la propia autora, inspirada en el Derecho japonés, de permitir al causante solicitar al juzgado que estime la desheredación del legitimario con base en alguna causa de desheredación, opción que, a su juicio, podrá facilitar la prueba, permitiendo al testador y al legitimario aducir cuantos argumentos tengan por conveniente en juicio. En definitiva, la propuesta de García Goldar consiste

479 García Goldar, M.: «La nueva doctrina del Tribunal Supremo sobre maltrato psicológico y desheredación: ¿aplicable también en los derechos civiles autonómicos?», *Revista Crítica de Derecho Inmobiliario*, núm. 786, 2021, p. 2492.

en consagrar un modelo bifásico, contemplando dos formas de desheredación: «una notarial, a través de la desheredación en cláusula testamentaria; y otra judicial, en vida del testador y legitimario, con posibilidad de reconciliación o perdón también mediante disposición testamentaria»[480]. Que digamos que nos parece interesante dicha propuesta no significa que la suscribamos, sino que es de agradecer que en esta materia, que durante décadas ha sido objeto planteamientos muy similares, lo que ha coadyuvado a su anquilosamiento, aparezcan nuevas ideas que, al menos, puedan ser contrapuestas.

Partiendo de que el proceso judicial es, dicho gráficamente, el derecho en pie de guerra, la posibilidad de acudir a la vía judicial para desheredar en vida presenta como objeción la judicialización de privar, no de un derecho, sino de una mera expectativa, y aquí el legislador debe plantearse el coste de oportunidad de desplegar recursos de la administración de justicia para privar de un derecho que, quizás, nunca llegue a serlo. La legítima no nace hasta la apertura de la sucesión, como hemos dicho a lo largo de este trabajo, y de la misma manera que no consideramos plausible que el legitimario pueda impugnar en vida las liberalidades que haga el futuro causante, tampoco nos termina de convencer que un juzgado dicte una sentencia estimando justa una desheredación respecto a una persona que, a la postre, puede ser un *falso legitimario,* pues será requisito *sine qua non* para tener dicha condición, como mínimo, la supervivencia al causante.

Es cierto, como dice García Goldar, que la posibilidad que contempla el Derecho japonés facilitaría la prueba de la desheredación, y no será solo porque la prueba resulte devaluada o depreciada por el devenir del tiempo -ya que pudiendo ser

480 García Goldar, M.: «La nueva doctrina del Tribunal Supremo sobre maltrato psicológico y desheredación: ¿aplicable también en los derechos civiles autonómicos?», op. cit., pp. 2492 y 2493.

medio de prueba el testimonio de terceros, los hechos presenciados por los testigos son susceptibles de difuminarse en su memoria si tienen que testificar décadas después, sin perjuicio de que no puedan hacerlo si han fallecido-, sino también como garantía del principio de inmediación, pues el juez estará presente cuando el causante tenga que dar su versión, alcanzando así una mejor valoración de los hechos, sin descartar que, el juez, ante la ausencia de otros medios de prueba, pueda lograr una convicción sobre la existencia de la causa desheredativa a través de la declaración del testador, si su relato está dotado de objetividad, es verosímil, es persistente y no presenta ambigüedades o contradicciones, pudiendo la contraparte formularle cuando preguntas sean necesarias sobre el objeto del proceso.

El problema es que, amén de que dicha reforma supondría judicializar una desheredación que ahora puede ser eficaz *sine die* si el desheredado no la impugnare judicialmente, en el plazo de cuatro años desde la apertura de la sucesión, supondría una traba en la práctica, en la ejecución exitosa de la difícil decisión de desheredar. Se dice esto porque, sin perjuicio de que, a día de hoy, para el causante puede ser una experiencia traumática desheredar a un pariente con el que le une el vínculo familiar más estrecho, máxime si aquel se encuentra en la ancianidad, con más razón lo sería si, para garantizar el éxito de la desheredación, se viera en la tesitura de acudir en vida a un proceso judicial.

A nuestra objeción se podría decir que el recurso a la vía judicial es facultativo, como así está previsto en la ley japonesa, que permite desheredar en todo caso ante notario, pero nos planteamos lo siguiente: ¿cuántas sentencias reputarán injustas desheredaciones articuladas en testamento que resulten probadas -al menos, como lo son hoy día- o no entrarán, realmente, en el fondo del asunto so pretexto de que la desheredación no se instó judicialmente por el causante cuando pudo hacerlo? A la postre, estaríamos consagrando una desheredación de primera, extraordinariamente traumática para el causante, y una desheredación de segunda[481]. Ante esta perspectiva, no es descartable que el causante se resigne a dejar al legitimario lo mínimo que le corresponda o que se descapitalice a fin de consumar lo que algunos autores han denominado una *desheredación de hecho*.

Es conocido que la doctrina propugna que, en el caso de que se contemplase legalmente la ausencia de relación familiar como causa de desheredación, se prevea que el desheredado sea quien tenga la carga de probar la relación familiar. No obstante, vemos más digno de loa, en cuanto a la prueba, la tesis de Scaevola -defendida hace más de una centuria- de considerar, en cierta medida, superfluo el artículo 850 CC, siendo menester que, en una futura reforma, el legislador se remita, sencillamente, a las normas procesales, sobre todo al artículo 217 LEC, debiendo cada parte probar los hechos que fundamenten sus pretensiones, sin perjuicio de tener en cuenta el juez la disponibilidad y facilidad probatoria del heredero y del desheredado respecto a los hechos inciertos objeto de litigio. Alguno podrá argumentar que la propuesta de derogar, directamente, el artículo 850 CC generaría inseguridad jurídica, a lo que nosotros decimos lo siguiente: ¿Produce inseguridad jurídica que, por ejemplo, en materia contractual no exista en el Código Civil una regla *ad hoc* respecto a la prueba en el caso

---

481 Ya sucede actualmente cuando los hechos en que se basa la desheredación pueden tener connotaciones delictivas, pues, a pesar de que no sea un requisito para apreciar la existencia de una injuria o un maltrato de obra, como causa de desheredación, la existencia de una sentencia penal condenatoria previa, no son pocos los tribunales que alegan, estereotipadamente, la ausencia de una resolución penal o de denuncias previas para evitar entrar en el fondo del asunto o declarar, directamente, injusta la desheredación, como la SAP Granada 11 octubre 2012: «Aunque es criterio jurisprudencial que no precisa una condena penal por los hechos la aceptación de la causa de desheración [sic], llama poderosamente la atención que ni siquiera se hubiera formulado denuncia alguna ante la gravedad de las injurias y malos tratos».

de que una de las partes demande la resolución, la rescisión o la nulidad del contrato? No, sencillamente se aplica el artículo 217 CC, al tratarse de una cuestión estrictamente procesal. Por lo tanto, si en otras figuras civiles no existe una norma en cuanto a la carga probatoria, idéntico planteamiento cabe manejar cuando de la desheredación se trate.

En cuanto a la perentoriedad de la prueba que denunció García Goldar, antes de contemplar legalmente que el juez, en vida del causante, valore si la desheredación es justa o injusta, optaríamos por reducir extraordinariamente el plazo de caducidad para el ejercicio de la acción de desheredación injusta, consagrando legalmente un plazo de un año desde que el desheredado pudiese conocer el contenido del testamento que recoge la desheredación.

9. LA RECONCILIACIÓN

9.1. La reconciliación y el perdón como modo de dejar sin efecto la desheredación

Dispone el artículo 856 CC, al contrario de Las Partidas, que en este aspecto guardaban silencio, que la reconciliación «posterior del ofensor y del ofendido priva a éste del derecho de desheredar», dejando sin efecto la desheredación ya hecha[482].

---

[482] Similar previsión, aunque con algunas diferencias, contienen los Derecho forales. El artículo 265 LDCG dispone que «[la] reconciliación posterior del ofensor y del ofendido priva a este del derecho de desheredar, dejando sin efecto el desheredamiento ya hecho». En Cataluña, el artículo 451-19.1 dice «[la] reconciliación del causante con el legitimario que ha incurrido en causa de desheredación, siempre y cuando sea por actos indudables, y el perdón concedido en escritura pública dejan sin efecto la desheredación, tanto si la reconciliación o el perdón son anteriores a la desheredación como si son

La reconciliación, como acto de naturaleza esencialmente revocatoria, deja sin efecto la desheredación, percibiendo el desheredado, si se tratara de un descendiente que concurre con otros descendientes, no lo que habría obtenido de ser la desheredación injusta, que sería su parte de legítima estricta (art. 851 CC), sino la porción que le correspondería de la legítima larga, salvo que el tercio de mejora hubiese sido objeto de disposición por parte del causante; y ello en la medida en que la reconciliación, como acto revocatorio, deja sin efecto la disposición testamentaria, como si esta no hubiese nacido en el mundo jurídico[483], sin que, además, se pueda colegir que, por haber sido despojada de efectos la desheredación, el desheredado haya sido preterido, pues, salvando la desheredación, el legitimario fue mencionado en testamento, debiendo integrarse la *voluntas testatoris* a fin de que este perciba la legítima, la cual se tendrá que distribuir a partes iguales entre los colegitimarios.

Al contrario de lo que ocurre con la remisión de la indignidad (art. 757 CC), que precisa, si la causa se da o la conoce el causante después de haber otorgado testamento, que se remita en documento público (remisión o perdón expreso) o que se instituya de nuevo sucesor al indigno (remisión o perdón táci-

---

posteriores», señalando su segundo apartado que ambos son irrevocables. Igualmente, el artículo 511 CDFA prevé tanto la reconciliación como el perdón como actos por virtud los cuales queda revocada la posibilidad de desheredar o la desheredación, al decir que «[la] reconciliación posterior entre el disponente y el desheredado o el perdón de aquél a éste, privan al disponente del derecho a desheredar y dejan sin efecto la desheredación ya hecha».

483 Menciona, Ragel Sánchez, L. F.: «El perdón de conductas ofensivas en la donación y en la sucesión *mortis causa*», *Anuario de la Facultad de Derecho. Universidad de Extremadura*, núm. 16, 1998, pp. 176 y 177, en relación al perdón de conductas ofensivas, que mediante este se regresa a la situación jurídica anterior a la ofensa.

to), la reconciliación no requiere de ninguna formalidad especial, según la literalidad del artículo 856 CC; de ahí que los primeros comentaristas del Código Civil, como Sánchez Román, dijeran que esta podía ser expresa o tácita[484]. A juicio de Scaevola, la razón de tal diferencia se debía a «la menor gravedad de las ofensas que dan motivo á la desheredación, y en que siendo las que originan la indignidad exclusiones pronunciadas por la ley, la propia importancia de ésta hace convenientes las solemnidades de forma para manifestarse en contra de sus preceptos»[485]

Por otro lado, el artículo 757 CC ha sido recurrentemente citado por la doctrina para plantear si el perdón, que *stricto sensu* no es lo mismo que la reconciliación[486], podría privar al ofendido de desheredar o dejar sin efecto la desheredación ya hecha; cuestión no huérfana de consecuencias prácticas, pues así como la reconciliación que menciona el artículo 856 CC es un acto bilateral[487], que precisa del concurso del causante y el desheredado, el perdón es una actividad unilateral que, en puridad, no requiere de la participación, de la aceptación ni, tan siquiera, del conocimiento del legitimario.

El Tribunal Supremo, en la STS 4 noviembre 1904, zanjó tempranamente esta polémica, en un caso donde un padre desheredó a su hijo por unas injurias, manifestando, en la misma

---

484 Sánchez Román, F.: *Estudios de Derecho Civil, VI. 2, Derecho de sucesión,* op. cit., p. 1129.

485 Mucius Scaevola, Q.: *Código civil, Tomo XIV,* op. cit., 925 y 926.

486 Siguiendo a Ragel Sánchez, L. F.: «El perdón de conductas ofensivas en la donación y en la sucesión *mortis causas*», op. cit., p. 178, así como «la *reconciliación* significa volver a las amistades, o atraer y acordar los ánimos desunidos», suponiendo un perdón, no ocurre necesariamente lo mismo a la inversa, «pues una persona puede perdonar una ofensa sin reconciliarse con el ofensor», pues, como dice el citado autor, «una cosa es perdonar desde el punto de vista de los sentimientos y otra muy distinta es hacerlo pretendiendo evitar las consecuencias jurídicas de la ofensa» (pp. 178 y 179).

487 Algaba Ros, S.: *Efectos de la desheredación,* op. cit., p. 201.

cláusula desheredativa, que perdonaba al desheredado. Este presentó una demanda para obtener su legítima, alegando, entre otros motivos, que la desheredación había quedado sin efecto por el perdón materializado en el testamento, a lo que el tribunal dijo que la desheredación, donde al alimón constaba el perdón del padre, solo revelaba el deseo de este privar al hijo de la legítima «sin enojo, sin resentimiento ni espíritu alguno de animadversión u odio», sin que se pudiese subsumir en la reconciliación del artículo 856 CC, y no porque necesariamente el perdón unilateral no pudiese desplegar ningún efecto jurídico, sino que, a juicio del tribunal, era necesario que se demostrase que las relaciones entre el padre y el hijo hubieren continuado «como si las injurias no hubieran existido», o que el padre «al menos, hubiere expresado claramente que el propósito de perdonar lo era en toda su extensión y efectos», concluyendo la sentencia que no había incompatibilidad entre el perdón moral de conciencia y la falta de reconciliación a que se refiere dicho artículo 856».

Realmente, era evidente que habiendo desheredado en testamento, las expresiones por virtud de las cuales el padre manifestaba, en el mismo documento, que perdonaba al hijo, carecían de virtualidad para dejar sin efecto la desheredación, pues de lo contrario el padre, sencillamente, se habría inhibido de desheredar; sin embargo, la exégesis de la sentencia sirvió para que la doctrina afirmara que la voluntad unilateral del desheredante de dejar sin efecto la desheredación o su propósito de desheredar podría desplegar los mismos efectos que el artículo 856 CC atribuye a la reconciliación, sin que el perdón precisara de la participación del desheredado o la reanudación de la relación familiar[488], bastando con que sea probado por

488 Royo Martínez, M.: Derecho sucesorio «mortis causa», op. cit., p. 247; Puig Peña, F.: *Tratado de Derecho Civil Español, Tomo V, Sucesiones, Vol. II, Relaciones sucesorias particulares*, op. cit., pp. 441 y 442.

cualquier medio de prueba admisible en Derecho. Así las cosas, se ha bautizado el binarismo descrito del siguiente modo: por un lado, el «perdón jurídicamente eficaz», el cual producirá los efectos previstos en el artículo 856 CC, y, por otro, el «perdón moral o de conciencia», que jurídicamente deviene irrelevante[489-490].

En la STS 27 junio 2018, ya comentada parcialmente en este trabajo, también se planteó la eficacia del perdón en sede de desheredación, aunque a la postre deviniera irrelevante, habida cuenta de que no se designó la causa desheredativa conforme a lo previsto en el artículo 849 CC. El causante aquí desheredó a su hija citando, simplemente, «los artículos 848 y siguientes del Código Civil», alegando la desheredada, amén de la vulneración del artículo 849 CC y otros preceptos, que el padre le envío una carta donde le perdonaba por los años en los que no tuvieron relación, mostrando este su alegría de que, en el último momento de su vida, pudieron hablar y reconciliarse[491].

Puig Brutau, J.: *Fundamentos de Derecho Civil, Tomo V, Volumen III*, op. cit., p. 235; Vallet de Goytisolo, J.: *Limitaciones de Derecho sucesorio a la facultad de disponer, Tomo I, Las legítimas*, op. cit., pp. 700 y 701; Diez-Picazo, L. y Gullón, A.: *Sistema de Derecho Civil, Volumen IV, Derecho de familia. Derecho de sucesiones*, op. cit., p. 489; Roca-Sastre Muncunill, L.: *Derecho de Sucesiones, Tomo II*, op. cit., p. 577; Algaba Ros, S.: *Efectos de la desheredación*, op. cit., p. 203; Jordano Fraga, F.: *Indignidad sucesoria y desheredación (Algunos aspectos conflictivos de su recíproca interrelación)*, op. cit., pp. 166-169; Ragel Sánchez, L. F.: «Artículo 856», op. cit., p. 6300; Represa Polo, Mª P.: *La desheredación en el Código Civil*, op. cit., pp. 243 y 244.

489 Rebolledo Varela, Á. L.: «Problemas prácticos de la desheredación eficaz de los descendientes por malos tratos, injurias y abandono asistencial de los mayores», op. cit., p. 432.

490 Ragel Sánchez, L. F.: «Artículo 856», op. cit., p. 6297, optar por emplear las voces de «perdón sentimental», irrelevante jurídicamente, y «perdón con relevancia jurídica».

491 La misiva decía lo siguiente: «Noelia, la verdad que pasé una infancia muy bonita contigo y es lo que me llevo, ya siento que las cosas por circunstancias

Aunque la citada sentencia ya descartó la eficacia de la desheredación por otros motivos no relacionados con el artículo 856 CC, dijo, antes de desestimar el recurso de casación presentado por los herederos, que aunque el precepto solo mencione la reconciliación como modo que impide desheredar o privar de eficacia a la desheredación ya hecha, ello no es obstáculo para admitir la eficacia del «perdón de la ofensa concreta»[492].

En nuestra opinión, si la desheredación emana de la soberanía de la voluntad del causante, sometiéndose, siempre que concurra alguna causa prevista en la ley, a la autarquía del testador, es dable defender, con la actual dicción del artículo 856 CC, que el mismo principio debe inspirar el cese de los efectos de la desheredación articulada en testamento, sin que sea necesario, como requisito *sine qua non,* el concurso del desheredado.

9.2. Problemas que plantea de la reconciliación tácita

9.2.1. La convivencia entre el desheredante y el desheredado no implica, necesariamente, una reconciliación

Evidentemente, que la reconciliación o el perdón no sea un acto con una forma *ad solemnitatem* lleva inherente cierta liti-

---

de la vida nos apartó de estar juntos y sé que lo has pasado mal pero a última hora hemos podido hablar, reconciliarnos y es con lo que me voy, también te deseo que seas muy feliz, que logres las cosas que te propongas a realizar y decirte igual que a tu hermano que te quiero».

492 En palabras del fundamento de derecho segundo: «En segundo lugar, cabe añadir que, a pesar de que el art. 856 CC solo menciona la reconciliación como causa que impide desheredar o que priva de eficacia a la desheredación ya hecha, ello no podría impedir la eficacia del perdón de la ofensa concreta que, de haber quedado acreditada, lo que no ha sucedido en el caso, fuera causa de desheredación, pues quien puede hacer valer la causa de desheredación también puede remitirla eficazmente».

giosidad, pues no es extraño que, en la práctica, el desheredado apele al artículo 856 CC para obtener su legítima, alegando que posteriormente al otorgamiento del testamento o en las postrimerías de la vida del causante se produjo una reanudación de la relación familiar subsumible en la reconciliación. En este sentido, no resulta infrecuente que el desheredado, a quien incumbe probar la existencia de la reconciliación o perdón, presente el hecho de la convivencia con el desheredante para privar de eficacia a la desheredación articulada en testamento.

Según Busto Lago, que se sirvió de la expresión que albergaba el último párrafo del artículo 855 CC antes de ser derogado por la LOPJM[493], el mero hecho de convivir desheredante y desheredado «*bajo un mismo techo*» no implica necesariamente una reconciliación, «sino que será un hecho que habrá de ser valorado con el conjunto de la prueba aportada por el desheredado que desee acreditar la realidad de la reconciliación». Es más, a nuestro juicio, dicho hecho no genera una presunción de reconciliación que invierta la carga de la prueba que corresponde al desheredado[494], sino todo lo contrario, a este corresponderá acreditar que, amén de dicha convivencia, el causante mostró una voluntad de dejar sin efecto la desheredación. Y debe ser así porque no es una *rara avis* que el legitimario, teniendo conocimiento de la desheredación, conviva con el causante con el propósito espurio de articular en el futuro una prueba de una reconciliación ficticia o por cuestiones meramente económicas, por no tener cubierta, por ejemplo, su necesidad de habitación.

---

493 La redacción original del último párrafo del artículo 855 decía lo siguiente: «Para que las causas que dan lugar al divorcio lo sean también de desheredación, es preciso que no vivan los cónyuges bajo un mismo techo».

494 Busto Lago, J. M.: «Artículo 856», op. cit., p. 1126.

Esto fue lo que pasó en la STS 13 mayo 2019, donde una madre desheredó a sus dos hijos en 2009, por lo que hoy se conoce como un maltrato psicológico, denunciando que estos la abandonaron hace más diez años, cuando aquella tenía un estado de salud precario, padeciendo una enfermedad crónica y con una movilidad reducida, al estar postrada en una silla de ruedas. Los desheredados presentaron una demanda impugnando la desheredación, que fue desestimada. En apelación, uno de los puntos de discordia fue la existencia de reconciliación entre la madre y uno de los desheredados, pues un hijo acreditó que durante los dieciocho meses previos al fallecimiento de la madre convivió con ella en su casa, planteándose la SAP Vizcaya 5 noviembre 2015 si dicha convivencia acreditaba una relación materno filial capaz de determinar una voluntad revocatoria de la madre respecto a la desheredación. El tribunal descartó dicha hipótesis, al considerar acreditado que el hecho de la convivencia vino motivado, no para atender y cuidar a la madre, sino por la precaria situación económica del desheredado, el cual se aprovechó, sin duda alguna, de la bonhomía de su madre, tratándose de una estancia en el domicilio de la causante, amén de tensa, «meramente contemplativa», sin dispensar o aportar el hijo ningún tipo de ayuda, concluyendo que una cosa es que la madre dejara vivir a su propio hijo en el mismo techo y otra muy distinta, sobre todo a los efectos del artículo 856 CC, es que dicha convivencia acredite una «voluntad de revocar la desheredación que ya había plasmado en su testamento». Tanto el fallo como la motivación de la sentencia dictada en segunda instancia fueron confirmados por la STS 13 mayo 2019, que dijo, lacónicamente, que la convivencia del hijo con la madre se fundamentó en un mero interés económico, estéril desde el prisma del artículo 856 CC.

Previamente a la citada sentencia, otros tribunales de apelación se enfrentaron a esta problemática, como la SAP Asturias

15 julio 2013[495], donde una madre, que nombró heredero a su sobrino, desheredó a sus dos hijos y a una nieta por malos tratos e injurias, en un testamento otorgado el 9 de septiembre de 2003; en primera instancia, fue estimada la demanda presentada por el hijo desheredado, considerando el juzgado que hubo un perdón en 1999 que, en todo caso, privaba a la madre del derecho a desheredar por unos hechos que se remontaban a los años 1994 y 1996, donde el hijo fue condenado por dos faltas de lesiones en la jurisdicción penal. El hijo se basaba en que, tras dicha fecha, pasó a convivir con la madre y que esta se negaba a que su hija le prestara ayuda, siendo atendida por el desheredado, a lo que respondió la sentencia dictada en apelación que el motivo por el que la madre permitió que su hijo, que la agredió años antes, la atendiera, no residía en la confianza, sino en el temor a la reacción de aquel, ya que en el pasado se mostró como una persona violenta, diciendo el tribunal que una cosa es «la apariencia constituida por la convivencia y otra muy distinta poder deducir de ese único dato el otorgamiento del perdón», máxime cuando después, en 2003, otorgó testamento desheredando al hijo.

En la SAP Pontevedra 2 diciembre 2015[496], una madre desheredó a su hija adoptiva por las dos causas previstas en el artículo 853.2ª CC, aduciendo la desheredada en su escrito de demanda, entre otras cosas, que, dieciocho años antes del fallecimiento se produjo una reconciliación posterior al testamento. El tribunal, no sin antes decir que el perdón, si es posterior al testamento, debe concederse en un testamento posterior o bien remitiendo expresamente al desheredado en documento público, en virtud de la aplicación analógica del artículo 757 CC, entró a valorar si, descartado el perdón, hubo o no una reconciliación tácita. La justificación de la demandante era que,

495 SAP Asturias 15 julio 2013 (TOL 3.890.837).

496 SAP Pontevedra 2 diciembre 2015 (TOL 5.614.114).

tras la desheredación, se recuperó la normalidad de la relación familiar, conviviendo en la misma vivienda la madre y la desheredada, a lo que la sentencia dijo que la convivencia no desvirtuaba la desheredación, pues madre e hija ya convivían juntas cuando aquella, ocultándoselo a la hija, la desheredó en testamento, y que dicha convivencia en absoluto se fundamentó en la voluntad de la madre, tal y como declaró el que, por aquel entonces, era su abogado, que testificó en juicio diciendo que, en su día, la causante le planteó una consulta sobre cómo podía expulsar a la hija del domicilio.

Igualmente, en la SAP Barcelona 23 enero 2018[497], donde el padre desheredó a un hijo que lo había expulsado de la ferretería donde ambos trabajaban, alegando el desheredado que el causante lo perdonó, siendo prueba de ello que, posteriormente a la desheredación, ambos convivieron en la vivienda del causante. Sin embargo, el tribunal descartó que dicho hecho pudiese desvirtuar la desheredación, pues, tal y como constaba en el acto de última voluntad, el padre manifestó que toleraba la presencia del hijo en la vivienda, simplemente, para que «no quedara desamparado en la calle».

En nuestra opinión, aunque sea admisible decir que la reconciliación, a día de hoy, no está sujeta a ninguna formalidad, admitiéndose la reconciliación tácita, el hecho de la convivencia entre el desheredante y el desheredado no es, *per se*, suficiente para dejar sin efecto la desheredación, debiendo concurrir, parafraseando la SAP Jaén 10 diciembre 2001[498], hechos concluyentes o inequívocos que tengan como arquitrabe la voluntad del desheredante, que acrediten el deseo de este de remitir la causa desheredativa que, en su día, protagonizó el legitimario.

---

497 SAP Barcelona 23 enero 2018 (TOL 6.502.252).

498 SAP Jaén 10 diciembre 2001 (TOL 140.073).

9.2.2. Propuesta de lege ferenda: hacía un único régimen de revocación de la desheredación

Creemos que, en una futura reforma, la reconciliación debería quedar relegada al baúl de los recuerdos, pues, de la misma manera que la desheredación se nutre de la voluntad personal y unilateral del causante, el cese de sus efectos debe obedecer a la misma arquitectura volitiva, pudiendo prescindirse de la participación o el concurso del legitimario. Se podría reprochar a nuestro alegato que, por el cauce de la reconciliación, el causante podría garantizar el arrepentimiento del legitimario; sin embargo, ello no justifica el mantenimiento de la figura bilateral, pues el desheredante podría tener dos opciones alternativas: o bien no materializar el perdón hasta que el legitimario muestre signos inequívocos de arrepentimiento, o bien materializar la desheredación y supeditar el perdón a un hecho futuro relacionado, si se quiere, con la penitencia o el arrepentimiento del legitimario. Y ello es así porque, a nuestro juicio, lo verdaderamente determinante para que el causante quede privado de la facultad de desheredar o deje sin efecto la desheredación ya hecha es la *voluntas testatoris,* como en su día apuntó Jordano Fraga[499].

Cuando el legislador menciona en el artículo 856 CC la palabra «reconciliación» en vez de «perdón», sugiere, en nuestra opinión, que está supeditando los efectos inherentes al precepto a una posterior reforma del legitimario, que tiene que reconducir su conducta para materializar una reconciliación, que puede ser muchas veces el paso posterior al perdón. Insistimos, que el legitimario enmiende su conducta o su conciencia es una cuestión cuya relevancia, a los efectos de dejar sin efecto la desheredación ya hecha, debe quedar a la autonomía

---

[499] JORDANO FRAGA, F.: *Indignidad sucesoria y desheredación (Algunos aspectos conflictivos de su recíproca interrelación),* op. cit., pp. 167-169.

del testador, siendo este plenamente soberano para decir si remite o no la causa desheredativa.

Así las cosas, se podría decir que, desde el prisma de nuestra propuesta, el cambio simplemente consistiría en sustituir, en el artículo 856 CC, la palabra reconciliación por perdón. Vamos más allá, pues, a diferencia de lo que sucede actualmente, donde la reconciliación o el perdón en la desheredación no están sujetos a ninguna formalidad, al contrario que la remisión de la indignidad, que debe materializarse en testamento o en documento público, creemos que, de *lege ferenda*, el perdón del causante, de seguir apostando por el modelo dualista de indignidad-desheredación, se debería articular por los mismos medios que prevé el artículo 757 CC, esto es, designando sucesor al legitimario que cometió una causa de desheredación, sin hacer constar, necesariamente, la desheredación en testamento -perdón tácito-, o bien, si se desheredó previamente, perdonando en documento público o en cualquier forma testamentaria de las previstas en la ley -perdón expreso-, teniendo el perdón, en ambos casos, una forma *ad solemnitatem*. No estimamos, por tanto, que pueda admitirse, en una futura reforma, un perdón que provenga del mero comportamiento del causante ante el legitimario desheredado. Cabe, así, distinguir entre un perdón *expreso*, que tiene lugar cuando el causante perdona al desheredado, manifestando su voluntad de personar mediante una declaración *ex profeso*, articulada en documento público o en testamento; y un perdón *tácito*, pero derivado de una acción formal, consistente en otorgar testamento designando sucesor a quien ha cometido una causa de desheredación.

No desconocemos que, pese a que la reconciliación o el perdón tácito, no amparado en un acto formal del desheredante, tiene actualmente el respaldo de la doctrina[500] e, incluso, de

500 Véase, por ejemplo, ALGABA ROS, S.: *Efectos de la desheredación*, op. cit., pp. 204 y 205, que considera que, si se admite la reconciliación tácita, también

la jurisprudencia, pues las veces en las que lo ha tratado no ha puesto en tela de juicio que el mismo no se formalizase en la forma prevista en el artículo 757 CC[501], ha habido autores de la talla de Vallet de Goytisolo que han cuestionado el perdón tácito, al decir que la remisión «deberá resultar de un testamento, posterior a haber ocurrido el hecho que la causó, o de un documento público», justificando su postura en que, si los hechos no muestran una reconciliación, «la certeza de una remisión, para ser indubitada, deberá resultar de un testamento (abierto, cerrado u ológrafo, común o especial) o de documento público, o por lo menos de escrito ológrafo del desheredante que reúna todos los requisitos del testamento ológrafo»[502].

A decir verdad, nos resulta complicado defender, hoy día, que no cabe el perdón tácito cuando, precisamente, el artículo 856 CC, al regular la reconciliación, no sujeta esta a ningún tipo de formalidad. Hemos cavilado empeñar esfuerzos para apostar por un cambio de orientación jurisprudencial sobre el perdón, pero creemos, que amén de que sería infructuoso, es menester invertir tinta en defender las bondades de nuestra propuesta, que, en caso de que se mantenga el dualismo desheredación e indignidad, pretende unificar el régimen revocatorio de la desheredación al amparo de una sola figura, identificable con el perdón o la remisión. La razón que subyace en que rechacemos la reconciliación y el perdón tácito reside, fundamentalmente, en evitar la manipulación de los hechos que luego son alegados por los desheredados en posterior juicio. Hemos visto, a través de las sentencias citadas más arriba, que la simple convivencia tolerada, por mera generosidad, por el desheredante, es enarbolada por los desheredados

---

debe abogarse por el perdón tácito.

501 Nos remitimos a las SSTS 4 noviembre 1904 y 13 mayo 2019.

502 Vallet de Goytisolo, J.: *Limitaciones de Derecho sucesorio a la facultad de disponer, Tomo I, Las legítimas,* op. cit., p. 706.

para reclamar su legítima, coincidiendo muchas veces el hecho de compartir un mismo techo con situaciones en las que el causante, ya en la ancianidad, se muestra más vulnerable. Sucede, además, con frecuencia que, cuando el testador se halla próximo a la muerte, los desheredados reclaman clemencia de aquel, aprovechando, sino la merma de sus facultades, sí un episodio donde los odios y las pasiones se apaciguan, se desvanecen los resentimientos y en donde el moribundo, a quien quizás abandonaron a su suerte, se muestra más receptivo en conceder el perdón a los que en el pasado no rindieron tributo a la solidaridad familiar[503]. Estos hechos, sin duda, serán

---

503 Una situación como la descrita se dio en la SAP Valencia 8 octubre 2004 (TOL 1.612.155), donde un padre desheredó a sus hijas por injurias. Una semana previa a su fallecimiento, el testador ingresó en el hospital, y las legitimarias, enteradas del hecho por un tercero, acudieron a visitarlo, alegando posteriormente en juicio la existencia de una reconciliación. Hasta tres testigos dijeron en juicio que hubo una reconciliación. Una, atestiguó que durante la estancia en el hospital el padre y las hijas «se mostraron muy cariñosos»; el chófer del causante, manifestó que este le trasladó a aquel que se había reconciliado con sus hijas y que estaba más tranquilo; una tercera, que era enfermera del hospital, adujo que a su juicio vio una reconciliación; y, finalmente, una amiga de la familia atestiguó que el causante «murió cogido de la mano de cada una de sus hijas y reconciliado con ellas». Sin embargo, el tribunal descartó la existencia de una reconciliación, valorando el testimonio de un notario, amigo del causante y propuesto por esta para ser albacea, que mostró su convicción personal en torno a que el testador no quiso dejar sin efecto la desheredación; además, tuvo en consideración la declaración de un amigo del finado, que arguyó que el desheredante le trasladó que no se fiaba mucho de sus hijas y que, estando en el hospital, le preguntó si deseaba que llamase al notario para cambiar el testamento, a lo que el causante dijo que no. Así las cosas, el fundamento de derecho cuarto *in fine* dijo lo que sigue: «Del conjunto de estas manifestaciones, y dado que las hijas, si no conocían, al menos sospechaban su desheredación, hemos de concluir que entre el padre y las hijas, existió un restablecimiento de sus relaciones, que al menos con una de ellas, se hallaban interrumpidas desde hacía 9 años y, a lo sumo, una manifestación de perdón, pero éste no tuvo el alcance necesario para extenderse a la desheredación, pues en caso contrario, en tres ocasiones,

luego esgrimidos por los legitimarios ingratos en el proceso donde se discuta la desheredación, planteándose si, verdaderamente, hubo una reconciliación o un perdón *stricto sensu* capaz de inhabilitar la desheredación, aportándose como prueba el testimonio de terceros que acredite que el causante y los desheredados se fundieron en un abrazo[504] o la exhibición de una simple foto familiar posterior a la desheredación[505], tan fáciles de obtener hoy día. Ante estos escenarios, que son caldo de cultivo para quienes se quieren aprovechar de la bonhomía del testador vulnerable y que, no siempre, van respaldados de una voluntad real del desheredante de dejar sin efecto la desheredación[506], creemos que lo más loable es abogar porque el per-

---

y ante personas que conocían el exacto alcance de sus manifestaciones y la gravedad de la figura de la desheredación, el testador habría expresado ser esa su voluntad y no lo habría negado de forma clara y precisa».

504 Esto fue lo que ocurrió, precisamente, en la STS 24 octubre 1972 (TOL 4.262.002), que estimó la existencia de una reconciliación basándose en que el padre y el hijo se fundieron en un abrazo.

505 Véase la SAP Barcelona 30 septiembre 2015 (TOL 5.566.686), en la que un padre fue expulsado por los hijos a la edad de sesenta y cinco años de la ferretería donde ambos trabajan. Desheredados los hijos, estos, que impugnaron la desheredación, no vacilaron en exhibir en juicio una fotografía de una reunión familiar tomada antes del fallecimiento para intentar acreditar que hubo una reconciliación. A lo que dijo el tribunal, respecto a la prueba documental aportada, lo siguiente: «Nada que ver por tanto con la prueba de una relación familiar continuada entre miembros residentes en lugares próximos y en la que es presumible que a lo largo de los años tuvieran lugar celebraciones varias con recuerdos fotográficos».

506 Son ilustrativas las siguientes palabras de Cabezuelo Arenas, A. L.: *Maltrato psicológico y abandono afectivo de los ascendientes como causa de desheredación (art. 853.2 CC)*, op. cit., pp. 251 y 252: «el testador debe mostrar predisposición a readmitir a su ofensor que, si quiera tardíamente, se interesa por la evolución de su enfermedad o se ofrece a cuidarle, para que ello se traduzca en una reconciliación. No bastando la imperturbabilidad del testador cuando recibe los cuidados del hijo con el que llevaba tiempo sin tratarse. Porque está claro que debemos estar ante un ascendiente que sea dueño de sus

dón, no la reconciliación, cuya derogación proponemos, deba materializarse en testamento o documento público, como está contemplado actualmente en la remisión de la indignidad (art. 757 CC).

9.3. La causa desheredativa que lo es también de indignidad a los efectos de la reconciliación

Como hemos acabado de exponer, hay un dualismo en sede indignidad y desheredación en los que respecta a la remisión de la ofensa, que no está exento de inconvenientes prácticos. Como se ha visto, en la indignidad es necesario para la remisión de la causa, en virtud del artículo 757 CC, que el causante otorgue testamento designando sucesor al potencial indigno -remisión tácita-, o bien que, sin necesidad de otorgar testamento, lo perdone en documento público -remisión expresa-. En cambio, según el artículo 856 CC y la hermenéutica que ha desarrollado la jurisprudencia respecto a la revocación de la desheredación, denominada aquí reconciliación, para la remisión de la causa desheredativa protagonizada por el legitimario bastará una reconciliación o perdón que no precisa de forma alguna, cabiendo incluso la reconciliación o el perdón tácito.

Sin perjuicio de que en el penúltimo capítulo de esta obra lo analizaremos con detalle, se podrá comprobar mediante una lectura de los artículos 852 al 855 CC que el legislador, a la hora de tarificar las causas de desheredación, se remite a algunas causales de la indignidad de las contempladas en el

---

actos. Y no ante un anciano cuya pasividad ante esa iniciativa filial lo mismo pudiera anudarse a su voluntad de readmitir al hijo, que a un estado de inconsciencia aprovechado taimadamente por el desheredado, que teme perder sus derechos si no aparenta un poco de humanidad y da a entender ante los demás que se ha producido una aproximación aunque sea días antes de expirar el testador».

artículo 756 CC. Así las cosas, puede ser que el legitimario realice un acto subsumible en una causa de desheredación que, a su vez, sea causa de indignidad, y haya una reconciliación que, aunque pueda dejar sin efecto la desheredación, no remitirá o rehabilitará, conforme a la literalidad del artículo 757 CC, al indigno, salvo que el perdón se haya materializado en algunas de las formas que prevé el precepto.

En este escenario, nos debemos plantear si, revocada la desheredación, los interesados podrán hacer valer ante los tribunales la causa de indignidad (art. 762 CC) o si, conforme a la reconciliación o perdón de la causa desheredativa, se entiende también remitida la causa de indignidad.

A juicio de Scaevola, la reconciliación servirá para eliminar la desheredación, pero no para rehabilitar al indigno, pues «siendo la indignidad lo más grave y la desheredación lo menos, y siendo aquélla lo general y ésta lo particular», el perdón que no conste concedido como reclama el artículo 757 CC no podrá remitir la causa de indignidad[507]. Análoga opinión manejó Manresa y Navarro, aduciendo que el testador que se remita, para privar de la legítima, a una causa para desheredar que, a su vez, sea subsumible en las de indignidad, no hace perder a esta su propia naturaleza, de modo que la reconciliación que no cumpla los requisitos de forma del artículo 757 CC deja sin efecto la desheredación ya hecha, pero no la indignidad, de modo que el legitimario «continúa con arreglo á la ley incapacitado para suceder, aun en la legítima, mientras en documento público y con arreglo al art. 757 no se remita la ofensa»[508].

En cambio, otros abogaron por el sendero en el que, si el testador se sirve de una causa de indignidad para desheredar, so-

---

507 Mucius Scaevola, Q.: *Código civil, Tomo XIV*, op. cit., p. 926.

508 Manresa y Navarro, J. M.: *Comentarios al Código Civil español, Tomo VI*, op. cit., p. 621.

mete la causa a la arquitectura normativa de la desheredación, de forma que la reconciliación, aunque no conste en testamento o en documento público, servirá para remitir al indigno, sin que los interesados puedan, al fallecimiento del causante, hacer valer la indignidad ante los tribunales. Uno de los máximos exponentes de esta teoría fue Sánchez Román, al que decir que el causante, al «convertir los hechos de indignidad en causa de desheredación, los dió esta naturaleza legal, como por su voluntad podía hacerlo, según la ley lo permite, y los sometió por completo a las reglas de la *desheredación*, y entre ellas a las del art. 856, respecto de la reconciliación como causa privativa de la eficacia de aquélla, sin que parezca lícito llevarlas de nuevo á las doctrinas de la *indignidad* obrando indebidamente contra la voluntad expresa del testador y lo que parece pensamiento indudable de la ley, más sistemático y menos arbitrario que la opinión contraria, atendida la doble naturaleza legal que unos mismos hechos pueden tener, según que se apliquen a la materia de incapacidad para suceder por indignidad ó á la de desheredación, cuando esta segunda fase corresponde determinarla a la libre voluntad del testador»[509-510]. También Vallet de Goytisolo, que decía que entre el artículo 856 CC y el 757 CC no había una antinomia, sino que la relación entre ambos preceptos era de «complementariedad y analogía», siendo aplicable el efecto sanatorio de la reconciliación tanto

509 SÁNCHEZ ROMÁN, F.: *Estudios de Derecho Civil, VI. 2, Derecho de sucesión,* op. cit., p. 1130.

510 Igualmente, PUIG PEÑA, F.: *Tratado de Derecho Civil Español, Tomo V, Sucesiones, Vol. II, Relaciones sucesorias particulares,* op. cit., p. 440 (nota a pie de página núm. 26).

a la desheredación como a la indignidad, por ser la condición de heredero forzoso más favorable[511-512].

Desde nuestro punto de vista, consideramos que la reconciliación o el perdón, aunque no sea formal, deja sin efecto la desheredación y, además, rehabilita al indigno, pero no porque la condición de heredero forzoso o legitimario deba ser acreedora de benignidad en la aplicación de la norma, sino a tenor de que la voluntad del causante es la ley de la sucesión[513], siempre que se acredite fehacientemente que el causante, que debe tener capacidad de testar al tiempo del perdón y estar huérfano de cualquier vicio del consentimiento[514], ha remitido la causa de desheredación que, a su vez, pudiere fundar la indignidad. Esto implica que si el causante desheredó en testamento y, posteriormente, hay reconciliación o perdón, tanto la desheredación como la indignidad quedarán en agua de borrajas, aunque el perdón no cumpla la forma del artículo 757 CC.

No obstante lo anterior, reconocemos que se pueden plantear en la práctica situaciones complejas, esbozando aquí, simplemente, una propuesta de solución de *lege lata,* que pasamos a exponer.

En primer lugar, nos podemos encontrar el supuesto donde el causante otorga testamento, designando sucesor a un

---

511 Vallet de Goytisolo, J.: *Limitaciones de Derecho sucesorio a la facultad de disponer, Tomo I, Las legítimas,* op. cit., p. 703.

512 Misma opinión, citando a Vallet, secunda Lacruz Berdejo, J. L.: «La desheredación», op. cit., p. 531, y, posteriormente, Jordano Fraga, F.: *Indignidad sucesoria y desheredación (Algunos aspectos conflictivos de su recíproca interrelación),* op. cit., pp. 173-175.

513 En la misma senda, Represa Polo, Mª P.: *La desheredación en el Código Civil,* op. cit., p. 247.

514 Ragel Sánchez, L. F.: «El perdón de conductas ofensivas en la donación y en la sucesión *mortis causa*», op. cit., p. 188.

legitimario, y este posteriormente protagoniza una causa de desheredación que, a su vez, puede fundar una indignidad, falleciendo el causante sin revocar el testamento. Véase que aquí, secundar la premisa de Sánchez Román y Vallet resulta complicado, pues, realmente, no se puede deducir que, por la ausencia de revocación, el causante, que no desheredó, sometió la causa de indignidad al régimen más flexible del artículo 856 CC, pues es harto difícil sostener la existencia de una consecuencia, que no es otra que la aplicación del artículo 856 CC, cuando la premisa, que se identifica con la desheredación, es inexistente. Es decir, no es lo mismo la situación relatada, que aquella donde el causante deshereda y, posteriormente, se reconcilia o perdona al desheredado. En el escenario expuesto sucede que, directamente, no se puede decir que el causante sometió el perdón o la reconciliación a la arquitectura del artículo 856 CC, pues, insistimos, no hubo desheredación previa.

En segundo lugar, se puede dar el caso de que el causante padece y conoce la causa mixta, tanto de desheredación como de indignidad, y, a pesar de ello, no otorga ningún testamento, falleciendo intestado. Aquí, igualmente, se podría plantear que si el causante no otorgó testamento desheredando fue porque, de manera tácita, perdonó al legitimario y, siguiendo la prosa de Sánchez Román y Vallet, no se podría promover una declaración de indignidad.

Creemos que, de *lege lata*, es loable decir que la causa mixta pueda ser remitida, conforme al régimen del artículo 856 CC, si el causante previamente desheredó en testamento, pues aquí hay una voluntad más o menos explícita de someter la singladura de la causa al régimen de la reconciliación del artículo 856 CC; sin embargo, creemos que ello no es extensible cuando el causante jamás llegó a desheredar al legitimario. Por ello, en los dos supuestos relatados *supra* abogamos por la posibilidad de que, ante la ausencia de desheredación, los interesados puedan promover la declaración de indignidad, ya que, ante la inexistencia de una voluntad desheredativa previa, debe seguirse el régimen del perdón o de la rehabilitación previsto en el artículo 757 CC, ya que no puede inferirse de la nada una voluntad explícita del causante de desactivar la aplicación de la indignidad.

Evidentemente, estos conflictos se evitarían de seguirse nuestra propuesta de *lege ferenda* de consagrar un único régimen revocatorio, similar al que hoy dispone el artículo 757 CC. Por ello, nos reafirmamos en que, desechando la reconciliación, toda vez que lo determinante es la voluntad del desheredante, se prevea, exclusivamente, el perdón, que deberá articularse, como único medio de revocar la desheredación, en documento público o designando sucesor al legitimario tras el conocimiento por el testador de la causa desheredativa.

9.4. Sujetos de la reconciliación

Obviamente, son sujetos de la reconciliación el causante y el legitimario que pueda ser desheredado o lo haya sido efectivamente. No obstante, el artículo 854.3ª CC contempla como causa de desheredación de los ascendientes el atentado de «uno de los padres contra la vida del otro, si no hubiere habido entre ellos reconciliación», previendo el artículo 855.3ª CC semejante disposición cuando se trata de la desheredación entre cónyuges, al tarificar como causa, igualmente, el atentado «contra la vida del cónyuge testador, si no hubiere mediado reconciliación».

Respecto al artículo 854.3ª CC late la incógnita en torno a si, habiendo desheredado el hijo al progenitor por haber atentado contra la vida del otro, queda sin efecto la desheredación por la reconciliación de los progenitores, cuando puede ser que el hijo, que también es un sujeto agraviado al haber podido presenciar, incluso, como su progenitor atentó y maltrató al otro, no llegó a perdonar nunca el hecho. Depárese en que, sobre la literalidad de la norma, parece que la causa está compuesta de dos requisitos: por un lado, que el ascendiente haya atentado contra la vida de su homólogo, y, por otro, que no haya habido reconciliación expresa o tácita entre los progenitores, pues, según parece, habiendo reconciliación, la voluntad del testador deviene irrelevante a los efectos de la desheredación.

Scaevola, que a la sazón fue uno de los primeros comentaristas del Código Civil, optó por aplicar analógicamente la previsión que albergaba el último párrafo del artículo 855 CC, hoy derogada, afirmando que si, tras el atentado, los cónyuges o progenitores vivían «bajo un mismo techo», debía entenderse que había habido entre ellos reconciliación, y, por tanto, la causa, aunque fuese dispuesta por el descendiente en testamento, no se aplicaría[515], añadiendo posteriormente que el ofendido no es necesariamente aquel «contra quien se dirigió el mal propósito, sino el que por consecuencia del hecho ha sido facultado para la desheredación», pudiendo ser que la desheredación quede sin efecto por una reconciliación habida entre el ofensor y una persona, distinta del ofendido, a quien se dirigió el mal que la ley castiga como causa de desheredación[516]. El mismo criterio sostuvo Manresa y Navarro, al decir que, si «el mismo cónyuge perdona, á los hijos toca también perdonar», diferenciando la reconciliación mentada en el artículo 854.3ª y la prevista en el artículo 856 CC, pues la contemplada en la primera, que podía cumplirse a su juicio si los cónyuges habitaban en el mismo techo, dejaba sin efecto la desheredación sin necesidad de que el hijo desheredante perdonara la causa[517]. Igualmente, Vallet de Goytisolo decía que cuando el artículo 856 CC habla de ofensor y ofendido debe entenderse que el primero es el legitimario desheredado

---

515 Mucius Scaevola, Q.: *Código civil, Tomo XIV,* op. cit., pp. 919 y 920.

516 Mucius Scaevola, Q.: *Código civil, Tomo XIV,* op. cit., pp. 926 y 927.

517 Manresa y Navarro, J. M.: *Comentarios al Código Civil español, Tomo VI,* op. cit., p. 617.

y el segundo el facultado para desheredarle, afirmación que no consideraba extrapolable a la reconciliación prevista en los artículos 854.3ª y 855.3ª CC; de este modo, afirmaba que, para las causas descritas, habría dos posibles reconciliaciones que excluirían la eficacia de la desheredación: «una, entre cónyuge agresor y el hijo desheredante (art, 856), y otra, entre ambos cónyuges (art. 854, n. 3)»[518].

Tal y como detallaremos cuando analicemos las causas de desheredación de los ascendientes, el artículo 854.3ª CC debe ser objeto de enmienda, toda vez que los hijos que, aunque sea indirectamente, también son víctimas del maltrato doméstico que se produce en el ámbito familiar, deben gozar de la facultad de desheredar a su ascendiente, al margen de la reconciliación alcanzada por sus progenitores. A este respecto, es indudable que la visualización de un atentado de un cónyuge contra el otro, puede generar un trauma en el descendiente que lo sitúe en la posición de agraviado. Por ello, a los efectos de privarle de desheredar o dejar sin efecto la desheredación ya hecha por la causa prevista en el artículo 854.3ª CC proponemos que la única voluntad determinante sea la del causante, que en este caso será la del hijo que pretende desheredar al progenitor, sin que la reconciliación de este con su consorte tenga relevancia jurídica alguna si no tiene como asidero la voluntad del que está facultado para desheredar.

9.5. Irrevocabilidad de la reconciliación

Se ha dicho que la reconciliación, así como el perdón, son irrevocables[519], lo que implica que una vez materializados, el

---

518 Vallet de Goytisolo, J.: *Limitaciones de Derecho sucesorio a la facultad de disponer, Tomo I, Las legítimas,* op. cit., p. 701.

519 En Cataluña, al contrario de lo que sucede con el Código Civil, si está prevista expresamente la irrevocabilidad de la reconciliación y del perdón en

ofendido quedará privado de la facultad de desheredar por dicha causa o, si previamente desheredó, no podrá reiterar la desheredación por la causa que en su día remitió. Sin embargo, teniendo en cuenta la pluralidad de formas que puede tener la reconciliación o el perdón, expondremos, sintéticamente, las diferentes situaciones que podrían darse con una propuesta de solución:

1. El causante perdona al desheredado otorgando un testamento, posterior a la desheredación, donde, expresamente, lo perdona o, simplemente, lo designa heredero o legatario de lo que le corresponda por legítima, y luego, este testamento, donde se perdonó al desheredado, es revocado (art. 737 CC), o, en una manifestación de reviviscencia del testamento donde se desheredó (art. 739 CC), se dice *ex profeso* que sea este testamento el que rija la sucesión *mortis causa*.

En nuestra opinión, aunque el primer testamento, en el que consta la desheredación, sea el que valga por imperativo del segundo párrafo del artículo 739 CC, la desheredación habrá quedado sin efecto por el ulterior testamento revocado, y no será por una aplicación analógica, que descartamos, del artículo 741 CC[520], sino porque la reconciliación o el perdón se rige, actualmente, por el principio espiritualista (art. 856 CC), de modo que aunque el testamento revocado pierda fuerza, servirá como prueba de que el perdón tuvo como origen la voluntad del causante[521].

---

el artículo 451-19.2 CCCat.

520 La aplicación analógica del artículo 741 CC es uno de los motivos que esgrime Algaba Ros, S.: *Efectos de la desheredación*, op. cit., p. 208.

521 Misma opinión tiene, en cuanto al hecho de que la revocación del testamento donde se perdonó no desnaturaliza los efectos del artículo 856 CC, Vallet de Goytisolo, J.: *Limitaciones de Derecho sucesorio a la facultad de disponer, Tomo I, Las legítimas,* op. cit., p. 708.

2. El causante otorga testamento desheredando al legitimario y posteriormente otorga otro posterior donde lo perdona, ora expresamente ora tácitamente, nombrando en este último caso sucesor al legitimario, declarándose, una vez abierta la sucesión, que el testamento donde se materializó el perdón es nulo por vicios de forma (art. 687 CC) o, tratándose de un testamento ológrafo, en peligro de muerte o en epidemia, que caducó por no entregarse al notario para su adveración y protocolización en el plazo que marca la ley (arts. 689 y 703 CC).

Bajo nuestro punto de vista, que el testamento sea nulo por tales motivos no invalida que pueda probarse, de un modo u otro, que la autoría del perdón testamentario emane del causante, aunque, por tratarse el testamento de un negocio *ad solemnitatem*, el testamento en sí sea declarado nulo, pues la nulidad no alcanza a la reconciliación, que no se rige, en los aspectos formales, por los mismos principios que disciplinan el negocio testamentario, pudiendo servir la disposición del testamento nulo para probar que, realmente, el causante perdonó la ofensa, al igual que la STS 24 octubre 1972 estimó que hubo reconciliación por el hecho de que el padre y el hijo desheredado se fundieron en un abrazo.

3. Ahora bien, si el testamento donde se perdona la causa de desheredación es declarado nulo por algún vicio del consentimiento (art. 673 CC), el perdón será nulo en toda su extensión al igual que el testamento, sin perjuicio de que el desheredado, de acuerdo con la admisión de la reconciliación o el perdón tácito, pueda recurrir a pruebas extramuros del testamento para probar que el causante remitió la causa de desheredación.

A tenor de todo lo expuesto es posible que el lector extraiga la idea de que, una vez perdonada la causa de desheredación, no hay marcha atrás, aunque el legitimario perdonado no rinda tributo, posteriormente, a la solidaridad familiar, pues, salvo que incurra en una nueva causa de desheredación, no se le podrá desheredar, pudiendo ser que, aunque su comportamiento no pueda merecer el reproche de la desheredación, no se comporte, con relación al causante y su círculo más cercano, como un ángel guardián, realizando desmanes que sean suficientes para mostrar el desprecio que le profesa, pero sin revestir la suficiente entidad para subsumir la conducta en una causa de desheredación.

A primera vista, podría decirse que, ante estas situaciones, el causante será víctima de su propia indulgencia; sin embargo, creemos que se pueden conseguir efectos parangonables a la revocación del perdón mediante una desheredación donde el perdón se condicione a un hecho futuro, posibilidad que hemos admitido *supra* cuando tratamos la desheredación condicional. Así, si materializada la desheredación, se condiciona el perdón a que el legitimario siga un sendero relacionado, quizás, con la reforma de la conducta que protagonizó en el pasado, este, al fallecimiento del causante, tendrá dos posibilidades: o bien demandar que la desheredación fue injusta o bien probar ante los herederos o, en caso de que estos lo negaren, judicialmente, siempre que no se trate de una condición potestativa negativa[522], que cumplió la condición que le impuso el testador, salvo que este, antes del fallecimiento, verifique el cumplimiento y no pudiere reiterarse[523].

---

522 Vid. art. 800 CC.

523 Cfr. arts. 795, 797 y 799 CC

Capítulo II.

Capacidad para desheredar y capacidad para ser desheredado

1. CAPACIDAD PARA DESHEREDAR[524]

1.1. Su ligamen con la capacidad para testar

Quizás, sorprenda el lector que en esta obra dediquemos un capítulo específico a la capacidad para desheredar y a la capacidad para ser desheredado, máxime cuando en otros trabajos monográficos dedicados a la desheredación, el tratamiento a la capacidad de desheredar ha sido exiguo o inexistente. Esta de falta de atención a la capacidad no puede ser objeto de reproche por nuestra parte, pues cuando se escribieron dichos estudios había una doctrina más o menos consolidada sobre la capacidad para testar, proliferando los trabajos que, al margen de la desheredación, disertaban en torno al artículo 665 CC. Sin embargo, aquí haremos una excepción, por las razones que a continuación se relatarán.

A tenor del aumento de la esperanza de vida, no es extraño que el testador que desee materializar una desheredación en testamento se encuentre en la ancianidad, etapa en la cual, en no pocas ocasiones, se produce una merma de las facultades

524 Parte del contenido de este epígrafe ya ha sido publicado en Gómez Valenzuela, M. Á.: «La *testamenti factio* activa: una reivindicación de la intervención de las medidas de apoyo en el negocio testamentario», *Revista de Derecho Civil*, vol. X, núm. 5 (octubre-diciembre, 2023), pp. 93-171.

intelectivas y volitivas, provocada a veces por la presencia de enfermedades degenerativas. En este contexto, donde, quizás, se puede construir el silogismo consistente en que si la persona es acreedora de una resolución administrativa que acredite que tiene una discapacidad psíquica no podrá testar y, por ende, tampoco desheredar, debiéndose reconducir las manifestaciones de insolidaridad familiar por la indignidad sucesoria[525], nosotros reivindicamos una ruptura con este planteamiento. A veces, la discapacidad es observada desde estereotipos y prejuicios, generando que las personas con discapacidad o, incluso, en la ancianidad, vivan en un entorno plagado de trabas e inconvenientes, que no solo les impiden vivir con dignidad, sino que, por su tratamiento como un grupo homogéneo, son arrastradas a claudicar a la hora de gestionar sus propios intereses, privándolas de su propio proceso de toma de decisiones, tanto en el ámbito social como familiar.

Teniendo en cuenta lo expuesto, no representan en la práctica forense una *rara avis* aquellas sucesiones *mortis causa* donde, desheredado un legitimario, este no solo impugna la desheredación, sino que también acumula a la acción de desheredación injusta otra acción donde reclama la invalidez del testamento, alegando que el desheredante, por razón de una discapacidad, no tenía capacidad de testar[526], siendo baldío discutir si la causa desheredativa fue justa o injusta si el testamento, arquitrabe de la desheredación, es declarado nulo. La simbiosis entre la capacidad para desheredar y la capacidad para testar se manifestó, expresamente, en Las Partidas, hasta

525 Jordano Fraga, F.: *Indignidad sucesoria y desheredación (Algunos aspectos conflictivos de su recíproca interrelación)*, op. cit., p. 27.

526 Ejemplo de la impugnación del testamento por falta de capacidad de testar y de la desheredación que albergaba el testamento son la SAP Palencia 20 abril 2001 (TOL 100.947), la SAP Islas Baleares 19 septiembre 2003 (TOL 358.178) y, la más reciente, SAP Sevilla 7 marzo 2019 (TOL 7.295.881).

tal punto de que representaba y representa la misma cosa, aunque el Código Civil no contenga una norma como la Ley 8ª, Titulo VII, de la Sexta Partida, que decía «*[todo] ome que pueda fazer testamento, ha de poder desheredar a otros de sus bienes*».

Partiendo de esta premisa, nos centraremos en las siguientes páginas en la *testamenti factio* activa, focalizando el estudio en aquel colectivo que, desgraciadamente, ha visto censurada con mayor asiduidad la posibilidad de ordenar su sucesión en testamento, que no es otro que el de las personas con discapacidad, focalizándose el estudio en los artículos 663 y 665 CC, cuyo análisis se visualiza en este trabajo como si se tratase de un imperativo categórico kantiano, a la luz de la entrada en vigor de la LAPCD, que, sin temor al equívoco, ha representado un parteaguas en el ordenamiento jurídico español, erigiéndose como una de las reformas de mayor calado desde la publicación del Código Civil decimonónico.

Por otro lado, que el testamento, al igual que el contrato, sea un negocio jurídico, como hemos defendido en esta obra, no debe llevar a extrapolar las construcciones doctrinales sobre la capacidad contractual al ámbito de la capacidad para desheredar, pues aunque el testamento, conforme a su contenido típico, tiene un contenido eminentemente patrimonial, no debe olvidarse que tanto la designación de sucesores como la desheredación están fundamentadas, en mayor o menor medida, en los lazos afectivos, o la ausencia de ellos, que nutren causalmente las disposiciones de última voluntad. Ello, en conjunción con que los efectos del testamento se manifestarán *post mortem* y que, además, se trata de un negocio personalísimo (art. 670 CC), hace acreedor al negocio testamentario de su propia idiosincrasia.

Dicho esto, antes de disertar sobre la nueva redacción de los artículos 663 y 665 CC y su ligamen con la desheredación, hemos de advertir al lector que, a título de exordio, nos adentraremos en sus antecedentes, realizando una crónica de la regulación y sus puntos controvertidos desde la redacción primigenia del Código Civil, pues, parafraseando a Paul Gauguin, para saber a dónde vamos tenemos que saber de dónde venimos. Así, aunque algunas aportaciones doctrinales que enriquecieron en su día la literatura jurídica serán descartables, toda vez que fueron herederas de su tiempo y aquí no las sacaremos de contexto maquiavélicamente en el intento de reforzar nuestros posicionamientos, otras, en cambio, serán un valioso elemento hermenéutico para la resolución de problemas que, como veremos, siguen latentes hoy día.

1.2. Antecedentes a la reforma de la LAPCD

1.2.1. Redacción original del Código Civil

El Código Civil, según la redacción original dada por el Real Decreto de 24 de julio de 1889, disponía en el artículo 663 que estaban incapacitados para testar, además de los menores de catorce años de uno y otro sexo, el que «habitual o accidentalmente no se hallare en su cabal juicio», mientras que el artículo 665 decía que si el «demente» pretendía otorgar testamento «en un intervalo lúcido, designará el Notario dos facultativos que previamente le reconozcan, y no lo otorgará sino cuando éstos respondan de su capacidad, debiendo dar fe de su dictamen en el testamento, que suscribirán los facultativos además de los testigos». La literalidad del precepto, que albergaba una terminología fruto de su tiempo, consagraba la posibilidad de que el «demente»[527] otorgara testamento en intervalo lúcido, siempre que dos facultativos avalaran su capacidad.

---

527 Debía entenderse por *demente* la persona declarada de tal modo por una resolución judicial (STS 25 octubre 1901).

Sánchez Román, que glosó en su día los citados artículos, reputó acertado que el legislador consagrara como regla la capacidad de testar si el testador poseía integridad mental, exponiendo que solo la perturbación intelectual, ora permanente ora transitoria, impedía el otorgamiento del testamento, siempre que esta perturbación existiese en la fase de perfección del negocio testamentario[528], señalando que aunque como regla general la falta de cabal juicio se relacionase con las perturbaciones cerebrales que afectaran a la inteligencia o disminuyesen de cualquier modo la testamentifacción activa, también entendía que debían subsumirse en el término todos los estados que menoscabasen la integridad mental por motivos accidentales, citando, a título ejemplificativo, los estados de «embriaguez, sonambulismo, exaltación, arrebato ó todas aquellas situaciones que por diferentes motivos y con más o menos intensidad inclinen á suponer que el testador no se halla en su cabal juicio»[529]. Lacruz Berdejo, asimismo, identificaba la expresión «cabal juicio» con la idea de que el testador tuviera «capacidad suficiente de entender y querer precisamente sus disposiciones», y de apreciar los motivos para hacerlas, quedando incapacitado para testar el sujeto que habitual o accidentalmente no tuviese un juicio íntegro[530].

En el ámbito, no del testamento abierto, sino de las «formas de los testamentos» (Sección 3ª, Capítulo I, Título III, del Libro III), el artículo 685 CC señalaba que el notario y los testigos[531] procurarían asegurarse de que a su juicio tenía el testador la

---

528 Sánchez Román, F.: *Estudios de Derecho Civil, VI. 1, Derecho de Sucesión*, op. cit., p. 205.

529 Sánchez Román, F.: *Estudios de Derecho Civil, VI. 1, Derecho de Sucesión*, op. cit., p. 215.

530 Lacruz Berdejo, J. L.: «La capacidad para disponer mortis causa», op. cit., p. 201

531 Recuérdese que hasta finales del pasado siglo, la intervención de tres testigos idóneos era preceptiva en el testamento abierto notarial (art. 694 CC).

capacidad legal necesaria para testar. Tanto la doctrina como la jurisprudencia advirtieron, pese a la literalidad del artículo 685 CC y en concordancia con la regulación del testamento abierto notarial y el cerrado, que la constatación de la capacidad correspondía, en puridad, al notario, no a los testigos, tal y como revelaban los artículos 695 y 704 CC[532-533].

Además, la STS 25 marzo 1940 interpretó la expresión "procurarán asegurarse" que figuraba en el artículo 685 CC, esbozando en su tercer considerando que es sustancialmente distinta a «deberá asegurarse», denotando aquella, al contrario que esta, que no se exige una aseveración absoluta de la capacidad del testador. Efectivamente, debía depararse en que si se exigiese la absoluta certeza podría discutirse si la presunción de capacidad sería *iure et de iure*, no cabiendo prueba en contrario de la falta de testamentifacción activa, o *iuris tantum*. En este sentido, la jurisprudencia reiteraba que, amén de que rige en el ámbito testamentario la presunción de capacidad del artículo 662 CC, la intervención de los notarios, y facultativos en su caso, reforzaba, simplemente, dicha presunción *iuris tantum*[534],

---

532 González Porras, J. M.: «Artículo 685», en AA.VV., *Comentarios al Código Civil y compilaciones forales, Tomo IX*, EDERSA, Madrid, 1987, p. 109, y Torres García, T. F.: «Artículo 685», en AA.VV., *Comentarios del Código Civil, Tomo II*, Ministerio de Justicia, Madrid, 1991, p. 1727.

533 SSTS 21 junio 1986 (TOL 4.822.072) y 10 abril 1987 (TOL 1.739.185).

534 Lacruz Berdejo, J. L.: «La capacidad para disponer mortis causa», op. cit., p. 202, reconocía que, de *lege lata*, la doctrina y la jurisprudencia no exigían el dictamen médico ante la ausencia de incapacidad oficial, teniendo el juicio del notario, según la citada fuente, el mismo crédito que un dictamen pericial. No obstante, discrepaba de la presunción de capacidad del testamento autorizado por el fedatario público sin el dictamen del facultativo, diciendo que la presunción del testamento otorgado ante notario y los testigos constituía un «arma formidable en manos de los futuros sucesores de mala fe de una persona realmente desequilibrada pero con alguna apariencia de normalidad mental», explicando que el notario, carente de conocimientos médicos, fácilmente emitiría un juicio favorable acerca de la capacidad del

pero dicho reforzamiento no podía erigirse como un muro inexpugnable, pudiendo ser destruido por pruebas cumplidas y convincentes, «demostrativas de que en aquel acto el testador no se hallaba en su cabal juicio»[535].

En cuanto a la intervención de los facultativos, esta, siguiendo a Puig Brutau, no era necesaria cuando el que pretendiese otorgar testamento no se hallara judicialmente incapacitado[536], lo que no era óbice para que aquellos pudiesen intervenir para aclarar las posibles dudas o asegurar la capacidad del otorgante[537-538]. En caso de que no interviniesen, el testamento valdría

---

testador, a pesar de que este estuviese a merced de toda suerte de captaciones y engaños.

535 Nos remitimos a las SSTS 7 junio 1893 (TOL 5.071.929), 25 octubre 1901, 18 noviembre 1915 (TOL 5.048.751), 16 febrero 1945 (TOL 4.458.402) y 2 junio 1959 (TOL 4.349.563). En palabras de la STS 22 enero 1913 (TOL 5.049.801), la intervención del notario, y de los facultativos en su caso, es una «presunción de verdad que sólo por prueba en contario puede desvirtuarse».

536 Igualmente, LACRUZ BERDEJO, J. L.: «La capacidad para disponer mortis causa», op. cit., p. 205, decía, siguiendo la literalidad del artículo 665 CC, que el procedimiento previsto en el inciso no era aplicable a los casos de demencia habitual que no estuvieran avalados por una sentencia de incapacitación.

537 PUIG BRUTAU, J.: *Fundamentos de Derecho Civil, Tomo V, Volumen II,* op. cit., pp. 20 y 21. También puede verse BINDER, J.: *Derecho de Sucesiones,* Labor, Barcelona, 1953, p. 44; CASTÁN TOBEÑAS, J.: *Derecho civil español, común y foral, Tomo sexto, Derecho de sucesiones, Volumen primero, La sucesión en general. La sucesión testamentaria* (revisada y puesta al día por CASTÁN VÁZQUEZ, J. M.: y BATISTA MONTERO-RÍOS, José), Reus, Madrid, 1989, p. 180.

538 En la STS 27 junio 1908 (TOL 5.056.991), se discutió la validez de un testamento otorgado por una anciana en presencia de dos médicos, propuestos por el notario autorizante, sin que la causante estuviera judicialmente incapacitada. Frente al argumento esgrimido en la demanda en torno a que la intervención de los facultativos, cuya presencia no era preceptiva, era sintomático de las vacilaciones y dudas que tenía el notario, la sentencia, en el cuarto considerando, adujo lo siguiente: «no puede estimarse que aquéllas [las previsiones previstas en los arts. 694 y 695 CC] fueran desvirtuadas por el solo hecho de haber concurrido al otorgamiento dos médicos que afirmaron

si, a juicio del notario, el otorgante tenía cabal juicio para testar, circunstancia que debía ser consignada por el fedatario público en el testamento (art. 695 CC)[539]. En cambio, en el caso de que el testador hubiese sido declarado demente o incapacitado por resolución judicial (art. 200.2º CC), el escenario era distinto, toda vez que había que seguir el procedimiento previsto en el artículo 665 CC[540], donde la presencia de los facultativos era imperativa.

---

hallarse la testadora en el completo goce de sus facultades, porque si bien, por no tratarse de un demente, era innecesaria y aun superflua tal concurrencia [...] no arguye tal concurrencia la falta de los requisitos esenciales del testamento ni altera en modo alguno su validez, puesto que el Notario y los testigos instrumentales afirmaron por sí y por su propia observación que, a su juicio, tenía la testadora la capacidad legal necesaria para otorgar testamento». En el mismo sentido, las SSTS 22 enero 1913, 16 noviembre 1918 (TOL 5.045.639) y 18 abril 1967.

539 En relación al último párrafo del artículo 695 CC («el Notario hará siempre constar que, a su juicio, se halla el testador con la capacidad legal necesaria para otorgar testamento»), la jurisprudencia, desde antiguo, no exigió una forma precisa e invariable o con determinadas palabras a la hora de hacer constar el juicio de capacidad, bastando que del tenor de la escritura se pudiese inferir que el testador estaba en el momento de su otorgamiento con la capacidad suficiente [STS 14 abril 1925 (TOL 5.038.696)]. En el mismo sentido puede verse Rivas Martínez, J. J.: «Artículo 685», en AA.VV., *Código Civil Comentado, Vol. 2*, Civitas, Pamplona, 2011, p. 359 y Martínez Espín, P.: «Artículo 696», en AA.VV., *Comentarios al Código Civil, Tomo IV*, Tirant lo Blanch, Valencia, 2013, p. 5353.

540 Así lo expuso la STS 25 octubre 1901: «Sin estar judicialmente declarada la incapacidad mental de una persona no puede reputársela constituida en estado permanente de demencia, ni por tanto, darse el caso a que se refiere el art. 665 del Código civil, que autoriza al demente para testar en un intervalo de lucidez, e impone al Notario, por vía de excepción a la regla general, la observancia de una formalidad especial, encaminada a patentizar ese intervalo de lucidez, cual es el deber negar su concurso al otorgamiento, a menos que dos Facultativos designados por el mismo Notario reconozcan previamente al testador y respondan de su capacidad».

Albaladejo, que estudió sobre la posibilidad de que la sentencia de incapacitación se pronunciarse sobre la facultad de testar, apostó por aquel entonces por una tesis vanguardista, condenando los pronunciamientos de incapacitación que privaban *ex ante* de la capacidad de testar, argumentando que el cauce para valorar la capacidad lo ofrecía el artículo 665 CC, y que esta se debía evaluar en el momento del otorgamiento (art. 666 CC), sin que la sentencia de incapacitación pudiera suponer, automática y prospectivamente, una privación de la capacidad de testar, toda vez que lo determinante era la «aptitud de entender y querer» en el momento de testar[541]. Siguiendo los planteamientos de Albaladejo, la falta de capacidad de obrar no era óbice para disponer de la testamentifacción activa si el incapacitado tenía en el momento del otorgamiento capacidad natural para el negocio testamentario[542]; a su juicio, el artículo 665 CC arbitraba un procedimiento *ad hoc* para que el incapacitado pudiese testar.

Como hemos dicho, el dictamen de los facultativos[543], al igual que ocurría con la autorización del notario y la presencia de los testigos cuando el testador no estuviese incapacitado

---

541 Albaladejo García, M.: *Curso de Derecho Civil, V, Derecho de Sucesiones*, op. cit., pp. 209 y 210.

542 Antes de Albaladejo, también condenó las inhabilitaciones *ex ante* de testar Puig Brutau, pero no con tanta vehemencia, diciendo que «aunque el Código civil, en los arts. 213 a 220, regula la declaración de incapacidad de los enfermos mentales, tales reglas no son de necesaria observancia en materia testamentaria» (Puig Brutau, J.: *Fundamentos de Derecho Civil, Tomo V, Volumen II*, op. cit., p. 19).

543 Según Manresa y Navarro, J. M.: *Comentarios al Código Civil español, Tomo V*, Imprenta de la Revista de Legislación, Madrid, 1910, p. 384, los facultativos debían ser propuestos por el notario y no por el testador, ya que era aquel quien debía adquirir el convencimiento de la testamentifacción activa, pudiendo incurrir en responsabilidad de reputarse nulo el testamento, justificándose además que la elección la hiciese el notario porque los facultativos debían ser acreedores de su confianza.

judicialmente, reforzaba la presunción *iuris tantum* de capacidad, sin que equivaliese a una presunción *iure et de iure*[544]. La exigencia de que dos facultativos respondieran de la capacidad del testador declarado demente o judicialmente incapacitado llevó a que la doctrina se planteara si este podía recurrir a otras formas testamentarias, como el testamento cerrado o el ológrafo. López R. Gómez y, posteriormente, Ossorio Morales, negaban tal posibilidad, arguyendo que la extensión del acta por el notario, en el testamento cerrado, podía ser posterior a la redacción del testamento, no pudiendo los facultativos valorar la capacidad del otorgante en el momento de su confección[545]. Sánchez Román, recogiendo el argumento expuesto y aun a sabiendas de la dicción del artículo 665 CC, fue más allá, planteando la hipótesis, basada en la teoría del intervalo lúcido[546], de la validez del testamento ológrafo o cerrado otorgado por el demente si, incoado el pleito de nulidad del testamento, se

544 Manresa y Navarro, J. M.: *Comentarios al Código Civil español, Tomo V*, op. cit., p. 385, el cual se remite a la STS 7 junio 1983. Véase, además, las SSTS 25 octubre 1901, 18 noviembre 1915 y 2 junio 1959, ya citadas.

545 López R. Gómez, N.: *Tratado teórico-legal del Derecho de Sucesiones según los precedentes históricos del Derecho de Castilla, el Código civil y las especialidades de las Legislaciones forales, Tomo I*, Imprenta y Librería Nacional y Extranjera de Andrés M.: Valladolid, 1896, pp. 64 y 65, y Ossorio Morales, J.: *Manual de sucesión testada*, Instituto de Estudios Políticos, Madrid, 1957, pp. 50 y 51.

546 No solo comprendería los supuestos de intervalo lúcido, sino también aquellos en los que se producía un cese o mejoría de la enfermedad que motivó la declaración de demencia; en tales casos, más que un intervalo lúcido, lo que habría es una recuperación de la capacidad natural [Romero Coloma, A. Mª.: «Testamento e intervalos lúcidos», *Actualidad Jurídica Aranzadi*, núm. 860/2013 (BIB 2013\724), p. 1]. No obstante, en la doctrina había autores, como Beltrán de Heredia y Onís, que identificaban el intervalo lúcido tanto con aquellos supuestos en los que el demente recobraba transitoriamente la razón, como con aquellos otros en los había una remisión natural en la evolución de la enfermedad (Beltrán de Heredia y Onís, P.: «Incapacidad para testar del que habitual o accidentalmente no se halla en su sano juicio», *Revista de Derecho Privado*, núm. 50, 1963, p. 247).

probara por los interesados en hacerlo valer, que eran quienes tenían el *onus probandi* al no gozar el testador, por la declaración de demencia, de la presunción de capacidad[547], que este tenía, en el momento en el que redactó su última voluntad, la suficiente capacidad, reconociendo que la probanza de dicho hecho era difícil, pero no imposible.[548]. La tesis de Beltrán de Heredia y Onís excluía otras formas testamentarias, pues, a su juicio, el dictamen de los facultativos no solo era un medio de prueba de la capacidad de testar, sino una solemnidad exigida por el artículo 665 CC[549], parangonando la exigencia del dictamen con el respeto a las formas testamentarias y la consecuencia inherente en caso de su contravención (art. 687 CC).

1.2.2. Reforma del Código Civil por la Ley 30/1991, de 20 de diciembre, de modificación del Código Civil en materia de testamentos

Transcurrida más de una centuria desde la publicación del Código Civil, el legislador modificó, entre otros preceptos, el artículo 665 CC, a través de la Ley 30/1991, pasando a ser la literalidad del aserto la siguiente: «Siempre que el incapacitado por virtud de sentencia que no contenga pronunciamiento acerca de su capacidad para testar pretenda otorgar testa-

547 CASTÁN TOBEÑAS, J.: *Derecho Civil, Tomo tercero. Derecho de familia. Derecho de sucesiones*, op. cit., p. 33, decía que la presunción de capacidad del artículo 662 CC conllevaba que la pretensión de nulidad del testamento por falta de capacidad debía ir avalada por una prueba especial y concluyente por quien sostuviera su invalidez, reconociendo no obstante que dicha presunción de la sanidad de juicio quedaba en agua de borrajas si la persona había sido previamente incapacitada.

548 SÁNCHEZ ROMÁN, F.: *Estudios de Derecho Civil, VI. 1, Derecho de Sucesión*, op. cit., pp. 218 y 219.

549 BELTRÁN DE HEREDIA Y ONÍS, P.: «Incapacidad para testar del que habitual o accidentalmente no se halla en su sano juicio», op. cit., p. 247.

mento, el Notario designará dos facultativos que previamente le reconozcan y no lo autorizará sino cuando éstos respondan de su capacidad». Otros de los cambios más llamativos fue la supresión de la exigencia inexorable de que en los testamentos abiertos notariales concurriesen los testigos (art. 695 CC), debiendo estar presentes en el acto de otorgamiento solo cuando el testador declarara que no sabía o no podía firmar el testamento, cuando, aunque pudiese firmarlo, fuese ciego o declarara que no sabía o no podía leer por sí el testamento, cuando el testador que no pudiese leer fuese enteramente sordo y cuando el testador o el Notario lo solicitaren (art. 697 CC).

Dado que estando vigente la primigenia redacción autores como Lucas Fernández o Torres García, ya citada, afirmaban que el juicio de capacidad correspondía al notario y no a los testigos (arts. 695 y 704)[550], el artículo 685 CC también se modificó. Donde antes el citado precepto, entrando en contradicción con los artículos 695 y 704 CC, decía que el notario y los testigos *procurarán* asegurarse «de que, a su juicio, tiene el testador la capacidad legal necesaria para testar», a partir de la reforma correspondía, exclusivamente, al notario el *deber* de asegurarse de la capacidad[551]. No solo se encomendó al nota-

---

550 Vid. nota a pie de página núm. 532. Lucas Fernández, F.: «Artículo 685», op. cit., pp. 358 y 359 justificó la atribución al notario, y no a los testigos, del juicio de capacidad al ser este un juicio jurídico, no médico.

551 Clamaba al cielo dicha modificación valorando las voces y las sentencias que, antes de entrar en vigor la Ley 30/1991, afirmaron sin tabúes que el juicio de capacidad y su posterior plasmación correspondía al notario en el testamento abierto notarial. La STS 12 mayo 1998 (TOL 5.156.876), estudió un recurso, en el que era de aplicación la versión del Código Civil antes de la entrada en vigor de la Ley 30/1991, en el que los demandantes alegaron, como motivo para vindicar la nulidad del testamento, que los testigos no consignaron en el mismo el juicio de capacidad. La sentencia desestimó dicho alegato, diciendo que «los testigos procurarán asegurarse de la capacidad (artículo 685, primer párrafo, del Código Civil) pero no se ordena, como requisito de

rio la constatación del juicio de capacidad, sino que también se sustituyó de la literalidad el verbo *procurar* por el de *deber*, siendo este cambio intencionado, para el propósito de enfatizar el celo que debía mostrar el fedatario público a la hora de realizar el juicio de capacidad y plasmarlo en la escritura pública[552]. Dicho deber no era óbice para que la jurisprudencia siguiera concibiendo la intervención del notario plasmando el cabal juicio del otorgante como una presunción *iuris tantum*, que, aun reforzada, permitía prueba en contrario[553], sin que ello implicase que se pudiese destruir por meras conjeturas o dictámenes médicos retrospectivos[554].

A) Posibilidad, *ex* artículo 665 CC, de que la sentencia de incapacitación restringiera la capacidad de testar

A pesar de que voces autorizadas condenaron[555], antes de la Ley 30/1991, que la sentencia de incapacitación limitara la facultad de testar, aportando al efecto sólidos argumentos, se plasmó lo contrario en el artículo 665 CC, sugiriendo la *dictio legis* que la sentencia de incapacitación podía privar al incapacitado de la testamentifacción activa, olvidando el legislador

---

forma, que se haga constar en el testamento tal apreciación por los testigos (sí, por el Notario: artículo 695, último párrafo)».

552 Burgos Pérez de Andrade, G.: «Comentario a los art. 662-686 del Código civil», en AA.VV., *Comentarios del Código civil, Tomo IV*, Bosch, Barcelona, 2000, p. 253, decía que al notario se le «exige una aseveración de capacidad con absoluta certeza».

553 Entre otras, las SSTS 22 junio 1992 (TOL 1.661.912), 19 septiembre 1998 (TOL 5.156.973), 29 marzo 2004 (TOL 365.401) y 31 marzo 2004 (TOL 365.393).

554 Rubio Garrido, T.: «Artículos 662-666», op. cit., p. 5119. Nos remitimos, además, a las SSTS 26 abril 2008 (TOL 1.324.483), 5 noviembre 2009 (TOL 1.748.175), 22 enero 2015 (TOL 4.708.541), y 7 julio 2016 (TOL 5.775.242).

555 Véase Albaladejo García, M.: *Curso de Derecho Civil, V, Derecho de Sucesiones*, op. cit., pp. 209 y 210 y Puig Brutau, J.: *Fundamentos de Derecho Civil, Tomo V, Volumen II*, op. cit., p. 19.

que el artículo 666 CC disponía que para apreciar la capacidad del testador «se atenderá *únicamente* al estado en que se halle al tiempo de otorgar el testamento». A la postre, resultó ser que la versión decimonónica del precepto, salvando expresiones superadas como el «demente», fue más garantista que la reforma publicada en las postrimerías del S. XX ¡Cosas veredes!

Si lo dicho no fuera suficiente para apreciar el absurdo de la reforma del artículo 665 CC, calificada por De Amunátegui Rodríguez casi veinte años después como «infausta medida»[556], o se nos acusara de no juzgar la misma valorando el tiempo en que se publicó, parangónese el precepto con el Código de Sucesiones de Cataluña, aprobado el mismo año que la reforma del Código patrio por la Ley 40/1991, de 30 de diciembre, cuyo artículo 116 decía lo siguiente: «Cuando el testador tenga habitualmente disminuida su capacidad natural por cualquier causa, esté o no incapacitado, podrá otorgar testamento notarial abierto en intervalo lúcido si dos facultativos aceptados por el notario certifican que el testador tiene, en el momento de testar, bastante lucidez y capacidad para hacerlo. Los facultativos harán constar su dictamen en el propio testamento y lo firmarán junto con el notario y, en su caso, los testigos». Huelga decir que el legislador catalán, con buen criterio, no dejó al albur de la sentencia de incapacitación la testamentifacción activa, debiendo ser valorada esta en el momento de testar.

Aunque la doctrina mayoritaria criticó el artículo 665 CC[557], autores como Lasarte justificaron la opción legislativa en el

---

556 De Amunátegui Rodríguez, C.: «Derecho de sucesiones y discapacidad: retos y cuestiones problemáticas», en AA.VV., *Derecho de sucesiones y discapacidad: retos y cuestiones problemáticas*, Fundación coloquio jurídico europeo, Madrid, 2020, p. 55.

557 Puede verse Lacruz Berdejo, J. L.: Sancho Rebudilla, F. A. y AA.VV., *Elementos de Derecho Civil, V, Sucesiones* (revisada y puesta al día por Rams Albesa, J.), Dykinson, Madrid, 2001, pp. 163 y 164, que razonaban que, siendo

nuevo entendimiento de la incapacitación a raíz de la Ley 13/1983. En la medida, según el autor, que la sentencia que declarara la incapacitación tenía que determinar la extensión y los límites de ésta, así como el régimen de tutela o guarda al que tendría que estar sometido el incapacitado[558], no parecía razonable que, habiendo determinado la sentencia que el incapacitado no podía testar, este posteriormente se encontrara en intervalo lúcido, añadiendo que el notario no podía contravenir el tenor de una sentencia[559].

---

perfectamente viable que el incapacitado judicialmente se pudiere hallar en un momento de lucidez, no era loable que la sentencia de incapacitación le privara de la posibilidad de realizar un acto tan trascendental como el testamento, máxime cuando la sentencia de incapacitación solo podía ser desvirtuada por otra sentencia, no por el juicio favorable del notario avalado por el dictamen de dos facultativos, toda vez que vetaba dicha posibilidad el artículo 665. Similar razonamiento, citando además el artículo 666, secundaba Mesa Marrero, C.: *La capacidad para testar: aspectos problemáticos y criterios jurisprudenciales*, Bosch, Madrid, 2017, pp. 113 y 114.

558 Véase la redacción, antes de la LAPCD, del artículo 760 LEC.

559 Lasarte Álvarez, C.: *Derecho de sucesiones. Principios de Derecho civil VII*, Marcial Pons, Madrid, 2011, pp. 55 y 56. Véase también Roca Trías, E..: «Artículo 665», en *Comentarios a las reformas del Código Civil (desde la Ley 21/1987, de 11 de noviembre a la Ley 30/1991, de 20 de diciembre)*, Tecnos, Madrid, 1993, p. 950. Más recientes son los argumentos de García-Ripoll Montijano, M.: «Aptitud mental y capacidad testamentaria antes y después de la sentencia de incapacitación. Comentario a la STS de 15 de marzo de 2018 (RJ 2018,1090)», *Cuadernos Civitas de Jurisprudencia Civil*, número 108, 2018, p. 176, que defendió la privación mediante sentencia de la capacidad de testar: «1) aunque la incapacitación para testar no protege al enfermo, tomada de esta manera la relevancia del testamento, sobran «los preceptos sobre nulidad testamentaria por falta de edad, cabal juicio o captación de la voluntad»; 2) la mayor parte de la población quiere determinar a quién van a ir a parar sus bienes tras su fallecimiento y, si no es posible, que «no vayan a parar al más sinvergüenza de cuantos le rodearon en vida»; 3) el Ordenamiento tiene interés en que los actos realizados por el testador respondan a su cabal juicio; 4) existe una gran cantidad de enfermedades mentales sin solución y permitir la testamentifacción en intervalo lúcido supone abrir la puerta a todo tipo de

Albaladejo, ratificando la óptica que mantuvo antes de entrar en vigor la Ley 30/1991, dijo que la sentencia no podía privar de la capacidad de testar, y que, si el testador no estaba en su cabal juicio, no hacía falta que la sentencia le quitase la capacidad, sino que serían los médicos quienes, en el momento del otorgamiento, tendrían que dictaminar sobre su cabal juicio[560]. Vicente Martínez entronizó el artículo 665 CC con los derechos fundamentales y la proscripción de la discriminación, diciendo que si se privara de la testamentifacción activa al demente en uno de sus intervalos lúcidos se atentaría y vulnerarían sus derechos constitucionales reconocidos en el artículo 14 CE, no perjudicando en nada al incapacitado que el juez se inhiba en la sentencia de incapacitación de pronunciarse sobre la capacidad de testar, máxime, finaliza el autor, cuando

---

abusos». Defendía también que la sentencia privara de la testamentifacción activa De Barrón Arniches, P.: «Personas con discapacidad y libertad para testar», *Actualidad Jurídica Iberoamericana,* núm. 12, 2020, pp. 466 y 467, que consideraba «importante que los jueces realicen el traje a medida de cada persona cuya capacidad de obrar sea sometida a un procedimiento judicial de modificación, y entren a dilucidar si puede o no pues testar, obviamente sin complemento de capacidad alguna [sic]».

560 Albaladejo García, M.: «Los cambios introducidos en el artículo 665 por la Ley de modificación del Código Civil en materia de testamentos», *Revista de Derecho Privado,* núm. 76, 1992, pp. 726 y ss., y, el mismo autor, en *Curso de Derecho Civil, V, Derecho de Sucesiones* (edición revisada y puesta al día por Díaz Alabart, S.), Edisofer, Madrid, 2014, pp. 215 y 216. Similar razonamiento sigue, aunque en relación al Derecho foral catalán, Solé Resina, J.: «El testamento. Los codicilos y las memorias testamentarias», en AA.VV., *Derecho de sucesiones vigente en Cataluña,* Tirant lo Blanch, Valencia, 2011, p. 56 diciendo, no sin previamente propugnar el valor superior del principio *favor testamenti,* que la sentencia de incapacitación no puede restringir la capacidad de testar, debiendo ser apreciada esta «en el concreto acto del testamento y en el preciso momento en que éste vaya a ser otorgado».

en el momento del otorgamiento sería preceptivo el informe de los facultativos[561].

Otros, como De Pablo Contreras, decían que la Ley 30/1991 era más restrictiva que la regulación anterior, donde no cabía la restricción mediante sentencia respecto al ejercicio de derechos personalísimos y que el legislador, al permitir que un juzgado negase la posibilidad de testar al incapacitado, aunque fuese en intervalo lúcido y con el aval de los dictámenes médicos, estaba imposibilitando la revocación de un testamento anterior o que la sucesión del incapacitado se rigiera, inexorablemente, por la sucesión intestada[562]. Espiñeira Soto adujo que el «ventanal» de la posibilidad de testar debe estar siempre abierto, sin que pueda limitarse con base en una genérica apreciación judicial de la capacidad del incapacitado para los actos patrimoniales[563].

Quizás, uno de las críticas más elocuentes al artículo 665 CC fue la dibujada por Gómez Laplaza y Díaz Alabart. Remitiéndose a la Exposición de Motivos de la Ley 30/1991, que justificaba la reforma en el ajuste con el tratamiento de la incapacitación, las autoras no hallaban dicha relación, pues teniendo la incapacitación una función protectora, destinada a nombrar tutor o curador a la persona incapacitada para aquellos actos que no pudiese perfeccionar por sí misma, no llegaban a comprender

---

561 Vicente Martínez, M. Á.: «Comentarios a la Ley 30/1991, de 20 de diciembre, de modificación del Código Civil en materia de testamentos», *Revista jurídica de Castilla-La Mancha*, núm. 15, 1992, p. 79.

562 De Pablo Contreras, P.: «Sentencia del Tribunal Supremo de 29 de abril de 2009. La incapacitación en el marco de la Convención sobre los derechos de las personas con discapacidad», en AA.VV., *Comentarios a las sentencias de unificación de doctrina (Civil y Mercantil), Vol. 3º*, Dykinson, Madrid, 2010, p. 577.

563 Espiñeira Soto, I.: «¿Puede la sentencia de incapacitación privar de la capacidad de testar al incapacitado con una declaración genérica de incapacidad plena?», *Revista de Derecho Civil*, vol. II, núm. 2 (abril-junio, 2015), p. 287.

la razón del por qué la sentencia de incapacitación podía albergar un pronunciamiento sobre la capacidad de testar, más aún siendo el testamento un acto personalísimo que no admite representación ni complemento de ningún tipo. Por si lo expuesto fuera poco, proseguían su discurso diciendo que, en absoluto, privar a una persona de testar era una medida de protección, y ello por lo siguiente: en primer lugar, porque los efectos del testamento son *post mortem* y, en segundo lugar, porque si se comprobaba que la persona, aún incapacitada, podía testar en intervalo lúcido, «no es posible argumentar que se le priva de un derecho reconocido constitucionalmente (art. 33 CE), para su protección»; intuyendo las autoras que el fin del legislador de 1991 fue evitar las captaciones de voluntad, sentenciaban que existían prevenciones en el ordenamiento jurídico para evitarlas, como la incapacidad relativa prevista en el artículo 753 CC, sin que se tuviese que limitar *ex ante* la posibilidad de otorgar testamento[564].

B) Exégesis correctora, con algunas excepciones, del Tribunal Supremo

El escenario que arrojó el malogrado artículo 665 CC fue desolador. De una lectura literal resultaba que si la persona no estaba incapacitada se aplicaba la presunción general de capacidad, admitiendo algunos autores y el Tribunal Supremo, como a continuación veremos, que si el notario dudaba de su capacidad, o de su «cabal juicio», siguiendo la terminología del artículo 663.2º CC, podía recurrir al examen de los facultativos[565]. En cambio, si la persona había sido incapacitada, había

---

564 Gómez Laplaza, Mª. C. y Díaz Alabart, S.: «La capacidad testamentaria de los incapacitados», op. cit., pp. 532, 533, 542 y 543.

565 Albaladejo García, M.: «Los cambios introducidos en el artículo 665 por la Ley de modificación del Código Civil en materia de testamentos», op. cit., p. 724; Martos Calabrús, Mª. A.: *Las solemnidades del testamento abierto notarial*, Comares, Granada, 2000, p. 172 y ss.; Rivas Martínez, J. J.: *Derecho de*

un desdoblamiento, pues si la sentencia de incapacitación contenía un pronunciamiento privando de la capacidad de testar, en contra de lo previsto en el artículo 666 CC, el demandado carecía de la testamentifacción activa y el notario debía atenerse al rigor de la sentencia, estando vetado la autorización del testamento, aunque la capacidad estuviese respaldada por el dictamen de los facultativos; pero si la sentencia de incapacitación no restringía la capacidad de testar, era aplicable el procedimiento del artículo 665 CC, debiendo el notario recabar el dictamen de los facultativos, so riesgo de que el testamento fuese declarado nulo[566].

Así las cosas, la STS 20 mayo 1994[567] siguió el senderó que en el año 1991 marcó el legislador catalán, dejando sin efecto la sentencia de incapacitación que restringía la *testamenti factio* activa, argumentado el fundamento de derecho cuarto que debía abogarse por una interpretación sistemática (cfr. arts. 665 y 666 CC), apostillando que la incapacitación no era óbice para que, conforme al artículo 665 CC, el incapacitado otorgara testamento en intervalo lúcido.

Sucesiones Común y Foral. Tomo I, Dykinson, Madrid, 2009, p. 111; Rodríguez Guitián, A. Mª.: *La capacidad de testar: especial referencia al testador anciano*, Civitas, Madrid, 2006, pp. 127-129; O´Callaghan Muñoz, X.: *Compendio de Derecho Civil, Tomo V, Derecho de sucesiones*, op. cit., p. 76.

566 Zurilla Cariña, Mª. Á.: «Artículo 665», op. cit., p. 829, vetaba la posibilidad del testamento cerrado. La SAP León 27 marzo 2015 (TOL 4.893.722), declaró, con base en el artículo 687 CC, la nulidad de un testamento otorgado por una mujer que había sido incapacitada sin que la sentencia se pronunciase sobre la posibilidad de testar. El notario reconoció en el acto del juicio que desconocía que la otorgante había sido incapacitada y que por ello no designó a dos facultativos que respondieran de su capacidad. A pesar de que el juicio del notario sobre la capacidad de la testadora fue positivo, el tribunal estimó la nulidad porque se prescindió del trámite preceptivo del artículo 665 [en el mismo sentido puede verse la SAP Burgos 1 febrero 2002 y la SAP Salamanca 12 mayo 2006 (TOL 6.295.577)].

567 STS 20 mayo 1994 (TOL. 1.665.440).

Cuatro años más tarde el Alto Tribunal volvió a pronunciarse en la STS 27 enero 1998[568], en un recurso de casación en el que se discutía la nulidad de un testamento, alegando los demandantes que la testadora no se hallaba en su cabal juicio. El fundamento de derecho segundo dispuso, entre otras cosas, que la presunción de capacidad del artículo 662 CC era extensible a toda persona, salvo aquellas que hubieren sido incapacitadas, siendo así que existía una presunción *iuris tantum* en el testamento que solo puede ser destruida mediante pruebas convincentes y no por meras conjeturas, sin que la ancianidad del testador, sus extravagancias o una discapacidad puedan destruir tal presunción si no se demostrare que en el «preciso momento de hacer la declaración testamentaria» no tenía la suficiente aptitud mental. Finalmente, añadió, remitiéndose a la jurisprudencia clásica, que aunque la intervención de los facultativos solo estaba prevista legalmente cuando el testador estuviere incapacitado, ello no implicaba estuviera vedada su actuación al margen de la sentencia de incapacitación, «especialmente si el Notario lo prefiere para asegurarse de la capacidad del otorgante».

Más reciente es la STS 16 mayo 2017[569], que estudió, en un proceso de modificación de la capacidad, la exclusión en sentencia del otorgamiento del testamento materializada por el Juzgado *a quo* y confirmada por la Audiencia Provincial respecto a una persona que había sido incapacitada. El Tribunal, con una lacónica pero acertada motivación, dejó sin efecto dicho pronunciamiento, diciendo que por tratarse el testamento de un acto personalísimo habría que estar a lo dispuesto en el artículo 665 CC, debiendo el notario designar dos facultativos que respondiesen de la capacidad del potencial testador.

---

568 STS 27 enero 1998 (TOL 7.285)

569 STS 16 mayo 2017 (TOL 6.113.490).

En contra, tenemos las SSTS 17 marzo 2016[570] y 27 septiembre 2017[571]; esta última, pese a citar la CDPD, rehusó revocar el fallo de primera instancia, que privó a una persona con síndrome de Down de la testamentifacción activa, manteniendo no obstante la capacidad para ejercer el derecho de sufragio, tanto activo como pasivo, y para manejar dinero de bolsillo hasta un límite de 150 euros. A juicio del Tribunal Supremo, podía ser Alcalde o Presidente del Gobierno pero no podía otorgar testamento: ¿*Quid iuris*?

El Tribunal Supremo, en un nuevo movimiento pendular, rectificó su postura en la STS 8 noviembre 2017[572] dejando sin efecto la prohibición de testar y de contraer matrimonio que albergaba la sentencia de incapacitación objeto de recurso.

C) La funesta jurisprudencia que avalaba el complemento de capacidad en el testamento y su posterior rectificación

Como hemos visto, no fue todo color de rosas en la jurisprudencia, siendo además llamativos y criticados hasta la saciedad aquellos pronunciamientos que dejaban al albur de la intervención del curador el otorgamiento del testamento. Lamentablemente, estas resoluciones, ciñéndonos a las dictadas por el Tribunal Supremo y omitiendo las de instancias inferiores, estuvieron lejos de ser una raya en el agua[573], latiendo la incógnita de si fue fruto, como sugiere García Rubio, de un *lapsus* no voluntario[574], de los modelos estereotipados o del «copia y

---

570 STS 17 marzo 2016 (TOL 5.673.726).

571 STS 27 septiembre 2017 (TOL 6.369.632).

572 STS 8 noviembre 2017 (TOL 6.427.812).

573 SSTS 24 junio 2013 (TOL 3.800.142), 14 octubre 2015 (TOL. 5.534.898), 20 octubre 2015 (TOL 5.534.846), 4 noviembre 2015 (TOL 5.550.396).

574 García Rubio, Mª. P.: «Algunas propuestas de reforma del Código Civil como consecuencia del nuevo modelo de discapacidad. En especial en materia de sucesiones, contratos y responsabilidad civil», *Revista de Derecho Civil,* vol. V, núm. 3 (julio-septiembre, 2018), p. 180 (nota a pie de página núm. 13).

pega» que prolifera en la praxis judicial[575], o decisiones deliberadas fundamentadas en un desconocimiento del carácter personalísimo del testamento.

A decir verdad, no ha sido extraño en nuestro Derecho que se admitiese el hoy derogado complemento de capacidad en actos o negocios jurídicos catalogados por la doctrina como personalísimos. Basta citar, a título de ejemplo, las capitulaciones matrimoniales, donde el hoy derogado artículo 1330 CC disponía que el incapacitado judicialmente sólo podía otorgar capitulaciones matrimoniales «con la asistencia de sus padres, tutor o curador». A pesar de dicha previsión, la doctrina nunca ha dudado en caracterizar el pacto capitular como un negocio personalísimo[576]. Sin embargo, en otros negocios, como en el matrimonio o el testamento, nunca se admitió complemento ni representación de ningún tipo. A tenor de lo expuesto, qui-

---

575 A pesar de la ratificación por España de la CDPD y la famosa STS 29 abril 2009 (TOL 1.514.778) que bautizó, inspirada en el convenio internacional, el «traje a medida», siguieron proliferando sentencias maximalistas que, lejos de individualizar cada caso concreto, incapacitaban totalmente o desestimaban la solicitud de incapacitación sujetándose a modelos previamente esbozados, tal y como criticó Calaza López, según fuentes del Poder Judicial consultadas por la propia autora (CALAZA LÓPEZ, S.: *Procesos de familia y división de patrimonios,* Civitas, Pamplona, 2015, p. 136).

576 DÍEZ-PICAZO, L.: «El negocio jurídico del Derecho de familia», *Revista General de Legislación y Jurisprudencia,* núm. 6, 1962, pp. 783 y 784; LACRUZ BERDEJO, J. L.: *Derecho de Familia. El matrimonio y su economía,* Bosch, Barcelona, 1963, p. 278; LETE DEL RIO, J. M.: «Sujetos de las capitulaciones matrimoniales», *Anuario de Derecho Civil,* t. XXXVI, 1983, pp. 397-420; AMORÓS GUARDIOLA, M.: «De las capitulaciones matrimoniales», en AA.VV., *Comentarios a las reformas del Derecho de familia,* vol. II, Tecnos, Madrid, 1984, p. 1553; SÁNCHEZ GÓMEZ, A.: «Capacidad capitular de las personas con discapacidad psíquica o intelectual», *Revista de Derecho Privado,* núm. 6, 2020, pp. 45 y 46; O´CALLAGHAN MUÑOZ, X.: *Compendio de Derecho Civil, Tomo IV, Derecho de la familia* (revisado y puesto al día por FERNÁNDEZ GONZÁLEZ, Mª B.), Editorial Universitaria Ramón Areces, Madrid, 2022, p. 115.

zás habría sido más acertado, como propusimos en su día, realizar una bifurcación doctrinal en los negocios personalísimos, distinguiendo entre «negocios personalísimos *stricto sensu*», que no admiten representación ni complemento, y «negocios personalísimos *lato sensu*», que pese a compartir elementos comunes con los primeros, como la proscripción de la representación, sí admiten el juego del complemento de capacidad, como ocurre, hoy día, con el concurso de los progenitores o tutores cuando el menor vaya a otorgar capitulaciones matrimoniales y el régimen pactado no sea el de separación o el de participación (art. 1329 CC).

Para fortuna de los notarios, que verían atónitos como personas con la capacidad modificada judicialmente acudían a la notaría, con sentencia en mano, para testar con el complemento de capacidad del curador, la STS 7 marzo 2018[577] puso los puntos sobre las íes. El Alto Tribunal, teniendo presente la CDPD, expuso, al objeto de valorar la sentencia dictada en un proceso de modificación judicial de la capacidad, las diferencias entre la tutela y la curatela según los principios de la Convención. Mientras, siguiendo el fundamento de derecho tercero, la tutela se revelaba como el medio de protección más intenso, siendo el tutor el representante de la persona con la capacidad modificada judicialmente, la curatela es «un apoyo de menos intensidad, que sin sustituir a la persona con discapacidad, le ayude a tomar las decisiones que le afecten», añadiendo que la curatela debe ser concebida como el sistema mediante «el cual se presta asistencia, como un complemento de capacidad, sin sustituir a la persona con discapacidad». Prosigue la sentencia diciendo que no podría extenderse la curatela «a los actos de disposición mortis causa, al ser el testamento un acto personalísimo y no especificase [sic] por la sentencia re-

577 STS 7 marzo 2018 (TOL 6.538.335).

currida cual sería la intervención del tutor[578], ahora curador». Más adelante, volveremos sobre esta sentencia.

D) Significado de supeditar los *actos de disposición* a la intervención del curador

Paradigmática y comentada en la doctrina[579] fue la STS 15 marzo 2018[580]. El recurso de casación traía causa de la impugnación de dos testamentos abiertos notariales. El primer testamento fue otorgado antes de que la capacidad de obrar de la testadora fuese modificada judicialmente, mientras que el segundo lo fue con posterioridad a la sentencia que, con ulterior aclaración por parte del juzgado, dijo que la demandada era «incapaz», precisando de la intervención del curador para «los actos de disposición de sus bienes». Los demandantes sostuvieron que la testadora no estaba en su sano juicio, no pudiendo comprender el alcance del primer testamento, completando la fundamentación del recurso diciendo que, además, el segundo testamento se otorgó pese a que el juzgado la declaró incapaz para realizar actos de disposición, entendiéndose como tal el testamento. El tribunal, no sin antes razonar que la presunción *iuris tantum* del notario y de los facultativos que elaboraron el dictamen *in situ* no podía desvirtuarse por un

---

578 La SAP Vizcaya 13 octubre 2016 (TOL 5.911.175), objeto de recurso, falló que el demandando precisaría la intervención del tutor para la «gestión y disposición, ya sea inter vivos o mortis causa».

579 Véase, entre otros, Guilarte Martín-Calero, C.: «Comentario de la Sentencia del Tribunal Supremo de 15 de marzo de 2018 (146/2018). Capacidad para testar de persona sometida a curatela: contenido de la sentencia de modificación de la capacidad de obrar y alcance del artículo 665 del Código civil», en AA.VV., *Comentarios a las sentencias de unificación de doctrina (Civil y Mercantil), Vol. 11,* Dykinson, Madrid, 2010, pp. 453-466; Páramo y de Santiago, C.: «Capacidad para otorgar testamento notarial abierto (comentario a la STS de 15 de marzo de 2018)», *CEFLegal. Revista práctica de derecho. Comentarios y casos prácticos,* núm. 208, 2018, pp. 49-54.

580 STS 15 marzo 2018 (TOL. 6.548.076).

informe retrospectivo, expuso, a fin de desestimar el recurso de casación presentado por quienes sostenían la nulidad de los testamentos, que no siendo posible fundamentar la falta de capacidad para testar en la analogía ni la interpretación extensiva, debía reputarse que los actos de disposición de bienes *mortis causa,* por su naturaleza y caracteres, son distintos a los *inter vivos,* máxime cuando aquellos tiene una regulación específica prevista en el artículo 665 CC[581]. *Ad abundantiam,* y para zanjar la polémica del famoso complemento de capacidad en el negocio testamentario, argumentó que el testamento era un «acto personalísimo», no pudiendo el tutor testar por la persona con la capacidad modificada judicialmente ni el curador complementar su capacidad.

1.3. La *testamenti factio* activa a partir de la LAPCD

La LAPCD tiene su precedente en la CDPD, cuyo artículo 12, corazón del texto internacional, consagra el reconocimiento de la personalidad jurídica de las personas con discapacidad, así como de su capacidad jurídica en igualdad de condiciones con las demás en todos los aspectos de la vida. A fin de garantizar dichos fines, dignos de encomio y alejados de lo utópico si sus postulados adquieren una dimensión trasversal, el texto internacional consagra la obligación de los Estados partes de adoptar las medidas pertinentes para proporcionar acceso a las personas con discapacidad al apoyo que puedan necesitar en

581 *Nihil sub sole novum,* si tenemos en cuenta que ya la STS 31 diciembre 1991 (TOL 1.728.595), identificó los actos de naturaleza patrimonial en los que podía intervenir el curador con aquellos en los que los tutores precisaban la previa autorización judicial, según lo dispuesto en el artículo 290 en relación con los artículos 271 y 272 CC. A mayor abundamiento, dos meses después de la STS 15 marzo 2018, la SAP Asturias 8 mayo 2015 (TOL 5.006.530), rechazó, en el fundamento de derecho segundo, que el testamento estuviese incluido en la expresión «actos de disposición».

el ejercicio de su capacidad jurídica, y, a su vez, proporcionar, con respeto a los derechos, la voluntad y las preferencias de las personas, las salvaguardias adecuadas.

La reforma de la LAPCD ha modificado numerosos preceptos del Código Civil, irradiando las bondades del nuevo paradigma en todos sus ámbitos, sin dejar al margen, como no podía ser de otro modo, la capacidad para testar. Sin embargo, entre los pocos artículos que en el ámbito de la testamentifacción activa no se han modificado, tenemos el artículo 662 CC, cuya redacción decimonónica sigue indemne hoy en día, pese a los profundos cambios que ha recibido el sistema. El precepto, pórtico de la llamada «capacidad para disponer por testamento» (Sección primera, Capítulo primero, Título III, del Libro III), dispone que pueden testar «todos aquellos a quienes la ley no lo prohíbe expresamente». La redacción tiene su antecedente en el Derecho Romano que, huérfano del principio de igualdad, conectaba la testamentifacción activa con la ciudadanía, descartando la posibilidad de otorgar testamento, entre otros, a los impúberes, los *filiifamilias,* los *Latini Iunniani,* los *furiosi* y los condenados a pena capital, extendiéndose posteriormente a los herejes y apóstatas. Este planteamiento, tributario de la época romana, llegó al sistema precodificado, disponiendo la Ley 13ª de la Sexta Partida que «*[todos] aquellos á quien non es defendido por las leyes deste nuestro libro, puede facer testamento*».

Consideramos que la técnica legislativa de consagrar la capacidad de testar por exclusión debería haber sido desterrada al baúl de los recuerdos, pues sugiere que el legislador, o la autoridad judicial por mandato legal, puedan restringir con asiduidad la posibilidad de otorgar testamento. Otros autores, en cambio, manejan otra lectura, arguyendo que el artículo 662 CC es una proyección del *favor testamenti,* consagrando una presunción *iuris tantum* de capacidad que determina que las excepciones a dicho principio sean objeto de una interpretación restrictiva[582].

1.3.1. Nueva redacción de los artículos 663 y 665 CC

Sí han sido modificados los artículos 663 y 665 CC. El primero de ellos dispone ahora que no pueden testar: «1º La persona menor de catorce años. 2º La persona que en el momento de testar no pueda conformar o expresar su voluntad ni aun con ayuda de medios o apoyos para ello». La sustitución de la expresión «el que», que albergaba la redacción anterior, por «la persona», no ha sido un mero recurso lingüístico, sino que, como expone Barba, ahora se pone el acento en la persona y no en su condición, afirmando que «el concepto médico de discapacidad ha sido superado en favor de un concepto social y, sobre todo, que la persona es el valor fundamental del ordenamiento jurídico y que el derecho debe ser siempre un instrumento de promoción de la persona humana»[583]. No negaremos que la *mens legislatoris* fue la que expuso Barba, pero torpemente resulta contradicha por el propio legislador por medio del artículo 664 CC, que dispone que es válido el testamento «hecho antes de la enajenación mental». Como la *dictio legis* arraigada

---

582 Romero Coloma, A. Mª.: «La capacidad de testar y su problemática jurídica», *Revista de Derecho de Familia*, núm. 56/2012 (BIB 2013\14773), p. 4; Álvarez Lata, N.: «Artículo 662», op. cit., p. 907; De Torres Perea, J. M.: «La discapacidad y la reforma de las normas sucesorias», en AA.VV., *La reforma civil y procesal en materia de discapacidad. Estudio sistemático de la Ley 8/2021, de 2 de junio*, Atelier, Barcelona, 2022, p. 463.

583 Barba, V.: «Capacidad para otorgar testamento, legitimarios y protección de la persona con discapacidad», *LA LEY Derecho de familia*, núm. 31, 2021, p. 5.

al modelo médico no fue derogada, seguramente, por un mero olvido, no haremos aquí leña del árbol caído[584].

Siguiendo con la glosa del artículo 663 CC, el precepto determina que no podrán testar no solo las personas menores de catorce años, sino también las personas que no «pueda conformar o expresar su voluntad ni aun con ayuda de medios o apoyos para ello». La dicción, que se ubica *ab initio* del Título III del Libro III, en sede de las «[disposiciones] generales», debe hilvanarse con los artículos 688 y 708 CC. El primero exceptúa los catorce años como edad a partir de la cual podrá otorgarse testamento ológrafo, elevándola a la mayoría de edad, mientras que el segundo impide a las personas que no sepan o no puedan leer otorgar testamento cerrado, conteniendo el segundo párrafo una regla específica para aquellas que tengan una discapacidad visual[585].

En cuanto al segundo apartado del artículo 663 CC, deducimos que el precepto impide testar no solo a aquellas personas que no tengan las facultades intelectivas y volitivas suficientes para «conformar» su voluntad en el momento del otorgamiento, sino también, aunque no lo diga *ex profeso*, a aquellas que, suponemos por una discapacidad física o sensorial, no puedan «expresar» su voluntad, aunque la hayan formado satisfactoriamente. No faltan autores que, con relación a dicho inciso, reivindican que, en vez de la conjunción copulativa «o», debería

---

584 Lo mismo ha ocurrido con el artículo 742 CC, que sigue diciendo «alteraciones graves en la salud mental».

585 Dice lo siguiente el párrafo segundo del artículo 708 CC en relación al testamento cerrado: «Las personas con discapacidad visual podrán otorgarlo, utilizando medios mecánicos o tecnológicos que les permitan escribirlo y leerlo, siempre que se observen los restantes requisitos de validez establecidos en este Código».

haberse empleado la conjunción «y»[586]. De Amunátegui Rodríguez ha expuesto que el uso de la conjunción «o» puede hacer pensar que la testamentifacción activa también se aplica a las discapacidades físicas o sensoriales[587], y, previa cita del artículo 665 CC, expone que las dificultades de manifestación de la voluntad, cuando exista comprensión, deberían reconducirse a las formas del otorgamiento, excluyéndose de la sección que regula la capacidad para disponer por testamento[588].

A nuestro modo de ver, no creemos que la crítica de la autora merezca censura por nuestra parte, ya que la inmensa mayoría de los casos en los que una persona no podrá testar obedecerán a que no pueda conformar su voluntad en orden al testamento[589]. Vemos arduo pensar en un supuesto donde la persona, pese a que pudo llegar a conformar su voluntad, no fue capaz de expresarla por una discapacidad física o sensorial, máxime cuando el Tribunal Supremo, en la STS 24 noviembre 2004[590], ha llegado incluso a desestimar la acción de

---

586 Fernández Lozano, J. L.: «Capacidad para otorgar testamento y capacidad para suceder», en AA.VV., *La reforma de la discapacidad (Volumen 2)*, Fundación del Notariado, Madrid, 2022, p. 422.

587 De Amunátegui Rodríguez, C.: «Tratamiento de la discapacidad en la regulación de la sucesión en el Código Civil», en AA.VV., *Dolencias del Derecho civil de sucesiones. 130 años después de la aprobación del Código Civil español*, Tirant lo Blanch, Valencia, 2022, p. 447.

588 De Amunátegui Rodríguez, C.: «El artículo 665 CC», en AA.VV., *Comentarios a la Ley 8/2021 por la que se reforma la legislación civil y procesal en materia de discapacidad*, Aranzadi, Pamplona, 2021, p. 888.

589 En otro trabajo anterior, De Amunátegui Rodríguez manifestó que otras discapacidades, más allá de la psíquica o mental, «en nada afectan al otorgamiento de testamento» (De Amunátegui Rodríguez, C.: «Testamento otorgado por personas que sufren discapacidad psíquica o tienen su capacidad modificada judicialmente», *Revista de Derecho Privado*, núm. 4, 2018, p. 16).

590 STS 24 noviembre 2004 (TOL 527.627).

nulidad de un testamento abierto notarial donde el testador, que presentaba una discapacidad física y psíquica, no podía hablar ni escribir, comunicándose mediante gestos con la mano y asentimientos con la cabeza con el notario autorizante. Aquí, el planteamiento de los demandantes era que si el testador no podía hablar ni escribir, difícilmente se pudo haber comunicado previamente con el notario, citando el artículo 695 CC, que decía que «[el] testador expresará oralmente o por escrito su última voluntad al notario». Cierto es que el precepto dice que será, precisamente, el testador y no un tercero el que expresará su última voluntad al notario, pero el Alto Tribunal no secundó una interpretación rigorista del precepto, admitiendo que pudiera ser expresada por un mandatario o un abogado, como fue el caso, sin que se estimase vulnerado el artículo 670 CC, toda vez que consideró admisible que el testamento lo redactase un tercero, a ruego del testador, si este estableció previamente las partes objetivas y los criterios de distribución de sus bienes[591].

Por otro lado, la redacción vigente del artículo 663 CC mejora la de su antecesor, en el sentido de que sustituye la expresión, heredera del modelo médico, relativa al «cabal juicio», por una más respetuosa con la dignidad personal. Podría pensarse, como sugiere De Amunátegui Rodríguez, que el juicio de aptitud del notario y el veto al otorgamiento del testamento solo tiene por objeto a las personas con discapacidad, a tenor

---

591 ALBALADEJO GARCÍA, M.: *Curso de Derecho Civil, V, Derecho de Sucesiones* (edición revisada y puesta al día por DÍAZ ALABART, S.), Edisofer, Madrid, 2015, p. 220, admitía que el testador se sirviera de un tercero para hacer llegar al notario las instrucciones escritas. Igual, MARTÍNEZ ESPÍN, P.: «Artículo 695», op. cit., p. 5343, que aducía que la comunicación de la *voluntas testatoris* la tenía que hacer el testador personalmente o bien por persona interpuesta.

de la mención a los «apoyos», que late en el artículo 663.2º CC y la referencia expresa a la «persona con discapacidad» que alberga el artículo 665 CC, pudiendo tacharse la regla, siguiendo a la autora, de restrictiva, peyorativa y confusa, en el sentido de que se pudiera entender que el ámbito de aplicación del precepto se define por exclusión, pues solo se refiere a las personas con discapacidad, dejando al margen otros supuestos donde la persona tiene mermada o anulada la *voluntas testatoris.* No obstante, reconoce, citando los artículos 685, 696 y 707. 4º CC, que el juicio de aptitud del notario no solo se circunscribe a las persona con discapacidad dotada de medidas de apoyo o susceptible de estarlo, sino también a todos los supuestos donde la persona sufra una merma de sus facultades intelectivas[592].

A nuestro juicio, y conforme a una interpretación histórica, sistemática y teleológica de la norma, no podrán testar aquellas personas que, por una discapacidad psíquica, no puedan conformar su voluntad en relación al testamento y también aquellas que presenten un estado, no ligado en sentido estricto a una enfermad, que les provoque un estado de obnubilación que les impida comprender lo que es y lo que implica el negocio testamentario, como un estado de embriaguez, un exceso de medicación, etc. Es decir, no solo podrá afectar a la posibilidad de otorgar testamento una enfermedad prolongada que

---

592 De Amunátegui Rodríguez, C.: «Tratamiento de la discapacidad en la regulación de la sucesión en el Código Civil», op. cit., pp. 447 y 448. También Echevarría de Rada, Mª. T.: «La capacidad testamentaria de la persona con discapacidad a la luz de la Ley 8/2021, de 2 de junio», en AA.VV., *El ejercicio de la capacidad jurídica por las personas con discapacidad tras la Ley 8/2021 de 2 de junio,* Tirant lo Blanch, Valencia, 2022, p. 533, que dice que no basta el «cabal juicio» para que la persona pueda testar, sino que además se exige que pueda «conformar y expresar su voluntad entendiendo el significado de sus disposiciones».

produzca una merma superlativa o notable de las facultades mentales, sino aquellos estados que, sin incardinarse en la discapacidad *stricto sensu,* produzcan en la persona un deterioro que le impida ejercer, en un momento determinado, su capacidad jurídica *mortis causa*[593-594].

[593] Así lo declaró la jurisprudencia conforme a la redacción vigente del artículo 663.2º CC antes de la reforma de 2021, pudiendo citarse las SSTS 7 octubre 1982 (TOL 1.739.050) y 4 octubre 2017, diciendo esta última, en el fundamento de derecho undécimo, lo siguiente: «la situación de no encontrase en su cabal juicio, conforme a la formula [sic] utilizada en el artículo 663 CC, no reduce su ámbito de aplicación a la existencia de una enfermedad mental propiamente dicha y prolongada en el tiempo, sino que engloba cualquier causa de alteración psíquica que impida el normal funcionamiento de la facultad de desear o determinarse con discernimiento y espontaneidad, disminuyéndola de modo relevante y privando a quien pretende testar del indispensable conocimiento para comprender la razón de sus actos por carecer de conciencia y libertad y de la capacidad de entender y querer sobre el significado y alcance del acto y de lo que con el mismo se persigue».

[594] Véase también Rubio Garrido, Tomas, «Nulidad del testamento por alcoholismo crónico y dolo y fraude captatorio sufrido. Nulidad de los cargos testamentarios deferidos y alcance de la nulidad de los actos ejecutados por tales cargos. Posible convalidación y pérdida de la legitimación activa por actos propios. Comentario a la Sentencia del TS núm. 685/2009, de 5 de noviembre», *Revista de Derecho Patrimonial,* núm. 24/2010 (BIB 2010\158), p. 4; Verdera Izquierdo, B.: «La problemática derivada del otorgamiento de testamento por personas ancianas», *Revista Crítica de Derecho Inmobiliario,* núm. 744, 2014, p. 1648; Cobas Cobiella, Mª. E.: «Capacidad para testar», en AA.VV., *Derecho de sucesiones,* Tirant lo Blanch, Valencia, 2017, p. 478.

1.3.2. Momento en el que se ha de apreciar la aptitud para testar: prohibición de que una resolución judicial limite, ex ante, la posibilidad de testar

No hemos transcrito, pese a su cita, el contenido del artículo 665 CC para no incurrir en tautologías, ya que en este apartado y en los siguientes nos volcaremos en los aciertos y desaciertos del inciso. Dispone la primera parte del artículo 665 que «[la] persona con discapacidad podrá otorgar testamento cuando, a juicio del Notario, pueda comprender y manifestar el alcance de sus disposiciones»; a su vez, el artículo 666 CC expresa que para apreciar la capacidad del testador «se atenderá únicamente al estado en que se halle al tiempo de otorgar testamento». Si hilvanamos los citados artículos con el 663 CC, que sustituyó la expresión «[están] incapacitados para testar» por «[no] pueden testar», y que, con un intencionado énfasis, dice que no podrán otorgar testamento la persona que «en el momento de testar» no pueda conformar o expresar su voluntad, la conclusión es que la reforma veta la posibilidad de que el juez limite la posibilidad de testar en el expediente o proceso en el que a una persona con discapacidad se la provea de medidas de apoyo, máxime cuando el artículo 269 CC dispone que en ningún caso la resolución judicial que constituya la curatela podrá incluir la «mera privación de derechos».

Sin duda, es un acierto del legislador, avalado por la doctrina moderna[595], con alguna *rara avis*[596], que el juicio de aptitud se ciña justamente al momento en el que la persona va a testar, sin que el juez pueda limitar *ex* ante la facultad de otorgar testamento, como permitía la dicción del artículo 665 CC antes de la publicación de la LAPCD.

No obstante, pese a que hasta cuatro preceptos vetan la posibilidad de que los jueces se pronuncien sobre la testamentifacción activa, hay tribunales que, publicada la reforma, se

---

595 Además de la cita en páginas anteriores en relación a la reforma de la Ley 30/1991, puede verse, ya sea respecto al Anteproyecto o la LAPCD, García Rubio, Mª. P.: «Algunas propuestas de reforma del Código Civil como consecuencia del nuevo modelo de discapacidad. En especial en materia de sucesiones, contratos y responsabilidad civil», op. cit., p 183; Carrasco Perera, Á.: «Brújula para navegar en la nueva contratación con personas con discapacidad, sus guardadores y curadores, *Centro de Estudios de Consumo* 2021, p. 2; Domínguez Luelmo, A.: «La reforma del derecho de sucesiones en la Ley 8/2021: derecho sustantivo y derecho transitorio», en AA.VV., *El nuevo Derecho de las capacidades,* Wolters Kluwer, Madrid, 2021, pp. 377 y 378; Barba, V.: «Capacidad para otorgar testamento, legitimarios y protección de la persona con discapacidad», op. cit., p. 4; Zurita Martín, I.: «Requisitos y límites del ejercicio de la facultad de testar por las personas con discapacidad», *Actualidad Jurídica Iberoamericana,* núm. 16 *bis,* 2022, p. 3102; Hermida Bellot, B.: «Personas con discapacidad intelectual y medidas de apoyo en el ejercicio de su derecho a otorgar testamento. Análisis de la reforma operada por la Ley 8/2021», *Actualidad Jurídica Iberoamericana,* núm. 17 *bis,* diciembre 2022, p. 1920; Álvarez Lata, N.: «Artículo 665», op. cit., p. 911; Díaz Alabart, S.: «Derecho de sucesiones y discapacidad», en AA. VV., *El nuevo sistema de apoyos a las personas con discapacidad y su incidencia en el ejercicio de la capacidad jurídica,* Aranzadi, Pamplona, 2022, p. 194; Alventosa del Río, J.: «Reforma en Derecho de sucesiones», en AA.VV., *La discapacidad: una visión integral y práctica de la Ley 8/2021, de 2 de junio,* Tirant lo Blanch, Valencia, 2022, p. 464; Fernández Lozano, J. L.: «Capacidad para otorgar testamento y capacidad para suceder», op. cit., p. 426.

596 Rubio Garrido, T.: «Cambios en materia sucesoria introducidos por la Ley 8/2021, de 2 de junio», op. cit., pp. 599 y 600.

han guiado por los antiguos cerros, bien limitando la posibilidad de testar o extendiendo las medidas de apoyo de corte representativo al ámbito testamentario, como la SJPI Tafalla 23 noviembre 2021[597], que constituye una curatela con facultades de representación respecto a una persona que padecía Alzheimer, disponiendo que sería necesaria la intervención del curador para múltiples actos, entre los que se encontraba «realizar disposiciones testamentarias». En cambio, otras resoluciones, remitiéndose a la LAPCD, han dejado sin efecto el fallo dictado antes de la reforma restringiendo la capacidad de testar, como la SAP Islas Baleares 10 septiembre 2021[598], que dijo que las medidas de apoyo con facultades de representación no se podían extender a la «capacidad de testar», o la SAP Orense 22 noviembre 2021[599], que dejó sin efecto el pronunciamiento del juez *a quo* prohibiendo a la otrora incapacitada otorgar testamento. Más explícita fue la SAP Cantabria 5 octubre 2022[600], que estudió el recurso de apelación presentado por una fundación instituida curadora con facultades de representación, disponiendo el fallo de la sentencia dictada en primera instancia que tenía que representar a la persona con discapacidad para «la celebración de contratos de cualquier clase y de disposición patrimonial y testamentaria [sic]». El tribunal estimó el recurso, diciendo el fundamento de derecho quinto que «el art. 665 CC ya no prevé la posibilidad de que la sentencia prive de la capacidad de testar, pudiendo ejercerla en las condiciones que el precepto dispone y no cabe, en modo alguno, atribuir a un curador facultades representativas para otorgar testamento, dada la naturaleza esencialmente personal de ese acto jurídico»[601].

---

597 SJPI Tafalla 23 noviembre 2021.

598 SAP Islas Baleares 10 septiembre 2021 (TOL 8.653.342).

599 SAP Orense 22 noviembre 2021 (TOL 8.782.115).

600 SAP Cantabria 5 octubre 2022 (´TOL 9.292.253).

601 Véase también la SAP Asturias 1 diciembre 2021 (TOL 8.790.858), que excluye la intervención del curador con facultades de representación del negocio

En cuanto a los problemas de Derecho transitorio, cabe la posibilidad de que una persona que había sido incapacitada pretenda otorgar testamento y, por ende, desheredar, y que la sentencia contenga un pronunciamiento restringiendo dicha posibilidad. Se podría decir que en este caso lo que procedería, según la Disposición transitoria 5ª de la LAPCD, es la revisión de las medidas que se hubiesen establecido para adaptarlas al régimen de apoyos; sin embargo, nosotros abogamos por la tesis de que el pronunciamiento que vetaba la posibilidad de testar a la persona con discapacidad quede sin efecto, por mor de la Disposición transitoria 1ª de la LAPCD, que dispone que, una vez que haya entrado en vigor la reforma, «las meras privaciones de derechos de las personas con discapacidad, o de su ejercicio, quedarán sin efecto».

1.3.3. El juicio de aptitud o discernimiento

A) Examen de la desheredación como una disposición testamentaria sencilla

Como hemos dicho más arriba, el artículo 663 CC ha eliminado la referencia a la expresión «al que habitual o accidentalmente no se hallare en su cabal juicio». Puede ser cierto, como expone De Amunátegui Rodríguez, que la mención explícita a los apoyos que alberga la actual redacción y la referencia a las personas con discapacidad del artículo 665 CC pueda provocar que el lector visualice que los citados preceptos son peyorativos para las personas con discapacidad, pues, conforme a la tesis de la autora, parece excluir a otras personas que, sin tener una discapacidad, no tengan las suficientes facultades o discernimiento para el negocio testamentario. Pero una cosa es secundar esta crítica y otra muy distinta es compartir que

---

testamentario, diciendo que había de estarse a lo dispuesto en el artículo 665, y la SAP Cantabria 31 marzo 2022 (TOL 8.958.679).

la expresión «cabal juicio» podría haberse mantenido por ser acorde con el espíritu de la CDPD[602].

Es verdad que dicha fórmula comprendía en la testamentifacción activa, según inveterada jurisprudencia, tanto a las personas que, por una anomalía o alteración psíquica, no podían comprender el testamento, como aquellas que, por un estado mental temporal o no asociado a una enfermedad psíquica, no comprendían las vicisitudes del negocio testamentario[603]. Sin embargo, se trataba de una expresión que, amén de no ser la más respetuosa con la dignidad de las personas con discapacidad, podía conducir a equívocos, ya que, realmente, para otorgar testamento, no es preciso que el potencial testador tenga un «cabal juicio», sino solo el justo y necesario para comprender las disposiciones testamentarias que pretende otorgar, trasladándose esta aptitud relativa al notario, pues, como afirma Echevarría de Rada, el notario «no debe comprobar que

602 Así parece sugerirlo De Amunátegui Rodríguez, C.: «Tratamiento de la discapacidad en la regulación de la sucesión en el Código Civil», op. cit., p. 447, que dice lo siguiente: «Personalmente no veo nada peyorativo en la tradicional expresión cabal juicio», En la misma línea, Rubio Garrido, T.: «Cambios en materia sucesoria introducidos por la Ley 8/2021, de 2 de junio», op. cit., p. 594.

603 Según la STS 4 octubre 2007 (TOL 1.156.485), la situación de no encontrase en su cabal juicio, conforme a la fórmula utilizada en el artículo 663 CC, no reduce su ámbito de aplicación a la existencia de una enfermedad mental propiamente dicha y prolongada en el tiempo, sino que engloba cualquier causa de alteración psíquica que impida el normal funcionamiento de la facultad de desear o determinarse con discernimiento y espontaneidad, disminuyéndola de modo relevante y privando a quien pretende testar del indispensable conocimiento para comprender la razón de sus actos por carecer de conciencia y libertad y de la capacidad de entender y querer sobre el significado y alcance del acto y de lo que con el mismo se persigue». Véase también la STS 5 noviembre 2009, que confirmó la nulidad de un testamento otorgado por una mujer que padecía un alcoholismo crónico al tiempo de otorgar testamento.

la persona está en su cabal juicio, sino que, según su propio criterio, pueda conformar y expresar su voluntad entendiendo el significado de sus disposiciones»[604-605]. Esta idea está confirmada, incluso antes de la LAPCD, por el artículo 167 RN, que consagra el carácter relativo del juicio de aptitud, al decir que el notario, «en vista de la naturaleza del acto o contrato y de las prescripciones del Derecho sustantivo en orden a la capacidad de las personas, hará constar que, a su juicio, los otorgantes, en el concepto con que intervienen, tienen capacidad civil suficiente *para otorgar el acto o contrato de que se trate*»[606].

A nuestro juicio, podrán testar las personas mayores de catorce años que estén en plenitud de sus facultades y, además, la que, sin hallarse en plenitud de sus facultades, tengan el suficiente discernimiento para comprender el negocio testamentario, en relación, insistimos, con las disposiciones testamentarias que conformarán su testamento. Se podría parangonar la testamentifacción activa con la aptitud para contratar, sosteniéndose que si la persona no tiene capacidad para contratar tampoco la tendrá para otorgar testamento; esta comparación podría conducir al silogismo de afirmar que si la persona con

---

604 ECHEVARRÍA DE RADA, Mª. T.: «La capacidad testamentaria de la persona con discapacidad a la luz de la Ley 8/2021, de 2 de junio», op. cit., p. 533.

605 En el mismo sentido, PLANAS BALLVÉ, M.: «La capacidad para otorgar testamento», en AA.VV., *Un nuevo orden jurídico para las personas con discapacidad*, Wolters Kluwer, Madrid, 2021, p. 658; ALBA FERRÉ, E.: «La comparecencia ante el notario de las personas con discapacidad tras la Ley 8/2021», *Actualidad Jurídica Iberoamericana*, núm. 17 *bis*, diciembre 2022, p. 1760, y ALVENTOSA DEL RÍO, J.: «Reforma en Derecho de sucesiones», op. cit., p. 463.

606 LORA-TAMAYO RODRÍGUEZ, I.: «Comparecencia de una persona con discapacidad ante el notario», *Revista del Instituto de Ciencias Jurídicas de Puebla*, México, Año IX, no. 36, 2015, p. 55, dice que «la capacidad exigida debe ser la suficiente para la normal comprensión del negocio jurídico que se pretenda otorgar y sus naturales consecuencias; exigir un conocimiento profundo sería excesivo».

discapacidad tiene una curatela con facultades de representación «plena» o «general», según la malograda expresión que luce en algunos preceptos del Código Civil[607], no podrá otorgar testamento[608] y, si ello es así, sería laudable que el juez privara en sentencia de la oportunidad de otorgar testamento, pese a que dicha prohibición quede extramuros de cualquier fin de protección, dados los efectos *post mortem* del testamento. En cambio, si afirmamos que no es necesaria la «plena capacidad», sino el discernimiento para otorgar testamento, no será solo por el destierro del periclitado binomio capacidad jurídica y capacidad de obrar[609], sino porque el testamento es un negocio jurídico que tiene su propia idiosincrasia, que suele tener como fundamento causal los vínculos afectivos que ha establecido el testador en vida, no requiriendo, para su otorgamiento, que el otorgante esté en plenitud de facultades para todos los actos con relevancia jurídica, pues, como afirma la doctrina, no se puede parangonar un testamento sencillo con uno complejo[610].

---

607 Véase los artículos 22.2 letra c), 1387, 1393.1°, 1700.5° y 1903 CC. Sobre el significado de dicha expresión, nos remitimos a lo que dijimos en Gómez Valenzuela, M. Á.: «Matrimonio, capitulaciones matrimoniales y sociedad de gananciales conforme a las últimas reformas en materia de discapacidad», *Revista de Derecho de Civil*, vol. IX, núm. 3 (julio-septiembre, 2022), pp. 233-248.

608 Véase que De Torres Perea arguye que una forma de interpretar la ley consistiría en «asimilar en parte los supuestos que podrían dar lugar a una curatela representativa a aquellos en los que no sería posible testar» (De Torres Perea, J. M.: «La discapacidad y la reforma de las normas sucesorias», op. cit., p. 466).

609 Pérez Ramos, C.: «El problema de la capacidad de obrar de los discapaces», *El notario del siglo XXI*, no. 42, 2012, propuso eliminar el binomio capacidad jurídica y capacidad de obrar, abogando por el concepto «capacidad de obrar suficiente», focalizándola en el acto concreto que se va a perfeccionar.

610 Rodríguez Guitían, A. Mª.: «Artículo 662», op. cit., p. 270; Carol Rosés, F.: «Una revisión desde la doctrina y la jurisprudencia de la testamentifacción de

Es decir, en tanto en cuanto los vínculos afectivos los sienten y padecen las personas con discapacidad, en igualdad de condiciones que las demás, creemos que, en la medida en que la persona puede ser capaz de exteriorizar dichos afectos al ejercitar la *voluntas testatoris*, el umbral de aptitud para otorgar testamento debe ser más amplio que el que pudiera llegar a establecerse en el ámbito contractual[611]. Consideramos, pues, que así como las personas con discapacidad pueden llegar a tener dificultades, incluso no comprender, lo que significa o implica un determinado contrato, pueden poseer las suficientes facultades para comprender que quieren beneficiar a determinados parientes, allegados o a cualquier otra persona o institución tras su muerte. Cierto es que determinadas personas no pueden comprender lo que significa una sustitución fideicomisaria o un legado de cosa ajena, pero ello no debe conducir a afirmar que no estén en condiciones de comprender lo que implica que una persona cercana sea beneficiaria o excluida de todo o parte de su patrimonio.

---

las personas con la capacidad judicialmente modificada y con discapacidad», *Revista Crítica de Derecho Inmobiliario*, núm. 764, 2017, p. 3246; Mesa Marrero, C.: *La capacidad para testar: aspectos problemáticos y criterios jurisprudenciales*, op. cit., p. 42; García Rubio, Mª. P.: «Algunas propuestas de reforma del Código Civil como consecuencia del nuevo modelo de discapacidad. En especial en materia de sucesiones, contratos y responsabilidad civil», op. cit., p. 176; De Barrón Arniches, P.: «Personas con discapacidad y libertad para testar», op. cit., p. 455; Alventosa del Río, J.: «Reforma en Derecho de sucesiones», op. cit., p. 463; Zurita Martín, I.: «Requisitos y límites del ejercicio de la facultad de testar por las personas con discapacidad», op. cit., p. 3110.

611 Así lo sostienen, entre otros, De Amunátegui Rodríguez, C.: «Testamento otorgado por personas que sufren discapacidad psíquica o tienen su capacidad modificada judicialmente», op. cit., p. 6; Núñez Núñez, Mª.: «La persona con discapacidad intelectual ante el otorgamiento de testamento abierto notarial», en AA.VV., *La voluntad de la persona protegida. Oportunidades, riesgos y salvaguardias*, Dykinson, Madrid, 2018, p. 512; Álvarez Lata, N.: «Artículo 663», op. cit., pp. 908 y 909.

Focalizando nuestra teoría en la desheredación, ya hemos dicho, y veremos con mayor detenimiento al estudiar las causas, que la figura se sustenta en auténticas manifestaciones de insolidaridad familiar protagonizadas por aquellas personas ligadas con el causante por la relación de parentesco más estrecha. Se podría decir que si el causante tiene una medida de apoyo formal o informal con facultades de representación para numerosos ámbitos, no podrá desheredar, pues, en palabras del artículo 249 CC, no será posible determinar su voluntad, deseos y preferencias. No obstante, rechazamos radicalmente esta construcción, pues, aunque la persona carezca de las facultades suficientes para firmar una voluntad en orden a la gestión de su patrimonio o el tratamiento médico que precisa, ello no necesariamente es un óbice infranqueable para que valore y exteriorice el reproche que merece una determinada relación interpersonal. Así, aunque la persona padezca una grave discapacidad psíquica, mental o intelectual, en la medida en que pueda sentir y padecer el comportamiento de sus familiares podrá, en no pocos casos, privarles de la legítima mediante la desheredación.

Muestra de lo expuesto, salvando las distancias, es la STS 30 mayo 2024[612], donde un cónyuge, casado desde 1975 y con cuatro hijos, vio como su esposa, en 2018, abandonaba la vivienda familiar, yéndose a vivir con una de sus hijas. Paralelamente, se instó un proceso de modificación de la capacidad en relación al marido, nombrando el juzgado a su hija como curadora, la cual debía intervenir para la realización de los «actos jurídicos, económicos y mercantiles complejos y para la supervisión de su tratamiento médico y todo lo relativo a su salud». En el año 2021, el marido presentó una demanda de divorcio, oponiéndose la esposa alegando, entre otras cosas, que aquel no tenía legitimación activa, pues requería la intervención de su cura-

[612] STS 30 mayo 2024 (TOL 10.040.059).

dora, además de que el demandante no tenía convencimiento pleno y personal de lo que implicaba el ejercicio de la acción, pues «sus capacidades superiores cognitivas y volitivas estaban gravemente afectadas», no pudiendo comprender la naturaleza y alcance de sus acciones. En segunda instancia, la esposa mantuvo el mismo alegato, acordando el tribunal la audiencia del demandante, el cual se mantuvo en el ejercicio de la acción de divorcio. Presentado por la demandada un recurso de casación contra la sentencia que acordaba el divorcio, este fue desestimado, por los siguientes motivos:

En primer lugar, respecto a la intervención de la curadora, dijo la sentencia que el contenido de la curatela no afectaba a la voluntad de pedir el divorcio, aduciendo que los «actos jurídicos complejos» a los que se refería la sentencia donde se constituyó la curatela «son de naturaleza patrimonial y no personal». En segundo lugar, y en lo atinente a la voluntad del demandante de divorciarse, expuso que, de las declaraciones del esposo exteriorizadas en primera instancia, se desprendía que tenía conocimiento del objeto del proceso y de sus consecuencias, manifestando que su decisión se fundamentaba en que su esposa hace tres años que abandonó el domicilio familiar, teniendo perfecto conocimiento de que la pensión que recibía la administraba su hija y no la esposa, persistiendo esta voluntad en la audiencia que se practicó en segunda instancia.

Huelga decir que la sentencia es extrapolable a la desheredación, pues aunque el testador no tenga las facultades para administrar su propio patrimonio, ello no significa que no se percate de los atentados más graves contra la solidaridad familiar, pudiendo mostrar una firme voluntad de privar de la legítima.

B) Los artículos 663 y 665 CC como garantía de la aptitud de testar y de la ausencia de influencias indebidas: concurso de normas impugnatorias

En otro orden de cosas, no es lo mismo la aptitud para testar que la ausencia de influencias indebidas[613], popularmente conocida en el Derecho anglosajón como *undue influence*[614]. Si se planteara en sede judicial una pretensión de nulidad del testamento que otorgó un testador vulnerable[615], seguramente

---

613 Según De Amunátegui Rodríguez, C.: «Derecho de sucesiones y discapacidad: retos y cuestiones problemáticas», op. cit., pp. 40 y 41, «se trata de dos cuestiones perfectamente distinguibles en teoría, afectando la primera [la capacidad para testar] a la aptitud requerida para dotar de validez al testamento y la segunda [la influencia indebida] a la libertad que debe preservarse en cuanto a la expresión y libertad de la voluntad del sujeto, aunque, sin duda, pueden coincidir en algunos supuestos [...] Los vicios de la voluntad no están necesariamente relacionados con la capacidad, sino que se mantienen en su tratamiento al margen pudiendo afectar a cualquiera».

614 Madoff, citado por Vaquer Aloy, A.: «La protección del testador vulnerable», *Anuario de Derecho Civil*, tomo LXVIII, 2015, p. 334, expone los cuatro elementos que la jurisprudencia americana valora para apreciar la existencia de una *undue influencie*: «a) una relación de confianza entre el testador y quien pretendidamente ejerce la influencia; b) la persona de confianza ha intervenido de alguna manera en la preparación o la redacción del testamento; c) el testador era susceptible de undue influence, lo que supone atender a su edad y condiciones mentales y físicas; d) el causante realiza alguna atribución «no natural» a favor de la persona de confianza, de modo que cuanto más inesperable sea la atribución testamentaria efectuada más probabilidades de undue influence», a lo que añade que, además, se toma en consideración «si otras personas distintas de la persona presuntamente influenciadora prestaron asesoramiento al causante y el grado de control de los asuntos económicos y legales de este ejercido por el beneficiado en el testamento».

615 Siguiendo a Zurita Martín debe entenderse por testador vulnerable «aquella persona que se halla necesitada de una atención jurídica especial, dadas las condiciones de particular precariedad en la que se encuentra frente a aquellas otras que intentan captar su voluntad en interés o beneficio propio» (Zurita Martín, I.: «La protección de la libertad de testar de las personas vulnerables», op. cit., p. 91). Asimismo,

De Amunátegui Rodríguez, lo ha definido como «aquel que se ve privado de decidir y sobre el que se puede ejercer una influencia indebida a causa de la presión llevada a cabo por terceras personas» (De Amunátegui Rodríguez,

el abogado alegará en la demanda que el testador fue acreedor de una influencia indebida y, probablemente, que no tenía aptitud para testar. Sin embargo, puede ser que el otorgante tuviese aptitud para testar y, sin embargo, el juez o tribunal declare la nulidad del testamento, no residenciándose la decisión en el artículo 663 CC, sino en el artículo 673 CC en relación con el artículo 1269 CC[616-617], precepto este último que contempla el dolo como vicio del consentimiento en sede de contratos[618]. Lo expuesto se extrapola al ámbito notarial[619], pues si, *ad exem-*

C.: «Testamento otorgado por personas que sufren discapacidad psíquica o tienen su capacidad modificada judicialmente», op. cit., p. 11).

616 Entre otras, la STS 5 noviembre 2009, que aprecia el dolo como vicio de la voluntad en sede testamentaria.

617 Vaquer Aloy, A.: «La protección del testador vulnerable», op. cit., p. 335, dice que «[la] undue influence no presupone necesariamente la falta de capacidad natural del testador, pues entonces el testamento carecería ya de validez; basta con que sea susceptible de la captación de su voluntad, pero en la práctica es frecuente que se combinen la alegación de la influencia indebida y de la falta de capacidad natural del testador, ya sea para asegurar un resultado favorable a la impugnación del testamento al disponer de dos vías argumentales, ya sea para reforzar la impresión de la debilidad del causante ante la sugestión empleada, con la idea de que a menor capacidad de obrar mayor susceptibilidad de ser influenciada la persona»

618 Ruiz-Rico Ruiz, J. M.: «Capacidad jurídica y discapacidad. Las vías impugnatorias de los actos celebrados por la personas del discapacitado. La desaparición del principio del protección del interés del discapacitado», op. cit., p. 84, estima que la influencia indebida es una suerte de *tertium genus* que no puede ser identificado ni con la intimidación ni con el dolo, rechazando la identificación con esta figura porque, conforme a la literalidad del artículo 1269 CC, en el ámbito testamentario no hay otra parte contratante, amén de que la conducta de la persona que prostituye la voluntad del testador no tiene porqué ser identificada con una «maquinación insidiosa», sino más bien con una «prevalencia de autoridad».

619 Estamos de acuerdo con De Torres Perea, J. M.: «La discapacidad y la reforma de las normas sucesorias», op. cit., p. 472, cuando aduce que la función del notario es doble, pues por un lado debe comprobar que el

plum, una persona con discapacidad, fácilmente influenciable, comparece ante el notario y le facilita unas instrucciones escritas que contienen su última voluntad, el notario, ante la sospecha de que el otorgante no comprenda dichas disposiciones, realizará las diligencias pertinentes para comprobar si, realmente, se trata de la *voluntas testatoris;* si, a la postre, resulta que la persona con discapacidad no comprendía las disposiciones escritas que entregó al notario, más que una falta de aptitud para testar, lo que habría es una influencia indebida, siendo perfectamente factible que la persona otorgue otro testamento más sencillo, o dicho de otro modo, *sus* disposiciones testamentarias, no las labradas por un tercero.

Ejemplo de lo expuesto es la STS 25 noviembre 2014[620], que desestimó el recurso de casación presentado por los demandantes contra la sentencia dictada en segunda instancia, que estimó la nulidad de dos testamentos otorgados por dos progenitores, ratificando el Alto Tribunal la resolución recurrida que dijo que una cosa es la acción de nulidad sustentada en el vicio de la voluntad, y otra bien distinta es la nulidad fundamentada en la falta de capacidad mental, habiendo declarado la nulidad por estimar acreditado el dolo que protagonizó uno de los hijos que, merced a una maquinación, logró prostituir la voluntad testamentaria de los progenitores.

No obstante, reconocemos que nuestro planteamiento consistente en la defensa a ultranza de la dicotomía entre la aptitud de testar y la influencia indebida puede ser discutible en la práctica forense, sobre todo con la actual dicción de los artículos 663.2° y 665 CC, y a fin de demostrarlo nosotros mismos nos rebatiremos.

---

testador comprende sus disposiciones y, por otro, que no es objeto de una intromisión o influencia ajena a la *voluntas testatoris*.

620 STS 25 noviembre 2014 (TOL 4.576.250).

En el supuesto de que se plantease la nulidad del testamento otorgado por una persona con discapacidad que, en circunstancias normales, puede testar, se podría declarar la nulidad del mismo por una influencia indebida de un tercero, valorando el juez, además de otros indicios, la complejidad de las disposiciones testamentarias. Cierto es que el testador podía otorgar testamento, pero no el que otorgó y fue declarado nulo, sino otro más sencillo. También puede suceder que no haya indicios[621] suficientes para demostrar la influencia indebida, y el juez se tenga que pronunciar, de manera subsidiaria, sobre la nulidad del testamento *ex* artículos 663.2º y 665. Si el juez, con base en el acervo probatorio, llegase a la convicción de que el testamento que otorgó el causante era demasiado complejo para el discernimiento que presentaba en el momento del otorgamiento, quizás no podría declarar la nulidad en virtud del artículo 673 CC, pero sí en aplicación de los artículos 663.2º y 665 CC, toda vez que ahora el legislador relativiza *ex profeso* la aptitud para testar, no exigiendo la capacidad *in abstracto,* sino en relación a la persona que otorgó el testamento y «sus» disposiciones testamentarias (véase que el artículo 663.2º habla de «su voluntad» y el artículo 665 dice «sus disposiciones»). En consecuencia, si se demostrare, ante la orfandad probatoria del vicio del consentimiento o la influencia indebida, que la persona no pudo igualmente llegar a conformar la voluntad en orden al testamento que otorgó, el testamento podría ser declarado nulo, habiendo consagrado el legislador, como salvaguardia, un concurso de normas impugnatorias para todos aquellos casos en los que la *voluntas testatoris* estuvo mediatizada o cocinada fraudulentamente por un ajeno.

---

621 Debe tenerse en cuenta, como ha estudiado Vaquer Aloy, que la *undue influence* suele carecer de una prueba directa, acreditándose generalmente por pruebas indirectas o indiciarias, máxime cuando al momento de impugnar el testamento el testador habrá fallecido (VAQUER ALOY, A.: «La protección del testador vulnerable», op. cit., p. 334).

El lector especialista en el Derecho de sucesiones podría decir *nihil novum sub sole*, pues antes de la LAPCD eran autorizadas las voces que decían que el juicio de capacidad tenía que ser relativo, a tenor de las disposiciones testamentarias otorgadas. Sin embargo, esta afirmación no es extrapolable al profano, también destinatario de la norma, pues la expresión «cabal juicio», criticada más arriba, sugería otra cosa, pudiéndose inferir de su lectura que estaban incapacitados para testar quienes no se hallasen en plenitud de facultades, pudiéndose relacionar el «cabal juicio» con la plena capacidad de obrar, hoy relegada a la historia. Si, por ejemplo, un testador vulnerable, ora por su ancianidad ora por su discapacidad, sucumbe ante la maquinación de un tercero, no sería extraño que, impugnado el testamento, el juez considerase que no se acreditó la influencia indebida (art. 673 en relación con el art. 1269 CC), y, a tenor de la literalidad del antiguo artículo 663.2º CC, descartase la nulidad por una ausencia de capacidad de testar, pues el testador, pese a su vulnerabilidad, tenía plenas facultades mentales para otorgar testamento. Ahora, como la aptitud para testar se focaliza, no en la capacidad en abstracto[622], sino en la persona del testador y en las *concretas* disposiciones testamentarias otorgadas, ante la orfandad probatoria de la *undue influence* el testamento igualmente podrá ser declarado nulo por la vía de la testamentifacción activa (arts. 663.2º y 665). *Ergo*, como toda norma debe aspirar a la perspicuidad y a rendir tributo al principio de seguridad jurídica, podríamos decir que en este punto concreto la reforma del artículo 663.2º CC y del primer inciso del artículo 665 CC, al consagrar *ex profeso* una yuxtaposición de normas impugnatorias, puede ser objeto

[622] Afirma, ECHEVARRÍA DE RADA, Mª. T.: «La capacidad testamentaria de la persona con discapacidad a la luz de la Ley 8/2021, de 2 de junio», op. cit., p. 545, que el juicio del notario «no recae sobre la capacidad de la persona [...] sino sobre si el sujeto que se propone otorgar testamento puede ejercitar su capacidad juridica en ese momento concreto».

de loa. En suma, ante una influencia indebida y el concurso de normas impugnatorias, se puede decir que *de Moliné fugirás pero de Gádex no te escaparás.*

C) La utopía del juicio de aptitud del notario en el testamento cerrado

Finalmente, se puede llegar a pensar que el juicio de aptitud del notario, con todo lo que ello conlleva, se extiende al testamento cerrado, ya que el artículo 707.4ª CC consagra como unas de las solemnidades de dicha forma testamentaria que el notario extienda sobre la cubierta del testamento el acta de su otorgamiento, debiendo dar fe de que el testador se hallaba, a su juicio, «con la capacidad legal necesaria para otorgar testamento». La literalidad de la norma genera una suerte de brindis al sol que no obedece a la realidad de las cosas, pues difícilmente podrá el notario dar fe de la aptitud del testador en el testamento cerrado[623], habida cuenta de que entre la redacción y el otorgamiento puede haber transcurrido un lapso de tiempo más o menos extenso[624]. Con esto no queremos de-

---

623 Zurilla Cariña, Mª. Á.: «Artículo 665», op. cit., p. 829; Guilarte Martín-Calero, C.: «Comentario de la Sentencia del Tribunal Supremo de 15 de marzo de 2018 (146/2018). Capacidad para testar de persona sometida a curatela: contenido de la sentencia de modificación de la capacidad de obrar y alcance del artículo 665 del Código civil», op. cit., p. 464; Pérez Gallardo, Leonardo B., «El testador vulnerable y las influencias indebidas. Los antídotos que dispensa el artículo 753 del Código Civil (a propósito de la reforma sobre la capacidad jurídica en el Derecho español)», op. cit., p. 573; Zurita Martín, I.: «Requisitos y límites del ejercicio de la facultad de testar por las personas con discapacidad», op. cit., p. 3120.

624 Guilarte Martín-Calero, C.: «La capacidad para testar: una propuesta de reforma del artículo 665 del Código Civil», op. cit., pp. 631 y 632, y De Amunátegui Rodríguez, C.: «Testamento otorgado por personas que sufren discapacidad psíquica o tienen su capacidad modificada judicialmente», op. cit., p. 26, circunscribían el juicio de capacidad al tiempo del otorgamiento, excluyendo el momento de su redacción. En similares términos puede verse Morgado Freige, Mª. P.: «La apreciación de la capacidad por el notario en el

cir, como veremos al final de este trabajo, que la persona con discapacidad no pueda recurrir a otras formas testamentarias, además del testamento abierto, sino que el reforzamiento de la presunción *iuris tantum* de la validez del testamento debe circunscribirse al testamento abierto notarial, donde el notario realmente puede dar fe de la aptitud del testador[625]. En caso de que la persona haya recurrido a otras formas testamentarias, el testamento igualmente se presumirá valido, dada la presunción de capacidad, pero sin que pueda admitirse que la presunción de aptitud del testador esté reforzada por la intervención notarial[626].

---

otorgamiento del testamento abierto», *Anuario Facultad de Derecho*, Universidad de Alcalá XIV, 2021, p. 207 y Echevarría de Rada, Mª. T.: «La capacidad testamentaria de la persona con discapacidad a la luz de la Ley 8/2021, de 2 de junio», op. cit., p. 545, diciendo esta última que el momento esencial debe ser el momento de redacción del testamento.

625 Valls i Xufré, J. M.: «El papel del notario en el nuevo régimen de apoyos», op. cit., p. 114.

626 En línea con lo vertido, podemos ver la SAP Burgos 22 marzo 2019 (TOL 2.55.097): «Estamos ante un testamento notarial abierto, es decir otorgado ante el Notario que acudió al hospital donde estaba ingresado el testador para autorizar el testamento, Notario que dio fe que a su juicio el testador estaba en pleno uso de capacidad para otorgar testamento. Ciertamente el notario no es un perito con facultades para apreciar la salud o capacidad mental de quien otorga el testamento, y el juicio del notario sobre la capacidad del testador puede ser contradicho en juicio. Ahora bien, si el testamento impugnado fuese un testamento ológrafo otorgado por quien está ingresado en un hospital y sufre encefalopatía hepática días antes de fallecer, sin duda estaríamos ante un testamento sospechoso, pero es el caso que el testamento fue otorgado ante un Notario que considera que el testador es capaz, por lo cual la presunción de capacidad de que goza toda persona que otorga testamento y no está judicialmente incapacitado para ello por sentencia, es una presunción que en este caso queda reforzada».

1.3.4. Crítica al artículo 665 CC: reivindicación de la intervención de las medidas de apoyo en el testamento abierto notarial

Huelga esbozar datos estadísticos para afirma que el testamento notarial abierto es la forma más empleada en la práctica forense. Partiendo de ello, en las siguientes páginas trataremos sobre la posibilidad de que intervengan las medidas de apoyo en dicha forma testamentaria, trascendiendo el análisis del apoyo que puede dispensar el notario a la persona con discapacidad. Quizás, algún lector, no profano en Derecho, y quizás experto en el Derecho de sucesiones, se asombrará, sino se le escapa una sonrisa sardónica, ante el debate que hemos anunciado, sobre todo después de que nosotros mismos, en la crónica de los antecedentes legales del artículo 665 CC, hemos sacado a relucir la jurisprudencia que, pese a algunas vacilaciones y citando la CDPD, ha afirmado sin paliativos que el testamento es un negocio personalísimo (art. 670 CC), donde no cabe ni la representación ni el complemento de capacidad. Apelamos a su paciencia para, sino convencer, si, al menos, llamar a la reflexión.

Para ello, veremos, en primer lugar, si el legislador excluye las medidas de apoyo en el testamento; en segundo lugar, trataremos la naturaleza jurídica del apoyo asistencial, toda vez que la representación si estaría proscrita, sin ningún margen de discordia, por el artículo 670 CC; finalmente, tomaremos partido haciendo una propuesta de *lege ferenda*.

Como hemos visto, la primera parte del artículo 665 CC comienza diciendo que la persona con discapacidad podrá otorgar testamento cuando, a juicio del notario, pueda comprender y manifestar el alcance de sus disposiciones. Luego, dice que el notario «procurará que la persona otorgante desarrolle su propio proceso de toma de decisiones apoyándole en su comprensión y razonamiento y facilitando, con los ajustes que resulten necesarios, que pueda expresar su voluntad, deseos y preferencias». En relación a la dicción legal, critica De Amunátegui Rodríguez, con acierto, que el legislador mezcle las alusiones relativas a las discapacidades, toda vez que hay algunas, como la física o sensorial, que dificultarán la «manifestación» de la voluntad, y otras, como la psíquica, que afectaran a la «comprensión» de las disposiciones testamentarias[627]. En este escenario, donde el precepto carece de la debida nitidez, hemos de plantearnos si la intervención de las medidas de apoyo está permitida o no en el testamento.

A) ¿El legislador excluye las medidas de apoyo en la conformación de la *voluntas testatoris*?

Antes de responder a la incógnita que gira en torno a si el artículo 665 CC ha excluido las medidas de apoyo del negocio testamentario, es necesario detenernos en los antecedentes doctrinales de la reforma.

Una de las primeras autoras que reivindicó en España la figura del notario como apoyo a la persona con discapacidad fue Guilarte Martín-Calero, quien, a finales de 2014, abogó, partiendo de la CDPD, por la intervención del apoyo en el negocio testamentario. La autora excluyó del apoyo la asistencia y la representación, pues, conforme a la legislación vigente en España en aquel momento, eran instituciones de protección que desvirtuaban el carácter personalísimo del testamento. Sin embargo propuso la intervención del notario, no solo como bastión del juicio de aptitud, sino también como apoyo, argumentando que «su presencia, avalada por su prestigio, independencia y experiencia y por la confianza que la institución notarial genera como protectora de la voluntad del testador,

---

627 De Amunátegui Rodríguez, C.: «El artículo 665 CC», op. cit., p. 888.

se erige en una medida de apoyo *ex lege* para el ejercicio de la capacidad jurídica de las personas con discapacidad»[628].

A dicho planteamiento se sumaron otros autores, enarbolando todos ellos el prestigio del notario y el carácter personalísimo del testamento, que no admitía, decía Carol Rosés, «la complementación o representación en la prestación del consentimiento»[629]. Nieto Alonso, en el intento de adaptar en 2018 el artículo 665 CC a los postulados de la CDPD, también dijo que el notario, como profesional solvente y neutral, era el apoyo necesario para que la persona con discapacidad pudiese otorgar testamento y, a su vez, evitar cualquier influencia indebida, descartando la intervención de terceros por el carácter personalísimo del testamento[630]. En el mismo año, García Rubio, comentando el Anteproyecto de ley por la que se reforma la legislación civil y procesal en materia de discapacidad (Anteproyecto) y pese a que este texto guardaba silencio sobre el apoyo en sede de testamento, dijo que «el notario será precisamente el apoyo puntual adecuado que el testador precisa para el correcto ejercicio de su capacidad, pues su competente asesoramiento puede ser suficiente para eliminar las dificultades de comprensión que la persona pudiera tener», creyendo firmemente «que tal intervención notarial, asistiendo al testador y ayudándole a comprender la trascendencia de las decisiones que está tomando, constituye un genuino apoyo en el

---

628 Guilarte Martín-Calero, C.: «La capacidad para testar: una propuesta de reforma del artículo 665 del Código Civil», op. cit., p. 629.

629 Carol Rosés, F.: «Una revisión desde la doctrina y la jurisprudencia de la testamentifacción de las personas con la capacidad judicialmente modificada y con discapacidad», op. cit., p. 3249;

630 Nieto Alonso, A.: «Reseña Bibliográfica de Carolina Mesa Marrero: La capacidad para testar: aspectos problemáticos y jurisprudenciales», *Revista de Derecho Civil*, vol. V, núm. 1, (enero-marzo, 2018), p. 263.

sentido exigido por el artículo 12 CDPD»[631]. De Salas Murillo propuso excluir a la persona que encarnara el apoyo de cumplir su función en el negocio testamentario, apostando por el notario por ser un «tercero imparcial» que puede cumplir con el papel de asesoramiento a la persona con discapacidad[632]. De Amunátegui Rodríguez y Torres Costa también propusieron, a fin de facilitar el otorgamiento de testamento al mayor número posible de personas con discapacidad, el apoyo del notario «mediante una labor de información, asesoramiento, evitación de influencias indebidas y constancia del deseo de testar»[633-634].

Algunos tribunales, antes de que se publicara la reforma, también abogaron por que el notario se erigiera como apoyo del testador con discapacidad, pudiendo citarse la SAP Badajoz 14 septiembre 2020[635], que expuso lo siguiente: «Como ya ha apuntado la doctrina científica, el notario es quién garantiza el cumplimiento del artículo 12 de la Convención. Desempeña perfectamente el papel de ayudante o asistente de los testadores que presentan dificultades de comprensión. Será quien, en último caso, tras ponderar todos los factores concurrentes y con los auxilios preceptivos, evaluará la capacidad del compareciente y accederá o no al otorgamiento del testamento»[636].

---

631 García Rubio, Mª. P.: «Algunas propuestas de reforma del Código Civil como consecuencia del nuevo modelo de discapacidad. En especial en materia de sucesiones, contratos y responsabilidad civil», op. cit., p. 176.

632 De Salas Murillo, S.: «Reconsideración de la prohibición de suceder: el caso del tutor o curador», *Derecho Privado y Constitución,* núm. 35, 2019, p. 77.

633 De Amunátegui Rodríguez, C.: «Derecho de sucesiones y discapacidad: retos y cuestiones problemáticas», op. cit., p. 60.

634 Torres Costa, Mª. E.: *La capacidad jurídica a la luz del artículo 12 de la Convención de Naciones Unidas sobre los derechos de las personas con discapacidad,* Agencia Estatal Boletín Oficial del Estado, Madrid, 2020, p. 342.

635 SAP Badajoz 14 septiembre 2020 (TOL 8.103.605).

636 Asimismo, en el Derecho catalán se contempló, desde la Ley 6/2019, de 23 de octubre, de modificación del libro cuarto del Código civil de Cataluña, relativo

Finalmente, el reclamo doctrinal del notario como apoyo en el testamento fue acogido por el legislador, como han puesto de manifiesto, tras la reforma, numerosos autores. Así, nos podemos remitir a Barba, que expone que el notario es la persona idónea para ofrecer apoyo a la persona con discapacidad cognitiva, subrayando que su función ya no se limita a la autorización del testamento, sino que también «debe realizar una función de apoyo sustancial y, por tanto, debe ayudar a la persona a comprender el alcance y las consecuencias de sus disposiciones *mortis causa*», explicando que el apoyo del notario está en consonancia con los principios de la CDPD, dado que el concepto de apoyo tiene un amplio significado[637]. Domínguez Luelmo, citando a Guilarte Martín-Calero, dice que ahora el notario es una medida de apoyo *ex lege*, y que en el ejercicio de su función de apoyo a la personas con discapacidad para que pueda conformar su voluntad en orden al testamento le es aplicable el artículo 249 CC[638], desarrollando una función similar para el caso de que la persona quiera modificar o completar los poderes y mandatos preventivos otorgados con anterioridad a la entrada en vigor de la LAPCD[639].

---

a las sucesiones, para garantizar la igualdad de derecho y la no discriminación de las personas con discapacidad sensorial, que el notario dispensara apoyo a las personas con discapacidad sensorial, diciendo el artículo 421.8 que «el notario debe ofrecer al testador el apoyo y los medios necesarios para testar, sin que ello pueda comportarle ninguna carga económica adicional».

637 Barba, V.: «Capacidad para otorgar testamento, legitimarios y protección de la persona con discapacidad», op. cit., pp. 8 y 9.

638 Alba Ferré, E.: «La comparecencia ante el notario de las personas con discapacidad tras la Ley 8/2021», op. cit., p. 1760, también extrapola el artículo 249 CC cuando el notario dispensa apoyo.

639 Domínguez Luelmo, A.: «La reforma del derecho de sucesiones en la Ley 8/2021: derecho sustantivo y derecho transitorio», op. cit., pp. 381 y 382.

Desde nuestra óptica, el artículo 665 CC, en lo que al apoyo respecta, se puede diferenciar en dos partes, a pesar de su ambigüedad[640]:

1. Conformación de la voluntad: En el caso de que la persona otorgante tenga una afección de las facultades intelectivas y volitivas que le dificulten *conformar* su voluntad en torno al testamento, el propio notario le apoyará para que «desarrolle su propio proceso de toma de decisiones», auxiliándole para que pueda comprender sus disposiciones testamentarias[641].
2. Exteriorización de la voluntad: Si el otorgante, en cambio, tiene dificultades para *expresar* «su voluntad, deseos y preferencias», el notario le facilitará, «con los ajustes que sean necesarios», que pueda exteriorizar la *voluntas testatoris*. Entre los ajustes de los que se puede servir el otorgante con discapacidad para exteriorizar su voluntad están, siguiendo el artículo 25 LN, los «sistemas aumentativos y alternativos, braille, lectura fácil, pictogramas, dispositivos multimedia de fácil acceso, intérpretes, sistemas de apoyos a la comunicación oral, lengua de signos, lenguaje dactilológico, sistemas de comunicación

---

640 Pereña Vicente, M.: «Estudio crítico del nuevo régimen de la *testamenti factio* activa desde una perspectiva técnica jurídica», *Actualidad Civil*, núm. 13, 2025, pp. 14 y 18, también comparte que, en cuanto a la intervención de las medidas de apoyo en el testamento, los preceptos de aplicación adolecen de «cierta imprecisión».

641 Véase, sobre el particular, la Circular Informativa 3/2021, de la Comisión Permanente del Consejo General del Notariado, de 27 de septiembre, sobre el ejercicio de su capacidad jurídica por las personas con discapacidad (Circular Informativa 3/2021), que contempla la figura del notario en el ámbito del artículo 665 como un «verdadero apoyo institucional».

táctil y otros dispositivos que permitan la comunicación, así como cualquier otro que resulte preciso»[642].

El último precepto citado no es baladí, pues ante la tentativa del intérprete de acudir al mismo para argüir que el notario no es el único apoyo de la persona con discapacidad para que pueda conformar su voluntad, se puede apreciar, a través de su literalidad, que el mismo está orientado, como sostiene la doctrina, a las discapacidades sensoriales que impiden o dificultan la *exteriorización de la voluntad*[643-644]. Precisamente, Cabanas Trejo afirma que el apoyo o los apoyos que mencionan los artículos 665 CC y 25 LN se refieren a la «expresión de la voluntad

---

642 De Amunátegui Rodríguez, C.: «Derecho de sucesiones y discapacidad: retos y cuestiones problemáticas», op. cit., p. 61

643 Álvarez Lata, N.: «Artículo 665», op. cit., p. 911; Echevarría de Rada, Mª. T.: «La capacidad testamentaria de la persona con discapacidad a la luz de la Ley 8/2021, de 2 de junio», op. cit., p. 543; Barba, V.: «Capacidad para otorgar testamento, legitimarios y protección de la persona con discapacidad», op. cit., p. 8; Mesa Marrero, C.: «Artículo 665», en AA.VV., *Comentario articulado a la reforma civil y procesal en materia de discapacidad*, Civitas, Pamplona, 2022, p. 507.

644 Recientemente, así lo ha interpretado Pereña Vicente, M.: «Estudio crítico del nuevo régimen de la *testamenti factio* activa desde una perspectiva técnica jurídica», op. cit., pp. 19 y 20, explicando que los artículos 663 y 665 CC solo permiten «los apoyos intrumentales», relativos a la expresión o exteriorización de la voluntad, los cuales «nada tiene que ver con las medidas de apoyo» como la curatela, la guarda de hecho o el apoderado preventivo. Véase también Rivera Fernández, M.: *Derecho de sucesiones. A propósito de la jurisprudencia de nuestro Tribunal Supremo (2019-2024)*, Atelier, Barcelona, 2025, p. 75, que expresa, en relación a la conformación de la voluntad testamentaria, que, quizás, «todo hace indicar que la adopción de medios y apoyos recae en una sola persona: el Notario».

ya conformada»[645], no a su formación, al ser el testamento un acto personalísimo[646].

B) Pero, ¿el apoyo desnaturaliza el carácter personalísimo del testamento?

Como se ha visto, Cabanas Trejo entiende que el legislador excluyó las medidas de apoyo en el testamento porque supondrían una vulneración del carácter personalísimo del negocio testamentario. Otros autores, que han glosado el artículo 665 CC, según la redacción dada por la reforma, y que se pronunciaron respecto a su fundamento, no manejaron razonamientos distintos respecto a la doctrina precedente en torno a los motivos por los cuales el notario se tenía que erigir como apoyo en el negocio testamentario.

Planas Ballvé expone que ahora es el notario el que debe servir de apoyo a la persona con discapacidad y, citando las SSTS 8 noviembre 2017 y 7 marzo 2018, afirma que, por tratarse el testamento de un acto personalísimo, no cabe que sea asistida por el curador[647]. Echevarría de Rada, remitiéndose a la RDGSJFP 25 febrero 2021[648], aduce que, por el carácter personalísimo del testamento, «la única asistencia admisible en la formación de la voluntad es la que procede del notario, excluyéndose, en todo caso, que la persona reciba apoyo externo en

---

645 Lo mismo cabe respecto a «los ajustes que resulten necesarios» que luce en el artículo 665. Dichos ajustes se pueden adoptar para la exteriorización de la voluntad, no para conformarla.

646 Cabanas Trejo, R.: «Observaciones irrespetuosas sobre la ley 8/2021 para la práctica notarial», *Blog Notarios y Registradores* (última visualización 3 de agosto 2023). También Fernández Lozano, J. L.: «Capacidad para otorgar testamento y capacidad para suceder», op. cit., p. 429, circunscribe, aunque no tan tajantemente, los apoyos del artículo 25 LN a la expresión de la voluntad.

647 Planas Ballvé, M.: «La capacidad para otorgar testamento», op. cit., pp. 661 y 662.

648 RDGSJFP 25 febrero 2021 (TOL 8.408.987).

esa formación, aunque se trate de un curador», por la «singularidad del testamento en relación con otros actos o negocios jurídicos»; precisamente, por la idiosincrasia del testamento, concluye que el artículo 665 es una norma específica que ha de aplicarse en sede testamentaria[649]. De Amunátegui Rodríguez parte de la «absoluta imposibilidad de que la persona que presta funciones de apoyo ayude a la persona con discapacidad a la hora de otorgar testamento», no solo en virtud del artículo 670 CC, sino también para evitar la influencia indebida, así como un posible conflicto de intereses, afirmando, en línea con lo que dijo en 2020, que, conforme a la CDPD, el notario debe ser el apoyo para que la persona con discapacidad ejerza su derecho a testar[650]. Alventosa del Río explica que el artículo 665 CC, al conferirle expresamente al notario la función de apoyo, reafirma una función que ya tenía atribuida, afirmando que el apoyo se debe ofrecer en dos sentidos: ayudando a la persona con discapacidad a tomar sus propias decisiones y apoyándole en su comprensión y razonamiento[651], añadiendo en otro trabajo que el curador, ya tenga facultades asistenciales o de representación, no puede intervenir en actos o negocios jurídicos personalísimos como el testamento[652]. Fernández Lozano sostiene que, por el carácter personalísimo del testamento, la voluntad del testador no puede ser suplida por ningún tercero en la «formación de la voluntad» que solo corresponde a aquel, y que por ello «el notario es el principal valedor y

---

649 Echevarría de Rada, Mª. T.: «La capacidad testamentaria de la persona con discapacidad a la luz de la Ley 8/2021, de 2 de junio», op. cit., pp. 523, 542 y 545.

650 De Amunátegui Rodríguez, C.: «Tratamiento de la discapacidad en la regulación de la sucesión en el Código Civil», op. cit., pp. 450-452.

651 Alventosa del Río, J.: «Reforma en Derecho de sucesiones», op. cit., p. 467.

652 Alventosa del Río, J.: *La curatela tras la Ley 8/2021*, Tirant lo Blanch, Valencia, 2022, p. 271.

apoyo de la persona con discapacidad»[653]. Para Díaz Alabart el apoyo en la formación de la voluntad es difícil de casar con el carácter personalísimo del testamento[654]. Más recientemente, Costas Rodal, al plantearse si cabe la intervención de la medida de apoyo en la conformación de la voluntad testamentaria, ha dicho que se impone una respuesta negativa, «dado el límite infranqueable del carácter personalísimo del testamento, que podría verse conculcaso de admitir esa posibilidad»[655].

No negamos que fue voluntad del legislador, efectivamente, excluir las medidas de apoyo del testamento, pero en absoluto estamos de acuerdo con la afirmación de que la medida de apoyo, *per se*, prostituya el artículo 670 CC, ni que realmente el legislador residenciase la exclusión de la medida de apoyo en el citado precepto. En nuestra opinión, el problema reside en focalizar el estudio de la medida de apoyo al amparo de conceptos o categorías arraigados a la atávica concepción de la capacidad, pues el apoyo previsto en la CDPD y cristalizado por la LAPCD no debe ser tratado ni parangonado conforme a los derogados mecanismos de protección de la persona con la capacidad modificada judicialmente. No se trata, como dice el saber popular, del mismo perro con distinto collar, sino de un nuevo sistema que, más que proteger a la persona con discapacidad, trata de garantizar su libertad, autonomía e independencia.

Al tratar de los antecedentes del artículo 665 CC, antes de que fuese reformado por la LAPCD, vimos que la jurisprudencia, citando la CDPD, identificaba el apoyo del curador con el

---

653 Fernández Lozano, J. L.: «Capacidad para otorgar testamento y capacidad para suceder», op. cit., p. 435.

654 Díaz Alabart, S.: «Derecho de sucesiones y discapacidad», op. cit., p. 205.

655 Costas Rodal, L.: *Autonomía y apoyo de la persona con discapacidad en el ámbito sucesorio tras la Ley 8/2021*, Tirant lo Blanch, Valencia, 2024, p. 82.

complemento de capacidad[656]. En la doctrina, no son pocos los autores que, con conocimiento del texto internacional, han hecho el mismo silogismo de identificar la medida de apoyo asistencial con los antiguos conceptos, pudiéndose citar, entre otros, a Martínez de Aguirre Aldaz, que tacha la asistencia como un «mecanismo de complemento de capacidad», dicien-

---

656 SSTS 29 abril 2009, 1 julio 2014 (TOL 4.468.983), 14 octubre 2015, 7 marzo 2018 y 15 marzo 2018. Especialmente, es relevante la STS 13 mayo 2015 (TOL 5.000.594), que decía lo que sigue (cursiva propia) «Esta graduación puede ser tan variada como variadas son en la realidad las limitaciones de las personas y el contexto en que se desarrolla la vida de cada una de ellas. Se trata de un traje a medida, que precisa de un conocimiento preciso de la situación en que se encuentra esa persona, cómo se desarrolla su vida ordinaria y representarse en qué medida puede cuidarse por sí misma o necesita alguna ayuda; si puede actuar por sí misma o si precisa que alguien lo haga por ella, para algunas facetas de la vida o para todas, hasta qué punto está en condiciones de decidir sobre sus intereses personales o patrimoniales, o precisa de un *complemento* o de una representación, para todas o para determinados actuaciones. Para lograr este traje a medida, es necesario que el tribunal de instancia que deba decidir, adquiera una convicción clara de cuál es la situación de esa persona, cómo se desarrolla su vida ordinaria, qué necesidades tiene, cuáles son sus intereses personales y patrimoniales, y en qué medida precisa una protección y ayuda. Además, la STS 14 octubre 2015 insistió en la necesidad de reinterpretar la curatela a la luz de la CDPD, pero sin descartar identificar el apoyo con el complemento de capacidad: «desde un modelo de apoyo y asistencia y el principio del superior interés de la persona con discapacidad, que, manteniendo la personalidad, requiere un *complemento de su capacidad*» (cursiva propia).

do que «para la validez del acto tienen que consentir los dos, curador y curatelado»[657-658].

---

[657] MARTÍNEZ DE AGUIRRE ALDAZ, C.: «Curatela y representación: cinco tesis heterodoxas y un estrambote», en AA.VV., *Claves para la adaptación del ordenamiento jurídico privado a la Convención de Naciones Unidas en materia de discapacidad,* Tirant lo Blanch, Valencia, 2019, p. 264. También identifican, aun de soslayo, el apoyo con el complemento de capacidad, PEREÑA VICENTE, Montserrat, «Derechos fundamentales y capacidad jurídica. Claves para una propuesta de reforma legislativa». *Revista de Derecho Privado,* núm. 4, 2014, p. 29; LEGERÉN-MOLINA, A.: «La relevancia de la voluntad de la persona con discapacidad en la gestión de los apoyos», op. cit., pp. 199 y 205. RUIZ-RICO RUIZ, J. M.: «La absoluta predominancia de la voluntad del discapacitado: determinación y su verdadero alcance. Supuestos posibles en los que no funcionará la voluntad actual o hipotética del discapacitado», op. cit., pp. 104, 114 y 116 (nota a pie de página núm. 16) y, el mismo autor, en «El régimen jurídico de la guarda de hecho», op. cit., pp. 292, 295, 305, 306, 307; DE VERDA Y BEAMONTE, J. R.: «Principios generales inspiradores de la reforma en materia de discapacidad, interpretados por la reciente jurisprudencia», op. cit., p. 75; CARRASCO PERERA, Á.: «Contratación por discapacitados con y sin apoyos», *Revista CESCO de Derecho de Consumo,* núm. 42 2022, p. 216; ARNAU MOYA, F.: «Aspectos polémicos de la Ley 8/2021 de medidas de apoyo a las personas con discapacidad», *Revista Boliviana de Derecho,* núm. 33, enero 2022, p. 548; este último no dice solo que el apoyo es un complemento de capacidad, sino también que un efecto de la provisión de medidas de apoyo es establecer «una suerte de incapacitación táctica». SERRANO CHAMORRO, Mª. E.: «Consideraciones sobre la capacidad jurídica versus capacidad de ejercicio tras los nuevos cambios legislativos: criterios jurisprudenciales», *Actualidad Civil,* núm. 2, 2022, pp. 8 y 11, defiende una postura ambigua, pues a pesar de calificar el apoyo o la asistencia como una suerte de complemento de capacidad (pp. 4, 6, 15 y 16), con todo lo que ello conlleva, en otros pasajes de su trabajo parece identificar el apoyo según los postulados de la CDPD. Puede verse la p. 8, donde dice, en relación a las medidas de apoyo, que «no tienen que consistir necesariamente en prestar su asistencia para el acto o negocio jurídico pretendido, sino en prestar un apoyo de tal naturaleza que dicha persona pueda expresar su consentimiento en igualdad de condiciones con cualquier otra persona no afectada por una discapacidad», o la p. 11, donde explica que, a raíz de la reforma, «la persona con discapacidad será la que, con los apoyos y asistencia que necesite, decida sobre celebrar o no un negocio, con quién y cuál será su contenido».

[658] Tampoco los tribunales, habiendo entrado en vigor la LAPCD, se han inhibido en tachar el apoyo como un complemento de capacidad, como la SAP Cádiz 27

No obstante, obsérvese que el Preámbulo de la LAPCD, no sin antes reconocer que la capacidad «resulta inherente a la condición de persona humana y, por ello, no puede modificarse», expone, partiendo de las consideraciones de las Observación general núm. 1 de 19 de mayo de 2014 del Comité sobre los Derechos de las Personas con Discapacidad, que «el apoyo es un término amplio que engloba todo tipo de actuaciones: desde el acompañamiento amistoso, la ayuda técnica en la comunicación de declaraciones de voluntad, la ruptura de barreras arquitectónicas y de todo tipo, el consejo, o incluso la toma de decisiones delegadas por la persona con discapacidad». Asimismo, el primer párrafo del artículo 249 CC dispone que la finalidad de las medidas de apoyo respecto a las personas con discapacidad no es otra que «permitir el desarrollo pleno de su personalidad y su desenvolvimiento en condiciones de igualdad», expresando su segundo párrafo que las personas que ejerzan el apoyo «deberán actuar atendiendo a la voluntad, deseos y preferencias de quien lo requiera», debiendo procurar que «pueda desarrollar su propio proceso de toma de decisiones, informándola, ayudándola en su comprensión y razonamiento y facilitando que pueda expresar sus preferencias». Luego, el segundo párrafo del artículo 250 establece que la función del apoyo consistirá en «asistir a la persona con discapacidad en el ejercicio de su capacidad jurídica en los ámbitos en que sea preciso, respetando su voluntad, deseos y preferencias».

Si comparamos lo que dijo la jurisprudencia y la doctrina ya citada con el párrafo inmediatamente precedente se podrá visualizar, con extraordinaria claridad, la diferencia entre el derogado complemento de capacidad y el apoyo. Ahora, como quiera que la capacidad es inherente a cualquier persona, las

octubre 2021 (TOL 8.764.765), que se refiere al apoyo del curador asistencial como complemento de capacidad en la letra a) del apartado tercero del fundamento de derecho cuarto.

personas con discapacidad no precisarán que un tercero la complemente. Aquellas, en la empresa de actuar en el tráfico jurídico con plena igualdad, se podrán valer de un apoyo que les auxilie, aconseje y ayude en el proceso de toma de decisión, explicándoles el apoyo los pormenores del acto o negocio jurídico, así como sus ventajas y desventajas, sin que sea admisible una injerencia indebida que implique decidir por la persona acreedora de apoyo o coartar la autonomía de su voluntad. Esto implica que el apoyo asistencial, tal y como lo ha configurado el legislador español partiendo de los principios de la CDPD, y con excepción de los que tienen una arquitectura representativa, adquiere protagonismo en el proceso deliberativo de gestación del consentimiento de las personas con discapacidad, es decir, en el proceso interno de formación de una voluntad consciente y libre, sin que deba ni pueda inmiscuirse en la fase de perfección del negocio jurídico a modo de complemento[659], pues de lo contrario la persona asistida de apoyo, lejos de actuar con independencia, autonomía y libertad, estaría encorsetada a la autorización de un tercero, en contra de los principios de la CDPD[660]. Así, donde el curador, antes de la publicación de la LAPCD, intervenía en el acto final mediante

659 Decimos que no tiene que actuar en la fase de perfección del acto o negocio jurídico a modo de complemento porque es posible que el apoyo comparezca en el momento del otorgamiento simplemente haciendo constar que ha dispensado apoyo a la persona con discapacidad, siendo esta, y no la persona que ejerza el apoyo, quien se configure como parte del acto. Lo que no puede exigirse, salvo que se quiera vulnerar la CDPD, es que la perfección esté al albur del consentimiento del apoyo, porque, se insiste, la decisión la toma la propia persona con discapacidad, aunque la persona que ejerza el apoyo no la secunde.

660 Pallares Neila, J.: «La participación en la toma de decisiones: el instrumento que permite el apoyo en el ejercicio de la capacidad jurídica», *Actualidad Civil*, núm. 3, 2020, p. 2, decía que en la curatela instaurada por la Ley 13/1983 el curador actuaba como complemento, en la concepción de que la persona con discapacidad estaba en una situación de inferioridad y no podía decidir por

la asistencia o la autorización, el actual adquiere protagonismo en la travesía deliberativa, con el noble propósito de que la persona con discapacidad exteriorice una voluntad personal, libre y responsable. Si, llegado el caso, la persona con discapacidad no es capaz de construir una voluntad, pese a la intervención del apoyo, es entonces cuando intervendrá el apoyo con facultades de representación. En definitiva, el apoyo opera fundamentalmente *ex ante*, configurándose, mediante la ayuda y el consejo, como un mecanismo que posibilita la autonomía y la libertad de la persona con discapacidad[661]. Como dice García

---

sí, teniendo el complemento una «configuración jurídica no horizontal –de curador y curatelado-, sino vertical –de curador sobre curatelado-».

661 En la doctrina, no faltan autores que han rechazado, expresa o implícitamente, construir una noción del apoyo equiparándolo con el complemento de capacidad. Cuenca Gómez, de consulta obligada, fue pionera a la hora de disertar sobre el apoyo alejándose del sistema de protección, diciendo que en el nuevo sistema «no se trata de transferir el derecho a decidir a un tercero, sino poner a disposición de las personas los ajustes y apoyos individualizados necesarios para que la persona pueda tomar sus propias decisiones», subrayando que las medidas de apoyo «no deben contemplarse como medidas restrictivas, sino como medidas promocionales de la autonomía y de la capacidad que tratan de potenciar al máximo las posibilidades de ejercicio de los derechos» [Cuenca Gómez, P.: «El sistema de apoyo en la toma de decisiones desde la Convención Internacional sobre los Derechos de las Personas con Discapacidad: principios generales, aspectos centrales e implementación en la legislación española», *Revista electrónica de Derecho de la Universidad de La Rioja (REDUR)*, núm. 10, 2012, pp. 73 y 74]. De Salas Murillo rechazó que el apoyo fuese una suerte de complemento de capacidad, diciendo que las medidas de apoyo no tienen por finalidad «suplir ni complementar la voluntad del individuo, sino cooperar a que su voluntad, libremente formada, se exprese y se lleve a través de los medios en los que tales apoyos se materialicen» [De Salas Murillo, S.: «Significado jurídico del apoyo en el ejercicio de la capacidad jurídica de las personas con discapacidad: presente tras diez años de la Convención», *Revista Doctrinal Aranzadi Civil-Mercantil*, núm. 5/2018 (BIB 2018\8655), pp. 7 y 8]. Tres años después la autora ratificó su posicionamiento, afirmando que la «asistencia» no es un complemento de capacidad, sino «un acompañamiento a la persona no

tanto, o no solo, en la formalización del acto jurídico, sino en el proceso de toma de decisiones» (De Salas Murillo, S.: «Artículo 269», op. cit., p. 502). Ribot Igualada señaló, en relación al Anteproyecto, el cambio de enfoque de la intervención del curador: «Se va mucho más allá de someter la voluntad ya formada de la persona en curatela al control del curador, quien evaluaría la decisión a la luz de los riesgos y beneficios que tiene para aquella. Se trata ahora de que el curador aconseje a la persona con discapacidad, le proporcione información, la asista para que pueda comprender la situación y, finalmente, tomar una decisión. La persona que ejerce la medida está obligada a superar la visión reducida los esquemas clásicos en los que se consiente por una persona o se complementa su capacidad en uno o varios actos jurídicos» (Ribot Igualada, Jordi «La nueva curatela», op. cit., p. 242). Sánchez Gómez, dijo, acertadamente, lo siguiente: «El prestador del apoyo debería desempeñar su función con carácter previo a la toma de decisiones a fin de que la persona con discapacidad pueda actuar en su propio proceso. Así el apoyo debería ir orientado a acompañar, informar, orientar, aconsejar, ayudar en la comprensión y razonamiento de aspectos necesarios en la toma de decisiones que les atañen, ayuda para adoptar y expresar la decisión, verificar la voluntad de la persona apoyada, cuando ello sea posible, sin desconocer los problemas que en la práctica puede comportar su ejercicio» [Sánchez, Gómez, A.: «Hacia un nuevo tratamiento jurídico de la discapacidad. Reflexiones a propósito del Proyecto de Ley de 17 de julio de 2020 por la que se reforma la legislación civil y procesal para el apoyo a las personas con discapacidad en el ejercicio de su capacidad jurídica», *Revista de Derecho Civil,* vol. VII, núm. 5 (octubre-diciembre, 2020), p. 407]. Álvarez Lata rechaza que el curador se sitúe en una posición de dominio o potestad, ya que su función es instrumental «para la realización y efectividad de la voluntad de la persona con discapacidad en el ejercicio de sus derechos (Álvarez Lata, N.: «Artículo 282», op. cit., p. 520). En el mismo sentido, puede verse Pérez Gallardo, Leonardo B., «La comparecencia asistida en el instrumento publico notarial: especial referencia a la curatela asistencial», en AA.VV., *Un nuevo orden jurídico para las personas con discapacidad,* Wolters Kluwer, Madrid, 2021, p. 489, para quien «el curador asistencial ni es el titular del interés negociable en juego, ni suple ni complementa el ejercicio de la capacidad jurídica de la persona con discapacidad, su función -tal y como su nombre indica-, es esencialmente de colaboración en la toma de decisiones, de información, de asesoramiento, de ayuda, sin tener protagonismo en el acto o negocio jurídico que se instrumenta, pero a la vez su presencia es requisito de validez de dicho acto» [véase también

Rubio, en la nueva configuración de la LAPCD «el apoyo lejos de ser un fin en sí mismo, se perfila como un medio»[662].

---

el mismo autor en «El testador vulnerable y las influencias indebidas. Los antídotos que dispensa el artículo 753 del Código Civil (a propósito de la reforma sobre la capacidad jurídica en el Derecho español), op. cit., p. 564,]. Leciñena Ibarra esgrime que en el ámbito contractual, a raíz de la reforma, los actores principales son las personas con discapacidad y los secundarios son los apoyos, teniendo estos últimos la misión de ayudar a aquellos a conseguir la comprensión del contrato, siendo la persona con discapacidad la que tomará su propia decisión [Leciñena Ibarra, A.: «Reflexiones sobre la formación de la voluntad negocial en personas que precisan apoyos en el ejercicio de su capacidad jurídica», *Revista de Derecho Civil*, vol. IX, núm. 1 (enero-marzo, 2022), pp. 259 y 265]. Muy acertadas son las palabras de Albiez Dohrmann, que transcribimos en su integridad: «Las resoluciones judiciales en la adopción de medidas de apoyo deberán tener la pedagogía suficiente para que el prestador de apoyos nombrado tenga un papel verdaderamente participativo en la protección de la persona asistida, pero siempre desde la premisa del respeto de la propia autonomía de las personas apoyadas. Lo exige expresamente la frase primera del artículo 249-2 CC […] De no hacerlo así, existe el peligro de que la práctica judicial siga siendo la de antaño, esto es, supervisión y complemento de capacidad de obrar, cuando se constituía la curatela» (Albiez Dohrmann, K. J.: «La capacidad jurídica para contratar de las personas con discapacidad tras la Ley 8/2021, de 2 de junio», op. cit., p. 522). También rechaza el complemento de capacidad Donado Vara en relación a la guarda de hecho [Donado Vara, A.: «Humanización de la justicia: retos procesales en los procesos de familia. La judicialización de la guarda de hecho bajo el nuevo paradigma de la discapacidad», *LA LEY Derecho de Familia*, núm. 33, 2022, p. 7], y Torres Costas, diciendo esta última que ya no cabe hablar de complemento de capacidad, «pues a la persona se le reconoce capacidad jurídica plena; por ello, ya no se puede exigir la concurrencia del curador para otorgar validez al acto a realizar» (Torres Costa, Mª. E.: «Artículo 22.2. C)», op. cit., pp. 108 y 109). Véase, además, Álvarez Royo-Villanova, S.: «La prestación del consentimiento informado por la persona con discapacidad», op. cit., p. 100.

662 García Rubio, Mª. P.: «La reforma operada por la Ley 8/2021 en materia de apoyo a las personas con discapacidad: planteamiento general de sus aspectos civiles», op. cit., p. 63.

En suma, respecto a las personas con discapacidad, el complemento de capacidad *ex lege* debería haber quedado relegado al baúl de los recuerdos[663], quedando como único vestigio de este el consentimiento o autorización que han de dispensar los progenitores o el defensor judicial para el caso de que el menor emancipado tome dinero a préstamo o pretenda gravar o ena-

---

663 Decimos *ex lege* porque Valls i Xufré plantea, con base en la arquitectura de las medidas voluntarias de apoyo, la hipótesis de que la propia persona autolimite el ejercicio de su capacidad jurídica mediante una colaboración del apoyo o del asistente «en forma de autorización, actuación conjunta o de cualquier otra forma que se quiera establecer, pero sin la que el asistido no pueda actuar por sí mismo». El autor aboga por su validez citando el artículo 250 CC, que define las medidas voluntarias de apoyo como «aquellas establecidas por la persona con discapacidad, en las que designa quién debe prestarle apoyo y *con qué alcance*» (Valls i Xufré, J. M.: «El papel del notario en el nuevo régimen de apoyos», op. cit., pp. 117-119). No hemos estudiado con la suficiente profundidad esta cuestión para pronunciarnos sin ninguna reserva, máxime cuando queda extramuros del presente trabajo; algunos podrán vindicar la invalidez de estas disposiciones citando, por ejemplo, la proscripción de las cláusulas *ad cautelam* en sede de testamento (art. 737 CC), argumentando que si el legislador desea garantizar que la *voluntas testatoris* sea la ley de la sucesión, con mayor razón querrá garantizar que la voluntad autónoma de la persona con discapacidad, huérfana de complemento de capacidad, se extienda al tráfico negocial. A la espera de que abordemos un análisis pormenorizado sobre el particular, apostamos, de momento, por la validez de estas «autolimitaciones» si emanan de la voluntad de la persona con discapacidad, ya que, por un lado, nadie duda, *ad exemplum*, de la validez del negocio representativo de una persona que está en plenitud de facultades y, por otro, como sostiene Valls y Xufré, este «acuerdo de apoyo» es «por esencia revocable a instancia del asistido o mediante el establecimiento de otras medidas de apoyo» (p. 118). Sin embargo, no creemos que dicho complemento deba conceptuarse como apoyo *stricto sensu*, sino como salvaguarda autoimpuesta por la persona con discapacidad, en el sentido de que para perfeccionar determinados actos y negocios jurídicos no personalísimos no solo bastará su voluntad, sino también la de la persona que ejerza el apoyo a modo de autorización o asistencia. De este modo, habría una persona que ejerza el apoyo en sentido estricto, según los trazos dibujados *supra*, y, a su vez, este apoyo operaría como salvaguarda ante una hipotética voluntad frívola o díscola de la persona con discapacidad.

jenar bienes inmuebles o establecimientos mercantiles o industriales u objetos de extraordinario valor, ya que no podrá concluir dicho negocios sin este complemento (arts. 247 y 248 CC)[664]-

---

664 A propósito del complemento de capacidad que contemplan los artículos 247 y 248 CC para el menor emancipado, valga la comparativa de dichos preceptos con el artículo 1301 CC para percatarse del nuevo paradigma en materia de discapacidad. Este artículo, conforme a su redacción vigente antes de la LAPCD, decía que eran anulables en el plazo de cuatro años «los contratos celebrados por los menores o incapacitados, desde que salieren de tutela». El inciso, como decía O´CALLAGHAN MUÑOZ, X.: *Compendio de Derecho Civil. Tomo II. Derecho de obligaciones*, Editorial Universitaria Ramón Areces, Madrid, 2012, pp. 280 y 281, se tenía que relacionar, respecto a los que tenían que intervenir con el complemento de capacidad del curador, con el artículo 293 CC, que disponía que «los actos jurídicos realizados sin la intervención del curador cuando ésta sea preceptiva, serán anulables a instancia del propio curador o de la persona sujeta a curatela, de acuerdo con los artículos 1301 y siguiente de este Código». Cierto es que en la doctrina había debate en torno a la nulidad o anulabilidad, pero, con independencia del tipo de invalidez, era unánime que el contrato celebrado por la persona con discapacidad, o incapacitado, sin el complemento de capacidad preceptuado en la sentencia de modificación de la capacidad era inválido. Supongamos que el curador, conforme a la exégesis del Tribunal Supremo que comenzó su singladura en 2009, asistió a la persona con discapacidad para la perfección de un determinado contrato. Si esta llegaba a comprender las vicisitudes del contrato y sus efectos podrían, sin ningún género de dudas, dar su consentimiento para contratar, pero, lamentablemente, se erigiría como requisito para su validez que lo diese, al alimón, el curador, que es la persona que encarnaba el complemento de capacidad. Hasta aquí el escenario que tendríamos es que a pesar de que la persona con discapacidad ha tomado su propio proceso de toma de decisiones, con la ayuda del curador, debería tener de comparsa a este para la perfección del contrato, como si la declaración de voluntad del curador se incardinase en el negocio autorizativo, diluyéndose como un azucarillo en un café caliente el desiderátum de la CDPD de promover la autonomía, libertad, igualdad e independencia de las personas con discapacidad. Pero vamos a más, en el supuesto de que el curador se negase a dar el complemento de capacidad, la persona con discapacidad, que es quien se configuraría como parte contratante, no el curador, sería una suerte de convidada de piedra, viéndose imposibilitada *ex lege* para perfeccionar un contrato que desea y, no menos importante, comprende. El panorama que tendríamos sería que, a costa de proteger o, mejor dicho, sobreproteger a la persona con discapacidad,

[665].

Volcando lo dicho a la esfera de la testamentifacción activa, y respondiendo al interrogante planteando *ab initio* de este apartado, la conclusión sería que, si se conceptuara el apoyo como una suerte de complemento de capacidad, la intervención de la medida de apoyo en el testamento vulneraría su carácter personalísimo[666]. Ahora bien, como quiera que la capacidad

---

la autonomía de su voluntad quedaría en agua de borrajas. Ahora, en cambio, será la persona con discapacidad, previamente auxiliada por el apoyo, la que decidirá si contratar o no, sin que el apoyo, alegando que no secundó la decisión de contratar que tomó la persona acreedora del apoyo en uso de la autonomía de su voluntad, pueda instar la invalidez del contrato por el mero hecho de que en la fase de perfección no intervino, ya que solo podrá declararse la anulabilidad si la persona que tuvo que dar el apoyo no intervino en el proceso de formación de la voluntad y, además, la otra parte fue conocedora de este hecho u obtuvo una «ventaja injusta» (arts. 1301.4º y 1302.3 CC). Sirva lo expuesto para patentar cómo el apoyo asistencial no debe identificarse con el complemento de capacidad y para rechazar aquellas aseveraciones, como la de BERCOVITZ RODRÍGUEZ-CANO, R.: «Sobre la Ley 8/2021, para el apoyo a las personas con discapacidad en el ejercicio de su capacidad jurídica», *Revista Jurídica del Notariado,* núm. 113, julio-diciembre 2021, p. 15, consistentes en que no era necesaria la LAPCD para que el ordenamiento acogiese los postulados de la CDPD, pues con la interpretación de la anterior regulación era difícil, sino imposible, respetar en su integridad el texto intencional, ya que, entre otras cosas, el complemento del curador se configuraba como un requisito *sine qua non* de la perfección del acto o negocio jurídico.

665 Por lo expuesto, no podemos compartir, en absoluto, el fallo de la STS 18 septiembre 2024 (TOL 10.197.239), que, respecto a una persona que tenía una conducta desordenada y derrochadora respecto a su patrimonio, constituyó una curatela, supeditando la validez de los actos de administración y disposición complejos a la «autorización del curador». La misma crítica cabe hacer respecto a la STS 23 octubre 2024 (TOL 10.254.855), que determinó que para los actos de disposición que excediese de la suma de 2.500 euros, sería precisa la autorización de la curadora.

666 La autora PEREÑA VICENTE, M.: «Estudio crítico del nuevo régimen de la *testamenti factio* activa desde una perspectiva técnica jurídica», op. cit., p. 15, dice, en relación a nuestro trabajo previo sobre la *testamenti factio* activa, lo siguiente: "Gómez Valenzuela concluye que no es posible que el curador asistencial intervenga en el

es inherente a cualquier persona y las personas, aun con discapacidad, actuarán con autonomía, libertad e independencia, no precisando el aval de un tercero que complemente su capacidad para que se puedan desenvolver en la esfera jurídica, el apoyo, que no desnaturaliza dicha notas, mantiene indemne el artículo 670 CC, siempre que su función sea asistencial y

---

otorgamiento del testamento complementando o completando el consentimiento de la persona no por el argumento de que el testamento sea acto personalísimo sino porque la curatela asistencial no permite en ningún caso tal «injerencia» que implica «decidir por la persona acreedora de apoyo o coartar la autonomía de su voluntad»". Precisamente, si el apoyo asistencial se relacionase con el complemento de capacidad, donde la autorización del curador fuese requisito *sine qua non* para la perfección del acto o negocio jurídico, su intervención vulneraría, evidentemente, el carácter personalísimo del testamento, tal y como dijimos en el trabajo que cita la autora, donde, planteando a modo de interrogante si el apoyo asistencial vulneraba el artículo 670 CC, expusimos lo que sigue: «Si se conceptuara las medidas de apoyos como una suerte de complemento de capacidad, cabría contestar afirmativamente, pero como quiera que la capacidad es inherente a cualquier persona y las personas, aun con discapacidad, actuaran con autonomía, libertad e independencia, no precisando el aval de un tercero que complemente su capacidad para que se puedan desenvolver en la esfera jurídica, la respuesta a nuestro juicio debe ser negativa» (Gómez Valenzuela, M. Á.: «La *testamenti factio* activa: una reivindicación de la intervención de las medidas de apoyo en el negocio testamentario», op. cit., pp. 147 y 148). Es por esta razón por la que, a pesar de que haya habidos recientemente dos sentencias del Tribunal Supremo que han supeditado la realización de determinados actos a la intervención del curador, a modo de autorización o complemento (SSTS 18 septiembre 2024 y 23 octubre 2024) no nos hemos planteado la potencial incidencia que podría tener esta exégesis en la capacidad para testar, y ello por dos razones: La primera consiste en que es materialmente imposible que un tribunal posibilite que la persona con discapacidad solo pueda otorgar testamento si el curador lo autoriza, ya que ello vulneraría el artículo 670 CC; la segunda se basa en que, como quiera que el artículo 665 CC impide la intervención de las medidas de apoyo para conformar la voluntad testamentaria, será el notario, según la literalidad del precepto, quien preste apoyo y auxilio a la persona con discapacidad, siendo harto improbable que un juez determine que, entre el haz de funciones que se le pueda encomendar al curador asistencial, una de ella sea intervenir en el negocio testamentario.

no haya ninguna influencia indebida en la *voluntas testatoris*. El ámbito de actuación de la persona que ejerza la medida de apoyo será el de auxiliar, aconsejar y ayudar a la persona con discapacidad a que tome su propio proceso de toma de decisiones, debiendo ser el testador, y no el apoyo, quien tenga la última palabra, el soberano de su decisión, toda vez que la intervención del apoyo no adquiere importancia en la fase de perfección del acto o negocio jurídico, sino en la travesía deliberativa, en la empresa de que la persona acreedora del apoyo, en este caso, el testador, pueda conocer los beneficios y perjuicios de adoptar uno u otro designio, debiendo este ser respetado.

Insistimos en que el error ha sido, en el planteamiento de todos aquellos que han sostenido que el apoyo vulnera el carácter personalísimo del testamento, extrapolar la naturaleza jurídica del derogado régimen normativo del curador a la nueva arquitectura de las medidas de apoyo, visualizando el apoyo como un complemento de capacidad. En este escenario, es obligado que volvamos, como anunciamos que haríamos, a la STS 7 marzo 2018 que, en el intento de adaptar las instituciones de protección a los principios de la CDPD, dijo que la curatela, a diferencia de la tutela, es un apoyo de menor intensidad, que, sin sustituir la voluntad de la persona con discapacidad, sirve para que esta sea acreedora de asistencia, a modo de «complemento de capacidad». Hechas estas consideraciones, dijo el tribunal que la curatela no podría extenderse al testamento, al tratarse de un acto personalísimo y no especificarse «en la sentencia recurrida cual sería *la intervención* del tutor, ahora curador». Es importante el último pasaje transcrito con riqueza tipográfica, pues *la intervención* del antiguo y el nuevo curador es distinta. Era paladino que siendo la principal función del curador la de complementar la capacidad, su intervención en el testamento estaba proscrita por el artículo 670 CC; sin embargo, dotada la curatela de unas nuevas funciones que no se deben identificar con el complemento (art. 282 CC), sino con los postulados de la CDPD, en modo alguno se puede decir, o concebir como regla, que la intervención del curador asistencial en el testamento prostituya su carácter personalísimo.

Esta teoría fue formulada, con extraordinaria perspicacia, nada más y nada menos que en 2012, por Cuenca Gómez, que, abogando por una línea vanguardista en el tratamiento de la discapacidad, dijo que mediante la consagración del sistema de apoyo no se trataba de transferir el derecho a decidir a un tercero, «sino de poner a disposición de las personas los ajustes y apoyos individualizados necesarios para que la persona pueda tomar sus propias decisiones», afirmando que el apoyo no debía contemplarse como una medida restrictiva, sino como una medida que trata de promocionar la autonomía y la capacidad, potenciando las posibilidades de ejercicio de los derechos. Partiendo de esta premisa, y en lo que ahora interesa, consideró que el derecho general a los apoyos debe proyectarse en la «conformación, expresión y comunicación» de los actos personalísimos, citando el derecho a contraer matrimonio, el otorgamiento del testamento y el reconocimiento de la filiación[667].

Carol Rosés, a pesar de defender las bondades del apoyo institucional del notario en testamento, también contemplaba en 2017, tímidamente, la intervención del apoyo en el proceso de «formación de la voluntad», apostando por la extensión de esta ayuda a otras situaciones de vulnerabilidad, como «la vejez o el retraso mental leve»[668]. Núñez Núñez, tratando el artículo

---

667 Cuenca Gómez, P.: «El sistema de apoyo en la toma de decisiones desde la Convención Internacional sobre los Derechos de las Personas con Discapacidad: principios generales, aspectos centrales e implementación en la legislación española», op. cit., pp. 73, 84, 88.

668 Carol Rosés, F.: «Una revisión desde la doctrina y la jurisprudencia de la testamentifacción de las personas con la capacidad judicialmente modificada y con discapacidad», op. cit., pp. 3253 y 3254.

665 –según redacción vigente antes de la LAPCD- conforme al artículo 12 CDPD, abogó por la intervención de otras personas como apoyo en el testamento, a fin de que ayudaren al testador en la comprensión «de lo que hace» y a que lograse la capacidad testamentaria, a tenor del principio de promoción de la capacidad[669]. También Martínez Martínez, que expuso que uno de los retos del ordenamiento en relación al tratamiento de la persona con discapacidad como causante era «el diseño de adecuadas medidas de apoyo para la emisión de una declaración de voluntad *mortis causa* en testamento, acaso incluido el ológrafo»[670].

Más tarde, Alfaro Guillén expuso que el carácter personalísimo del testamento no queda desnaturalizado por la intervención asistencial del apoyo, explicando que las «diferencias entre la representación y el apoyo estriban justamente en que la primera suple la voluntad del sujeto por la del representante para la toma de decisiones, mientras que lo segundo [la autora circunscribió el apoyo al asistencial] confiere el soporte, los medios necesarios para su adopción *per se* por el titular del derecho subjetivo a ejercitar mediante el acto de que se trate». En su opinión, no había una colisión entre la concurrencia de apoyos y el carácter personalísimo del testamento, sin perjuicio de que los Estados deban adoptar, como salvaguardias, medidas proporcionales que garanticen el respeto a los derechos, a la voluntad y las preferencias de la persona y, a su vez, tiendan a evitar las influencias de indebidas y los conflicto de intereses[671]. También Pérez Gallardo, que descartando que el apoyo

---

669 Núñez Núñez, Mª.: «La persona con discapacidad intelectual ante el otorgamiento de testamento abierto notarial», op. cit., p. 514.

670 Martínez Martínez, Mª.: «Sucesión intestada, atribuciones "ex lege" y protección de las personas con discapacidad», op. cit., pp. 114 y 115.

671 Alfaro Guillén, Y.: «El otorgamiento de testamento durante la vejez: recomendaciones de *lege data* para la autorización notarial en Cuba», en AA.VV.,

asistencial fuese un complemento de capacidad, dijo que los apoyos «son los tentáculos que emplean las personas con discapacidad para ejercer su capacidad jurídica», implicando «desarrollar una relación y formas de trabajar con otra u otras personas, hacer posible que una persona se exprese por sí misma y comunique sus deseos, en el marco de un acuerdo de confianza y respeto de la voluntad de esa persona», no suponiendo, en modo alguno, «sustituir, suplantar, complementar, la voluntad de esa persona», sino que van dirigidos «a informar, a acompañar, a diseñar un plan para que la persona pueda llegar a formarse su propia voluntad». Hechas estas consideraciones, el autor afirmaba que negar a la persona con discapacidad intelectual o psicosocial otorgar testamento con apoyos «es una herejía a la CDPD»[672].

Cierto es que todas las citas sacadas a colación datan de antes de la publicación de la LAPCD, y que casi todos los autores que han escrito una vez entrada en vigor la ley, comentando el artículo 665 CC, han negado o, simplemente, han guardado silencio en torno a la posibilidad de testar con medidas de apoyo. No obstante, hace relativamente poco, el notario Álvarez Royo-Villanova, previa cita de Pérez Gallardo, ha reconocido que, pese a tratarse de una cuestión controvertida, el carácter personalísimo del testamento solo excluye la representación, no la colaboración de terceros para facilitar la formación y expresión del consentimiento, toda vez que el apoyo asistencial no actúa como complemento de capacidad, admitiendo que los «apoyos no suponen sustitución de la voluntad, sino ayuda

Homenaje a José Castán Vázquez. Liber Amicorum, Tirant lo Blanch, Valencia, 2019, p. 1416.

672 Pérez Gallardo, Leonardo B., «El testamento otorgado con apoyos por personas con discapacidad: ¿una quimera?», *Revista Crítica de Derecho Inmobiliario*, núm. 782, 2020, pp. 3632, 3633 y 3644.

para la formación de la misma y, por tanto, son posibles también en actos personalísimos»[673].

C) Entonces, ¿cuál es la verdadera razón que subyace en la exclusión legal de las medidas de apoyo a la hora de testar?

En nuestra opinión, la opción legislativa de suprimir la intervención de las medidas de apoyo en el testamento vino sustentada en el temor a que las personas que ejercieran las medidas de apoyo se excedieran en sus funciones y, lejos de respetar la toma de decisión del otorgante respecto a su última voluntad, concibieran la medida de apoyo como un mecanismo para protagonizar una influencia indebida con el fin espurio de obtener un beneficio económico a costa de una captación de la *voluntas testatoris*.

No encontramos otra razón, máxime cuando existen otros actos personalísimos donde se admite *ex lege* que la persona con discapacidad lo perfeccione con el auxilio de las medidas de apoyo[674], como sucede con la rectificación de la mención registral relativa al sexo, donde el artículo 43 de la Ley 4/2023, de 28 de febrero, para la igualdad real y efectiva de las personas trans y para la garantía de los derechos de las personas LGTBI (Ley 4/2023), avala que las personas con discapacidad la soliciten «con las medidas de apoyo que en su caso precisen». En definitiva, la persona con discapacidad puede servirse de sus medidas de apoyo para solicitar el cambio registral de hombre a mujer y viceversa, y, en cambio, está desprovista de las mismas para otorgar testamento ¿*Quid iuris*? Sin duda, am-

---

673 Álvarez Royo-Villanova, S.: «La prestación del consentimiento informado por la persona con discapacidad», op. cit., pp. 100 y 117.

674 En Gómez Valenzuela, M. Á.: «Matrimonio, capitulaciones matrimoniales y sociedad de gananciales conforme a las últimas reformas en materia de discapacidad», op. cit., pp. 216-227, defendimos también las medidas de apoyo en el matrimonio.

bos son actos o negocios personalísimos y la respuesta que da el legislador es distinta.

El celo paroxístico del legislador en evitar las influencias indebidas también se puede apreciar con la lectura del segundo párrafo del artículo 753 CC, que reforma la incapacidad relativa, contemplando la nulidad de «la disposición hecha por las personas que se encuentren internadas por razones de salud o asistencia, a favor de sus cuidadores que sean titulares administradores o empleados del establecimiento público o privado en el que aquellas estuvieran internadas». Aquí se podría haber previsto, *ad exemplum*, que para que las citadas personas fuesen beneficiarias de una disposición hecha por la persona que se encuentre internada sería preceptiva que la misma se ordenase en testamento notarial abierto, como así lo prevé respecto a las personas físicas que, extramuros de un establecimiento público o privado, estén prestando servicios de cuidado, asistenciales o naturaleza análoga al causante. Sin embargo, vulnerando el principio de proporcionalidad y autonomía de las personas con discapacidad que se encontraren internadas, prohíbe, so pena de nulidad, que estas hagan disposiciones a favor de sus cuidadores con quiénes quizás compartan lazos afectivos más allá del parentesco.

Volviendo a poner el foco en el artículo 665 CC, creemos que, ante el silencio del Anteproyecto sobre el apoyo y la función del notario[675], hubo un *horror vacui* en la tramitación parlamentaria sobre el posible papel de las medidas de apoyo en el testamento. Al final, en vez de establecer salvaguardas para evitar las influencias indebidas, como hicieron otros ordena-

---

675 Decía así el precepto conforme a la versión del Anteproyecto: «Si el que pretende hacer testamento se encontrara en una situación que hiciera dudar fundadamente al Notario de su aptitud para otorgarlo, antes de autorizarlo, este designará dos facultativos que previamente le reconozcan y dictaminen favorablemente sobre dicha aptitud».

mientos[676], contemplando, por ejemplo, que en caso de que la persona que ejerciera el apoyo fuese heredero o legatario se tendría que designar un defensor judicial, el legislador optó por *matar moscar a cañonazos,* consagrando el *apoyo impuesto* del notario a costa de desvirtuar los principios de la CDPD e impidiendo que la persona con discapacidad pueda servirse en el testamento, conforme a su deseo, voluntad y preferencias, de sus propias medidas de apoyo (art. 12.4 CDPD).

D) Razones que avalan la intervención de las medidas de apoyo en el negocio testamentario

A título de exordio a la defensa de la intervención de las medidas de apoyo en el testamento que propugnamos, tenemos que aclarar que no es nuestra intención excluir la posibilidad de que el notario dispense apoyo a la persona con discapacidad para que esta pueda comprender el alcance de sus disposiciones testamentarias. Consideramos que si el otorgante, gracias a la labor del fedatario público, puede llegar, en un caso concreto, a conformar su voluntad respecto al testamento, el debate que hemos puesto en el tablero se diluye, pues, como dice el Preámbulo de la LAPCD, el concepto de apoyo es muy amplio[677]. Sin embargo, lo que no suscribimos es la opción de

---

676 Se puede citar el Derecho peruano. A pesar de que el artículo 690 del Código Civil peruano (Decreto Legislativo 295) prevé, como en el Derecho español, el carácter personalísimo del testamento, el artículo 696.2 contempla el testamento con medidas de apoyo, diciendo que si el testador se tratase de una persona con discapacidad podrá comparecer con los ajustes razonables o apoyos que requiera. Para el supuesto de que la persona que ejerza el apoyo «sea un beneficiario», el artículo 696.9 requiere, como salvaguardia, el consentimiento del juez.

677 En tal sentido, el notario, como cualquier otra persona que dispense en un momento determinado apoyo a la persona con discapacidad, puede ser catalogado como «apoyo», pero no como medida de apoyo (Cabanas Trejo, R.: «Observaciones irrespetuosas sobre la ley 8/2021 para la práctica notarial», *Blog Notarios y Registradores*).

sacralizar el denominado apoyo institucional del notario a costa de excluir la intervención de las medidas de apoyo, máxime cuando algunas pueden emanar de la soberana voluntad de la persona con discapacidad. Por otro lado, no negaremos que algunos notarios, sensibilizados con la línea defendida en este trabajo en torno a la intervención de la medida de apoyo en el testamento, recurrirán a una interpretación laxa del artículo 665 CC, posibilitando la presencia de la persona que lo presta y la labor que le atribuye el Código Civil para el ejercicio de la capacidad jurídica de la persona con discapacidad, confiando, además, en que rara vez el testamento será impugnado judicialmente por contravenir el artículo 665 CC y, supuestamente, el artículo 670 CC, con fundamento en esta asistencia. No obstante, dudamos que sigan este patrón, pues, aunque el fedatario público tenga la esperanza de que ningún interesado impugnará el testamento, no es descartable que los registradores de la propiedad, de oficio (art. 18 LH), denieguen la inscripción de aquellos títulos que deriven de un testamento que, a juicio del registrador, deba ser declarado nulo por contravenir el artículo 665 CC[678].

Es loable que el Estado, por conducto del notario[679], proporcione apoyo a la persona con discapacidad en orden al otorgamiento del testamento, como para cualquier acto o negocio jurídico, pero lo que en absoluto puede ser digno de loa es que el Estado se atribuya el papel omnímodo de apoyo excluyendo las medidas de apoyo *stricto sensu* que él mismo ha positivizado. El notario, aunque pueda dispensar a la persona con discapacidad una gran ayuda para que pueda testar, de ningún modo puede sustituir, por imperativo de la Ley, la medida de apoyo,

---

678 Quizás, una vía para que el curador, el apoderado preventivo o el guardador de hecho preste su asistencia y apoyo en el negocio testamentario sea que intervenga como testigo instrumental a ruego del testador (art. 697.2º CC).

679 Castro-Girona Martínez, A.: «Artículo 225», op. cit., p. 263.

pues de ser así habría bastado con que la reforma prescindiera de la intervención de esta para todo acto que se tuviese que formalizar inexorablemente en escritura pública.

Si la prevalencia de la voluntad de la persona con discapacidad en diseñar sus propias medidas de apoyo ha provocado que el legislador regule y potencie las medidas voluntarias, contemple la autocuratela o, en sede de curatela, prevea que el juez deberá nombrar a quien haya sido propuesto por la propia persona que precise apoyo, supone una contradicción que, contraviniendo el propósito de la CDPD de promover, proteger y asegurar el goce pleno y en condiciones de igualdad de todos los derechos de la persona con discapacidad (art. 1), *imponga* el apoyo institucionalizado del notario.

A nuestro argumento se le podrá reprochar que, a su vez, el artículo 12.4 CDPD impone a los Estados que proporcionen las salvaguardias adecuadas y efectivas para impedir los abusos y evitar las influencia indebidas, a lo que decimos nosotros que, por mor del mismo precepto, las salvaguardias, amén de respetar los derechos, la voluntad y las preferencias de la persona, deben ser *proporcionales* y adaptadas a las circunstancias de la persona.

No solo cabe atribuir al notario la función de salvaguardar que la toma de decisión es libre, con conocimiento y ajena a influencias indebidas, sino también a figuras como el defensor judicial, cuyo nombramiento podría resultar pertinente para el supuesto de que el apoyo que concurra en el proceso testamentario sea instituido como heredero o legatario. Se podría pensar que si el apoyo es legitimario y el testador le designara sucesor de lo que le pudiese corresponder por legítima, no será necesario el nombramiento del defensor judicial, pues lo que obtendrá por la sucesión *mortis causa* no emanaría de la autonomía voluntad del causante, sino del sistema legitimario. Sin embargo, creemos que, aún así, el legitimario que a su vez encarne el apoyo debe ser excluido y ello por dos razones: la primera consiste en que la designación de lo que por legítima le corresponda no es, necesariamente, un imperativo categórico, sino que en parte se fundamenta en la *voluntad testatoris*, ya que si aquel ha protagonizado determinados actos reprehensibles cabe la desheredación, siendo esta una disposición testamentaria sencilla, no descartable, que tiene como arquitrabe hechos que pueden sentir y padecer la persona con discapacidad que tenga la suficiente aptitud para conformar la *voluntas testatoris*; la segunda razón atendería a la coherencia del sistema, pues si el artículo 682 CC dispone que no podrán ser testigo en el testamento abierto los herederos o legatarios instituidos, sería contradictorio que quien fuera a ser designado como sucesor ejerza el apoyo, pues si en su día se justificó dicha causa de inhabilidad en los caracteres de imparcialidad e independencia que debían tener los testigos para concurrir al acto testamentario[680], consideramos que dicho razonamiento es extrapolable al apoyo.

Dado que no son pocos los autores, citados más arriba, que han mentado el prestigio del notario para proponer o congratularse de la positivización del apoyo institucional, nosotros estimamos que numerosas personas con discapacidad lo que precisarán no es, solamente, el prestigio del notario, sino, empatía, confianza y, sobre todo, una persona que comprenda su idiosincrasia y conozca y sepa interpretar su voluntad, deseos y preferencias, que sean capaces, a través del acompañamiento, de generarle un ambiente de confianza en cualquier lugar[681] y, en especial, a la hora de transmitir su voluntad al notario.

---

680 Sánchez Román, F.: *Estudios de Derecho Civil, VI. 1, Derecho de Sucesión*, op. cit., p. 420.

681 Así se pronunció la STS 19 octubre 2021 (TOL 8.628.066), que respetó la voluntad de la persona con discapacidad en orden al nombramiento del curador.

Aunque la Unión Internacional del Notariado, a través de la Guía notarial de buenas prácticas para personas con discapacidad, haya elaborado una serie de recomendaciones para la accesibilidad jurídica, creemos que la presencia de la medida de apoyo debe respetarse en la entrevista con el notario y en el acto de otorgamiento, como facilitador, a fin de asegurar que los deseos e inquietudes del otorgante se expliquen y sean expresados de manera que lleguen al notario en la integridad de su sentido, dada cuenta que no serán pocas las veces donde el léxico de la persona con discapacidad albergue matices que el notario, ajeno a su idiosincrasia y personalidad, desconozca[682], sin olvidar aquellos otros escenarios donde la persona precisará de la compañía y de la cercanía del apoyo a fin obtener un ambiente cercano y poder llegar a conformar y expresar la *voluntas testatoris.*

El testamento es un negocio jurídico que genera abundantes cavilaciones, tanto para el experto como para el profano, yendo estas desde cómo recompensar a sus parientes o allegados que le dieron en vida cariño y afecto, hasta las cuestiones estrictamente técnicas. Si una persona con plenitud de facultades puede acudir a la entrevista con el notario con un tercero que, junto al asesoramiento profesional del fedatario público, le ayude a despejar dudas, con mayor razón se debería poder valer la persona con discapacidad de su apoyo. Negar que la persona con discapacidad se valga de sus propias medidas de apoyo y dificultar, hasta impedir, el ejercicio de su capacidad jurídica, por el mero hecho de su discapacidad, es discriminatorio y representa un ataque a la línea de flotación de la Con-

682 Precisamente, por esta razón el artículo 282 CC, en el ámbito de la curatela, consagra el deber del curador de tener contacto personal con la persona a la que va a prestar apoyo (Legerén Molina, A.: «La relevancia de la voluntad de la persona con discapacidad en la gestión de los apoyos», cit., pp. 190 y 191.

vención, por mucha tinta que se haya invertido en encumbrar el apoyo institucional del notario.

Si nos sumergimos, a tenor de la normativa, en los escenarios que se podrían dar en la práctica, veríamos que algunos resultados, amén de contradictorios, serían absurdos, pues si una persona con discapacidad, con un ingente patrimonio inmobiliario, desea donar en vida un bien inmueble a un allegado como recompensa por su bonhomía, y aquella tiene nombrado un curador con funciones asistenciales para los actos patrimoniales, sería un disparate que el notario, al amparo del apoyo institucional, impidiera al donante servirse de su propia medida de apoyo, pues este fue designado precisamente para ayudar a la persona a comprender la naturaleza y consecuencias de los actos o negocios patrimoniales que tuviese que perfeccionar. Sin embargo, si dicha exclusión viene del legislador, no se juzga la opción legislativa como discriminatoria, sino como laudable por el importante papel que puede desempeñar el notario respecto a las personas con discapacidad.

Insistimos, no seremos nosotros lo que neguemos el importante rol que puede desempeñar el fedatario público con relación al nuevo paradigma, pero para que este funcione y rinda tributo a los principios de autonomía, libertad, independencia e igualdad tenemos que ser consecuentes, posibilitando que la persona con discapacidad se sirva de sus propios apoyos para todos los actos, adoptando, si fuere necesario, las oportunas salvaguardias. No solo subyace en nuestra tesis de permitir que la persona con discapacidad se pueda servir de sus medidas de apoyo en el testamento razones teóricas de armonización con la CDPD, sino también de orden práctico, pues, sin duda, habrá casos donde la persona, sin el auxilio de sus medidas de apoyo en el testamento, no podrá conformar la *voluntas testatoris* y otorgar sus disposiciones testamentarias. Por ende, posibilitando la presencia de las medidas de apoyo en el testamento no cabe duda de que se vislumbraría al alza el umbral de capacidad, sin perjuicio de la adopción de las oportunas y proporcionales salvaguardias para garantizar la ausencia de toda suerte de influencias indebidas y captaciones de voluntad.

Recapitulando, creemos que, de *lege lata,* resulta complicado defender la presencia de la medida apoyo en el testamento abierto notarial, al menos, desarrollando su genuina función. Por ello, entendemos, en coherencia con la línea defendida en este trabajo, que el artículo 665 CC debería ser objeto de reforma, previendo dicha posibilidad, y, a su vez, establecer las cautelas correspondientes a fin de evitar las influencias indebidas en la conformación de la *voluntas testatoris,* de modo que si la persona que ejerce el apoyo va a resultar beneficiaria en el del testamento, ora como heredera ora legataria, la misma quedará excluida, debiendo nombrarse, a ruego del testador o del notario, un defensor judicial que lo auxilie en todo el proceso por el que discurre la elaboración y el otorgamiento del testamento abierto notarial.

1.3.5. Debate en torno a la solicitud de dictámenes en el testamento abierto notarial

Ligado con el juicio de aptitud, ya tratado, late la incógnita de si, actualmente, es posible que el notario en el testamento abierto recurra al dictamen de los facultativos antes de autorizar el testamento. Como hemos visto al tratar los antecedentes de la reforma, la redacción del artículo 665 CC, dada por la Ley 30/1991, disponía que el notario solo autorizaría el testamento de una persona cuya sentencia de incapacitación no se pronunciare sobre su capacidad de testar si dos facultativos, que previamente lo reconocieran, respondían de su capacidad[683];

683 Bonete Satorre, B.: «El testamento de las personas con discapacidades sensoriales y otras discapacidades», *Revista Jurídica de Castilla y León,* núm. 53, enero 2021, p. 133, mediante el recurso a la RAE del término «facultativo» y con cita de una interesante sentencia de la Audiencia Provincial de Madrid

en caso contrario, no cabía la autorización del testamento. Asimismo, tanto la doctrina como la jurisprudencia avalaban que el notario recurriese a los facultativos si una persona sufría una merma de sus facultades intelectivas y volitivas sin haber sido previamente incapacitada.

Guilarte Martín-Calero, conforme al planteamiento que defendió en 2015 Lora-Tamayo Rodríguez[684], propuso reformar la dicción legal, al abrigo del modelo social de la discapacidad que consagró la CDPD, de manera que el dictamen médico, que operaría como salvaguarda, «se acompañara de un informe social y de la audiencia de las personas próximas al testador», a fin de que el notario pudiese cumplir la doble función de «apreciar la capacidad legal exigida para el otorgamiento del testamento» y «garantizar que la voluntad del testador es libre y no existe influencia indebida»[685].

---

que avaló que el notario designara como facultativos a dos psicólogos y dos psiquiatras [SAP Madrid 7 julio 2017 (TOL 6.340.167)], defendió que cabía la posibilidad de que el vocablo facultativo englobase profesiones distintas a la del médico.

684 Lora-Tamayo Rodríguez, I.: «Comparecencia de una persona con discapacidad ante el notario», op. cit., p. 57, dibujó el siguiente razonamiento (cursiva propia): «Sin embargo, la actuación notarial puede no ser suficiente, incluso para salvaguardar la responsabilidad del notario. Habrá que buscar más apoyos. Judicialmente será difícil tenerlos, pues estamos ante una persona a quien no se le modificó la capacidad en el ámbito judicial. El certificado o el dictamen médico ayudan al juicio de capacidad, pero seguramente no es suficiente, pues servirán para reforzar el juicio del notario sobre la capacidad, pero no es el adecuado para formar una voluntad debidamente informada del otorgante. Si la persona discapacitada previó estos apoyos, en la forma que antes veíamos, el problema quedará resuelto, pero si no existe esa previsión creemos que el notario sólo podrá autorizar el documento si conoce suficientemente el *entorno familiar* o de protección que rodea al discapacitado».

685 Guilarte Martín-Calero, C.: «Comentario de la Sentencia del Tribunal Supremo de 15 de marzo de 2018 (146/2018). Capacidad para testar de

La redacción del artículo 665, conforme a la literalidad del Anteproyecto, dispuso que, si el notario dudara de la aptitud del testador, antes de autorizar el testamento, designaría «dos facultativos que previamente lo reconozcan» y dictaminaran favorablemente sobre dicha aptitud. De nuevo se dejaba al albur de los facultativos la autorización del testamento, pues se deducía de la literalidad de la norma que, si estos no dictaminaban a favor de la aptitud de testar, el testamento no podía ser autorizado.

En relación con el inciso reproducido, dijo García Rubio que «[aunque] los sectores más partidarios de una interpretación radical de la CDPD probablemente consideren que el texto transcrito mantiene resabios de la concepción médica de la discapacidad que deberían ser eliminados, lo cierto es que en él queda claro que el ejercicio de la capacidad de testar corresponde a todas las personas en igualdad de condiciones y que, ante un testamento notarial y exclusivamente en el momento del otorgamiento, el notario que tenga dudas sobre la comprensión por el interesado de lo que está haciendo, puede acudir al auxilio de los peritos especialistas que le asesoren sobre la capacidad de comprensión del testador»[686]. El propósito de la autora de defender las bondades del Anteproyecto se enfrentó a la crítica que formularían los partidarios de la CDPD en torno a que la propuesta de reforma del artículo 665 se adhería al modelo médico, toda vez que siendo el juicio de aptitud un juicio jurídico, no médico[687], carecería de sentido

persona sometida a curatela: contenido de la sentencia de modificación de la capacidad de obrar y alcance del artículo 665 del Código civil», op. cit., pp. 462-465.

686 García Rubio, Mª. P.: «Algunas propuestas de reforma del Código Civil como consecuencia del nuevo modelo de discapacidad. En especial en materia de sucesiones, contratos y responsabilidad civil», op. cit., p. 176.

687 Además de Lucas Fernández, citado más arriba, puede verse la siguiente recomendación de la *Guía Notarial de Buenas Prácticas para personas con disca-*

atribuir a los facultativos el poder de decisión en torno a la autorización del testamento. A renglón seguido García Rubio afirmó que sería el notario quien tomaría la decisión final sobre la autorización, no estando vinculado por el dictamen de los facultativos[688]. A nuestro juicio, dicha adveración era discutible, pues de la literalidad del artículo 665 del Anteproyecto se infería lo contrario o, al menos, dejaba espacio a la duda, con la inseguridad jurídica que ello implicaría: «este designará dos facultativos que previamente le reconozcan y *dictaminen favorablemente sobre dicha aptitud*».

Tan notable era el ligamen del Anteproyecto con el modelo médico, que las enmiendas al artículo 665 en el debate parlamentario no se hicieron esperar. El Grupo Parlamentario Vasco (EAJ-PNV) y el de Ciudadanos propusieron eliminar toda referencia a los facultativos, justificando la enmienda en que las personas con discapacidad tenían que quedar sujetas a las mismas reglas que las demás en lo que al juicio de discernimiento se refiere, además que la intervención de los facultativos o expertos, en el caso de que el notario dudare de la aptitud del testador, constituía una reminiscencia del modelo médico

---

pacidad, aprobada en Asamblea de los Notariados de la Unión Internacional del Notariado: «El Notario no realiza un juicio médico: lo "determinante" no es que la persona padezca o no y en qué grado una determinada patología, no es una valoración puramente médica pues influyen diversos factores o circunstancias como en cualquier ser humano tales como los factores culturales, educacionales, sociales etc. Lo determinante para el notario es comprobar que la persona con discapacidad tiene una percepción clara con arreglo a su aptitud y discernimiento de las consecuencias del acto que está realizando y de que se han utilizado los sistemas de apoyo necesarios para ello en ausencia de influencia indebida ni abuso de algún tipo» (p. 44).

688 García Rubio, Mª. P.: «Algunas propuestas de reforma del Código Civil como consecuencia del nuevo modelo de discapacidad. En especial en materia de sucesiones, contratos y responsabilidad civil», op. cit., p. 176.

de discapacidad[689]. La misma justificación ofreció la enmienda presentada por los Grupos Parlamentarios Socialista y Confederal de Unidas Podemos-En Comú Podem Galicia[690-691]. En la Cámara Alta, los senadores D. Josep Lluís Cleries i González y Dª María Teresa Rivero Segalás articularon otra enmienda, omitiendo toda referencia a los dictámenes de los facultativos y posibilitando que el notario, si dudara de la aptitud del testador, requiriese a este para que acreditase poseer dicha aptitud mediante la aportación de cualquier medio de prueba, justificando la enmienda en que la redacción transcrita del Anteproyecto era contraria al espíritu de la CDPD[692].

Finalmente, la redacción definitiva del artículo 665 CC omite toda referencia a los facultativos, diciendo, no sin previa-

---

689 Dichas enmiendas (núm. 34 y 120), proponían, al alimón, la siguiente redacción: «Para asegurarse la aptitud del testador para otorgar testamento, el Notario podrá acudir a cualquier medio de asistencia, apoyo o ajuste razonable para emitir su juicio de discernimiento, lo que hará constar expresamente».

690 Enmienda núm. 171: «La persona con discapacidad podrá otorgar testamento cuando, a juicio, del Notario, pueda comprender y manifestar el alcance de sus disposiciones. El Notario procurará que la persona otorgante desarrolle su propio proceso de toma de decisiones apoyándole en su comprensión y razonamiento y facilitando, con los ajustes que estime necesarios, que pueda expresar su voluntad, deseos y preferencias».

691 La enmienda presentada por el Grupo Parlamentario Popular (núm. 390), se motivó solamente en la mejora técnica: «Las personas con discapacidad podrán otorgar testamento cuando, a juicio del Notario, puedan manifestar y comprender el alcance de sus disposiciones. El Notario procurará que la persona otorgante desarrolle su propio proceso de toma de decisiones apoyándole en su comprensión y razonamiento y facilitando que pueda expresar su voluntad, deseos y preferencias».

692 Enmienda núm. 121: «Si el que pretende hacer testamento se encontrara en una situación que hiciera dudar fundadamente al Notario de su aptitud para otorgarlo, este informará de ello al testador, y le requerirá para que acredite poseer dicha aptitud, mediante la aportación de cualesquiera medios de prueba admisibles en derecho que sirvan a tal fin».

mente señalar que el juicio de aptitud corresponde al notario, que este «procurará que la persona otorgante desarrolle su propio proceso de toma de decisiones apoyándole en su comprensión y razonamiento y facilitando, con los ajustes que resulten necesarios, que pueda expresar su voluntad, deseos y preferencias». El artículo 698.2º CC, en la sección que regula el testamento notarial abierto, sigue indicando que al acto del otorgamiento deberán concurrir «[los] facultativos que hubieran reconocido al testador incapacitado», pero como se colige del último término empleado por la *dictio legis*, se trata de un mero lapsus que no fue objeto de adaptación y que no precisa de mayor comentario por nuestra parte.

Bercovitz Rodríguez-Cano se ha mostrado muy crítico con el artículo 665 CC y con el hecho de que se prescinda del auxilio de los facultativos, diciendo que dicha opción, amén de poco razonable, «supone endosar a los notarios una responsabilidad que no debería recaer únicamente sobre ellos para su propia tranquilidad»[693]. Otros, como Barba y Fernández Lozano, no ven óbice, a pesar del silencio del artículo 665 CC, para que el notario solicite el dictamen de uno o varios peritos o personas expertas, subrayando, conforme al planteamiento que defendió Guilarte Martín-Calero en 2018, que los expertos no tienen que ser necesariamente médicos, sino especialistas en otras disciplinas, apostillando que el dictamen en cualquier caso no será vinculante para el notario[694-695]. Morgado Freige interpreta el silencio del artículo 665 CC como que el legislador ha querido dejar a la discrecionalidad de los notarios la solicitud

693 Bercovitz Rodríguez-Cano, R.: «Sobre la Ley 8/2021, para el apoyo a las personas con discapacidad en el ejercicio de su capacidad jurídica», op. cit., p. 69.

694 Barba, V.: «Capacidad para otorgar testamento, legitimarios y protección de la persona con discapacidad», op. cit., p. 7.

695 Fernández Lozano, J. L.: «Capacidad para otorgar testamento y capacidad para suceder», op. cit., pp. 432 y 433.

del auxilio de los expertos[696]. Rubio Garrido, citando el artículo 685 CC, arguye que, como manifestación de prudencia, el notario podrá recabar el dictamen «de uno o varios médicos, en cumplimiento de su deber de cerciorarse de la capacidad del causante»[697]. Zurita Martín contempla como una opción del notario el recurso a los expertos siempre que cuente con el consentimiento del testador, concretando la autora que el dictamen sería para que un experto certifique la «capacidad» de la persona con discapacidad, dado que el fedatario público no es «especialista en problemas psíquicos» a la capacidad de discernir[698]. Domínguez Luelmo defiende el recurso a los facultativos y otros profesionales, para que el notario pueda «asegurarse de la existencia de capacidad para testar»[699]. Alventosa del Río y Díaz Alabart mantienen la misma opinión, pero mencionan solamente el recurso a los facultativos[700]. Echevarría de Rada, pese a reconocer que la labor del notario responde a un juicio jurídico, no médico, defiende que el notario podrá requerir «informes médicos, psicológicos, de asistentes sociales o análogos», los cuales no serán vinculantes, citando, a fin de avalar su posicionamiento, el artículo 56 CC, que contempla que, en el seno del acta o expediente matrimonial, la autoridad competente recabe el dictamen médico si tiene dudas sobre la

[696] Morgado Freige, Mª. P.: «La apreciación de la capacidad por el notario en el otorgamiento del testamento abierto», op. cit., p. 210.

[697] Rubio Garrido, T.: «Cambios en materia sucesoria introducidos por la Ley 8/2021, de 2 de junio», op. cit., pp. 598 y 601.

[698] Zurita Martín, I.: «Requisitos y límites del ejercicio de la facultad de testar por las personas con discapacidad», op. cit., pp. 3109 y 3110. Véase también De Torres Perea, J. M.: «La discapacidad y la reforma de las normas sucesorias», op. cit., p. 469.

[699] Domínguez Luelmo, A.: «La reforma del derecho de sucesiones en la Ley 8/2021: derecho sustantivo y derecho transitorio», op. cit., p. 380.

[700] Alventosa del Río, J.: «Reforma en Derecho de sucesiones», op. cit., p. 466, y Díaz Alabart, S.: «Derecho de sucesiones y discapacidad», op. cit., p. 198.

aptitud para prestar el consentimiento, subrayando que dicha medida ni es discriminatoria ni debería ser excepcional, toda vez que es un medio para constatar la capacidad[701]. Alba Ferré, citando igualmente el artículo 56 CC, defiende que la posibilidad de recabar el dictamen médico «para valorar la aptitud» debería ser aplicable «a todos los negocios jurídicos como medio de ayuda a la actuación notarial»[702]. Hermida Bellot, que arguye que la supresión de los facultativos no respeta el artículo 12 de la CDPD, por no «establecer las correspondientes salvaguardas», acude a una interpretación sistemática, citando los artículos 56 y 249 CC, para defender la posibilidad de que el notario acuda al dictamen médico, argumentando que el notario, conforme a los artículos 685, 696 y 707, debe asegurarse de que el testador «tiene la capacidad suficiente para testar», visualizando la autora el dictamen médico como una garantía frente a una posible impugnación del testamento[703]. En cambio, Álvarez Lata interpreta la supresión expresa de los facultativos como un abandono del legislador de la concepción médica de la discapacidad y como un modo de respetar el artículo 12 CDPD, pues pone «a la persona con discapacidad en situación de igualdad»; sin embargo, la autora no ve inconveniente en que el notario pueda recurrir a la valoración de terceros expertos[704]. De Amunátegui Rodríguez defiende que el notario pueda acudir a los facultativos, razonando que el jui-

---

701 Echevarría de Rada, Mª. T.: «La capacidad testamentaria de la persona con discapacidad a la luz de la Ley 8/2021, de 2 de junio», op. cit., pp. 536, 547 y 548.

702 Alba Ferré, E.: «La comparecencia ante el notario de las personas con discapacidad tras la Ley 8/2021», op. cit., p. 1771.

703 Hermida Bellot, B.: «Personas con discapacidad intelectual y medidas de apoyo en el ejercicio de su derecho a otorgar testamento. Análisis de la reforma operada por la Ley 8/2021», op. cit., p. 1928.

704 Álvarez Lata, N.: «Artículo 665», op. cit., p. 910. En parecido sentido puede verse Mesa Marrero, C.: «Artículo 665», op. cit., p. 507.

cio de aptitud puede ser objeto de un posterior procedimiento judicial y que dicha solicitud no solo se ciñe al testamento que pueda otorgar la persona con discapacidad, sino también al de personas mayores o en situación de vulnerabilidad[705], cuyo grado de comprensión puede ser complejo de determinar. Durán Alonso razona que los ajustes «necesarios» o «razonables» a los que se refieren los artículos 665 CC y 25 LN, avalan que el notario pueda recabar informes de los servicios sociales o dictámenes médicos para garantizar el juicio de aptitud[706].

Mención aparte merece la crítica de Pérez Gallardo, que, publicado el Anteproyecto, dijo que los médicos no son «la pieza clave y exclusiva para determinar la capacidad de una persona»; para él, la insistencia en que el dictamen médico era concluyente en temas de capacidad implicaría no alcanzar los retos que la CDPD supone e impone, y refutando expresamente la tesis de Guilarte Martín-Galero en torno a que el dictamen del facultativo operaba como una salvaguarda, dijo que el notario es la verdadera salvaguarda para valorar la comprensión del testador y evitar las captaciones de voluntad e influencias indebidas, no sin señalar previamente, remitiéndose a la Guía notarial de buenas prácticas para personas con discapacidad, que la valoración de la capacidad del testador se trata de un juicio jurídico, no médico[707].

Tras esta exposición, ahora estamos en disposición de volcar nuestra opinión.

1. Rechazamos el planteamiento de Guilarte Martín-Calero en torno a que el notario pueda dar audiencia a los parientes

---

705 De Amunátegui Rodríguez, C.: «El artículo 665 CC», op.cit., p. 888.

706 Durán Alonso, S.: «Capacidad de obrar en personas con deterioro cognitivo: el papel de los notarios en España a la luz de la Ley 8/2021», *Revista Boliviana de Derecho*, núm. 34, julio 2022, p. 58.

707 Pérez Gallardo, Leonardo B., «El testamento otorgado con apoyos por personas con discapacidad: ¿una quimera?», op. cit., pp. 3628, 3642 y 3643.

más próximos del testador a la hora de enjuiciar la aptitud de este y la ausencia de captaciones de voluntad. Dicha diligencia iría en contra de la CDPD, que consagra el derecho de las personas con discapacidad a ejercitar sus derechos en condiciones de igualdad, amén de que supondría una contradicción que, habiéndose modificado el artículo 697 CC, suprimiéndose la necesidad de testigos en el testamento nuncupativo notarial para aquellas personas ciegas o enteramente sordas[708], se contemplara *ex lege* o se extendiera en la práctica la posibilidad de que el notario diera audiencia a los parientes más próximos del testador para asegurar el juicio de aptitud y la ausencia de influencias indebidas. *Ad abundantiam*, si analizamos la reforma en su conjunto, vemos que, más allá del Código Civil, ha sido propósito del legislador eliminar barreras y cargas adicionales para las personas con discapacidad que puedan vulnerar su intimidad, como se puede apreciar a través del artículo 749 LEC, que regula las pruebas preceptivas a practicar en el proceso

---

708 Precisamente, en un informe presentado en 2017 por el Comité Español de Representantes de Personas con Discapacidad (CERMI), se dijo, respecto a la obligatoriedad de los testigos para las personas ciegas y sordas, lo siguiente: «Se considera que el texto del citado artículo del Código Civil adolece de una visión paternalista hacia las personas con discapacidad, imponiéndoles un trato desigual y mayores cargas que al resto de testadores sin discapacidad, y comprometiendo su derecho al sigilo respecto de su voluntad testamentaria, por cuanto la exigencia de testigos en el acto de otorgamiento les hace a estos conocedores de la misma. La redacción del artículo señalado debe modificarse para suprimir cualquier restricción o carga desproporcionada hacia las personas con discapacidad en la realización de un negocio jurídico tan esencial como el testamento, por lo que plantea la reforma del precepto. La propuesta de nueva redacción acorde con los derechos de las personas con discapacidad, pasaría no por hacer obligatoria la presencia de dos testigos en los supuestos de testadores con esas discapacidades, que constituye un trato más gravoso, sino porque el Notario ofrezca la información y documentación testamentaria mediante los canales o en los formatos apropiados a la discapacidad de que se trate, proporcionando o admitiendo los medios técnicos, materiales y humanos necesarios a dicho fin» (pp. 68 y 69).

de adopción de medidas judiciales de apoyo, contemplando como diligencia la audiencia de «los parientes más próximos de la persona con discapacidad» (art. 759.1.2º LEC), salvo que la demanda la haya presentado la propia persona con discapacidad, en cuyo caso el juez, a solicitud del demandante, podrá no practicar la audiencia de los parientes «si así resultara más conveniente para la preservación de su intimidad» (art. 759.2 LEC).

2. En cuanto al dictamen de los facultativos, celebramos, compartiendo el razonamiento de Pérez Gallardo, que el legislador haya eliminado toda referencia a los mismos, pues de no ser así, y aunque el precepto mencionara que la decisión final correspondería al notario y que el dictamen no sería un requisito *ad substantiam* del testamento, contemplando el carácter no vinculante del mismo, en la praxis el informe de los facultativos acabaría por generalizarse y, peor aún, adquiriría *de facto* una fuerza decisoria, ya que valiente sería el notario que autorizara el testamento sin el aval de un dictamen médico que el mismo solicitó, teniendo los interesados en hacer valer la nulidad una poderosa arma para blandir en los tribunales. Al tratarse de un juicio jurídico, es lógico que los notarios asuman la responsabilidad en cuanto al juicio de aptitud, ya que, generalmente, podrán apreciar, a través de la entrevista personal y una vez agotadas todas las posibilidades de apoyo, si el testador tiene aptitud para testar.

Ello no implica que se perturbe la tranquilidad de los notarios, como afirma Bercovitz Rodríguez-Cano, pues una cosa es la responsabilidad del notario por haberse declarado nulo un testamento abierto ante la falta de observancia de las solemnidades establecidas (art. 705 CC), y otra bien distinta es que el fedatario público incurra en responsabilidad por el mero hecho de que el testamento se declare nulo, cuando había constatado, en el momento del otorgamiento, que el testador tenía la suficiente aptitud para comprender sus disposiciones testamentarias[709]. Debe tenerse en cuenta que el notario, al plasmar el juicio de aptitud, emite una valoración discrecional, subjetiva y falible[710], no representando una declaración de verdad; si el notario, que ha cumplido con pulcritud y rigor su función, huérfana de dolo o ligereza, comete un error, no incurrirá en responsabilidad civil, y no será porque no sea un profesional de la medicina, como afirma Núñez Núñez[711], sino porque es inherente a cualquier actividad humana el error excusable, como ocurre cuando los jueces dictan sentencias.

3. Por otro lado, se podría alegar a nuestro planteamiento que el testamento de una persona con discapacidad sin el aval del dictamen médico sería fácilmente impugnable ante los tribunales y que, en tal sentido, el juicio de los facultativos reflejado en un informe es una garantía para el testador, a fin de que su sucesión se rija por su última voluntad y no por las reglas de la sucesión intestada en caso de que su testamento sea declarado nulo. Ante dicho discurso, nosotros decimos que el testamento igualmente gozará de la presunción de validez, siendo reforzada por la intervención del fedatario público que dio fe de la aptitud del testador. Si el otorgante desea garantizar que

---

709 Señaló Roca Ferrer, según la cita de NÚÑEZ NÚÑEZ, Mª.: «La persona con discapacidad intelectual ante el otorgamiento de testamento abierto notarial», op. cit., p. 525, que una tendencia jurisprudencial de declarar la responsabilidad del notario por la nulidad de un testamento por ausencia de capacidad del testador acarrearía la gravísima consecuencia de que «los notarios acabaran denegando sistemáticamente la prestación de sus funciones», concluyendo que «[más] vale que esporádicamente teste quien no es capaz de hacerlo a que se queden sin testar centenares de enfermos o ancianos por exceso de celo notarial».

710 Así lo afirma DÍEZ GARCÍA, H.: «La impugnación del testador otorgado por persona que no puede testar ex art. 663.2º CC (entre la tutela a la libertad de testar y la expectativa a heredar)», *Derecho Privado y Constitución*, núm. 4, 2022, p. 364, remitiéndose a la STS 19 septiembre 1998.

711 NÚÑEZ NÚÑEZ, Mª.: «La persona con discapacidad intelectual ante el otorgamiento de testamento abierto notarial», op. cit., p. 525.

la ulterior impugnación del testamento no tenga éxito, una solución más loable, antes que empeñar esfuerzos en exhortar al legislador a que cristalice la remisión al dictamen médico, que tantos problemas trajo antes de la LAPCD, sería que el propio testador, principal interesado, solicite al notario acompañar mediante acta el informe de un facultativo que él mismo recabe, articulando de *motu proprio,* y no por mandato legal, una «preconstitución de prueba», si se quiere llamar así, de su aptitud en orden al testamento[712], o, que ante disposiciones *mortis causa* extravagantes o «no naturales» que, sin embargo, sean fiel reflejo de la personalidad del testador, este exprese en el testamento, como propuso Cabezuelo Arenas, los móviles que le impulsaron a hacer tal disposición[713], habida cuenta de la tendencia, que siguen con asiduidad tribunales arraigados al derecho anglosajón, de declarar la nulidad de disposiciones

---

712 No sería extraño en el Derecho de sucesiones esta práctica. *Mutatis mutandi,* en el ámbito de la desheredación, como ya hemos descrito al tratar la prueba de la causa desheredativa, ante la difícil probanza que plantea acreditar la causa desheredativa, en especial, cuando esta se basa en la ausencia de relación familiar, algunos autores como Carrau Carbonell o Barceló Doménech, seguidos de otros, propusieron que al tiempo de otorgar testamento el testador solicitara al notario el otorgamiento de un acta de notoriedad a fin de acreditar que la relación familiar era inexistente, a fin de que el causante en vida pudiese aportar elementos probatorios en vida. (Carrau Carbonell, J. M.: «La desheredación por maltrato psicológico y su dificultad de aplicación práctica», *op. cit.,* pp. 254 y 255, y Barceló Doménech, J.: «Abandono de las personas mayores y reciente doctrina del Tribunal Supremo español sobre la desheredación por maltrato psicológico», *op. cit.,* p. 298).

713 Cabezuelo Arenas, A. L.: «Revocar un testamento anterior hecho a favor de unos parientes para beneficiar a un extraño… ¿es indicativo de la falta de capacidad del testado o de vicio en su voluntad? A propósito de las «disposiciones no naturales» hechas por testadores vulnerables», *Revista Aranzadi Doctrinal,* núm. 5/2017 (BIB 2017\1691), p. 24

testamentarias que se alejen del orden natural de la sucesión, prostituyendo *de facto* la libertad de testar[714].

4. Parangonando la aptitud para contraer matrimonio (art. 56 CC) con la de otorgar testamento (art. 665 CC), se podría decir, a propósito de los argumentos sacados a colación por Echevarría de Rada, que el legislador comete una contradicción, pues en el primer precepto citado contempla la posibilidad de que en el seno del acta o expediente matrimonial el encargado recabe un dictamen médico sobre la aptitud para prestar el consentimiento en el caso excepcional «de que algunos de los contrayentes presentare una condición de salud que, de modo evidente, categórico y sustancial, pueda impedirle prestar el consentimiento matrimonial pese a las medidas de apoyo». A nuestro modo de ver, no creemos que haya, necesariamente, una antinomia en el Código Civil, porque la consecuencia en el caso de que el juicio de aptitud fuese negativo no es idéntica. Si el notario apreciare, en el ámbito de su función, que el testador no presenta la suficiente testamentifacción activa, este podrá desde recurrir a otras formas testamentarias, como el testamento ológrafo[715], o acudir a otro notario. Sin embargo, dichas posibilidades están más limitadas en el seno del matrimonio, pues en el caso de que el encargado apreciare que uno de los contrayentes no tiene la suficiente aptitud, aquel tendrá que dictar una resolución contra la cual cabe recurso ante la DGSJFP, en virtud del artículo 58 de la Ley 20/2011, de 21 de julio, del Registro Civil LRC), estando excluida en la alzada la posibilidad de que el centro directivo aprecie personalmente la aptitud del interesado, teniendo que

---

714 Así lo expuso Vaquer Aloy, A.: «La protección del testador vulnerable», op. cit., pp. 336 y 337, con cita de abundante doctrina y sentencias extranjeras.

715 Valls i Xufré, J. M.: «El papel del notario en el nuevo régimen de apoyos», op. cit., p. 112.

fundamentar su resolución en la prueba documental que obre en el expediente. De este modo, es lógico que, a fin de evitar que el encargado deniegue injustamente la posibilidad de contraer matrimonio, el artículo 56 CC avale el dictamen médico como garantía de la persona con discapacidad, con el objeto de evitar, ante la perniciosa consecuencia de que el interesado no pueda ejercitar el *ius nubendi* y la correlativa oportunidad de presentar recurso, que la decisión del encargado no se fundamente en un juicio arbitrario, irracional e ilógico.

En la línea de todos los autores que han defendido el recurso a los facultativos y otros profesionales para que el notario pueda valorar la aptitud del testador, nosotros decimos que más bien vemos laudable la pericia de profesionales distintos al notario no para controlar la aptitud o capacidad del testador, que corresponde al fedatario público, sino para determinar los apoyos que necesitará la persona con discapacidad para ejercitar la facultad de testar en igualdad de condiciones que las demás personas[716]. En tanto en cuanto la persona puede tener dificultades para conformar o exteriorizar la *voluntas testatoris*, creemos en este sentido que el notario puede acudir a un sistema de colaboración interprofesional o de «mesa redonda», con profesionales versados en distintas disciplinas, que puedan auxiliarlo respecto a los apoyos que resulten necesarios en cada caso.

---

716 Valorando que hemos dicho que, de *lege lata*, difícilmente es defendible que la persona pueda testar con apoyos para conformar su voluntad, los apoyos a los que nos referimos aquí son aquellos a los que se puede recurrir, según los artículos 665 CC y 25 LN, para que el otorgante pueda exteriorizar su voluntad, en el caso de que este presente alguna discapacidad, generalmente física o sensorial, que le impida comunicar su voluntad a terceros.

1.3.6. El recurso a otras formas testamentarias

Queda claro, a tenor de lo escrito, que la persona con discapacidad puede otorgar testamento abierto notarial, toda vez que los artículos 663 y 665 CC se refieren, *ex profeso,* al apoyo y las personas con discapacidad. Ahora trataremos de responder si estas pueden recurrir a otras formas testamentarias, a pesar de que el testamento nuncupativo ante notario sea la forma testamentaria más frecuentada en la práctica.

Hemos visto que, antes de la publicación de la LAPCD, la persona que hubiere sido incapacitada tenía vetado recurrir al testamento ológrafo o al testamento cerrado, en el entendido de que el juicio notarial de capacidad y el dictamen de los facultativos era una solemnidad exigida imperativamente por el artículo 665 CC que, en caso de contravención, determinaría la nulidad del testamento por la vía del artículo 687 CC. El planteamiento que fundamentaba dicha restricción se debía a que la sentencia de incapacitación destruía la presunción de capacidad y la capacidad de testar debía ir avalada por el juicio notarial y el dictamen médico.

El tratamiento de la discapacidad, parafraseando a García Rubio, ha sufrido un giro copernicano[717], transitando por un modelo en el que, por mor de una sentencia, se podía privar de la capacidad de obrar, a otro en donde la sentencia no tiene como objeto privar de la capacidad o del ejercicio de la misma, sino dotar a la persona con discapacidad de los apoyos suficientes para que pueda ejercer su capacidad jurídica en condiciones de igualdad[718]. Es por este motivo por el que la

---

717 García Rubio, Mª. P.: «Algunas propuestas de reforma del Código Civil como consecuencia del nuevo modelo de discapacidad. En especial en materia de sucesiones, contratos y responsabilidad civil», op. cit., p. 173.

718 Lora-Tamayo Rodríguez, I.: *Reforma civil y procesal para el apoyo a las personas con discapacidad*, Lefebvre, Madrid, 2021, p. 23.

persona, con independencia de si tiene o no una discapacidad que merme sus facultades intelectivas o volitivas, gozará de la presunción de capacidad.

Sumergiéndonos en el debate que preside este epígrafe, podemos afirmar que hay una vacilación doctrinal en torno a la posibilidad de que las personas con discapacidad recurran a otras formas testamentarias, como el testamento ológrafo.

Álvarez Lata interpreta que el legislador ha querido que la persona con discapacidad solo pueda testar a través del testamento abierto notarial, fundamentando su exégesis en la propia literalidad del artículo 665 CC («la persona con discapacidad podrá otorgar testamento cuando, a juicio del Notario, pueda comprender y manifestar el alcance de sus disposiciones») y su ubicación, pues según el planteamiento de la autora, la dicción del artículo 665 CC se halla inserta en sede de disposiciones generales, no del testamento abierto notarial, y, además, si no hay notario que pueda comprobar que la persona con discapacidad pueda comprender y manifestar el alcance de sus disposiciones, esta no podría testar con las suficientes garantías[719]. Según Zurita Martin, lo más aconsejable sería que «solo fuera viable otorgar testamento abierto por la persona con discapacidad sometida a instituciones judiciales de apoyo, en tanto el Notario no puede enjuiciar la capacidad del testador en el momento de la redacción del testamento cerrado»[720]. Echeverría de Rada, planteándose previamente si la valoración del notario es un medio para reforzar la presunción de capacidad del testador o si, además, es un requisito de validez del testamento, dice que el juicio de aptitud del notario es siempre necesario para la persona con discapacidad, sosteniendo su planteamiento, como hiciera Álvarez Lata, en la ubicación

---

719 Álvarez Lata, N.: «Artículo 665», op. cit., pp. 910 y 911.

720 Zurita Martín, I.: «Requisitos y límites del ejercicio de la facultad de testar por las personas con discapacidad», op. cit., p. 3110.

sistemática del artículo 665 CC, sin que dicha interpretación sea discriminatoria, «puesto que el art. 665 lo que hace es atribuir al notario el papel de garante del cumplimiento del art. 12 de la Convención, en su función de asistente o ayudante de los testadores que presentan dificultades en su comprensión». Su exégesis, la extiende también al testamento cerrado, porque el juicio de aptitud del notario no abarca el momento de redacción del testamento[721]. Para Rubio Garrido, el testamento ológrafo que hubiere podido otorgar una persona «sobre la que haya recaído resolución, administrativa o judicial, de discapacidad, tenderá a ser considerado nulo, salvo una milagrosa prueba cumplida que se pudiera dar de que se había producido una remisión total de su dolencia al tiempo de hacer el testamento»[722].

En cambio, Barba ha defendido, sin ambages, el recurso a otras formas testamentarias por la persona con discapacidad, diciendo que no cree «que se pueda afirmar que el testamento ológrafo de una persona con discapacidad sea siempre inválido; al revés, pienso que deba considerarse válido si se demuestra que la persona entendió, al otorgarlo, el alcance de sus disposiciones. Una interpretación diferente, basada en la literalidad del art. 665 CC, podría frustrar el mismo espíritu de la reforma, que pretende reconocer la plena capacidad de las personas con discapacidad en igualdad de condiciones que los demás». La consecuencia del otorgamiento del testamento ológrafo no sería, siguiendo el autor, que se presumiese su in-

---

721 Echevarría de Rada, Mª. T.: «La capacidad testamentaria de la persona con discapacidad a la luz de la Ley 8/2021, de 2 de junio», op. cit., p. 550.

722 Rubio Garrido, T.: «Cambios en materia sucesoria introducidos por la Ley 8/2021, de 2 de junio», op. cit., p. 598.

validez, dada la presunción de capacidad, sino, simplemente, que faltaría el reforzamiento de dicha presunción[723-724].

De la lectura de este trabajo se puede inferir que nuestro posicionamiento aboga por permitir que la persona con discapacidad pueda recurrir a todas las formas testamentarias y ahora diremos el porqué, refutando los argumentos de quienes sostienen que solo es posible el recurso al testamento notarial abierto.

1. Tanto Álvarez Lata como Echevarría de Rada apelan a la ubicación sistemática del artículo 665 CC, que se halla en sede de «disposiciones generales». No compartimos dicho argumento porque, como hemos visto *ab initio* de este trabajo, la ubicación del precepto es fruto de la redacción original del Código Civil. Efectivamente, el legislador permitía que el demente otorgara testamento en intervalo lúcido siempre que el notario designara a dos facultativos que respondiesen de su capacidad. Como quiera que la declaración de demencia por una sentencia privaba a la persona de su capacidad de obrar, era necesario el juicio notarial de capacidad y el dictamen de los facultativos que avalara la testamentifacción del demente, todo ello con base en el modelo médico de la discapacidad y los efectos inherentes, en cuanto al ejercicio de la capacidad, otrora capacidad de obrar, a la declaración de demencia. Tras la reforma del artículo 665 CC por la Ley 30/1991, el incapacitado, cuya sentencia de incapacitación no le privara de la facultad de testar, también podía testar si dos facultativos respon-

---

723 Barba, V.: «Capacidad para otorgar testamento, legitimarios y protección de la persona con discapacidad», op. cit., p. 7.

724 También admiten el recurso a otras formas testamentarias Fernández Lozano, J. L.: «Capacidad para otorgar testamento y capacidad para suceder», op. cit., pp. 424 y 425; Mesa Marrero, C.: «Artículo 665», op. cit., pp. 509 y 510; De Torres Perea, J. M.: «La discapacidad y la reforma de las normas sucesorias», op. cit., p. 474.

dían su capacidad. Como quiera que el incapacitado quedaba privado, total o parcialmente, de la capacidad de obrar, era necesaria la intervención notarial y el dictamen de los facultativos como requisito de validez o *ad substantiam* del testamento, quedando proscrita la posibilidad de recurrir a otras formas testamentarias.

Actualmente, no cabe la privación de la capacidad y los expedientes o procesos de provisión de apoyo tienden a facilitar, conforme al principio de promoción de la capacidad, que la persona con discapacidad pueda ejercer su capacidad jurídica en condiciones de igualdad, con el apoyo que precise en cada caso. Por ello, la ubicación del artículo 665 CC debe ser interpretada históricamente, en relación con el modelo que fundamentó la sistemática Código Civil de 1889, habida cuenta que la adaptación de la CDPD al ordenamiento jurídico español no ha pivotado en torno a un texto de nueva planta, sino a través de diversas reformas de los cuerpos legales, entre ellos el Código Civil, que ha transitado por tres centurias.

En esta línea, creemos que, si hubiere sido propósito del legislador vetar que la persona con discapacidad recurriese a otras formas testamentarias, le habría bastado con modificar los primeros párrafos de los artículos 688 y el 708 CC[725]. El primero dispone que solo podrán otorgar testamento ológrafo los mayores de edad, mientras que el segundo prohíbe otorgar testamento cerrado a las personas que no sepan o no puedan leer. Si la persona con discapacidad es mayor de edad y sabe leer, es paladino que podrá recurrir a dichas formas testamentarias, máxime cuando toda restricción al ejercicio de la ca-

[725] Coincide con nosotros Pereña Vicente en que, con la reforma, fuese intención del legislador vetar a las personas con discapacidad el recurso a otras formas testamentarias, pues, de ser así, «tendría que haberlo dispuesto expresamente» (Pereña Vicente, M.: «Estudio crítico del nuevo régimen de la *testamenti factio* activa desde una perspectiva técnica jurídica», op. cit., p. 13).

pacidad debe ser interpretada restrictivamente, conforme a la regla *odiosa sunt restrigenda.*

2. Otro argumento que avalaría nuestra postura es que el artículo 665 CC, en sede de disposiciones generales, prevé que el notario pueda recurrir a los ajustes que estime necesarios para que la persona con discapacidad pueda expresar su voluntad, deseos y preferencias, al igual que el artículo 695 CC respecto al testamento notarial abierto, empleando la expresión «medios técnicos, materiales y humanos» en vez de ajustes necesarios. Sin embargo, no solo ha sido modificado el testamento notarial abierto para garantizar la testamentifacción activa de las personas con discapacidad que no puedan exteriorizar su voluntad, sino también el testamento cerrado, derogando la prohibición atinente a «los ciegos» que contenía la anterior redacción y permitiendo a las personas con discapacidad visual otorgar testamento cerrado «utilizando medios mecánicos o tecnológicos que les permitan escribirlo y leerlo» (art. 708 CC).

3. A mayor abundamiento, y por si el argumento del párrafo anterior se refutara en la consideración de que de que el recurso a otras formas testamentarias quedan tan solo vetado a las personas con discapacidad que tenga dificultades para conformar su voluntad, nos debemos remitir al tercer párrafo del artículo 753 CC, que dispone que las personas físicas que presten servicios de cuidado, asistenciales o de naturaleza análoga al causante fuera de un establecimiento público o privado «solo podrán ser favorecidas en la sucesión de este si es ordenada en testamento notarial abierto». El inciso se refiere a la persona que esté siendo cuidada por un tercero y que, por la merma de sus facultades, tenga o haga precisa la provisión de medidas de apoyo para el ejercicio de la capacidad jurídica (Disposición adicional 4ª), esto es, que precise del apoyo para conformar su voluntad. Se infiere del mismo que para que los cuidadores sean favorecidos *mortis causa* en la sucesión de la persona acreedora de cuidados es necesario, so pena de nuli-

dad, que la disposición se haga en testamento abierto notarial, coligiéndose, *sensu contrario*, que si la persona quiere designar, ora como heredero ora como legatario, a un tercero que no tenga encomendada la función de cuidados, bastará cualquier forma testamentaria, pues de no ser así el legislador no habría limitado el recurso a otras formas testamentarias para beneficiar a las personas enumeradas por el tercer párrafo del artículo 753 CC.

4. Tampoco secundamos, ni de *lege lata* ni de *lege ferenda*[726], el planteamiento consistente en que la persona con discapacidad solo podrá recurrir al testamento notarial abierto, y no solo porque no resulte avalado por el derecho de las personas con discapacidad a ejercer su capacidad jurídica en condiciones de igualdad, sino por sus perniciosas consecuencias. Si abogáramos porque el testamento abierto notarial es la única forma testamentaria a la que puede recurrir la persona con discapacidad, a costa de sacralizar la salvaguardia, aquella se vería impedida para ejercer su capacidad jurídica en relación al testamento en circunstancias extraordinarias, como el peligro de muerte. Cierto es que el testamento ológrafo, el cerrado o las formas extraordinarias de testar pueden ser un caldo de cultivo para las captaciones de voluntad y que la intervención del notario permite alcanzar altas cotas de seguridad jurídica[727],

---

726 En cambio, Pereña Vicente, M.: «Estudio crítico del nuevo régimen de la *testamenti factio* activa desde una perspectiva técnica jurídica», op. cit., p. 13, estima que no sería contrario a la CDPD que la ley imponga a las personas con discapacidad determinados requisitos a la hora de testar, pues, a su juicio, dicha cautela se incardinaría dentro de proporcionar a las personas con discapacidad las «salvaguardias adecuadas y efectivas para que se respeten los derechos y la voluntad de la persona y para impedir los abusos y asegurar que no haya conflicto de intereses ni influencia indebida» (art. 12.4 CDPD).

727 Castro-Girona Martínez, A.: «Nuevos retos para el notariado tras la Convención de Nueva York», en AA.VV., *Nuevos orientaciones del Derecho Civil de Europa*, Aranzadi, Pamplona, 2015, p. 181.

pero consideramos menester asumir dicho riesgo y garantizar el umbral de la capacidad conforme a los principios de la CDPD, sin que sea dable afirmar que el testamento otorgado al margen del juicio de aptitud del notario sea inválido, precisando de una ulterior prueba a cargo de los herederos. Como dice Barba, estos testamentos gozarán de validez con la única consecuencia de que no tendrán el reforzamiento de la presunción de capacidad por la ausencia de la función notarial. La exigencia del testamento abierto notarial, amén de suponer una poderosa limitación al modo de expresar la última voluntad de la persona con discapacidad, puede ser injustificada, pues, aunque el otorgante tenga una medida judicial de apoyo como la curatela, la función del curador puede comprender, exclusivamente, actos que no tengan naturaleza patrimonial, habida cuenta de que para los actos de contenido económico es posible que el juez llegase a la conclusión de que la persona con discapacidad tenía suficiente capacidad para concluirlos sin la intervención de un tercero[728-729].

---

[728] Nos remitimos a la SAP Valladolid 7 diciembre 2021 (TOL 8.831.538), que trató el caso de una persona que padecía un trastorno delirante de tipo persecutorio sin conciencia de la enfermedad ni tratamiento y que se proyectaba en el ámbito judicial, por las abundantes denuncias que presentaba el demandado a profesionales del sistema judicial o a políticos. La sentencia, valorando que el demandado se negaba a la ingesta de medicamentos por la inconsciencia de la enfermedad y que el trastorno persecutorio se extrapolaba en las denuncias que presentaba, estableció una curatela con facultades de representación que se concretaba en las actuaciones relativas a la salud del demandado (toma de medicamentos, pautas alimenticias y tratamiento «que debe recibir voluntaria o involuntariamente»), y aquellas a realizar en el ámbito administrativo y judicial («presentación de escritos, reclamaciones, quejas, denuncias, querellas o cualesquiera otros escrito de naturaleza similar»). La curatela no se extendió al ámbito patrimonial, dada cuenta de que no existía una prueba concluyente de que el trastorno delirante afectase a la gestión de su patrimonio.

[729] Análogos razonamientos manejó García Rubio respecto a la exigencia de la escritura pública para otorgar los poderes o mandatos preventivos [GARCÍA

Por lo tanto, así como la persona con discapacidad dotada de medidas de apoyo puede perfeccionar, conforme al principio espiritualista, numerosos contratos sin la intervención del notario, también podrá otorgar testamento sin la presencia del fedatario público, máxime cuando sus efectos *post mortem* rara vez perjudicarán en vida al otorgante.

2. CAPACIDAD PARA SER DESHEREDADO

Los trabajos que se han publicado hasta la fecha sobre la desheredación han realizado un tratamiento exiguo o inexistente a la desheredación de la persona menor de edad. Podría pensarse que los supuestos sobre la desheredación, cuando el legitimario se trata de un descendiente menor de edad, son excepcionales, a la vista de que la mayoría de las sentencias, sobre todo si nos remitimos a las dictadas por el Tribunal Supremo, han versado sobre supuestos de desheredación donde el legitimario superaba, con creces, la mayoría de edad.

No obstante, el modelo familiar ha cambiado, debido, en parte, a la proliferación de las crisis familiares. En este escenario, es muy común que uno de los progenitores desempeñe una guarda y custodia respecto al hijo menor de edad, mientras que el otro simplemente tiene un régimen de visitas, sucediendo, no pocas veces, que el hijo se aleja, progresivamente, del progenitor con el que no tienen una relación de convivencia. A lo que debe añadirse, en aras de justificar la pertinencia de abordar un estudio sobre la desheredación del menor de edad, que cada son más numerosos los episodios de violencia

RUBIO, M^a^. P.: «Las medidas de apoyo de carácter voluntario, preventivo o anticipatorio», *Revista de Derecho Civil*, vol. V, núm. 3 (julio-septiembre, 2018), pp. 45 y 46].

filoparental, donde el hijo menor veja, injuria, humilla e incluso maltrata físicamente a algunos de sus ascendientes.

Esta coyuntura supone, sin duda, un acicate para el análisis de las posibles respuestas jurídicas que cabe ofrecer ante episodios donde el menor de edad, lejos de ser un hijo o nieto ejemplar, omite, deliberadamente, el deber de respeto que le incumbe con su ascendencia. Y no cabe duda de que unas de las posibles respuestas, aunque no sea la única, es la desheredación de aquellos hijos y nietos ingratos.

Hace unos años, ante las pocas aportaciones doctrinales sobre el particular, publicamos un trabajo, ya citado, sobre esta cuestión. Lo que se escribirá a continuación es una revisión y, si se quiere, ampliación, respecto a lo que dijimos en su día, no sin previamente advertir al lector que nos ratificamos en todas las conclusiones que allí defendimos.

Para ello, trataremos, a modo de introducción, el estado de la cuestión sobre la capacidad y la responsabilidad del menor, para, posteriormente, descender a la problemática teórica y práctica de la desheredación del menor de edad.

2.1. La persona menor de edad en el Derecho Civil: capacidad y responsabilidad

2.1.1. Aproximación al ejercicio de la capacidad jurídica del menor de edad

Sin duda, uno de los debates más apasionantes en el Derecho privado[730] ha sido el que ha girado en torno a lo que

[730] Evidentemente, el interés del estudio en torno a la capacidad del menor trasciende del Derecho privado, como patenta que la edad por virtud de la cual se accede a la mayoría de edad se prevea en la propia Constitución

se ha llamado, tradicionalmente y conforme a la herencia del Derecho Romano, capacidad de obrar del menor. Entendida la capacidad de obrar como la cualidad jurídica de la persona que determina la eficacia jurídica de sus actos[731], se ha dicho que esta puede quedar afectada por la aptitud natural del individuo, recurriendo la doctrina clásica a la minoría de edad y a la, hoy derogada, incapacitación, como supuestos donde la persona carece o tiene mermada esa aptitud natural.

En España, como apuntaba Lasarte, la dicción del artículo 1263 CC, según su originaria redacción, incitaba a pensar que el menor de edad carecía de capacidad de obrar[732], pues el precepto decía que no podían prestar el consentimiento, además de los «locos o dementes y los sordomudos que no sepan escribir», los menores de edad no emancipados.

Sin embargo, De Castro marcó un punto de inflexión en España[733], con ocasión de su crítica a la dogmática consistente

---

(art. 12 CE). Como dice PÉREZ GALLARDO, L. B.: «Autonomía progresiva y capacidad para testar de las personas menores de edad», *Revista de Derecho Privado,* núm. 1, enero-febrero 2021, p. 46, la capacidad del menor tiene una dimensión constitucional que debe ser interpretada «desde un enfoque de derechos humanos», al igual que ha ocurrido con el ejercicio de los derechos por las personas con discapacidad.

731 DE CASTRO Y BRAVO, F.: *Derecho civil de España, Tomo II,* Madrid, 1952, pp. 49 y 50.

732 LASARTE ÁLVAREZ, C.: *Parte general y Derecho de la persona. Principios de Derecho Civil I* (revisada y actualizada con la colaboración de YÁÑEZ VIVERO, F.), op. cit., p. 194.

733 Así lo ha reconocido GOMÁ SALCEDO, J. E.: *Instituciones de Derecho Civil común y foral, Tomo I, Parte General y Derecho Reales*, Bosch, Barcelona, 2004, p. 213, mencionando que, frente a la tesis de la doctrina clásica representada por autores como Clemente de Diego, Sánchez Román, Castán o Espín, que afirmaban que el menor carecía de capacidad de obrar, se alzó De Castro, que «recupera la tesis de que el menor no está privado de la capacidad de obrar, aunque ésta se halla limitada».

en que el menor de edad, con independencia de su franja de edad, no podía perfeccionar ningún acto o negocio jurídico. El autor, describiendo el estado de la cuestión sobre la «incapacidad general» del menor y la realidad práctica, decía que, en verdad, los menores, cuando adquieren cierta autonomía, se desenvuelven en la vida cotidiana con asiduidad, perfeccionando numerosos actos jurídicos que si no tuviesen capacidad de obrar no podrían perfeccionar[734]. Jordano Fraga, más recientemente, expresó que en la realidad del tráfico existen ciertos tipos de transacciones elementales que se realizan por menores de edad y nadie duda de su capacidad para entender su alcance y manifestar una voluntad libre y vinculante, explicando que a medida que la edad aumenta hasta aproximarse a los límites de la mayor de edad, la gama de contratos realizados el menor son más numerosos, así como su complejidad y cuantía económica. Por ello, según el autor, la capacidad de obrar de los menores debía ser, por definición, de ámbito limitado,

---

734 De Castro y Bravo, F.: *Derecho civil de España, Tomo II,* op. cit., pp. 174-176, aporta los siguientes argumentos en torno a la defensa de cierta capacidad de obrar del menor de edad: «La condición del menor puede concebirse de dos modos: 1°. Con capacidad de obrar limitada, en virtud de las disposiciones dictadas para su protección; 2°. Afectado de una incapacidad de obrar absoluta, a excepción de los casos expresamente señalados por la ley. Nuestro Derecho, conforme a la dirección de casi todas las legislaciones modernas, adopta la primera concepción. Convencen de ello las siguientes consideraciones: 1ª. Que tal era la doctrina del antiguo Derecho español, y que al no haber indicación alguna de que se quisiera abandonar al redactarse el Código civil hay que presumir que se ha mantenido. 2ª. Ninguna disposición del Código civil permite inferir una incapacidad absoluta del menor. 3ª. La teoría de la incapacidad absoluta resulta falta de lógica, aplicada a nuestro sistema jurídico. ¿Cómo hablar de una incapacidad absoluta y admitir una serie numerosa de casos en que es capaz el menor y respecto de actos de tanta trascendencia como hacer testamentos, adquirir la posesión y celebrar contratos? 4ª. En fin, y ello parece decisivo, la doctrina tradicional permite explicar con sencillez, y con más justos resultados prácticos, los preceptos de nuestras leyes».

variable o flexible, en función del grado de desarrollo intelectivo y personal del menor[735]. Sin embargo, esta tendencia de reconocer al menor de edad cierta capacidad de obrar según en qué ámbito se desenvolviese y de su aptitud concreta, fue calificada en su día Díez-Picazo y Gullón como peligrosa, por arbitraria e injusta, pues, en contra del principio de seguridad jurídica, dejaba la apreciación de la capacidad de obrar a merced de un juicio subjetivo[736].

Frente a dicha crítica, se dijo que era menester la inseguridad jurídica que entender que el menor era un sujeto privado de capacidad de obrar, pues ello implicaría afirmar, erróneamente, que el menor no tendría autonomía para realizar determinados actos de acuerdo con sus condiciones de madurez[737], además de que poco se compadecía dicha exégesis restrictiva con la práctica forense, dada cuenta que el menor, en la vida diaria, prestaba válidamente su voluntad para numerosos actos[738]. Como decía De Castro, la limitación de la capacidad de

---

735 Jordano Fraga, F.: «La capacidad general del menor», *Revista de Derecho Privado*, octubre 1984, p. 892.

736 Diez Picazo, L. y Gullón, A.: *Sistema de Derecho Civil, Volumen I, Introducción. Derecho de la persona. Autonomía privada. Persona jurídica,* op. cit., p. 252.

737 La tensión entre la inseguridad jurídica y la autonomía progresiva del menor no es exclusiva de España, tal y como destaca el autor cubano Pérez Gallardo, L. B.: «Autonomía progresiva y capacidad para testar de las personas menores de edad», op. cit., p. 46, que arguye que, frente al coste elevado en el orden administrativo y judicial que implicaría seguir la teoría de la autonomía progresiva del menor, es menester asumir el riesgo, ante la posibilidad de que se olvide la individualización de los niños y los adolescentes.

738 Así lo consideró el Tribunal Supremo, pudiendo citarse la STS 10 junio 1991 (TOL 1.727.016), que dijo lo siguiente: "Resulta incuestionable que los menores de edad no emancipados vienen realizando en la vida diaria numerosos contratos para acceder a lugares de recreo y esparcimiento o para la adquisición de determinados artículos de consumo, ya directamente en establecimientos abiertos al público, ya a través de máquinas automáticas, e incluso de transporte en los servicios públicos,

obrar del menor habrá de estar en cada caso justificada jurídi-

---

sin que para ello necesite la presencia inmediata de sus representantes legales, debiendo entenderse que se da una declaración de voluntad tácita de éstos que impide que tales contratos puedan considerarse inexistentes, teniendo en cuenta «la realidad social del tiempo en que han de ser aplicadas (las normas), atendiendo fundamentalmente al espíritu y finalidad de aquéllas» (art. 3.1 del Código Civil), y siendo la finalidad de las normas que sancionan con la inexistencia o anulabilidad de los contratos celebrados por los menores, una finalidad protectora del interés de éstos, es evidente que en esa clase de contratos la misma se hace innecesaria". Dos años antes, la RDGRN 3 marzo 1989, seguida de otras más recientes como la RDGRN 14 mayo 2010 (TOL 1.943.766), expuso: «En torno a la situación jurídica del menor de edad en nuestro Ordenamiento, debe tenerse en cuenta que no existe una norma que, de modo expreso, declare su incapacidad para actuar válidamente en el orden civil, norma respecto de la cual habrían de considerarse como excepcionales todas las hipótesis en que se autorizase a aquél para obrar por sí; y no cabe derivar esa incapacidad ni del artículo 322 del Código Civil, en el que se establece el límite de edad a partir del cual se es capaz para todos los actos de la vida civil, ni tampoco de la representación legal que corresponde a los padres o tutores respecto de los hijos menores no emancipados. No es la extensión de la representación legal, como instrumento supletorio de la falta de capacidad, la que delimita el ámbito de ésta, sino a la inversa (vid. artículo 162.1.° del Código Civil); y, por otra parte, el artículo 322 del Código Civil debe ser valorado en conexión con la técnica del Código Civil de fijar, con ocasión de la regulación de actuaciones jurídicas concretas, la edad requerida para su válida conclusión (vid. artículos 46, 443, 662, 992, 1246 y 1263 del Código Civil, y 2 de la Ley de Enjuiciamiento Civil, etc.), lo que permite afirmar que si a partir de los dieciocho años se presupone el grado de madurez suficiente para toda actuación civil (con las excepciones legales que se establezcan), por debajo de esta edad habrá de atenderse a la actuación concreta que se pretenda realizar, cubriendo la falta de previsión expresa por cualquiera de los medios integradores del ordenamiento legal (artículos 1, 3 y 4 del Código Civil), y no por el recurso a una regla general de incapacidad que además no se aviene ni con el debido respeto a la personalidad jurídica del menor de edad".

camente, y, en este sentido, podía decirse que la limitación era excepcional.

En la actual centuria, Nieto Alonso ha dicho, respecto a lo que todavía se denomina capacidad de obrar del menor, que cualquier juicio habrá de realizarse, por una parte, interpretando las normas que repercutan en el menor conforme a la realidad social del tiempo en el que tienen que ser aplicadas, y, por otra, a tenor de la madurez concreta del menor, sin olvidar como criterio hermenéutico su interés superior[739], a lo que debe añadirse, por lógicas razones, que la valoración dependerá del acto jurídico en que se concreta el ejercicio del derecho, pues no es lo mismo comprar un inmueble o un vehículo que, parafraseando a Jordano Fraga, comprar unas churrerías. En definitiva, como afirma Nieto Alonso, frente a una capacidad de obrar estática, debe predicarse una «esencialmente dinámica»[740].

Al margen de cuestiones doctrinales sobre la capacidad de obrar del menor de edad, una panorámica del Derecho positivo conduce a afirmar que este está dotado de capacidad para el ejercicio de los derechos que ostenta. Así, y remitiéndonos al Código Civil, podemos ver que los menores podrán, entre otras cosas, optar a la nacionalidad española asistidos por un representante legal (art. 20 CC) aceptar donaciones (art. 625 CC), tomar posesión de los bienes (art. 443 CC), contraer matrimonio si están emancipados (art. 46.1° CC), consentir su adopción (art. 177.1 CC), ejercitar los derechos de la personalidad (art. 162.1° CC), administrar los bienes, especialmente los que procedan de su trabajo e industria (art. 164.3° CC),

[739] Nieto Alonso, A.: «Capacidad del menor de edad en el orden patrimonial civil y alcance de la intervención de sus representantes legales», *Revista de Derecho Civil*, vol. III, núm. 3 (julio-septiembre 2016), p. 5.

[740] Nieto Alonso, A.: «Capacidad del menor de edad en el orden patrimonial civil y alcance de la intervención de sus representantes legales», op. cit., p. 5.

otorgar testamento a partir de los catorce años (art. 663.1º CC), salvo el ológrafo que precisa la mayoría de edad (art. 688 CC), o prestar el consentimiento para perfeccionar aquellos contratos que puedan realizar por sí mismos o con asistencia de sus representantes, y los relativos a bienes y servicios de la vida corriente de acuerdo a su edad y los usos sociales (art. 1263.1º CC)[741].

Además de lo dicho, si hay un precepto del que se podía deducir, sin ambages, que el menor no estaba desprovisto de capacidad de obrar, ese es el artículo 2.1 LOPJM, que dispone que las «limitaciones a la capacidad de obrar de los menores se interpretarán de forma restrictiva y, en todo caso, siempre en el interés superior del menor»[742].

---

741 Como hemos dicho más arriba, numerosos autores se sirvieron de la redacción original del artículo 1263 CC para negar, lapidariamente, la capacidad de obra del menor de edad. El precepto fue modificado por la Ley 26/2015, de 28 de julio, de modificación del sistema de protección a la infancia y a la adolescencia (Ley 26/2015), pasando a decir que *no podían prestar el consentimiento* «los menores no emancipados», salvo los contratos que pudieren realizar por sí mismos o con asistencia de sus representantes, y los relativos a bienes y servicios de la vida corriente propios de su edad de conformidad con los usos sociales. Lamentablemente, el legislador consagra, como regla general, la incapacidad del menor para contratar, Sin embargo, la LAPCD ha vuelvo a modificar el artículo 1263 CC, diciendo ahora lo siguiente: «Los menores de edad no emancipados podrán celebrar aquellos contratos que las leyes les permitan realizar por sí mismos o con asistencia de sus representantes y los relativos a bienes y servicios de la vida corriente propios de su edad de conformidad con los usos sociales».

742 Previamente, la Exposición de Motivos de la LOPJM reconocía que los menores tienen una capacidad progresiva para el ejercicio de los derechos: «Las transformaciones sociales y culturales operadas en nuestra sociedad han provocado un cambio en el status social del niño y como consecuencia de ello se ha dado un nuevo enfoque a la construcción del edificio de los derechos humanos de la infancia. Este enfoque reformula la estructura del derecho a la protección de la infancia vigente en España y en la mayoría de los países desarrollados desde finales del siglo XX, y consiste fundamentalmente en el

Valgan los artículos citados, sin ánimo exhaustivo, del Código Civil, el artículo 2.1 LOPJM y los avances de la LACPD en la empresa de promocionar la libertad y la capacidad, para rechazar que, incluso respecto a los menores de edad, se siga empleando el binomio capacidad jurídica y capacidad de obrar. Asimismo, mostramos nuestra oposición a la atávica representación de los progenitores y tutores que el legislador prevé respecto a todo menor de edad, sin importar su edad (arts. 154.2º y 225 CC).

En otro trabajo[743], dijimos, una vez publicada la LAPCD, que las categorías clásicas que han jalonado el esquema expositivo de la capacidad deben evolucionar, en nuestro entendimiento de que la categoría «capacidad de obrar» había quedado caduca, pese a que algunos autores siguieran defendiendo su vigencia[744]. Como es sabido, la «capacidad de obrar» no es una figura creada *ex lege*, sino que fue elaborada por la doctrina para identificar el discernimiento que tenía la persona para perfeccionar actos y negocios jurídicos, y, en este sentido, difícilmente la CDPD o la LAPCD pudieron derogarla expresamente. No obstante, la ley española emplea constantemente a lo largo de su texto las expresiones capacidad jurídica y ejercicio de la capacidad jurídica, en detrimento de capacidad

---

reconocimiento pleno de la titularidad de derechos en los menores de edad y de una *capacidad progresiva* para ejercerlos».

743 Gómez Valenzuela, M. Á.: «Matrimonio, capitulaciones matrimoniales y sociedad de gananciales conforme a las últimas reformas en materia de discapacidad», op. cit., pp. 217-219.

744 De Verda y Beamonte, J. R.: «Primeras resoluciones judiciales aplicando la Ley 8/2021, de 2 de junio, en materia de discapacidad», *Diario La Ley*, núm. 10021, 2022, pp. 4 y 5; Arnau Moya, F.: «Aspectos polémicos de la Ley 8/2021, de medidas de apoyo a las personas con discapacidad», op. cit., p. 561; Bercovitz Rodríguez-Cano, R.: «Sobre la Ley 8/2021, para el apoyo a las personas con discapacidad en el ejercicio de su capacidad jurídica», op. cit., p. 53.

jurídica y capacidad de obrar. Aunque se crea que este último binarismo pueda ser útil para diferenciar, en la esfera civil, la capacidad de aquellas personas que, por la edad o una enfermedad, no poseen discernimiento alguno -como los recién nacidos o aquellos que tengan un alzhéimer avanzado-, de las que gozan de plenitud en el ejercicio de sus derechos, sin embargo, resulta inoperante o insuficiente, de acuerdo con la LAPCD, para identificar el término intermedio, es decir, aquellos *tertium genus* que se sitúan entre los que carecen, absolutamente, de aptitudes cognitivas e intelectivas para formar su voluntad y aquellos otros que gozan de plenitud. A este respecto, donde antes se decía «capacidad de obrar restringida» para visualizar aquellos casos donde la persona precisaba de un complemento de capacidad, ahora, a nuestro juicio, no es posible hablar de capacidad de obrar restringida respecto a las personas con discapacidad, pues el apoyo, cuando es asistencial, permite que la persona ejerza su capacidad jurídica en igualdad de condiciones que los demás, pudiendo formar su voluntad con la ayuda o el consejo de la persona que ejerza la medida de apoyo, cuya función no es la de complementar la capacidad, sino simplemente lograr que la persona con discapacidad pueda ejercer su capacidad jurídica. Y abogamos por este planteamiento conforme a la teoría que hemos defendido de la naturaleza jurídica del apoyo asistencial cuando abordamos, más arriba, la capacidad de testar, cuya lectura recomendamos al lector. Es más, respecto a aquellas personas que tengan una medida de apoyo con facultades de representación para múltiples ámbitos, tampoco vemos posible, si siguiéramos apostando por el clásico binarismo de la capacidad, afirmar que carece de capacidad de obrar, pues, en la medida en que la resolución judicial no podrá privar a la persona de ejercer sus derechos respecto a los actos o negocios existenciales y personalísimos (art. 269 CC), es posible que la persona, aunque tenga, por ejemplo, una curatela con facultades de representación, posea el suficiente discernimiento para otorgar testamento o contraer matrimonio.

Poniendo el foco en la persona menor de edad, propugnamos, en lo atinente al tratamiento de la capacidad, una sincronía legal respecto a la evolución que ha experimentado el ejercicio de los derechos de las personas con discapacidad[745]. Nieto Alonso, previa cita de la STS 29 abril 2009, que fue la primera resolución que habló del «traje a medida» en relación a las personas con discapacidad, dijo que «no se trata de establecer una normativa rígida para todo menor de edad, sino de configurar una normativa flexible, adaptable a la edad y a la madurez del menor»[746]. Igualmente, Pérez Gallardo, crítico con el sistema etario, dijo que lo ideal es buscar «un traje a la medida en el que la edad no es el único criterio a tomar en cuenta por el legislador»[747]. Estas remisiones al traje a medida nos hicieron pensar, y podemos decir ahora que, en tanto en cuanto en otros ámbitos se reconoce la posibilidad al menor adolescente de ejercer sus derechos prescindiendo, incluso, de la intervención de sus progenitores o tutores, reivindicamos de *lege ferenda* la derogación, respecto a los adolescentes, de la

---

745 A juicio de Blandino Garrido, Mª. A.: *El defensor judicial*, Tirant lo Blanch, Valencia, 2024, p. 85, «la tradicional dicotomía capacidad jurídica – capacidad de obrar ha de ser también superada en relación con las personas menores de edad, en la medida en que no proporciona una respuesta adaptada al principio de la autonomía progresiva del menor y a la preeminencia de sus opiniones, reconocidos por la CDN». Continúa argumentando que, partiendo del reconocimiento de la capacidad del menor, su limitación debe ser interpretada restrictivamente, considerando que «la categoría de la capacidad de obrar limitada ha dejado de tener sentido también para las personas menores de edad (y no solo respecto de las personas con discapacidad). Los menores no tienen una capacidad de obrar limitada siempre y en todo caso, sino que gozan de capacidad jurídica, aunque, atendiendo a la protección del propio menor (a su interés superior), en ocasiones, puede verse limitada» (p. 88).

746 Nieto Alonso, A.: «Capacidad del menor de edad en el orden patrimonial civil y alcance de la intervención de sus representantes legales», op. cit., p. 5.

747 Pérez Gallardo, L. B.: «Autonomía progresiva y capacidad para testar de las personas menores de edad», op. cit., p. 45.

representación paterna[748], a fin de instaurar un sistema análogo al de los apoyos previsto para las personas con discapacidad, donde el apoyo, lejos de actuar como una suerte de complemento, opere como un mecanismo que permita al menor ejercer sus derechos en condiciones de igualdad con el resto de personas, sin perjuicio de establecer las cautelas correspondientes.

Curiosamente, los argumentos de los más críticos con el nuevo paradigma de las personas con discapacidad avalan, en cierta medida, la propuesta que hoy defendemos respecto al tratamiento de la capacidad del menor de edad. Decimos esto a propósito de la intervención de dos diputados del Grupo Parlamentario VOX durante la tramitación parlamentaria de la LAPCD, que se saldó con los votos a favor de todos los grupos, salvo precisamente el citado. Tanto el diputado D. José María Sánchez García como la diputada Dª Rocío de Meer Méndez manifestaron, en el contexto de mostrar su disconformidad con el nuevo paradigma y que no se hiciera mención en la ley al binomio capacidad jurídica y capacidad de obrar, que era una contradicción del legislador consagrar el respeto a la voluntad, deseos y preferencias de la personas con discapacidad

748 Así ocurre en algunos Derecho forales. En Aragón, a pesar de que la mayoría de edad se sitúe en los dieciocho años, salvo que antes el menor haya contraído matrimonio (art. 4 CDFA), se estipula que la representación legal inherente a la autoridad familiar, la tutela o la curatela «termina al cumplir los catorce años», completándose desde entonces su capacidad con la «asistencia» (art. 5 CDFA), sin perjuicio de que antes pueda el menor realizar por sí solo actos relacionados con el ejercicio de los derechos de la personalidad o con contratos propios de la vida corriente que sean conforme a los usos sociales, debiendo interpretarse, según el artículo 7 CDFA, las limitaciones a la capacidad de obra de forma «restrictiva» [para un mayor análisis de la capacidad del menor de edad en Aragón, puede verse BAYOD LÓPEZ, C.: «Capacidad de las personas por razón de la edad. Uno de los modelos (¿a exportar?) de la legislación civil española», en AA.VV., *Capacidad y protección de las personas menores de edad en el Derecho,* Olejnik, Chile, 2021, pp. 117-143].

y mantener la tutela respecto a los menores de edad, así como no contemplar, respecto a los progenitores que ejerzan la patria potestad, el respeto de la voluntad, deseos y preferencias del menor. Sobre el particular tenemos que hacer dos puntualizaciones:

En primer lugar, que los progenitores no deban tener en cuenta la voluntad, deseos y preferencias del menor cuando ejerzan la patria potestad es discutible, pues el artículo 154 CC dispone que la patria potestad se ejercerá en interés del menor, «de acuerdo con su personalidad» y, a su vez, pero con mayor concreción, la letra b) del artículo 2.2 LOPJM, contempla que se tenga en cuenta, a la hora de interpretar y aplicar el concepto jurídico indeterminado del interés del menor, «los deseos, sentimientos y opiniones del menor, así como su derecho a participar progresivamente, en función de su edad, madurez, desarrollo y evolución personal, en el proceso de determinación de su interés superior».

En segundo lugar, y respecto a la contradicción a la que apuntan los citados diputados, creemos que, en puridad, tienen razón. En la medida en que legislador ha traspuesto, con más o menos acierto, el nuevo paradigma de la persona con discapacidad a nuestro acervo jurídico, insistimos en que se debería, a fin de evitar contradicciones discriminatorias con el ejercicio de los derechos de la persona menor de edad, dar un paso más y modernizar el régimen jurídico del menor de edad, diferenciando entre el niño y el adolescente, en la empresa de instaurar, respecto a estos últimos, un sistema análogo al de apoyos que permita al menor adolescente actuar con autonomía y libertad, sin tener que quedar encorsetado al traje de la representación e, incluso, del complemento de capacidad. A buen seguro, los representantes del Grupo Parlamentario VOX estarán en contra de este planteamiento, al abrigo del mismo sobreproteccionismo que secundaron respecto a las personas con discapacidad, pero se trata de dar coherencia al ordenamiento, descartando el sistema etario para determinar la capacidad del menor de edad y hacerse cargo de que hay grandes menores con las suficientes facultades para formar la voluntad en actos y negocios jurídicos que van desde el personal hasta el patrimonial[749].

2.1.2. La responsabilidad civil del menor de edad

El artículo 1902 CC, pórtico de la responsabilidad extracontractual, dice que «[el] que por acción u omisión causa daño a otro, interviniendo culpa o negligencia, está obligado a reparar el daño causado»[750]. Posteriormente, en el artículo 1903 CC, el legislador dice que la obligación extracontractual no concurrirá solo por actos y omisiones propios, sino también «por los de aquellas personas de quienes se debe responder»,

---

749 En relación a la protección presente hoy día bajo la fórmula del «interés superior del menor», Gete-Alonso la ha puesto en entredicho recientemente. La autora, que crítica el interés superior del menor por tratarse de un interés «decidido, delimitado e impuesto por los titulares de la función parental/tutelar», no teniéndose en consideración, en toda la extensión que debería, «la autonomía de la persona para rechazar u oponerse, con eficacia, a la decisión tomada por otra», se plantea, no huérfana de razón, la pregunta del millón: «¿No debería ponerse en cuestión esta interpretación o sentido? ¿Deberíamos poner en tela de juicio, como se ha hecho en relación a las personas con discapacidad, la doctrina del interés? ¿Convendría asumir por completo, aunque con los límites de la capacidad natural, la autonomía de la persona menor?» (GETE-ALONSO Y CALERA, Mª. C.: «Conceptuación de la capacidad: del paternalismo a la autonomía», op. cit., p. 41.

750 En el uso del verbo «reparar» se puede ver que la precisión técnica del Código Civil a veces brilla por su ausencia, al contrario, en este punto, que el artículo 110 CP, que diferencia entre el resarcimiento, la reparación y la indemnización de los perjuicios materiales o morales. Es evidente que no todo daño será susceptible de reparación (piénsese en el dolor), sino de indemnización (cfr. arts. 112 y 113 CP); por ello, quizás, de *lege ferenda*, la dicción del artículo 1902 CC debería estar redactada del siguiente modo: El que por acción u omisión causa daño a otro, interviniendo culpa o negligencia, estará obligado a *responder* de los daños causados.

contemplando, a renglón seguido, que los padres y los tutores serán responsables de los daños causados por los hijos o menores que se encuentren bajo su guarda o autoridad. El último párrafo del art. 1903 CC, tras tratar de la responsabilidad de los padres, los tutores o los centros de enseñanza, dice que la misma «cesará cuando las personas en él mencionadas prueben que emplearon toda la diligencia de un buen padre de familia para prevenir el daño».

Pese a lo que pudiese parecer por el artículo 1903 CC *in fine*, la responsabilidad de los progenitores por los daños causados por los hijos menores de edad, lejos de requerir culpa o negligencia de aquellos, se ha configurado como una responsabilidad cuasiobjetiva[751] que parte de una presunción de culpa cuya prueba en contrario viene caracterizada por una extrema severidad, pues, en palabras de la jurisprudencia, es precisa «una rigurosa prueba de la diligencia empleada», que, convierte la responsabilidad de los padres y tutores, *de facto*, en una responsabilidad con un marcado matiz objetivo[752].

La doctrina jurisprudencial se puede resumir en que la responsabilidad de los progenitores por los actos ilícitos realizados por los hijos *in potestate* se justifica por la transgresión del deber de vigilancia que los primeros ostentan, de suerte que el legislador establece una presunción de culpa concurrente en quien desempeña la patria potestad y la inserción de un cariz

---

751 Así lo manifiesta LÓPEZ PELÁEZ, P.: «La responsabilidad civil de los daños causados por menores de edad: criterios de atribución», en AA.VV., *La capacidad de obrar del menor: nueva perspectivas jurídicas*, Exilibris, Madrid, 2009, p. 47, que, en relación al artículo 1903 CC, dice que «a pesar del tenor literal del precepto legal, en estos casos se ha pasado de un sistema de responsabilidad civil subjetiva a otro de responsabilidad cuasiobjetiva».

752 SSTS 24 marzo 1953 (TOL 4.446.594), 25 marzo 1954 (TOL 4.385.411), 3 octubre 1961 (TOL 4.336.980), 11 marzo 1971 (TOL 4.268.350), 10 mayo 1972 (TOL 4.261.478), 14 abril 1977 (TOL 4.247.469), 1 junio 1980, 17 junio 1980 (TOL 1.740.508), 10 marzo 1983 (TOL 1.738.765).

objetivo en dicha responsabilidad, que prácticamente pasa a obedecer a criterios de riesgo en no menor proporción que los subjetivos de culpabilidad, sin que quepa oponer la falta de una verdadera imputabilidad en el autor material del hecho, pues la responsabilidad dimana de culpa propia del padre, madre o tutor por omisión del deber de vigilancia, sin relación con el grado de discernimiento del constituido en potestad[753].

El fundamento que late en esta corriente jurisprudencial es de justicia material, pues ante la tesitura de que la víctima sea quien asuma las consecuencias patrimoniales de la lesión ocasionada por un menor, que puede estar en un estado de insolvencia, los progenitores deberán asumir esta responsabilidad, bajo la ficción[754] de que concurre una culpa *in vigilando* o *in educando*[755]. Esta exégesis, según algunos autores, debe

---

[753] En palabras de las SSTS 22 enero 1991 (TOL 1.728.173) o 7 enero 1992 (TOL 7.498.546): «El artículo 1903, aunque sigue a un precepto que se basa en la responsabilidad por culpa o negligencia, no menciona tal dato de culpabilidad y por ello se ha sostenido que contempla una responsabilidad por riesgo o cuasi objetiva, justificándose por la transgresión del deber de vigilancia que a los padres incumbe sobre los hijos *in potestate*, con presunción de culpa en quien la ostenta y la inserción de ese matiz objetivo en dicha responsabilidad, que pasa a obedecer de criterios de riesgo en no menor proporción de los subjetivos de culpabilidad, sin que sea permitido oponer la falta de imputabilidad en el autor material del hecho (el menor), pues la responsabilidad dimana de culpa propia del guardador por omisión del deber de vigilancia».

[754] Se dice ficción porque, como menciona LÓPEZ SÁNCHEZ, C.: *La responsabilidad civil del menor*, Dykinson, Madrid, 2003, p. 185, es imposible ejercer una vigilancia constante de estos menores a quienes, además, debe reconocérseles cierta libertad de actuación, según dice tanto el apartado segundo de la Exposición de Motivos como el art. 2.2 LOPJM.

[755] Así se colige de la STS 29 diciembre 1962 (TOL 4.333.777), que dice que, de exonerarse de responsabilidad a los padres por el argumento de que estos estaban trabajando cuando se cometió el hecho ilícito, o estaban ausentes por circunstancias familiares o sociales, se llegaría a la total irresponsabilidad por los hechos realizados por los menores de edad, quebrantándose

ser replanteada y revisada, pues convierte a los guardadores en una «especie de compañía de seguros» que deben responder siempre atendiendo a criterios objetivos de acaecimiento del daño[756].

Ahora bien, a pesar de la responsabilidad cuasiobjetiva de los progenitores, ¿el menor es irresponsable civilmente? Para contestar a este interrogante es obligado parangonar los artículos 1902 y 1903 CC con el artículo 61 LORPM; este último declara que «cuando el responsable de los hechos cometidos sea un menor de dieciocho años, responderán solidariamente de los daños y perjuicios causados sus padres, tutores, acogedores y guardadores legales o de hecho, por este orden». Como quiera que los menores de edad podrán responder penalmente a partir de los catorce años (art. 1.1 LORPM), estos, a su vez, responderán civilmente cuando el hecho delictivo ocasione algún daño que sea preciso reparar, resarcir o indemnizar, responsabilidad que será solidaria con las personas mencionadas en el art. 61 LORPM.

Quizás, que no haya ningún precepto en el Código Civil que consagre, expresamente, la responsabilidad civil del menor, ha coadyuvado a que algunas autoras, como López Peláez, hayan dicho que «queda excluida en el ámbito civil la responsabilidad personal del propio menor con relación a los daños que pueda causar, atribuyéndole las consecuencias dañosas de sus actos bien al centro escolar, durante el tiempo en que está bajo

---

el criterio de equidad al dejar sin resarcimiento alguno a quien ha sufrido en su cuerpo y salud importantes daños, que incluso le pueden privar de la capacidad laboral plena.

756 Lasarte Álvarez, C.: *Derecho de obligaciones. Principios de Derecho Civil, Tomo segundo* (revisada y actualizada con la colaboración de Adame Martínez, M. Á., Palacios González, D., y Simón Moreno, H.), Marcial Pons, Madrid, 2021, p. 313.

su control o vigilancia, bien a sus padres (o tutores), el resto del tiempo»[757].

No estamos de acuerdo con dicha afirmación, que en parte gravita en torno a la idea de tratar a la persona menor de edad, en el ámbito de la responsabilidad civil, como un sujeto imberbe, pues si, como hemos dicho, este tiene el discernimiento suficiente para actuar en determinados actos de la vida civil, también podrá responder, en determinados casos, de los daños que ocasione a un tercero, siempre que posea las suficientes facultades intelectivas y volitivas para la comprensión del hecho ilícito y guiar su conducta conforme a dicha comprensión. El sistema de responsabilidad civil extracontractual se asienta en el criterio de culpa o negligencia (art. 1902 CC), y uno de los elementos previos a la culpa o negligencia es la imputabilidad; siendo ello así, podemos afirmar que una conducta negligente es aquella en la que el sujeto, que es subjetivamente imputable, infringe la norma que protege el derecho lesionado o, si se quiere, el principio *alterum non laedere*[758]. Para que la persona menor de edad sea imputable es preciso que concurra el elemento intelectivo y volitivo, o, dicho de otra manera, que tenga capacidad de representarse anticipadamente tanto el acto u omisión dañosa como su resultado y pueda dirigir su voluntad conforme a la propia comprensión de las cosas[759]. Aquí, se podría argüir que durante el periodo de la infancia, esto es, y aproximadamente, desde el nacimiento hasta los doce años, el menor actúa por reglas egocéntricas e individuales y, por ende, no tendrá la aptitud suficiente para gobernar sus actos y prever

---

757 López Peláez, P.: «La responsabilidad civil de los daños causados por menores de edad: criterios de atribución», op. cit., p. 44.

758 O´Callaghan Muñoz, X.: *Compendio de Derecho Civil, Tomo II, Derecho de obligaciones,* Editorial Universitaria Ramón Areces, Madrid, 2012, p. 662.

759 Gómez Calle, E.: *La responsabilidad civil de los padres,* Montecorvo, Madrid, 1992, p. 24.

sus consecuencias. No obstante, como dice López Sánchez, hay «grandes menores» o menores *mayoritatis proximi*, que presentan el discernimiento suficiente para responder por sus propios actos[760].

En este punto, se podría proponer, como sostienen algunos autores, que la doctrina jurisprudencial, e, incluso, los preceptos legales de la responsabilidad civil de los progenitores por acciones u omisiones de los menores de edad, sean revisados, pues, junto al interés de protección de la víctima, concurre la conquista progresiva de un espacio de libertad y autonomía de los menores que hace que estos escapen del control paterno[761]. Sin embargo, la pregunta que nos debemos hacer es la siguiente: ¿realmente la jurisprudencia excluye la responsabilidad civil de todo menor? Aunque son pocas las sentencias que hayan dictado un fallo condenatorio contra un menor de edad, la exégesis que en alguna que otra ocasión ha seguido el Tribunal Supremo consiste en reconocer que, conforme al artículo 1902 CC, el menor puede responder civilmente de los daños ilícitos causados, aunque, junto a esta responsabilidad del menor, concurra la responsabilidad cuasiobjetiva de los progenitores con el fin de conciliar así los intereses de la víctima.

A título de ejemplo, podemos citar la STS 10 abril 1988[762], que estudió un caso en el que un menor de once años falleció en una piscina municipal, demandando los padres del falleci-

---

760 López Sánchez, C.: *La responsabilidad civil del menor*, op. cit., p. 185

761 López Peláez, P.: «La responsabilidad civil de los daños causados por menores de edad: criterios de atribución», op. cit., p. 58, propone la introducción en el Código Civil de una regla que permita a los tribunales establecer «la responsabilidad del propio menor de edad por los daños que pueda causar, siempre que tenga una mínima capacidad de entender y de querer, y a partir al menos de los 14 años, sin perjuicio o al lado de la responsabilidad de sus padres o guardadores, que seguirán siendo responsables por su falta de cuidado».

762 STS 10 abril 1988 (TOL 1.735.122).

do al Ayuntamiento de Alborea, al vigilante de la piscina, que tenía diecisiete años de edad, y a los padres de este. El tribunal absolvió al vigilante menor de edad, pero no por una supuesta inimputabilidad, sino, sencillamente, porque en dicho supuesto no concurrió ningún género de culpa o negligencia. Es decir, el Alto Tribunal reconoció, implícitamente, que los menores de edad pueden ser condenados por responsabilidad extracontractual, al no basar la absolución del vigilante en su minoría de edad, sino, simplemente, en que en el caso concreto no existió por parte del menor demandado una culpa o negligencia que mereciese ser acreedora de ningún reproche[763]. Más ilustrativa fue la STS 22 enero 1991[764], que condenó a un menor de quince años y a la madre de este porque aquel, que conducía una motocicleta, colisionó con otra al invadir una vía principal, resultando lesionado otro menor de edad. Lo llamativo de dicha sentencia es que confirmó la condena directa del menor y la responsabilidad subsidiaria de la madre decidida por el tribunal *ad quem*, a pesar de que en primera instancia la condena fue solidaria. Igualmente, la STS 12 abril 1994[765], que juzgó otro accidente de circulación causado por un menor de

---

763 Así se colige del fundamento de derecho segundo: «Al único que no se le puede inculpar responsabilidad alguna es al vigilante de la piscina (ni por tanto a su padre) pues, pese a carecer de título de socorrista y ser su variada misión la de vigilar a los bañistas, limpiar las piscinas, cuidar de los motores, etc., por un parco sueldo, hizo cuanto pudo por intentar salvar la vida del niño ahogado, al producirse el trágico accidente. La sentencia recurrida tan sólo se limita a examinar como cuestión fundamental si el citado vigilante incurrió en cualquier clase de culpa o negligencia, llegando a la acertada conclusión negativa. Pero respecto de los restantes demandados el Ayuntamiento y el arrendatario ni someramente analiza la responsabilidad de éstos, cuando lo cierto es que está probado en autos que tanto uno como otro incumplieron la obligación que les imponía la repetida Orden Ministerial de 31 de mayo de 1960».

764 STS 22 enero 1991.

765 STS 12 abril 1994 (TOL 1.666.730).

quince años que conducía un vehículo a motor sin permiso de circulación, confirmó la condena del menor, toda vez que era imputable y concurría culpa o negligencia en su conducta, acompañándole en el fallo los padres, que fueron condenados solidariamente.

Valgan las sentencias expuestas sin ánimo exhaustivo, para percatarse de que, una cosa es que los damnificados por un hecho ilícito causado por un menor de edad demanden automáticamente a los progenitores *ex* artículo 1903 CC, toda vez que el criterio de imputación de la responsabilidad de estos se asienta en un componente cuasiobjetivo, y otra es que la persona menor de edad sea inimputable civilmente[766]. Es decir, aunque los progenitores deban responder por los daños que ocasionen los menores sujetos a su cargo, ello no puede servir de acicate para defender la irresponsabilidad del menor, pues si se demuestra que este tenía el suficiente discernimiento y, en concreto, las facultades intelectivas y volitivas para comprender el hecho ilícito y guiar su conducta conforme a dicha comprensión, podrá ser declarado culpable, sin perjuicio de que, por razones de solvencia económica, se contempla la responsabilidad por hecho ajeno de los progenitores y tutores[767].

---

766 En palabras de LLAMAS POMBO, E.: *Manuel de Derecho civil, Volumen VII, Derecho de daños,* Wolters Kluwer, Madrid, 2021, p. 180: «Los menores, las personas con discapacidad, empleados y dependientes siguen siendo, en general, responsables civilmente de los daños causados con arreglo al artículo 1902 CC; otra cosa es que su magra solvencia lleve a la víctima a demandar por la vía del artículo 1903 a esas otras personas que responden directamente de tales daños».

767 ROCA TRIAS, E. y NAVARRO MICHEL, M.: *Derecho de daños,* Tirant lo Blanch, Valencia, 2020, p. 179, además de defender la imputabilidad y, por ende, la responsabilidad de los menores, que sería solidaria junto a la de los progenitores y tutores, admiten la posibilidad de que estos ejerciten la acción de regreso contra el menor mediante la aplicación analógica del artículo 1904 CC.

2.2. La desheredación del menor de edad a examen

2.2.1. La imputabilidad del desheredado como elemento imprescindible de la desheredación

Si la desheredación se concibe como una disposición testamentaria por la que el causante priva al legitimario de su legítima en virtud de las causas establecidas en la ley, siendo todas ellas manifestaciones, en menor o mayor medida, de insolidaridad familiar, es evidente que constituye un requisito *sine qua non* para el éxito de la desheredación, además de la supervivencia del legitimario, que este tenga las suficientes facultades para el conocimiento de la causa de desheredación y para la adecuación de su comportamiento a tenor de dicha comprensión. Quizás, se podría argüir que, a la vista de que el Código Civil no contempla un catálogo de causas de exclusión de la imputabilidad, como ocurre con otras ramas del Derecho[768], la resolución de la eficacia de la desheredación si el desheredado llegare a impugnarla tendría que pivotar sobre un prisma puramente objetivo, al margen del discernimiento o la imputabilidad del desheredado.

Precisamente, este planteamiento lo han acogido, recientemente, algunas sentencias, que, aunque sus fallos no necesariamente pudieran ser objeto de discrepancia por nuestra parte, sí lo es su razonamiento. Ejemplo de ello fue la SAP Jaén 5 abril 2017[769], en la que un padre desheredó a su hija en testamento otorgado en 2009 por las causas expresadas en el artículo 853.2ª CC. La desheredada presentó demanda solicitando que se declarase injusta la desheredación, que fue desestimada, pues quedó acreditado que la demandante le dedicó insultos

---

768 Véase, por ejemplo, el artículo 20 CP.

769 SAP Jaén 5 abril 2017 (TOL 6.196.017).

al padre como «inútil», «ojalá te muertas ya y me des la herencia», «gilipollas», «eres un cerdo», etc. Además, también quedó acreditado que la hija, estando enfermo el padre, no se interesó por su salud, no lo cuidó y tampoco fue a visitarlo cuando ingresó en el hospital. Uno de los argumentos que la hija alegó en juicio y en el recurso de apelación fue que su estado psicológico estaba mermado, al estar «diagnosticada de trastorno adaptativo con síntomas mixtos de ansiedad-depresión», que le provocaron episodios de autolisis. El tribunal, acogiendo el criterio del juzgado *a quo*, podría haber desestimado el recurso de apelación razonando que, por un lado, quedaron acreditados los hechos que sustentaron la desheredación, y, por otro, que el estado mental de la hija no repercutió en las facultades necesarias para comprender lo que implicaban conceptos tales como el maltrato de obra o la injuria, y que dichas conductas, sin duda, suponían tal atentado contra la solidaridad familiar que la convertían en desmerecedora de la legítima. Sin embargo, añadió, con defectuosa técnica jurídica, que el cuadro psicológico de la demandante era irrelevante porque «no consta declarada incapacidad», además de que la desheredación «no está sujeta a eximentes».

Insistimos, con esta crítica no estamos mostrando un desacuerdo con el fallo de la sentencia, toda vez que la desheredada, aún teniendo mermada su salud mental, era posible que tuviese el discernimiento suficiente para comprender el alcance de sus actos, pero, lo que está fuera de duda, es la motivación censurable de que el estado mental de la legitimaria era irrelevante en el ámbito de la desheredación por el simple hecho de que el Código Civil no recoge un catálogo de eximentes o aquella no estaba incapacitada, máxime cuando, respecto a la incapacitación y teniendo en cuenta la ley en vigor a la fecha de los hechos, el dato de que una persona no hubiere sido incapacitada no debía llevar a pensar, como si de una presunción *iure et de iure* se tratase, que esta tenía facultades para gobernarse a sí misma, más si deparamos en que los procesos de incapacitación, por aquel entonces, suponían un estigma para la familia del incapacitado.

En cambio, otras resoluciones, como la STS 9 julio 1974, han dicho, aunque fuese *obiter dicta*, que para que sea eficaz y justa la desheredación es preciso que la causa de desheredación «sea imputable al desheredado». Más expresiva, en cuanto a la necesaria concurrencia de la imputabilidad del desheredado, fue la SAP Santa Cruz de Tenerife 14 diciembre 2015, en la que el causante desheredó a sus dos hijos por maltrato psicológico, si bien solo la hija presentó una demanda solicitando que se declarase injusta la desheredación. Uno de los argumentos que planteó la demandante fue que, mediante sentencia dictada el 11 de junio de 1990, fue declarada «total y absolutamente incapaz para administrar sus bienes y regir su persona», aportando como prueba el informe del médico forense del proceso de incapacitación, donde se decía, en relación a la desheredada, que presentaba «una incapacidad mental de un 90% de su capacidad mental, conceptuándose por tanto, subnormal profunda, totalmente irreversible»; a tenor de lo dicho, el tribunal estimó el recurso de apelación de la demandante, diciendo que, con esas condiciones, «difícilmente se le podía imputar una conducta dolosa e intencional que sea integrante de algunas de las causas de desheredación, ni de una negativa a prestar alimentos a su padre, ni de un maltrato de obra, ni de haber proferido en su contra injurias graves, pues resulta civilmente inimputable de esas conductas».

También es destacable aquí la SAP Asturias 22 junio 2018[770], donde un padre, mediante testamento otorgado en 2015, desheredó a su hija adoptiva por maltrato de palabra y abandono emocional al testador, desestimándose en primera instancia la demanda que presentó la desheredada. Según los hechos

[770] SAP Asturias 22 junio 2018 (TOL 6.796.055).

probados, la hija, adoptiva desde los ocho años de edad, se «metió en el mundo de la droga desde joven, provocando un conflicto con los progenitores», a quienes amenazaba y vejaba con términos como «ojalá os muráis» u «ojalá te de un cáncer», abandonando la vivienda familiar a la que solo iba esporádicamente para pedirle dinero a los padres; a lo que debe añadirse que, cuando el padre enfermó, la hija no se preocupó por él. El tribunal, estimó el recurso de apelación de la hija, pues la esquizofrenia paranoide que padecía, junto a su drogodependencia, que influyó en su enfermedad, le provocaba «delirios y experiencias alucinatorias» que le alteraban «la percepción de la realidad», inhabilitándola, incluso, para relacionarse con los demás. A ello el tribunal añadió que los episodios de maltratos infantiles por parte de la madre adoptiva que la desheredada alegó, junto a su enfermedad, pudo afectar «en la psique» de la demandante, siendo «capaz de construir un relato alucinatorio sobre aquellos que no responde a la realidad y explica su conducta, imputable en todo caso a la psicosis que padece y no a la voluntad de vejar a sus progenitores».

Por lo tanto, para valorar la justicia de la desheredación, no solo es necesario que concurra la voluntad de desheredar en testamento y la expresión de la causa, sino que también será imprescindible que el legitimario tenga unas mínimas condiciones intelectivas para comprender la causa citada en testamento y guiar su comportamiento a tenor de dicho entendimiento, a fin de que sus actos puedan ser objeto de reproche a los efectos de privarle de la legítima[771]. Dicho de otro modo, el desheredado debe tener la aptitud y madurez suficientes para

---

771 Según CABEZUELO ARENAS, A. L.: *Maltrato psicológico y abandono afectivo de los ascendientes como causa de desheredación (art. 853.2 CC)*, op. cit., p. 31, la desheredación «no puede cimentarse tan sólo en la objetiva materialización de unos comportamientos», sino que requerirá «que en el desheredado concurran ciertas condiciones de madurez que le permitan apreciar la trascendencia de sus actos y responsabilizarse de los mismos».

conocer el alcance de los deberes propios de la relación familiar y, además, comprender que su conducta, activa u omisiva, tiene potencialidad para atentar contra los postulados más elementales del fundamento del sistema legitimario, que no es otro que la solidaridad familiar.

Además, así como respecto a la persona menor de edad sostuvimos que puede responder civilmente por los hechos ilícitos que protagonizare, aunque su responsabilidad se yuxtaponga a la de los progenitores o tutores (art. 1903 CC), cabe decir lo mismo en cuanto a las personas con discapacidad. Es decir, el hecho de que una persona con discapacidad conviva con el curador que ostente, en palabras del artículo 1903 CC, «facultades de representación plena», no es óbice, a nuestro juicio, para que aquella responda por los perjuicios que causare si se demuestra en juicio que tenía las suficientes facultades para guiar su comportamiento en torno a la evitación o la no producción del hecho ilícito, como recientemente ha defendido Llamas Pombo[772]. Extrapolando esto a la desheredación, consideramos que la ratificación de la CDPD obliga a ser consecuentes: si se predica que la persona con discapacidad puede ejercitar con libertad y en pie de igualdad sus derechos, aunque precise de un apoyo, no se debe rechazar apriorísticamente que la persona, por el hecho de tener una discapacidad o una medida de apoyo con facultades de representación, desconozca hechos tan elementales como que el maltrato o la injurias son conductas que, *per se*, originan un daño al pariente. Así como defendimos más arriba que la persona con discapacidad podrá desheredar si es capaz de sentir y padecer la existencia o la inexistencia de los vínculos afectivos con los más cercanos, también podrá ser desheredada si protagoniza una causa de desheredación, siempre que, en el caso de que se impugna-

---

772 Llamas Pombo, E.: *Manuel de Derecho civil, Volumen VII, Derecho de daños*, op. cit., p. 180.

re la desheredación, existan pruebas suficientes de que, en el caso concreto, el desheredado tenía las facultades intelectivas y volitivas suficientes, no para la perfección de actos jurídicos, sino para comprender la causa desheredativa y acomodar su conducta a dicha comprensión.

2.2.2. Estado de la cuestión de la desheredación de la persona menor de edad en la doctrina

Las Partidas situaron la edad a partir de la cual el legitimario podía ser desheredado en diez años y medio (Ley 2ª, Titulo VII, Sexta Partida)[773], que era, según la concepción heredada del Derecho Romano, la edad a partir de la cual el sujeto podía actuar con dolo. Esta regla no pasó al Proyecto isabelino de 1851, ni al Código Civil, que, respectivamente, guardaron silencio. La doctrina no ha tratado con profundidad la desheredación de la persona menor de edad. Quizás, ha coadyuvado a ello que los supuestos donde se deshereda a un menor de edad han sido excepcionales o residuales en la práctica forense. Respecto a aquellos autores que la han tratado, al menos tangencialmente, no hay consenso sobre la edad a partir de la cual el legitimario puede ser desheredado.

Scaevola, que trató la desheredación del menor de edad al estudiar la injuria grave de palabra como causa de desheredación de los descendientes, dijo que el silencio del Código Civil alberga una referencia implícita al Código Penal, «por ser éste quien determina y sanciona, como de su propio campo, los límites de la responsabilidad de los delitos y faltas». Partiendo el autor de que, conforme a la ley penal por entonces vigente, el menor de nueve años no era responsables criminalmente

---

[773] La dicción literal de la norma era la siguiente: «*Otrosi decimos, que todos aquellos que descienden por la liña derecha pueden ser desheredados de aquel mismo de quien descienden si fizieren por lo e fueren de edad de diez años y medio a lo menos*».

por sus palabras o actos, «considerándose que aún le falta entonces el discernimiento necesario para distinguir lo bueno de lo malo, y la inteligencia suficiente para una libre y acertada dirección de la conducta moral», arguye que en «el espacio comprendido entre los nueve y los quince años puede haber y no haber el necesario discernimiento, quedando entonces al arbitrio del Tribunal sentenciador la decisión del caso según las particulares condiciones del ofensor y las circunstancias del hecho realizado»[774]. Manresa y Navarro, sin referirse expresamente al menor de edad, dijo, al tratar el maltrato de obra, que el maltrato sería causa de desheredación de descendientes siempre que se realizase con intención, y no por imprudencia, o «por falta de discernimiento»[775].

Puig Peña realizó una sistematización de las tendencias presentes a fecha de 1963. Siguiendo al autor, había tres criterios: un primer criterio era aquel que, a la vista de la esencia penal que tiene la comisión del acto ilícito sucesorio, consideraba que es «procedente aplicar aquí las prescripciones del Código penal y haciendo de ellas un uso o utilización analógica», de modo que «hasta la edad de los dieciséis años procede establecer la presunción de falta de discernimiento en el legitimario, mientras que para los mayores de edad la presunción ha de ser de conocimiento de la significación del acto y de que el mismo ha sido realizado con plena voluntad de querer»; un segundo criterio, que según Puig Peña era muy seguido en la doctrina española, estimaba que el «problema de la culpabilidad debe ser resuelto según los antecedentes y circunstancias de cada caso y que, por tanto, será el juzgador el que, en definitiva, resuelva el problema»; finalmente, un tercer criterio optaba por una vía intermedia, que distinguía la capacidad para ser des-

---

774 Mucius Scaevola, Q.: *Código civil, Tomo XIV*, op. cit., pp. 903 y 904.

775 Manresa y Navarro, J. M.: *Comentarios al Código Civil español, Tomo VI*, op. cit., p. 610.

heredado según la calidad y naturaleza de la causa que fundamentaba la desheredación. El autor acogía esta última postura, no sin decir previamente que debía ser adoptada con cautela, esgrimiendo que si la causa desheredativa constituía un hecho considerado delito, había que aplicar por analogía las prescripciones del Código Penal en orden a la imputabilidad; en cambio, si la causa no era un hecho delictivo, «entonces será el Juez quien, a su prudente arbitrio, determinará si el sujeto pasivo de la desheredación tiene o no la edad suficiente para comprender la malicia de sus actos»[776].

Vallet de Goytisolo, curiosamente, no llegó a tomar partido, simplemente dibujó un esbozo de las distintas posturas doctrinales, para luego decir que «finalmente, ha predominado el criterio de distinguir según el hecho que sea causa de desheredación constituya un delito penal o bien sólo un acto civilmente culposo o doloso, bien sea matizado con un flexible arbitrio judicial»[777]. Roca-Sastre, en cambio, parece que se distanció del criterio que siguió la doctrina mayoritaria, al desligarse de la bifurcación que valoraba la capacidad para ser desheredado según la causa fuese un ilícito penal o, simplemente, un ilícito civil, apostando por el «criterio del *discernimiento*», en virtud del cual la causa y la imputabilidad estará al albur del arbitrio judicial, fundamentando su toma de postura en un texto del *Codex* que decía lo siguiente: «porque nos parece que es bastante cruel considerar ingrato al que no tiene discernimiento»[778].

La doctrina contemporánea no ha aportado mucho más de lo que dijeron los autores clásicos. Algaba Ros se ha adherido al criterio que secundó Puig Peña, diciendo «que sería conve-

---

776 Puig Peña, F.: *Tratado de Derecho Civil Español, Tomo V, Sucesiones, Vol. II, Relaciones sucesorias particulares,* op. cit., p. 425.

777 Vallet de Goytisolo, J.: *Limitaciones de Derecho sucesorio a la facultad de disponer, Tomo I, Las legítimas,* op. cit., p. 661.

778 Roca-Sastre Muncunill, L.: *Derecho de Sucesiones, Tomo II,* op. cit., p. 557.

niente adoptar un criterio armónico y en función de la causa de desheredación de que se trate», debiendo seguirse «las disposiciones del Código Penal cuando la causa esté tipificada penalmente o bien en el arbitrio de los Tribunales que habrá de tener presente el discernimiento del desheredado[779]. Gallego Domínguez ha dicho que, probablemente, la tesis más acertada sea «la que considera que deberá acudirse a criterios que resultan del Código penal, cuando éste castigue los hechos de que se trate; quedando los demás casos, al arbitrio del juez para determinar la capacidad de discernimiento del desheredado»[780].

En cambio, Cabezuelo Arenas, rechaza el dualismo de valorar la imputabilidad o la edad del desheredado según la causa de desheredación se trate de un ilícito penal o no, pues «el Juez Civil, cuando hace aplicación del art. 853.2 CC, se encuentra desvinculado de la valoración de los hechos que se hiciera en el ámbito penal». Según la autora, en la medida en que hay comportamientos con nula repercusión en el ámbito criminal y no tanto en la desheredación, «la identificación entre la capacidad para ser desheredado con la edad requerida en el Código Penal para ser criminalmente responsable no tiene entonces mucho sentido». Siguiendo su explicación, la valoración de los hechos en la jurisdicción penal no vincula en absoluto a la jurisdicción civil, pudiendo esta «entender perfectamente fundada una desheredación en los hechos que resultaron probados en aquella otra Jurisdicción, a pesar de que no hubiera recaído en ella sentencia condenatoria, por no encajar esos sucesos en tipo delictivo alguno», y también a la inversa, en el sentido de que «la condena por hechos tipificados en el Código Penal y, más concretamente aún, por maltrato en el ámbito familiar, no presupone automáticamente la justa des-

---

779 Algaba Ros, S.: *Los efectos de la desheredación*, op. cit., p. 172.

780 Gallego Domínguez, I.: «La desheredación en el Código Civil», op. cit., p. 168

heredación para los autores del delito, cuando el ofendido les hubiera privado en testamento de su legítima en atención a ese pronunciamiento judicial y lo invocara sin más»[781].

Aquí tenemos que hacer una interrupción respecto al recorrido doctrinal, pues la argumentación que ofrece Cabezuelo Arenas para desligarse de la teoría dualista -que valora la capacidad para ser desheredado según el hecho en que se funda la desheredación sea un ilícito penal o no-, no nos parece convincente, y creemos que, tal y como la expuso, no hace justicia a las bondades de su propuesta, que creemos coincide con el criterio del discernimiento, en cuya virtud se ha de valorar caso por caso la capacidad del desheredado con independencia de su edad. Al tratar la prueba de la desheredación[782] hicimos mención al valor que tienen las sentencias penales en la jurisdicción civil cuando los hechos que sustenten la desheredación hubiesen sido objeto de un enjuiciamiento criminal previo. Allí, conforme a la jurisprudencia recaída en Derecho de daños, dijimos que la sentencia penal absolutoria por causas distintas a la inexistencia del hecho o por no estimar suficientemente probado que el acusado fue autor de los mismos, concede al juez civil plena legitimación para valorar los hechos posteriormente, pues no genera el efecto de cosa juzgada; igualmente, si la sentencia penal es condenatoria, ello no significa que el juez civil se tenga que plegar, automáticamente, al fallo de dicha sentencia para declarar justa la desheredación, pues la causa desheredativa se ha de valorar según el contexto de la familia, siendo determinantes hechos como el comportamiento antecedente del causante, que, aunque fueren irrelevantes en el ámbito penal, sí pueden tener una significación propia en el ámbito civil donde se discuta la desheredación. En

---

781 Cabezuelo Arenas, A. L.: *Maltrato psicológico y abandono afectivo de los ascendientes como causa de desheredación (art. 853.2 CC)*, cit., pp. 39 y 40.

782 Epígrafe 8 del Capítulo I.

cambio, si la sentencia penal es absolutoria porque consideró probado que el acusado, posteriormente desheredado, no fue autor de los hechos o que estos fueron inexistentes, dicha valoración vinculará a la jurisdicción civil en virtud del artículo 9.3 LOPJ.

Esta doctrina, seguida escrupulosamente por el Tribunal Supremo cuando se trata de determinar la responsabilidad extracontractual por unos hechos que, a su vez, han motivado el dictado de una sentencia penal previa, no tiene ningún ligamen, a nuestro juicio, con la capacidad para ser desheredado. O dicho de otra manera, su recorrido jurídico es el mismo con independencia de las facultades intelectivas y volitivas del legitimario. Vamos a verlo con dos supuestos:

a. Si un hijo menor de edad insultó a su progenitor y aquel fue procesado por un delito de injuria o vejación de carácter leve en el ámbito familiar (art. 173.4 CP), puede ser que el juez penal dicte una sentencia absolutoria porque las expresiones proferidas no tienen la suficiente entidad para que sean objeto de reproche penal, máxime cuando esta rama se rige, entre otros principios, por el de intervención mínima; sin embargo, la sentencia no será óbice para que los mismos insultos puedan fundar un justa desheredación, ya que las injurias que lucen en el artículo 853.2ª CC no se identifican, plenamente, con las injurias del Derecho Penal, como veremos al estudiar dicha causa de desheredación.

b. Igualmente, si un hijo menor de edad es condenado por el delito de injuria o vejación de carácter leve proferida al progenitor, puede ser que, pese a la condena, la desheredación posterior fundada en dichos hechos sea declarada injusta, pues aunque en el proceso penal sea, en cierta medida, irrelevante la educación que le brindó el progenitor al menor, al no poderse subsumir esta circunstancia, fácilmente, en algunas de las eximentes que contempla el artículo 20 CP, ello no implica que sean irrelevantes en el proceso civil, pudiendo interpretar el tribunal civil que difícilmente podrá el testador reprochar mediante la desheredación una manifestación del incumplimiento del deber de respeto filial cuando, sencillamente, recogió lo que sembró[783]. Con esta idea no pretendemos, en absoluto, exonerar de responsabilidad civil, a los efectos de la desheredación, los supuestos de violencia filoparental, al contrario, creemos que una de las expresiones más sintomáticas del incumplimiento del deber de respeto filial que motivarían una desheredación del menor de edad son las agresiones o injurias hacia el progenitor. Pero ello no es óbice para reconocer que hay casos excepcionales en los que la agresión protagonizada por el legitimario está rodeada de ciertos elementos que, a pesar de no haber tenido incidencia en el proceso penal, sí pueden tener relevancia en el pleito donde se ventile la desheredación, pues el canon hermenéutico que debe seguirse en estos procesos debe estar presidido por la idea de dilucidar si los hechos imputables al desheredado suponen un atentado contra la solidaridad familiar y, no menos importante, si el desheredado, ora menor de edad ora con discapacidad, poseía las herramientas para guiarse o motivarse por dicho principio, pues si por razón de su escasa madurez, el contexto o la deficiente instrucción o educación paterna no fue posible, no sería reprochable que el menor actuara al margen de dicho postulado[784].

---

783 Es interesante la definición que late en la SAP Palencia 20 abril 2001 de la expresión maltrato de obra (cursiva propia): «por maltrato de obra deberá considerarse toda acción u omisión tendente a causar un menoscabo físico o psíquico, en este caso, al progenitor y testador, con el consiguiente menoscabo o sufrimiento en el que lo recibe, *sin justificación inmediata en la propia actitud del testador*».

784 La SAP Asturias 1 febrero 2016, ya citada en el epígrafe donde tratamos la prueba de la desheredación, es un ejemplo de este planteamiento. Aunque en este caso se ventiló una demanda de una madre solicitando la extinción de la pensión de alimentos de un hijo de diecinueve años con base al artículo 152.4º CC, consideramos que la su exégesis es extrapolable, *mutatis mutandi,*

Insistimos, los supuestos expuestos con sus correlativas consecuencias son aplicables tanto a la persona menor de edad como al mayor de edad. Por lo tanto, el razonamiento de Cabezuelo Arenas, que pivota sobre la valoración de las sentencias penales en la jurisdicción civil, no desvirtúa, en nuestra opinión, el modelo dualista propuesto por la doctrina. Lo relevante, a los efectos de valorar la capacidad para ser desheredado, es, a nuestro modo de ver, el discernimiento de la persona en cada caso concreto, al margen de su edad.

2.2.3. Análisis casuístico

Habida cuenta de que no pocos autores han propugnado que la desheredación de la persona menor de edad deberá ser analizada según sus facultades intelectivas y volitivas y, no menos importante, al compás de la causa desheredativa que se le impute[785], creemos que un adecuado tratamiento panorámico de la cuestión pasa por ofrecer una radiografía de la casuística. Antes de sumergirnos en ella, tenemos que adelantar que

---

a aquellos casos en los que el desheredado interpone una demanda pidiendo el dictado de una sentencia que declare la desheredación injusta. La madre basó su acción en que el hijo fue condenado por injurias en la jurisdicción de menores, en una sentencia dictada de conformidad, diciendo además que concurría el supuesto del artículo 853.2ª CC. La sentencia desestima las pretensiones de la madre, valorando que, aunque esta no haya sido la que provocó directamente los hechos que motivaron la sentencia penal, sí coadyuvó a crear el grave conflicto familiar, diciendo que este conflicto provocó una «desestabilización en el menor», que, aunque no justificara, sí minoraba, en palabras de la sentencia, la gravedad de los hechos protagonizados por el demandado. Añadiendo el Tribunal que, en la actualidad, el hijo, cuando dejó de convivir con su madre, recondujo su conducta retomando sus estudios.

[785] Como dice O´Callaghan Muñoz, X.: *Compendio de Derecho Civil, Tomo V, Derecho de sucesiones*, op. cit., p. 233, el problema de la desheredación del menor de edad es tratarlo de forma unitaria, pues las causas de desheredación son diversas.

las sentencias recaídas hasta la fecha versan sobre el artículo 853.2ª CC, siendo inexistentes aquellas que tratan de dilucidar la desheredación del menor de edad por negarse, sin motivo legítimo, a prestar alimentos al ascendiente. No es para menos, pues, mientras dure la minoría de edad y no se extinga la patria potestad, los progenitores deberán mantener al menor de edad, tratándose de un deber insoslayable que se fundamenta en la filiación. Por lo tanto, huelga decir que siendo el menor el que ha de recibir alimentos de los progenitores, complicado será, sino imposible, que aquel se erija como alimentante de estos. Ahora bien, a nuestro juicio, ello no será óbice para que puedan integrarse en la dinámica conceptual del artículo 853.1ª CC otras conductas, como la negativa a contribuir al levantamiento de las cargas de la familia, pudiendo fundamentar esta conducta una desheredación si se aprecian determinadas circunstancias, tal y como defenderemos cuando analicemos las causas de desheredación, donde haremos una propuesta hermenéutica del artículo 853.1ª CC en relación con el artículo 155.2º CC.

Dicho esto, a continuación se citarán las escasas sentencias dictadas en procesos donde se ha discutido la desheredación del menor de edad, advirtiendo al lector que los hechos que han sido objeto de enjuiciamiento son los subsumibles en el artículo 853.2ª CC, incluyéndose el maltrato psicológico según la errática exégesis que ha secundado, interpretación extensiva mediante, el Tribunal Supremo.

En la SAP Murcia 5 octubre 2000, una madre desheredó a su hija cuando esta, no solo era menor de edad, sino que también tenía una merma de sus facultades que provocó que en su día la incapacitaran y le nombraran un tutor. La causa citada en el testamento fue la injuria grave de palabra, atestiguando los testigos que comparecieron en juicio que cuando la desheredada insultó a su madre tenía entre «doce y quince años». El juzgado *a quo* estimó injusta la desheredación, razonando que cuando sucedieron los hechos la hija tenía, a lo sumo, quince años y que sus condiciones mentales «no eran normales». Razonamiento que secundó el tribunal que dictó la sentencia dictada en segunda instancia, mencionando no obstante que, suponiendo que los insultos los profiriese la desheredada cuando tenía entre doce y quince años, la desheredación era inaplicable porque la hija «era menor de edad penal». Además, la resolución se remite a la STS 16 julio 1990[786] para sugerir que, por debajo de la edad penal, la persona menor de edad no puede ser desheredada[787].

---

786 STS 16 julio 1990 (TOL 1.720.661).

787 En el caso que desembocó en el Tribunal Supremo unas hijas fueron desheredadas por injuriar gravemente a la madre, reputándose justa en todas las instancias la desheredación. Respecto a la edad de las desheredadas, quedó probado que las injurias las profirieron cuando ya cumplieron la mayoría de edad, según se infiere del fundamento de derecho sexto de la sentencia: "El quinto motivo, último por examinar, al haber sido inadmitido el sexto, amparado, al igual, en la causa quinta del art. 1692 de la Ley de Enjuiciamiento Civil, denuncia la infracción por violación del art. 322 del Código Civil en relación con el 317 y 320 del mismo Cuerpo legal en su redacción vigente cuando acaecieron los hechos que se dicen determinantes de la desheredación; pero como la cuestión que se plantea relativa a la minoría de edad civil de los hijos del testador, quedó acertadamente resuelta en la recurrida sentencia al refutar uno de los argumentos de los actores sobre la minoría de edad penal, declarando «probado que los hechos ocurrieron en los meses de febrero, marzo y abril inmediatamente anterior a la fecha de separación de los hijos de su padre, para su entrega a la institución adecuada de 20 de abril de 1966, aquéllas eran ya personas penalmente responsables, con proyección civil, si se tiene en consideración que D.ª Pilar había nacido en 3 de mayo de 1946 y Doña Guadalupe en 17 de abril de 1949; y como los efectos civiles los determina el propio Código, el privar a un heredero forzoso de sus derechos a la legítima, es evidente que al darse tal circunstancia, no cabe entrar en disquisiciones, como hace ver el recurrente, aparte de constituir cuestiones nuevas vedadas a la casación; por todo ello el motivo ha de ser desestimado".

En la SAP Pontevedra 15 diciembre 2010[788] los hechos fueron distintos. Un padre desheredó a su hijo porque este se negó a tener relación con aquel, pese a que el padre tenía una esclerosis múltiple avanzada que le provocó una tetraplejia espástica, dependiendo totalmente de una tercera persona. La sentencia declaró injusta la desheredación porque, entre otros motivos, dichos hechos no podían subsumirse en el artículo 853 CC, dada la interpretación restrictiva de la desheredación, argumentando además que difícilmente se pudo producir un maltrato «cuando por aquella época el hijo tenía 12 años de edad (nacido el 7 julio 1980) y la relación entre padre e hijo era ya inexistente, por lo que extraño resulta que se produzca entre ellos un maltrato de obra o una injuria grave que exige, como no, una precisa intencionalidad de ofender o animus injuriandi».

Paradigmática fue la SAP Madrid 8 octubre 2013[789], por el tratamiento que realizó respecto a la minoría de edad del desheredado. El supuesto giró en torno a una abuela que, mediante testamento otorgado en 2007, desheredó a su hijo y a su nieto, nombrando herederas a sus otras dos hijas. Parece que los hechos que motivaron la desheredación del nieto fueron este insultó varias veces a la abuela, además que, posteriormente, le negó una mínima relación. Quedó acreditado mediante la prueba testifical que el nieto «profirió insultos a su abuela» y, además, «mantenía respecto de ella una actitud de desprecio y humillación», dirigiéndose a la causante con términos como «gorda» o «guarra». A juicio del tribunal, estas expresiones reflejaban «una intencionalidad de desprecio y humillación hacia dicho ascendiente, que justifican por sí solo la desheredación». Respecto a la minoría de edad del desheredado, que a la fecha de los hechos tenía diecisiete años, el tribunal dijo

[788] SAP Pontevedra 15 diciembre 2010 (TOL 2.042.414).

[789] SAP Madrid 8 octubre 2013 (TOL 4.056.720).

que este estaba «plenamente capacitado para ser desheredado» y que el desprecio y el rechazo insultante y humillante de este «es directamente atribuible a él y sólo puede obedecer a su libre determinación». Además, expuso que el hecho de que el Código Civil no contemple una edad a partir de la cual el menor de edad pueda ser desheredado no implica que deba acudirse, necesariamente, a la mayoría de edad, «pues lo realmente determinante para que la desheredación produzca efectos, es que se acredite que la causa concurre y le sea atribuible al desheredado».

En la SAP Cádiz 31 octubre 2018[790] no se dilucidó la desheredación basada en un maltrato de obra o una injuria grave de palabra, sino en la ausencia de relación familiar entre la abuela y la nieta, la cual comenzó cuando esta tenía once años de edad. Sin perjuicio de que el tribunal consideró que la ausencia de relación familiar representaba, por sí sola, una manifestación de maltrato, argumentó que, teniendo la desheredada tan solo once años de edad cuando comenzó la nula relación, «no dependía de ella iniciar ni mantener la relación con la abuela», no constando tampoco que «la abuela llevara a cabo actuación alguna para iniciar o recuperar la relación con su nieta menor de edad tras el fallecimiento de la hija»[791].

---

790 SAP Cádiz 31 octubre 2018 (TOL 7.014.858).

791 Otros tribunales han manejado razonamiento análogos cuando la causa invocada es la ausencia de relación y el legitimario era menor de edad, como la SAP Segovia 18 octubre 2006 (TOL 6.019.323): «Cuando el padre testa, el actor tenía 19 años, por lo que la falta de visitas del hijo no son imputables a éste, al menos hasta los últimos dos años, pues con anterioridad era menor de edad y dependía por tanto de quienes ostentaban la guarda y custodia o la patria potestad. Así las cosas la parte demandada tampoco ha acreditado que por parte del testador hubiese existido afán alguno por contactar o estar con su hijo, lo que nos lleva a excluir que esta falta de relación se pueda constituir como muestra de una conducta siquiera moralmente reprobable por parte del hijo. Y en cuanto a que no se preocupase por él, debemos

En cambio, en la SAP Valladolid 29 mayo 2020[792], lo determinante no fue la actitud del desheredante en orden a mantener una relación afectiva con el hijo menor de edad, sino la influencia negativa que ejercía la madre sobre el menor de edad en relación a la figura paterna. Aquí, los padres se separaron judicialmente en el año 1999, cuando el hijo tenía dos años de edad, divorciándose posteriormente en 2006. La sentencia declaró la desheredación injusta con base en que la falta de relación entre el padre y el hijo no fue a consecuencia de una voluntad unilateral e injustificada de este, sino a «la negativa influencia que para el desarrollo de las comunicaciones con el menor originaba el círculo familiar materno», que propició «una situación fáctica de desatención y desapego afectivo del hijo con su padre».

En nuestra opinión, aunque el *mobbing familiar* ejercido por un progenitor contra el otro no siempre dispense al legitimario menor de edad de los atentados más graves, como el maltrato de obra en sentido estricto o la injuria grave de palabra, sí puede tener especial relevancia cuando el desheredado es una persona menor de edad y el causante articuló la desheredación al amparo del maltrato psicológico y, en concreto, alegó en el testamento la ausencia de relación como motivo de desheredación. Hay que partir de la regla general de que la escasa sintonía del hijo menor de edad con uno de los progenitores o la mera ruptura entre los progenitores no debe justificar, *per se*, que aquel rehúse, sistemáticamente, ver a su progenitor, y si lo hace deberá asumir sus consecuencias, como la privación de la legítima. Sin embargo, hay supuestos de *mobbing familiar*

---

afirmar lo mismo. Diez años antes de testar, el actor tendría nueve años, por lo que al menos hasta los dieciséis quien debió preocuparse por el otro fue el padre con el hijo y no viceversa». Véase también la SAP Valencia 22 mayo 2017 (TOL 6.488.267), que reproduce el mismo argumento.

792 SAP Valladolid 29 mayo 2020 (TOL 8.021.144).

en donde uno de los progenitores -generalmente, el custodio-, amén de torpedear la solidaridad familiar, ejerce una influencia negativa sobre el hijo, logrando que este visualice al otro progenitor como un ser repulsivo. Sin duda, la mera ruptura o la crisis matrimonial no debe ser utilizada por uno de los progenitores como elemento de distorsión de la relación paterno-filial que liga al hijo con el otro progenitor, ni para imputar a este, en presencia del descendiente, responsabilidades morales de la ruptura, pues, sencillamente, los hijos, siendo menores de edad y aún teniendo discernimiento, están en una etapa de formación de su personalidad en el que la volatilidad y la capacidad de ser influenciados es muy elevada[793], siendo, curiosamente, los menores los verdaderos perjudicados del conflicto de lealtades existente entre los padres[794]. Por ello, si se

---

793 Esto fue precisamente lo que pasó en la SAP Oviedo 15 marzo 2017 (TOL 6.080.972), que estudió un caso en el que un padre desheredó a una hija por maltrato psicológico, siendo la hija menor en el momento del otorgamiento del testamento. Los hechos relevantes fueron que la menor, desde hace muchos años, no veía al padre ni al abuelo paterno, teniendo como antecedente la nula relación un proceso de divorcio que desembocó en una sentencia que atribuyó la guarda y custodia a la madre. El tribunal declaró injusta la desheredación, diciendo que la menor, por influencia de tercera personas, estaba en la convicción de que su padre era quién había optado por perder la comunicación con ella, subrayando, respecto a la desheredada, que «era lógico pensar que no tratara de reanudar la comunicación, una vez alcanzada la mayoría de edad, albergando un sentimiento de rechazo hacia la figura paterna, sin que, en consecuencia, pueda apreciarse en ella culpabilidad alguna en el distanciamiento respecto del causante y su familia paterna; no constando además que la demandante siendo mayor de edad hubiera tenido acceso a las sentencias y documentación aportada por la parte demandada», concluyendo que, acreditada la existencia del *mobbing familiar*, los sentimientos negativos que le fueron inyectados a la hija contra su progenitor «no desaparecen por el solo hecho de llegar a los 18 años».

794 Así lo dijo la SAP Burgos 5 diciembre 2018 (TOL 7.030.244): «En principio, en los casos de ruptura de relaciones paternas filiales de menores, estos no son culpables sino las víctimas».

llegare a probar, en un contexto de crisis matrimonial, que el desheredado menor de edad estuvo influenciado durante años por una persona que, ante sus ojos, tenía cierta *auctoritas*, reconocemos que esta circunstancia puede tener relevancia, no para justificar necesariamente una injuria grave o un maltrato de obra, pero sí una ausencia de relación familiar.

2.2.4. La controvertida doctrina registral

No vamos a aburrir al lector citando todas las resoluciones registrales que han tratado directamente la desheredación del legitimario menor de edad. Aquí, simplemente, analizaremos la última resolución recaída hasta la fecha, que, a tenor de la relevancia que ha tenido en prensa y en distintos medios digitales, no será una hipérbole si decimos que su exégesis será el canon que seguirá durante los próximos años el centro directo en el ámbito registral. Se trata de la RDGSJFP 15 enero 2024[795]. A continuación, relataremos los hechos y su desenlace.

La causante otorgó testamento el día 28 de mayo de 2015, instituyendo herederos a dos de sus hijos y desheredando a uno de ellos, conforme al artículo 853.2ª CC, y a los dos hijos de este por la misma causa, que, a la fecha del otorgamiento, tenían, respectivamente, trece y ocho años de edad. En el testamento se decía que los desheredados despreciaron a la causante, «al no preguntar por ella, ignorándola, y visitarla solo de forma ocasional e interesada cuando han precisado ayuda alguna, por lo que tienen un escaso trato personal con ella, comportamiento que no se corresponde igualmente con el cariño y afecto que se ha de dar a una abuela». Además se decía que, a juicio de la testadora, dichos hechos «constituye un mal trato psicológico injustificado e inmerecido pues se considera

795 RDGSJFP 15 enero 2024 (TOL 9.883.558).

una buena madre y abuela que siempre ha estado disponible cuando la han necesitado y que les ha prestado la ayuda que su situación personal y sus posibilidades le han permitido». La causante falleció el día 17 de julio de 2020, presentándose ante el Registro de la Propiedad tres años después, una escritura de aceptación y adjudicación de la herencia.

La registradora denegó la inscripción porque, a su juicio, siendo «desheredados dos legitimarios en el testamento de la causante menores de edad al tiempo del otorgamiento, no puede prescindirse de su intervención en la partición de herencia, ya que carecen los menores de aptitud para que le sea jurídicamente imputable la conducta que constituye la causa legal de desheredación». Además, en la calificación negativa la registradora adujo que era necesario que en la escritura se manifestara si los descendientes desheredados tenían, asimismo, otros descendientes, ya que ellos serían legitimarios por el juego del derecho de representación del artículo 857 CC.

El notario, que autorizó el testamento y la posterior escritura de aceptación y adjudicación de la herencia, presentó un recurso ante el centro directivo, basándose en que la registradora carecía de competencia para negar la eficacia de un testamento en el que se deshereda a unos descendientes, siendo una función que compete a los jueces y tribunales. Además, el recurso, sin desconocer que en no pocas ocasiones el centro directivo ha negado eficacia, en el ámbito extrajudicial, a desheredaciones respecto a personas inexistentes al tiempo del otorgamiento o que, de modo patente e indubitado, carecían de la aptitud necesaria para realizar la conducta que se les imputaban (por ejemplo, recién nacidos), defiende, citando uno de nuestros trabajos y transcribiendo literalmente las conclusiones que defendimos en su día[796], que es posible desheredar

[796] Gómez Valenzuela, M. Á.: «La desheredación del menor de edad», op. cit., pp. 454-457.

a un menor de edad que, en el momento del otorgamiento, no tuviere la edad penal; y que, en todo caso, corresponde a los jueces y tribunales, no al registrador, valorar la madurez del menor, ya que, en palabras del notario recurrente, dicha decisión «exige, salvo que la falta de aptitud/idoneidad resultare acreditado de un modo patente e indubitado, una audiencia con los desheredados, informes periciales, así como un conocimiento de su entorno familiar y/o social, lo que no acontece ni se da en el estricto marco de la función calificadora encomendada a los registradores, quienes han de calificar por lo que resulte del/de los título/s presentado/s y del contenido de los libros del Registro».

El centro directivo desestimó el recurso. Reconociendo que, de la misma manera que el ordenamiento jurídico permite a los menores de edad realizar múltiples actos y negocios jurídicos, también pueden ser desheredados, teniendo el testamento que albergue la desheredación de un menor de edad plena eficacia patrimonial, salvo que una declaración judicial, tras un procedimiento contradictorio instado por el desheredado, provoque la ineficacia, total o parcial, del testamento. No obstante, expresa, en el fundamento de derecho noveno, lo siguiente: «Ahora bien, este Centro Directivo estima que, por debajo de un determinado límite de edad del desheredado, la conclusión ha de ser la contraria, de modo que deba partirse de su inimputabilidad a falta del correspondiente pronunciamiento judicial sobre las condiciones de madurez del menor que le hagan apto para ser sujeto pasivo de la desheredación. Y bien puede entenderse que ese límite de edad no es otro que el de catorce años, que es la edad exigida para otorgar testamento -salvo el ológrafo- así como la establecida como límite mínimo para la exigencia de responsabilidad sancionadora con arreglo a la Ley Orgánica 5/2000, de 12 de enero , reguladora de la responsabilidad penal de los menores (cfr. artículo 3, según el cual a los menores de catorce años, no se le exigirá responsabilidad con arreglo a dicha Ley, sino que se les aplicará lo dispuesto en las normas sobre protección de menores previstas en el Código Civil y demás disposiciones vigentes). En el caso del presente recurso, al tener los desheredados la edad de ocho y trece años, respectivamente, debe confirmarse la calificación impugnada».

Discrepamos tanto de la parte dispositiva como del razonamiento de la RDGSJFP 15 enero 2024, por las razones que se expondrán en el siguiente apartado.

2.3. Valoración final sobre la capacidad para ser desheredado del menor de edad

Nuestra toma de postura coincide con la que defendimos hace tres años y que ratificamos ahora: la persona menor de edad podrá ser desheredada, con independencia de su edad, si, en el momento de protagonizar la causa desheredativa tenía las suficientes facultades intelectivas para comprender que la causa suponía un incumplimiento del deber de respeto filial, amén de una vulneración de la solidaridad familiar, y pudo haber guiado su conducta conforme a dicha comprensión. Con esta tesis nos desligamos, absolutamente, de aquellos autores y de la reciente doctrina del centro directivo que propugnan que la edad para ser desheredado debe coincidir con la edad para responder penalmente por los delitos que prevé el Código Penal, que ahora se sitúa en los catorce años, según el artículo 1.1 de la Ley Orgánica 5/2000, de 12 de enero, reguladora de la responsabilidad penal de los menores (LORPM), y con aquellas otras que decían que, si la causa era a su vez un delito, la edad mínima debería coincidir con la edad penal[797].

---

[797] En la misma senda puede verse López Frías, A.: «La posición del hijo desheredado y de sus descendientes en el reparto convencional de los bienes hereditarios», *Revista de Derecho Privado,* núm. 4, julio-agosto 2024, pp. 58 y 59, expresando, a propósito de la RDGSJFP 15 enero 2024, que el testamento

Es más, si bien al margen de la responsabilidad penal, se puede construir el silogismo consistente en que la edad para ser desheredado ha de coincidir con la edad para testar (catorce años), debe tenerse en cuenta que el criterio que motiva que el legislador fije una edad mínima para testar en el artículo 663 CC obedece razones elementales de seguridad jurídica, que conduce a que el testamento otorgado por debajo de dicha edad sea nulo de pleno derecho, pero que no desvirtúa, en la ladera fáctica, que existan menores por debajo de los catorces años, que tengan la suficiente madurez para testar, aunque, por imperativo de la ley, no puedan hacerlo.

Lo mismo cabe decir respecto a la edad penal, con la salvedad que la propia Exposición de Motivos de la LORPM reconoce, quizás implícitamente, de que puede haber menores de doce o trece años que, aunque no respondan penalmente de sus actos, tienen las facultades suficientes para comprender el hecho delictivo. No otra cosa se infiere del siguiente pasaje: «En segundo término, la edad límite de dieciocho años establecida por el Código Penal para referirse a la responsabilidad penal de los menores precisa de otro límite mínimo a partir del cual comience la posibilidad de exigir esa responsabilidad y que se ha concretado en los catorce años, con base en la con-

formalmente válido debe regir la sucesión mientras no sea impugnando, debiéndose sujetar el Registrador de la Propiedad a la última voluntad del causante hasta que no se declare ineficaces, por mor de una resolución judicial, las disposiciones testamentarias formalmente válidas. Sin embargo, la autora establece una excepción: «solo en casos palmarios y evidentes de falta de aptitud en el sujeto desheredado (recién nacido, niño de corta edad) debería admitirse la ineficacia de la desheredación cuando lo que se pretende es la inscripción de la adjudicación de la herencia» (p. 59). A nuestro juicio, si el testamento es formalmente válido, la desheredación de una persona de corta edad no puede ser un acicate para que registralmente se deniegue las inscripciones que deriven del testamento, teniendo la carga el desheredado, mediante la representación que *ex lege* tenga conferida, de impugnar la desheredación.

vicción de que las infracciones cometidas por los niños menores de esta edad son en general irrelevantes y que, en los escasos supuestos en que aquéllas pueden producir alarma social, son suficientes para darles una respuesta igualmente adecuada los ámbitos familiar y asistencial civil, sin necesidad de la intervención del aparato judicial sancionador del Estado».

Extraemos dos afirmaciones sumamente interesantes de dicho pasaje: la primera es que las infracciones cometidas por niños con una edad inferior a los catorce años son irrelevantes; la segunda es que las infracciones cometidas por estos menores que ocasionen, excepcionalmente, alarma social, pueden tener una respuesta adecuada en el ámbito familiar y asistencial, sin necesidad de que intervenga el aparato sancionador del Estado.

Ahora nos planteamos lo siguiente: ¿la *ratio* que gui al legislador para no establecer una edad penal inferior a los catorce años se cumple en la desheredación? A nuestro juicio no, máxime cuando el propio legislador no dice que el niño de doce o trece años sea inimputable y que, por ello, se fijó la edad penal en catorce años, sino que las infracciones cometidas por aquellos menores «son en general irrelevantes», sin descartar que existan niños con una edad inferior a los catorce años que tengan el discernimiento necesario para comprender el hecho delictivo. Otra cosa será que, por razones de seguridad jurídica, se disponga legalmente de una edad mínima. Además, no es comparable la imposición de una pena, eufemísticamente denominada medida de seguridad por la LORPM cuando puede suponer, incluso, la privación de libertad del menor[798], con la desheredación, que se desarrolla en un ámbito genuinamente privado. Así como tampoco es extrapolable a la desheredación el alegato de la LORPM en torno a la impertinencia de que

---

798 Véase, entre otras, la medida de internamiento, que puede ser incluso en régimen cerrado (art. 7 LORPM).

intervenga el aparato sancionador del Estado respecto a niños menores de catorce años, pues, al contrario que la pena o medida de seguridad, que la impone el Estado ejerciendo el *ius puniendi*, la desheredación la dispone el causante, basándose en su libérrima voluntad, sustanciándose la contienda judicial entre el desheredado y los herederos.

Por ende, en defecto de ley que establezca lo contrario, creemos que, a efectos de la desheredación, no debemos emplear la analogía con las previsiones de la LORPM, sino remitirnos al criterio del discernimiento, que dicho vulgarmente, consiste en examinar *tiro a tiro* la imputabilidad de la persona menor de edad que ha sido desheredada. Ciertamente, si el legislador no establece un límite por defecto en cuanto a la capacidad para ser desheredado, el destinatario de la norma, conforme a la libertad de testar, es libre para valorar el discernimiento del legitimario, sin que ello desvirtúe el interés del menor, pues tanto los cánones hermenéuticos de la causa de desheredación como el examen de la prueba tendrán que valorar todas aquellas circunstancias que pudieren afectar a las facultades intelectivas y volitivas del menor de edad.

Pero vamos a más, creemos que la propia Exposición de Motivos de la LORPM avala la teoría del discernimiento en la desheredación, pues cuando el legislador se inhibe en valorar las acciones u omisiones penalmente relevantes de niños que no han llegado a cumplir los catorce años, so pretexto de que son irrelevantes y que, en aquellos supuestos en que puedan producir una alarma social, será suficiente la respuesta que se le pudiera dar en el ámbito familiar y asistencial, está delegando en el Derecho Civil el posible correctivo. Y qué duda cabe que una de las posibles respuestas es la desheredación, figura que, huérfana del *ius puniendi* del Estado, al regular intereses meramente particulares, trata de establecer una consecuencia para los atentados más graves contra la solidaridad familiar.

A pesar de que Rebolledo Varela no llegó a defender este planteamiento, consistente en la posibilidad de desheredar al menor que no ha llegado a alcanzar la edad penal, es especialmente ilustrativa su reflexión para aquellos que en el futuro puedan defender lo contrario bajo el manido argumento del interés del menor. El autor, a propósito de aquellos casos donde el hijo premuere y el nieto ha maltratado o abandonado a sus abuelos, dice que «la desheredación se presenta como un instrumento no de protección de dichos menores sino de alcanzar una libertad de testar que permita favorecer a otros parientes no legitimarios, o simplemente sancionar en el ámbito privado-patrimonial a quien observa una conducta jurídicamente reprobable»[799].

Efectivamente, si el legislador rehúsa criminalizar las acciones u omisiones penalmente relevantes de niños con una edad inferior a los catorce años, en la creencia de que tales conductas puede tener una respuesta igualmente adecuada en «los ámbitos familiar y asistencia civil», la desheredación se debe erigir como un instituto idóneo para, sin desconocer el interés del menor, conciliar la libertad de testar, mediante el reproche civil que merecen aquellos atentados contra la solidaridad familiar de niños que, pese a no tener la edad penal, tenían las suficientes facultades para conocer y comprender la causa desheredativa, que, dicho sea de paso, hunde sus raíces en las reglas más elementales de moralidad en el ámbito familiar.

No obstante, es posible que la valoración de la causa presente unas circunstancias que, quizás, tengan más relevancia cuando el desheredado sea un menor. En este sentido, proponemos que la capacidad del menor de edad no solo se valore teniendo

---

799 Rebolledo Varela, Á. L.: «Problemas prácticos de la desheredación eficaz de los descendientes por malos tratos, injurias y abandono asistencial de los mayores», op. cit., p. 397.

en cuenta sus facultades, sino también la causa desheredativa aplicable y, sobre todo, el contexto familiar[800].

Así, respecto a las injurias y el maltrato de obra, si el menor de edad tiene suficiente discernimiento, puede afirmarse que la regla general es la posibilidad de desheredar a un menor de edad que ha injuriado o golpeado a su ascendencia, toda vez que estas son de las expresiones más sintomáticas y exacerbadas del incumplimiento del deber de respeto que atañe a los hijos y, por extensión, a los nietos. No obstante, y aun habiendo sido condenado el menor por un delito protagonizado contra su ascendencia, es posible que la desheredación por la vía del art. 853.2º CC no se contemple como justa. El criterio rector que debe presidir la desheredación del menor de edad es que este no solo tenga facultades intelectivas y volitivas para comprender los hechos en que se base la causa desheredativa, sino también que este pueda guiarse en orden al estricto cumplimiento de la solidaridad familiar. Si el menor, por conductas imputables a sus progenitores, tiene una mirada opaca hacia el concepto de solidaridad familiar, porque estos le educaron en un clima de violencia, sería excesivo reprochar al menor un comportamiento ingrato mediante la desheredación, pues, como hemos dicho, los progenitores recogieron lo que sembraron.

Idéntico canon hermenéutico debe seguirse cuando la ausencia de relación familiar desemboque en un maltrato psicológico. Sin duda, se trata de la causa de desheredación del

---

800 Dice Vaquer Aloy, en relación a la falta de relación familiar cuando el desheredado es un menor de edad, que «no cabe exigir que los menores de edad presten una solidaridad equiparable a los mayores de edad», proponiendo que solo a partir de los 16 años se pueda plantear que a un menor de edad le sea imputable «exclusivamernte» o «eficientemente» la falta de relación familiar continuada y manifiesta con el causante [Vaquer Aloy, A.: «La desheredación de los legitimarios menores de edad (a propósito de la RDGSFP de 15 de enero de 2024), *Anuario de Derecho Civil*, tomo LXXVII, 2024, pp. 1946 y 1947].

menor de edad más conflictiva, que exigirá evaluar factores tales como la edad del menor, su madurez, la conducta del progenitor que padece el abandono y, no menos importante, el comportamiento del progenitor que desempeña la custodia y que puede ejercer una suerte de *mobbing familiar*. Si el menor de edad, por la influencia negativa que ejerce el ascendiente con el que está más vinculado, visualiza al pariente que reclama su atención y respeto como un extraño o un ser repulsivo, es posible exonerar al menor de edad del maltrato psicológico, pues, al contrario que el descendiente mayor de edad, aquel es fácilmente influenciable. Todo dependerá del grado de vinculación del menor de edad con el progenitor o ascendiente que ejerce la influencia negativa y, sobre todo, de sus condiciones de madurez, pues es posible que, aun acreditado el *mobbing familiar*, las condiciones de madurez del menor le permitan superar dicha influencia, siendo posible que haya menores que, por simple desidia, no deseen ver a un abuelo o un progenitor, escudándose posteriormente en el proceso de desheredación en la alineación del progenitor custodio para justificarse en una conducta que, de ser voluntaria y libre, atenta contra el deber de respeto filial.

Capítulo III.
Efectos de la desheredación justa

1. LA PRIVACIÓN DE LA LEGÍTIMA, NO DE LA CONDICIÓN DE LEGITIMARIO, COMO EFECTO PRIMARIO

Conforme al concepto de desheredación que hemos defendido en este trabajo, esta consiste, simple y llanamente, en la privación de la legítima y despojar al legitimario de todos los derechos inherentes a la misma, salvo del ejercicio de la acción de desheredación injusta. En este sentido, hemos dicho que el concepto no rinde tributo a su etimología, pues considerando que la legítima puede ser atribuida por cualquier título (art. 815 CC), y que esta, al no ser *pars hereditatis*, no va ligada a que el legitimario tenga de manera forzosa la condición de heredero, pese a la malograda y atávica redacción de los artículos 806 y 807 CC, que denominan a los legitimarios «herederos forzosos», se puede decir que la desheredación no consiste en privar de la condición de heredero, sino simplemente de la parte alícuota a la que tendría derecho el legitimario de no haberse activado la desheredación.

Además, la desheredación, a diferencia de la indignidad, que precisa, salvo que el supuesto indigno reconozca la causa, de una sentencia cuya promoción corresponde a los que tengan la vocación hereditaria (art. 762 CC), es título bastante para privar al desheredado de la *portio debida,* salvo que este negare la causa mediante la interposición de una demanda, en cuyo caso la prueba corresponderá a los herederos, según el artículo 850 CC. Por esta razón, rechazamos aquellos planteamientos que aseveraban que la remisión a las causas de indignidad para desheredar era una redundancia inútil, pues, tal y como están hoy configuradas la indignidad y la desheredación, esta allana notablemente el camino a los sucesores con derecho a heredar, pues no tendrán que pleitear contra el legitimario ingrato para ejercitar el *ius delationis*, ya que la designación testamentaria o el llamamiento deferido por ley serán título bastante para adquirir la condición de sucesor.

En este sentido, la STS 20 mayo 1931 dijo que «mientras no sea anulado el testamento» en el que se desheredó al legitimario, «la desheredación le priva de todo derecho sobre la herencia», sin que la declaración de herederos abintestato sea título suficiente para que el desheredado tenga el derecho a la herencia y la acción para reivindicarla.

Por otro lado, la desheredación no priva de la condición de legitimario, sino, simplemente, de la legítima. Esta afirmación no es baladí, pues, como sostuvieron Bermejo Pumar[801] y Rebolledo Varela[802], de argüirse que el legitimario pueda ser desposeído de dicha condición mediante la desheredación, la consecuencia sería, entre otras, que no cabría la desheredación parcial y, peor aún, que todas las donaciones previas al testamento y no revocadas deberían imputarse, inexorablemente, a la parte de libre disposición, pues el desheredado sería, a los efectos de imputar las donaciones y liberalidades, un extraño.

A pesar de la literalidad del artículo 813 CC, que dice que al legitimario solamente se le podrá privar «de su legítima», no de la condición de legitimario, Algaba Ros, como hemos visto al estudiar la desheredación parcial, defiende que la desheredación priva al legitimario de dicha condición[803], la cual denomina «heredero forzoso»; no obstante, afirma que las do-

801 Bermejo Pumar, Mª. M.: «La legítima», op. cit., p. 518.

802 Rebolledo Varela, Á. L.: «Problemas prácticos de la desheredación eficaz de los descendientes por malos tratos, injurias y abandono asistencial de los mayores», op. cit., p. 392.

803 Algaba Ros, S.: *Efectos de la desheredación*, op. cit., pp. 81 y 95.

naciones recibidas por el desheredado habrán de imputarse a su legítima, y no a la parte de libre disposición, pues la desheredación no puede implicar un perjuicio a la libre disposición del testador[804]. Creemos que este planteamiento resulta contradictorio, a pesar de que, curiosamente, también está presente en el Derecho foral aragonés, pues, aunque el artículo 511 CDFA diga que mediante la desheredación se «priva al desheredado de la condición de legitimario», dispone el artículo 490.1 CDFA que serán imputables «a la legítima colectiva las liberalidades recibidas del causante de sus descendientes, incluso premuertos, incapaces de suceder, desheredados con causa legal o renunciantes a la legítima».

A fin de alcanzar la tan difícil coherencia dogmática, insistimos en la idea de que el desheredado conservará la condición de legitimario, quedando solo privado de la atribución patrimonial inherente a la legítima y de la acción de complemento, pues de lo contrario, la desheredación parcial, que consiste en privar de parte de la legítima, sería inviable, pues, ¿con base a qué título o derecho podrá accederse a una parte de la legítima si el legislador la reserva a los legitimarios? Y lo mismo cabría decir respecto a las donaciones al desheredado, que se imputarían, indefectiblemente, a la parte de libre disposición, salvo que se diga que la desheredación no obsta a que el desheredado siga siendo legitimario.

2. PRIVACIÓN DE TODA LA HERENCIA COMO CONSECUENCIA INDIRECTA O COLATERAL DE LA DESHEREDACIÓN

Es paladino que, habiendo desheredación justa, el legitimario quedará privado de la legítima y de las acciones inherentes

[804] ALGABA ROS, S.: *Efectos de la desheredación*, op. cit., p. 219.

a su condición de legitimario, sin perjuicio de que pueda reivindicar judicialmente que la desheredación fue injusta. En el supuesto de que haya quedado vacante la totalidad o parte de la herencia, entrará en juego la sucesión intestada y, partiendo de la premisa de que la legítima también estará presente cuando el llamamiento se defiera por ley, se ha planteado si se puede deferir la herencia al desheredado, cabiendo dos posibles respuestas.

La primera consistiría en que la desheredación no es óbice para que al desheredado se le defiera la parte de libre disposición de la herencia, basándose esta opción en que la desheredación solo opera en la sucesión testada y que, salvo que concurra una causa de indignidad, que privaría al legitimario de toda la herencia con independencia del tipo de sucesión, ha de respetarse el orden de los llamamiento de la sucesión *ab intestato*[805]. En cambio, la segunda opción consistiría en que el desheredado quedaría privado de todo llamamiento, aún produciéndose la apertura de la sucesión intestada, y que la privación sería, salvo previsión al contrario del testador, de toda de la herencia, no solo de la legítima.

En el apartado anterior, citamos la STS 20 mayo 1931, que afirmó que el desheredado quedaría privado de toda la herencia, sin que la declaración de herederos *ab intestato* se pueda configurar, *per se*, como título suficiente para que aquel pudiese reclamar sus derechos hereditarios. Esto es, el desheredado, aunque la sucesión no siga el llamamiento testamentario, no será llamado por ley, quedando privado incluso de la cuota de libre disposición. Siendo acreedora esta consecuencia del

805 Sánchez Román, F.: *Estudios de Derecho Civil, VI. 2, Derecho de sucesión,* op. cit., pp. 1112 y 1113; Puig Peña, F.: *Tratado de Derecho Civil Español, Tomo V, Sucesiones, Vol. II, Relaciones sucesorias particulares,* op. cit., p. 440; Puig Brutau, J.: *Fundamentos de Derecho Civil, Tomo V, Volumen III,* op. cit., p. 231; Roca-Sastre Muncunill, L.: *Derecho de Sucesiones, Tomo II,* op. cit., p. 573;

consenso de la doctrina, el conflicto se vislumbra en su motivación, ya que hay autores que, en la actual centuria, defienden que la desheredación no solo consiste en la privación de la legítima, sino de toda la herencia.

Puede citarse a Miquel González de Audicana, que, reflexionando sobre la legítima, afirma que la privación de esta y la desheredación se solapan generalmente, pero no son lo mismo, diciendo lo siguiente: «algunos creen que la desheredación equivale a la privación de la legítima, pero no es así. En efecto, el legitimario que haya sido desheredado justamente queda privado de su legítima y también de la cuota intestada, Por ejemplo, instituido heredero único el hijo A y desheredado justamente el hijo B, si A repudiase la herencia, sin tener sustituto, B sería llamado a la sucesión intestada, si la desheredación se refiriera sólo a la legítima, pero no es así. El desheredado justamente queda privado de su legítima y de su cuota intestada. Correlativamente, y a la inversa, si la desheredación es ineficaz, el desheredado injustamente no queda privado ni de la una, ni de la otra»[806].

Suponemos que, para el citado autor, si el testador lega al hijo desheredado un bien o derecho con cargo al tercio de libre disposición, no de la legítima estricta, habría una manifestación de desheredación parcial, no total, pues la desheredación supondría privar de toda la herencia, no solo de la legítima. Evidentemente, no podemos compartir dicho razonamiento, teniendo que insistir en la idea de que la desheredación tiene por objeto privar de la legítima. La privación de lo demás, se subsumiría en la «exclusión testamentaria», que se trata de un acto jurídico, distinto de la desheredación, cuyo objeto inmediato sería privar al potencial heredero intestado de la herencia, no debiendo ir avalada por una justa causa y teniendo

806 Miquel González de Audicana, J. M.: «Reflexiones sobre la legítima», op. cit., p. 989.

como arquitrabe, simplemente, la autonomía de la voluntad del testador. Como quiera que de la parte de libre disposición puede privar el testador sin alegar causa alguna, el desheredado no adquiriría dicha porción aun entrando en funcionamiento la sucesión intestada, pues la voluntad desheredativa albergaría dos actos jurídicos: por un lado, la desheredación en sentido estricto, que se corresponde con su propio concepto, y la exclusión testamentaria, que en este caso sería tácita, infiriéndose de la voluntad del testador que si ha privado de lo más, que es la legítima, con mayor razón el desheredado será privado de lo menos, de la porción de libre disposición[807]. Por esta razón, habiendo legítima en la sucesión intestada, servirá la desheredación para que el desheredado no adquiera la *portio debita* y se acudirá a la exclusión testamentaria tácita para que tampoco adquiera la cuota de libre disposición.

Si no hubiere quedado clara la última aseveración, se puede parangonar lo expuesto con la relación existente entre la sustitución fideicomisaria simple y la sustitución vulgar. Si el testador nombró un fiduciario y un fideicomisario para que, a la muerte de aquel, este adquiera la herencia, puede ser que la planificación del testador no se cumpla en sus justos términos, no siendo extraño que el fiduciario nunca llegue a adquirir la herencia por alguna de las causas del artículo 774 CC, que a la sazón regula la sustitución vulgar. En tal caso, el supuesto de la sustitución fideicomisaria nunca llegaría a darse, pues el fi-

---

807 Suscribía tal interrelación entre la desheredación y la exclusión testamentaria, Jordano Fraga: «quien -causante desheredante- priva al legitimario justa y totalmente desheredado de aquello (su legítima individual) que sólo puede privarle *con justa causa* –o sea, no de forma caprichosa o arbitraria-, hay que entender, con más razón aún si cabe, que le priva, asimismo, de lo que (parte libre de la sucesión) *sólo* por la *libre voluntad* del causante desheredante puede ser atribuido a dicho legitimario desheredado» (JORDANO FRAGA, F.: *Indignidad sucesoria y desheredación (Algunos aspectos conflictivos de su recíproca interrelación)*, op. cit., p. 156).

duciario, difícilmente, podrá, en palabras del artículo 781 CC, adquirir la herencia para luego conservarla y transmitírsela al fideicomisario[808]. Con estos datos, nos preguntamos lo siguiente: ¿se abrirá la sucesión intestada o se le deferirá la herencia al sucesor fideicomisario como sustituto vulgar? Partiendo de la tesis de Albaladejo, que suscribimos, sería llamado el fideicomisario como sustituto vulgar[809], en tanto en cuanto dicha

---

808 La precisión técnica del artículo 781 CC brilla por su ausencia, de ahí que nos hayamos visto en la obligación de especificar que se reproducían los términos del artículo 781 CC, pues, realmente, el fiduciario no transmite nada al fideicomisario, ya que este sucede, directamente, al fideicomitente [véase LASARTE ÁLVAREZ, C.: *Derecho de sucesiones. Principios de Derecho Civil, Tomo séptimo* (revisada y actualizada con la colaboración de CERVILLA GARZÓN, Mª. D., y GARCÍA PÉREZ, C. L.), op. cit., p. 116].

809 Véase, entre otros, ALBALADEJO GARCÍA, M.: *Curso de Derecho Civil, V, Derecho de sucesiones*, op. cit., pp. 269 y 270. En el ámbito de la jurisprudencia, podemos citar la STS 13 noviembre 1948 (TOL 4.461.694), que dice lo siguiente en el tercer considerando: «ante el evento de premoriencia del fiduciario, que es el contemplado concretamente en estos autos, puede entenderse, frente al aforismo «sin institución no hay sustitución»; que el llamado en segundo lugar en la sustitución fideicomisaria adquiere la herencia a la muerte del testador, porque en ese momento su derecho hereditario quedó perfeccionado cual si hubiera sido llamado por sustitución vulgar, al paso que el sustituto de residuo, como no consolida su derecho hasta que muere el fiduciario sin haber dispuesto de la totalidad de los bienes, aunque sea causa remota del derecho la muerte del testador, nada adquiere por no haber podido entrar en juego la facultad de disposición por el fiduciario, que es requisito esencial para la existencia jurídica del residuo; pero siempre bien entendido que en todo caso ha de quedar a salvo la voluntad del testador, lícitamente susceptible de gran elasticidad que puede llevar a tratamiento distinto de la cláusula de residuo , como por ejemplo si esta institución se combina por el testador, siguiendo el procedimiento de la clásica sustitución compendiosa, con una sustitución vulgar, expresa o sobreentendida». También el sexto considerando de la RDGN 27 marzo 1981: «Que frente a la anterior postura, no obstante la mayoría de la doctrina afirma que la sustitución fideicomisaria lleva en sí misma el llamamiento del fideicomisario como sustituto vulgar del

sustitución fideicomisaria simple albergaba, en puridad, dos disposiciones, extraídas de la interpretación de la *voluntas testatoris*: por un lado, la sustitución fideicomisaria y, por otro, la sustitución vulgar, que en este caso sería tácita o implícita. Siendo esto así: ¿se podría decir que la sustitución fideicomisaria tiene por objeto evitar la vacancia de la cuota hereditaria si el primer llamado no llega o no puede adquirirla? No, pues la sustitución fideicomisaria tiene por objeto una sucesión de llamamientos donde el primero será efectivo, quedando obligado el fiduciario, que adquiere la herencia, a conservar los bienes fideicomitidos para que, cuando se cumpla el término previsto en testamento, los adquiera el fideicomisario. Otra cosa será que, teniendo la sustitución vulgar su propia autonomía conceptual y normativa, se interprete que, ante la eventualidad de que el fiduciario no adquiera la herencia, la sustitución fideicomisaria, conforme a la interpretación de la

fiduciario en base: a), a los antecedentes históricos favorables a través de nuestros clásicos a esta solución a medida que se iba perfilando y desenvolviendo la sustitución fideicomisaria; b) a los arts. 784 y 785/1.º del C. Civ., que consideran al fideicomisario como un segundo heredero designado para después del primero, y que adquiere su derecho -como ya se indicó- al morir el testador, por lo que faltando el primero corresponde ahora al nombrado en segundo lugar; c), a que en los supuestos resueltos por la jurisprudencia del T. S. favorables a la tesis contraria se refieren o a sustituciones fideicomisarias condicionales o a fideicomisor de residuos, en donde nuestra más alta Magistratura ve una institución condicional, por lo que no es aplicable esta doctrina a los supuestos de sustituciones fideicomisarias puras o aplazadas; d), a que el art. 675 del C. Civ. destaca como esencial la voluntad del testador que puede aparecer manifestada claramente en este sentido; e), a que es la solución acogida por el Derecho Comparado y por nuestras legislaciones forales, tal como lo establecen el art. 155-3.º de la Compilación de Cataluña, 25 de la Compilación Balear y Ley 226, 1.ª, de la Compilación Navarra; f), y que en este sentido se ha manifestado la sentencia de 13 noviembre 1948 y la resolución de 23 de octubre de 1908».

voluntad del causante, sirva de cobertura para la sustitución vulgar implícita o tácita, en la empresa de evitar que entre en juego el llamamiento de la sucesión intestada.

3. ASIGNACIÓN DE LA LEGÍTIMA DE LA QUE ES PRIVADO EL DESHEREDADO

3.1. El derecho de representación en caso de que hubiera descendientes del desheredado

Dispone el artículo 857 CC que «[los] hijos o descendientes del desheredado ocuparán su lugar y conservarán los derechos de herederos forzosos respecto a su legítima»[810]. El precedente de este precepto es el artículo 673 del Proyecto isabelino, que consagrando una excepción a la regla *viventis nulla est representatio* (*viventis non datus repraesentatio*), dispuso que «[los] hijos del desheredado que sobreviven al testador ocupan su lugar y derecho de herederos forzosos respecto á la legítima, sin que el padre desheredante tenga el usufructo y administración de los bienes que por esta causa heredan». Tan inclusión, propuesta por García Goyena[811], se debía a que en el Derecho Romano, habiendo una justa desheredación, los nietos, descendientes del desheredado, quedaban excluidos de la legítima, pues no podían concurrir con sus tíos habiendo sobrevivido al causante

---

810 Respectivamente, en la indignidad, decía el artículo 623 del Proyecto que «[si] el escluido de la herencia por indignidad o incapacidad es hijo ó descendiente del testador, y tiene hijos ó descendientes, tendrán estos derecho á la legítima del escluido, en el caso de haber otros herederos testamentarios. Pero el escluido no tendrá el usufructo y administración de los bienes por que esta causa hereden sus hijos».

811 García Goyena, F.: *Concordancias, motivos y comentarios del Código civil español, Tomo II,* op. cit., p. 119.

el progenitor. Sin embargo, la *ratio* que fundamentó la incorporación de este derecho de representación de una persona viva fue, en palabras de García Goyena, motivos «de justicia y de humanidad», pues, a su juicio, «la falta es personal y no debe dañar al inocente»[812].

La doctrina patria ha debatido si los artículos 761 y 857 CC consagran un auténtico derecho de representación, parangonable al que prevé el legislador en la sucesión intestada. Sánchez Román dijo que la referencia a que la descendencia del desheredado *ocupará su lugar* implicaba una «especie de derecho de representación»[813], entendiéndose que la descendencia ocupará el lugar del hijo legitimario antes de ser desheredado, no el que tuviere después, equivaliendo la representación «á una ficción de muerte ó incapacidad» para aplicar el criterio de sustitución en favor de los hijos del desheredado[814]. Manresa y Navarro, relacionando los dos citados preceptos con el artículo 929 CC, reconoce que los tres asertos proclaman el principio de admitir la representación de una persona viva en los casos de indignidad y desheredación[815], rompiendo el precedente del Derecho Romano que hacía extensiva la pena a la descendencia del hijo indigno o desheredado[816].

Teniendo en cuenta que el artículo 929 CC se halla dentro de la Sección tercera, Título III, del Libro III, que tiene por rú-

---

812 García Goyena, F.: *Concordancias, motivos y comentarios del Código civil español, Tomo II,* op. cit., p. 74.

813 Igualmente, Clemente de Diego, F.: *Instituciones de Derecho Civil español, Tomo III,* op. cit., p. 236.

814 Sánchez Román, F.: *Estudios de Derecho Civil, VI. 2, Derecho de sucesión,* op. cit., p. 1125.

815 Manresa y Navarro, J. M.: *Comentarios al Código Civil español, Tomo VI,* op. cit., p. 622.

816 Manresa y Navarro, J. M.: *Comentarios al Código Civil español, Tomo VI,* op. cit., p. 77.

brica «De la representación», cabe afirmar que el artículo 857 CC consagró un mal llamado derecho de representación, que en realidad es una *successio in locum*[817], de persona viva en el caso de que el desheredado tuviere descendientes que lo fueren a su vez el causante[818]. Criticamos la denominación utilizada por el legislador, crítica que resulta extensible a los demás supuestos donde se aplica este fenómeno hereditario, porque, en puridad, de *lege ferenda* debería ser denominado «sustitución legal»[819], como en su día propuso, entre otros, Royo Martínez[820]. Ciertamente, pese a que la dicción del artículo 924 CC diga que el derecho de representación es el que tienen los parientes de una persona «para sucederle» en todos los derechos que tendría si viviera o hubiera podido heredar, este derecho ni es una auténtica representación en sentido técnico jurídico[821],

817 Con esa expresión, los juristas romanos, como Gayo, se referían al fenómeno hereditario por virtud del cual un tercero entraba en la sucesión intestada del causante en el lugar del heredero fallecido, indicando que la expresión significa «suceder en vez de» o «en lugar de» (vid., Castán Pérez-Gómez, S.: «Bases romanísticas del derecho de representación sucesoria», op. cit., 300).

818 Albaladejo García, M.: *La mejora*, Colegio de Registradores de la Propiedad, Mercantiles y Bienes Muebles de España, Madrid, 2003, p. 94.

819 Así se denomina en el Capítulo III, Título I, del Libro III del CDFA.

820 Royo Martínez, M.: *Derecho sucesorio «mortis causa»*, op. cit., p. 193.

821 Lasarte Álvarez, C.: *Derecho de sucesiones. Principios de Derecho Civil, Tomo séptimo* (revisada y actualizada con la colaboración de Cervilla Garzón, Mª. D., y García Pérez, C. L.), op. cit., p. 24, ha dicho, con acierto, que denominar «derecho de representación» al fenómeno sucesorio contemplado en el artículo 924 CC constituye una «perturbación lingüística» en el mundo del Derecho, donde «representar» significa actuar por otro o en nombre de otro, siendo así que ocupar el lugar de otro, que es lo que pasa en la dinámica de la representación sucesoria, suele identificarse con otros nombres, como subrogación, sustitución, sucesión o cesión. También puede verse López San Luis, R.: *El derecho de representación en la sucesión testamentaria*, Comares, Granada, 2013, pp. 10 y 11, que dijo que «en la representación sucesoria están ausentes las características fundamentales que configuran el concepto de representación en sentido técnico: ni hay actividad jurídica

pues resulta harto difícil, sino imposible, que se pueda representar a una persona que, por las causas que enumeran los artículos 924 y 929 CC, nunca llegó a tener el *ius delationis*, máxime si el «representado» había premuerto al causante, en cuyo caso su capacidad jurídica se habrá extinguido; ni tiene como presupuesto que los descendientes del premuerto, indigno o desheredado tengan la condición de sucesores en la herencia del que no pudo o no llegó a heredar[822], sino que gravita en torno al parentesco que determina el artículo 925 CC[823].

Tal es la incongruencia de llamar derecho de representación a dicho fenómeno hereditario, que si el causante deshereda al hijo que a su vez, desheredó a su propio descendiente, a la sazón nieto del que hemos denominado causante, ello no será óbice para que se active el artículo 857 CC y, curiosamente, el último desheredado *represente* al desheredante en la herencia del abuelo[824], pues se trata de sucesiones distintas cuyo presupuesto descansa en el parentesco, tratándose más de una sustitución o subrogación que de una genuina representación.

---

por el representante en el interés del representado, ni actuación de aquél en nombre de éste, que incluso puede no existir, ni finalmente, media entre las partes el correspondiente negocio de representación».

822 Domínguez Luelmo, A.: «La sucesión *mortis causa* en los casos de premuerte y renuncia del instituido», *Revista Jurídica del Notariado*, núm. 117, julio-diciembre 2023, pp. 26 y 27.

823 Así lo manifestó la jurisprudencia, como la STS 25 junio 1905, que dijo, en relación con el derecho de representación, que «dicha representación no tiene por objeto atribuir a la herencia de que se trata la condición de herencia del representado, sino únicamente determinar la base de los derechos de los representantes con relación a aquél a quien se hereda». Más expresa fue la STS 18 diciembre 1908, al decir que «los representantes no heredan al representado, sino al post-muerto».

824 Explica López San Luis, R.: *El derecho de representación en la sucesión testamentaria*, op. cit., p. 14, que la delación al «representante» no llega por vía o el efecto del *ius transmissionis*, «que no existe en la herencia de la persona respecto de la cual se es indigno o incapaz, sino por exclusiva atribución legal».

Así, en la hipótesis expuesta, el nieto concurrirá a la herencia de su propio ascendiente -el abuelo que desheredó a su padre- por derecho propio[825], sin que este derecho esté al albur de la adquisición o ejercicio del *ius delationis* del *representante* en la sucesión del «representado» (art. 928 CC) [826].

Huelga decir que la crítica a la denominación legal, fruto de la tradición, no empece para admitir que el artículo 857 (cfr. art. 929 CC) consagra un derecho de representación o una *successio in locum* del sucesor vivo en caso de desheredación[827].

3.2. Sujetos beneficiarios del artículo 857 CC

La dicción literal del artículo 857 CC es confusa en lo que respecta al ámbito subjetivo del derecho de representación,

---

825 VATTIER FUENZALIDA, C.: *El derecho de representación en la sucesión "mortis causa"*, Montecorvo, Madrid, 1986, p. 33; RIVAS MARTÍNEZ, J. J.: *Derecho de sucesiones común y foral, Tomo III*, Dykinson, Madrid, 2009, p. 2399; DOMÍNGUEZ LUELMO, A.: «La sucesión *mortis causa* en los casos de premuerte y renuncia del instituido», op. cit., p. 25.

826 Decía ROCA-SASTRE MUNCUNILL, L.: *Derecho de Sucesiones, Tomo II*, op. cit., p. 567, que, más que un derecho de representación, la naturaleza jurídica del derecho reconocido en el artículo 857 CC es la de una *successio graduum* en la legítima, pues los descendientes del desheredado no adquieren la legítima por vía de su ascendiente, sino que «simplemente ocupan su lugar» y «adquieren directamente del causante por derecho propio». Estamos de acuerdo con dicha afirmación, pero, viendo el artículo 928 CC, la crítica es extensible al derecho de representación propio de la sucesión intestada. No obstante lo dicho, el autor admite que el término «derecho de representación» está integrado en la doctrina y en la terminología legal y es útil aplicar por analogía a la legítima las normas sobre derecho de representación en la sucesión intestada. Precisamente por dicha razón, la denominación ha permanecido inmutable durante más de una centuria, pese a no contar con el beneplácito de la doctrina, como recientemente apuntó CASTÁN PÉREZ-GÓMEZ, S.: «Bases romanísticas del derecho de representación sucesoria», op. cit., p. 300.

827 Misma opinión, ALGABA ROS, S.: *Efectos de la desheredación*, op. cit., pp. 64 y 65.

pues dice, simple y llanamente, que «los hijos o descendientes del desheredado»[828] lo representarán en la sucesión del causante, conservando «los derechos de herederos forzosos respecto a la legítima». El problema que se visualiza es que una lectura literal del artículo puede llevar a situaciones absurdas, colocando a extraños en la posición de adquirir la condición de legitimarios y percibir la legítima. Si, *ad exemplum,* el causante deshereda a su cónyuge y este tenía hijos que no eran comunes, estos ocuparán la posición del cónyuge desheredado y podrán hacer valer los derechos que le correspondían a este como legitimario, a pesar de no tener la consideración de tal respecto a la sucesión del desheredante, con quien no compartían ningún vínculo de parentesco en línea descendente por consanguinidad o adopción. Igualmente, si un hijo, con hermanos, deshereda a un progenitor, el hermano, descendiente del desheredado y pariente colateral del desheredante, podrá adquirir como subrogado o representante la legítima del progenitor desheredado. Lo mismo cabe decir si, no habiendo progenitores, el testador deshereda a un abuelo; si el desheredado tenía descendientes, tíos del desheredante, aquellos representarán al desheredado conforme al artículo 857 CC.

Dada la ambigüedad y malograda literalidad del artículo, Sánchez Román se planteó si los hijos o descendientes del desheredado que lo sustituyan por el derecho de representación tienen que ser legitimarios solo del desheredado o también del que deshereda. Sobre el particular, dijo que «es de todo punto inadmisible» que los descendientes del desheredado, que no sean legitimarios del desheredante, puedan representarlo en

828 La redacción originaria del artículo 857 CC solo mencionaba a los hijos, pero se incorporó, por medio de la Ley 11/1981, el término «descendientes». Ello no fue óbice para que, antes de 1981, la doctrina, como Royo Martínez, considerara que la regla era aplicable a «descendientes de grado ulterior en línea recta» (ROYO MARTÍNEZ, M.: *Derecho sucesorio «mortis causa»*, op. cit., p. 254).

la sucesión de este, «porque falta la ecuación indispensable entre la desheredación y la legítima, y no hay razón alguna para que pasen á los hijos del desheredado, que no sean descendientes del que deshereda, y, por tanto, herederos forzosos con derecho á la legítima en la sucesión de aquel, en su lugar y grado, bienes á los que, si su causante pudo tener derecho como heredero legitimario, ascendientes ó cónyuge, y lo perdió por la desheredación, ellos no tenían personalmente ninguno, por no acreditar legítima respecto del que desheredó á su causante, y como éste no llegó á adquirirlo, porque la desheredación le privó de ellos, tampoco pudo transmitirlos á sus herederos, aunque éstos tuvieran respecto de él la cualidad de *forzosos*»[829]. Manresa y Navarro dijo, parangonando el artículo 857 con el 761 en relación con el artículo 925 CC, que el derecho de representación en sede de desheredación solo es aplicable, apelando a su vez a la naturaleza personalísima de la legítima, a los hijos y descendientes del desheredado que, a su vez, sean descendientes del causante que deshereda[830].

Evidentemente, compartimos, al igual que prácticamente la unanimidad de la doctrina[831], dicha conclusión, pues de lo contrario se colocarían en posición de adquirir la legítima extraños que no son legitimarios del desheredante. Es por ello por lo que proponemos, de *lege ferenda*, que la dicción literal del artículo 857 CC sea objeto de enmienda, como en el año 1981 -que amplió el ámbito subjetivo a los descendientes y no solo a los hijos-, circunscribiendo el derecho de representación

---

829 SÁNCHEZ ROMÁN, F.: *Estudios de Derecho Civil, VI. 2, Derecho de sucesión,* op. cit., pp. 1126 y 1127.

830 MANRESA Y NAVARRO, J. M.: *Comentarios al Código Civil español, Tomo VI,* op. cit., pp. 623 y 624.

831 VALLET DE GOYTISOLO, J.: *Limitaciones de Derecho sucesorio a la facultad de disponer, Tomo I, Las legítimas,* op. cit., pp. 713 y 714; BUSTO LAGO, J. M.: «Artículo 857», op. cit., p. 1127.

a los hijos o descendientes del desheredado que sean, a su vez, descendientes del causante.

Esta modificación que se propone no es baladí, pues, todavía, en el ámbito registral, se discute quiénes son los sujetos beneficiarios del artículo 857 CC, como patentó la RDGRN 1 septiembre 2016[832], donde un hijo, que no tenía descendientes, desheredó a sus padres por no prestarle alimentos (art. 854.2ª CC), denegando el Registro de la Propiedad la escritura de adjudicación de la herencia, alegando, entre otras cosas, que los hijos y descendientes de los desheredados ocupaban sus respectivos lugares, conservando los derechos legitimarios. Planteado el correspondiente recurso por el notario que autorizó la escritura, el centro directivo rechazó que los descendientes de los ascendientes desheredados pudiesen reclamar su legítima en virtud del artículo 857 CC[833].

---

832 RDGRN 1 septiembre 2016 (TOL 5.843.151).

833 Los argumentos esgrimidos por la citada resolución, en su fundamento de derecho quinto, fueron los siguientes: "En primer lugar, la aplicación del artículo 857 a los supuestos de justa desheredación de los ascendientes y del cónyuge, determinaría que los derechos legitimarios pasasen a hermanos (o medio hermanos) u otros colaterales del causante, lo cual sería absolutamente contrario a la naturaleza y fundamento de las legítimas y a las finalidades de este precepto. En segundo lugar, la aplicación, respecto de la sucesión intestada y que puede servir para la legítima, el 925, al decir que «el derecho de representación tendrá siempre lugar en la línea recta descendente, pero nunca en la ascendente...», por lo que, en consecuencia, el artículo 857 al hablar del desheredado debe referirse solo a la línea descendente y no a la ascendente. Por último, que el artículo 761 tiene una ratio parecida al 857, y dice que «si el excluido de la herencia por incapacidad fuere hijo o descendiente del testador, y tuviere hijos o descendientes, adquirirán estos su derecho a la legítima», y no recoge situación parecida respecto de los ascendientes. En consecuencia, no deben entenderse incluidos en el término «desheredado» del artículo 857 del Código Civil a los ascendientes del testador".

3.3. El artículo 857 CC, ¿una norma de naturaleza dispositiva o imperativa?: A propósito de la defensa de la condición de legitimarios de los nietos

3.3.1. Tesis de Manzano Fernández: el carácter dispositivo del artículo 857 CC

Al planificar la estructura de esta obra, no teníamos pensando dedicar un epígrafe a la naturaleza imperativa o dispositiva del derecho de representación que reconoce el artículo 857 CC en caso de desheredación justa del descendiente. Sin embargo, a propósito de un interesante trabajo publicado por la profesora Manzano Fernández en el año 2015, que ya hemos citado[834], consideramos oportuno hacer una disertación sobre el particular. La tesis de la autora consiste en que, desheredado el hijo del causante, sus descendientes, que, desde su prisma, no son legitimarios viviendo el ascendiente desheredado, pueden ser privados de la legítima mediante una simple exclusión testamentaria anticausalista, sin necesidad de desheredación, basándose en que el artículo 857 CC no es una norma de *ius cogens*. A continuación, expondremos los argumentos por los que defiende este planteamiento para, a renglón seguido, volcar nuestra opinión.

1. Sostiene Manzano Fernández que, desheredado el hijo, es posible que la relación entre el desheredante y el nieto se vea directamente afectada, relegando al ostracismo al abuelo, pudiendo el nieto haber sido partícipe del hecho en que se funda la causa de desheredación alegada respecto al hijo.

---

834 La autora reprodujo sus argumentos en otro trabajo publicado el mismo año: Manzano Fernández, Mª M.: «Preguntas y respuestas sobre el artículo 857 del Código Civil. La legítima del descendiente del desheredado», *LA LEY*, núm. 6235/2015 (2015).

Siguiendo a la autora, en la práctica forense, deteriorada la relación con el nieto, se deshereda a este, pero considera dicha práctica «incorrecta e innecesaria», pues, en su opinión, «viviendo el hijo, el nieto no es legitimario y, en consecuencia, no es necesario desheredarlo para excluirlo de la sucesión del abuelo»[835]. La autora, apelando al mismo argumento por el que la doctrina defendió que, desheredados todos los descendientes, los ascendientes no tendrían la condición de legitimarios, expone que, si el progenitor vive y es desheredado el nieto, este no es legitimario[836], arguyendo que la expresión que late en el artículo 807. 1º CC de «hijos y descendientes» se refiere a un orden de prelación, en el sentido de que los nietos son legitimarios en el caso de que el progenitor premuera al causante, no cuando es desheredado, pues, pese a la desheredación, el hijo sigue conservando la condición de legitimario, sin que represente un obstáculo a dicha afirmación que a los nietos se le puede dejar el tercio de mejora, *ex* artículo 823 CC, pues la

835 Manzano Fernández, Mª M.: «La exclusión del hijo en la herencia del testador (Una visión actualizada de la desheredación en el Código Civil)», op. cit., p. 1868. En la p. 1869, la autora enfatiza esta idea, al decir: «debería plantearse como real y además viable jurídicamente, que el abuelo no quiera que la porción legítima de la que resulta privado el hijo desheredado beneficie tampoco al nieto. ¿No debería, en consecuencia, ser voluntad del testador que entre en juego o no la norma del artículo 857 del Código Civil? ¿No es perfectamente posible y comprensible que, siendo la voluntad del testador desheredar al hijo, lo sea también excluir al nieto? Piénsese en un abuelo maltratado de palabra o de obra por su hijo y por su nieto. Al primero lo deshereda, pero ¿puede desheredar al segundo no siendo legitimario puesto que vive el padre? Si la respuesta es positiva, no habría que plantearse nada más. Si entendemos que no, debería permitirse simplemente excluirlo de la sucesión, no diciendo nada o haciéndolo expresamente».

836 Misma opinión, previa cita de la afirmación de Manzano Fernández, tiene Estévez Abeleira, T.: «Interpretación del maltrato de obra del art. 853.2 del CC: líneas jurisprudenciales», op. cit., p. 266.

posibilidad de atribuirles el tercio de mejorar «es una facultad del testador, pero no una obligación»[837].

2. Otro argumento que maneja Manzano Fernández, no sin antes poner en duda que los nietos deban ser llamados para estar presentes en la partición si el progenitor es desheredado, pese a la doctrina consolidada de la dirección registral, es que las causas de desheredación aplicables al progenitor, son «inaplicables a los nietos, quienes incluso pueden ser menores, careciendo de la capacidad legal exigible para ser desheredados»[838].

3. La autora considera que, desheredado el hijo, el artículo 857 CC no debería ser objeto de aplicación *ope legis*, parangonando el supuesto con los efectos de la desheredación respecto a la parte de libre disposición si entra en juego la sucesión intestada: «de la misma manera que desheredado el padre en la testada se considera desheredado también en la intestada (cuando ambas conviven en la misma sucesión) porque prevalece la voluntad del testador sobre la ley y, por tanto, se permite eludir el requisito de que la desheredación tiene que hacerse en testamento, porque la voluntad del testador que deshereda es que su ofensor quede excluido de su herencia por cualquiera de las vías por las que pudiera acceder a ella, debería aplicarse al supuesto que tratamos y, en consecuencia, permitirse que prevalezca voluntad del testador en el sentido expuesto»[839].

---

837 Manzano Fernández, Mª M.: «La exclusión del hijo en la herencia del testador (Una visión actualizada de la desheredación en el Código Civil)», op. cit., p. 1869.

838 Manzano Fernández, Mª M.: «La exclusión del hijo en la herencia del testador (Una visión actualizada de la desheredación en el Código Civil)», op. cit., p. 1870.

839 Manzano Fernández, Mª M.: «La exclusión del hijo en la herencia del testador (Una visión actualizada de la desheredación en el Código Civil)», op. cit., p. 1871.

4. En cuanto a la expresión que alberga el artículo 857 CC, que reza que los descendientes del desheredado «ocuparán su lugar y conservarán los derechos de herederos forzosos respecto a la legítima», Manzano Fernández dice que el nieto no conserva todos los derechos legitimarios como lo tenía el progenitor, pues se exceptúa «el derecho a no ser preterido», arguyendo que, por mor de una interpretación sistemática del precepto, se infiere que el mismo «no atribuye la cualidad de legitimario al descendiente del desheredado, sino que solamente prevé el destino de la porción vacante», siendo ello así porque la condición de legitimario es indisponible, sin que el hijo deje de ser legitimario solo por el hecho de que se le «retire la atribución patrimonial» que le corresponde, dado que lo que determina la condición de legitimario es el parentesco, no habiendo legítima en ausencia de legitimarios. Por ende, prosigue la autora afirmando que el nieto, aunque adquiera la legítima, no se convierte en legitimario[840].

5. Explica que el artículo 857 CC constituye «un supuesto especial de pago de la legítima, no de atribución de cualidad de legitimario». Con base en que el precepto se halla tras los artículos 841 a 847 CC, que regulan, según la rúbrica de la Sección 8ª, Título III del Libro III, el pago de la legítima en casos especiales, lo que hace la norma, a su juicio, es disciplinar a quién se paga la legítima si el hijo legitimario es privado de ella, siendo una excepción «cuya aplicación depende, como característica común, de la voluntad del testador: ni deja de ser legitimario quien recibe su parte en metálico ni tampoco quien no recibe nada porque su porción la van a recibir sus descendientes»[841].

---

840 Manzano Fernández, Mª M.: «La exclusión del hijo en la herencia del testador (Una visión actualizada de la desheredación en el Código Civil)», op. cit., pp. 1871-1873.

841 Manzano Fernández, Mª M.: «La exclusión del hijo en la herencia del testador (Una visión actualizada de la desheredación en el Código Civil)», op. cit., p. 1873.

6. Partiendo de todo lo expuesto, la autora vuelve a afirmar que, si el nieto no es legitimario porque el padre desheredado vive y hay que respetar el orden del artículo 807 CC, «no debería ser necesario desheredarlo para excluirlo de la herencia, de la misma manera que se puede simplemente no nombrar a quien la ley no considera heredero forzoso. Seguramente se deshereda al nieto para evitar la aplicación del 857, que de otra forma opera por ministerio de la Ley, y con la única finalidad de no hacerlo merecedor de aquello de lo que tampoco fue su padre [...] El nieto, que no es legitimario del abuelo viviendo el hijo de este y padre del primero, y que tampoco adquiere la cualidad de tal por el mecanismo del 857 debería, como nieto que es, ser favorecido por el abuelo a voluntad, de la misma manera que puede ser mejorado o no, facultad esta -la de mejorar- que es eso: una opción de la que el testador puede hacer uso si lo cree conveniente. Precisamente por eso, la cuantía de lo que recibe el hijo o descendiente del desheredado dependerá de si el testador ha hecho uso o no de la facultad de mejorar»[842].

Finalmente, pese a que es un *leitmotiv* del trabajo de Manzano Fernández que, de *lege lata*, desheredado el hijo, la desheredación del nieto no es necesaria para privarle de la legítima por no tener la condición de legitimario, bastando la exclusión testamentaria, la autora aboga porque, de *lege ferenda*, el artículo 857 CC fuese dispositivo, de modo que solo entrase en juego en defecto de manifestación en contrario del testador, como ocurre con la posibilidad de mejorar[843]. Sin embargo, creemos que, seguidamente, la autora incurre en una contradicción, pues planteándose que ocurriría si el nieto beneficiado en la

---

842 Manzano Fernández, Mª M.: «La exclusión del hijo en la herencia del testador (Una visión actualizada de la desheredación en el Código Civil)», op. cit., pp. 1873 y 1874.

843 Manzano Fernández, Mª M.: «La exclusión del hijo en la herencia del testador (Una visión actualizada de la desheredación en el Código Civil)», op. cit., p. 1874.

herencia del abuelo por el derecho de representación premuere sin descendencia al padre desheredado, dice que la desheredación del padre no obsta a que sea legitimario respecto a su propio hijo que lo representó en la sucesión del abuelo, pues este no podría haber evitado la representación del nieto «debido al carácter imperativo del artículo 857 del Código Civil que se salvaría, igualmente, permitiendo a este decidir sobre la aplicación o no del precepto citado»[844]. Consideramos que hay una contradicción porque, pese a afirmar lapidariamente que no es necesaria la desheredación del nieto, por bastar una exclusión testamentaria, en el entendido de que el artículo 857 CC es dispositivo, luego reconoce, *ex profeso*, su carácter imperativo.

3.3.2. Antítesis: el carácter imperativo del artículo 857 CC

A la vista de que la autora afirma, sin ambages, que la desheredación del nieto, desheredado el progenitor, es «incorrecta e innecesaria» por no reunir aquel la condición de legitimario, y que, posteriormente, aboga porque el artículo 857 CC sea dispositivo, creemos que, en el intento de dotar de sentido a su planteamiento, su posición consiste en defender que, de *lege lata*, el derecho de representación en caso de desheredación no es de *ius cogens*, sin perjuicio de que, de *lege ferenda*, proponga que se prevea expresamente en la ley. Aun así, y suponiendo que esta fuese la interpretación de su trabajo, no llegamos a comprender porqué, al tratar el supuesto de que el nieto premuera al progenitor desheredado, admite que este podrá sucederle en los bienes del que fue privado mediante la desheredación por el carácter imperativo del artículo 857 CC, como hemos referenciado en el anterior párrafo. Poniéndonos

---

844 Manzano Fernández, Mª M.: «La exclusión del hijo en la herencia del testador (Una visión actualizada de la desheredación en el Código Civil)», op. cit., p. 1875.

en el escenario de que afirmase el carácter dispositivo del artículo 857 CC, posición que también puso en el tablero Barceló Domenech pero de *lege ferenda*[845], hemos de refutar la tesis de Manzano Fernández, aunque su planteamiento vaya en el sendero de ensanchar la libertad de testar.

1. En primer lugar, estamos de acuerdo con la autora en que, aunque se desherede al hijo, este sigue conservando la condición de legitimario, como ha hemos defendido en este trabajo. El parentesco, no la percepción de la legítima, es lo que determina la cualidad de legitimario y la desheredación de lo que priva es de las atribuciones patrimoniales inherente a la legítima, salvo del ejercicio de la acción de desheredación injusta, quedando inmutable el vínculo de filiación o matrimonial que ligaba al causante con el desheredado. Esta construcción teórica, además, es coherente con la defensa de la desheredación parcial, entendiendo que consiste en privar parcialmente de la legítima, y de la posibilidad de imputar las donaciones al desheredado en su parte de legítima, a los efectos de no mermar la cuota de libre disposición. Siendo ello cierto, a nuestro modo de ver, que el hijo desheredado no adquiera la legítima no convierte a su propio descendiente en un mero perceptor de la *portio debida,* sino que este, que también es legitimario por imperativo del Código Civil (vid. arts. 807, 808, 823, 853), tendrá todo el haz de acciones para proteger y reivindicar su derecho. La autora cita el artículo 823 CC en el intento de descartar la condición de legitimario del nieto, esgrimiendo que la facultad de mejorar es simplemente eso, una facultad, no una obligación; sin embargo, se puede mirar desde otro prisma el precepto para defender que el nieto es legitimario, incluso viviendo y no habiendo sido desheredado

845 Barceló Doménech, J.: «Abandono de las personas mayores y reciente doctrina del Tribunal Supremo español sobre la desheredación por causa de maltrato psicológico», op. cit., p. 300.

el progenitor: si el artículo 808 CC dice que constituye la legítima de los «hijos y descendientes» las dos terceras partes del haber hereditario de los progenitores y que de una parte de las dos que conforman la legítima podrán estos disponer para aplicarla como mejora a «sus hijos o descendientes», la conclusión es que si el nieto, *patre viviente,* puede ser mejorado según la interpretación jurisprudencial del artículo 823 CC[846],

---

[846] La Ley 18ª de Toro permitió la posibilidad de mejorar a los nietos a pesar de concurrir con sus propios progenitores en la sucesión, diciendo que «el padre o la madre, o cualquier de ellos pueden si quieren hacer el tercio de mejoría que podían hacer a sus hijos o nietos conforme a la Ley del fuero á cualquier de sus nietos, o descendientes legítimos, puesto que sus hijos, padre de los dichos nietos, o descendientes sean vivos, sin que en ello les sea puesto impedimento alguno». Dicha opción fue acogida en la Novísima Recopilación y en el artículo 653 del Proyecto isabelino, pasando al artículo 823 CC, a cuyo tenor el causante podrá «disponer a favor de alguno o algunos de sus hijos o descendientes, de una de las dos terceras partes destinadas a legítima». Creemos que, con base en una lectura *ad pedem litterae* del precepto, se podría considerar lo contrario, esto es, interpretar que los nietos solamente podrían ser mejorados en caso de concurrir en la herencia con sus primos, pues de concurrir en la sucesión con su propio ascendiente o con sus tíos, aquel, o no tiene la condición de legitimario o, de tenerla, por virtud del derecho de representación, su parte de legítima se circunscribirá a la porción de legítima estricta que no llegó a adquirir su progenitor, máxime viendo que el artículo 825 CC, al consagrar el carácter expreso de la mejora, habla de las donaciones «en favor de sus hijos o descendientes, que sean herederos forzosos». Sin embargo, la jurisprudencia ha acogido la posibilidad de mejorar a los nietos aunque, en una sucesión concreta, no sean legitimarios *stricto sensu,* diciendo lo siguiente la STS 19 diciembre 1903 (TOL 5.063.049): «Considerando que ha sido derecho tradicional de Castilla, hasta la publicación del vigente Código, claramente consignado en la ley 18 de Toro, la facultad reconocida al abuelo de aplicar el tercio de mejora a favor de sus nietos, aun con daño y menoscabo de la legítima de los hijos vivos, padres de éstos; viniendo por tal modo la ley a facilitar los medios para que el jefe de familia pudiese atender a las necesidades y conveniencias de ésta dentro de las restricciones que la institución de la legítima le imponía; considerando que tanto los antecedentes de la legislación como por el es-

será porque es legitimario, ya que la legítima, habiendo descendientes, no puede desembocar en extraños. Por lo tanto, se puede decir que el nieto, si vive su progenitor y no es desheredado, tiene la condición de legitimario *lato sensu*, pues podrá percibir el tercio de mejora pero no la legítima estricta, y si el progenitor es declarado indigno, desheredado o premuere al causante, es legitimario *stricto sensu*. Confirma esta conclusión que hemos alcanzado el segundo párrafo del artículo 1038 CC, que dispone que, si los nietos suceden al abuelo en representación del progenitor, deberán colacionar lo que ellos mismos hubiesen recibido del causante, salvo que este hubiere dispuesto lo contrario. Nos preguntamos: si el deber de colacionar es inherente a la condición de legitimario (art. 1035 CC), ¿por qué los nietos que representan al desheredado premuerto, desheredado o declarado indigno en su legítima tienen el deber de colacionar las donaciones que aquellos hubiesen recibido del causante? Porque, teniendo por imperativo legal la condición de legitimarios *lato sensu*, cuando suceden mediante el derecho de representación pasan a ser legitimarios *stricto sensu*,

---

píritu que presidió a la formación del actual Código, cual se consigue en la Ley de Bases de 11 de mayo de 1888, como por la tendencia que en dicho vigente se manifiesta de otorgar mayor ensanche a la libertad de testar, sería ilógico dar a los preceptos de éste, que regulan la materia de las mejoras, una interpretación contradictoria de tales principios y antecedentes, mientras de ellos no se derivase claramente que la intención del legislador fuera otra distinta; considerando que, no solamente no aparece semejante intención, sino que, por el contrario, después de establecer el artículo 823 que el padre o la madre podrán disponer, sin distinción, a favor de alguno o algunos de sus hijos o descendientes, en concepto de mejora, de una de las dos terceras partes destinadas a legítima, prescribe el artículo 824 que no podrá imponerse sobre la mejora otros gravámenes que los que se establezcan a favor de los legitimarios o sus descendientes; revelando así esta oposición entre hijos y descendientes y legitimarios, con suficiente claridad, que el legislador ordena y autoriza bajo la impresión e influencia de la facultad tradicional reconocida a los abuelos». Esta doctrina, ha sido ratificada por las SSTS 18 junio 1982 (TOL 1.739.425), 9 mayo 1990 (TOL 1.730.465), y 29 septiembre 2005.

no pudiendo ser privados de su legítima salvo en los casos de indignidad o desheredación.

2. En segundo lugar, Manzano Fernández pone en duda que el nieto, desheredado el progenitor, tenga que intervenir en la partición y, además, afirma que las causas de desheredación aplicables al hijo son «inaplicables a los nietos», que de ser menores de edad carecerán de imputabilidad. Esta refutación la tenemos que dividir en dos subpuntos:

a. La idea de que los nietos, desheredado el progenitor, no deben intervenir en la partición contradice la doctrina registral. Es sabido que la desheredación priva al desheredado del correspondiente título sucesorio para adquirir la legítima, salvo que este la negare y se dicte la correspondiente sentencia declarando que la desheredación fue injusta. Ahora bien, ello no es óbice para que, manifestada por el desheredado la injusticia de la desheredación a los herederos, estos puedan llegar a un acuerdo a fin de evitar el procedimiento judicial. En esta línea, la DRGN, hoy DGSJFP, ha manifestado, como ya hemos tratado en otro apartado, que la invalidez de la desheredación precisa «a falta de conformidad de todos los afectados», de una previa declaración judicial que derive de un procedimiento instado por el desheredado[847], debiéndose entender por «afectados» por la validez o invalidez de la desheredación los nietos, los cuales deberán suscribir, además del desheredado, el acuerdo por el que, en defecto de sentencia, se prive de eficacia a la desheredación, ya que «en caso de efectividad de la desheredación, estos estarían llamados en su condición de legitimarios por imperativo del artículo 857 del Código Civil», pues «al producirse el cese de su acción para reclamar la legítima, como consecuencia del acuerdo de la falta de certeza de la causa de desheredación, se ven afectados porque pierden su

847 Véase, las RRDGN 21 noviembre 2014 y 6 marzo 2019.

condición de legitimarios como consecuencia de no ser cierta esa causa de la desheredación» del progenitor[848]. Igualmente, ha dicho recientemente la RDGSJFP 24 octubre 2023, a propósito de la negativa del Registrador de la Propiedad a la inscripción de unos bienes cuya adquisición derivaba de una sucesión *mortis causa* donde la esposa del causante había sido instituida heredera universal tras desheredar su cónyuge a dos hijos, que, como quiera que es necesaria la intervención de los descendientes del desheredado, que tendrían derecho a la legítima por el juego del derecho de representación, «es procedente exigir que, si el desheredado carece de descendientes, se manifieste así expresamente por los otorgantes, y, en otro caso, se acredite (mediante acta de notoriedad o cualquier otro medio de prueba admitido en Derecho) quiénes son esos hijos o descendientes, manifestando expresamente que son los únicos; siendo necesaria su intervención en la operaciones de adjudicación de la herencia», salvo que haya un contador-partidor nombrado por el testador autorizado para realizar la partición.

b. Por otro lado, en absoluto podemos estar de acuerdo con que las causas de desheredación del artículo 853 CC solo pueden ser aplicables a los hijos, pues, sin perjuicio de que el nieto puede ser mayor de edad, la minoría de edad no debe llevar aparejada su inimputabilidad, como hemos dado cuenta en otro apartado. Quizás, atendiendo a la literalidad de la causa, difícilmente podrá ser desheredado el nieto por la negativa injustificada a prestar alimentos (art. 853.1ª CC), pero sí por las causas, inclusive el maltrato psicológico, que recoge el artículo 853.2ª CC, tal y como hemos expuesto al tratar la desheredación del menor de edad.

3. En lo relativo a que el artículo 857 CC no debería ser objeto de aplicación automática, extendiéndose la privación

---

848 RRDGRN 5 octubre 2018 (TOL 6.846.116) y 3 octubre 2019. En el mismo sentido, las RRDGSJFP 5 noviembre 2020 y 28 enero 2021 (TOL 8.314.103).

de la legítima a la descendencia del desheredado, de forma equivalente a la privación de toda la herencia respecto al hijo si, habiendo desheredación, entrase en juego la sucesión intestada, es una idea interesante, que precisaría en todo caso de una reforma legislativa. El planteamiento consistente en que, de *lege lata*, los nietos podrían ser privados de la legítima mediante una exclusión testamentaria iría en contra de la *ratio legis* del artículo 857 CC, que no es otro, siguiendo a García Goyena, que la desheredación no se extienda a la estirpe inocente del desheredado. No negaremos que habrá numerosos casos donde, habiendo desheredado el testador al hijo, los vínculos afectivos con la propia descendencia del desheredado habrán quedado reducidos a su mínima expresión, pero a no ser que el nieto haya protagonizado una causa de desheredación, no se le podrá privar de la legítima[849]. De *lege ferenda* se pueden realizar, de querer conservar la legítima, innumerables propuestas, desde dotar de carácter dispositivo al artículo 857 CC, de modo que privado el hijo de la legítima el causante podrá decidir si adquiere la cuota vacante su descendiente o que su cuota acrezca al resto de colegitimarios que, presumiblemente, tendrán un ligamen afectivo más intenso con el causante que el nieto, o, mejor aún, despojar al nieto de la condición de legitimario[850] y que, habiendo desheredación del hijo, la cuota de

---

[849] Si se considera injusto este deber que sigue ostentando el ascendiente respecto a la propia descendencia del desheredado, más injusticia alberga que un progenitor quede relevado del deber de prestar alimentos porque el hijo haya protagonizado una causa de desheredación (art. 152.4° CC) y sean los abuelos, que pueden ser los propios ascendientes del progenitor alimentante, los que resulten obligados a prestar alimentos al nieto si este se encontrare en una situación de necesidad, sin que aquellos puedan alegar, para inhibirse, la causa que alegó el progenitor, salvo que el nieto también la haya protagonizado con ellos (Moreno-Torres Herrera, Mª. L.: *Las obligaciones de mantenimiento entre familiares*, Dykinson, Madrid, 2013, p. 103).

[850] En sede de alimentos, Moreno-Torres Herrera, Mª. L.: *Estudios sobre el deber de alimentos*, Reus, Madrid, 2021, pp. 180-184, pone en tela de juicio el deber

legítima del desheredado pase a la parte de libre disposición, aunque concurra en la sucesión con hermanos[851].

4. En cuarto lugar, arguye Manzano Fernández que el artículo 857 CC no confiere al nieto la condición de legitimario, sino que simplemente le permite ocupar el lugar del desheredado, no teniendo, además, todos los derechos legitimarios del desheredado, pues se exceptúa el «derecho a no ser preterido», insistiendo en que el hecho de adquirir la legítima no convierte al nieto en legitimario. En nuestra opinión, la dicción del artículo 857 CC no es óbice para afirmar que, desheredado el hijo, el nieto, que tenía la condición de legitimario *lato sensu*, toda vez que podía recibir todo o parte del tercio de mejora, pase a ser legitimario *stricto sensu*, percibiendo la parte de legítima estricta que habría recibido el desheredado. De no

---

de alimentos de los abuelos respecto a los nietos, viéndose privados aquellos, contra de su voluntad, de unos recursos materiales que ellos mismos han conseguido sin la colaboración de su descendencia remota.

851 En el sistema romano, según referencia Roca-Sastre a raíz de un texto de Ulpiano, el legitimario desheredado hacía cuenta, número o parte, para la determinación de la legítima individual, de modo que la desheredación no repercute en beneficio de los demás legitimarios, sino en beneficio de la herencia, quedando subsumida la cuota de la que fue privado el hijo en la parte de libre. Dice así Roca-Sastre: «el legitimario desheredado se cuenta, hace número o parte, a los efectos de la regulación o determinación de la legítima individual, de forma que la desheredación no repercute en beneficio de los demás legitimarios sino en beneficio de la herencia, quedando el causante y, por tanto, el heredero o la persona obligado al pago de la legítima, liberado de este pago respecto al legitimario excluido» ROCA-SASTRE MUNCUNILL, L.: *Derecho de Sucesiones, Tomo II*, op. cit., pp. 566 y 567). También puede verse Puig Brutau, que dijo que, según el Código Civil, la cuota del legitimario desheredado acrece al resto de colegitimarios, pero «la solución era la opuesta en Derecho romano porque la legítima implicaba, no una reserva de bienes, sino una obligación de disponer impuesta por la ley al causante, de modo que éste quedaba liberado de la obligación que tenía frente al desheredado» (PUIG BRUTAU, J.: *Fundamentos de Derecho Civil, Tomo V, Volumen III*, op. cit., p. 147).

ser así, el artículo 807.1º CC no diría que son herederos forzosos los hijos «y descendientes», como tampoco el artículo 853 CC diría, al enumerar las causas de desheredación, que son aplicables a los hijos «y descendientes».

En cuanto a que el nieto no conserva «el derecho a no ser preterido», nos parece un argumento inocuo y estéril para negar la condición de legitimario del nieto, máxime viendo el quinto párrafo del artículo 814 CC, que dice que «[los] descendientes de otro descendiente que no hubiere sido preterido, representan a éste en la herencia del ascendiente y no se considerarán preteridos». En puridad, si desheredado el hijo no se menciona al nieto, preterición existe, pero el legislador, a fin de evitar que el nieto tenga que pleitear para obtener la legítima, creó una ficción jurídica, pues, como dice Rivera Fernández, el precepto no dice «no están preteridos», sino que «no se considerarán preteridos»[852]. Aunque a juicio de este último autor el inciso no es aplicable a los supuestos de desheredación justa[853], donde es aplicable el artículo 857 CC, a nuestro modo de ver, tiene plena virtualidad en caso de desheredación, sobre todo si se mira desde el siguiente prisma: si el testador deshereda al hijo y no menciona al nieto, a sabiendas de que este se subrogará en la posición del desheredado, el intérprete se puede llegar a plantear si el nieto fue preterido. A fin de evitar esta dicotomía, que no debe ser calificada de parto de los montes[854], valga el quinto párrafo del artículo 814 CC, puesto en re-

---

852 Rivera Fernández, M.: *La preterición en el Derecho común español,* op. cit., p. 334 (nota a pie de página núm. 42).

853 Rivera Fernández, M.: *La preterición en el Derecho común español,* op. cit., p. 364.

854 Antes del año 1981, la cuestión de la preterición del nieto en caso de desheredación del ascendiente no era de paladina resolución, planteándose Vallet de Goytisolo la resolución de este problema, descartando la preterición mediante la remisión al artículo 857 CC (Vallet de Goytisolo, J.: *Limitaciones de Derecho sucesorio a la facultad de disponer, Tomo I, Las legítimas,* op, cit., p. 92).

lación con el artículo 857 CC, para evitar que el descendiente del desheredado tenga que ejercitar una acción de preterición en defensa de sus derechos legitimarios[855].

---

[855] Esta cuestión se planteó en la SAP Pontevedra 16 febrero 2001. Al parecer, unas nietas, cuya madre fue desheredada, presentaron una demanda en el Juzgado, siendo estimada parcialmente, diciendo la parte dispositiva de la sentencia que las nietas fueron preteridas intencionalmente en la sucesión del abuelo, reduciendo la institución de heredero contenida en el testamento y declarando herederas *ab intestado* a las demandantes, las cuales heredarían por estirpes los tercios de legítima estricta y mejora del caudal relicto. Al parecer, los herederos demandados, que según parece no eran legitimarios, presentaron un recurso de apelación, no discutiendo el fallo de la sentencia recurrida, sino el razonamiento. El tribunal desestimó el recurso de apelación, diciendo en su fundamento de derecho segundo que, lo que se discutía, realmente, eran los efectos de la desheredación de la madre en la sucesión del abuelo, careciendo este de otros descendientes, esbozando que, en tal caso, era de aplicación el artículo 857, pero a renglón seguido matiza lo siguiente: «Hay, no obstante, discrepancias doctrinales, pues si algunos autores entienden que la desheredación de un hijo signifique la preterición de su estirpe en el caso de que el causante no la mencione expresamente, otros reconocidos tratadistas sostienen, después de la reforma de 13 de mayo de 1981, que los hijos o descendientes del desheredado justamente, si el testador no los tiene en cuenta en el testamento son preteridos, pudiendo ser tal preterición errónea o intencional, con las consecuencias que a dichas categorías corresponden. Por ello, y al margen de que no podrá ser objeto de recurso la fundamentación jurídica de la sentencia, la construcción y apoyatura legal que en la misma se hace no puede estimarse producto de una interpretación no sostenible o irrazonable». Huelga decir que, dada la parquedad de la sentencia, desconocemos los detalles del caso, pero en el supuesto, como según parece, las hijas de las desheredadas hubiesen presentado una demanda ejercitando la acción de preterición intencional, esta debió desestimarse por ser inocua y estéril la pretensión, pues, aunque las demandantes no fueran mencionadas en testamento, tenían derecho, sin necesidad de ejercitar ningún tipo de acción, a reclamar lo que les pudiere corresponder por legítima, habida cuenta de que, precisamente, el quinto párrafo del artículo 814 CC crea la ficción de que no se considerarán preteridas aunque no se les mencionara en el testamento.

5. En quinto lugar, Manzano Fernández parece sugerir que el artículo 857 CC es una norma que simplemente regula el pago de la legítima, teniendo un contenido meramente patrimonial, no personal, pues el desheredado sigue siendo legitimario, mencionando que el precepto indica que la legítima se va a pagar a una persona que no es legitimaria. Insistimos en la idea, compartiendo parcialmente su criterio, de que, a tenor del artículo 813 CC, la desheredación priva solo de la legítima, no de la condición de legitimario; tanto es así que la legítima estricta se dividirá según el número de hijos que haya, sin que la desheredación de uno de ellos, que haya tenido a su vez una pluralidad de descendientes (descendientes de segundo o ulterior grado del causante), implique que la legítima se tenga que dividir según cuantos descendientes haya, con independencia de la proximidad de grado, pues, tratándose de un derecho de representación, es de aplicación el artículo 926 CC, que determina la sucesión en la cuota vacante por estirpes, de modo que los nietos no heredarán más de lo que habría heredado el progenitor desheredado. Ahora bien, nos planteamos lo siguiente: en un apartado anterior hicimos referencia a la malograda redacción del artículo 857 CC, pues si el causante deshereda, por ejemplo, al cónyuge y este tiene hijos no comunes con el desheredante, aquellos podrán adquirir, sobre la literalidad de la norma, la legítima usufructuaria; sin embargo, se descarta esta interpretación porque supondría que personas que no tienen la cualidad de legitimarias respecto al causante adquieran la legítima, abogándose por la tesis de que los descendientes tienen que serlo del desheredado y del desheredante. De este problema se hace eco Manzano Fernández, manifestando, en relación el destino de la legítima y el derecho de representación, que «no hay razón alguna para que pasen a los hijos del cónyuge desheredado sus derechos en la sucesión del causante, porque habrían de ser legitimarios del desheredado y también

del testador desheredante»[856]. Dicho esto, nos preguntamos: ¿cómo se concilia que se abogue por esa certera interpretación del artículo 857 CC y, al alimón, se diga que los nietos, pese a percibir la legítima, no son legitimarios? A nuestro juicio, se trata de una discordancia de difícil justificación.

6. En sexto lugar, si el testador fuese libre de apartar al nieto con una simple exclusión testamentaria, como sostiene Manzano Fernández, nos volvemos a plantear, al estilo socrático, las siguientes cuestiones: ¿por qué en tal caso el legislador menciona que, además de los hijos, son legitimarios sus descendientes en el artículo 807.1° CC?, ¿por qué, excepcionando la regla *viventis nulla est representatio*, se incluyó en el Proyecto isabelino el derecho de representación del descendiente del desheredado?, ¿por qué, siendo hipotéticamente suficiente una exclusión testamentaria para privar de la legítima al nieto, el artículo 853 CC menciona «a los hijos y descendientes» a la hora de tipificar las causas de desheredación? O, ¿cómo se sostiene que todas las normas que disciplina la desheredación tengan naturaleza imperativa, salvo el artículo 857 CC, que estaría al albur de la discrecionalidad anticausalista del testador? Preguntas sin respuestas, salvo que se reconozca que el nieto es legitimario *stricto sensu* en caso de desheredación del progenitor.

No seremos sospechosos de construir argumentos que vayan en detrimento de la libertad de testar y en contra del debilitamiento de la dictadura de la legítima, como pusimos de manifiesto cuando nos propusimos desmitificar la naturaleza sancionadora de la desheredación, pero una cosa es abogar por una interpretación evolutiva y vanguardista que conduzca a un ensanchamiento de la libertad de testar y otra muy distinta es interpretar las normas *contra legem*.

---

856 Manzano Fernández, Mª M.: «La exclusión del hijo en la herencia del testador (Una visión actualizada de la desheredación en el Código Civil)», op. cit., p. 1867.

3.4. Destino de la legítima cuando no opera el derecho de representación

En este punto, tenemos que diferencias varios escenarios:

3.4.1. Hay una pluralidad de descendientes colegitimarios y uno de ellos es desheredado

En este caso, la cuota del desheredado o, como veremos luego, lo que quede de su cuota después de haberse imputado a su parte de legítima estricta las donaciones que recibió, acrecería a sus hermanos[857], no por derecho de acrecer, sino por el acrecimiento propio de los herederos forzosos[858]. El derecho de acrecer (arts. 982 y 983 CC) se fundamenta en la presunta voluntad del causante que, si lo desea, lo puede excluir nombrando un sucesor en el caso de que la cuota del heredero quede vacante. Tratándose de la legítima, el causante no es libre para contemplar el destino de la cuota del legitimario desheredado, sino que esta, dado que es global (art. 808 CC) y no puede ir a extraños, acrecerá a sus otros descendientes[859]. Aunque los efec-

---

857 Lo dicho es extrapolable cuando sean legitimarios los progenitores y uno de ellos no pueda percibir su legítima.

858 VALLET DE GOYTISOLO, J.: *Limitaciones de Derecho sucesorio a la facultad de disponer, Tomo I, Las legítimas,* op. cit., p. 715; LACRUZ BERDEJO, J. L.: «El derecho de acrecer», op. cit., p. 69; DIEZ-PICAZO, L. y GULLÓN, A.: *Sistema de Derecho Civil, Volumen IV, Derecho de familia. Derecho de sucesiones,* op. cit., p. 343; JORDANO FRAGA, F.: *Indignidad sucesoria y desheredación (Algunos aspectos conflictivos de su recíproca interrelación),* op. cit., p. 98; DE LA CÁMARA ÁLVAREZ, M.: *Compendio de Derecho sucesorio,* op. cit., p. 66; ARANDA RODRÍGUEZ, R.: «La desheredación», op. cit., p. 294.

859 La autora Algaba Ros, dijo, a propósito del destino de la legítima en caso de desheredación injusta, que el artículo 985 CC «sería aplicable a un supuesto de desheredación por cuanto que la *ratio* del mismo lo permite», señalando que sucederían los colegitimarios en la cuota vacante de la legítima por derecho propio, y no por derecho de acrecer, pues basándose este en la

tos del acrecimiento entre colegitimarios y el derecho de acrecer sean similares, pudiendo carecer la cuestión de importancia, como decía Manresa y Navarro[860], a efectos gráficos se puede vislumbrar la diferencia del siguiente modo: el acrecimiento, como fenómeno donde la cuota vacante acrece al coheredero, es el género, y el derecho de acrecer (arts. 982 y 983 CC) es una de sus especies, que coexiste en el ecosistema sucesorio junto al acrecimiento propio de la sucesión intestada (art. 981 CC) y el acrecimiento entre colegitimarios (art. 985 CC)[861].

La tesis de que no existe derecho de acrecer y sí acrecimiento en la legítima está corroborada por el artículo 985 CC, que dispone que entre los legitimarios solo tendrá lugar el derecho de acrecer «cuando la parte de libre disposición se deje a dos o más de ellos, o a algunos de ellos y a un extraño», mientras que si la cuota vacante fuese la legítima, «sucederán en ella los coherederos por su derecho propio, y no por el derecho de acrecer». Es cierto que el artículo 985 CC, al mencionar el acrecimiento entre los colegitimarios, hace referencia al caso

---

presunta voluntad del testador, no se puede desligar de dicho efecto, pues «la legítima encuentra su fundamento en la Ley y por tanto el derecho de acrecer no opera en la legítima porque el efecto del art. 985 se produce por voluntad de la Ley y no por la voluntad del testador» (ALGABA ROS, S.: *Los efectos de la desheredación*, op. cit., pp. 67, 69 y 70).

860 MANRESA Y NAVARRO, J. M.: *Comentarios al Código Civil español, Tomo VII*, Imprenta de la Revista de Legislación, Madrid, 1911, pp. 316 y 317.

861 JORDANO FRAGA, F.: *Indignidad sucesoria y desheredación (Algunos aspectos conflictivos de su recíproca interrelación)*, op. cit., p. 95, opta por denominar el derecho de acrecer como *acrecimiento propio* y el previsto en los artículos 981 y 985 como *acrecimiento impropio* (también REPRESA POLO, Mª P.: L*a desheredación en el Código Civil*, op. cit., pp. 200-202). No estamos de acuerdo con dichas denominaciones, pues en las tres especies hay acrecimiento, sin que se pueda decir que el acrecimiento propio se da cuando exista testamento y se cumplan los requisitos de los artículos 982 y 983 CC, pues también en el resto de casos, aunque sea *ex lege*, hay un acrecimiento, entendido este como un aumento de la cuota del coheredero a costa de la parte vacante.

de que la legítima fuese repudiada, no a la desheredación, pero debe hilvanarse la *dictio legis* con el artículo 808 CC, que dice que constituye la legítima de los hijos y descendientes «las dos terceras partes del haber hereditario». Por esta razón, no podemos compartir la idea de De Barrón Arniches en torno a que la desheredación, habiendo colegitimarios y en defecto del derecho de representación, «no da lugar al acrecimiento», sino que «aumenta la porción de herencia de la que el causante puede libremente disponer»[862], pues, como dijera Roca-Sastre Muncunill, la razón de ser del *derecho de no decrecer* es que la legítima tiene siempre «carácter global, de forma que no puede disminuirse aquel módulo o cuantía por la existencia de un legitimario desheredado», atribuyéndose a los otros colegitimarios «en globo»[863].

Este efecto justificaría, bajo nuestro punto de vista, que aunque el desheredado haya recibido en vida lo que le podría corresponder por legítima estricta, tendría legitimación para plantear una acción de desheredación injusta, pues en caso de que quedara vacante la cuota de sus hermanos, por premoriencia, indignidad, desheredación o repudiación, su parte se vería incrementada por el juego del acrecimiento.

En nuestra opinión, sería interesante, si se quisiera mantener la desheredación o unificarla con la indignidad bajo un régimen de privación sucesoria, como hemos propuesto en esta obra, que, de *lege ferenda*, la cuota individual del justamente desheredado, en defecto del derecho de representación y de concurrir con colegitimarios, acrezca a la parte de libre disposición, como así viene contemplado, entre otros, en el Derecho balear, donde el artículo 83 CDCIB dispone que en caso de desheredación justa «la legítima acrecerá a la herencia, sin

---

862 De Barrón Arniches, P.: «Libertad de testar y desheredación en los Derecho civiles españoles», op. cit., p. 14.

863 Roca-Sastre Muncunill, L.: *Derecho de Sucesiones, Tomo II*, op. cit., p. 572.

perjuicio de la aplicación, en su caso, de los artículos 761 y 857 del Código civil».

3.4.2. Se deshereda a todos o al único descendiente y hay ascendientes supérstites

Esta cuestión, más compleja que la anterior, aunque se rechace el derecho de representación, que solo operaría en la línea descendente (arts. 857 y 925 CC), fue resuelta por Vallet de Goytisolo[864], que descartaba que los ascendientes pudiesen reclamar la legítima, partiendo de que la asunción de estos como legitimarios es subsidiaria, prevenida solo «para el supuesto de inexistencia de descendientes legítimos, pero no para los casos de repudiación, y desheredación o indignidad de éstos». Según el autor, la dicción del artículo 807.2º, que decía que los ascendientes eran legitimarios *a falta* de los descendientes, debía interpretarse como un requisito de que estos no existieren materialmente, no pudiendo relacionarse el aserto con el hecho de que no perciban la legítima. Asimismo, Vallet se sirve de una interpretación histórica, explicando que la Ley 6ª de Toro modificó el Fuero Real, disponiendo que «si el hijo no tuviera descendientes legítimos ni otros hijos que

864 Previamente, la doctrina se había planteado, no la cuestión planteada, sino si los ascendientes podían reclamar la legítima concurriendo en la sucesión con descendientes vivos del causante que no hubieren sido indignos ni desheredados, ya que el artículo 846 CC, en vigor hasta 1981, disponía que «[el] derecho de sucesión que la Ley da a los hijos naturales pertenece por reciprocidad en los mismos casos al padre o madre naturales». Autores como Puig Brutau y Puig Peña descartaron dicha posibilidad, diciendo este último que los padres naturales «sólo tendrán derecho a la legítima en el caso de que los hijos naturales mueran sin hijos o descendientes legítimos o naturales o legitimados por concesión» (PUIG BRUTAU, J.: *Fundamentos de Derecho Civil, Tomo V, Volumen III*, op. cit., pp. 86 y 87, y PUIG PEÑA, F.: *Tratado de Derecho Civil Español, Tomo V, Sucesiones, Vol. II, Relaciones sucesorias particulares*, op. cit., p. 348).

tengan derecho a heredarles, pueda hacer de sus bienes lo que quiera», sin que se le pudiese «embargar padre ni madre ni otro pariente»[865].

Se podría decir que el planteamiento de Vallet provoca una contradicción, difícil de conciliar, con el artículo 935 CC, que, en el ámbito de la sucesión intestada, dispone que «[a] falta de hijos y descendientes del difunto le heredarán sus ascendientes». Esta posible disfunción fue planteada por Puig Brutau a propósito de descartar que los ascendientes pudiesen reclamar una hipotética legítima si todos o el único descendiente repudiare la herencia, pues, basándose en el fundamento dispar de la sucesión intestada y la legítima, dijo que en aquella la herencia representa un patrimonio que forzosamente debe ser adquirido por alguien, comprendiéndose que «el llamamiento a la sucesión de grado en grado necesariamente desempeña un papel en la sucesión intestada». Sin embargo, lo relatado, siguiendo al autor, no ocurre con el derecho a la legítima, pues aquí «no se trata de que los bienes tengan que pasar forzosamente a alguien para que no queden sin titular, porque en la sucesión testada generalmente existirán herederos aunque sean otros legitimarios. La ley impone al testador la obligación de destinar o atribuir algún valor hereditario a ciertas personas, los legitimarios», pero, «si no lo ha hecho así y ha complicado esta obligación, no hay misma razón para que la ley tenga que llamar al orden siguiente si el que era preferentemente legitimario se elimina por renuncia», quedando la legítima en la herencia[866].

---

865 Vallet de Goytisolo, J.: *Limitaciones de Derecho sucesorio a la facultad de disponer, Tomo I, Las legítimas,* op. cit., pp. 715 y 716.

866 La opinión de Puig Brutau, ha sido compartida por Espejo Lerdo de Tejada, M.: *La legítima en la sucesión intestada en el Código Civil,* op. cit., pp. 86 y 87, quien ha descartando la aplicación analógica de las normas de la sucesión intestada apelando a que tienen distintos fundamentos.

Evidentemente, suscribimos este planteamiento que permite salvar, en conjunción con la aportación de Vallet, el hipotético ligamen que el lector pudiese visualizar entre el artículo 807.2º y el 935 CC.

Tras el planteamiento de Vallet, la mayoría de los autores que han estudiado el destino de la legítima cuando hay desheredación han suscrito sus aportaciones[867], salvo Jordano Fraga, que interpreta la expresión que alberga el artículo 807.2º CC como comprensiva tanto de una inexistencia material o *in natura* de descendientes, como jurídica, englobando en esta la desheredación justa y la indignidad, entendiendo que esta interpretación, que considera más teleológica que literal, rinde en mayor medida tributo al sistema legitimario[868-869].

Sin perjuicio de los argumentos de los que hemos dado cuenta en torno a que, en caso de desheredación de todos los descendientes, los ascendientes no podrán reclamar legítima alguna, y a propósito de refutar la conclusión que alcanza Jordano Fraga, creemos que este autor omite u olvida que la interpretación teleológica que cabe hacer de las normas que disciplinan el sistema legitimario deben tener presente, en nuestra opinión, la libertad de testar, autonomía o libertad que se erige en el arquitrabe, no solo del Derecho sucesorio, sino de todo el Derecho patrimonial. Tanto es así que en materia contractual,

---

867 Puede citarse, entre otros, a ROCA-SASTRE MUNCUNILL, L.: *Derecho de Sucesiones, Tomo II*, op. cit., pp. 131 y 569; ESPEJO LERDO DE TEJADA, M.: *La legítima en la sucesión intestada en el Código Civil*, op. cit., p. 87; ALGABA ROS, S.: *Efectos de la desheredación*, op. cit., p. 224; RAGEL SÁNCHEZ, L. F.: «Artículo 857», op. cit., p. 6306; MANZANO FERNÁNDEZ, Mª M.: «La exclusión del hijo en la herencia del testador (Una visión actualizada de la desheredación en el Código Civil)», op. cit., pp. 1867 y 1868.

868 JORDANO FRAGA, F.: *Indignidad sucesoria y desheredación (Algunos aspectos conflictivos de su recíproca interrelación)*, op. cit., pp. 103 y 104.

869 En la misma línea que Jordano Fraga, QUESADA PÁEZ, A.: «Legítimas y desheredación», op, cit., p. 19.

donde el contrato es uno de los instrumentos más empleados por la sociedad para transmitir bienes, el principio, no la excepción, es el de la autonomía de la voluntad, consagrado en el artículo 1255 CC y cuyos efectos, según doctrina consolidada, irradian en otros sectores del Derecho civil. En el Derecho de sucesiones ocurre, *mutatis mutandi*, lo mismo, siendo ejemplo de ello que el artículo 33.2 CE cristaliza como derecho constitucional, no el régimen de las legítimas, que está al albur de la discrecionalidad del legislador, sino la libertad de testar. Por lo tanto, como dijimos al tratar la naturaleza jurídica de la desheredación, el principio es la libertad de testar y la excepción el sistema legitimario. Partiendo de ello, y sin perjuicio de que, habiendo sido desheredados todos o el único descendiente, estos existen pero desprovistos de la legítima, afirmación que haría descartar la aplicación del artículo 807.2° CC, tenemos la convicción de que la interpretación teleológica de las normas que disciplinan la legítima debe poner en valor, no la norma individualmente considerada, sino el conjunto del sistema, teniendo presente que toda limitación a la libre disposición *mortis causa*, que vaya más allá de lo que resulte paladino por la literalidad de la norma, conculca el principio general de la libertad de testar, debiendo ser tachada la hermenéutica que vaya en contra de tan noble principio como odiosa.

Ad abundantiam, en la empresa de que el lector vea los resultados perniciosos para la libertad de testar que podría llevar aparejada esta interpretación de Jordano Fraga, supuestamente, «teleológica» del artículo 807.2° CC, proponemos un ejemplo: Fulano tiene un único hijo al que en vida donó bienes por valor de 40. Años después, lo deshereda y nombra heredero de toda la herencia a un tercero. Al tiempo de su fallecimiento, deja bienes por valor 80 y le sobreviven los progenitores. Si estos pudiesen reclamar su hipotética legítima, que ascendería a la mitad del haber hereditario en defecto de cónyuge viudo (art. 809 CC), vemos que, extinta la legítima del descendiente, la donación al desheredado se tendría que imputar a la mitad de libre disposición, que ascendería, según la suma del artículo 818 CC[870], a 60, pues los padres tendrían derecho a la otra mitad. Así las cosas, el heredero instituido en testamento, adquirida la legítima por los padres del causante e imputada la donación al desheredado a la parte de libre, solo adquiriría bienes por valor de 20. En esta tesitura, el causante se planteará, no estando la cuestión huérfana de razón, lo siguiente: ¿para qué le habrá servido la desheredación? Para nada, pues de no haber desheredado al hijo la donación, cuyo plazo de revocación pudo haber caducado al tiempo de otorgar testamento, se imputará en la legítima del descendiente y, al menos, el heredero instituido habría podido heredar el tercio de libre disposición, que ascendería a 40. En cambio, desheredado el hijo y extintos los dos tercios de legítima, y a tenor de que los padres podrán reclamar la mitad integra de la herencia, la donación deberá imputarse, siguiendo la tesis de Jordano Fraga, inexorablemente a la mitad de libre disposición, percibiendo el heredero lo sobrante o el remanente. *Ergo*, vemos que la desheredación, ideada en su día para reprimir los comportamientos de los legitimarios ingratos, desconocedores de la solidaridad familiar, perdería, a fuer de una interpretación «teleológica» del artículo 807.2º CC, su fundamento y su función, mermando más si cabe la libertad de testar, pues el causante acabaría aceptando el mal menor, que sería, inhibiéndose de desheredar, premiar al hijo ingrato con dos tercios de la herencia para que, al menos, el heredero instituido herede un tercio, que en el caso expuesto tendría un valor de 60, pues la donación al hijo se imputaría en su legítima (art. 819 CC).

870 Si para calcular la legítima, en virtud del artículo 818 CC, hay que sumar el *relictum* (80) más el *donatum* (40), la legítima global de los padres tendría un valor de 60, teniendo derecho a percibirla en su plenitud, sin que se puedan deducir las donaciones que el causante hizo al hijo donatario, pues se trata de legítimas distintas.

Dudamos de que el legislador hubiese deseado estas consecuencias; por ello, ry echazando enérgicamente la tesis de Jordano Fraga, nos adherimos aquí al planteamiento que en su día defendió Vallet de Goytisolo.

3.4.3. Se deshereda a todos los descendientes o ascendientes y en la sucesión concurre el cónyuge viudo

Concurriendo en la sucesión el cónyuge con descendientes, la legítima del cónyuge viudo será el tercio de mejora en usufructo (art. 834 CC). Si, desheredados los descendientes, sobreviven al causante el cónyuge y los ascendientes, estos no podrán reclamar legítima alguna por los argumentos expuestos en el anterior apartado. Sin embargo, se puede plantear si la cuota legitimaria del cónyuge, en vez de un tercio de la herencia, ascendería a dos tercios, ya que dispone el artículo 838 CC que «[no] existiendo descendientes ni ascendientes el cónyuge sobreviviente tendrá derecho al usufructo de los dos tercios de la herencia». Idéntica incógnita surge si, ante la inexistencia material o física de descendientes, concurren en la herencia los ascendientes y el cónyuge; si aquellos son desheredados la cuota vidual, en vez de la mitad de la herencia, ascendería a dos tercios en usufructo (art. 837 CC).

En nuestra opinión, nos ratificamos respecto a lo dicho anteriormente: de ser desheredados los descendientes o los ascendientes estos existen, no perdiendo la condición de legitimarios, quedando privados solo, por la desheredación, de los aspectos patrimoniales inherentes a la legítima. Partiendo de esta afirmación, legitimarios, ora descendientes, ora ascendientes, hay, pero sin derecho a la legítima, no cumpliéndose, por ende, el presupuesto para que la cuota del cónyuge aumente, esto es, que *no existan* descendientes o ascendientes (arts. 837 y 838 CC).

3.4.4. Se deshereda al cónyuge viudo y concurre con ascendientes o descendientes

En el caso de que el cónyuge viudo fuese desheredado y el causante tuviese descendientes que no fueron desheredados, estos percibirán su legítima larga, estando el tercio de mejora huérfano del usufructo vidual. En cambio, si se deshereda al cónyuge y hay ascendientes con derecho a su legítima, cabe preguntarse si esta seguiría siendo de una tercera parte de la herencia o ascendería a la mitad. La dicción del artículo 809 CC no coincide con la de los arts. 807.2º y 838 CC, que se refieren expresamente a la *inexistencia* de los legitimarios, valiéndose en el pasado de esta expresión Vallet de Goytisolo para descartar que los ascendientes pudiesen reclamar la legítima, en el entendido de que estos solo serían legitimarios en un escenario de inexistencia material o física, no jurídica, de los descendientes. En cambio, el artículo 809 CC dispone que la legítima de los ascendientes es la mitad del haber hereditario, «salvo el caso en que concurrieren con el cónyuge viudo del descendiente causante, en cuyo supuesto será de una tercera parte de la herencia».

Algaba Ros, en un intento de resolver esta polémica, se planteó si la desheredación del cónyuge tendría virtualidad de «agravar la situación del testador frente a la disposición de bienes», pues no sería lo mismo tener la libre disposición de la mitad de la herencia -si la legítima de los ascendiente aumenta por la desheredación del consorte-, que de dos tercios –si se mantiene la legítima originaria de los ascendientes-. La autora negó dicho efecto, arguyendo que la desheredación «es sólo una pena para el desheredado pero nada ha de afectar al causante»[871].

---

[871] Algaba Ros, S.: *Los efectos de la desheredación*, op. cit., pp. 227 y 228.

En cambio, Jordano Fraga refutó a la autora, diciendo que el artículo 809 CC no distingue, a la hora de fijar la legítima de los ascendientes, «por razón de cuál sea la causa que determina la no concurrencia efectiva del derecho legitimario del viudo del causante», siendo lo único decisivo para la ley que «la concurrencia efectiva no exista», que no concurra un cónyuge del causante con derecho efectivo a su legítima, ya sea por premoriencia, por indignidad o desheredación; concluyendo que, desheredado el cónyuge, aumenta la cuota global legitimaria de los ascendientes, «siempre que, por cualquier causa, en la sucesión del causante *no exista el deber* de pagar la legítima a su viudo sobreviviente»[872].

Como le ocurriera a De la Cámara Álvarez, según referencia en el preámbulo a la primera de edición de su *Compendio de Derecho sucesorio*[873], no nos gustar disertar sobre aspectos que tienen escasa funcionalidad práctica, pues hoy es harto difícil que se desherede a un cónyuge, ya que la mera separación de hecho provocará que decaiga su condición de legitimario (art. 834 CC), pero tampoco nos parece adecuado hacer un mero balance doctrinal sin tomar partido.

No podemos suscribir el planteamiento de Jordano Fraga, pues dicha hermenéutica cercenaría, más allá de lo proporcional que al lector le pudiese parecer el sistema legitimario, la libertad de testar. Como hemos dicho a lo largo de esta obra, la desheredación no supone privar de la condición de legitimario, sino de la legítima, ya que el *status* de legitimario se fundamenta en el parentesco o, tratándose del cónyuge, en el matrimonio. Abogamos por esta construcción teórica porque supone poner en el centro del sistema la autonomía de

---

872 JORDANO FRAGA, F.: *Indignidad sucesoria y desheredación (Algunos aspectos conflictivos de su recíproca interrelación)*, op. cit., pp. 100 y 101 (nota a pie de página núm. 107).

873 DE LA CÁMARA ÁLVAREZ, M.: *Compendio de Derecho sucesorio*, op. cit., p. 18.

la voluntad, posibilitando la desheredación parcial, conforme al concepto que hemos ensayado, y, como luego se verá, en la medida que permite, sin incurrir en demasiadas contradicciones, imputar las liberalidades *inter vivos* del causante al desheredado en su legítima, sin tener que lesionar, más allá de lo necesario y de lo que prevé la ley, la parte de libre disposición. Partiendo de este recorrido intelectual, consideramos que, desheredado el legitimario, este concurre, sin legítima, en la sucesión, a los efectos de no reducir, de manera innecesaria e injustificada, la parte de libre disposición. Por esta razón, creemos que el verbo *concurrir*, que emplea el artículo 809 CC, debe interpretarse en el sentido expuesto: desheredado el cónyuge legitimario, este, en relación con lo que pudo suponer su *portio debida*, *concurre* en la sucesión, pero sin los derechos inherentes a su legítima, pudiendo el causante disponer la misma deducidas las liberalidades que tuviesen como donatario al cónyuge, que no se podrían imputar en la legítima de los ascendientes, que sería de un tercio, porque, a diferencia de la legítima de los descendientes, que en el tercio de mejora concurre con la que se atribuye en usufructo al cónyuge viudo, la legítima de los ascendientes y del cónyuge recaen sobre partes distintas de la herencia[874]. Así, si en una sucesión hay descendientes y el cónyuge viudo es desheredado, las donaciones percibidas por este se imputarán al tercio de mejora, en concreto, al valor del usufructo del tercio, de manera que concurrirán en un mismo tercio los derechos legitimarios de los descendientes y la imputación de la donación realizada al cónyuge desheredado. En cambio, en la sucesión en la que concurran los ascendientes con el cónyuge viudo, hay dos legítimas distintas: por un lado, la legítima de los ascendientes, que es de un tercio, y, por otro, la legítima usufructuaria del cónyuge, que asciende a la mitad

[874] Así lo afirma De la Cámara Álvarez, al decir que «no hay base legal que ampare la imputación de lo donado por un cónyuge a la legítima del otro (De la Cámara Álvarez, M.: *Compendio de Derecho sucesorio*, op. cit., p.200).

de la herencia. Por ello, desheredado el cónyuge, será imposible, salvo que se pretenda vulnerar la legítima de los ascendientes, imputar las liberalidades dispuestas a favor de aquel en la legítima de estos, debiendo imputarse, inexorablemente, en los dos tercios de la herencia, cuyo remanente, tras imputar las liberalidades dispuestas a favor del cónyuge desheredado, pasaría a ser de libre disposición.

Por ende, consideramos que no concurrirá el cónyuge viudo en la sucesión tan solo en los casos de premoriencia y separación de hecho; tanto en los casos de indignidad, de desheredación como en los de repudiación, el cónyuge legitimario, sin legítima, concurrirá en la sucesión, a los efectos conservar indemne la parte de libre disposición que tenía el causante antes de la desheredación, sin la limitación que supondría la cuota usufructuaria del cónyuge desheredado.

Es posible que, a través de una interpretación literal del artículo 809 CC, el lector siga dudando sobre el rigor y la virtudes de esta toma de postura, pero ante la imprecisión del legislador, capaz de confundir, por ejemplo, conceptos tan básicos como la condición suspensiva y el término en la institución de heredero (vid. art. 799 CC), estimamos que lo que debe inclinar la balanza hacia uno u otro lado no debe ser la defensa a ultranza de los derechos cuantitativos de los legitimarios, sino la autonomía de la voluntad *mortis causa*.

3.5. *Quantum* de la legítima del desheredado en caso de que se aplique el derecho de representación

En otro pasaje de esta obra dijimos, *obiter dicta*, que, tratándose de descendientes, el injustamente desheredado, de concurrir con hermanos no desheredados, percibirá, según jurisprudencia consolidada, su parte proporcional de legítima estricta, quedando excluido del tercio de mejora. Si hilvanamos el artículo 857 CC, que dispone que los descendientes del desheredado «ocuparán su lugar», conservando los derechos del desheredado respecto a la legítima, con el artículo 926 CC, que expresa que siempre que se herede por representación, «la división de la herencia se hará por estirpes, de modo que el representante o representantes no hereden más de lo que heredaría su representado, si viviera», la conclusión es que los nietos y posterior descendencia del causante adquirirán, justamente, la parte de legítima estricta de la que fue privado el desheredado, sin que la adquisición se extienda, aunque el testador no haya dispuesto de ella expresamente, al tercio de mejora.

Además, en el supuesto de que el hijo desheredado hubiere recibido alguna donación del causante, esta, que deberá imputarse en su legítima, como desarrollaremos posteriormente, provocará que el montante que reciba el nieto por derecho de representación se reduzca cuantitativamente[875].

Podríamos tratar aquí los motivos y fundamentos de esta exégesis doctrinal que luego, como veremos, fue ratificada por el Tribunal Supremo, pero dado que no albergamos el ánimo de incurrir en tautologías innecesarias, postergaremos su tratamiento a cuando abordemos los efectos de la desheredación injusta.

---

875 Así lo ha confirmado, recientemente, la SAP Madrid 18 noviembre 2021 (TOL 8.823.792): «En abstracto, es posible que, pese a la desheredación el desheredante no hubiera privado efectivamente de su legítima material al desheredado, por haber recibido este donaciones no revocadas o revocables, imputables a la legítima. Si el descendiente desheredado hubiese percibido o percibiese del *de cuius* algo imputable a su legítima, conforme a las reglas normales de la imputación, su montante reducirá cuantitativamente el derecho de sus descendientes derivado del artículo 857. En otras palabras, la desheredación produce la privación de la legítima *mortis causa,* pero no implica por sí sola la revocación de lo recibido anteriormente por donación a cuenta de la legítima y, en este sentido, al cabo, la exclusión de la legítima material no deviene total sino parcial».

3.6. Administración de los bienes que el legitimario menor de edad perciba a través del derecho de representación habiendo sido desheredado el progenitor

El artículo 857 CC, según la redacción original de 1889, decía que «[los] hijos del desheredado ocuparán su lugar y conservarán los derechos de herederos forzosos respecto á la legítima; pero el padre desheredado no tendrá el usufructo ni la administración de los bienes». Igualmente, el artículo 761, en sede de indignidad, disponía, tras consagrar el derecho de representación a favor de los hijos y descendientes del indigno, que el excluido «no tendrá el usufructo y administración de los bienes que por esta causa hereden sus hijos». Siguiendo a Puig Peña, el fundamento de la exclusión de la administración paterna residía en evitar que, tratándose de la desheredación de hijos, el desheredado, a través del usufructo y administración, pudiera beneficiarse de los mismos bienes que perdió por la desheredación[876]. En el año 1981, por medio de la Ley 11/1981, se modificó el artículo 857 CC, pasando la citada regla al artículo 164.1° CC, en el título correspondiente a la patria potestad, excluyendo de la administración paterna los bienes «adquiridos por sucesión en que el padre, la madre o ambos hubieran sido justamente desheredados o no hubieran podido heredar por causa de indignidad, que serán administrados por la persona designada por el causante y, en su defecto y sucesivamente, por el otro progenitor o por un Administrador judicial especialmente nombrado»[877].

[876] Puig Peña, F.: *Tratado de Derecho Civil Español, Tomo V, Sucesiones, Vol. II, Relaciones sucesorias particulares,* op. cit., p. 441.

[877] Podría plantearse el debate en torno a la posibilidad de que el causante, por la vía del artículo 164.1° CC, excluya al progenitor de los bienes que adquiera el nieto por sucesión *mortis causa,* inclusive de la legítima. Ello conduce el estudio de los antecedentes legislativos del precepto. El grupo parlamentario de Unión de Centro Democrático (UCD) presentó una enmienda al artículo

En relación con la norma, surge la incógnita de si el progenitor desheredado solo resultará excluido de administrar los bienes que adquiera el hijo en concepto de legítima o también los que pueda adquirir a costa de la parte libre disposición. No creemos que sea una cuestión de evidente resolución, porque la desheredación significa privar de la legítima, no del tercio de libre disposición; para privar de la parte de libre disposición bastará, en defecto de indignidad, una exclusión testamentaria, y a los efectos del debate, el artículo 164.2° CC solo excluye de la administración paterna los bienes adquiridos por el hijo cuando el progenitor hubiera sido «justamente desheredado» o que no hubiera podido heredar «por causa de indignidad», pudiéndose entender que no están en la órbita del precepto otras causas de privación sucesoria. En este caso, el intérprete podrá decir que, habiendo omitido el artículo 164.2° CC la exclusión testamentaria, será necesario, para excluir de la administración paterna, que el causante «lo hubiera ordenado de manera expresa», pues la adquisición de dichos bienes se podría subsumir en el artículo 164.1° CC y no en el artículo 164.2° CC.

---

164 CC, que decía lo siguiente (cursiva propia): «Se exceptúan de la administración paterna los bienes adquiridos por título gratuito *excepto la legítima estricta*, cuando el disponente lo hubiera ordenador de manera expresa». Sin embargo, la excepción de la legítima no fue acogida por la redacción final. Sobre el particular, Algaba Ros, S.: *Los efectos de la desheredación*, op. cit., pp. 236 y 238, parece negar dicha posibilidad, pues, sin que sea de aplicación el artículo 164.2° CC, la prohibición de que, por disposición del causante, los progenitores no puedan administrar los bienes que los hijos hayan adquirido a título gratuito en concepto de legítima, supondría una vulneración de su intangibilidad, entendiendo que se trata de una «condición» (art. 813 CC). En cambio, para Linacero De la Fuente, Mª. A.: *Régimen patrimonial de la patria potestad*, Montecorvo, Madrid, 1990, pp. 111 y 112, tal prohibición en cuanto a la administración paterna no atenta contra la legítima del menor, que le sigue perteneciendo sin restricciones.

Esta cuestión ya fue planteada por Linacero de la Fuente, que en un interesante estudio sobre el régimen patrimonial de la patria potestad, dijo que la dicción del artículo 164.2º CC es precisa: resultan excluidos de la administración paterna los bienes «adquiridos por sucesión», debiéndose entender que engloba todos los que el hijo haya adquirido a través de una sucesión *mortis causa* donde el progenitor no concurrió por desheredación o indignidad, extendiéndose la prohibición a todos los bienes adquiridos por el hijo, «tanto lo adquirido por derecho de representación como legítima estricta, como lo demás que pudiese obtener por llamamiento propio». En opinión de la autora, que compartimos, pese al binomio que hemos defendido entre la desheredación y la exclusión testamentaria, y aunque el hecho de que el desheredado quede excluido de toda la herencia no se debe, *stricto sensu,* a la desheredación, sino a la yuxtaposición de esta con la exclusión testamentaria tácita, «si el padre resulta privado de toda la sucesión, el mismo motivo que fundamenta su exclusión de administrar lo que el hijo adquiere como consecuencia de su indignidad o desheredación, apoya que se le aparte de gestionar lo que el hijo pueda recibir en dicha sucesión por derecho propio, evitando así que administre un patrimonio respecto al que ha sido declarado indigno o desheredado»[878].

4. IMPUTACIÓN DE LAS LIBERALIDADES RECIBIDAS POR EL DESHEREDADO

Cabe la posibilidad, nada desdeñable, de que, habiendo recibido el legitimario una liberalidad a título gratuito del causante, aquel posteriormente sea desheredado, surgiendo la in-

[878] LINACERO DE LA FUENTE, Mª. A.: *Régimen patrimonial de la patria potestad,* op. cit., p. 121.

cógnita en torno a si la atribución patrimonial debe imputarse en la legítima que habría percibido el legitimario de no haber mediado desheredación o en la parte de libre disposición. Estos supuestos no pueden identificarse con una raya en el agua, ya que, aunque los hechos en que se pudiese fundar la revocación de la donación por ingratitud puedan coincidir con los que motivarían la posterior desheredación[879], la brevedad del plazo para revocar la donación provocará que al donante solo le quede la vía de la desheredación. En efecto, hay que tener en cuenta que el plazo para revocar la liberalidad es de un año desde que el donante tuvo conocimiento del hecho y tuviese oportunidad de ejercitar la acción (art. 652 CC), no transmitiéndose a los herederos si el donante pudo y no ejercitó la acción (art. 653 CC), de tal manera que lo habitual será que el donante, en lugar de revocar la donación, acuda, en su caso, a la desheredación.

Aclarado lo anterior, en la exposición distinguiremos según la donación la haya recibido el descendiente, el ascendiente o el cónyuge.

---

879 Esto ocurrió en un supuesto donde el hijo despojó, el día 30 de diciembre de 2003, a su madre de todos los bienes inmuebles a través de unas donaciones viciadas por una maquinación fraudulenta protagonizada por el donatario, generando a la causante un estado de zozobra en los últimos años de su vida, hasta que falleció el 28 de abril de 2009. Aquí, la madre planteó, respetando el plazo del art. 652 CC, una demanda solicitando la revocación de las donaciones, la cual fue estimada y confirmada por la STS 28 septiembre 2011 (TOL 2.246.826). Cuatro años después de las donaciones, la madre, a la víspera de su fallecimiento, otorgó testamento, desheredando al hijo por maltrato psicológico. Aquí, en que la desheredación fue considerada justa, siendo confirmado el fallo por la STS 30 enero 2015 (TOL 4.748.346), fue innecesario plantear dónde había que imputar las donaciones, pues, al tiempo del fallecimiento habían sido revocadas.

4.1. Donaciones recibidas por el descendiente desheredado

De no mediar desheredación, las donaciones que reciba el descendiente legitimario han de imputarse, salvo previsión en contrario del disponente, en su legítima estricta y las donaciones hechas a extraños en la parte libre (art. 819 CC). Habiendo una donación y una posterior desheredación, cabe preguntarse si la liberalidad ha de imputarse en la legítima que iba a adquirir el desheredado o en la parte de libre disposición. Conforme al planteamiento defendido en este trabajo, esta última opción no resulta admisible, por lo que negamos que, al haber sido desheredado el descendiente, deba ser tratado, en la órbita del art. 819 CC, como un extraño. Manresa y Navarro decía que, si el hijo donatario es indigno de suceder o ha sido desheredado, no teniendo descendencia, la donación habrá de imputarse como si fuese un extraño, no pudiendo imputarse en la legítima, que pertenecería a sus hermanos por el acrecimiento inherente a la legítima[880]. En cambio, Vallet de Goytisolo y Puig Brutau, defendieron que, con independencia de que el desheredado tuviese o no descendencia, las donaciones no revocadas por ingratitud debían imputarse en la legítima estricta del desheredado, pues al tratarse la legítima de una *pars bonorum*, era perfectivamente compatible con el sistema la repudiación de la herencia o la desheredación y la conservación de la legítima, a efectos de poder imputar las donaciones *inter vivos*[881]. Creemos que, habiendo dejado el desheredado descendencia, que ocupará su lugar en la legítima por el derecho de representación (art. 857 CC), la cuestión es más sencilla de resolver, pues es perfectamente defendible entender que los nietos adquirirán, no la porción integra de la legítima estricta, sino el remanente después de haberse impu-

---

880 Manresa y Navarro, J. M.: *Comentarios al Código Civil español, Tomo VI*, op. cit., p. 391.

881 Puig Brutau, J.: *Fundamentos de Derecho Civil, Tomo V, Volumen III*, op. cit., pp. 152 y 153, y Vallet de Goytisolo, J.: *Limitaciones de Derecho sucesorio a la facultad de disponer, Tomo I, Las legítimas*, op. cit., p. 710.

tado las donaciones al desheredado, ya que el artículo 1038 CC dispone que sucediendo los nietos al abuelo en representación del progenitor y concurriendo con tíos o primos, «colacionarán todo lo que debiera colacionar el padre si viviera, aunque no haya heredado», extendiéndose la colación a lo que los propios nietos «hubiesen recibido del causante de la herencia durante la vida de éste»[882].

Más recientemente, Algaba Ros, Rebolledo Varela o Gago Simarro han defendido la imputación de la donación en la legítima del desheredado, suscribiendo la afirmación de Vallet de Goytisolo de que ni la desheredación ni la indignidad «se establecen en beneficio de los restantes herederos forzosos, sino como sanción al desheredado», de modo que de la desheredación no debe resultar un perjuicio de los instituidos en el tercio de libre disposición[883-884], máxime si ponemos en valor que la desheredación no priva de la condición de legitimario, determinada por el parentesco, sino de los derechos inherentes a la legítima, sin que suponga, de concurrir legitimarios del mismo orden, la desaparición de la misma[885].

---

882 ROCA-SASTRE MUNCUNILL, L.: *Derecho de Sucesiones, Tomo II,* op. cit., p. 571, pese a decir que las donaciones al desheredado se imputan en su legítima (p. 572), sostiene que, en caso de que entre en juego el derecho de representación, las donaciones al hijo desheredado habrán de imputarse en la parte de libre disposición, «porque por razón de la desheredación se convierten en ordinarias y el desheredado queda ex-legitimario». A nuestro juicio, mal se compadece esta interpretación con la aplicación directa o analógica del artículo 1038 CC.

883 VALLET DE GOYTISOLO, J.: *Limitaciones de Derecho sucesorio a la facultad de disponer, Tomo I, Las legítimas,* op. cit., p. 869.

884 ALGABA ROS, S.: *Los efectos de la desheredación,* op. cit., pp. 219-221; REBOLLEDO VARELA, Á. L.: «Problemas prácticos de la desheredación eficaz de los descendientes por malos tratos, injurias y abandono asistencial de los mayores», op. cit., pp. 442 y 443; y GAGO SIMARRO, C.: *Las donaciones en la sucesión hereditaria,* Aranzadi, Pamplona, 2021, p. 252.

885 ALGABA ROS, S.: *Los efectos de la desheredación,* op. cit., p. 221.

En la tesis contraria, tenemos a Jordano Fraga, quien, pese a defender que en caso de que entre en juego la representación sucesoria[886] o se desherede parcialmente, cabe imputar las donaciones a la legítima del desheredado[887], niega dicha posibilidad si se ha desheredado totalmente y el desheredado concurría en la herencia con sus hermanos. Para el autor, la desheredación justa, si es total, lleva aparejado un cambio de criterio «de imputación respecto del que sería legalmente aplicable», cabiendo solo la posibilidad de imputar lo donado a la parte de libre disposición[888], pues hay una «*imposibilidad jurídica* de imputar lo donado a la cuota legitimaria individual del donatario desheredado», siendo la imputación en la parte de libre disposición «la *única* imputación legalmente posible», equiparándose el desheredado a un extraño[889]. Jordano Fraga

886 Jordano Fraga, F.: *Indignidad sucesoria y desheredación (Algunos aspectos conflictivos de su recíproca interrelación)*, op. cit., pp. 143-145.

887 Jordano Fraga, F.: *Indignidad sucesoria y desheredación (Algunos aspectos conflictivos de su recíproca interrelación)*, op. cit., pp. 145 y 146.

888 Busto Lago, J. M.: «Artículo 819», op. cit., pp. 1084 y 1085, dice, igualmente, que han de imputarse al tercio de libre, pero luego parece que se contradice, al decir que se imputa en la legítima («Artículo 857», op. cit., p. 1157). A mayor abundamiento, no comprendemos la razón que subyace en que el autor, al comentar el artículo 819 CC, diga que las donaciones al legitimario indigno o desheredado se tienen que imputar en la parte libre y luego, respecto a la repudiación, manifieste que no por ello ha de suponerse que renuncia a la legítima», pudiendo mantenerse las donaciones recibidas a cuenta de la legítima, ya que, siguiendo la prosa de Busto Lago, la renuncia solo supone que el legitimario renunciar a la parte restante de legítima que no llegue a cubrir la donación. A nuestro juicio, ni la desheredación ni la renuncia a la legítima implica que el legitimario pierda dicha cualidad, la cual viene determinada por el parentesco, sin que esté al albur de la voluntad del causante ni menos aun del legitimario. Por esta razón, salvo que el testador diga lo contrario, ningún óbice habrá en que las donaciones se puedan imputar en la cuota legitimaria que podría haber percibido el legitimario de no haber mediado la desheredación ni la renuncia.

889 Según López Beltrán de Heredia, C.: *Computación, imputación y colación de las donaciones en la sucesión mortis causa,* Tirant lo Blanch, Valencia, 2009, p. 35, las liberalidades recibidas por el desheredado se imputarán, de mediar

refuta las conclusiones de Vallet y Algaba Ros en torno a que la desheredación no podía suponer un perjuicio en la parte de libre disposición, diciendo que la desheredación extingue, salvo que se dé la representación sucesoria, la legítima del desheredado, siendo «manifiestamente imposible mantener la imputación de lo donado a la legítima individual del donatario desheredado», a lo que añade que lo determinante, a los efectos de la imputación, no puede ser el perjuicio de los beneficiarios de la parte libre, máxime cuando también, a su juicio, hay que poner en valor el perjuicio que recibirán los otros colegitimarios del causante si se imputaran las donaciones al desheredado en la legítima estricta, planteándose, dialécticamente, por qué habrán de tener mejor condición los beneficiarios de la parte de libre disposición que los legitimarios[890].

Como ya hiciéramos cuando abordamos la exégesis del artículo 807.2º CC, a propósito de negar que los ascendientes pudiesen reclamar la legítima en caso de que se desheredase a todos los descendientes, pondremos nuevamente en el escenario un ejemplo sencillo, con el propósito de refutar el planteamiento de Jordano Fraga: Fulano, que tenía dos hijos (A y B), donó a B un bien por valor de 20 y mediante testamento le atribuye al hijo A el tercio de mejora y designa heredero del tercio de libre disposición a un extraño con quien tenía fuertes vínculos afectivos. Al tiempo de su fallecimiento, deja bienes por valor de 40. Veríamos aquí que, sumado el *relictum* más el *donatum*, la legítima ascendería a 40 y el tercio de libre disposición tendría un valor de 20. Si Fulano no hubiese desheredado a B, el hijo A

---

el derecho de representación, en la legítima que adquirirán los hijos de este, en virtud del artículo 1038 CC; sin embargo, de no aplicarse el artículo 857 CC por no haber tenido el desheredado descendencia, dice la autora que la donación habrá de imputarse a la parte de libre disposición, «porque el desheredado con justa causa no llega a ser legitimario».

890 Jordano Fraga, F.: *Indignidad sucesoria y desheredación (Algunos aspectos conflictivos de su recíproca interrelación)*, op. cit., pp. 134-139.

habría adquirido bienes por valor de 20 (legítima estricta más mejora); la donación a B se imputaría en su legítima estricta y el exceso en el tercio libre (art. 819 CC), teniendo esta parte, que adquirirá el heredero voluntario, un valor de 10, ya que parte de la donación (10) se habría imputado en la parte proporcional de legítima estricta de B. La conclusión es que el tercero instituido en el tercio de libre disposición adquiriría bienes por valor de 10, pues lo que no quepa de la donación en la parte de legítima estricta, deberá imputarse en el tercio de libre disposición[891].

Ahora, sirviéndonos del mismo supuesto, vamos a suponer que Fulano, tras la donación, deshereda a B. Si acogiéramos el planteamiento de Jordano Fraga la donación al desheredado se

---

891 López Beltrán de Heredia, C.: *Computación, imputación y colación de las donaciones en la sucesión mortis causa,* op. cit., p. 81, defiende, mediante la exposición de un ejemplo, que la donación al legitimario, si el causante no ha hecho expresa disposición del tercio de mejora, habrá de imputarse en su cuota parte de legítima estricta, el exceso en su cuota parte del tercio de mejora y, en lo que no quepa, en el tercio de libre disposición. Sin embargo, nosotros aquí coincidimos, de *lege lata,* con la exégesis de Barba, V.: «Legado otorgados a legitimarios. Función, imputación y asunción de la carga en el Derecho español e italiano», op. cit., pp. 34-35 y 39-41, que, aunque se refiriese a los legados, su tesis es aplicable a las donaciones. Según el autor, ante una ausencia de declaración expresa de mejorar o declaración expresa o implícita de dispensar al legatario-legitimario de imputar el legado a la legítima estricta, el legado se considerará hecho en pago de la legítima estricta, y, en caso de que el valor del mismo supere la legítima corta, el legado no deberá reducirse, sino que deberá imputarse al tercio de libre disposición en la medida de lo posible. Barba ilustra las consecuencias prácticas de este interpretación con el siguiente ejemplo: D. Pedro deja tres hijos, María, Carlos y Rocío, dejando un caudal hereditario de 90 y disponiendo de un legado, a favor de María, de 32. Evidentemente, cada tercio de la herencia tiene un valor de 30. Pues bien, el legado se imputará íntegramente a la legítima corta de María y, el excedente, no se imputará en la cuota parte de mejora de la legataria, como propone López Beltrán de Heredia, sino que se imputará en el tercio de libre disposición. Estamos de acuerdo; ahora bien, otra cosa será que, de *lege ferenda,* apostemos por otro orden, como veremos posteriormente (véase la nota a pie de página número 107).

tendría que imputar en el tercio de libre disposición y el hijo A adquiriría, además de su parte de legítima estricta (10), la parte que dejó vacante su hermano (10), amén del tercio de mejora (20). Como la donación a B se imputaría en el tercio de libre disposición, el instituido en dicha cuota vería como su nombramiento se quedaría en agua de borrajas, pues la imputación de la donación (20) absorbería completamente dicha parte.

La conclusión sería que la desheredación no habrá servido para fortalecer la libertad de testar, sino, curiosamente, para fortalecer, más allá de lo que prevé la literalidad el Código Civil, el sistema legitimario, eliminando completamente el tercio de libre disposición que es, como ha hemos dicho, paradigma de la autonomía de la voluntad. Estos resultados, en la actual centuria, son intolerables, máxime cuando ni con una lectura *ad pedem litterae* del Código Civil estaría avalada la interpretación que propuso Jordano Fraga. Si deparamos en el artículo 813 CC, vemos la desheredación no consiste en privar de la condición de legitimario, sino de la legítima. La legítima solo se extinguirá en caso de que no haya ningún legitimario con derecho a percibirla; por ello, concurriendo uno de ellos, la legítima del desheredado sigue existiendo, ya sea para que pueda percibirla parcialmente, en caso de desheredación parcial, sin que los colegitimarios del mismo grado puedan alegar que el acrecimiento opera, inexorablemente, en toda la cuota, o para imputar las liberalidades no revocadas que el desheredante le hizo al desheredado en vida. Es más, un argumento, *ad abundantiam,* en contra de que las donaciones al desheredado deban imputarse, en primer lugar, al tercio de libre disposición, es el artículo 819 CC, que, a la hora de contemplar el destino de las imputaciones, menciona «a los hijos», no a los herederos forzosos y, mediando desheredación, los hijos siguen siendo tales. Por ello, volvemos a reivindicar que, pese a la desheredación, el hijo sigue siendo legitimario, ya que dicha condición viene determinada por el parentesco y no por la adquisición de la legítima, siendo perfectamente válido que las donaciones recibidas del causante se puedan imputar a su porción de legítima estricta, acreciendo a los colegitimarios solo en lo que quede de remanente después de haber imputado las liberalidades recibidas por el desheredado[892].

---

892 En el ámbito de la repudiación de la herencia defendemos el mismo planteamiento: las donaciones al legitimario repudiante habrán de imputarse en su cuota parte de legítima y no en el tercio de libre disposición, tal y como ha puesto de manifiesto tal y como ha puesto de manifiesto, entre otros, Ragel Sánchez: «A nuestro juicio, la repudiación afectará únicamente a la imputación que haya de efectuarse en relación con el reparto de los bienes relictos, que serán atribuidos a los herederos y legatarios que no hayan repudiado su atribución, pero no hay ninguna razón para variar la imputación de las donaciones: en primer lugar, la donación se imputará a la parte que haya señalado el donante, por lo que es posible que el tercio de legítima estricta se reparta en partes desiguales. Así, cuando el donante declaró que la donación era colacionable, se imputará a la legítima estricta y si el valor de lo donado es inferior a la parte que le corresponde al donatario en ese tercio, los descendientes del repudiante no recibirán nada y los demás legitimarios se repartirán la diferencia, por lo que percibirán más por legítima estricta que el donatario. A falta de señalamiento expreso, la donación se imputará el tercio de legítima estricta; y si excede de ese tercio, se imputará a la parte disponible, pero como ha habido repudiación de la herencia, el art. 1036 CC señala que no habrá obligación de colacionar, salvo el caso en que la donación deba reducirse por inoficiosa. Con esa prevención se ha dicho que «el donatario repudiante nada tiene que traer a la masa hereditaria» Así, pues, la repudiación del legitimario que aceptó una donación no impide que se compute la legítima de la manera establecida en el art. 818 CC, teniendo en cuenta la donación que recibió el repudiante; Tampoco obsta a que se abra una cuenta a cada legitimario, incluyendo al repudiante, para realizar la imputación de la legítima; como la repudiación del legitimario tiene un efecto similar a la dispensa de colación (art. 1036 CC), el donatario conservará su situación y no tendrá que igualarse con los demás legitimarios. Sólo podrá reducirse esa donación cuando fuera inoficiosa, por lesionar la legítima de los legitimarios no repudiantes, pero esa reducción también se habría producido si el donatario hubiera aceptado la herencia; en otras palabras: la reducción de la donación sería consecuencia de su inoficiosidad pero no de la repudiación de la herencia por parte del donatario" (Ragel Sánchez, L.F.: «Artículo 819», op. cit., p. 6028). En contra, la STS 17 septiembre 2019 (TOL 7.509.203), que confirmó el fallo de la SAP

Sevilla 16 junio 2016 (TOL 6.426.293), que imputó, única y exclusivamente, en el tercio de libre disposición la donación realizada a favor de un descendiente que repudió la herencia. Evidentemente, no compartimos esta interpretación, pues la imputación de la donación estará al albur, curiosamente, de lo que decida el legitimario en torno a la aceptación o repudiación de la herencia, pudiendo dejar en agua de borrajas el tercio de libre disposición. La reciente STS 18 diciembre 2024 también ha manifestado que lo recibido por los hijos legitimarios que repudien la herencia ha de imputarse en el tercio de libre disposición, a pesar de que dicha interpretación podría limitar extraordinariamente la facultad dispositiva del causante. La citada sentencia refuta la argumentación de los recurrentes en torno a la merma de la libre disposición del siguiente modo: «Tampoco es definitivo el argumento de los recurrentes acerca de que la imputación al tercio libre podría limitar, sin norma que lo autorice, la facultad dispositiva del causante, al ocupar la parte libre de la que puede disponer. No solo se trata de una denuncia genérica, y en este caso es llano que con la imputación al tercio libre no se trata de privar a extraños de bienes que hubieran podido recibir de ese tercio, sino que además, de ser así, para salvaguardar lo que hubieran podido recibir los extraños si no se hubiese efectuado una repudiación en contra de sus intereses *quedaría abierta la vía de reducción de lo donado si la renuncia hubiera sido fraudulenta*» (cursiva nuestra). Nos planteamos lo siguiente: ¿Qué derecho o acción podrían invocar los extraños si, a la postre, no pueden recibir nada del tercio de libre disposición por la repudiación de los legitimarios? A nuestro juicio, el argumento de la sentencia es kafkiano, ya que los instituidos en la parte de libre disposición quedarían como suerte de convidados de piedra, pues ningún derecho podrían invocar para defender la percepción de unos bienes que iban a recibir como herederos o legatarios voluntarios. Es más, esta aseveración, que ahora hacemos nosotros, en torno a la imposibilidad de reducir la donación más allá de la legítima, se puede ver en la STS 27 junio 2019 (TOL 7.355.271), donde el Alto Tribunal se planteó si las donaciones inoficiosas debían reducirse solo en la medida en que lesionaban la legítima del hijo no donatario o si, además, deben reducirse para cubrir el legado que el causante ordenó a cargo del tercio de libre disposición del mismo hijo no donatario; la sentencia, con acierto, dijo lo siguiente: «Para dar respuesta a esta cuestión debe tenerse en cuenta lo dispuesto en el art. 820.1.º CC, que ordena respetar las donaciones mientras pueda cubrirse la legítima. Esta previsión es coherente con la regulación de la reducción de las donaciones inoficiosas contenida en los arts. 636 y 654 a 656 CC. En consecuencia, aunque en el testamento de la causante se dispuso

Pero no solo una interpretación gramatical de los artículos 813 y 819 CC da como resultado esta conclusión, sino también una hermenéutica teleológica. Volvamos a unos de los argumentos que sostuvo Jordano Fraga para defender que la donación se tenía que imputar en la parte de libre disposición: el autor se planteó por qué habrían de tener mejor condición los beneficiarios de la parte de libre disposición que los legitimarios. Creemos que el conflicto subyacente no se debe plantear, como hizo el citado autor, en términos de contraponer los derechos de los sucesores legitimarios frente a los sucesores voluntarios, sino del siguiente modo: ¿Por qué hay un heredero o legatario instituido o nombrado en la parte de libre disposición? Por la libérrima voluntad del causante articulada en testamento que, sin estar obligado, nombró un sucesor en dicha cuota. Por ende, la cuestión a plantear no es si el sucesor voluntario debe tener más protección que el legitimario, sino si la libertad de testar, que fundamenta la designación, merece más protección que el presunto derecho de los legitimarios a percibir íntegramente la cuota vacante de legítima del desheredado y, a tenor de este marco, la conclusión que proponemos es la que sigue:

El principio es la libertad de testar y la legítima es la excepción[893]. Partiendo de ello, la desheredación, como excepción a

íntegramente de la parte libre mediante un legado a favor del hijo no donatario, de conformidad con el art. 820.1° CC las donaciones que no dañen la legítima deben ser respetadas. En el caso, el contador-partidor considera que procede reducir las donaciones más allá de lo que exige el respeto a la legítima lo que, por lo dicho, no es correcto». [Para un análisis más a fondo en torno a la imputación de las donaciones al legitimario que repudia la herencia, el lector puede remitirse a las consideraciones que hemos expuesto en Gómez Valenzuela, M. Á.: «La imputación de las donaciones recibidas por el hijo que repudia la herencia (a propósito de la Sentencia del Tribunal Supremo de 18 de diciembre de 2018)», en AA.VV., Temas actuales de *Derecho Privado IV*, Aranzadi, Pamplona, 2025].

893 Sáenz de Santa María Vierna, A.: «Elogio de la desheredación», op. cit., p. 547.

la excepción, es una materialización de la libertad de testar y su aplicación e interpretación jamás podrá circular por el mismo sendero que su límite, que es la legítima. Es por esta razón por la que sería una incongruencia ontológica que la desheredación justa lesionase la parte de libre disposición, y menos aún, que este efecto operase a costar de defender el acrecimiento de los colegitimarios en la cuota íntegra que no percibió el desheredado. Donde autoras como Algaba Ros han dicho, pese a defender que las liberalidades al desheredado se deben imputar en su legítima, que en el ámbito de la «sucesión forzosa» el respeto a la legítima «ha de ser el eje de cualquier interpretación», nosotros nos inclinamos por lo contrario, esto es, porque el faro de cualquier hermenéutica sea el de la libertad de testar[894].

Estos razonamientos, como hemos visto más arriba[895], son extrapolables en caso de que se desherede al ascendiente. De haber sido desheredado un ascendiente, la porción vacante la adquiriría el otro por acrecimiento, deducida de dicha porción las donaciones que el desheredado le hizo al desheredado.

4.2. Donaciones realizadas en concepto de mejora

En el caso de que la donación se hiciera con el carácter de mejora, la desheredación, como hemos dicho *supra*, no supone, *per se*, la revocación de la donación, salvo que el donante o sus herederos ejerciten en plazo la acción de revocación por ingratitud[896]. No obstante, cualquier lector vería como una antinomia que, desheredado el donatario, la donación pueda imputarse en

---

894 Algaba Ros, S.: *Los efectos de la desheredación*, op. cit., pp. 290 y 291.

895 Véase el apartado 3.4.4. del presente capítulo.

896 Véase, entre otros, a Vallet de Goytisolo, J.: *Limitaciones de Derecho sucesorio a la facultad de disponer, Tomo I, Las legítimas*, op. cit., pp. 848 y 849, y Albaladejo García, M.: *La mejora*, op. cit., p. 289. En opinión de este último, «[el] ascendiente -por virtud del artículo 827- tiene soberanía absoluta sobre la mejora, pero no sobre la donación» (p. 300).

el tercio de mejora. A nuestro juicio, la consagración de la mejora expresa en caso de donación (art. 825 CC), no supone ningún obstáculo para admitir la revocación[897], incluso tácita[898], no de la donación, sino de la imputación de esta en dicho tercio[899], máxime si tenemos en cuenta, viendo el art. 827 CC, el axioma *ubi lex non distinguit, nec nos distinguere debermus.*

De no resultar lo suficientemente convincente este argumento, planteamos lo siguiente: si una persona dona a un legitimario un bien en concepto de mejora y, posteriormente en testamento, sin revocar la asignación, le atribuye expresamente todo el tercio de mejora a otro descendiente, ¿dónde deberá imputarse la donación: en la legítima estricta y, en lo que no quepa, en el de libre disposición, o en el tercio de mejora? Nos decantamos por la primera opción[900], pues aunque la donación sea un negocio *inter vivos,* la asignación al tercio de mejora es típicamente una disposición *mortis causa,* que, como tal, puede ser revocada, al igual que el testamento (arts. 737, 739 y 742 CC), expresa o tácitamente. Creemos que otro ar-

---

897 La Ley 17ª de Toro no permitía la revocación de la mejora que se hubiere verificado con entrega de bienes; sin embargo, el artículo 827 CC, rompiendo el precedente legislativo, dice actualmente todo lo contrario, rezando que la mejora, aunque se haya verificado con entrega de bienes, «será revocable». (Mucius Scaevola, Q.: *Código civil, Tomo XIV*, op. cit., pp. 124 y 125).

898 Sánchez Román, F.: *Estudios de Derecho Civil, VI. 2, Derecho de sucesión,* op. cit., p. 1164; Albaladejo García, M.: *La mejora,* op. cit., p. 288, define la revocación tácita de la mejora, como «disponer en testamento de lo que se dio o dejó en mejora».

899 Algaba Ros, S.: *Los efectos de la desheredación,* op. cit., p. 211, y Gago Simarro, C.: *Las donaciones en la sucesión hereditaria,* op. cit., p. 253.

900 La STS 11 mayo 1964 (TOL 4.324.639), así lo entendió, diciendo que había revocación tácita de la mejora «siempre que las cláusulas contenidas en, un testamento posterior al contrato en que se concedió sean incompatibles con ella, como sucede cuando en aquél se mejora a persona diferente de la favorecida anteriormente, se adjudican todos los bienes en que la misma consiste o se instituye a todos los herederos a partes iguales».

gumento, sin perjuicio de los anteriores, que avalaría nuestra tesis de la revocación tácita de la asignación, es el artículo 620 CC, que dispone que las donaciones «que hayan de producir sus efectos por muerte del donante participan de la naturaleza de las disposiciones de última voluntad, y se regirán por las reglas establecidas en la sucesión testamentaria». Cuando una donación se hace en concepto de mejora, a nuestro juicio, hay una bifurcación de negocios jurídicos: por un lado, la donación, que se regirá por las reglas de los contratos, toda vez que, usualmente, se transmitirá la propiedad o el derecho objeto de donación desde la perfección del negocio, y, por otro, la voluntad de mejorar, en la medida en que la donación se hace en concepto de mejora. Esta última manifestación, alberga una genuina disposición *mortis causa,* no testamentaria en su origen, que, por imperativo del artículo 620 CC, deberá regirse por las normas de la sucesión testamentaria, máxime cuando la imputación no se hará sino hasta la apertura de la sucesión, que es cuando cobrará toda su relevancia. Siendo este nuestro posicionamiento, resulta adecuado admitir la revocación tácita de la asignación, pues el desenvolvimiento de la misma se regirá por las normas testamentarias, cuya arquitectura normativa, como hemos dicho, avala la revocación tácita.

4.3. Donaciones realizadas en concepto de mejora, mediante un contrato celebrado con un tercero o a través del otorgamiento de capitulaciones matrimoniales

Más complicado resulta el supuesto donde se asigna la donación al tercio de mejora mediante capitulaciones matrimoniales o a través de un contrato oneroso perfeccionado con un tercero, ya que el artículo 827 CC exepciona ambos supuestos de la regla de la revocabilidad[901]. Aunque algunos autores, como Hidalgo García, exigen la intervención inexorable del tercero con quién se perfeccionó el contrato o la capitulación matrimonial para revocar el carácter de mejora[902], pese a que se desherede al mejorado[903], otros, como Cámara Lapuente, han admitido la revocabilidad si se dan algunos supuestos excepcionales, como la indignidad o la desheredación justa[904].

---

901 La doctrina halla el fundamento de dicha irrevocabilidad en la onerosidad del negocio jurídico (ZURILLA CARIÑA, Mª. Á.: «Artículo 827», op. cit., pp. 1095 y 1096).

902 HIDALGO GARCÍA, S.: «Algunas consideraciones sobre las mejoras tácitas», en AA.VV., *Estudios jurídicos en homenaje al profesor Luis Díez-Picazo*, Vol. 4, Civitas, Madrid, 2002, p. 231.

903 BLASCO GASCÓ, F.: *La mejora irrevocable*, Tirant lo Blanch, Valencia, 1991, p. 195.

904 CÁMARA LAPUENTE, S.: «Artículo 827», op. cit., pp. 4036 y 4037, realiza la siguiente enumeración respecto a los supuestos donde cabe la revocabilidad de la asignación en concepto de mejora materializada en un contrato o en capitulaciones matrimoniales: «a) si el mejorante, al tiempo del otorgamiento, se reservó la facultad de revocarlas. b) Si el mejorado incumplió los pactos, cargas o condiciones estipuladas (STS 5 diciembre 1939). c) Por renuncia del mejorado, por no aceptación de la mejora o por haber sido declarado indigno o desheredado justamente por el testador. d) Por resolución por incumplimiento del contrato oneroso con el tercero en aplicación del art. 1124 CC. e) Por modificación de las capitulaciones por todos los otorgantes dejando sin efecto la mejora (art. 1331) o porque el matrimonio proyectado no se llegase a contraer en el plazo de un año (arts. 1334 y cfr.1342) o porque fuesen nulos los capítulos o el contrato por cualquier otra causa. f) Por las mismas causas de extinción de las capitulaciones matrimoniales y de las donaciones por razón de matrimonio (SSTS 6 de febrero de 1954 y 23 de junio de 1960); en cuanto a las causas generales de revocación de las donaciones, es claro que no podrá aplicarse el supuesto de supervivencia o superveniencia de hijos (pues requiere que al tiempo de donar el donante no tenga hijos, lo cual no se producirá si quiere mejorar a alguno de los que necesariamente ya tiene) y es muy discutido si se puede revocar la mejora por ingratitud del mejorado: la mayoría de la doctrina se decanta por la respuesta negativa, aunque la peculiar onerosidad de las mejoras irrevocables

Albaladejo García, aun no refiriéndose expresamente a la desheredación, dice, partiendo del carácter personalísimo de la mejora, que, si el mejorado falta en la sucesión, pese a mantenerse la donación, «debe extinguirse la mejora o el derecho a ella», no solo en las revocables, sino también en las irrevocables, «porque en éstas la irrevocabilidad lo único que hace es impedir revocarlas, pero no obsta a que aunque no estén revocadas se extingan faltando el favorecido, ya que la irrevocabilidad, que crea un derecho definitivo, a favor del mejorado, lo que no crea es un derecho a que tengan definitivamente derecho a la mejora el mejorado y, si él falta, sus sucesores, porque a esto se opone el carácter personalísimo de la mejora, que no tolera otro beneficiario», añadiendo que la mejora no se consolida hasta que la recibe el mejorado[905]. Algaba Ros, también admite la revocabilidad de la mejora, pese al rigorismo del artículo 827 CC, al considerar, remitiéndose a Vallet de Goytisolo y a Miquel González, que una cosa es la mejora y otra la atribución patrimonial, la cual no llegaría a ser efectiva, en caso de desheredación, en los términos previsto por el testador, pues estima que esta debe ser «aceptada por el mejorado», de modo que no acreditándose posteriormente a la atribución patrimonial la voluntad del causante de mejorar y no siendo aceptada por el mejorado, que habría sido privado de la legítima, no se darían sus presupuestos, y como tal, la mejora no existiría[906].

No nos convencen estos argumentos, sobre todo, el que gira en torno a que la mejora precisa de aceptación. Veámoslo con un ejemplo práctico de mejora realizada a través de capitulaciones matrimoniales: Si Fulano tiene dos hijos (A y B) y al

no hace segura esa solución, siempre que el mejorante no emplee tal causa para vulnerar o defraudar los derechos de los otros intervinientes en los capítulos o el contrato»

905 Albaladejo García, M.: *La mejora*, op. cit., pp. 352 y 353.

906 Algaba Ros, S.: *Los efectos de la desheredación*, op. cit., pp. 215-217.

primero le dona, en capitulaciones matrimoniales, un bien en concepto de mejora y, luego, mediante una donación, le dona lo que le corresponde proporcionalmente de legítima estricta, planteamos lo siguiente: si A repudia la herencia, ¿el hermano B podría pedir la reducción de la donación para percibir el tercio de mejora? Lo dudamos, pues ello implicaría imputar la donación en concepto de mejora en el tercio de libre disposición, mermando la voluntad *mortis causa* del causante. Al haber dispuesto el causante del tercio de mejora, a lo que tiene derecho B es a su legítima estricta, pues, el legitimario que repudia sigue siendo legitimario[907], pudiéndose imputar

[907] Al igual que dijimos que, en virtud del artículo 813 CC, la desheredación no priva de la condición de legitimario, sino solo de la legítima, ahora decimos lo mismo respecto a la repudiación. Hay autores, como Vallet de Goytisolo, J.: *Limitaciones de Derecho sucesorio a la facultad de disponer, Tomo I, Las legítimas,* op. cit., 870, que se amparaban en el artículo 890 CC para defender que la condición de legitimario no estaba determinada por la institución de heredero, en el entendido de que podía concurrir en la sucesión como legatario. El problema reside en aquellos casos en los que el hijo donatario que repudia la herencia no fue nombrado como legatario en la sucesión *mortis causa.* Por ello, creemos que el artículo 890 CC no resuelve el problema, toda vez que resulta insuficiente para defender la condición de legitimario de un donatario cuando no se ha dispuesto de ningún legado a su favor. A nuestro juicio, la solución pasa por el artículo 815 CC, que dispone que «[toda] renuncia o o transacción *sobre la legítima* futura entre el que la debe y sus herederos forzosos es nula, y éstos podrán reclamarla cuando muerta aquél; pero deberán traer a colación lo que hubiesen recibido por la renuncia o transacción». Interpretado *sensu* contrario el aserto, todo conduce a argüir que, una vez que se produzca la apertura de la sucesión, a lo que podrá renunciar el hijo es a *la legítima,* no a la condición de legitimario, lo que implica que, repudiada la herencia deferida a su favor o renunciado al legado, aquel no podrá reclamar el remanente de su *portio debida* mediante las acciones tendentes a la protección de la legítima, sin que se pueda afirmar que haya perdido la condición de legitimario, la cual, se insiste, viene determinada por el parentesco que marca el artículo 807 CC. En definitiva, así como la desheredación provoca que el desheredado queda despojado de todas las acciones para reclamar la legítima, tales como la acción de complemento o la acción de reducción de

las liberalidades recibidas del causante en su legítima, aunque dicha imputación pueda comprender el tercio de mejora. Por lo tanto, no creemos que, habiendo una atribución *inter vivos*, para que esta se impute en el tercio de mejora la misma deba ser aceptada, como requisito *sine qua non*, por el adjudicatario, máxime si tenemos en cuenta que, a costa de proteger al otro legitimario, que a lo que tiene derecho por ley es a la legítima estricta, se tendrá que reducir, incluso anular, el tercio de libre disposición, quedando este a merced de que el mejorado acepte o repudie la mejora. Recordemos que la voluntad del causante, y no de sus sucesores, es la ley de la sucesión.

Ahora bien, una cosa es que no suscribamos los argumentos esbozados por la doctrina precedente y otra es que avalemos que el desheredado pueda ser el mejorado en la sucesión del desheredante, pues, con independencia de la rotundidad del artículo 827 CC, representa una contradicción difícil de asimilar. Tanto si ha mejorado el causante mediante un contrato otorgado con un tercero o a través de capitulaciones matrimoniales, la doctrina ha manifestado que la revocación de la mejora, en caso de que no haya desheredación posterior, precisa del concurso de la persona con quien se ha perfeccionado el negocio jurídico, máxime cuando la validez y el cumplimiento de los contratos «no pueden dejarse al arbitrio de uno de los contratantes» (art. 1256 CC) y, respecto a las capitulaciones matrimoniales, se requiere para su modificación la intervención de las personas que intervinieron en su otorgamiento (art. 1331 CC). Sin duda, disponer del tercio de mejora mediante un negocio

donaciones y legados, salvo aquella relativa a reclamar judicialmente que la desheredación fue injusta, la renuncia a la legítima no es óbice para que se pueda imputar lo donado al legitimario en la cuota parte de legítima que le correspondía, pues este, a lo que ha renunciado, es a reclamar mediante las acciones que le brinda el ordenamiento jurídico la parte restante de su cuota legitimaria, la cual acrecerá a al resto legitimarios en caso de haberlos (art. 985 CC).

mancomunado como es el contrato o el pacto capitular prostituye el carácter personalísimo y unilateral de las disposiciones de última voluntad (arts. 669 y 670 CC), pudiéndose subsumir esta excepción en el pacto sucesorio[908], proscrito como regla general en el artículo 1271 CC. Ello implica que la asignación del tercio de mejora no queda en estas situaciones al albur de la voluntad exclusiva del causante. Ahora bien, como ocurre en materia contractual, lo dicho no es óbice para que, sin la conjunción de la voluntad de la contraparte, el contrato quede sin efecto o se modifique por circunstancias sobrevenidas al momento de su perfección, siendo esto extrapolable esta idea a las capitulaciones matrimoniales, que, pese a que dijéramos en su día que no pueden identificarse con el contrato[909], afirmación en la que nos ratificamos, es cierto que el artículo 1335 CC se remite a las reglas generales de los contratos en relación con su invalidez.

Si el mejorado protagonizara una causa de desheredación, consideramos que ello no habilitaría al causante para cambiar la asignación de la donación mediante la resolución del contrato o del pacto capitular, pues es posible que la contraparte haya cumplido, en palabras del artículo 1124 CC, todas las obligaciones que le incumben. También vemos difícil que inste la nulidad, anulabilidad o la rescisión del negocio jurídico, pues el incumplimiento de los deberes familiares más elementales protagonizados por el tercero a cuyo favor se ha dispuesto de la mejora no es un hecho que pueda subsumirse en las meritadas categorías de invalidez o ineficacia del contrato. Pero, en

---

908 Mucius Scaevola, Q.: *Código civil, Tomo XIV*, op. cit., p. 17; Roca-Sastre Muncunill, L.: *Derecho de Sucesiones, Tomo II*, op. cit., p. 267 y, más recientemente, Cremades García, P.: *Sucesión mortis causa de la empresa familiar: la alternativa de los pactos sucesorios*, Dykinson, Madrid, 2014, p. 16.

909 Gómez Valenzuela, M. Á.: «Matrimonio, capitulaciones matrimoniales y sociedad de gananciales conforme a las últimas reformas en materia de discapacidad», op. cit., p. 231 (nota a pie de página núm. 40).

el caso de que la contraparte se negare a modificar el contrato o las capitulaciones matrimoniales, cambiando el destino de la donación, creemos que los interesados en hacer valer que la donación ha de imputarse, en vez de en el tercio de mejora, en el de legítima estricta y el exceso en el tercio de libre disposición, podrán enarbolar la aplicación de la cláusula *rebus sic stantibus,* la cual se puso de rabiosa actualidad en los tiempos de pandemia.

Evidentemente, no podemos realizar una disertación extensa de la meritada cláusula, pues la lectura de esta obra sería más tediosa de lo que ya le pudiese parecer al lector, pero sí hemos de esbozar, aunque sea someramente, los requisitos que exige la jurisprudencia para la aplicación de la misma. En primer lugar, es necesario que haya una alteración extraordinaria de las circunstancias, producida entre el momento de la perfección del contrato y el momento en que se haya de cumplir el mismo; en segundo lugar, estas circunstancias deben ser imprevisibles; y, en tercer lugar, debe haber una manifiesta desproporción que diluya el equilibrio entre las prestaciones, debiendo compensarse el desequilibrio, lo que no implica, de por sí, la extinción o resolución de la relación contractual[910].

Si adaptamos, *mutatis mutandi,* la referenciada jurisprudencia al hecho de que, posteriormente al contrato, el tercero beneficiario del tercio de mejora protagonizara una causa de desheredación que motivase que el contratante otorgue testamento desheredándolo, no encontraremos mucha dificultad para su aplicación. Si el causante se dispuso a asignar el tercio de mejora a un descendiente mediante un contrato o en capitulaciones matrimoniales, tal disposición obedecerá, en la mayoría de los casos, a que el vínculo afectivo con el beneficiario merecía, a juicio de los otorgantes, tal asignación. Siendo ello

---

910 Puede verse, entre otras, las SSTS 14 diciembre 1940, 17 mayo 1957 y 29 mayo 1996 (TOL 5.153.391).

así, si la conducta del mejorado atentase contra la solidaridad familiar hasta el punto de que rompiese, absolutamente, el vínculo afectivo que sirvió de asidero para la disposición de la mejora, arrastrando al ascendiente a desheredarlo, no se nos podrá negar que ha habido una alteración de las circunstancias del todo punto imprevisible, pues, con independencia de que las relaciones familiares pasen por mejores o peores momentos, la desheredación no es el sol que sale todos días, sin que se pueda afirmar que el causante vislumbrara en el horizonte, valorando el momento de la perfección del contrato o del pacto capitular, que el beneficiario pudiese actuar con una ceguera absoluta hacia el comportamiento que en el pasado mostró y motivó la disposición de la mejora, máxime cuando la desheredación no fue imputable al disponente, sino a la conducta del legitimario. Es por ello por lo que, ante las alegaciones de futuros interesados en imputar la donación en el tercio de mejora, los sucesores podrán alegar, sin que dicho argumento se pueda subsumir en la heterodoxia, la cláusula *rebus sic stantibus,* pues se trataría de cambiar el designio de una disposición *mortis causa* materializada en un contrato cuya revocación, por imperativo del artículo 827 CC, no está al albur de la voluntad unilateral del causante.

Creemos que estas construcciones no serían necesarias si, de *lege ferenda,* el legislador patrio contemplase una disposición análoga a la que prevé el Derecho foral gallego, donde el artículo 218.3º LDCG establece que los pactos de mejora quedarán sin efecto por incurrir «el mejorado en causa de desheredamiento o indignidad, por su conducta gravemente injuriosa o vejatoria, y, si hubiera entrega de bienes, por ingratitud».

4.4. Donaciones a los hijos del desheredado

Habiendo donado el causante bienes a sus nietos o posterior descendencia, habrán de imputarse en el tercio de libre disposición, pues, sin perjuicio de que, según la jurisprudencia, los nietos podrán recibir el tercio de mejora aunque concurran en la sucesión con los hijos del causante (art. 823 CC), aquellos, habiendo descendencia del primer grado y no concurriendo en la sucesión como «representantes», son legitimarios *lato sensu,* en el sentido de que, aunque puedan recibir el tercio de mejora, reservado los legitimarios, no podrán, salvo que entre en juego el derecho de representación, adquirir la legítima estricta. Por esta razón, su posición debe ser asimilada a la de un extraño, salvo que el donante haya manifestado *expresamente* que la donación se hizo con el carácter de mejora (art. 825 CC), en cuyo caso se habrá de imputar la liberalidad a dicho tercio y el exceso, si lo hay, en el de libre disposición.

Ahora bien, si el causante donó bienes al nieto y, posteriormente, falleció o fue desheredada o declarada indigna la ascendencia de primer grado del donatario, este pasará a tener la condición de legitimario *stricto sensu,* pues podrá adquirir la legítima estricta mediante el derecho de representación. Según Vallet de Goytisolo, «es decisivo si, en el momento de haberse otorgado la donación, hubiese ya fallecido o incidido en causa de desheredación el descendiente intermedio», pues si la donación fue previa a la muerte, indignidad o desheredación del hijo, «no puede presuponerse que el donante hubiere querido que su donación se imputara a una legítima a la que no tenía entonces derecho el donatario, salvo si aquélla se hubiera otorgado previendo entonces la premoriencia o desheredación del hijo»[911]. En cambio, Algaba Ros, aboga por imputar la donación en la legítima estricta y, el exceso, en el tercio de libre disposición, como procede respecto a todos los descendientes legitimarios, salvo que la donación se hubiere hecho

---

911 Vallet de Goytisolo, J.: *Panorama de Derecho de sucesiones, II, Perspectiva dinámica,* Civitas, Madrid, 1982, p. 827.

en concepto de mejora, estimando que esta solución es la más acorde con el artículo 1038 CC[912].

Nos inclinamos por esta última opción. Se infiere que las donaciones con dispensa de colación (art. 1036 CC), han de imputarse, en primer término, en el tercio de libre disposición[913-914]. Si la donación a un legitimario no se ha hecho dispensándolo de la colación, habría de imputarse en su legítima estricta (art. 819 CC), máxime cuando el causante sabía, por el juego del artículo 857 CC, que el donatario tendría la condición de legitimario si el progenitor fuese desheredado. Cierto es que puede suceder que la donación al nieto se materializará cuando este no era legitimario *stricto sensu* y que, no haciéndose con carácter de mejora, la liberalidad tendría que asignarse, inexorablemente, al tercio de libre disposición, de modo que, en lo que no cupiere en la parte libre, podría ser objeto de reducción por inoficiosa; pero si tras la donación al nieto, el causante desheredó al hijo, aquel, conforme a su voluntad, pudo dispensar al nieto de la colación, en cuyo caso la liberalidad, en vez de imputarse en la legítima estricta, se imputaría en el tercio de libre disposición, pudiendo incluso, si aceptamos el criterio que adoptó la STS 29 julio 2013[915], absorber el tercio de mejora, aunque el causante no mejorara al nieto expresamente. Sin embargo, si nada de lo relatado hizo el causante, consideramos que es menester abogar por la aplicación del ar-

912 ALGABA ROS, S.: *Los efectos de la desheredación*, op. cit., p. 222.

913 SSTS 16 junio 1962 (TOL 4.333.344), 21 abril 1990, 21 abril 1997 (TOL 5.114.497), y 29 julio 2013 (TOL 3.971.688).

914 VALLADARES RASCÓN, E.: «Artículo 1036» (actualizado por ORDÁS ALONSO, M.), op. cit., p. 1325.

915 Sentencia comentada por REDONDO TRIGO, F.: «La declaración de la voluntad de mejorar mediante el cauce de la donación *inter vivos*. Comentario de la Sentencia del Tribunal Supremo de 29 de julio de 2013 (4809/2013)», en AA.VV., *Comentarios a las sentencias de unificación de doctrina: civil y mercantil*, Dykinson, Vol. 6, 2016, pp. 687-697.

tículo 1038 CC, máxime cuando el donante pudo, en el mismo testamento que desheredó, dispensar de la colación al nieto, a fin de percibir la legítima estricta que habría adquirido su ascendiente con bienes hereditarios.

Es más, consideramos que esta exégesis, respetuosa con el tercio de libre disposición, evitaría resultados absurdos. Vamos a verlo a continuación: Ulpiano tiene dos hijos (A y B) y dona al hijo de B un bien valorado en 40. Años después, otorga testamento en el que deshereda a B y lega a un extraño el tercio de libre disposición. En el momento de su fallecimiento, deja bienes por valor 80. Sumado el *relictum* más el *donatum* la legítima larga asciende a 80 y el tercio libre tiene un valor de 40. Si imputamos la donación al nieto en el tercio de libre disposición, este quedaría absorbido por la liberalidad y el nieto percibiría la legítima estricta (20) con bienes hereditarios, de modo que, ora *inter vivos* ora *mortis causa*, habrá adquirido bienes por valor de 60 y el hijo A adquirirá su legítima estricta (20) y el tercio de mejora (40) con bienes hereditarios. En cambio, si aplicamos el segundo párrafo del artículo 1038 CC, el nieto no adquirirá ningún bien del *relictum*, pues la donación habrá servido para pagar su parte de legítima estricta (20) y el exceso se habrá imputado en el tercio libre (20). Aquí, el hijo A, designado heredero universal, adquiriría con bienes hereditarios su legítima estricta (20) y el tercio de mejora (40) y, además, el extraño, legatario por la soberanía de la voluntad del causante, verá que, al menos, podrá adquirir la mitad del tercio de libre disposición (20). Poniendo en valor que, según el Tribunal Supremo, el *quantum* del derecho de representación en caso de desheredación justa se circunscribe a la legítima estricta, excluyéndose el tercio de mejora, consideramos más acorde con la voluntad del testador, quien pudo dispensar al nieto de la colación y no lo hizo, que la donación al nieto se impute atendiendo a su posición en la sucesión en defecto de su ascendiente: un legitimario en el sentido estricto del término.

Nos hacemos cargo del argumento de Vallet de Goytisolo, que algunos lo verán razonable, pues es dable defender que si el causante donó al nieto un bien antes de que se materializase la desheredación, era conforme a su voluntad que la liberalidad se imputara en el tercio de libre disposición, salvo que la donación se hiciese en concepto de mejora; pero tampoco se nos podrá negar que, igualmente, al tiempo de la desheredación, el causante pudo prever, expresamente, y a fin de no dar lugar a dudas, que la donación que en su día dispuso a favor del nieto se imputara en la parte de libre disposición, a fin de que pudiese percibir su parte de legítima estricta con cargo a bienes hereditarios, como ocurre cuando se le dispensa a un hijo de colacionar (art. 1037), donde la donación se asignará en la parte libre. En defecto de dicha previsión, creemos más respetable que la donación al nieto se impute en la legítima estricta, pues, sin perjuicio de que de este modo deja a salvo el tercio de libre disposición, que es una manifestación genuina de la libertad de testar, por un lado, concurrirá en la sucesión del abuelo como legitimario en sentido estricto (art. 819 CC) y, por otro, lo recibido mediante donación lo tendrá que colacionar (art. 1038 CC), entendiéndose que la donación se configura como un anticipo de su legítima, salvo que el testador «dispusiere lo contrario» (art. 1037 CC).

4.5. Donaciones posteriores a la desheredación

El valor que cabe atribuir a las donaciones materializadas tras la desheredación es más complejo que las atribuciones *mortis causa* al desheredado en el mismo testamento que alberga la desheredación, pues, en este último caso, y siempre que admitamos la validez de la desheredación parcial, como hemos defendido en este trabajo, ha de reputarse que la desheredación no es incompatible con la atribución patrimonial, pudiéndose entender que fue voluntad del causante atribuirle parcialmente la legítima al desheredado y, al propio tiempo, privarle, salvo que ejercite con éxito la acción de desheredación injusta, de las acciones de complemento o suplemento de la legítima.

Habrá casos donde resulte patente que la donación efectuada tras la desheredación implica un perdón de la desheredación, equivalente a la reconciliación[916], dejando sin efecto la misma, como cuando se le dona un bien al desheredado en concepto de mejora. Sin embargo, si habiendo sido desheredado el legitimario, se le donara un bien, la liberalidad habrá de imputarse a la legítima estricta en su integridad y no sólo en lo que no cupiere en el tercio de libre disposición. Estimamos que, en la mayoría de los casos en que la donación excedió de lo que le podría corresponder al desheredado por legítima estricta, la liberalidad habrá de interpretarse como un perdón de la desheredación, pues sería una incongruencia difícil de explicar que, habiendo manifestado el testador su deseo de privar de la legítima al desheredado, le conceda *a posteriori* más de lo que le pudiese corresponder por legítima[917]; no obstante, los supuestos más complejos serán aquellos donde, mediando una desheredación, el causante le dona al desheredado un

916 Así lo dijo, entre otros, Vallet de Goytisolo, J.: *Limitaciones de Derecho sucesorio a la facultad de disponer, Tomo I, Las legítimas,* op. cit., p. 704, quién admitió, además, que el perdón podía ser expreso o tácito.

917 Se podría pensar que, habiendo una pluralidad de descendientes, la indagación de la voluntad del testador en este caso sería irrelevante. Creemos que no, porque, en caso de quedar vacante alguna de las cuotas de legítima de los hermanos del desheredado, porque, por ejemplo, han repudiado, el desheredado y posterior donatario, de haber dicho el testador que la donación no equivale a un perdón, no podrá enarbolar el acrecimiento entre colegitimarios para adquirir más parte de legítima, sino que la adquirirá su propia descendencia por el derecho de representación (art. 857 CC) o, en su defecto, la legítima, extinta, pasará a integrar la parte de libre disposición, ya que, sin que opere el acrecimiento o la representación sucesoria, ningún legitimario podrá reivindicar la adquisición de lo que fue la legítima.

bien imputable parcialmente, por el valor de la donación, a lo que le pudo corresponder por legítima estricta[918].

Aunque la donación no se trate, típicamente, de una disposición testamentaria, creemos que deberá interpretarse, en el contexto sucesorio, conforme a los cánones hermenéuticos del artículo 675 CC, ya que, sin perjuicio de que la transmisión del bien o derecho surta efectos desde la donación, el valor que cabe atribuir a la misma, en el contexto de averiguar si equivale a un perdón de la desheredación, no se materializará hasta la muerte del donante, debiéndose regir su interpretación conforme al artículo 675 CC, que a la sazón regula la interpretación del testamento.

5. OTROS EFECTOS RELACIONADOS CON LA CONCURRENCIA DE UNA CAUSA DE DESHEREDACIÓN

5.1. El cese del deber de alimentos

La comisión de una causa de desheredación por parte del alimentista, además de privar de la legítima si tiene la condición de legitimario, puede llevar aparejadas otras consecuencias, como el cese del deber o la obligación de alimentos. Ya nos gustaría profundizar en el tratamiento de los siguientes puntos, pues creemos que podrían dar lugar incluso a otro trabajo, pero, por mesura expositiva, trataremos, solamente, los aspectos más conflictivos.

---

918 Lo mismo cabe decir si, en vez de la legítima estricta del descendiente, la donación no alcanza el valor total de la legítima del ascendiente o cónyuge desheredado.

5.1.1. Propuesta de extensión de las causas de desheredación y, por ende, del cese del deber de alimentos, al maltrato que se perpetre contra los ascendientes, descendientes y cónyuge o pareja ligada por análoga relación de afectividad a la conyugal del causante alimentante

Dispone el artículo 152.4º CC que cesará la obligación de dar alimentos «[cuando] el alimentista, sea o no heredero forzoso, hubiese cometido alguna falta de las que dan lugar a la desheredación». El precedente más inmediato del precepto es el artículo 72 del Proyecto isabelino, que señalaba que cesará la obligación de alimentos «en los mismos casos en que está autorizada la desheredación».

Una situación paradójica que puede darse, a tenor de la vigente redacción del Código Civil, es que el alimentista sea hijo del alimentante y este se excuse del deber de alimentos o logre la extinción de la prestación alimenticia alegando que aquel ha protagonizado una causa de desheredación. En tal caso, el alimentista, que puede seguir estando en una situación de necesidad[919], puede ser que reclame alimentos, en defecto de cónyuge y descendientes (art. 144 CC), a sus abuelos, surgiendo la siguiente pregunta: visto que el nieto ha atentado contra la solidaridad familiar, afectando directamente este comportamiento a sus progenitores, ¿podrán los abuelos, que quizás son parientes consanguíneos del que era alimentante, negarse

---

919 Debe tenerse en cuenta que la causa del artículo 152.4º CC, al igual que ocurre con algunas de las causas de extinción de la pensión compensatoria previstas en el artículo 101 CC («El derecho a la pensión se extingue [...] por contraer el acreedor nuevo matrimonio o por vivir maritalmente con otra persona») es independiente de los presupuestos personales y objetivos que dan lugar al deber de alimentos, pues no requiere que desaparezca el estado de necesidad del alimentista ni la capacidad económica del alimentante (PADIAL ALBÁS, A.: *La obligación de alimentos entre parientes*, Bosch, Barcelona, 1997, p. 265).

a prestar alimentos al nieto? Prescindiendo aquí del debate sobre si el artículo 152.5º CC consagra una causa de extinción o de suspensión[920], quizás los abuelos podrían ampararse en su literalidad, en tanto dispone que cesará la obligación de alimentos cuando «el alimentista, sea descendiente del obligado a dar alimentos, y la necesidad de aquél provenga de mala conducta o falta de aplicación al trabajo, mientras subsista esta causa», entendiendo que la situación de necesidad del descendiente procede de su «mala conducta», pues recibía alimentos del progenitor y dejó de recibirlos por una causa que solo a él le era imputable; de manera que este comportamiento atribuible al alimentista, que cometió una causa de desheredación, lo sitúa en un estado perentorio, que habilita al alimentante para inhibirse del cumplimiento del deber de alimentos. En contra de esta interpretación literal de la norma, la doctrina mayoritaria se inclina por el razonamiento de Padial Albás, que arguye que la causa del artículo 152.4º CC «sanciona la conducta del alimentista, en cuanto que esta afecta al alimentante», no resultando conveniente «extender las causas de desheredación más de lo que lo hace el Código civil, dado que, a pesar, de que

920 A juicio de Moreno-Torres Herrera, Mª. L.: *Las obligaciones de mantenimiento entre familiares*, op. cit., p. 103, se trata de una causa de «extinción temporal». Igualmente, Crespo Mora, C.: «Las obligaciones familiares: la obligación de alimentos entre parientes», en AA.VV., *Manual de Derecho civil. Volumen V. Derecho de familia.* Wolters Kluwer, Madrid, 2021, que opina que se trata de una causa de «suspensión de la prestación de alimentos» (véase también, Tena Piazuelo, I.: *La prestación de alimentos a los hijos tras las ruptura de pareja, pensiones, gastos, vivienda,* Aranzadi, Pamplona, 2015, pp. 61 y 62, y Quicios Molina, M. S.: «Artículo 152», op. cit., p. 322). Recientemente, Fernández de la Iglesia, E.: «La solidaridad familiar y su relación con la indignidad como causa de la desheredación y con la revocación de las donaciones por ingratitud», *Revista Crítica de Derecho Inmobiliario,* núm. 802, 2024, p. 964, también apunta que es una causa de extinción temporal, «pudiendo reclamar con posterioridad tales alimentos si rectifica en su comportamiento junto con la concurrencia del resto de requisitos».

ello suponga, sin duda, responsabilizar a otros parientes de una falta cometida por el mismo alimentista, esta solución parece la más adecuada al fundamento de los alimentos legales»[921].

La consecuencia no es la misma si aplicáramos el Derecho foral catalán, pues a pesar de que la letra e) del artículo 237-13 CCCat regula la causa de extinción de modo similar al artículo 152.4º CC, disponiendo que se extingue la obligación de alimentos cuando «el alimentado, aunque no tenga la condición de legitimario, incurra en alguna de las causas de desheredación establecidas por el artículo 451-17», vemos que, en virtud del precepto al que se remite, se puede desheredar y, por ende, privar de alimentos, no solo cuando determinadas conductas, como la denegación de alimentos o el maltrato grave, se dirigen contra la figura del causante, sino también contra «su cónyuge o conviviente en pareja estable» o contra «los ascendientes o descendientes» del testador.

La Propuesta de Código Civil elaborada por la Asociación de Profesores de Derecho Civil contempla como causa de desheredación, no solo la negativa a prestar alimentos o el maltrato al causante, sino también a su cónyuge o persona a la que esté unida por análoga relación de afectividad, o a algunos de sus descendientes o ascendientes (art. 467-27).

5.1.2. Debate en torno a la posibilidad de extinguir el deber de alimentos respecto al hijo menor de edad

El lector atento se habrá percatado de que, en el apartado donde tratamos la desheredación del menor de edad, nos posicionamos, sin ambages, a favor de dicha posibilidad. Ahora bien, aunque el artículo 152.4º CC consagre como causa de extinción del deber de prestar alimentos que el alimentista haya

921 Padial Albás, A.: *La obligación de alimentos entre parientes,* op. cit., p. 266.

protagonizado una causa de desheredación, resulta complicado defender, a día de hoy, que un progenitor se pueda inhibir del deber de alimentar al hijo menor de edad, aunque este haya atentado, con pleno discernimiento, contra la solidaridad familiar[922].

La autora Cabezuelo Arenas, que se suele adscribir a líneas vanguardistas en numerosas cuestiones relacionadas con la solidaridad familiar, dice que, así como el Tribunal Supremo ha manifestado que los hijos pueden ser privados de alimentos cuando se nieguen, injustificadamente, a tener relación con el progenitor o, directamente, lo maltraten, dicha exégesis debería ser extrapolable al menor de edad y, más concretamente, a

---

922 Roda y Roda, D.: «Reflexión sobre la prestación de alimentos a los hijos mayores de edad. Especial referencia a las malas relaciones como causa de extinción de la pensión, según la Jurisprudencia», *Revista de Derecho Familia*, núm. 99/2023 (BIB 2023, 1105), p. 47, al disertar sobre la extinción de los alimentos respecto al menor de edad, ha citado recientemente uno de nuestros trabajos para decir que nosotros sostuvimos en su día que para que «se pueda aplicar estas medidas [se refiere el autor a la extinción de los alimentos] a los menores de edad, es necesario que resulte acreditada la madurez para comprender los actos contrarios al principio de solidaridad familiar». En ningún pasaje de nuestro trabajo sostuvimos que el menor de edad pudiese ser privado de alimentos, sino todo lo contrario; en la obra que cita el autor dijimos lo siguiente: «El principal escollo que encuentra este argumento es que el deber de alimentos del menor no emancipado sometido a la patria potestad queda extramuros del régimen legal de la obligación de alimentos entre parientes, lo que supondría, en principio, que no puede ser de aplicación supletoria el art. 152 CC, que a la sazón contempla varias causas de cese de la obligación de alimentos. A lo que cabría añadirse, respecto a los que sostienen que el art. 152.4º CC es aplicable a los alimentos de los hijos sujetos a la patria potestad, que lo que puede ser justo en el ámbito de la desheredación, se puede vislumbrar excesivo en el ámbito de los alimentos» (Gómez Valenzuela, M. Á.: «La desheredación del menor de edad», op. cit., p. 452). Por lo tanto, sirva esta aclaración, más lo que luego se añadirá, para desligarnos de la hipótesis, a la que se nos liga, de que el menor de edad pueda ser privado de alimentos.

los «grandes menores», cuya franja de edad de subsume en la etapa de la adolescencia. En su opinión: «una vez demostrado que la minoría de edad no empece para privar a los descendientes de la legítima por otras causas (injurias, maltrato de obra...) si se aprecia en ellos capacidad de motivación y que no fueron meros instrumentos de terceros a la hora de ofender al testador, esto es, que actuaron libremente, deberían removerse los obstáculos para extinguir las pensiones de los "grandes menores" que así se condujeron y que no estén prestos a reconsiderar su actitud y enmendarse. De otro modo estamos auspiciando que los grandes menores conquisten derechos, pero no que asuman responsabilidades»[923].

El problema que, de *lege lata*, tiene esta postura es que, mientras los hijos sean menores de edad, es difícilmente sostenible que el artículo 152 CC, inmerso en el Título VI del Libro I («De los alimentos entre parientes»), sea aplicable a aquellos, pues los alimentos de los hijos que están bajo la patria potestad, que se fundamenta en la filiación (art. 110 CC), no pueden verse limitados, según el Tribunal Supremo[924] y el

923 Cabezuelo Arenas, A. L.: «La supresión de las pensiones alimenticias de los hijos por negarse a tratar al progenitor pagador. Relación entre el derecho de comunicación del progenitor no conviviente y la relevación de pago de los alimentos», *Revista de Derecho Patrimonial*, núm. 49/2019 (BIB 2019\6805), pp. 28 y 29.

924 Así lo dijo el fundamento de derecho segundo de la STS 5 octubre 1993 (TOL 189.673), a cuyo tenor: "a) La norma constitucional (art. 39.2) distingue entre la asistencia debida a los hijos «durante su minoría de edad y en los demás casos en que legalmente proceda» ; b) Aunque no es sostenible absolutamente que la totalidad de lo dispuesto en el Título VI del Libro Primero del Código Civil, sobre alimentos entre parientes, no es aplicable a los debidos a los hijos menores como deber comprendido en la patria potestad (art. 154.1.°), la cierto es que el tratamiento jurídico de los alimentos debidos al hijo menor de edad presenta una marcada preferencia -así, art. 145.3.°- y, precisamente por incardinarse en la patria potestad derivando básicamente de la relación paterno-filial

Tribunal Constitucional[925], por las limitaciones propias del ré-

(art. 110 del CC), no ha de verse afectado por limitaciones propias del régimen legal de los alimentos entre parientes que, en lo que se refiere a los hijos, constituye una normativa en gran parte sólo adecuada al caso de los hijos mayores de edad o emancipados; c) En este sentido ha de entenderse el art. 152.2.º que el recurrente dice haberse infringido, cuya alusión a las necesidades de la familia del alimentante denota una diferencia sólo comprensible si se admite una familia más próxima con derecho en todo caso preferente». También las SSTS 27 noviembre 2013 (TOL 4.032.276) y 30 septiembre 2016 (TOL 5.832.224), donde el fundamento de derecho tercero de la última reproduce, íntegramente, las consideraciones del fundamento de derecho segundo de la primera: «La valoración del presente caso debe partir de la diferente naturaleza existente entre la obligación de alimentos entre parientes y la obligación de alimentos a los hijos manifestada claramente, entre otros extremos, en el distinto fundamento que las informa, el valor referencial del principio de solidaridad familiar, por una parte, frente a un contenido básico derivado directamente de la relación de filiación (39.3 CE y 110 y 111 del Código Civil), la diferente finalidad y contenido de las mismas, el sustento básico para salvaguardar la vida del alimentista, por una parte, frente a una asistencia mucho más amplia que se extiende, estén o no en una situación de necesidad, a los gastos que ocasione el desarrollo de la personalidad del menor (10 CE y 154.2 del Código Civil) y, en suma, la distinta determinación y extinción según sea la naturaleza de la obligación de alimentos [...] la obligación de alimentos respecto de los hijos, como derivación de la patria potestad, tampoco le son aplicables las limitaciones que se observan en el régimen legal de la obligación de alimentos".

925 Véase la STC núm. 57/2005, de 14 de marzo (TOL 609.864), que dice lo siguiente en su fundamento de derecho sexto: «Por lo que respecta a la pensión de alimentos a los parientes -el otro elemento de comparación alegado-, su fundamento descansa únicamente en la situación de necesidad perentoria o «para subsistir» (art. 148 CC) de los parientes con derecho a percibirlos –cónyuge, ascendientes, descendientes y hermanos (art. 143 CC)–, se abona sólo «desde la fecha en que se interponga la demanda» (art. 148 CC), y puede decaer por diversos motivos relacionados con los medios económicos o, incluso, el comportamiento del alimentista (art. 152 CC). Por el contrario, los alimentos a los hijos, en la medida en que tienen su origen exclusivamente en la filiación (art. 39.3 CE), ni precisan demanda alguna para que se origine el derecho a su percepción, ni la Ley prevé excepciones

gimen legal de los alimentos entre parientes[926]. Es decir, aunque supletoriamente algunos preceptos del Título VI del Libro I sean aplicables cuando del hijo menor se trate (art. 154 CC)[927], especialmente, en un contexto de crisis matrimonial (arts. 146, 147, 148 0 150 CC), las causas de extinción del deber de alimentos quedarán exceptuadas. No desconocemos los casos puntuales donde el Tribunal Supremo no extinguió, pero sí suspendió los alimentos que debía prestar un progenitor al hijo menor de edad, pero se trata de supuestos excepcionales que ninguna relación albergan con que el hijo menor de edad cometiera alguna conducta que diese lugar a la desheredación. En uno de ellos, que desembocó en la STS 24 octubre 2008[928], el padre discutió en el seno del proceso de divorcio los alimentos que debía prestar a su hija menor de edad que era beneficiaria de una beca concedida por la Federación Española de Gimnasia que cubría sus necesidades básicas, proporcionándo-

al deber constitucional de satisfacerlos [...] Tampoco coincide la finalidad en una y otra pensión: si en la de alimentos a los parientes ha de facilitarse el sustento básico para salvaguardar la vida del alimentista, esto es, «todo lo que es indispensable para el sustento, habitación, vestido y asistencia médica» (art. 142 CC), ya hemos dicho que la de alimentos a los hijos no se reduce a la mera subsistencia, al consistir en un deber de contenido más amplio, que se extiende a todo lo necesario para su mantenimiento, estén o no en situación de necesidad. Finalmente, tampoco la forma de determinación es la misma, pues si la pensión a otros parientes se determina en función de lo que éstos necesiten estrictamente para subsistir (art. 142 CC), los alimentos a los hijos menores deben acomodarse a «las circunstancias económicas y necesidades de los hijos en cada momento» (art. 93 CC) hasta el punto de financiar no sólo los gastos ordinarios de su mantenimiento sino también los de carácter extraordinario (tales como actividades extraescolares, etc.)».

926 ROGEL VIDE, C.: *Alimentos y auxilios necesarios para la vida*, Reus, Madrid, 2012, p. 28.

927 TENA PIAZUELO, I.: *La prestación de alimentos a los hijos tras la ruptura de pareja, pensiones, gastos, vivienda*, op.cit., pp. 61 y 62.

928 STS 24 octubre 2008 (TOL 1.393.347).

le ingresos suficientes para atender a sus gastos personales; el Tribunal Supremo confirmó la sentencia recurrida, diciendo que aunque sea cierto que el deber de alimentos a un hijo menor de edad es insoslayable, ello no empece a que se pueda suspender temporalmente el deber de los padres cuando la menor –que, en el caso examinado, no habitaba, además, en la vivienda familiar-, goce de suficiencia económica, descartando la subsunción de la pretensión en el artículo 152 CC porque los alimentos no se extinguían, sino que se suspendían. Similar exégesis ha secundado la jurisprudencia cuando los progenitores no disponen, absolutamente, de recursos para proporcionar al hijo menor la asistencia que precisa[929]; en estos casos, los tribunales, atendiendo al *favor minoris*, han suspendido el deber que asiste a los progenitores, confirmando la condena a los abuelos del menor, que son los siguientes obligados (art. 144.3° CC), a sufragar las necesidades básicas[930], entendiéndo-

929 Ante la sospecha de que el progenitor tenga o pueda conseguir ingresos económicos para atender al deber de alimentos, los tribunales han descartado la suspensión, pudiendo citarse, por ejemplo, la STS 12 febrero 2015 (TOL 4.839.330): «lo normal será fijar siempre en supuestos de esta naturaleza un mínimo que contribuya a cubrir los gastos repercutibles más imprescindibles para la atención y cuidado del menor, y admitir sólo con carácter muy excepcional, con criterio restrictivo y temporal, la suspensión de la obligación». En el mismo sentido, la STS 25 abril 2016 (TOL 5.708.241), que, ante la petición del padre de suspender la obligación de alimentos, la desestimó, pese a que el demandante percibía una pensión por incapacidad de 350 euros mensuales, manteniendo el mínimo vital a favor de la hija.

930 Véase, entre otras, las SSTS 2 diciembre 1983 (TOL 7.511.892), 11 febrero 2016 (TOL 5. 645.215), o 2 marzo 2016 (TOL 5.656.949).

se por tales las que marca, no el artículo 154 CC, que es de extensión más amplia[931], sino el artículo 142 CC[932].

---

931 Véase que el artículo 154 CC, al contrario que el artículo 142 CC, no solo consagra el deber de los progenitores de alimentar al menor, sino también el de dotarle de una «formación integral».

932 El diferente contenido del concepto de alimentos, según el sujeto que los preste, fue confirmado por la STS 2 marzo 2016. Aquí, la madre de una menor pidió en varias instancias que los abuelos fueren condenados a sufragar los gastos relativos a las clases de música y apoyo que, según la demandante, precisaba su hija menor de edad. La citada sentencia, en el fundamento de derecho tercero, rechazó tal pretensión, con base en el siguiente razonamiento, que compartimos: «En el presente caso, los gastos extraordinarios que se reclamaban se concretan, en clases de música y apoyo. Los referidos gastos extraordinarios no son estrictamente parte de los derivados de la educación de la menor, la que asiste a un colegio público y como tal gratuito. Es comprensible el deseo de la madre de afrontar la satisfacción de dichos gastos, pero es de reconocer que el art. 142 del C. Civil, no los impone a los vuelos [sic], los que vienen condenados al pago de alimentos, en la proporción que puedan atenderlos, dada su condición de jubilados y edad avanzada de los mismos. Los gastos extraordinarios que se reclaman no tienen cabida legal en la relación de abuelos-nietos, sin perjuicio, como se declara en la sentencia recurrida, por remisión a la del Juzgado, que, en ocasiones procederán los gastos extraordinarios si tienen relación con los conceptos recogidos en el art. 142 del C. Civil, a los que antes hicimos referencia (sustento, habitación, vestido y asistencia médica). Sobre los gastos extraordinarios y su conceptuación se pronunció esta Sala en sentencia de 14 de octubre de 2014. La recurrente cita dentro de la jurisprudencia, sentencias que hacen referencia las relaciones padre hijos, y no a las de los abuelos, por lo que no puede mantenerse la existencia de interés casacional por infracción de doctrina jurisprudencial. Pretende la recurrente que las restricciones del art. 142 del C. Civil no pueden aplicarse cuando se trata de menores. Ciertamente dicho precepto no puede aplicarse cuando se trata de las relaciones padres e hijos menores (arts. 110 y 154.1 C. Civil), pues estas tienen su acomodo normativo en el art. 93 del C. Civil , pero no puede extenderse la aplicación de éste precepto (art. 93 C. Civil) a las relaciones abuelos-nietos, aún cuando estos sean menores, al impedirlo el art. 142 del C. Civil , que es la norma aplicable entre ascendientes (abuelos) y descendientes (nietos) (art. 143 C. Civil). En conclusión, los abuelos tienen obligación de afrontar los gastos

Realmente, al igual que hiciese el Código Civil italiano de 1942, el legislador español debería, en la empresa de lograr una más acertada depuración conceptual, distinguir entre la obligación o deber de alimentos, regulada en el Título VI del Libro I, y el deber de mantenimiento, que es el que rige entre los cónyuges (arts. 67 y 68) y respecto a los progenitores y los hijos menores de edad. Como acertadamente expone Moreno-Torres Herrera, el deber de mantenimiento de los progenitores es una exigencia constitucional (art. 39.3 CE) que no está al albur del estado de necesidad del menor de edad, ni se fundamenta en la solidaridad familiar, sino en el mero hecho de la generación[933]. Tanto es así, decimos nosotros ahora, que aunque el hijo menor de edad protagonice una causa de desheredación, los progenitores no podrán excusarse del deber de mantenerlo alegando el artículo 152.4º CC, pues dicho deber presenta unos contornos más amplios que la prestación alimenticia. Es más, suponiendo que algún juzgado o tribunal estimara el cese de alimentos respecto a un hijo menor de edad que habita con los progenitores, se podría decir que, desde el

---

que generen sus nietos, ante la insolvencia de los padres, de acuerdo con lo establecido en el art. 142 del C. Civil y con respeto estricto del principio de proporcionalidad (arts. 145 y 146 C. Civil)».

933 Moreno-Torres Herrera, Mª. L.: *Estudios sobre el deber de alimentos*, op. cit., pp. 206 y 207 (más detalladamente, puede verse la siguiente obra de la misma autora: *Las obligaciones de mantenimiento entre familiares*, op. cit., pp. 109-148). En similar senda, Martínez Rodríguez, N.: *La obligación legal de alimentos entre parientes*, LA LEY, Madrid, 2002, pp. 48 y 49; Sánchez Jordán, Mª. E.: «Reclamación de reembolso de cantidades satisfechas por la madre para el mantenimiento y atención del hijo menor desde su nacimiento. Comentarios a las SSTS (Sala de lo Civil, Pleno), números 537/2016 y 574/2016, de 29 y 30 septiembre (RJ 2016, 4457 y RJ 2016, 4844), *Revista de Derecho Patrimonial*, núm. 42/2017 (BIB 2017\895), p. 6; Florit Fernández, C.: *Alimentos debidos a los hijos*, Juruá, Porto, 2020, p. 42; López Azcona, A.: «La incidencia de la falta de relación familiar en los alimentos debidos a los hijos mayores», *Revista de Derecho Civil*, vol. XI, núm. 3 (julio-septiembre, 2014), p. 106.

dictado de la sentencia, el hijo no tendría ningún título para seguir habitando en la vivienda familiar, pues los progenitores no tendrían el deber de procurar a su hijo «habitación», que constituye uno de los conceptos que enumera el artículo 142 CC a la hora de delimitar el contenido de los alimentos; pero, nos preguntamos lo siguiente: en tal caso, ¿cómo cumplirían los progenitores el deber de *tener en su compañía* al hijo menor de edad? Sería imposible, salvo que se defienda, de *lege lata*, que, por atentar el hijo menor contra la solidaridad familiar, los progenitores pudieren renunciar, *de facto*, a la patria potestad, la cual, como ha dicho la doctrina reiteradas veces, es irrenunciable. Es decir, de admitir el cese de los alimentos del menor de edad se estaría abriendo la veda para que los progenitores renunciaran, indirectamente, a la patria potestad, reduciendo a la inexistencia o a su mínima expresión el deber de mantenimiento, sin perjuicio de que se estaría desvistiendo a un santo para vestir a otro, porque exonerados los progenitores de su deber, el menor de edad, sin perjuicio de que pudiese ser declarado en desamparo (art. 172 CC), podría dirigirse contra otros parientes, según el orden de prelación del artículo 143 CC.

Comprendemos la tesis de Cabezuelo Arenas, y entendemos que, tratándose de «grandes menores», que niegan cualquier contacto a los progenitores, podría estar justificado que, habitando el menor con el progenitor que ejerza la guardia y custodia, el que tenga un régimen de visitas que no pueda desempeñar, por voluntad y desidia del menor, pudiese pedir la extinción de la pensión de alimentos que sufragaba. Pero de la misma manera que la autora defiende esta pretensión, entendemos, siguiendo su planteamiento, que dicha consecuencia sería extrapolable cuando quien sostenga la pretensión sea el progenitor o los progenitores que ordinariamente habiten con el menor y vean como este, por ejemplo, los maltrata de obra. Y es aquí donde vemos problemas teóricos y prácticos para defender dicha posibilidad, pues, insistimos, teniendo los progenitores la patria potestad, aunque queden relevados de alimentar al menor (en la hipótesis de que se aplicara el artículo 152.4º CC), todavía seguirá vigente la patria potestad y, por ende, el deber de tener en su compañía al hijo. Por lo tanto, como quiera que vemos inviable que los progenitores que ejerzan la guardia y custodia se puedan inhibir en su deber de mantener al menor, la misma inviabilidad ha de predicarse respecto al progenitor que no habita con él. Planteado de otro modo: ¿por qué los que no tengan la guarda y custodia sí y los que la ejerzan, que pueden ser objeto de maltrato de obra, no?

A nuestro juicio, para que los progenitores pudieren desligarse de alimentar al menor deberán sustraer los alimentos de la arquitectura normativa de la patria potestad a fin de subsumirlos en el Título VI del Libro I del Código Civil, y ello pasa por la extinción de la patria potestad. En defecto de que los propios progenitores puedan renunciar[934] o solicitar la propia privación de la patria potestad, cuya base, en este último caso, es el incumplimiento, por parte de los progenitores, de

---

934 En la SAP Islas Baleares 3 diciembre 2018 (TOL 7.021.090), el padre presentó una demanda de modificación de medidas planteando, entre otras cosas, la renuncia a la patria potestad por ciertos conflictos que tenía con sus hijos. El tribunal desestimó dicha pretensión, argumentando lo que sigue en el fundamento de derecho segundo: «La situación descrita por el parte [sic] y acreditada mediante las pruebas practicadas refleja ciertamente una situación de los menores que debe ser atendida en aras a salvaguardar sus intereses y proteger adecuadamente su desarrollo, formación y relación con sus progenitores. Ahora bien, ello no es factible mediante la medida postulada por el padre pues la patria potestad no es un derecho renunciable, es un conglomerado de derechos y deberes de los padres que la ley establece (Art. 154 y ss del Código Civil) respecto de los hijos habidos en su unión, en aras precisamente de la función protectora y formativa que, por derecho natural, corresponde a quienes han asumido la decisión de procrear a un hijo, y ello mientras éste no se encuentre en condiciones naturales y jurídicas de valerse por sí mismo».

los deberes inherentes a la misma (art. 170 CC)[935], el único sendero por el que, hipotéticamente, podrían transitar, es el de la emancipación (art. 169.2º CC) y, en concreto, en defecto del consentimiento del menor[936], la emancipación por concesión judicial, si entendiéramos que por el comportamiento del menor adolescente aquellos no pudieren desempeñar las funciones tuitivas (art. 244.3º CC). El problema está en que, actualmente, solo ostentan legitimación activa para solicitar dicha emancipación los menores de dieciséis años, en virtud del primer párrafo del artículo 244 CC[937].

Aunque no haya jurisprudencia sobre el particular, nos podemos remitir al AAP Burgos 11 abril 2003[938], donde los progenitores de una menor de edad solicitaron la emancipación judicial, esgrimiendo que la hija ni les obedecía ni respetaba y que, además, llegó incluso a agredirles, alegando que, con tal escenario, les era imposible ejercer la patria potestad. El juzgado desestimó la solicitud de emancipación, arguyendo que,

---

935 La SAP Islas Baleares 3 diciembre 2018, citada *supra*, también respondió al interrogante en torno a si la situación conflictiva con los hijos podrá motivar la privación de la patria potestad: «Lo que la ley prevé es la privación de la patria potestad o de su ejercicio cuando concurran los motivos legales y graves que deben afectar, no al comportamiento de los hijos, sino del progenitor y en aras precisamente a salvaguardar su interés. Ha de estar basada en causas excepcionales, bien por impedir, de hecho, tal ejercicio, bien por afectar de forma grave al menor (Art. 170 C. Civil), en cuanto perjudique seriamente su formación integral, con incumplimientos de entidad de los deberes que se entrelazan con los derechos definidores de la función reguladora en el contexto de preceptos indicado».

936 Para la emancipación por concesión paterna, aunque la iniciativa corresponde a los progenitores, es requisito *sine qua non* el consentimiento del menor que tenga dieciséis años (art. 241 CC).

937 El artículo 244 CC dispone lo siguiente: «La autoridad judicial podrá conceder la emancipación de los hijos mayores de dieciséis años *si estos la pidieren* y previa audiencia de los progenitores».

938 AAP Burgos 11 abril 2003.

sin perjuicio de que esta está concebida en interés del menor, como «forma de adelantar la plena capacidad» cuando este considere que el ejercicio de los deberes inherentes a la patria potestad se ve gravemente alterado «en su perjuicio», la legitimación activa solo la ostenta, en virtud de los derogados artículos 314 y 329 CC, el propio menor, denegándole el legislador a los progenitores la iniciativa para promover el expediente, concediéndoles solo el derecho a ser oídos.

Evidentemente, para acoger el planteamiento de Cabezuelo Arenas bastaría con modificar el artículo 244 CC, a fin de que, además del propio menor, los progenitores ostentasen legitimación para promover la emancipación; ahora bien, bajo nuestro punto de vista, no hay que empezar la casa por el tejado, ya que dicha reforma debería ir, en todo caso, precedida de un cambio de paradigma, parangonable al que fundamentó la CDPD y la posterior LAPCD, debiéndose hacer cargo la sociedad de que, en lo que respecta al ejercicio de la capacidad jurídica del menor, no puede seguir secundándose el esquema binario de capacidad e incapacidad, sino que hay «grandes menores» que pueden y deben asumir las consecuencias de sus actos.

5.1.3. Ligamen entre la desheredación y el cese de los alimentos en relación con el cómputo de la legítima

Huelgan las citas doctrinales y jurisprudenciales para percatarse de que la desheredación, *per se*, no produce el cese del deber o de la obligación de alimentos. Si el obligado, suponiendo que ha materializado la desheredación, estaba prestando alimentos al legitimario voluntariamente o en virtud de una sentencia judicial, hasta el dictado de una nueva resolución que extinga la prestación alimenticia el desheredante tendrá que seguir abonándola, pues las sentencias que modifiquen o extingan la prestación de alimentos tienen efectos *ex nunc*[939], no *ex tunc*[940]. En tal caso, nos planteamos si, los desembolsos realizados por el causante para satisfacer los alimentos al desheredado, deberán computarse para el cálculo de la legítima y, en caso de respuesta afirmativa, a donde deberán imputarse. La cuestión no es baladí, pues si el causante presta alimentos a un extraño sin mediar un contrato de alimentos, sino como mera liberalidad, dichos desembolsos, como no podía ser de otro modo, habrán de computarse a los efectos de calcular la legítima (la denominada «reunión ficticia») y, en su caso, reducirse o anularse si lesionan la legítima de los legitimarios[941].

No mediando desheredación, los alimentos que preste el causante a algunos de los legitimarios están excluidos de la colación y, también, de subsumirse en el *donatum* a los efectos del artículo 818 CC. Así se infiere del artículo 1041 CC, que dispone que «[no] estarán sujetos a colación los gastos de alimentos, educación, curación de enfermedades, aunque sean

939 Véase, entre otras, las SSTS 26 marzo 2014 (TOL 4.177.207), 24 abril 2015 (TOL 5.000.676), 23 junio 2015 (TOL 5.190.968), 29 septiembre 2016 (TOL 5.832.223), 6 octubre 2016 (TOL 5.843.362), 20 julio 2017 (TOL 6.213.806), o 10 abril 2019 (TOL 7.199.719).

940 La excepción que secundó el Alto Tribunal en la STS 12 marzo 2019 (TOL 7.119.477), no es extrapolable al caso que estamos tratando. Aquí, admitió el efecto retroactivo de la extinción de la pensión de alimentos en un caso donde el hijo, que dejó de convivir con la madre, no había comunicado al padre que gozaba de independencia económica, secundando la decisión del tribunal de apelación en torno a que no se podía solidificar lo que era un abuso del derecho, extinguiendo con efectos *ex tunc* la pensión de alimentos que tenía que abonar el padre.

941 Dijo la STS 21 abril 2003 (TOL 1.071.098), que «la obligación de colacionar queda limitada a los bienes recibidos por dote, donación u otro título lucrativo y no alcanza a los adquiridos del causante por título onerosos en contrato válido y eficaz».

extraordinarias, aprendizaje, ni los regalos de costumbre»[942]. Ello es así por la contraposición entre el citado precepto y el artículo 1042 CC, pues este último exceptúa de la colación los gastos que el padre haya hecho para dar a sus hijos «una carrera profesional o artística», salvo cuando el padre hubiere dispuesto lo contrario «o perjudiquen a la legítima». Por ende, para saber si estos últimos gastos lesionan o no la legítima deberemos subsumirlos en el *donatum* y averiguar si los mismos caben en el tercio de libre disposición. De no caber, los gastos para dar al hijo una carrera profesional o artística serán colacionables, debiéndose imputar en su legítima estricta, ya que la colación se configura como un «anticipo» de esta[943]. Evidentemente, aunque la colación y la computación de las donaciones para calcular la legítima sean operaciones distintas[944], están estrechamente relacionadas, como tuvimos oportunidad de ver

---

942 Debe incluirse en la exención el artículo 822 CC, que contempla la donación de un derecho de uso y habitación sobre la vivienda habitual que su titular haga a favor de un legitimario que se encontrare en situación de discapacidad (Domínguez Luelmo, Andrés «Artículo 1041», op. cit., p. 4806).

943 Nos remitimos, por ejemplo, a las SSTS 11 octubre 2012 (RJ 2012, 9714), y 5 noviembre 2019 (TOL 7.580.066).

944 Como dijo la STS 19 julio 1982 (TOL 1.739.061), la colación «tiene una acepción más amplia, referida a la agregación numérica que hay que hacer a la herencia del valor de todas las donaciones hechas por el causante a los efectos de señalar las legítimas y para averiguar si son inoficiosas, acepción contemplada por el art. 818 del dicho Código [...] por consiguiente, la colación implica una ordenación típica basada en criterios de equidad tendentes a evitar desigualdades en la distribución de la herencia, en tanto el causante no dispense de ella, siempre dejando a salvo el régimen de legítimas, lo que lleva consigo que la imputación, precisa para determinar las legítimas, se impone incluso sobre la voluntad del testador» [vid., además, las SSTS 17 marzo 1989 (TOL 1.732.112), 21 abril 1990, 22 febrero 2006 (TOL 843.360), 15 junio 2007 (TOL 1.123.884), 18 octubre 2007 (TOL 1.61.168), 24 enero 2008 (TOL 1.256.805), 21 enero 2010 (TOL 1.773.349), 19 febrero 2015 (TOL 4.839.330), 17 septiembre 2019.

cuando disertamos sobre cómo se debían imputar las donaciones que recibía el desheredado.

Domínguez Luelmo dice, con acierto, que cuando se trate de los desembolsos que contempla el artículo 1041 CC, «no estamos propiamente ante liberalidades, sino ante gastos que implican el cumplimiento de los deberes derivados de la relación jurídico familiar en sentido amplio, es decir que responden a obligaciones familiares o al cumplimiento de deberes impuestos por el parentesco»[945]. En cambio, y siguiendo al mismo autor, tratándose del artículo 1042 CC, la excepción de que los gastos relativos a la carrera profesional o artística no se tendrán que colacionar, salvo que perjudiquen la legítima, coadyuva a interpretar el precepto de manera análoga al artículo 1036 CC[946], que consagra el carácter dispositivo de la colación: ya se trate de donaciones exentas de colación o de desembolsos para sufragar la carrera profesional o artística del legitimarios, las operaciones de computación e imputación de los artículos 818 y 819 CC deberán realizarse, pues solo así sabremos si son inoficiosas.

A diferencia del artículo 489 CDFA, que exceptúa de la colación «los gastos de alimentación, educación y asistencia en enfermedades de parientes dentro del cuarto grado que estén en situación de necesidad, *aunque el causante no tuviera obligación legal de prestarle alimentos*» (cursiva propia), el artículo 1041 CC, más parco en su redacción, excepciona de la colación los gastos de alimentación que haga el causante a uno de los legitimarios, omitiendo si dichos desembolsos se debían hacer o no en la órbita del deber de alimentos *stricto sensu*. Bajo nuestro punto de vista, y suponiendo que los alimentos que se proporcionasen tras la desheredación no supusieron una reconciliación o perdón tácito, cuestión que queda a merced de la inter-

945 DOMÍNGUEZ LUELMO, Andrés «Artículo 1041», op. cit., p. 4806.

946 DOMÍNGUEZ LUELMO, Andrés «Artículo 1042», op. cit., pp. 4810 y 4811.

pretación de cada caso concreto, consideramos que, aunque el desheredante no hiciere valer judicialmente la extinción de la prestación alimenticia, dichos desembolsos materializados una vez que el legitimario protagonizó la causa de desheredación, deben entenderse, siguiendo la terminología de Domínguez Luelmo, como «liberalidades» en el sentido estricto del término[947], es decir, como un desplazamiento patrimonial que no tiene como asidero un deber cuyo cumplimiento pueda exigirse coactivamente[948], y, por ende, deberán computarse en el *donatum* y, como no podía ser de otro modo, imputarse en la legítima estricta de la que fue privado el legitimario (art. 819 CC). Insistimos, por el mismo planteamiento por el que se tendría que computar para calcular la legítima los desplazamientos patrimoniales que el causante haga a favor de un extraño para satisfacer sus necesidades básicas, deberán computarse e imputarse en la legítima las cantidades satisfechas en concepto de alimentos al desheredado. Ahora bien, de interpretarse, a la luz de las circunstancias del caso concreto, que los alimentos que presta el causante tras la desheredación es un signo inequívoco de reconciliación tácita, estimamos que dicha voluntad revocatoria irradia sus efectos tanto en la des-

---

947 Secunda la misma idea Gago Simarro, que expone, en relación con el artículo 1041 CC, que «no debería regir tal exclusión cuando no existe obligación legal de alimentos del causante a favor del heredero forzoso o cuando éste no estuviera en condiciones de pedir alimentos por llevar una vida disipada, una mala conducta o una falta de aplicación al trabajo, tal y como dispone el artículo 152 del Código Civil» (Gago Simarro, C.: *Las donaciones en la sucesión hereditaria*, op. cit., p. 124).

948 Ello se debe a que el alimentante no está, una vez que el alimentista incurra en una causa de desheredación, obligado a prestar alimentos, pudiendo hacer valer ante los tribunales la causa del cese deber de alimentos. Por ello, si pudiendo apelar al artículo 152.4° CC no lo hace, el deber, en puridad, deja de ser un deber para pasar a ser una liberalidad, en la medida en que el desplazamiento patrimonial, más que residenciarse en una obligación, se fundamenta en la voluntad del alimentante.

heredación como en la posibilidad de que el causante alegue el artículo 152.4º CC para dejar de prestar los alimentos y, por ello, el desplazamiento patrimonial para la satisfacción de las necesidades básicas del alimentista, otrora desheredado, dejaría de reputarse como una liberalidad para subsumirse en la órbita de la obligación legal de alimentos entre parientes. Por lo tanto, los alimentos satisfechos tras la reconciliación tácita no se incardinarían, a los efectos de calcular la legítima, en el *donatum*, ni tampoco se imputaría en la legítima del desheredado (art. 1041 CC).

5.2. La desheredación por el reservista en la reserva ordinaria o vidual

A pesar de que no sea, propiamente hablando, un efecto de la desheredación justa, trataremos aquí la desheredación por el reservista.

El artículo 968 CC contempla el supuesto de hecho de la reserva ordinaria o vidual, al decir que «el viudo o viuda que pase a segundo matrimonio estará obligado a reservar a los hijos y descendientes del primero la propiedad de todos los bienes que haya adquirido de su difunto consorte por testamento, por sucesión intestada, donación u otro cualquier título lucrativo; pero no su mitad de gananciales». No es nuestra intención aquí realizar un tratamiento de la reserva vidual, ni mucho menos resolver todos los enigmas que alberga su regulación, que, como dijo Puig Brutau, no son pocos[949]; simplemente examinaremos el segundo párrafo del artículo 973 CC, que dispone lo siguiente: «El hijo desheredado justamente por el padre o por la madre perderá todo derecho a la reserva pero si tuviese

[949] Puig Brutau, J.: *Fundamentos de Derecho Civil, Tomo V, Volumen III*, op. cit., p. 278.

hijos o descendientes, se estará a lo dispuesto en el artículo 857 y en el número 2 del artículo 164». El precepto es heredero del segundo párrafo del artículo 806 del Proyecto de 1851, que decía que el «hijo desheredado justamente por el padre ó por la madre, pierde todo su derecho á la reserva; pero si tiene hijo ó descendientes legítimos, será representado por ellos».

La incógnita es si la expresión «por el padre o por la madre» se refiere al progenitor o cónyuge premuerto, que pudo haber desheredado a algunos de los reservatarios antes del nacimiento de la reserva, o al reservista; cuestión que, a su vez, está estrechamente relacionada con otra, pues si se defiende que los reservatarios, respecto a los bienes objeto de reserva, suceden al progenitor premuerto y no al reservista, difícilmente se podrá decir que este pueda hacer uso de la desheredación respecto a unos bienes que, en puridad, no se integran en su patrimonio y, por ende, no formarán parte de su herencia; en cambio, si entendiéramos que los reservatarios suceden al reservista, será más fácil argüir que la expresión que luce en el artículo 973 CC se refiere al progenitor reservista y no al cónyuge premuerto.

Sobre el particular, se han manejado varias teorías, que, más que responder al problema subyacente en torno a quién suceden los reservistas, tratan de crear un dogma respecto a su naturaleza jurídica:

La teoría clásica consideraba que el reservista, al contraer matrimonio, era un mero usufructuario y los reservatarios unos nudos propietarios. Esta teoría se siguió por la jurisprudencia en el siglo XIX, diciendo la STS 21 mayo 1861 que la propiedad de los bienes reservables «se transfiere a los interesados, por ministerio de la ley, en el momento en el que se verifica el segundo matrimonio del cónyuge viudo, el cual desde ésta su segunda unión, sólo tiene el usufructo vitalicio». Sin embargo, la STS 6 julio 1916 rechazó la teoría del usufructo, diciendo que «falta toda analogía entre el reservista y el usufructuario, toda vez que aquel puede disponer de los bienes inmuebles como dueño, con las limitaciones impuestas en los arts. 974 y 975 y enajenar absolutamente los muebles sin más obligación que la de indemnizar, del art. 976»[950].

Otros, como Castán Tobeñas, estimaban que se trataba de una propiedad sujeta a condición resolutoria, pues aunque no se pudiese negar que el reservista fuese propietario de los bienes reservables, estaba obligado a reservar los bienes o su valor, «pero tal obligación es *condicional*, pues está subordinada al hecho incierto de que los reservatarios le sobrevivan; correlativamente, los reservatarios sólo tienen el derecho a la garantía que asegure la efectividad de aquella obligación si la condición llega a cumplirse, o sea a tomar medidas conservativas de su crédito condicional, sin que sobre los bienes tengan dominio ni derecho real alguno, y sí solo una expectativa»[951]. Tesis parecida manejó previamente Sánchez Román, aunque distinguiendo dos etapas respecto a los bienes reservables: antes de que el cónyuge viudo contraiga ulterior matrimonio, tiene sobre los bienes un derecho de dominio, pleno, irrevocable y de libre disposición por actos *inter vivos*; en cambio, tras contraer segundo o ulterior matrimonio, el dominio sobre los bienes reservables sigue siendo pleno, pero «*condicional* y *revocable*», por efecto del gravamen de la reserva que le condiciona y «amenaza de revocación y de salida en su día de su patrimonio, con reversión en favor de los reservatarios que le sobrevivan»[952]. Manresa y Navarro, que rechazó la teoría del usufructuario,

---

950 Igualmente, rechazó la equiparación de la reserva con el usufructo la STS 27 noviembre 1929, que dijo «la institución de las reservas no puede confundirse con el usufructo, pues es una institución sui generis, con un fin determinado, y el legislador concede toda clase de garantías para que no se pierda el beneficio».

951 Castán Tobeñas, J.: *Derecho Civil. Tomo tercero. Derecho de familia. Derecho de sucesiones,* op. cit., p. 238.

952 Sánchez Román, F.: *Estudios de Derecho Civil, VI. 3, Derecho de sucesión,* Analecta, Pamplona, 1910, pp. 1888 y 1889.

también mostró su simpatía por la tesis de asimilar la reserva con la condición, pero matizando que lo que se sometía a condición no era la propiedad de los bienes reservables, sino la nuda propiedad[953].

Otra teoría quizás parecida a la anterior, pero que ha tenido menos adeptos[954], fue la de ligar la reserva ordinaria con el fideicomiso condicional, donde el cónyuge reservista que se configura como un fiduciario tiene la obligación de reservar los bienes en caso de que se cumpla la condición establecida en la ley a favor de los reservatarios, que serían como una especie de herederos fideicomisarios.

Finalmente, la teoría más reciente es aquella que, sin negar la condición de *dominus* al reservista, conceptúa la reserva, sencillamente, como un límite a la autonomía de la voluntad en las sucesiones *mortis causa*, similar, aunque no idéntica, a la legítima, como puso de manifiesto la STS 17 junio 1967[955], la cual distinguió, no obstante, dos periodos a la hora de describir las facultades del reservista y los derechos de los reservatarios: "uno de contingencia y de inseguridad mientras vivan reservistas y reservatarios, y otro de perfección o efectividad, que se abre a la muerte del reservista cuando sobreviven los reservatarios; durante el primer período, las posibilidades de los reservatarios son bien precarias, todos sus derechos se reducen a una mera expectativa asegurada; por el contrario, las facultades sobre los bienes del obligado a la reserva son amplias, tanto de disfrute como de disposición «inter vivos» como verdaderos dueños aunque sujetos, estos últimos actos, a la posible revocación incluso frente a tercero, en virtud de las garantías estable-

953 Manresa y Navarro, J. M.: *Comentarios al Código Civil español, Tomo VI*, op. cit., p. 251.

954 Puede citarse, por ejemplo, a Puig Brutau, J.: *Fundamentos de Derecho Civil, Tomo V, Volumen III*, op. cit., p. 265, que la consideraba «bastante aceptable».

955 STS 17 junio 1967 (TOL 4.301.233).

cidas en favor de sus ulteriores beneficiarios, en los arts. 977 del CC, y 184 de la LH; los actos de disposición «mortis causa», en cambio, les están vedados".

Entrando de lleno en la posibilidad del reservista de desheredar a los reservatarios, no ha sido una cuestión que haya generando una abundante bibliografía. No nos extraña, pues si la reserva ordinaria se revela como una figura de aplicación francamente excepcional, más lo será el hecho de que el cónyuge bínubo disponga de la desheredación respecto a los bienes reservables.

Manresa y Navarro fue uno de los primeros autores que trató el artículo 973 CC, planteándose si, habiendo sido desheredados los hijos del primer matrimonio por el cónyuge bínubo, aquellos perdían el derecho a los bienes reservables. En su opinión, los bienes los adquieren los hijos al fallecimiento del cónyuge bínubo, «pero su derecho á ellos ó á su valor arranca de mucho antes, nace mediante las segundas nupcias ó el reconocimiento de un hijo natural, y nace retrotrayéndose todavía a una época anterior: á la de la adquisición de los bienes por la persona obligada a reservar». El autor afirma que los bienes reservables no forman parte de la herencia del cónyuge bínubo, pues de lo contrario, el artículo 972 CC no consagraría la regla excepcional de que este pueda hacer uso de dichos bienes para mejorar a cualquiera de los hijos o descendientes del primer matrimonio. Partiendo de este planteamiento, niega que el cónyuge bínubo pueda desheredar a los reservatarios respecto a los bienes reservables, al considerar que la desheredación del reservista «sólo puede tener la virtud de privarles de la herencia de ese cónyuge o de los bienes que á la muerte de éste resultan ser en definitiva suyos, no de aquellos bienes que en ese mismo tiempo resulta con arreglo á la ley que no le pertenecen, que no son legítimamente suyos, sino de los hijos ó descendientes del primer matrimonio»[956].

En contra, tenemos a Torres Murciano, que ha sido, sin duda, uno de los pocos autores que han estudiado, *ad hoc*, la desheredación por el reservista. Para el autor, la reserva ordinal o vidual constituye de una sucesión *sui generis*, cuyo objeto es una herencia futura causada por el reservista, donde los reservatarios, simplemente, no ostentan más que una «esperanza o expectativa sucesoria», en contraposición al reservista, que lejos de ser un usufructuario, es un *dominus* pero con limitaciones[957]. Tras esto, defiende con siete argumentos la desheredación por parte del reservista:

1. En primer lugar, rechaza que la expresión padre o madre que late en el artículo 973 CC se refiera al cónyuge premuerto, pues teniendo en cuenta que la reserva vidual es aplicable también cuando los bienes los adquiera el cónyuge bínubo de los hijos del primer matrimonio y no necesariamente del que fue su consorte (art. 969 CC), estima que es imposible que la desheredación del artículo 973 CC se refiera al difunto consorte, pues puede ser que los bienes reservables jamás le pertenecieran. Por tanto, si nunca llegaron a formar parte de su patrimonio porque, por ejemplo, la liberalidad fue obra de los hijos del primer matrimonio, es materialmente imposible que el difunto pudiere disponer de ellos *mortis causa* a través de la desheredación[958]. Así, entiende el autor que «la reserva nace

---

956 Manresa y Navarro, J. M.: *Comentarios al Código Civil español, Tomo VII*, Imprenta de la Revista de Legislación, Madrid, 1914, pp. 250 y 251.

957 Torres Murciano, J. M.: «La desheredación por el reservista. Notas sobre el art. 973, párrafo 2.° del Código Civil, *Revista General de Legislación y Jurisprudencia*, 1943, pp. 277 y 278.

958 Torres Murciano, J. M.: «La desheredación por el reservista. Notas sobre el art. 973, párrafo 2.° del Código Civil, op. cit., p. 280. El autor reitera este argumento más adelante: "Ya hicimos notar antes que los bienes objeto de

por completo ajena a determinaciones voluntarias del cónyuge difunto», pues los reservatarios heredan los bienes reservables del reservistas, no del cónyuge premuerto, citando para defender su planteamiento el primer párrafo del artículo 973 CC, que menciona que «los hijos y descendientes del primer matrimonio sucederán en los bienes sujetos a reserva conforme a las reglas prescritas para la sucesión en línea descendente, aunque a virtud de testamento hubiesen heredado desigualmente al cónyuge premuerto *o hubiesen repudiado su herencia*»[959].

2. En segundo lugar, dice el autor que la expresión «padre o madre» del artículo 973 CC, la emplea el legislador hasta en tres artículos consecutivos para designar al cónyuge supérstite. El artículo 971 CC expresa que «[cesará] además la reserva si al morir el padre o la madre que contrajo segundo matrimonio no existen hijos ni descendientes del primero»; luego, el artículo 972 CC, al consagrar la posibilidad de mejorar a los hijos del primer matrimonio con cargo a los bienes reservables se refiere, igualmente, al padre o a la madre; finalmente, el primer párrafo del artículo 973 CC, dice, refiriéndose al cónyuge bínubo, que si «el padre o la madre no hubiese usado, en todo

---

reserva no siempre proceden del premuerto, sino que, a tenor del artículo epigrafiado, pueden provenir también de los hijos del primer matrimonio o de parientes del primer esposo. ¿Cómo hablar de desheredación por el premuerto en relación con cualquiera de estos supuestos? ¿Cómo va a desheredar el predifunto sobre unos bienes que no han salido de su patrimonio y que acaso jamás pudieran haber formado parte de él? Pero el párrafo segundo del art. 973 no es aplicable únicamente a la reserva del art. 968, sino a los otros casos de reserva previstos, contenidos en el art. 969; por ello el «padre o madre» autor de la desheredación, en congruencia con los tres supuestos de reserva, no puede ser otro que el reservista o bínubo" (p. 282).

959 Torres Murciano, J. M.: «La desheredación por el reservista. Notas sobre el art. 973, párrafo 2.º del Código Civil, op. cit., p. 280.

o en parte, de la facultad que le concede el artículo anterior[960], los hijos y descendientes del primer matrimonio sucederán en los bienes sujetos a reserva conforma a las reglas prescritas para la sucesión en línea descendiente». Dada cuenta estas referencias al padre o a la madre, dice Torres Murciano que si el legislador hubiera querido alterar la referencia al cónyuge bínubo en el segundo párrafo del artículo 973 CC, lo hubiera hecho expresamente[961].

3. En tercer lugar, el verbo «perderá» conjugado hasta dos veces en el segundo párrafo del artículo 973 CC al tratar de la desheredación de los reservatarios «por el padre o por la madre», es interpretado por Torres Murciano con que solo cabe la desheredación materializada por el reservista, pues el tiempo futuro del verbo es incompatible con la referencia a un hecho pretérito como la desheredación del difunto[962].

4. En cuarto lugar, menciona que, si el legislador hubiera querido referirse a la desheredación por el premuerto, el lugar adecuado hubiera sido contemplarlo en la Sección 9ª, Capítulo II, del Libro III (arts. 848 a 857 CC), que trata la desheredación en general, y no en el segundo párrafo del artículo 973 CC[963].

5. En quinto lugar, si no se discute que el reservista pueda mejorar en los bienes reservables a cualquier hijo o descendiente en perjuicio de los demás, tampoco debe ser objeto de discusión que pueda justamente desheredar, «puesto qué para la desheredación ha de concurrir causa cierta, legal y compro-

960 Véase que el artículo anterior, que no es otro que el artículo 972 CC, atribuye la facultad de mejorar, con cargo a los bienes reservables, al cónyuge bínubo.

961 Torres Murciano, J. M.: «La desheredación por el reservista. Notas sobre el art. 973, párrafo 2.º del Código Civil, op. cit., p. 281.

962 Torres Murciano, J. M.: «La desheredación por el reservista. Notas sobre el art. 973, párrafo 2.º del Código Civil, op. cit., p. 281.

963 Torres Murciano, J. M.: «La desheredación por el reservista. Notas sobre el art. 973, párrafo 2.º del Código Civil, op. cit., p. 281.

bada, so pena de invalidez, y, en definitiva, el verdadero culpable de una justa desheredación es el propio desheredado, que con sus actos lo justifica y provoca»[964].

6. En sexto lugar, enarbola Torres Murciano la propia finalidad de la reserva vidual, pues suprimida la idea de sanción contra las segundas nupcias de nuestro Derecho histórico, la reserva de hoy tiene una «tendencia protectora de los hijos del primer enlace ante una posible desviación de los afectos del reservista hacia la nueva familia», y si uno de los reservatarios es justamente desheredado por el reservista, la finalidad de la misma no se frustra, pues «heredarán, reemplazándole, sus hermanos o sus hijos»[965].

Tras la elocuente argumentación de Torres Murciano, la doctrina mayoritaria ha apostado por admitir la desheredación del reservista. Genovés Amorós dijo que si la desheredación hecha por el cónyuge premuerto no puede surtir efectos respecto a los bienes reservables porque puede ser que la propiedad no fuera de aquel, «sino que pertenecía al cónyuge bínubo por haberlos adquirido de cualquiera de los hijos del primer matrimonio o por haberlos adquirido de cualquiera de los hijos del primer matrimonio o por haberlos habido de los parientes del difunto por consideración a éste», es obvio que la desheredación del artículo 973 CC no se refiere al cónyuge premuerto, sino al bínubo, máxime cuando «el reservatario sucede al reservista y no al primitivo causante, y es evidente que donde no hay sucesión no puede haber desheredación»[966]. Puig Peña, pese a argüir que «los bienes reservables se estiman

---

964 Torres Murciano, J. M.: «La desheredación por el reservista. Notas sobre el art. 973, párrafo 2.º del Código Civil, op. cit., p. 282.

965 Torres Murciano, J. M.: «La desheredación por el reservista. Notas sobre el art. 973, párrafo 2.º del Código Civil, op. cit., pp. 282 y 283.

966 Genovés Amorós, C.: «La desheredación y las reservas», *Revista de Derecho Privado,* 1947, p. 739.

parte de la sucesión del difunto y no del reservista», estima que la desheredación del artículo 973 «puede ser referida tanto a la hecha por el cónyuge premuerto como a la que verifica el cónyuge supérstite»[967]. Vallet de Goytisolo dijo que la mención al padre o a la madre del segundo párrafo del artículo 973 CC se refiere al reservista, el cual puede privar de los bienes reservables siempre que se trate del hijo común[968], extendiendo esta facultad de desheredar a la reserva troncal del artículo 811 CC[969]. Igualmente, Lacruz Berdejo, esgrimiendo, al igual que Torres Murciano, que la referencia al padre o a la madre de los artículos 971, 972 y, sobre todo, del primer párrafo del artículo 973, se refieren al reservista, expone que cabe entender lo mismo cuando el segundo párrafo del artículo 973 habla de la facultad de desheredar[970].

La doctrina más moderna también se inclina por la tesis de admitir la desheredación por el reservista, siendo una de las más fieles defensoras Algaba Ros. En su opinión, el argumento de que poner la facultad de desheredar en manos del reservista pone en peligro la institución de la propia reserva no se sostiene, «pues más trascendente es la legítima, y ésta no se pone en peligro por la desheredación», que no es una facultad libre del

---

967 Puig Peña, F.: *Tratado de Derecho Civil Español, Tomo V, Sucesiones, Vol. II, Relaciones sucesorias particulares*, op. cit., p. 497.

968 Vallet, en otro trabajo citado por Puig Brutau, J.: *Fundamentos de Derecho Civil, Tomo V, Volumen III*, op. cit., p. 275, dispuso, al tratar de la mejora por el reservista (art. 972 CC), que, «con respecto a quienes no sean descendientes del anterior matrimonio, los bienes reservados formarán una masa diversa y separada de los demás bienes integrantes de la herencia del bínubo», pero, con relación a los descendientes comunes, apuesta por considerar que los bienes reservables integran «la herencia del reservista».

969 Vallet de Goytisolo, J.: *Limitaciones de Derecho sucesorio a la facultad de disponer, Tomo I, Las legítimas*, op. cit., p. 710.

970 Lacruz Berdejo, J. L.: «Régimen común de la reserva pendiente», op. cit., pp. 595 y 596.

testador, sino que «está perfectamente reglada y delimitada por el ordenamiento para evitar abusos»; a su juicio, «permitir al reservista desheredar no desnaturaliza la institución sino simplemente evita que actitudes ingratas por el reservatario quede sin sanción». Respecto al argumento, que defendió Manresa y Navarro, de que el reservista no puede desheredar porque puede mejorar, la autora, cuyo criterio compartimos, explica que «precisamente porque el Código le permite mejorar, también le permite desheredar»[971].

También De la Cámara Álvarez, dando por supuesto que el segundo párrafo del artículo 973 CC se refiere al reservista, menciona que atribuirle a este la facultad de desheredar a los reservatarios «sólo tiene clara explicación si se parte del supuesto de que los reservatarios -en la reserva vidual- suceden efectivamente al reservista»[972]. Ragel Sánchez, alineado asimismo con la tesis positiva, dice que, aunque el artículo 973 CC se refiera a la desheredación articulada por el reservista, ello no obsta a afirmar que «el cónyuge premuerto también puede desheredar a quien tenga la condición de reservatario», basándose en el «propio fundamento de la institución de la reserva que se establece sobre la presunción de la voluntad del cónyuge premuerto sobre el destino *mortis causa* de sus bienes»[973]. Argumento que reproduce, a favor de la desheredación por el reservista, Busto Lago[974]. Para Lasarte, puede desheredar tanto el cónyuge premuerto como el bínubo: el primero, a tenor de la procedencia de los bienes, ya que «resultaría absurdo que fuera excluido» de sucederle y «que, en cambio, adquiera los bienes reservables»; respecto al segundo, sin perjuicio de los

---

971 Algaba Ros, S.: *Efectos de la desheredación,* op. cit., p. 245.

972 De la Cámara Álvarez, M.: *Compendio de Derecho sucesorio,* op. cit., pp. 363 y 364.

973 Ragel Sánchez, L. F.: «Artículo 973», op. cit., p. 7045.

974 Busto Lago, J. M.: «Artículo 973», op. cit., p. 1241.

argumentos que ya adujo la doctrina precedente, dice el autor «que así habría que inducirlo de la existencia de facultad de mejorar que ostenta y, de otra parte, del hecho de que el reservatario sucede al reservista»[975].

En nuestra opinión, defendemos la posibilidad de la desheredación tanto del cónyuge premuerto como del bínubo, dando por reproducidos los argumentos de aquellos autores que, de modo previo a nosotros, han defendido la tesis positiva. Ahora bien, en lo atinente al reservista, cuya facultad de desheredar la estimamos extrapolable a otros supuestos como la reserva troncal (art. 811 CC)[976], la desheredación, en una u otra reserva, se debe supeditar a que los reservatarios tengan la condición de legitimarios respecto a aquel, pues aunque la reserva se configure como una sucesión especial respecto a determinada clase de bienes y no se deba regir, inexorablemente, por las reglas del sistema legitimario, ello no implica, como dijo la STS 21 octubre 1991, que las reglas de la reserva puedan ser incompatibles con la legítima, sino todo lo contrario. Por ello, así como el cónyuge supérstite puede desheredar, *ex* artículo 973 CC, a los reservatarios cuando estos sean hijos comunes, no lo podrá hacer, salvo que se quiera prostituir la des-

---

975 LASARTE ÁLVAREZ, C.: *Derecho de sucesiones. Principios de Derecho Civil, Tomo séptimo* (revisada y actualizada con la colaboración de CERVILLA GARZÓN, Mª. D., y GARCÍA PÉREZ, C. L.), op. cit., p. 228.

976 También consideramos admisible que, en el contexto del derecho de reversión (art. 812 CC), el ascendiente donante quede privado de la reversión si fue desheredado por el descendiente donatario. Sobre el particular, puede verse MANRESA Y NAVARRO, J. M.: *Comentarios al Código Civil español, Tomo VI*, op. cit., p. 341, que dijo lo siguiente: «Tampoco puede haber reversión cuando el ascendiente donante haya sido desheredado en virtud de una justa causa: pues creemos desde luego que puede ser desheredado ó privado de las cosas donadas que la ley le concede, puesto que respecto á ellas, su derecho es análogo al de los herederos forzosos, y no deben ser más privilegiados que éstos». Más recientemente, ALGABA ROS, S.: *Efectos de la desheredación*, op. cit., pp. 259 y 269, entre otros, también defiende la misma posibilidad.

heredación, cuando fueren hijos solo del cónyuge premuerto, así como tampoco cabe que este le atribuya al cónyuge supérstite la facultad de mejorar a hijos que no sean comunes (art. 831 CC). Lo dicho no empece a que, tratándose los reservatarios de parientes colaterales del reservista en la reserva troncal o hijos no comunes en la reserva vidual, aquellos interesados puedan promover, en la fase de consumación de la reserva, la declaración de indignidad si los reservatarios han incurrido en alguna causa de indignidad respecto al reservista. Dada cuenta del carácter relativo de las causas de indignidad, solo será posible apostar por esta posibilidad -que en parte se asemeja, aunque no sea lo mismo, a la teoría de la doble capacidad en el derecho de transmisión- siempre que se admita que, respecto a los bienes reservables, los reservatarios suceden al reservista y no al cónyuge premuerto, aunque aquel no pueda contemplar en testamento el destino *mortis causa* de los bienes objeto de reserva.

Recientemente, el centro directivo se ha pronunciado sobre la posibilidad del reservista de desheredar en la RDGRN 27 marzo 2017[977]. Aquí, tres hijos le donaron a su padre varias fincas, que quedaron sujetas a la reserva vidual cuando este contrajo segundas nupcias. En el último testamento otorgado por el reservista nombró heredera a su esposa y desheredó a sus tres hijos en virtud del artículo 853.2ª, y también a los descendientes de estos, nietos del reservista, pero sin alegar causa alguna. Al fallecimiento del padre, los hijos presentaron una solicitud ante el registro para inscribir a su nombre las fincas que en su día le donaron, alegando que las mismas estaban sujetas a reserva, y que, en todo caso, la desheredación debía extenderse, únicamente, a los bienes que formaban parte del patrimonio personal del padre, no a los bienes reservables, que constituían una masa separada. La registradora denegó la ins-

---

977 RDGRN 27 marzo 2017 (TOL 6.023.636).

cripción, argumentando que la desheredación, en virtud del artículo 973 CC, comprendía los bienes reservables, y que, a falta de conformidad con todos los interesados, era necesaria una declaración judicial que declarase injusta la desheredación, siendo imposible, hasta que no se subsanara dicho requisito, la inscripción de la transmisión de los bienes objeto de reserva.

Los hijos presentaron un recurso ante el centro directivo, que fue desestimado, fundamentándose del siguiente modo la decisión (cursiva propia): «Como ha determinado este Centro Directivo, estando perfectamente diferenciados dentro de la herencia del reservista dos masas patrimoniales distintas, la herencia ordinaria del mismo y la masa patrimonial de los bienes sujetos a reserva, y teniendo en cuenta que el reservista tiene una propiedad condicionada a los derechos de los reservatarios, constando la reserva en el Registro respecto a los bienes objeto de ella, la desheredación no puede afectar, en el presente caso, a la totalidad de los reservatarios, pues con ello quedaría truncada la finalidad propia de la reserva, cual es que los bienes reservables tengan unos determinados beneficiarios, el grupo de familiares reservatarios, sin que la desheredación pueda alcanzar a la totalidad de ellos, como ocurre en el presente caso en el que existen nietos del reservista, hijos de los reservatarios, a quienes también se deshereda, pero sin expresar los motivos de dicha desheredación ni su edad y aptitud para ser desheredados; y todo ello, sin prejuzgar el carácter justo o injusto de la desheredación ordenada por el testador».

El razonamiento del centro directivo es confuso, pues parece dar a entender que cuando se materialice una desheredación en los bienes reservables y haya una pluralidad de reservatarios, la privación no se puede extender a todos ellos, sino que, a fin de no truncar la finalidad de la reserva, los bienes deberán ir a parar, al menos, a un reservatario, sin que el reservista pueda, so pretexto de la desheredación, disponer *mortis causa* de los bienes reservables designando sucesor de los mismos a un extraño[978]. Evidentemente, no es así, pues, aunque los descendientes de los reservatarios desheredados tengan el derecho de representación en cuanto a los bienes reservables, tal y como dispone el segundo párrafo del artículo 973 CC, que simplemente reafirma el artículo 857 CC, si los nietos hubieren protagonizado una causa de desheredación también podrán ser desheredados y, por ende, excluidos de la percepción de los bienes objeto de reserva.

A pesar de la fundamentación kafkiana de la resolución, lo que verdaderamente subyace en su exégesis es el celo tuitivo en cuanto a la forma de la desheredación y el sobreproteccionismo del legitimario menor de edad, que hemos criticado en otros apartados de este trabajo. Desde el prisma de la resolución analizada, no habiendo designado el reservista la causa de desheredación respecto a los nietos menores de edad, debía entenderse que la disposición desheredativa era ineficaz, pudiendo ser apreciada la ineficacia por el propio centro directivo, sin necesidad de una resolución judicial. A nuestro juicio, de la misma manera que los reservistas, a falta de conformidad con todos los interesados, debieron presentar una declaración judicial que declarase injusta la desheredación para obtener la inscripción de los bienes reservables, cabe colegir el

---

978 Obsérvese, por ejemplo, el comentario que realiza Ordás Alonso respecto a la RDGRN 27 marzo 2017, tras tratar la posibilidad de desheredar por el reservista: «Ahora bien, como señala la RDGRN núm. 3851/2017 de 27 de marzo, la desheredación no puede afectar a la totalidad de los reservatarios, pues con ello quedaría truncada la finalidad propia de la reserva, cual es que los bienes reservables tengan unos determinados beneficiarios, el grupo de familiares reservatarios, sin que la desheredación pueda alcanzar a la totalidad de ellos» (Ordás Alonso, M.: *La desheredación y sus causas. Derecho civil común y derecho civiles forales y especiales*, op. cit., p. 155). Planteamos nosotros lo siguiente: si los únicos reservatarios existentes son un hijo y un nieto del reservista y los dos lo maltratan de obra, ¿el reservista solo podrá desheredar a uno de ellos porque, de desheredar a los dos, se truncaría la finalidad de la reserva vidual? Obviamente, podrá desheredar a los dos.

mismo razonamiento para los nietos desheredados, toda vez que, constando la voluntad desheredativa del reservista en testamento, esta solo puede ser desvirtuada, como ocurre con la preterición, y en defecto de aquiescencia de los interesados, si los legitimarios acuden al juzgado y obtienen una declaración judicial que le reconozca lo que por legítima o por reserva les corresponde.

Capítulo IV.
Efectos de la desheredación injusta

1. SUPUESTOS EN QUE SE PRODUCE UNA DESHEREDACIÓN INJUSTA

Recapitulando lo que hemos escrito en el segundo capítulo de esta obra, podemos afirmar aquí, esquemáticamente, que los efectos previstos para la desheredación injusta, y que describiremos en los siguientes epígrafes, se producirán en los siguientes supuestos:

1. En primer lugar, cuando habiendo impugnado el legitimario la desheredación, la sentencia declare que esta fue injusta, bien porque la causa no resultó probada o, simplemente, porque la causa citada en testamento no era ninguna de las previstas en el Código Civil, no pudiendo subsumirse en ninguna otra causa mediante una interpretación extensiva ni siquiera a través de la aplicación analógica.

2. En segundo lugar, cuando todos aquellos que pudieren resultar afectados por la ineficacia de la desheredación, reconozcan extrajudicialmente que la desheredación es injusta, en cuyo caso el acuerdo llevaría aparejado los efectos previstos en el artículo 851 CC, sin necesidad de incoar un proceso judicial, que amén de lento, puede ser costoso para todas las partes implicadas en el litigio.

3. En tercer lugar, cuando la desheredación se hubiere hecho designando genéricamente a los legitimarios o no cumpliendo las previsiones de los artículos 772 y 773 CC. Entendemos que algún autor podrá discrepar en cuanto a nuestro criterio, diciendo que en tal caso la desheredación es inexisten-

te o nula, no faltando quienes incluso digan que los legitimarios mal designados o desheredados irregularmente no podrán ser acreedores de ningún perjuicio, pudiendo ser apreciada la desheredación de oficio, sin tener aquellos la carga procesal de impugnarla judicialmente. Sin embargo, nos ratificamos en lo que dijimos más arriba: los desheredados irregularmente no pueden tener una ventaja procesal de la que carece el preterido, pues si este, conforme a lo que dice la jurisprudencia, debe demandar la percepción de la legítima, surtiendo el testamento todos sus efectos hasta que una sentencia declare la existencia de la preterición, la misma consecuencia debe aplicarse cuando hay una desheredación donde no se designa en forma a los desheredados, máxime cuando será perfectamente posible identificar a aquellas personas a quienes el testador no quiso atribuir la legítima, que a la sazón serán los que no aparezcan con su nombre y apellidos en el testamento o descritos con aquellas circunstancias que pudieren hacer posible su identificación[979].

4. Por último, la desheredación será injusta, con los efectos inherentes al artículo 851 CC, también cuando el causante materialice la desheredación sin designar una causa o la designare de manera tan ambigua que omitiese la previsión del artículo 849 CC, siendo extrapolable aquí lo vertido en el anterior punto respecto a la posibilidad de declarar la desheredación inexistente o nula: aunque la desheredación sea un acto o negocio causalista y *ad solemnitatem*, la omisión de la causa o su designación irregular no obsta para que se apliquen los efectos del artículo 851 CC si consta en testamento la voluntad desheredativa.

979 Véase lo expuesto en el apartado 6.2 del Capítulo I.

2. EL PERJUICIO DEL DESHEREDADO INJUSTAMENTE: ANÁLISIS DEL *QUANTUM* QUE PERCIBIRÁ EL DESHEREDADO O EL DESCENDIENTE DEL DESHEREDADO DE CONCURRIR CON OTROS DESCENDIENTES

2.1. Debate doctrinal anterior a la STS 23 enero 1959

Determina el artículo 851 CC que, en los casos de desheredación injusta, se «anulará la institución de heredero en cuanto perjudique al desheredado, pero valdrán los legados, mejoras y demás disposiciones testamentarias en lo que no perjudiquen a dicha legítima». Si el desheredado es uno de los ascendientes, es paladino que, en caso de que se declare que la desheredación fue injusta, este percibirá su legítima, que puede ser de un tercio, de concurrir con el cónyuge viudo, o la mitad de la herencia, en otro caso (art. 809 CC). Igualmente, si el cónyuge viudo es desheredado, este, de quedar sin efecto la desheredación, percibirá su legítima en usufructo, la cual coincidirá con el tercio de mejora, de concurrir en la sucesión con descendientes del causante (art. 834 CC), o ascenderá a la mitad de la herencia o dos tercios de ella según sobrevivan al causante o no sus propios ascendientes (arts. 837 y 838 CC).

Tratándose de descendientes, la resolución no es sencilla de concurrir otros descendientes del mismo grado, pues, siguiendo la dicción del artículo 851 CC, habrá que determinar si el perjuicio al desheredado se concreta, en defecto de disposición expresa del tercio de mejora, a la percepción de su parte del tercio de legítima estricta o, además, al tercio de mejora[980]. Evidentemente, del tercio de libre disposición no cabe discutir, pues entendiéndose que la desheredación alberga, además de

980 STS 22 noviembre 1991 (TOL 1.728.561).

la privación de la legítima, una exclusión testamentaria, anticausalista por naturaleza, se entiende que, aunque la desheredación fuere injusta, la exclusión debe mantenerse conforme a la *voluntas testatoris*[981].

Manresa y Navarro planteó un supuesto donde el padre (A) designa heredero a su hijo B y deshereda injustamente a su otro hijo C, preguntándose si este adquiría la mitad de dos tercios o la mitad de un tercio; según el autor, el hijo C adquiriría solamente la mitad de un tercio, considerando que del tercio de mejora, que se englobaba en el resto de la herencia, dispuso el testador «en favor únicamente de B., y para privar á C. de este tercio no necesita fundarse en más causa que su voluntad», entendiendo que existía mejora a favor de B, la cual debía ser respetada[982]. Refutaba este planteamiento Sánchez Román, esgrimiendo que la tesis de Manresa y Navarro supondría «una mejora *tácita* contraria al sistema general del Código, que quiere que todas sean expresas», salvo excepciones[983],

---

981 Así lo afirmó, pese a no hacer la distinción entre desheredación y exclusión testamentaria, Mucius Scaevola, Q.: *Código civil, Tomo XIV*, op. cit., p. 881, al decir lo que sigue: «Ante todo, la ley no puede ni debe entrar, cuando se trata de la desheredación, sino en lo que constituye la parte legitimaria de los herederos forzosos. La de libre disposición no está sujeta á reglas; el padre puede privar de ella á su hijo arbitrariamente, sin que la ley esté en el caso de intervenir las causas. Sólo en la porción de legítima se deshereda; sólo, por lo tanto, á los bienes que la constituyen puede alcanzar la nulidad de la desheredación» (también, Manresa y Navarro, J. M.: *Comentarios al Código Civil español, Tomo VI*, op. cit., p. 598).

982 Manresa y Navarro, J. M.: *Comentarios al Código Civil español, Tomo VI*, op. cit., pp. 598 y 599.

983 En otro capítulo de su obra, el autor señala, como supuestos de mejora tácita admitida por el Código Civil, el artículo 828 CC, que permite imputar el legado a favor del legitimario en el tercio de mejora después de haberlo imputado en su legítima estricta y en el tercio de libre disposición, y el artículo 782 CC, que, conforme a la redacción original del Código, disponía que las sustituciones fideicomisarias «nunca podrán gravar la legítima», pero

«según literal y concretamente lo confirman los arts. 825 y 828 del mismo»[984]. Esta misma consecuencia defendía Puig Peña, basándose en que si la desheredación, por injusta, es nula, «nulos deben ser también todos los efectos y, por consiguiente, debe entrar el injustamente desheredado en los *dos tercios de su legítima*», salvo que el testador hubiese dispuesto expresamente del tercio de mejora a favor de alguno de sus hijos[985].

En la segunda mitad del pasado siglo, la tesis de que el desheredado injustamente tenía que recibir, salvo mejora expresa, su parte de los dos tercios legítima, tuvo el apoyo de Lacruz Berdejo, para quien resultaba «muy dudoso que una voluntad injusta expresada tenga efectos dispositivos implícitos», máxime cuando el testador pudo haber relegado al legitimario «a su posición estricta con sólo ordenarlo así»[986]. Desde el prisma

---

si recayeren sobre el tercio destinado a la mejora, «sólo podrán hacerse en favor de los descendientes»; aunque, a nuestro juicio, tal precepto no tenía ningún ligamen con lo que se conocía como mejoras tácitas, entendidas estas, siguiendo al autor, como aquellas que «no procedían de la voluntad expresa del testador, sino de ciertas liberalidades de éste, hechas en vida, para con algún descendiente, que hacían inducir ó deducir la voluntad del testador de mejorarle» (p. 1165), para Sánchez Román el artículo 782 era un supuesto de mejora tácita porque admitía el gravamen consistente en una sustitución fideicomisaria, en favor de descendientes, sobre el tercio de mejora, confirmando, a su vez, que podían ser mejorados los nietos aunque en la sucesión concurrieran su propia ascendencia (Sánchez Román, F.: *Estudios de Derecho Civil, VI. 2, Derecho de sucesión,* op. cit., p. 1185-1187).

984 Sánchez Román, F.: *Estudios de Derecho Civil, VI. 2, Derecho de sucesión,* op. cit., p. 1111.

985 Puig Peña, F.: *Tratado de Derecho Civil Español, Tomo V, Sucesiones, Vol. II, Relaciones sucesorias particulares,* op. cit., pp. 444 y 445.

986 Lacruz Berdejo, J. L.: «La desheredación», op. cit., p. 532. Igualmente, al tratar de la preterición intencional de uno de los descendientes, el autor se posiciona en contra de que el preterido perciba, únicamente, su parte de legítima estricta, planteándose porqué «el testador que ha infringido declara-

del autor, de la expresión de una voluntad injusta que conduce a un negocio nulo no puede deducirse una mejora tácita.

En contra, tenemos a Vallet de Goytisolo[987], que, haciéndose cargo de los argumentos de Lacruz Berdejo, expuso que ninguna regla del Código Civil prohíbe la mejora tácita, regulando los artículos 825 y 828 CC dos reglas particulares de las que no puede extraerse una prohibición general, aduciendo además que, los argumentos de Lacruz, albergan las siguientes inexactitudes: en primer lugar, que «la voluntad del desheredante, al desheredar sin causa, es injusta tan sólo en cuanto a la legítima estricta, pues de la mejora puede privar sin causa a sus descendientes excepto a uno; en segunda lugar, que la institución a favor de todos o algunos de los descendientes menos a uno «no supone una mera manifestación implícita de mejorar, sino evidentemente explícita»; en tercer lugar, no cabe alegar que los efectos de la desheredación injusta son mayores que los de la preterición, «pues en tanto no se distinga la preterición intencional de la errónea, siempre cabe entender que los mayores efectos de la preterición dimanan de la posibilidad de error por parte del testador»[988]. En opinión de Vallet, teniendo en cuenta que la voluntad del testador es la ley de la sucesión (art. 675 CCC) y que el descendiente legitimario que concurra con otros solo tiene derecho, contra la voluntad paterna, a su legítima estricta (art. 808 CC), cabe inferir que, siendo

---

damente la ley merece un trato tan favorable, en perjuicio de un legitimario a quien pudo reducir legalmente a su cuota estricta y no lo hizo» (p. 523).

987 El autor, desde el año 1950, venía defendiendo que el desheredado injustamente solo percibiría su parte de legítima estricta, avalando el prisma de Manresa y Navarro y refutando a Sánchez Román, ya citados (Vallet de Goytisolo, J.: «La mejora tácita. Hacia la fijación de un concepto y concreción de una prohibición», Conferencia pronunciada en la Academia Matrinense del Notariado el día 24 de enero de 1950, pp. 56-60.

988 Vallet de Goytisolo, J.: *Limitaciones de Derecho sucesorio a la facultad de disponer, Tomo I, Las legítimas,* op. cit., pp. 981 y 982.

la desheredación una materialización de la voluntad de privar al desheredado de toda la herencia, esta «no puede abarcar, cuando es injusta, la porción forzosa de un tercio reservada por la ley a los hijos y de la que no puede disponer el testador», pero «sí las porciones de que libremente puede disponer entre los descendientes»[989].

2.2. La STS 23 enero 1959 y su consolidación jurisprudencial

El Tribunal Supremo se pronunció sobre este apasionado debate en la STS 23 enero 1959, diciendo que el injustamente desheredado solo percibirá, habiendo otros descendientes, su parte de legítima estricta, quedando excluido del tercio de mejora, acogiendo los argumentos de Vallet de Goytisolo. Resumiremos a continuación los distintos considerandos:

1. En primer lugar, la sentencia parangona la redacción del artículo 851 con la del artículo 814 CC. Mientras este decía, antes de la Ley 30/1981 y conforme a la redacción vigente a la fecha de los hechos, que la preterición de alguno o de todos los legitimarios en línea recta, ya vivieren o no nazcan después del fallecimiento del testador, «anulará la institución de heredero», valiendo las mandas y mejoras en cuanto no sean inoficiosas, el artículo 851 dispone que la desheredación injusta solo anulará la institución de heredero «en cuanto perjudique al desheredado», hallándose una sustancial diferencia entre los dos mencionados preceptos, pues donde en la preterición «no hay una voluntad declarada del testador», en la desheredación «esta voluntad está declarada» y debe ser respetada «en aquello que no se oponga a la ley o al derecho necesario que sobre ella debe imperar».

989 Vallet de Goytisolo, J.: *Limitaciones de Derecho sucesorio a la facultad de disponer, Tomo I, Las legítimas,* op. cit., p. 983.

2. En segundo lugar, y en la empresa de hallar la concreción del perjuicio al desheredado, el tribunal diferencia entre el tercio de legítima estricta y el tercio de mejora, determinando que, mientras que el primero es imperativo para el testador, el segundo es dispositivo, con la condición *sine qua non* de que sus destinatarios sean uno o varios descendientes. Por ello, esgrime que «los hijos no tienen más derecho en la sucesión de los padres, en contra de la voluntad de éstos, que a la legítima estricta, el otro tercio de la herencia, y todo lo demás depende de su soberana voluntad con las limitaciones aludidas en cuanto a la mejora, de lo que se desprende que apareciendo expresada la de desheredar a un hijo, éste ha de respetar esa voluntad en la medida y extensión determinada en el ordenamiento jurídico que consiste, conforme a lo expuesto, en aquello de que él podía disponer, quedando sólo con la participación que le corresponda en la legítima estricta por concurrir a la herencia con otros hijos, y que serían los dos tercios si él fuera único heredero forzoso, todo lo que constituye su derecho estricto, absoluto e intangible, lo demás podría serle atribuido por la ley, pero sólo en defecto de testamento o con testamento que otra cosa prescriba».

3. En tercer lugar, el último considerando se enfrenta a la hipotética contradicción que pudiese albergar que, según la interpretación propugnada del artículo 851 CC, el perjuicio al desheredado se concreta, exclusivamente, a su legítima estricta, con el hecho de que, salvo honrosas excepciones como la de Vallet[990], la doctrina mayoritaria estima que, salvo los supuestos de los artículos 828 y 782, está proscrita la mejora tácita. A juicio del tribunal, partiendo de que el testador es libre de disponer entre los hijos de la mejora, de la que puede excluir a su discreción, «es indudable que desde el momento en que

---

990 Vallet de Goytisolo, J.: «La mejora tácita. Hacia la fijación de un concepto y concreción de una prohibición».

expresamente le excluye de la herencia, determinando su desheredación, esta voluntad debe prevalecer en cuanto no perjudique el derecho del desheredado, que ninguno tenía a este tercio al margen de la voluntad del testador, existiendo, como existen otros hijos, y, por tanto, expresamente resulta excluido por el testamento de la mejora entre los coherederos forzosos debe seguir la misma suerte que el tercio de libre disposición, puesto que la institución de herederos prevalece en toda la extensión en que no afecta a una prohibición legal o a la lesión de un derecho necesario o absoluto, y no es posible dudar de que la terminante institución de herederos y la exclusión total de la herencia del recurrido, ha de llegar al límite de las atribuciones del testador, como ya queda anteriormente expuesto, y debe ser respetada parcialmente dentro de los límites de sus atribuciones y la calificación, naturaleza y extensión de los derechos del heredero necesario, frente al testador, reducidos a la legítima estricta, pues la voluntad expresa de éste de desheredar totalmente a un hijo, incluye la desheredación parcial, en aquella parte cuya atribución a éste depende , conforme a la ley, de su libérrima voluntad, taxativamente contraria a tal atribución en el caso que se resuelve».

Esta exégesis se petrificó como jurisprudencia a raíz de posteriores resoluciones del Tribunal Supremo, pudiendo citarse la STS 9 octubre 1975[991], que dijo que «la desheredación por causa no probada, no anula absolutamente la institución de heredero, sino sólo en cuanto perjudique al desheredado, perjuicio que acertadamente hace consistir en la privación al recurrente de su legítima estricta o corta». En la STS 10 junio 1988[992], aunque el tribunal reiteró la vigencia de la jurisprudencia precedente en torno al artículo 851 CC, la misma no fue extrapolable al caso, pues el testador desheredó a todos los

991 STS 9 octubre 1975.

992 STS 10 junio 1988.

hijos instituyendo herederos a sus propios padres; como quiera que se desheredó a todos los hijos, al declararse, respecto a todos ellos, que la desheredación fue injusta, se determinó que la institución de herederos a favor de los padres era nula parcialmente, abriéndose la sucesión intestada únicamente en lo relativo a los tercios de legítima estricta y de mejora. La STS 6 abril 1988, en un supuesto donde la madre dijo en testamento que no le dejaba nada al hijo porque le había dado en vida lo que le correspondía por legítima, resultando que la donación no resultó probada, dispuso, con una evidente imprecisión técnica, que se trataba de una preterición intencional o desheredación injusta cuya calificación no procedía, toda vez que la *causa petendi* de ambas figuras es idéntica, ya que procedía anular la institución de heredero en lo que perjudicase al legitimario, a fin de que este pueda percibir «solamente la legítima estricta o corta». Finalmente, podemos citar las STS 9 julio 2002[993], que aunque resolviese un supuesto de preterición internacional *stricto sensu*, volvió a equiparar sus efectos a los de la desheredación injusta, concretando que el preterido, al igual que el desheredado, solamente percibiría su parte de legítima estricta, estando excluido de participar en el tercio de mejora[994].

---

993 STS 9 julio 2002 (TOL 202.882).

994 Véase el fundamento de derecho quinto: «El efecto de la preterición intencional lo concreta el mismo artículo 816: se reducirá la institución de heredero y se satisfará la legítima en la medida, en el presente caso, que establece el artículo 808. La cuestión que se ha planteado es si esta legítima es la larga (dos tercios: primer párrafo de dicho artículo 808) o la estricta (un tercio). El efecto de la preterición intencional se equipara al de la desheredación injusta (artículo 851): el preterido, como el desheredado injustamente, tiene derecho a la legítima, pero sólo a la legítima estricta o corta, es decir, un tercio, ya que la voluntad del causante, soberano de su sucesión, fue el privarle del todo y si por ley se le atribuye, no se puede extender a una parte (legítima larga) que corresponde a su

2.3. La doctrina contemporánea: referencia a la tesis de Algaba Ros

Tras la jurisprudencia reseñada, la mayoría de la doctrina ha secundado la exégesis del Tribunal Supremo[995]. Rivera Fernández, haciéndose cargo de que los efectos de la preterición intencional y los de la desheredación injusta son los mismos a raíz de la reforma de 1981[996], dice, en sede de preterición, que el hecho de que la preterición sea intencional «nos da a entender que el causante intentó privar de todos sus derechos legitimarios al heredero forzoso, de su legítima, y por supuesto de la posible mejora», máxime cuando del tercio de mejora puede el causante disponer, *inter vivos* o *mortis causa*, en favor de sus descendientes, aunque no sean legitimarios de primer grado[997]. Distinto será, como dice el autor, que el causante, que desheredó o pretirió intencionalmente a uno de sus descendientes, no disponga, expresa o tácitamente, del tercio de mejora o disponga de este a favor de un extraño dejándoles a los descendientes no desheredados o no preteridos solo lo que les

---

libre disposición (entre hijos) y que voluntariamente nunca le quiso atribuir».

995 Diez-Picazo, L. y Gullón, A.: *Sistema de Derecho Civil, Volumen IV, Derecho de familia. Derecho de sucesiones,* op. cit., 489; Lledó Yagüe, F.: *Derecho de sucesiones. V. I. Delación, legítimas, reservas,* Universidad de Deusto, Bilbao, 1992, p. 347; Romero Coloma, A. Mª.: *La desheredación. De hijos y descendientes, padres y ascendientes, y del cónyuge. Estudio doctrinal y jurisprudencial de sus causas,* op. cit., p. 10; Torres García, T. F. y Domínguez Luelmo, A.: «La legítima en el Código Civil (I)», op. cit., p. 69; Manzano Fernández, Mª M.: «La exclusión del hijo en la herencia del testador (Una visión actualizada de la desheredación en el Código Civil)», op. cit., pp. 1864 y 1865; Represa Polo, Mª P.: *La desheredación en el Código Civil,* op. cit., p. 237; Busto Lago, J. M.: «Artículo 851», op. cit., p. 120; Ordás Alonso, M.: *La desheredación y sus causas. Derecho civil común y derecho civiles forales y especiales,* op. cit., p. 203.

996 Rivera Fernández, M.: *La preterición en el Derecho común español,* op. cit., p. 269.

997 Rivera Fernández, M.: *La preterición en el Derecho común español,* op. cit., pp. 270 y 271.

correspondiese por legítima estricta. En tal caso, estamos de acuerdo con Rivera Fernández en que el desheredado injustamente percibirá, junto al resto de descendientes no mejorados expresa o tácitamente, su cuota parte del tercio de mejora, encontrando esta solución su fundamento «en la inexistencia de una voluntad de desigualar, necesaria para que la legítima pueda descomponerse en los dos hipotéticos tercios de *estricta* y *mejora*»[998].

Exponiendo la doctrina y la jurisprudencia precedente, como hemos recogido nosotros en este trabajo, Algaba Ros, remitiéndose a un trabajo previo de Miquel González[999], se posiciona en contra de que el desheredado injustamente quede privado, en defecto de una voluntad expresa del testador, del tercio de mejora. Los argumentos que sirven como asidero la tesis de Algaba Ros son los siguientes:

1. En primer lugar, arguye, citando a Lacruz Berdejo y a Miquel González, que no puede deducirse de una voluntad injusta, que conduce a un negocio nulo, una mejora tácita favor del resto de descendientes, pues ello implicaría «presumir una voluntad dispositiva de un acto que el propio ordenamiento sanciona con su injusticia»[1000].

2. En segundo lugar, plantea un argumento muy interesante; teniendo en cuenta que el artículo 851 CC reza que la desheredación injusta «anulará la institución de heredero en cuanto perjudique al desheredado; pero valdrán los legados, mejoras y demás disposiciones testamentarias en lo que no perjudiquen a dicha legítima», expone la autora que «si el legislador se ha

---

[998] Rivera Fernández, M.: *La preterición en el Derecho común español*, op. cit., p. 272.

[999] Miquel González de Audicana, J. M.: «Derecho de acrecer y mejora», en AA.VV., *Estudios de Derecho Civil en homenaje al Profesor Dr. José Luis Lacruz Berdejo*, Vol. II, Bosch, Barcelona, 1992, pp. 1791-1810.

[1000] Algaba Ros, S.: *Efectos de la desheredación*, op. cit., pp. 288 y 289.

visto en la necesidad de aclarar en el precepto que han de ser mantenidas las mejoras ordenadas en testamento ello es porque parte de que al desheredado injustamente le corresponde la legítima larga, pues si al desheredado injustamente le correspondiese la legítima corta ¿para qué establecer en el precepto la necesidad de respetar, en su caso, la mejora?»[1001].

3. En tercer lugar, afirma que es erróneo integrar, mediante la mejora al resto de colegitimarios, la laguna que crea en la sucesión *mortis causa* la desheredación injusta. A juicio de Algaba Ros, para integrar la laguna se debe acudir a la voluntad de un testador ideal, y, partiendo de esta premisa, se pregunta la autora si cualquier testador que deshereda a un hijo pretende mejorar al resto de descendientes. A su juicio, en el marco de la sucesión forzosa, «es indiferente la presunta voluntad del causante, pues en esta sucesión forzosa lo que hay es un deber de respetar», concluyendo que, en ausencia de expresa disposición del tercio de mejora, no se puede integrar el testamento en contra de las exigencias de la ley, pues «el respeto a la legítima (el tercio de mejora es legítima) ha de ser el eje de cualquier interpretación», de modo que, ante el silencio del causante, cabe entender que no se ha mejorado a ningún legitimario[1002].

En definitiva, para la autora, defender que el desheredado injustamente quedaría privado del tercio de mejora, es una manifestación de mejora tácita, proscrita por la ley[1003].

1001 Algaba Ros, S.: *Efectos de la desheredación*, op. cit., pp. 289-291.

1002 Algaba Ros, S.: *Efectos de la desheredación*, op. cit., pp. 290 y 291.

1003 Algaba Ros, S.: *Efectos de la desheredación*, op. cit., p. 291.

2.4. Refutación de la tesis de Algaba Ros

Hasta la fecha, ningún autor que ha tratado la desheredación después de la obra publicada por Algaba Ros en el año 2002 ha confrontado directamente el planteamiento defendido respecto a este tema por la autora. La mayoría se ha posicionado a favor o en contra de los efectos que determinó por primera vez la STS 23 enero 1959, pero sin entrar a rebatir directamente sus interesantes argumentos. Siendo francos, aunque no estemos de acuerdo con Algaba Ros, su posicionamiento despierta nuestra admiración, pues como dijera López y López cuando prologó el libro de su discípulo Rivera Fernández, «no pertenece a aquella especie de tibios, que también los hay en el mundo del Derecho, castigados por el arrojo de la boca divina, que so capa de eclecticismo o prudencia, jamás proponen una solución»[1004], sino todo lo contrario; Algaba Ros tomó partido, yendo en contra de magnánimos autores, como Vallet de Goytisolo, y de la propia jurisprudencia.

Al hilo de lo anterior, nosotros a continuación entraremos a refutar, siguiendo la secuencia del anterior apartado, su planteamiento:

1. Respecto al argumento en torno a que, de una voluntad injusta, que lleva aparejado un negocio nulo, no puede deducirse una mejora tácita, hay que tener en cuenta que la desheredación constituye el continente, no solo de la desheredación *stricto sensu*, la cual consiste en privar de la legítima, sino de otros actos o negocios jurídicos tácitos o presuntos, como la exclusión testamentaria, según pudimos ver en anteriores apartados. De la invalidez de la desheredación por injusta, no puede colegirse que otros actos que alberga, como la exclusión testamentaria, no son válidos, sino todo lo contrario, pues, con

1004 Prólogo de LÓPEZ Y LÓPEZ, Á. M. a la obra, ya citada, de RIVERA FERNÁNDEZ, M.: *La preterición en el Derecho común español*, op. cit., p. 9.

independencia de que se sostenga que el desheredado injustamente tiene derecho a la legítima corta o larga, la mayoría de la doctrina suscribe que, en todo caso, quedaría privado del tercio de libre disposición; y ello es así porque, según dijimos, se infiere que la desheredación alberga una exclusión testamentaria tácita que, siendo anticausalista por naturaleza, no quedará afectada porque la causa desheredativa, *ad exemplum*, no llegara a probarse. El fundamento de este razonamiento descansa en la *voluntas testatoris*, que es la ley de la sucesión, siendo indiscutible que, estando la voluntad desheredativa huérfana de cualquier vicio del consentimiento como el error, que trataremos luego, la misma es válida, aunque la desheredación vea abortada su trayectoria porque o bien la causa desheredativa no es una de las previstas en la ley o bien porque, siendo legal, no llegara a demostrarse. Negar la virtualidad práctica de la exclusión testamentaria tácita que alberga la desheredación sería tanto como decir que es igualmente nula la disposición expresa del testador por la que, en caso de desheredación injusta, manifiesta su deseo de que el desheredado quede excluido de todo lo que quede extramuros de su parte de legítima estricta. En suma, que la desheredación no sea válida no implica que la voluntad desheredativa corra la misma suerte: existe una voluntad testamentaria de desheredar que, aunque no pueda tener su desenvolvimiento típico, que no es otro que privar de la legítima al desheredado, tiene unos efectos atípicos, no afectados por el artículo 851 CC, que deben ser respetados.

Por lo tanto, abogamos porque, con independencia del recorrido de la desheredación una vez que se produzca la apertura de la sucesión, el efecto expansivo que alberga la exclusión testamentaria tácita, conforme a la *voluntas testatoris*, que es el principio que debe guiar la sucesión *mortis causa*, se respete, quedando privado el desheredado, justa o injustamente, de la parte de libre disposición.

Pero no acaba aquí nuestra refutación al primer punto, pues, junto al efecto expansivo de la desheredación, esta lleva inherente otro efecto que constriñe lo que el desheredado, de concurrir con sus hermanos, pueda reclamar por legítima. Así, aunque la desheredación sea injusta, la voluntad desheredativa, yuxtapuesta a la designación como sucesores de los colegitimarios, reflejó que el causante, por los hechos protagonizados por el legitimario, no quiso que este percibiese su *portio debida*. En consecuencia, del mismo modo que dicha voluntad válida tiene efectos indirectos como la privación del tercio de libre disposición o, lo que es lo mismo, de todo de lo que exceda de la legítima[1005], produce otros efectos que constriñen lo que el desheredado percibirá de lograr la invalidez de la desheredación, ciñendo la porción debida a la percepción de la legítima estricta. Es más, creemos que el hecho de no compartir este planteamiento representaría un oxímoron, pues por el mismo argumento por el que el legitimario, aunque desheredado injustamente, quedaría privado de la parte de libre, a pesar de que no hubiere sido objeto de expresa disposición por el testador, también deberá quedar privado del tercio de mejora de haber otros legitimarios, pues aunque la mejora se subsuma en la legítima, su naturaleza se adhiere también, *mutatis mutandi*[1006],

---

1005 Espejo Lerdo de Tejada, M.: *La legítima en la sucesión intestada en el Código Civil*, op. cit., p. 94.

1006 Vallet de Goytisolo, J.: «La mejora tácita. Hacia la fijación de un concepto y concreción de una prohibición», op. cit., pp. 21-25. Posteriormente, defendió también que la mejora no era legítima *stricto sensu*, García-Granero, J.: «Estudio dogmático sobre la mejora», *Revista de Derecho Privado*, octubre 1949, pp. 810-817. Evidentemente, no todas las reglas de la libre disposición son extrapolables a la mejora, pues mientras la primera podrá ser objeto de cualquier gravamen, la mejora solo se podrá gravar en beneficio de algún descendiente (art. 824 CC).

a la libre disposición, siempre que su destinatario sea algunos de los descendientes[1007].

2. En lo atinente al razonamiento de Algaba Ros que gira en torno que si el legislador aclara en el artículo 851 CC, en sede de desheredación injusta, que «valdrán los legados, mejoras y demás disposiciones testamentarias» en lo que no perjudiquen a la legítima, será porque al desheredado le corresponde la legítima larga, salvo que el testador haya hecho expresa disposición del tercio de mejora, también se podría rebatir, remitiéndonos a los antecedentes.

El precedente del artículo 851 CC fue el artículo 669 del Proyecto de 1851, que decía que la desheredación hecha sin expresión de causa o por una que no sea legal o cuya certeza no se probare, «anulará la institución de heredero; pero valdrán las mandas y mejoras *en cuanto no perjudiquen á la legítima*». En lo que concierne a la preterición, el artículo 644 del mismo texto disponía que la preterición de alguno o de todos los herederos forzosos, ya vivieren al tiempo del otorgamien-

---

1007 Es ilustrativa la exposición de Albaladejo relativa a la equiparación el tercio de libre disposición y el tercio de mejora: «Tal mejora a cargo del tercio de libre disposición es tan mejora como la a cargo del tercio de mejora, pues aunque, a veces por distinguirlas se habla de mejora en sentido estricto para referirse a la a cargo del tercio de mejora, y de mejora en sentido amplio, para referirse a la a cargo del tercio de libre, realmente ambas son exactamente la misma mejora, e igual regulación aplicable a una y a otra, luego su única diferencia no está en ellas, sino en el tercio al que se cargan o del que se sacan, y lo mismo que se llama mejora a la que sea, cuando corresponde imputarla al tercio de mejora, se debe llamar también mejora a la disposición que a favor de descendientes (puesto que son los únicos mejorables) corresponde imputar el tercio de libre [...] Entre la mejora a cargo del tercio de mejora y a la cargo del tercio de libre no hay más diferencia que algo que no afecta a la mejora, y es que la primera es un beneficio que *debe* de ir a los descendientes, si bien *puede* ir también a extraños, pero entonces no es mejora, mas cuando va a los descendientes es una mejora como la otra» (Albaladejo García, M.: *La mejora*, op. cit., pp. 21 y 22).

to del testamento o nacieren después, «anula la institución de heredero; pero valdrán las mandas y mejoras *en cuanto no sean inoficiosas*». Pese a que entre la dicción de ambos preceptos había una sutil diferencia, ya que, en el ámbito de la desheredación, el Proyecto disponía que valdrán las mandas y mejoras «en cuanto no perjudiquen á la legítima», mientras que, en el sede de preterición, consagraba, igualmente, el mantenimiento de las mandas y mejoras «en cuanto no sean inoficiosas», a juicio de la doctrina la desheredación injusta y la preterición producían los mismos efectos[1008].

Teniendo en cuenta que bajo la vigencia de la Ley 24ª de Toro se mantenían las mejoras de tercio y quinto en el entendimiento de que estas disposiciones constituían un legado, la doctrina se planteó qué ocurría cuando se disponía de la mejora de cuota a través de una institución de heredero. Apuntaba Vallet de Goytisolo que el desheredado o preterido quedaban, igualmente, excluidos de la mejora mediante la cláusula codicilar, de modo que anulada la institución de heredero y abriéndose la sucesión intestada para que el desheredado o preterido pudiese adquirir su legítima, este debía, después de detraer su legítima, restituir la herencia al heredero instituido, entregándole incluso el tercio o quinto de mejora, salvo que se tratare de una preterición errónea[1009]. Por lo tanto, el Proyecto isabelino heredó la equiparación de efectos entre la desheredación injusta y la preterición que albergaba la Ley 24ª de Toro, a cuyo tenor: «*Cuando el testamento se rompiere o anulare por causa de preterición o exheredación en la cual ouire mejoría de tercio o quinto, no por esso se rompa; ni deje de valer el dicho tercio é quinto, como si el testamento se rompiesse*».

[1008] Vallet de Goytisolo, J.: *Limitaciones de Derecho sucesorio a la facultad de disponer, Tomo I, Las legítimas,* op. cit., p. 971.

[1009] Vallet de Goytisolo, J.: *Limitaciones de Derecho sucesorio a la facultad de disponer, Tomo I, Las legítimas,* op. cit., p. 912.

El problema del Proyecto de 1851, es que, al igual que las Leyes de Toro, no distinguió entre las mejoras dejadas a título de heredero y a título de legado; sin embargo, mientras que, durante la vigencia de las Leyes de Toro, se circunscribían los efectos de la desheredación y de la preterición a la adquisición por el desheredado o preterido de su legítima, excluyéndolo de la mejora mediante la cláusula codicilar, el Proyecto no dejó margen de actuación para dicha cláusula. Entonces planteamos la siguiente cuestión: ¿de dónde infería la doctrina que el Proyecto de 1851 excluía al desheredado y al preterido de los tercios y quintos de mejora? Del artículo 643 del Proyecto se deducía que la legítima se podía dejar por cualquier título[1010], aunque existía la presunción de que el heredero forzoso, cuando no era preterido ni desheredado, percibía su legítima a título de heredero; respecto a la mejora, el artículo 659 del Proyecto disponía que «lo dejado en testamento se reputa mejora, aun cuando el testador no lo haya expresado», afirmando García Goyena que, en tal caso, la mejora se dejaba a título de legado, llegando a la conclusión, yuxtaponiendo lo dicho a la presunción de que el legitimario era heredero, que, en tal caso, había un prelegado[1011]. Por tanto, desheredado o preterido un legitimario y designado otro como heredero, se entendía, salvo excepciones, que este adquiría la legítima a título de heredero y la mejora como legatario, aunque el testador lo hubiese designado, sin más, como heredero[1012], concibiéndose, insistimos, como un prelegado.

1010 García Goyena, F.: *Concordancias, motivos y comentarios del Código Civil español, Tomo II*, op. cit., p. 96.

1011 García Goyena, F.: *Concordancias, motivos y comentarios del Código Civil español, Tomo II*, op. cit., p. 100.

1012 Rivera Fernández, M.: *La preterición en el Derecho común español*, op. cit., p. 68.

A tenor de lo dicho, la exégesis que cabía hacer en torno a que, en caso de desheredación injusta, se anularía la institución de heredero, pero valdrían «las mandas y mejoras en cuanto no perjudiquen á la legítima» (art. 669 del Proyecto), consistiría en que el desheredado, anulada la institución de heredero, adquiriría su legítima, quedando excluido de la mejora, en el entendido de que esta se adjudicaba al otro instituido a título de legado, aunque el testador, lejos de atribuirla expresamente al otro legitimario, lo hubiese designado, simplemente, heredero. Por ende, partiendo el Proyecto de que la mejora se atribuía a modo de legado, el artículo 669 decía que debían mantenerse las mandas (o los legados)[1013] y la mejora, aunque no hubiesen sido objeto de una expresa atribución al hijo instituido como heredero, en el entendimiento de que lo dejado más allá de la legítima al heredero y que se subsumía en el tercio o quinto de mejora, se entregaba como legado (art. 659 del Proyecto), por lo que debía respetarse.

Por si no fuere suficiente lo expuesto para convencer al lector, sigamos andando en el tiempo. Cuando se publicó el Código Civil, la redacción del artículo 851 CC, heredera del artículo 669 del Proyecto, partió, sobre la literalidad, del dislate

[1013] Huelga decir que la palabra «manda», en el ámbito de la sucesión *mortis causa*, se relacionaba con los legados. Se puede parangonar el artículo 558 del Proyecto con el artículo 670 CC; así, mientras el primero decía, tras consagrar el carácter personalísimo del testamento, que no podía dejarse al arbitrio de un tercero «la subsistencia de la institución de heredero ó de la *manda*», el segundo dispone actualmente que tampoco podrá dejarse al arbitrio de un tercero «la subsistencia del nombramiento de herederos o *legatarios*». Véase también el artículo 828 CC, que se refiere, indistintamente, a la «manda o legado». A mayor abundamiento, puede verse la definición de Escriche Martín: «la oferta que hace alguno a otro de darle una cosa, y especialmente la donación que uno deja a otro en su testamento o codicilo, ya sea con palabras directas, en cuyo caso se llama legado; ya sea con palabras oblicuas, en cuyo caso se llama fideicomiso» (Escriche M. J.: *Diccionario razonado de legislación y jurisprudencia*, t. VI, Madrid, 1876, p. 15).

de considerar que todo lo que excediese de la legítima estricta debía ser conceptuado como un legado, y, en este contexto, el legislador dispuso que, en caso de desheredación injusta, se anularía la institución de heredero, en cuanto perjudicase al desheredado, manteniéndose los legados, mejoras y demás disposiciones en cuanto no perjudicasen a la legítima. En el ámbito de la preterición, en cambio, la redacción original del artículo 814 CC, que no distinguía entre la preterición intencional y la errónea, disponía que la preterición de alguno o todos los legitimarios en línea recta, ya vivieren al otorgamiento del testamento o nacidos después, «anulará la institución de heredero», valiendo «las mandas y mejoras en cuanto no sean inoficiosas». Es decir, el artículo 814 CC no anulaba la institución de heredero en cuanto perjudicase a la legítima del preterido, como ocurría con el desheredado injustamente (art. 851 CC), sino que la anulación era total, desligándose los efectos de la preterición de la desheredación injusta[1014]. Esta regulación fue acreedora de críticas por parte de la doctrina, apuntando De la Cámara Álvarez, que, pudiendo ser la preterición intencional, la primigenia redacción del artículo 814 CC

1014 Así lo corroboró Sánchez Román, que decía que la desheredación injusta, en cuanto a sus efectos, tenía unos efectos más limitados que la preterición, "puesto que, conforme al art. 851, la desheredación hecha sin condiciones de validez, «anulará la institución de heredero», lo mismo que la preterición, pero sólo «en cuanto perjudique al desheredado»; es decir, nada más que en lo que menoscabe ó desconozca sus derechos á la legítima, y, por tanto, en la parte cuota ó cantidad que represente en el caudal hereditario, atendida la condición de legitimario del desheredado de modo ilegal é ineficaz; salvedad ó limitación de los efectos de nulidad de la institución hecha en el testamento, que no existe, según se ha visto en el art. 814, por el que se deC.: de forma general é indistinta, que anulará la institución de heredero sin ninguna atenuación respecto de que perjudique ó no, total ó parcialmente, la cuantía de la legítima del heredero forzoso en línea recta, preterido" (Sánchez Román, F.: *Estudios de Derecho Civil, VI. 2, Derecho de sucesión,* op. cit., p. 1140).

no valoraba correctamente la voluntad del testador, pues esta solo tenía que tener como límite la propia legítima del preterido y no el resto de disposiciones que quedaban extramuros de la misma[1015].

A sabiendas el legislador de la doctrina de la archiconocida STS 23 enero 1959, que circunscribió el perjuicio al desheredado injustamente, de concurrir con sus hermanos, a la adquisición de su legítima estricta, excluyéndolo de lo restante, modificó, a través de la Ley 11/1981, el artículo 814 CC, y donde antes decía, simple y llanamente, que la preterición del legitimario anularía la institución de heredero, pasó a contemplar, en la órbita de la preterición intencional, que quedó expresamente incorporada, que el preterido, al igual que el desheredado injustamente, no se vería perjudicado en la legítima, reduciéndose la institución de heredero antes que los legados, mejoras y demás disposiciones testamentarias. Confróntese el primer párrafo del artículo 814 con el segundo: mientras el primero, que regula la preterición intencional, matiza que se reducirá la institución de heredero antes que los legados y las mejoras porque el preterido intencionalmente no puede verse perjudicado en su legítima, el segundo, al prever la preterición errónea de un descendiente que concurre con otros no preteridos, dispone que se anulará la institución de heredero, salvando las mandas y mejoras ordenadas por cualquier título en cuanto no sean inoficiosas, sin contemplar, *ex profeso*, el perjuicio a la legítima del preterido erróneamente. Como bien dice Roca-Sastre, aunque la redacción de los artículos 814 y 851 sean distintas, fue voluntad del legislador equiparar los efectos de la preterición intencional con los de la desheredación injusta, concretándose la reducción de la institución de heredero hasta donde alcance el perjuicio a la legítima del pre-

---

1015 De la Cámara Álvarez, M.: «El derecho de representación en la herencia testada y la preterición de los herederos forzosos», op. cit., p. 67.

terido, teniendo preferencia, en todo lo demás, lo dispuesto por el testador[1016].

Se podría decir que todavía latía la incógnita en torno a si el perjuicio al preterido intencionalmente se circunscribía a su legítima estricta o también abarcaba el tercio de mejora, pero tomando en consideración que la reforma de 1981 se produjo más de veinte años después de la STS 23 enero 1959, siendo esta ratificada por la STS 9 octubre 1975, entendemos que la expresión «no perjudica la legítima», que late en el primer párrafo del artículo 814 CC, hace patente una voluntad legislativa de equiparar los efectos de la preterición intencional del descendiente a los de la desheredación injusta, según la hermenéutica que secundó la jurisprudencia respecto al artículo 851 CC y que el propio legislador conocía[1017].

1016 ROCA-SASTRE MUNCUNILL, L.: *Derecho de Sucesiones, Tomo II,* op. cit., p. 575.

1017 Así lo dijo el cuarto considerando de la STS 13 julio 1985: "es lo cierto que la problemática interpretativa que el mencionado artículo 814 del Código Civil planteaba viene a reproducirse y reconsiderarse en la actualidad, con base en nuevas consideraciones que emanan de la regulación contenida en el artículo 3.º, 1, del Código Civil sancionando que las normas deberán interpretarse según el sentido propio de sus palabras, pero puesto en relación con el contexto, los antecedentes históricos y legislativos, «y la realidad social del tiempo en que han de ser aplicadas, atendiendo fundamentalmente al espíritu y finalidad de aquéllas», en virtud de la redacción dada a dicho artículo 814 del Código Civil por la Ley 11/1981, de 13 de Mayo, estableciendo, que la situación de preterición intencionada, cual lo es la producida en este caso, «no perjudica a la legítima», de manera que se reducirá la institución de heredero antes que los legados, mejoras y demás disposiciones testamentarias», lo que significa en tal supuesto de preterición intencionada el reconocimiento de que se mantiene la eficacia de la institución de heredero producida en el testamento en que se produjo la preterición, con solamente reducirla en lo que cuantitativamente afectase a la legítima de los herederos forzosos preteridos, por entenderse, lógicamente, por el legislador que esa omisión voluntaria que la preterición intencionada significa no puede tener más alcance que el prevenido para el caso de desheredación, que según el artículo 851 del Código civil anula la institución de heredero tan solo en

Concluyendo la objeción en este punto a la tesis de Algaba Ros, que recuérdese que expuso que el legislador partía de la presunción de que al desheredado injustamente le correspondía la legítima larga, pues de no ser así no habría la necesidad de aclarar que debían ser respetadas las mejoras ordenadas en testamento, se puede comprobar que la dicción del artículo 851 CC parte de la herencia de los artículos 659 y 669 del Proyecto, que concebían que todo lo dado por el testador al hijo heredero más allá de la legítima era un legado, que debía respetarse si el otro descendiente era desheredado injustamente. Planteamiento que, adaptado a la época contemporánea en cuanto a la medida del perjuicio del desheredado -dado que la mejora se puede dar por cualquier título-, lejos de ser desvirtuado, fue confirmado por la Ley 11/1981, al bifurcar los efectos de la preterición intencional y la preterición errónea o no

cuanto signifique perjuicio al desheredado sin causa o sin eficiencia de la en que se basa la desheredación, con pervivencia de los legados, mejoras y demás disposiciones testamentarias en lo que no perjudiquen a la legítima del desheredado, por ser en el terreno de los principios la solución más justa, equivalente y equiparable, toda vez que cuando el testador conoce la existencia de un heredero forzoso y sin embargo lo ignora en absoluto en el testamento, omitiéndolo en él (preterición) o lo deshereda sin expresión de causa, o con lo que contradicha no es probada, o que sea de las no establecidas por la ley para desheredar (desheredación), está poniendo de manifiesto que el testador no quiso proveer al preterido o desheredado de todo su patrimonio y por tanto que únicamente es de respetarle la legítima, como porción que la ley imperativamente le reconoce y de la que por tanto no puede verse privado, lo que en definitiva es consecuencia de reconocimiento, en módulo interpretativo acogido por el artículo 675 del Código Civil, de que la voluntad del testador, que es la ley prevalente en toda disposición testamentaria, fue no reconocer al heredero forzoso más que lo rigurosa y estrictamente reconocido por la ley, que es, siguiendo lo proclamado en otras legislaciones, lo que, reconoce actualmente el Código Civil español en la redacción dada al precitado artículo 814 por la ley 11/1981, de 13 de Mayo".

intencional del descendiente. Por lo tanto, aunque este punto no sea concluyente, valga lo relatado para poner en duda que, en caso de desheredación injusta, y en defecto de disposición expresa del tercio de mejora, se pueda afirmar que fue y es voluntad del legislador que el desheredado perciba la legítima larga, pues, viendo de dónde venimos, se puede colegir que la balanza está más cerca de inclinarse hacia el lado que sostiene que el perjuicio se circunscribe a la legítima estricta.

3. Por último, recordemos que Algaba Ros, que sostenía que la presunta voluntad del causante en el ámbito de la sucesión forzosa era irrelevante, se preguntaba, desde el prisma del «testador ideal», si cualquier testador que deshereda pretende mejorar a los demás descendientes, para concluir diciendo que, en ausencia de expresa disposición del tercio de mejora, el artículo 851 CC «no implica la mejora tácita de otros descendientes», aconsejando el tratamiento formal de la mejora esta solución.

En cuanto a la aseveración de que la presunta voluntad del causante es irrelevante cuando en su sucesión concurran legitimarios, creemos que hemos refutado la misma en el primer punto, demostrando cómo, conforme a una correcta hermenéutica de la *voluntas testatoris*, la interpretación de la voluntad del causante de desheredar puede generar más efectos jurídicos que la mera privación de la legítima. Respecto a la cuestión que se plantea Algaba Ros en torno a si cualquier testador que deshereda a un hijo pretende mejorar al resto, podríamos plantearla en otros términos: ¿se puede inferir, de la voluntad del causante, que es la ley de la sucesión, que el desheredado injustamente tome parte del tercio de mejora junto al resto de descendientes que no fueron desheredados ni preteridos? Diríamos que no, pues si el causante mostró expresamente su voluntad de desheredar a fin de que el descendiente no percibiera ni tan siquiera su parte de legítima estricta, no desheredando ni pretiriendo al resto, se deduce, aunque no se hiciese expresa disposición del tercio de mejora -pues cuando se deshereda, desde el prisma del testador ideal, se tiene la expectativa de que la desheredación tenga éxito por justa y ello justifica que, por innecesario, no haga expresa disposición del tercio de mejora a favor del instituido-, que no se subsumiría en la *voluntas testatoris* un escenario donde, por ser injusta la desheredación, el desheredado percibiese, además de su legítima estricta, lo que le pudiese corresponder del tercio de mejora. A nuestro juicio, que el desheredado adquiera el tercio de mejora, junto al resto de descendientes no desheredados o preteridos, iría contra el sentido común.

En puridad, creemos que el fundamento que subyace en la tesis de Algaba Ros, así como de la mayoría de los autores que se han posicionado en torno a la idea de que el desheredado injustamente también tomará parte del tercio de mejora, salvo que haya sido objeto de disposición expresa, es la idea de que la mejora tácita está proscrita por el ordenamiento jurídico. No es para menos, pues en la inmensa mayoría de los manuales universitarios de Derecho de sucesiones figura la regla de que la mejora debe ser expresa. Realmente, el Código Civil, como apuntó Vallet de Goytisolo, no consagra que esté proscrita la mejora tácita, simplemente, consagra dos reglas particulares, de las que no puede extraerse el axioma de que toda mejora debe ser expresa[1018]. Por un lado, tenemos el artículo 825 CC, que dispone que ninguna donación en favor de descendientes se reputará mejora «si el donante no ha declarado de una manera expresa su voluntad de mejorar»[1019], y, por otro lado, el

1018 Vallet de Goytisolo, J.: «La mejora tácita. Hacia la fijación de un concepto y concreción de una prohibición», op. cit., pp. 26 y 27.

1019 Esta regla rompía con el antecedente de las Leyes 26ª y 29ª de Toro, donde existía una presunción en las donaciones simples de mejora tácita, pues se

artículo 828 CC, que establece que el legado «no se reputará mejora sino cuando el testador haya declarado expresamente ser ésta su voluntad, o cuando no quepa en la parte libre».

Vallet de Goytisolo, desde 1954, abogó, en la órbita del artículo 825 CC, por la admisión de la mejora tácita cuando la liberalidad se articulase mediante una donación, exponiendo varios argumentos: en primer lugar, decía que el artículo 825 CC no emplea la palabra «mejora» en sentido estricto, sino que abarca el tercio de libre disposición y el tercio de mejora propiamente dicho, remitiéndose a los antecedentes del precepto; en segundo lugar, sostenía que era aplicable analógicamente el artículo 828 CC para las donaciones, aunque este se refiera a los legados; en tercer lugar, enarbolaba el carácter restrictivo de la reducción de las donaciones por inoficiosas, citando los arts. 636 y 656 CC, pues si la mejora, al igual que el tercio libre disposición, resulta disponible para el causante, siempre que se beneficie a algunos de los descendientes, no cabría reputar como inoficiosa aquella donación que, tras imputarse en la legítima del donatario y el tercio libre, se pudiese subsumir en el tercio de mejora; en cuarto lugar, propugnaba el valor de la voluntad del testador, cuyo único límite es el respeto por la legítima estricta; y, en quinto lugar, mencionaba que los artículos 819, 825, 828 y 829 CC no debían entrañar un límite a la facultad dispositiva del testador, sino solo meras presunciones que debían ceder ante la manifes-

imputaban, en primer lugar, en el tercio de mejora, si excedían, en el quinto de mejora, y, finalmente, en la legítima, reduciendo el exceso por inoficiosa. En cambio, según la Ley 25ª de Toro, las donaciones *ob causam*, como las que se daban por razón de matrimonio, se configuraban como un anticipo de la legítima y se imputaban a la misma.

tación de voluntad, expresa o tácita[1020], del causante[1021]. La tesis de Vallet, en favor de la mejora tácita, incluyendo la donación, la han secundado posteriormente otros autores, pudiendo citarse, entre otros, a Roca Sastre[1022], Puig Brutau[1023], Albaladejo[1024], Ro-

---

1020 Desde la STS 18 junio 1982, ya citada en este trabajo, la jurisprudencia viene diciendo que no es necesario emplear sacramentalmente, ora en la donación ora en el testamento, la palabra «mejora», siempre que conste inequívocamente la voluntad del donante. En este sentido, Vallet decía que una cosa era la mejora «tácita» y otra la «presunta»; según el autor, las segundas, que eran las que contemplaban las Leyes de Toro por el solo hecho de la donación a favor de un descendiente, habían quedado abolidas; sin embargo, las primeras serían aquellas donde "no hace falta deducir la voluntad de mejorar, sino que ésta aparece directamente querida por el mejorante, aun cuando no lo exprese con las palabras «mejora» o «mejorar»", citando, a título de ejemplo, el legado dispuesto a favor del legitimario que rebase la legítima estricta y el tercio de libre disposición (art. 828 CC), o la donación con dispensa de colación (Vallet de Goytisolo, J.: «La mejora tácita. Hacia la fijación de un concepto y concreción de una prohibición», op. cit., pp. 127 y 128).

1021 Vallet de Goytisolo, J.: «La mejora tácita. Hacia la fijación de un concepto y concreción de una prohibición», op. cit., pp. 90-119.

1022 Roca Sastre, R. Mª.: «Estudios de comparación y adaptación a la legislación y jurisprudencia españolas», en AA. VV., *Tratado de Derecho Civil, T. V, Derecho de sucesiones, Vol. I,* Bosch, Barcelona, 1976, pp. 174 y 175.

1023 Puig Brutau, J.: *Fundamentos de Derecho Civil, Tomo V, Volumen III,* op. cit., pp. 59-62;

1024 Albaladejo García, M.: «Es mejora presunta, y se mantiene como tal, la donación que, aun no hecha como mejora, exceda, y en lo que exceda, de la legítima estricta del donatario y de la parte libre juntas», *Revista de Derecho Privado,* núm. 81, 1997, p. 523, admitía, no solo la mejora tácita, sino también la *mejora presunta,* que define como aquella «a la que aun sin que ni el disponente o mejorante diga o manifieste que la quiera como tal mejora, ni el que

ca-Sastre[1025], De la Cámara Álvarez[1026], Ragel Sánchez[1027], Bosch

lo sea se siga o deduzca de lo establecido por aquél, no obstante, tiene que ser mejora, porque la disposición se ve que es querida y la ventaja o beneficio que proporciona al favorecido no cabe que sea sacada de la legítima corta». Para el autor, la única presunción que rechaza el artículo 825 CC es que la donación se impute, en primer término, en el tercio de mejora; por ello, propone, de *lege ferenda*, la siguiente redacción, no huérfana de barroquismo, del artículo 825 CC: «La donación por contrato entre vivos a favor de descendientes legitimarios, si se deja dispuesto por el donante o se deduce de otro modo a qué tercio o tercios o tercios sucesivos de su herencia desea que se impute, a él o ellos se hará, o si excluye la imputación a alguno, a él no se imputará, pero fuera de esos casos lo será al de legítima corta, al libre, al de mejora por este orden. En cuanto a lo que exceda la donación del tercio al que le corresponda ser imputada bien por disposición del donante, bien de la ley, se imputará a los restantes por el mismo orden anterior» (p. 535).

1025 Roca-Sastre Muncunill, L.: *Derecho de Sucesiones, Tomo II*, op. cit., pp. 208 y 209. El autor, basándose en la libertad de testar, admite la mejora tácita, abogando por realizar un esfuerzo «en orden a auscultar y averiguar cuál sea dicha voluntad, en su cualidad de real o verdadera, ya esté *expresada* en forma hierática o sacramental, con el empleo de los conceptos de *mejora* o *mejorar*, ya esté *expresada* de una manera tácita, pero C.: evidente, indudable y concluyente a los efectos de mejorar; asimismo, rechazaba la mejora fundamentada en una voluntad presunta, donde no hay nexo de causalidad único, sino varios, de los que puede extraerse varias consecuencias posibles, pero no inexorablemente, la de mejorar.

1026 De la Cámara Álvarez, M.: *Compendio de Derecho sucesorio*, op. cit., p. 256, poniendo como ejemplo de mejora tácita el de la donación con dispensa de colación.

1027 Ragel Sánchez, L. F.: «Artículo 825», op. cit., pp. 6139 y 6140.

Capdevilla[1028] y, más recientemente, Nieto Alonso[1029].

Luego, tenemos otros autores, como Torres García y Domínguez Luelmo, que si bien no han negado la existencia en nuestro ordenamiento jurídico de mejoras tácitas[1030], si rechazan que la donación, después de imputarse en la legítima estricta y en el tercio de libre disposición, pueda imputarse, sin más, en el tercio de mejora[1031]. Sin duda, uno de los máximos

---

1028 Bosch Capdevilla, E.: «El cálculo de la legítima de los descendientes en los derechos civiles españoles», op. cit., p. 183, que, optando por la denominación de «mejora presunta» en vez de «mejora tácita», interpreta el artículo 825 CC del siguiente modo: «Lo que el art. 825 quiere decir es que, antes que a la mejora, las donaciones hechas a los legitimarios se imputarán a su legítima estricta, y al tercio de libre disposición. Para alterar este orden de prelación, es preciso que el donante lo diga expresamente Pero si no cabe en uno ni en otro tercio, la donación podrá imputarse al tercio de mejora. Se trata de una mejora «presunta», que entiendo que no contradice el art. 825 CC. Piénsese que al causante se le deja la libertad para mejorar, y la disposición que hace a favor de uno de los legitimarios muestra más una voluntad de mejorar que no un forzoso silencio que equivaldría a una distribución igualitaria del tercio de mejora, en favor de algunos legitimarios ni quiera mencionados. La solución contraria equivaldría a tener que reducir la donación para la repartición igualitaria del tercio de mejora, lo que aparece contrario a la voluntad del causante, que pudo disponer libremente de este tercio en favor del legitimario en cuestión».

1029 Nieto Alonso, A.: «La interpretación y calificación como mejora tácita de disposiciones "inter vivos" y "mortis causa"», *Actualidad Jurídica Iberoamericana,* núm. 20, febrero 2024, pp. 760 y 761.

1030 Torres García, T. F. y Domínguez Luelmo, A.: «La legítima en el Código Civil (II)», op. cit., p. 99. En relación con el legado, dicen lo siguiente: «debe entenderse que el art. 828 CC está admitiendo la posible existencia de una mejora tácita».

1031 Torres García, T. F. y Domínguez Luelmo, A.: «La legítima en el Código Civil (II)», op. cit., p. 98, dicen lo siguiente: «no estamos negando la posibilidad de mejoras tácitas, pero sí que cuando no se deduce claramente de la voluntad del testador, una donación que no se ha hecho con el carácter de mejora se pueda sin más imputar (en cuanto al exceso) al tercio del mismo nombre, tras la imputación en primer lugar a la legítima estricta y luego a

exponentes de esta corriente fue Lacruz Berdejo, que negaba que la donación se pudiese imputar en último término en el tercio de mejora, salvo que expresamente lo hubiese dispuesto de este modo el causante. Para el autor, la distinción entre el artículo 825 y el 828 CC reside en que, si se admitiesen las mejoras tácitas en las liberalidades *inter vivos*, «la determinación de lo imputable a la mejora tendría lugar, en relación con tales liberalidades, en el momento de fallecer el causante, de modo que, en ese instante, sin consideración a la intención del donante de desigualar o no cuando hizo la donación, nacerían mejoras involuntarias en perjuicio de los restantes legitimarios, e incluso en favor de terceros donatarios que se hallarían a salvo de la acción de reducción»[1032]. La tesis de Lacruz ha sido secundada por otros autores[1033], pero, seguramente, el que con más solidez ha defendido, con base en el artículo 825 CC, que la donación no podrá imputarse, ni *ab initio* ni *a posteriori*, en el tercio de mejora, refutando a Vallet, ha sido Espejo Lerdo de Tejada[1034], que, no obstante, reconoce, al disertar sobre el

---

la parte libre. Si la donación se pudiera imputar sin más, en cuanto al exceso, al tercio de mejora, resultaría que el carácter o no de mejora de una donación se haría depender de las operaciones previstas en el art. 818 CC, a realizar en el momento de fallecer el causante. De esta manera se podría dar la paradoja de que una donación se pudiera considerar mejora, no en función de la voluntad expresa o tácita del causante, sino de su situación patrimonial en el momento de la apertura de la sucesión, por lo que podrían aparecer mejoras involuntarias, que sin duda no permite el art. 825 CC».

1032 LACRUZ BERDEJO, J. L.: «Legítima de los descendientes por naturaleza. La mejora. Fiducia. Pago en dinero», op. cit., pp. 452 y 453.

1033 HIDALGO GARCÍA, S.: «Algunas consideraciones sobre las mejoras tácitas (aportación al estudio de los arts. 825 y 828 del CC)», op. cit., p. 5308; ARANA DE LA FUENTE, I.: «Notas sobre la mejora tácita», op. cit., pp. 184 y 185;

1034 ESPEJO LERDO DE TEJADA, M.: *La legítima en la sucesión intestada en el Código Civil*, op. cit., pp. 176-179, y «Mejora presunta por donación: su exclusión del sistema de nuestro Código. Comentario a la Sentencia del Tribunal Su-

artículo 828 CC, que el ordenamiento jurídico no proscribe la mejora tácita[1035].

La jurisprudencia se ha pronunciado varias veces en el siglo presente sobre el artículo 825 CC. En la STS 29 mayo 2006[1036] una madre, con dos hijas, cedió mediante un contrato de compra y venta simulado, que en realidad albergaba una donación, varios bienes. La hija que no fue cesionaria sostenía que el valor de dichos bienes debía imputarse en la legítima estricta de la hija, en lo que no cupiere en el tercio de libre, debiendo reducirse el exceso, en virtud del art. 825 CC, pues no se dispuso en la escritura pública que dichas cesiones se hacían con el carácter de mejora. Aunque, a tenor de las circunstancias del caso, se podía inferir que fue voluntad de la madre desigualar a las hijas, pues de haber tenido éxito el plan trazado por aquella la adjudicación de los bienes ni tan siquiera se habría imputado en la parte de la cesionaria, toda vez que se hizo bajo la cobertura de un contrato oneroso, la citada sentencia entendió que la donación era, en parte, inoficiosa, debiendo reducirse después de imputarse en la legítima estricta y la parte de libre. El razonamiento, lacónico, en que se fundamentó el tribunal fue que en la escritura de donación, que en realidad era una cesión onerosa simulada, no había rastro alguno de que la madre pretendiese desigualar a las hijas, sin que se pudiere reputar, *ex* artículo 825, que la donataria fuese mejorada por el solo hecho de la donación.

Espejo Lerdo de Tejada avaló el fallo de la sentencia, destacando que «no necesariamente la donación encubierta se justifica, en la mente del donante, en un deseo de desigualar a

premo de 29 de mayo de 2006 (RJ 2006, 3343)», *Revista Aranzadi de Derecho Patrimonial*, núm. 18, 2007, pp. 457-460.

1035 Espejo Lerdo de Tejada, M.: *La legítima en la sucesión intestada en el Código Civil*, op. cit., p. 175.

1036 STS 29 mayo 2006 (TOL 952.796).

sus hijos, pues las razones por la que se ha recurrido a la simulación pueden ser muy diversas»[1037]. Nosotros creemos que si el causante recurrió a la simulación de la cesión gratuita, mediante la cobertura de la transmisión onerosa, será para que lo recibido por el cesionario no se incluya en el *donatum* y, por ende, no se compute a cuenta de lo que le pudiese corresponder en la sucesión. Por lo tanto, es discutible que, en el caso comentado, no se acreditase una voluntad de la madre de desigualar a las hijas, pues a nuestro juicio resulta todo lo contrario: quedó acreditado un plan para que la hija cesionaria fuese, como mínimo, mejorada. Otra cosa será que la sentencia primara la literalidad del artículo 825 CC en vez de la voluntad real de la causante.

La STS 13 julio 2013[1038] tomó otro sendero, aunque también es cierto que los hechos no eran los mismos que los de la sentencia anterior. Aquí, el causante donó a su hijo varias fincas, dispensándolo de la colación en la misma escritura de la donación. El mismo día, 23 de septiembre de 2002, otorgó testamento, manifestado, según los hechos relatados por la sentencia, que «dejaba y, en su caso mejoraba, al referido hijo con determinadas fincas rústicas y el dinerario existente», y, asimismo, respecto al otro legitimario, que era el nieto por derecho de representación, le «legaba y, en su caso mejoraba [...], con determinadas fincas rústicas y la participación que le correspondiese en otra determinada finca». Tanto la sentencia de primera instancia como de segunda instancia[1039] rechaza-

---

1037 Espejo Lerdo de Tejada, M.: «Mejora presunta por donación: su exclusión del sistema de nuestro Código. Comentario a la Sentencia del Tribunal Supremo de 29 de mayo de 2006 (RJ 2006, 3343)», op. cit., p. 461.

1038 STS 29 julio 2013.

1039 La SAP Castellón 23 diciembre 2009 (TOL 5.220.350), expresó, ante el recurso de apelación del nieto que decía que no era aplicable a la donación el artículo 828 CC, lo siguiente: «No coincidimos con este criterio. Aunque, como ya hemos dicho, el importe de las donaciones deba ser tenido en cuenta a fin

ron la nulidad de las donaciones, considerando que se acreditó la voluntad de mejorar del donante, fallo que fue confirmado por el Tribunal Supremo. La sentencia parte de que la calificación como mejora de una donación no debe abrazar una interpretación literal del artículo 825 CC, sino que debe primar la voluntad realmente querida del testador. Partiendo de ello, consideró que había «una clara unidad causal entre las donaciones efectuadas y la declaración testamentaria, todas ellas realizadas en la misma fecha» de forma que el testador efectuó una auténtica partición de los bienes entre su hijo y su nieto. Continua argumentando que si bien es cierto que el artículo 825 CC es contrario a la admisión de la mejora «presunta», era patente que a través de una donación con dispensa de colación «se pretende un beneficio exclusivo para ese legitimario, que resulta mejorado», debiendo ceder la interpretación *ad pedem litterae* del citado artículo frente una interpretación sistemática de los artículos 636 y 1036 CC.

---

de verificar si se ha perjudicado la legítima -consideramos que únicamente la legítima estricta- de los herederos, la posibilidad de que su valor integre la mejora establecida por el causante a favor de alguno de los herederos posibilita que, constando dicha voluntad de mejorar, la misma se articule mediante las donaciones. En este sentido, en el presente caso contamos con suficientes pruebas en orden a verificar dicha voluntad del causante de mejorar al demandado. Por una parte, la clara expresión en las donaciones acercan de que las mismas no habían de ser colacionables, a lo que ya nos hemos referido. A esta expresión contenida en las varias donaciones efectuadas a favor del demandado, hemos de añadir la consideración singular acerca de la voluntad de mejora que se deduce de la donación de las tres fincas que tuvo lugar el día 23 de septiembre de 2002, si se tiene en cuenta que en el mismo día se otorgó el testamento, lo que por sí es suficientemente expresivo de aquella voluntad. Finalmente, recuérdese el contenido de las declaraciones testificales coincidentes en que el causante quería compensar a su hijo el demandado tanto por los años de dedicación al cuidado de su patrimonio y de su persona, como por el hecho de que a su hermano y padre del actor se le había facilitado el estudio de una carrera universitaria».

Es evidente que esta sentencia no puede servir de asidero para reputar que cabe imputar en el tercio de mejora toda donación hecha a un legitimario, como apunta Martínez Rodríguez[1040], pero será útil para argüir que, sin perjuicio del artículo 828 CC, no está proscrita, siempre y en todo caso, la mejora tácita cuando se trate de una donación[1041]. En nuestra opinión, no resulta correcto considerar que cualquier donación pueda imputarse, en último término, al tercio de mejora. Si bien es cierto que no es necesario que se tenga que emplear la palabra «mejora», como si de una exigencia sacramental se tratase, no se puede inferir, de toda donación, que el causante tuviese una voluntad de desigualar a los descendientes. Aunque la cita del artículo 656 CC sea sugerente en la empresa de defender que toda donación a un hijo puede albergar una mejora tácita si la misma excediere de su legítima estricta y del tercio de libre disposición, debe tenerse en cuenta que, de ser así, el artículo 825 CC quedaría asimilado, de hecho, al artículo 828 CC.

Ahora bien, una cosa es rechazar la aplicación del artículo 828 CC en el ámbito de la donación y otra, bien distinta, es agarrarse a la literalidad del artículo 825 CC para abogar por la reducción de toda donación que rebase la legítima y la parte de libre[1042]. A nuestro juicio, si se acredita, a tenor de los

---

1040 Martínez Rodríguez, N.: «Donaciones a los hijos en concepto de mejora», op. cit., p. 929.

1041 Redondo Trigo, que comentó *ad hoc* dicha sentencia, se posicionó a favor tanto de la *ratio decidendi* como del fallo del Alto Tribunal, toda vez que, en su opinión, quedó acreditada la *voluntad inequívoca de mejorar* del donante (Redondo Trigo, F.: «La declaración de la voluntad de mejorar mediante el cauce de la donación *inter vivos*: Comentario de la sentencia del Tribunal Supremo de 29 de julio de 2013)», en AA.VV., *Comentarios a las sentencias de unificación de doctrina (Civil y Mercantil), Vol. 6*, Dykinson, Madrid, 2016, p. 696).

1042 Hay algunos autores que sostienen que, imputada la donación en la cuota parte del tercio de legítima estricta del donatario, el exceso se deberá imputar en el tercio de libre disposición. No estamos de acuerdo, pues, en

hechos, que el causante mostró una voluntad de desigualar a los hijos o, dicho de otro modo, de mejorar al donatario, la primacía de la voluntad del causante debe ceder ante el rigorismo del artículo 825 CC. Podría extraerse esta voluntad en aquellos casos en los que el donante, por ejemplo, dispensa de la obligación de colacionar o cuando, con el fin de que la liberalidad no se subsuma en el *donatum* a los efectos del artículo 818 CC, se disfraza de contrato oneroso lo que en realidad es una donación, dando lugar a lo que algunos han denominado «desheredación de hecho».

---

coherencia con la línea que hemos venido manteniendo de salvaguardar, en la medida de lo posible, la parte libre, nuestra exégesis es la siguiente: la donación al hijo legitimario que concurra con otros descendientes se deberá imputar, en primer lugar, en su cuota de legítima, la cual estará compuesta, no solo por su cuota parte del tercio de la legítima corta, sino también por su cuota parte del tercio de mejora (salvo que la mejora haya sido objeto de expresa disposición por el causante a favor de otro descendiente), para finalmente imputar la donación, en lo que no quepa en la parte de legítima larga del donatario, en el tercio de libre disposición (esta tesis está avalada, ex profeso, por otros autores, pudiéndose citar a Lacruz Berdejo, J. L.: «La legítima», op. cit., p. 485, o a López Beltrán de Heredia, C.: *Computación, imputación y colación de donaciones en la sucesión mortis causa,* op. cit., p. 81). Lo mismo cabe decir respecto a los legados a favor de los hijos, pues si el causante no ha instituido al legatario como heredero y no ha hecho expresa disposición del tercio de mejora, el legado se deberá imputar según la siguiente secuencia: en primer término, se imputará en la cuota parte de legítima estricta del legatario; de no caber en dicha parte, se imputará en su cuota parte de mejora y el exceso se imputará en el tercio de libre disposición; finalmente, y en lo que no quepa en la parte libre, se imputará en el remanente del tercio de mejora, al representar el artículo 828 CC un claro ejemplo de mejora tácita (en contra, puede verse, Barba, V.: «Legados otorgados a legitimarios. Función, imputación y asunción de la carga en el Derecho español e italiano», op. cit., pp. 40 y 41, que, a través del ejemplo que aporta, parece defender la imputación del legado en la cuota parte del tercio de legítima estricta o corta del legatario y el exceso no lo imputa en la cuota parte del tercio de mejora que no ha sido objeto de expresa disposición, sino que lo imputa, directamente, en el tercio de libre).

Por tanto, retomando el debate respecto a la tesis Algaba Ros, creemos que, si el causante desheredó a un hijo, instituyendo sucesores al resto de descendientes, habrá una voluntad inequívoca de que los instituidos adquieran, con exclusión del desheredado injustamente, el tercio de mejora; o, por si no convenciese al lector esta afirmación, que el desheredado solo adquiera su parte legítima estricta, quedando privado del tercio de mejora y del tercio de libre disposición. Este resultado no puede quedar en entredicho bajo la estricta premisa de que el ordenamiento jurídico proscribe la mejora tácita, pues, según hemos visto, se admite incluso en algunos supuestos de donación. Pero es más, incluso si omitiéramos la existencia de la STS 13 julio 2013, en la que el tribunal entendió que había una voluntad de mejorar en una donación con dispensa de colación, hemos de preguntarnos, confrontando los artículos 825 y 828 CC, si la desheredación injusta, o la desheredación justa donde los descendientes representan al desheredado en virtud del artículo 857 CC, entrarían en la órbita del artículo 825 CC, que regula la imputación de las donaciones cuando el descendiente es el donatario, o en la del artículo 828 CC, que contempla la imputación del legado hecho a un descendiente. En nuestra opinión, teniendo en cuenta que la desheredación es una disposición *mortis causa* y no una liberalidad *inter vivos*, es evidente que su ámbito es el del segundo de los preceptos citados (art. 828 CC)[1043]. Por ende, si el legado hecho a un

---

[1043] Incluso autores como Espejo Lerdo de Tejada, alineados con una postura conservadora en cuanto a la mejora tácita, reconoce esta asimilación: «Ahora bien, podría sostenerse en sentido contrario y con mucha más seguridad, que la analogía se debe buscar en las disposiciones testamentaria, pues aparte de que en la desheredación existe una voluntad expresa, además, ya hemos llegado a la conclusión de que el régimen de las disposiciones testamentarias es diverso al de las donaciones en lo que se refiere a su valor como mejora» (Espejo Lerdo de Tejada, M.: «Mejora presunta por donación: su exclusión del sistema de nuestro Código. Comentario a la Sentencia del Tribunal Supremo de 29 de mayo de 2006 (RJ 2006, 3343)», op. cit., p. 461).

hijo puede absorber todo el tercio de mejora, aunque el testador no lo haya declarado expresamente, lo mismo cabe decir cuando el testador ha privado al hijo de lo mínimo mediante la desheredación, pues si consta la voluntad de que el causante quiso excluir al desheredado de su legítima estricta, con mayor razón habrá una constancia inequívoca de que fue su voluntad privarle de lo demás. *Ergo*, es paladino que la analogía, en caso de desheredación injusta, se subsume mejor en el artículo 828 CC que en el artículo 825 CC.

3. EL DISLATE DEL ARTÍCULO 851 CC

Hemos visto que, de concurrir el descendiente injustamente desheredado con otros descendientes, la medida del perjuicio causado deberá concretarse en su legítima estricta, excluyendo su participación en el tercio de mejora y, como no podía ser de otro modo, en el tercio de libre disposición. La desheredación injusta, por evidentes razones, no determina la nulidad del testamento, sino que debe anularse las disposiciones testamentarias a fin de que el legitimario perciba su legítima. El artículo 851 dispone que, en caso de desheredación injusta, se «anulará la institución de heredero en cuanto perjudique al desheredado», conservando su validez los legados, mejoras y demás disposiciones testamentarias en cuanto no perjudiquen a la legítima. De aplicar la literalidad del precepto, los resultados que pudieren darse son inverosímiles. Contemplaremos los distintos escenarios:

1. En primer lugar, si el causante, con dos hijos, que tuvieron a su vez descendencia, deshereda a uno de ellos y le adjudica al otro la legítima larga designándolo heredero, nombrando a su vez a un extraño heredero del tercio de libre disposición, cabe plantearse lo siguiente: ¿se deberán reducir o anular parcialmente todas las instituciones de heredero a prorrata para que el injustamente desheredado adquiera su legítima estricta?

Quizás, algún intérprete conteste afirmativamente, aplicando analógicamente el artículo 820.2º CC. Sin embargo, lo lógico será que el desheredado adquiera su legítima a costa de su propio descendiente que ha adquirido por el derecho de representación (art. 857 CC) su legítima estricta, sin que tenga que ser objeto de reducción lo percibido por los coherederos[1044].

2. En segundo lugar, está el supuesto donde el causante, con dos descendientes, otorga testamento desheredando a uno de ellos, designando como heredero a un extraño y disponiendo de legados a favor del otro legitimario para pagarle la legítima. Veámoslo con un ejemplo: El causante tiene dos hijos (A y B) y la suma del *relictum* más el *donatum* es de 90. Deshereda a su hijo A, instituye heredo a un amigo y lega a su hijo B bienes por valor de 60, que asciende a su legítima. Si la desheredación de A se declara injusta y aplicáramos literalmente el artículo 851 CC, veremos que la institución de heredero se tendría que anular para que A pueda percibir su legítima estricta, manteniéndose el legado dispuesto a favor del hijo B, de modo que, si A tiene derecho a bienes por valor 15, en dicha medida será anulada o reducida la institución de heredero a favor de un extraño. Así las cosas, el hijo A adquirirá bienes por valor de

---

1044 El artículo 451-21.2 CCCat dispone, parcamente, que el desheredado injustamente «puede exigir lo que por legítima le corresponde». Interpretando dicho precepto, la SAP Barcelona 5 diciembre 2012 (TOL 3.014.801), dijo, en un caso donde el descendiente del desheredado lo representó, que el demandante debía reclamar su legítima a su propio descendiente: «La desheredación "justa" extingue el derecho a la legítima; la desheredación "injusta", una vez reconocida como tal, es inexistente y, en consecuencia, el legitimario podrá reclamar lo que por legítima le corresponda, pero nada más; en tal caso, el heredero deberá satisfacer la legítima que reclame el injustamente desheredado, aunque si el heredero ha satisfecho la legítima al descendiente del desheredado -por ser "legitimario" por derecho de representación- el legitimario desheredado injustamente deberá dirigirse contra su descendiente».

15, el hijo B por valor de 60 y el extraño instituido heredero adquirirá bienes por valor de 15.

Para Lacruz Berdejo, lo lógico sería que tanto el instituido como heredero a cargo del tercio de mejora como del tercio de libre nada perdieran, de manera que la legítima estricta se abone al desheredado injustamente a costa de una nueva división entre los colegitimarios del caudal destinado a la legítima, reduciéndose las porciones de bienes que estos perciban o hayan percibido a costa de la *portio debida*. Sin embargo, según el autor, el precepto[1045] «es explícito en cuanto a que la reducción comienza por la institución de heredero, que podrá incluso ser toda ella imputable al tercio de mejora [...] o bien al tercio de libre». Es decir, solamente se podrán atacar los legados cuando la reducción o anulación de la institución de heredero fuere insuficiente para percibir la legítima estricta, de forma que los colegitimarios que hayan recibido su legítima mediante legado o donación no sufrirán ninguna reducción[1046].

Este resultado, evidentemente, es un absurdo, pues, como dice Algaba Ros, el causante vería limitada, más de lo que *per se* limita la ley, su libre disposición y, por otro, el legitimario no desheredado que recibió su legítima mediante legados sería «premiado por la desheredación efectuada pues obtendría la legítima global»[1047] que, en parte, también correspondía al desheredado injustamente, concretándose su perjuicio en la legítima estricta.

1045 Aunque el autor se refiriese a la preterición intencional (art. 814 CC), su razonamiento es extrapolable a la desheredación injusta, pues la redacción del primer párrafo del artículo 814 CC es idéntica al artículo 851 CC: «se reducirá la institución de heredero antes que los legados, mejoras y demás disposiciones testamentarias».

1046 Lacruz Berdejo, J. L.: «La preterición (Tutela de la legítima formal)», op. cit., pp. 524 y 525.

1047 Algaba Ros, S.: *Efectos de la desheredación*, op. cit., pp. 305 y 306.

En nuestra opinión, el artículo 851 CC es un malogrado vestigio de la tendencia romana de que el legitimario era heredero y que toda aquella atribución a un legitimario que excediese de su legítima, subsumiéndose en la mejora o en la parte de libre, se consideraba un legado[1048]. Por lo tanto, si considerásemos que la legítima estricta la perciben los descendientes como herederos, tendría pleno sentido y virtualidad el artículo 851 CC. Sin embargo, en un contexto en el que la legítima se puede entregar por cualquier título y que, concurriendo legitimarios, el heredero puede ser, perfectamente, un extraño, la aplicación rigorista del precepto puede conducir a resultados injustos, amén de absurdos, debiéndose abogar, merced a una interpretación sociológica y finalista, por anular o reducir aquella institución relativa a la legítima estricta que impide el pago de la cuota debida al injustamente desheredado. Parafraseando a Lacruz Berdejo, se le tendrá que hacer un hueco al desheredado en la mesa de la legítima estricta donde están comiendo el resto de descendientes, sin necesidad de atacar el tercio de mejora ni de libre disposición.

3. Un tercer supuesto, sería aquel donde el causante, después de desheredar a un hijo, que carece de descendencia, instituye heredero a otro descendiente de lo que le corresponda por legítima y también nombra heredero a un extraño en el tercio de libre. Si el hijo desheredado obtiene una sentencia declarando la desheredación injusta, Algaba Ros dice que «se

---

[1048] Nos remitimos a lo que dijimos más arriba: el Proyecto de 1851 partía de la presunción de que la legítima se entregaba al legitimario como heredero, de ahí que su artículo 659 dijera que «lo dejado en testamento se reputa mejora, aun cuando el testador no lo haya expresado», diciendo García Goyena que lo recibido como legitimario el hijo lo hace como heredero y lo demás, subsumible en la mejora, como legado, habiendo, por ende, un prelegado (García Goyena, F.: *Concordancias, motivos y comentarios del Código Civil español, Tomo II,* op. cit., p. 96).

reducirá la institución de heredero a prorrata, siempre que no se afecte a la legítima de los otros legitimarios si existiesen»[1049].

Veámoslo con otro escenario hipotético, consistente en un causante que tiene dos hijos (A y B); deshereda al hijo A e instituye como herederos a su hijo B de lo que le corresponda por legítima y a un amigo del tercio de libre, ascendiendo la legítima a 60. Vemos que, si se tienen que reducir las dos instituciones de heredero a prorrata, el resultado sería el siguiente: si A tiene derecho a 15, que es el valor de su parte de legítima estricta, y el hijo B ha percibido, según el testamento, bienes por valor de 60 y el extraño bienes por valor de 30, la reducción a prorrata implicará que la cuota de B será reducirá el doble que la del extraño, de modo que, para cubrir la legítima de A (15), se reducirá la institución a favor de B en 10 y la del extraño en 5, ya que, como decimos, la cuota del primero duplicaba la del segundo. De modo que el hijo A recibirá 15, el hijo B recibirá 50 y el extraño recibirá 25.

Dicho resultado no deja de ser sorprendente, porque suponiendo que no hubo donaciones que computar a los efectos del artículo 818 CC y que el caudal hereditario ascendía a 90, el causante verá que, si no hubiese desheredado a su hijo, este pudo haber percibido bienes por valor de 15, el hijo B bienes por valor 45 (legítima estricta más mejora) y el extraño, a quién dejó íntegramente el tercio de libre disposición, habría percibido bienes por valor de 30. Sin embargo, a costa de la reducción a prorrata de la institución de heredero, vemos que el desheredado percibirá su legítima estricta, que el hijo no desheredado adquirirá más bienes de lo que le hubiere correspondido de no haber mediado la desheredación (50 frente a 45) y que el extraño, cuya institución en nada afectaba a la le-

1049 Algaba Ros, S.: *Efectos de la desheredación*, op. cit., p. 292, quien aboga por la misma solución si toda la herencia se distribuye en legados.

gítima, percibirá bienes por valor de 50 en vez de 60. Es decir, la parte de libre disposición se verá reducida en 10.

Como no podía ser de otro modo, no estamos de acuerdo con dicha solución, debiendo abogarse, incluso de *lege lata*, por la reducción de la institución de heredero o legatario del hijo o de los hijos instituidos en su legítima estricta, a fin de colocar, de nuevo parafraseando el símil de Lacruz Berdejo, a un comensal más, sin que el tercio de libre disposición, que es la manifestación más genuina de la libertad de testar, se vea afectado por la desheredación injusta.

4. Un cuarto escenario será aquel donde se deshereda a un hijo, dejándole al resto la legítima estricta mediante legados y se instituye como heredero a un descendiente del tercio de mejora y a un extraño del tercio de libre disposición. Lo concretamos mediante la siguiente parificación: el causante tenía tres hijos (A, B y C); deshereda al hijo A, lega bienes a B y C en pago de sus respectivas legítimas estrictas, instituye heredero a B del tercio de mejora y designa heredera a su pareja de hecho del tercio de libre disposición. Aquí, Algaba Ros propugna que se deje a salvo de la reducción la institución de heredero hecha en la mejora, pues, según su criterio, es lo que nos dice el artículo 851 CC, que «se reducirá la institución de heredero antes que las mejoras», de modo que la mejora, ya sea dispuesta a través de la institución de heredero o de legados, solo será objeto de reducción después de atacar la institución de heredero que quede extramuros de la mejora[1050].

No estamos de acuerdo con dicha solución. Suponiendo que el caudal hereditario ascendía a 90, el hijo B percibirá 40 (10 como legatario y 30 como heredero), el hijo C percibirá 15 como legatario y la pareja del causante adquirirá 30 como heredera del tercio de libre disposición. De mediar una sentencia

1050 Algaba Ros, S.: *Efectos de la desheredación*, op. cit., pp. 293 y 294.

declarando la desheredación injusta, vemos que, partiendo de la tesis de Algaba Ros, antes que la mejora y los legados, habría que reducir la institución de heredero del tercio de libre disposición para que A, que tiene derecho a su legítima estricta, adquiera bienes por valor de 10, de modo que la perjudicada, en este caso, sería la heredera del tercio de libre, que en vez de adquirir bienes por valor de 30, verá reducida su institución en 20, beneficiándose de la desheredación el resto de hijos (B y C), que verán cómo su legítima estricta no se reduce.

En este caso, mantenemos lo mismo que en el caso anterior: si los dos hijos percibieron a cargo de su legítima estricta bienes por valor de 15, ya que el tercio ascendía a 30, la entrada del desheredado deberá implicar que cada uno vea reducida su legítima estricta en 5, a fin de que aquel pueda percibir los 10 a los que tiene derecho, dejando a salvo la mejora y el tercio de libre.

Por todo lo expuesto, consideramos que debería abogarse por una reforma del artículo 851 CC, en el sentido de que el injustamente desheredado obtendrá su parte de legítima estricta mediante la reducción a prorrata de todas las liberalidades *mortis causa* dejadas al resto de legitimarios con cargo a su legítima corta, con la posibilidad de que estos paguen al desheredado injustamente su legítima en metálico[1051]. Esta reducción de las instituciones de heredero o legatario en el tercio de legítima habrá de hacerse salvo que el descendiente del desheredado haya percibido lo que habría sido su legítima estricta, en cuyo caso el resto de disposiciones a favor de los colegitimarios se

---

1051 Análoga solución contempla el artículo 467-25 de la Propuesta de Código Civil elaborada por la Asociación de Profesores de Derecho Civil, justificando esta vía Parra Lucán en que, de este modo, serán «los legitimarios quienes primero soportan las consecuencias de una desheredación» (PARRA LUCÁN, Mª Ángeles, «Las legítimas en la propuesta de Código Civil elaborada por la Asociación de Profesores de Derecho civil», op. cit., p. 209).

mantendrán indemnes, debiendo entregar el descendiente del desheredado lo que haya percibió en la sucesión del causante.

4. INCIDENCIA DE LA DESHEREDACIÓN INJUSTA EN LA PARTICIÓN YA HECHA

Cabe la posibilidad, que no es excepcional, máxime atendiendo a que, según la STS 25 septiembre 2019, el plazo para impugnar la desheredación injusta es de cuatro años, que, admitiéndose en sentencia que la desheredación fue injusta, la partición en la sucesión de que se trate ya se haya consumado mediante la adjudicación a los herederos de los bienes hereditarios (art. 1068 CC), El tratamiento de los efectos de la desheredación injusta en la partición ya hecha es una cuestión que, en consecuencia, tiene relevancia práctica, pero que no ha sido objeto de un extenso tratamiento doctrinal.

Vallet de Goytisolo diferenció varios escenarios en caso de preterición o desheredación injusta. En el caso de que la pluralidad de herederos surja del título que sustituya al invalidado en el que aparecía un heredero único, «será preciso efectuar una partición basada en el nuevo título». Si, a raíz del título invalidado, son completamente distintos los herederos, habiéndose practicado la partición con herederos que, en puridad, no lo eran, la partición, según el autor, es radicalmente «nula». Ahora bien, si en virtud del nuevo título sucesorio no varían los herederos, sino tan solo sus cuotas, o desaparece alguno de los partícipes, manteniéndose el resto e incorporándose uno más, ya sea el desheredado o el preterido, la consecuencia sería distinta, infiriéndose de su trabajo que, en virtud del *favor partitio-*

nis, la partición no devendría necesariamente nula, debiéndose aplicar, según el caso, los artículos 1079, 1080 o 1081 CC[1052].

Algaba Ros descartó aplicar, en sede de desheredación injusta, los artículos 1074, 1080 y 1081, razonándolo del modo que sigue:

1. Respecto a la rescisión por lesión, prevista en el artículo 1074 CC, argumentó que la lesión al desheredado injustamente no procedía de la partición, sino de una de las cláusulas del testamento, que era ilegal, no pudiéndose subsumir la desheredación injusta en el supuesto de hecho de dicha acción[1053].

2. En cuanto a la posibilidad de acudir al artículo 1080 CC, también lo descarta, ya que, aunque de su tenor literal se deduzca que la partición «en la que no concurre uno de los coherederos no es nula, sino subsanable de la manera» que el precepto dispone, que consiste en pagarle al preterido en la partición[1054] la parte que le corresponde, explica la autora que «en el caso de desheredación injusta sin embargo nos encontraremos con una partición realizada con todos los herederos testamentarios, pero con posterioridad ha recaído una sentencia anulado la cláusula de desheredación», constatándose la inoperancia del artículo 1080 CC debido a que «declarada una desheredación injusta con posterioridad a la partición existiría un defecto de la base del negocio, que implicaría la nulidad del mismo», que es una «cuestión diferente al caso de una

---

1052 Vallet de Goytisolo, J.: «El principio del favor partitionis», *Anuario de Derecho Civil*, 1990, pp. 12 y 13.

1053 Algaba Ros, S.: *Efectos de la desheredación*, op. cit., p. 313.

1054 Entiéndase que la preterición a la que se refiere el artículo 1080 CC no es la preterición testamentaria de un legitimario, sino el olvido del heredero, que no tiene porqué ser legitimario, en las actividades particionales, como recientemente ha afirmado la STS 13 junio 2023.

partición realizada con testamento válido en el que exista una omisión de un heredero en la adjudicación»[1055].

3. Finalmente, en lo que se refiere al artículo 1081 CC, que prevé la nulidad de la partición hecha «con uno a quien se creyó heredero sin serlo», estima Algaba Ros que, en una primera aproximación, podría ser aplicable cuando los efectos de la desheredación injusta «ocasionen la total anulación de la institución de heredero»; no obstante, tampoco estima que su presupuesto resulte trasladable al caso de una partición efectuada sobre un testamento con una cláusula de desheredación injusta, ya que «la razón de la ineficacia no es que se haya efectuado una partición con quien no es heredero, sino que la partición efectuada se ha realizado con vulneración de una norma imperativa»[1056].

Hechas estas consideraciones, Algaba Ros, ante el conflicto subyacente entre el *favor partitionis* y la intangibilidad de la legítima, se posiciona a favor de esta última abogando por la nulidad total de la partición, pues, a su juicio, «una partición realizada sobre la base de un testamento con cláusula de desheredación injusta», ha vulnerado una norma imperativa que ha de imperar sobre la conservación de la partición, pudiendo solo conocerse el alcance de dicha vulneración «tras la valoración nueva del testamento a la luz de la declaración de injusticia de la cláusula de desheredación», sin que resulte posible «conservar una partición realizada tomando como fundamento un testamento declarado nulo pues la base del negocio particional no sería la misma».

En nuestra opinión, es discutible que no se pueda conocer el alcance de la ineficacia de la desheredación si no llegare a declararse la nulidad de la partición, pues es perfectamente

---

1055 Algaba Ros, S.: *Efectos de la desheredación,* op. cit., pp. 314 y 315.

1056 Algaba Ros, S.: *Efectos de la desheredación,* op. cit., pp. 315 y 316.

posible, omitiendo la partición, calcular el perjuicio del desheredado y lo que le correspondería en la herencia del causante.

Hecho este apunte, y siguiendo con el recorrido doctrinal, Carrau Carbonell también se ha preguntado qué sucede con la partición si la acción de impugnación del desheredado es estimada. Al principio, maneja dos posibilidades, a saber: entender que se trata de «un caso de rescindibilidad de la partición por el artículo 1074 del Código Civil», o «un caso de simple modificación, por considerarse que sería de aplicación el artículo 1080 del Código Civil, ya que la partición se habrá realizado sin alguno de los herederos, incluyendo a los forzosos». Sin embargo, descarta ambas opciones, apuntando que la solución «será indefectiblemente en la práctica la ineficacia de la partición realizada y la necesidad de otorgar una nueva escritura pública en la que la partición se realice compareciendo el legitimario injustamente desheredado»[1057]. Aunque no utilizara el *nomen* técnico, deducimos que el autor se inclina por la tesis de la nulidad, al igual que hizo Algaba Ros.

En el ámbito de la práctica forense, no abundan las resoluciones que se hayan pronunciado sobre la incidencia de la desheredación injusta en la partición, sin embargo, últimamente en los tribunales se está secundando la aplicación del artículo 1080 CC cuando hay una preterición testamentaria. Ejemplo de ello es la STS 13 junio 2023, que estudió un supuesto de preterición no intencional o errónea y su incidencia en la posterior partición. En este caso, el causante otorgó testamento en 1987, legándole a su esposa el usufructo universal y vitalicio de sus bienes e instituyendo como herederos a sus dos hijos. En 1989 el matrimonio falleció en accidente de tráfico, otorgando los dos hijos herederos escritura de aceptación y adjudicación de la herencia del padre en 1990. En 2014, en

---

1057 Carrau Carbonell, J. M.: «La desheredación por maltrato psicológico y su dificultad de aplicación práctica», op. cit., p. 255.

virtud de sentencia, quedó determinada la filiación paterna no matrimonial respecto a un tercer hijo, presentando este una demanda en 2016 solicitando al juzgado que se le declarara preterido erróneamente en el testamento de su padre, además del reconocimiento del derecho «a percibir los bienes que le corresponden con cargo a los bienes que integran el caudal hereditario». Los demandados, hermanos del demandante, alegaron que la preterición fue intencional y, en cuanto a la partición ya hecha, adujeron que no podía rescindirse por la ausencia de mala fe, al ignorar la existencia del demandante cuando la practicaron, debiendo mantenerse pagando al preterido la parte que legalmente le correspondiese. El juzgado *a quo* estimó la demanda, declarando que el demandante fue preterido de forma no intencional, anulando la institución de herederos a fin de que se procediese a la apertura de la sucesión intestada, y condenado a los demandados a «restituir los bienes que componen el caudal relicto de su padre fallecido, y los frutos que hubieran producido los bienes de la herencia» desde el momento del fallecimiento del padre. Dicho fallo fue confirmado en segunda instancia.

En casación, los herederos volvieron a insistir en la aplicación del artículo 1080 CC, al estimar que no concurrió mala fe en la partición hecha con preterición de un heredero, motivo este que fue estimado por el Tribunal Supremo. La comentada sentencia, sin perjuicio de aclarar previamente que una cosa es la «preterición puramente particional» y otra la «preterición testamentaria de los legitimarios», dice que la regla del artículo 1080 CC se basa en el principio de conservación de la partición, permitiendo que una partición convencional sea válida a pesar de no haber contado con el consentimiento del coheredero, siempre que haya buena fe de los demás, en cuyo caso el omitido tiene derecho a que se le pague su legítima. Dando por supuesto que el título por el que percibe su legítima es el de heredero, señalando expresamente que el título es «abintestato», considera que, el hecho de que la legítima sea *pars bonorum* y que el preterido sea heredero, no es un argumento suficiente para rechazar la aplicación del artículo 1080 CC, condenando a los herederos demandados a abonar al preterido el valor de la tercera parte de los bienes cuando fueron adjudicados, actualizado conforme al IPC, «dado el carácter pecuniario de la deuda»[1058].

En contra de la opinión que defendieron en su día autores como Albaladejo, Rubio Garrido[1059] o Martínez Espín[1060], en torno a que los efectos de aplicar el artículo 1080 CC consiste en que los herederos deberán entregar al preterido en la partición «la porción de bienes hereditarios que le pertenecen en pago de su herencia»[1061], el Tribunal Supremo, sin demasiadas explicaciones, se sujetó al tenor literal del precepto («éstos tendrán obligación de pagar al preterido la parte que proporcionalmente le corresponda») a la hora de condenar a los demandados a entregar al preterido, no los bienes hereditarios, sino el valor de los que le hubieren correspondido.

Ahora nos planteamos: ¿cuál debe ser el criterio a seguir en caso de desheredación injusta? Dependerá del tipo de partición, pues así como el artículo 1080 CC, reflejo del principio *favor*

1058 La condena abonar al legitimario preterido el valor de la tercera parte de los bienes adjudicados es confirmado por el fallo de la sentencia: «Casamos la sentencia recurrida en el sentido de declarar que cada uno de los demandados debe abonar al actor la mitad de 8 832 358 pesetas (la mitad de 53 083,35 euros), cantidad actualizada conforme al IPC desde la presentación de la demanda que ha dado lugar a este procedimiento».

1059 Rubio Garrido, T.: *La partición de la herencia*, Aranzadi, Pamplona, 2017, p. 595.

1060 Explica Martínez Espín, P.: «Artículo 1080», op. cit., p. 1376, que el «pago podrá hacerse en dinero en otra clase de bienes, pues que la ley no distingue, o, en caso de desacuerdo del preterido, con los bienes de la herencia».

1061 Albaladejo García, M.: *Curso de Derecho Civil, V, Derecho de sucesiones*, op. cit., p. 180.

partitionis, es aplicable a la partición convencional[1062], resultará inoperante cuando, por ejemplo, sea propio testador quien realice la partición. A nuestro juicio, caben varias hipótesis:

1. Si el propio testador hace la partición o nombrare un contador partidor para que la efectúe, una vez que se produzca la apertura de la sucesión, la desheredación injusta no debería provocar la ineficacia de la partición, a tenor del principio de la conservación de los actos jurídicos. Se podría reprochar a nuestra postura que dicho principio no puede desvirtuar la defensa del sistema legitimario y la concepción de la legítima como *pars bonorum*, pero, poniendo en valor que fue voluntad del causante que los herederos designados, y no el desheredado, fuesen los adjudicatarios de los bienes que componían la herencia, apostamos por integrar la voluntad testamentaria; así, de la misma manera que, en un escenario de desheredación injusta con pluralidad de descendientes, se ha interpretado por el Tribunal Supremo que el perjuicio del hijo desheredado se constriñe a la percepción de la legítima estricta, quedando excluido de la mejora, nosotros decimos ahora que, ante una desheredación ineficaz, cabe entender que cohonesta con la voluntad presunta del causante, ley de la sucesión, que los herederos designados en testamento tengan dos opciones: entregar al desheredado injustamente su legítima en metálico, en proporción al valor de los bienes, o, directamente, entregarle los bienes hereditarios suficientes para cubrir su legítima (art. 842 CC). La objeción que presenta esta tesis es que la posibilidad del pago en metálico de la legítima debe, en virtud del artículo 841 CC, contemplarse expresamente por el testador, a lo que nosotros apuntamos que también se ha dicho, durante décadas, que la mejora debe ser expresa y ello no ha sido óbice para que el Tribunal Supremo admita que el descendiente

[1062] Martínez Espín, P.: «Artículo 1080», op. cit., p. 1375.

desheredado injustamente queda excluido de la misma si en la sucesión concurrió con otros descendientes.

2. En caso de partición convencional, creemos que el canon a seguir debe ser el de la comentada STS 13 junio 2023, que ha optado, en un supuesto de preterición no intencional, por aplicar el artículo 1080 CC. Quizás, el fallo de la sentencia sea censurable en cuanto al medio de pago de la legítima, pues debe recordarse que el tribunal condenó a los herederos a pagar en metálico la legítima al preterido. Ante el silencio del precepto, que simplemente dispone que los herederos tendrán que «pagar» al preterido lo que le corresponda, lo más razonable será aplicar analógicamente el artículo 842 CC, en el sentido de permitir a los herederos pagar al desheredado su legítima en metálico o con bienes hereditarios[1063].

No obstante, a esta propuesta de aplicar el artículo 1080 CC cuando se tratare de impugnar la partición convencional ante una desheredación injusta, se podrían formular las siguientes objeciones:

En primer lugar, que, a diferencia de lo que ocurrió en la STS 13 junio 2023 que trató la impugnación de la partición en un supuesto de preterición no intencional, donde los herederos podían desconocer la existencia del preterido, cuando se

1063 La SAP Pontevedra 12 febrero 2020 (TOL 7.931.138), que igualmente aplicó el artículo 1080 CC en un supuesto de una preterición testamentaria intencional donde los herederos practicaron la partición omitiendo al legitimario, dijo lo siguiente en cuanto a los efectos del artículo 1080 CC: "Cuestión distinta es que, como preceptúa el referido artículo, los que intervinieron la partición [sic] «tendrán la obligación de pagar al preterido la parte que proporcionalmente le corresponda», a saber, entregar al preterido los bienes de la herencia, en la proporción que le corresponda, o el equivalente en numerario según el valor que los bienes tuviesen cuando fueron adjudicados, a elección de aquéllos, como por otra parte solicita la demandante de forma subsidiaria".

trata de una desheredación será harto improbable, por no decir imposible, que los herederos desconozcan la existencia de un legitimario y, en este sentido, se podría alegar que cuando aquellos practicaron la partición hubo, en palabras del artículo 1080 CC, mala fe o dolo por parte de los interesados. Desde nuestro prisma, siendo la desheredación un título testamentario suficiente para privar al desheredado de la legítima, de practicar los herederos designados la partición con exclusión del desheredado, no se les podrá reprochar que intervinieron con dolo o mala fe, pues la preterición particional del desheredado se fundamentó en la voluntad del causante, que, desheredación mediante, excluyó al desheredado de toda participación en su herencia. Por lo tanto, si los herederos practicaron la partición a sabiendas de la desheredación, ello no significa que tuvieran mala fe o dolo; simplemente, respetaron la *voluntas testatoris* y, en concreto, que el testamento es la ley de la sucesión.

En segundo lugar, otra objeción vendría de la mano de la tesis de Vallet de Goytisolo. Como hemos visto, el autor, ante una preterición intencional o desheredación injusta, decía que la impugnación de la partición dependería de los efectos que los artículos 814 u 851 CC irradiasen en la herencia, ya que, según Vallet, si del título invalidado aparece un nuevo heredero –el preterido o el desheredado- que sustituye a otro u otros designados en testamento, sería «preciso efectuar una partición basada en el nuevo título», subsumiendo esta hipótesis en la nulidad. En nuestra opinión, tampoco dicha posibilidad coadyuvaría a considerar que la partición es nula, del mismo modo que no son necesariamente nulas *ipso iure* las donaciones inoficiosas que el causante hubiese dispuesto en vida. Así, de la misma manera que, tras la sentencia de desheredación injusta, el legitimario podría verse en la tesitura de dirigirse, si el *relictum* fuere insuficiente, contra los donatarios para obtener su legítima, pudiendo estos quedarse incluso los bienes[1064] donados con la obligación de pagarle lo que le corresponde (en virtud de la aplicación analógica del artículo 821 CC a las donaciones[1065-1066]), la partición, de no concurrir mala fe o dolo de los interesados, deberá respetarse, aunque pueda suponer, a la postre, que estos se queden con los bienes hereditarios en virtud de un título testamentario que ha devenido ineficaz. Insistimos, así como la donación inoficiosa no invalida, inexorablemente, la adquisición del donatario, tampoco anula la desheredación las adjudicaciones a los herederos cuyo título devenga ineficaz total o parcialmente. Planteado de otro modo: ¿por qué el desheredado injustamente tendrá un privilegio del que carece aquel legitimario que no puede percibir su legítima por las liberalidades inoficiosas dispuestas por el causante? Es más, consideramos que ni siquiera el alegato de que la legítima sea *pars bonorum* desvirtúa nuestro punto de vista, pues el causante, ya sea mediante actos o negocios *inter vivos* o a través de disposiciones *mortis causa* (art. 841 CC), podrá excluir al legitimario no preterido ni desheredado de adquirir los bienes hereditarios, pagándole lo que le pudiere corresponder por legítima en metálico.

En tercer lugar, y en lo atinente al argumento de Algaba Ros, consistente en que no es posible «conservar una partición realizada tomando como fundamento un testamento decla-

---

1064 No pocos autores consideran aplicable el artículo 821 CC también a los bienes muebles vía analógica, como Lacruz Berdejo, José Luís, «Defensa de la intangibilidad cuantitativa de la legítima», op. cit., p. 513, Torres García, T. F. y Domínguez Luelmo, A.: «La legítima en el Código Civil (II)», op. cit., p. 128, y, más recientemente, Busto Lago, J. M.: «Artículo 821», op. cit., p. 1088.

1065 Véase la STS 27 abril 1961.

1066 También defendió la aplicación del artículo 821 CC a las donaciones, inclusive de bienes muebles, Lacruz Berdejo, José Luís, «Defensa de la intangibilidad cuantitativa de la legítima», op. cit., p. 513.

rado nulo», so pretexto de que «la base del negocio particional no sería la misma»; creemos que esta afirmación parte de una premisa errónea, que no es otra que la de estimar que la desheredación injusta acarrea la nulidad del testamento, y no simplemente la ineficacia de aquellas disposiciones testamentarias que impidan que el desheredado adquiera la legítima. Siendo ello así, y entendiéndose que el testamento que albergue la desheredación declarada injusta sigue siendo un título apto para fundamentar las adquisiciones que no afecten a la legítima del desheredado, lo que procede, en todo caso, es la modificación de la partición *ex* artículo 1080 CC, sobre todo ateniéndonos a la máxima, propia del negocio jurídico, *utile per inutile non vitiatur.*

En cuarto y último lugar, habrá quienes pudieren pensar que, si el título por el que el desheredado percibe su legítima, declarada injusta la desheredación, es de heredero, tendrá derecho a participar en todas las operaciones particionales, debiendo declararse la nulidad de la partición a fin de practicar otra nueva con plena participación del injustamente desheredado. Respecto al título por el que el legitimario desheredado o preterido percibe su legítima ha sido una cuestión muy debatida por la doctrina: hay quienes piensan que, siendo ineficaces las disposiciones testamentarias que lesionen la legítima, procede la apertura de la sucesión intestada, recibiendo el desheredado la legítima a título de heredero[1067]. Otros, en

[1067] Uno de los principales valedores de esta teoría fue Vallet de Goytisolo, J.: *Limitaciones de Derecho sucesorio a la facultad de disponer, Tomo I, Las legítimas,* op. cit., pp. 986-988. También Puig Brutau, J.: *Fundamentos de Derecho Civil, Tomo V, Volumen III,* op. cit., p. 9, que expuso que en España hay un sistema legitimario de reglamentación negativa o de freno a la libertad de testar, imponiendo la ley un deber jurídico al testador para que disponga de parte de sus bienes a favor de los legitimarios, «pero, si incumple este deber, la ley no hace ningún llamamiento directo a los favorecidos para que reciban los mismos bienes precisamente como legitimarios, sino que declara nula (de

cambio, rechazan esta teoría, alegando que si fuere cierto que lo procedente fuese la apertura de la sucesión intestada para que el desheredado injustamente obtenga su legítima, sería un llamamiento atípico conforme a la arquitectura normativa de la sucesión abintestato, ya que no serían llamados todos los parientes de la misma línea y grado, sino solo el desheredado, inclinándose algunos autores que secundan esta crítica por afirmar que el desheredado recibe su legítima por un título sucesorio propio, una especie de *tertium genus*, no subsumible en

---

manera total o parcial, según los casos), la institución de heredero hecha por el testador, con el resultado de que la herencia queda sin disponer y provoca la apertura de la sucesión intestada». Igualmente, Roca Sastre, R. Mª.: *Estudios sobre sucesiones*, op. cit., pp. 68 y 69, dice que, en caso de preterición, donde el preterido consigue la ineficacia de la institución de heredero, lo procedente es la apertura de la sucesión intestada, entrando el legitimario preterido en concepto de heredero, actuando la legítima como «elemento explosivo, o sea de causa que provoca el derrumbamiento o inoperancia de la institución testamentaria de heredero». Rivera Fernández, M.: *La preterición en el Derecho común español*, op. cit., pp. 237 y 238, en el intento de diferenciar la desheredación injusta de la preterición intencional, dice que en aquella «lo protegido, cuando de desheredación injusta se trata, es la propia figura del legitimario», de modo que, a fin de que pueda percibir la legítima, «se le posibilita su reintegración en el fenómeno sucesorio a título de heredero como consecuencia del efecto anulador contemplado en el artículo 851». Sin embargo, el autor se desliga de este planteamiento cuando trata la preterición intencional, ya que, como quiera que, a su juicio, no hay una voluntad testamentaria respecto al preterido, el único efecto específico es el reductor de las disposiciones testamentarias, pero «en ningún momento pretende asignar el título de heredero». Nos llama la atención su punto de vista, porque así como su postura no da respuesta respecto al título o el vehículo por el que el preterido adquiere su legítima después de reducir las disposiciones testamentarias, creemos que, si se admitiera que el legitimario pudiere percibir lo que le corresponde por un título específico que no es, necesariamente, ni el de heredero o legatario, tendría más sentido defender esa posibilidad en la desheredación, donde el testador, expresamente, mostró su voluntad de que el legitimario no percibiese ni tan siquiera la legítima.

el llamamiento testamentario ni en el intestado[1068]. En nuestra opinión, aunque se sostenga que el título por el que el desheredado obtenga su legítima sea el de heredero[1069], ello no desnaturaliza que se aplique el artículo 1080 CC en caso de desheredación injusta, pues la omisión del legitimario en la partición, precisamente, es una circunstancia que ya tuvo en cuenta el legislador para consagrar lo que la doctrina bautizó como «modificación de la partición»[1070]. En este sentido, vimos que la STS 13 junio 2023, en un caso de preterición testamentaria, dijo que lo procedente era la apertura de la sucesión in-

---

1068 CÁMARA LAPUENTE, S.: *La exclusión testamentaria de los herederos legales*, op. cit., pp. 105 y 106; TORRES GARCÍA, T. F. y DOMÍNGUEZ LUELMO, A.: «La legítima en el Código Civil (I)», op. cit., p. 70; ORDÁS ALONSO, M.: *La desheredación y sus causas. Derecho civil común y derecho civiles forales y especiales*, op. cit., p. 210.

1069 Es interesante la siguiente reflexión de BOSCH CAPDEVILLA, E.: «El cálculo de la legítima de los descendientes en los derechos civiles españoles», op. cit., p. 156: «el legitimario será lo que el causante quiera que sea (donatario, legatario o heredero). Ahora bien, los posibles títulos sucesorios por los que se atribuya la legítima no invalidan el derecho del legitimario, sino que se yuxtaponen a él». En la doctrina italina, BARBA, V.: «La sucesión de los legitimarios en Italia. Principios, problemas y propuestas», op. cit., pp. 80 y 81, explica que el interés protegido por el legislador italiano no es que el legitimario se convierta en heredero, sino que perciba su legítima, suponiendo la adquisición de la condición de heredero, cuando no haya sido satisfecha la legítima por cualquier título, «un mero instrumento técnico a través del cual el ordenamiento jurídico tiende a realizar el principal interés protegido, que consiste, precisamente, en que el legitimario consiga una parte del caudal hereditario»; añade el autor que en «los casos en que el legitimario está excluido de la sucesión (porque hay una preterición o una desheredación) o perjudicado (porque no ha recibido su legítima total), el legislador lo hace heredero, no porque quiera que se convierta en heredero, sino con el único fin de constituir un título (el de heredero) bajo el cual pueda conseguir los bienes que componen la sucesión» (véase también, al mismo autor, en «Libertad de testar, una idea del sistema italiano», op. cit., p. 208)

1070 LACRUZ BERDEJO, J. L.: y SANCHO REBULLIDA, F. A.: «Vicios y medios de impugnación», op. cit., p. 168.

testada para que el preterido adquiriese su legítima, sin vacilar a la hora de aplicar el artículo 1080 CC en orden al pago de la legítima en metálico.

Evidentemente, toda esta literatura se evitaría si, en el contexto de una futura reforma, se contemplara en la ley que, en caso de preterición y de desheredación injusta, los herederos *pudiesen* pagar al legitimario lo que les corresponda en metálico, como contempla el artículo 508.1 CDFA para el supuesto de preterición no intencional.

5. LA DESHEREDACIÓN FUNDADA EN UN VICIO DE LA *VOLUNTAS TESTATORIS* O BASADA EN UNA CAUSA FALSA

La *voluntas testatoris* articulada en testamento es, sin duda, el bastión de la desheredación. Siendo ello cierto, si la voluntad desheredativa se hallaba viciada por un error, en el sentido de que el causante, al desheredar, estaba en la creencia, falsa o errónea, de que concurrían en el legitimario unas circunstancias que lo hacían merecedor de la desheredación, dicho vicios puede ser determinantes a la hora de valorar los efectos de la desheredación. Estos vicios que pueden incidir en la voluntad desheredativa no tienen porqué coincidir con los que prevé el artículo 851 CC en caso de que la desheredación sea injusta[1071].

Scaevola, a pesar de no usar el *nomen* de la desheredación por error, trató la desheredación que «se ordenó indebidamente», que se «fundaba en un hecho que el testador tuvo por cierto sin serlo en realidad»; a juicio del autor, los efectos de dicha disposición no debieran ser solo «reintegrar al desheredado en su parte de legítima, sino en todo aquello de la parte

1071 Nos remitimos a los supuestos descritos en el epígrafe 1. del presente capítulo.

de libre disposición que el causante le habría concedido, de conocer la falsedad de los hechos en que se apoyaba»[1072].

Vallet de Goytisolo también consideraba que podía ser determinante la presencia del error como vicio de la voluntad en la desheredación, considerando extrapolable a la figura la previsión que alberga el primer párrafo del artículo 767 CC. Siguiendo su prosa, «si del tenor del testamento, al expresar la causa, o de otras circunstancias del mismo, o incluso del conjunto de disposiciones útiles para alcanzar el sentido de la cláusula atendidas las circunstancias que tuvo en cuenta el testador para ordenar su última voluntad -las cuales pueden ser extrínsecas, aunque siempre deben ser apreciadas con relación al tenor del testamento- resultase que si el testador hubiese conocido la falsedad de la causa en que se basó la desheredación no la habría efectuado», la consecuencia sería la nulidad de la desheredación. Ahora bien, el autor, distanciándose del criterio de Scaevola, que defendía que el desheredado percibiera incluso la parte de libre disposición, decía que la presencia del error no provocaba, necesariamente, la nulidad total, o que se tuviera que «invalidar o reducir los legados, mandas o mejoras», para que el desheredado percibiese «su cuota ab intestato íntegra», salvo «si la expresión de la causa falsa la comprendiera también como fundamentos de estos efectos»[1073].

Es decir, para Vallet de Goytisolo el error en la voluntad desheredativa provocará que el desheredado, si se tratare de un descendiente que concurra con otros, perciba, como mínimo, su parte de legítima estricta, y si se demostrare que el testador, de haber conocido la falsedad de la causa, le habría designado sucesor de todo o parte del tercio de mejora y de libre disposición, se tendrán que reducir o anular el resto de disposiciones

---

1072 Mucius Scaevola, Q.: *Código civil, Tomo XIV*, op. cit., pp. 880 y 881.

1073 Vallet de Goytisolo, J.: *Limitaciones de Derecho sucesorio a la facultad de disponer, Tomo I, Las legítimas*, op. cit., pp. 972 y 973.

testamentarias para que el erróneamente desheredado pueda percibir lo que trascienda de su legítima estricta, siempre que, haciendo abstracción de la falsedad de la causa, se probare que la obtención de lo que vaya más allá de la legítima estricta estuviere avalado por la voluntad real del causante.

En cuanto a la prueba del error en la desheredación, son sumamente interesantes las aportaciones de Cámara Lapuente, con el que aquí coincidimos. El autor entiende que la fase probatoria estaría compuesta de dos tramos cumulativos: por un lado, «la prueba de la certeza de la causa de desheredación», la cual correspondería al heredero; y, por otro lado, una vez demostrada la falsedad de la causa, por falta de pruebas en contrario, el desheredado tendría que «probar la relevancia del error en la formación de la voluntad»[1074].

Algaba Ros, que trata los efectos de la desheredación por error, hace coincidir sus efectos, si el testamento no contiene disposición alguna en favor del desheredado, con los de la preterición no intencional, pues, en su opinión, «el desheredado aparecería como un legitimario que involuntariamente no fue mencionado por el testador». En cambio, si el testador desheredó por error y realizó en testamento una atribución a favor del desheredado, la autora considera que el desheredado erróneamente no podría ejercitar la acción de complemento, pues se tendría por no puesta «la cláusula de desheredación así como la asignación realizada en favor del desheredado, pues sólo de esa forma se evitarían las consecuencias surgidas de la errónea manifestación de la voluntad y se conseguirán unificar los efectos de la desheredación errónea»[1075].

1074 Cámara Lapuente, S.: *La exclusión testamentaria de los herederos legales*, op. cit., p. 109.

1075 Algaba Ros, S.: *Efectos de la desheredación*, op. cit., pp. 384 y 385.

Omitiendo que el testador hubiere hecho alguna designación a favor del desheredado, la tesis de Algaba Ros coincidía con la que en su día contemplaba el Derecho foral aragonés, en el artículo 199 de la Ley 1/1999, de 25 de febrero, de Sucesiones por Causa de Muerte, y que ahora prevé el artículo 514 CDFA, que dispone que «[si] el motivo de la exclusión, aun absoluta, o la causa de la desheredación, expresados en el título sucesorio, son erróneos, pero no han sido determinantes, se tienen por no puestos. Si han sido determinantes, se producen para los legitimarios de grado preferente las consecuencias de la preterición no intencional».

Entendemos que el legislador aragonés, cauteloso y respetuoso con el principio de seguridad jurídica, haya querido, a los efectos de evitar la litigiosidad y polémicas judiciales, contemplar las consecuencias de la desheredación no intencional o por error equiparándola a la preterición no intencional. Pero, en el Derecho común, ante la ausencia de un precepto que regule dichos efectos *ad hoc*, creemos que el juez no se debe inhibir en averiguar cuál habría sido, de no mediar el error en la desheredación, la verdadera voluntad del causante y, una vez averiguada, integrarla, haciendo que esta, en la medida de lo posible, sea compatible con el resto de disposiciones testamentaria. Para verlo mejor, pongamos un ejemplo:

Supongamos que un padre, con varios descendientes (A, B, C y D), designó herederos a todos ellos de lo que les correspondiese por legítima estricta, disponiendo expresamente del tercio de mejora a favor de B y C y, respecto al tercio de libre disposición, instituyó por mitad a B y a un extraño. Meses después, otorga otro testamento, desheredando a B y mostrando su deseo de que, en lo que no fuere incompatible con la desheredación, se respeten las disposiciones del anterior testamento. Escasos días después del último testamento, el causante fallece y el desheredado, siguiendo la secuencia propuesta por Cámara Lapuente, consigue que la desheredación sea declarada injusta y, además, prueba que la voluntad desheredativa estaba viciada por un error; pero no solo eso, sino que, dada la proximidad temporal entre los dos testamentos, también consigue probar que, de haber sabido el padre la falsedad de los motivos que le impulsaron a desheredarlo, habría respetado, íntegramente, el primer testamento que otorgó, en el que instituyó al hijo, a la postre desheredado, beneficiario de su cuota parte de legítima estricta y de la mitad de los tercios de mejora y de libre disposición. Ahora nos planteamos lo siguiente: en defecto de previsión *ad hoc* en la ley sobre la desheredación no intencional, ¿qué es menester?, ¿abogar por el dogma de equiparar los efectos de la desheredación errónea con los de la preterición no intencional o, ante la laguna que genera la ineficacia de la desheredación no intencional, integrar la voluntad real y verdadera del causante? A nuestro juicio, la última opción.

A tenor de lo expuesto, no vamos a negar que hemos cavilado proponer aquí, de *lege ferenda,* una previsión sobre los efectos de la desheredación errónea, como hace el artículo 514 CDFA; pero, poniendo en valor que la desheredación no intencional presenta una cifra ínfima de litigiosidad, abogamos por el silencio de la ley y que sea el juez, conforme a las circunstancias de cada caso concreto y el acervo probatorio, quien integre la *voluntas testatoris.*

Capítulo V.

Causas de desheredación

1. OPERATIVIDAD DE LAS CAUSAS DE INDIGNIDAD EN LA DESHEREDACIÓN

Establece el artículo 852 CC que son justas causas para desheredar, además de las previstas en los artículos 853, 854, y 855, «las de incapacidad por indignidad para suceder, señaladas en el artículo 756 con los números 1°, 2° 3,° 5° y 6°[1076]. Asimismo, los artículos 853, 854 y 855, efectúan la misma remisión a los ordinales del artículo 756 CC, salvo el artículo 853 CC, que omite el artículo 756.1°; esta omisión, que se deba probablemente a un error, es inocua, pues sin perjuicio de que los supuestos del artículo 756.1° CC puedan reconducirse por la vía de las causas previstas en el artículo 853 CC, valga el artículo 852 CC para que dicho ordinal tenga plena operatividad cuando se tratare de desheredar a un hijo o descendiente.

No vamos a disertar aquí sobre cada causa de indignidad, ya que, a tenor de la casuística que se esbozará cuando estudiemos

---

[1076] Se podría pensar que la causa 5° y 6° del artículo 756 CC nunca son aplicables, conforme a su literalidad, en la desheredación, en la convicción de que si el legitimario, mediante amenaza, fraude o violencia, logró impedir que el causante otorgara testamento o revocara el que tuviese otorgado (art. 756.5° CC), era imposible la desheredación. En nuestra opinión, la concurrencia de la causa está, como decía Manresa y Navarro, en el «hecho de haber tratado de obligar al testador á que no haga testamento, ó á hacerlo, ó á alterarlo, ó revocarlo, y no en se produzca el resultado apetecido» (MANRESA Y NAVARRO, J. M.: *Comentarios al Código Civil español, Tomo VI,* op. cit., p. 603). En la misma senda, BUSTO LAGO, J. M.: «Artículo 852», op. cit., p. 1122.

las causas de desheredación, trataremos de dar una respuesta que no se basará, exclusivamente, en los artículos 853, 854 y 855 CC, sino que nos remitiremos al artículo 756 CC, pues el precepto, aunque tipifique hechos ligados a lo que pudiere resultar de un proceso penal, como las causas previstas en los dos primeros ordinales, servirá, mediante su interpretación exclusiva o conjunta, para dar respuesta a no pocas situaciones que, lamentablemente, resultan de difícil subsunción en las causas específicas de desheredación.

Por ello, aquí nos limitaremos, a decir verdad, a hacer una mera recapitulación de algunos puntos expuestos en capítulos anteriores.

Se ha dicho por algunos autores como Albaladejo que la remisión de los artículos 852 a 855 a algunas causas de indignidad es «inútil», pues, si un legitimario ha protagonizado una causa de indignidad, no es necesario desheredarlo para que no pueda suceder[1077]. No estamos de acuerdo con esta afirmación, y es por ello por lo que otros, como Jordano Fraga, a pesar de proponer que se refundiera la desheredación con la indignidad, reconocieron que, de *lege lata*, el dualismo entre indignidad y desheredación no resultaba redundante[1078]. En la indignidad, como hemos dicho, el legitimario presuntamente indigno y no desheredado tiene el *ius delationis*, no pudiéndole impedir ni el notario ni el registrador que lo ejerza. No otra cosa se infiere del artículo 762 CC, que concede legitimación, no para declarar la capacidad para suceder, la cual se presume (art. 744 CC), sino para declarar la incapacidad por indignidad. En este sentido, si los interesados en hacer valer la presunta causa de indignidad desean privar, con carácter retroactivo,

---

1077 Albaladejo García, M.: *Curso de Derecho Civil, V, Derecho de sucesiones*, op. cit., p. 389.

1078 Jordano Fraga, F.: *Indignidad sucesoria y desheredación (Algunos aspectos conflictivos de su recíproca interrelación)*, op. cit., p. 33.

del *ius delationis* al legitimario presuntamente indigno, con la obligación, si hubiere tomado posesión de la herencia, de devolver los bienes con sus accesiones, frutos y rentas (art. 760), tendrán que promover inexorablemente, en el plazo de cinco años, la declaración de indignidad; hasta entonces, el legitimario no desheredado tendría un título suficiente para ejercitar el *ius delationis*, y no solo eso, sino que si no se promoviere la declaración de indignidad en el plazo del artículo 760 CC, su título, sin lugar a dudas, se consolidaría[1079]. Por lo tanto, que se diga que el indigno pierde la condición de heredero con efectos *ex tunc* no es incompatible con la afirmación de que, hasta el dictado de una sentencia, tiene el derecho a poseer la herencia, pues, salvo que reconozca la causa de indignidad, los interesados en hacerla valer tendrán que impetrar la actividad jurisdiccional.

En cambio, la desheredación servirá como título para fundamentar las adquisiciones de las personas designadas por el testador y, no menos importante, para avalar la privación de la legítima, teniendo aquí la carga el desheredado, y no los herederos, de promover que la desheredación fue injusta. Esto es, en la desheredación, los herederos tienen un privilegio del que carecerían si el causante, en la convicción de que el legitimario es indigno, no lo deshereda, pues mientras que en la desheredación la iniciativa para adquirir la legítima corresponde al desheredado, en la indignidad el artículo 762 CC, siquiera implícitamente, se la atribuye a los herederos, los cuales tendrán que promoverla en el plazo de cinco años.

Por otro lado, la virtualidad del artículo 852 CC también reside en el *quantum* de lo que percibirá el legitimario. Si el causante, por ejemplo, no otorga testamento, siendo su deseo

---

[1079] LACRUZ BERDEJO, J. L.: «Indignidad e incapacidad», op. cit., p. 82; DE LA CÁMARA ÁLVAREZ, M.: *Compendio de Derecho sucesorio*, op. cit., p. 225 y 226; y REPRESA POLO, Mª P.: *La desheredación en el Código Civil*, op. cit., pp. 44 y 45.

que sus hijos sean sus herederos, salvo el que se ha conducido de forma indigna, pero se abstiene de desheredar al indigno, en la convicción de que sus herederos intestados promoverán la declaración de indignidad a la apertura de la sucesión, de ser la sentencia desestimatoria, el legitimario que se reputaba indigno no adquirirá, de tratarse de un descendiente que concurre con sus hermanos, su parte de legítima estricta, sino la misma cuota que el resto de descendientes por las reglas de la sucesión intestada. En cambio, si el causante, sabedor de que el descendiente legitimario ha incurrido en una causa de indignidad, lo deshereda, remitiéndose al efecto a algunas de las causas previstas en el artículo 756 CC, el desheredado, de salir victorioso en el proceso que él promueva, solo tendrá derecho, conforme a la exégesis del artículo 851 CC, a la legítima estricta, quedando excluido del tercio de mejora y, por supuesto, del tercio de libre disposición, pues la desheredación, como acto o negocio complejo, no solamente alberga una voluntad de privar de la legítima, sino también una exclusión testamentaria si, por cualquier circunstancia de las previstas en el artículo 912 CC, se produce la apertura de la sucesión *abintestato*.

2. CAUSAS DE DESHEREDACIÓN DE HIJOS Y DESCENDIENTES

2.1. La negativa injustificada a prestar alimentos

Establece el artículo 853.1ª CC que es causa de desheredación de hijos y descendientes «[haber] negado, sin motivo legítimo, los alimentos al padre o ascendientes que le deshereda». Se podría decir que el legislador, al contrario de lo que sucede en el artículo 756.7º CC, debería haber abordado una interpretación auténtica del concepto de alimentos, definiéndolos directamente en el precepto o realizando una remisión, como hace el artículo 756.7º CC, a otras normas. Sin embargo, creemos que el término «alimentos», a la fecha de publicación del Código Civil, era omnicomprensivo, siendo extrapolable a la desheredación la hermenéutica que ha desarrollado la jurisprudencia en torno al deber de alimentos en el contexto del Derecho de familia, como veremos a continuación cuando estudiemos los presupuestos del artículo 853.1ª CC[1080].

2.1.1. Significado del concepto de alimentos

Desentrañar lo que implica el concepto de alimentos es de capital importancia para valorar si el causante está o no en una situación de necesidad que le legitime para reclamar a su descendiente el cumplimiento del deber cristalizado en el Título VI del Libro I del Código Civil. Ya adelantamos que, de momento, el problema sobre el concepto de alimentos puede enfocarse de dos formas alternativas: una, consistente en entender que los alimentos deben albergar un concepto amplio, en el entendido de que se pueden subsumir en la prestación alimenticia el mantenimiento de relaciones, atenciones, afectos e, incluso, el cuidado personal al ascendiente, y otra, más restrictiva, que circunscribe los alimentos a la satisfacción de los conceptos que enumera el artículo 142 CC. Esta incógnita no puede tacharse como baladí, pues según secundemos una teoría u otra el ascendiente podrá desheredar por la vía del artículo 853.1ª CC, aunque, en el momento de la reclamación, no estuviese en una situación de necesidad económica.

El artículo 142 CC dispone que se entiende por alimentos «todo lo que es indispensable para el sustento, habitación, vestido y asistencia médica», comprendiendo también «la edu-

---

1080 Lo que se dirá a continuación se puede considerar extrapolable a la desheredación de ascendientes y cónyuge, ya que los artículos 854.2ª y 855.3ª CC regulan, respectivamente, la misma causa.

cación e instrucción del alimentista», mientras sea menor de edad y aún después cuando no haya terminado su formación por una causa que no le sea imputable, incluyéndose finalmente en el concepto «los gastos de embarazo y parto», siempre que estos no estén cubiertos de otro modo.

Siguiendo a Puig Peña, que residenciaba el fundamento del deber de alimentos en el vínculo de sangre, arguyendo que hay algo entre las personas que descienden unas de otras que les fuerza a estimar su desgracia como propia, debiéndose entre ellos su reparación, debía entenderse por alimentos «lo necesario para vivir» en un estado correspondiente a las circunstancias del alimentista (*«en el terno de vida en que se encuentra colocado»*), distinguiendo, conforme al artículo 142 CC, entre los alimentos materiales e inmateriales. Mientras los primeros estaban integrados, siguiendo al autor, por «la alimentación, habitación, vestido y asistencia médica», los segundos comprendían «la educación e instrucción», infiriéndose de su prosa que, cuando se tratare de dar alimentos a un ascendiente, este nunca tendrá derecho a los alimentos inmateriales, pues solo podrá reclamarlos el descendiente o, en su caso, el hermano que fuere menor de edad[1081].

Conforme a la redacción primitiva del Código Civil, el artículo 142 CC decía que las prestaciones enumeradas en el inciso se debían dar «según la posición social de la familia», de ahí que autores, como el citado Puig Peña, se remitiera al *status* familiar del alimentista; en cambio, el artículo 143 CC, que regulaba la obligación de alimentos entre hermanos, establecía que estos solo se debían recíprocamente «los auxilios necesarios para la vida», sin hacer ninguna referencia a la posición social. La mención del *status* familiar fue derogada por la

1081 Puig Peña, F.: *Tratado de Derecho Civil Español, Tomo II, Derecho de familia Vol. II, Paternidad y filiación*, Editorial Revista de Derecho Privado, Madrid, 1963, pp. 268 y 269.

Ley 11/1981, lo que ha provocado que, en no pocas ocasiones, nos planteemos si la distinción doctrinal entre *alimentos amplios* y *alimentos restringidos,* que sigue luciendo en la mayoría de los manuales universitarios de Derecho de familia[1082], puede mantenerse hoy día. En puridad, la cuantía de los alimentos, cualquiera que sea el pariente que lo reclame, inclusive el hermano, se determinará según el conjunto de prestaciones enumeradas en el artículo 142 CC y se cuantificará a tenor de los parámetros que contempla el artículo 146 CC, que a tal efecto dice que «será proporcional al caudal o medios de quien los da y a las necesidades de quien los recibe», sin que se pueda considerar que el contenido de dicho deber implique que el alimentista pueda exigir al alimentante participar en su nivel de vida, sino, solo y exclusivamente, que se determine la cuantía de la prestación para que el pariente logre la suficiencia económica para satisfacer las necesidades del artículo 142 CC.

Es más, si hay unos alimentos que, en puridad, podrían ser calificados como amplios, en contraposición a aquellos que se subsumen, exclusivamente, en la obligación de alimentos entre parientes del Título VI del Libro I del Código Civil, son aquellos que los progenitores deben dispensar al hijo menor de edad sujeto a la patria potestad, ya que, no solo abarcarían las prestaciones que determina el artículo 142 CC, sino todo aquello relativo a «una formación integral», tal y como determinó la STS 2 marzo 2016, al diferenciar entre el contenido de los alimentos cuando el deber tiene como sujeto a los progeni-

---

1082 Por citar algunos, véase O´Callaghan Muñoz, X.: *Compendio de Derecho Civil, Tomo IV, Derecho de la familia* (revisado y puesto al día por Fernández González, Mª B.), op. cit., p. 27, o Lasarte Álvarez, C.: *Derecho de familia. Principios de Derecho Civil, Tomo sexto* (revisada y actualizada con la colaboración de Sáinz-Cantero Caparrós, B.), Marcial Pons, Madrid, 2021, p. 357. Otros, en cambio, han abandonado, con buen criterio, dicho binarismo, como Crespo Mora, C.: «Las obligaciones de familiares: la obligación de alimentos entre parientes», op. cit., pp. 51-71.

tores en contraposición a cuando los que han de dispensarlo al menor son los abuelos[1083].

A) Debate en torno a la subsunción de los cuidados o la existencia de una relación afectiva en el concepto de alimentos

Entrando más en el meollo de la desheredación, una cuestión hemos de plantear: ¿es posible, a los efectos de los artículos 853.1ª, 854.2ª y 855.3ª CC, subsumir en el concepto de alimentos el vínculo afectivo o el cuidado que el causante llegare a reclamar del legitimario? Hemos de reconocer que esta cuestión, en parte, ha perdido interés a tenor de los últimos pronunciamientos jurisprudenciales en torno al maltrato psicológico, cuya relevancia ha sido reconocida mediante una interpretación extensiva del concepto de maltrato de obra (art. 853.2ª CC) y no con base en la negativa a prestar alimentos. Sin embargo, verteremos unas líneas ya que, recientemente, se ha vuelto a abogar por una interpretación extensiva de los alimentos, en el entendido de que no solo debe comprender el «sustento, habitación, vestido y asistencia médica», sino también prestaciones tales como la compañía, la conservación familiar o el cuidado por parte de los descendientes a los ascendientes[1084].

1083 Secunda esta crítica que hemos realizado en cuanto a la distinción entre alimentos amplios y restringidos, Padial Albás, que explicando que la supresión de la *posición social de la familia* por la Ley 11/1981 se debió a que se consideraba clasista, dijo que «el contenido de los alimentos y los auxilios necesarios para la vida es el mismo, pues ambos incluyen el total de las prestaciones que prevé el artículo 142 del Código civil» (Padial Albás, A.: *La obligación de alimentos entre parientes,* op. cit., pp. 86 y 87).

1084 Así lo ha manifestado, en 2023, Morera Villar, B.: «La desheredación en el Código Civil de los hijos y descendientes por denegación de alimentos al testador», *Revista Boliviana de Derecho,* núm. 36, julio 2023, p. 319. Previamente, parece defender la interpretación extensiva del artículo 142 CC, Manzano Fernández, Mª M.: «La exclusión del hijo en la herencia del testador (Una visión actualizada de la desheredación en el Código Civil)», op. cit., p. 1851,

A pesar de que doctrinalmente tenía un consenso mayoritario la teoría en torno a que el nacimiento de la prestación de alimentos estaba vinculada a una situación de necesidad económica, quedando extramuros de la obligación de alimentos la asistencia personal y emocional del familiar, aun en supuesto de enfermedad del alimentista[1085], en los tribunales hubo un interesante debate a finales de la anterior centuria y a principios de la presente respecto a si se podía englobar en el artículo 853.1ª CC la negativa del hijo a cuidar personalmente del ascendiente o a mantener con este una relación afectiva en el epílogo de su vida. Dicha polémica obedecía al noble intento de los operadores jurídicos de posibilitar la desheredación ante algunas situaciones de abandono donde el causante, realmente, tenía recursos económicos para procurarse su subsistencia,

---

propugna que los alimentos comprendan una asistencia amplia de velar por los padres que se encontraren en la vejez o en la ancianidad.

1085 Beltrán de Heredia y Onís, P.: *La obligación legal de alimentos entre parientes*, Universidad de Salamanca, Salamanca, 1958, pp. 30 y 31. Más recientemente, Martínez Gallego, E. Mª.: «La desheredación», *Actualidad Civil*, núm. 13, 2006, p. 1617, para quien los alimentos solo puede englobar la satisfacción de las necesidades que determina el artículo 142 CC, y no otras como las afectivas. De Almansa Moreno-Barrera, L. J.: «¿Debe introducirse en el Derecho civil común la "falta de relación familiar" como causa para desheredar a hijos y otros descendientes?», *Aletheia: Cuadernos Críticos del Derecho*, núm. 1, 2012, p. 32, también niega que el abandono sea encuadrable en la negativa a prestar alimentos, argumentándolo del siguiente modo: "en primer lugar, porque para que exista una obligación legal de prestar alimentos es presupuesto que el alimentista (en este caso el progenitor) tenga una situación de necesidad, cosa que puede no suceder y sí existir situación de falta de relación familiar, sin que se reclamen alimentos por no necesitarse y, en segundo lugar, porque el alcance de la obligación legal de prestar alimentos comprende "todo lo indispensable para sustento, vestido, habitación y asistencia médica", pero la palabra "sustento" suele interpretarse en sentido lato de "manutención" y la manutención en ningún caso obliga a mantener una relación familiar, se puede mantener a los progenitores, por ejemplo, pagando los gastos de la residencia, pero sin mantener durante años ningún tipo de relación familiar".

pero deseaba pasar los últimos años de su vida con el calor de su hijo, en vez de verse en la tesitura de ser cuidado por un familiar más remoto, un extraño o, directamente, ingresar en una residencia geriátrica de manera permanente, sin perjuicio de aquellos casos donde el ascendiente reclamaba del descendiente, sencillamente, una mínima relación familiar que no le hiciera quedar relegado al ostracismo afectivo.

Este ensayo de ingeniería jurídica de ampliar el concepto de alimentos fue originado, sin duda, por aquellos pronunciamientos del Tribunal Supremo que, valorando desheredaciones que se fundamentaban en el artículo 853.2ª CC, decían que «la falta de relación afectiva y comunicación entre la hija y el padre, el abandono sentimental sufrido por éste durante su última enfermedad, la ausencia de interés demostrado por la hija», son «circunstancias y hechos que de ser ciertos, corresponden al campo de la moral» y que, en definitiva, «sólo están sometidos al Tribunal de la conciencia»[1086-1087].

B) Tesis positiva: la ampliación del concepto de alimentos mediante una interpretación extensiva de los artículos 142 y 853.1ª CC

A decir verdad, las sentencias que se adhirieron a la tesis positiva de subsumir la falta de cuidados o la ausencia del vínculo afectivo en el artículo 853.1ª CC son francamente minoritarias, brillando por su ausencia aquellas dictadas por el Tribunal Supremo. Una de las primeras resoluciones que, al parecer, interpretaron extensivamente el concepto de alimentos y, por

---

[1086] Así se expresó el fundamento de derecho único de la STS 28 junio 1993.

[1087] Puede citarse también la STS 4 noviembre 1997, donde un padre, que citó en testamento los dos ordinales del artículo 853 CC para desheredar a sus hijos que se negaron a convivir con él, rechazó la desheredación porque, amén de que dichos hechos no se subsumían en ninguna de las causas para desheredar, la desheredación debía ser objeto de una interpretación restrictiva por su carácter sancionador.

ende, el artículo 853.1ª CC, fue la SAP Murcia 11 junio 1999, que estimó justa una desheredación de un padre por la negativa a prestar alimentos porque varios de sus hijos se negaron a cuidarlo tras salir aquel de un internamiento hospitalario por una grave enfermedad, quedando al cuidado de una de sus hijas. La sentencia es parca en cuanto al relato de los hechos, no mencionando si el causante tenía o carecía de capacidad económica al tiempo de materializar la desheredación, pero un apunte, en el que luego se incidirá, se traza ahora: si el causante tenía capacidad económica para sufragar las necesidades mencionadas en el artículo 142 CC, la oposición de los hijos a cuidarlo personalmente no se puede subsumir en la negativa a prestar alimentos, ya que dicha obligación en absoluto consagra que el alimentante deba consagrar su vida al cuidado y atención del alimentista, y menos aún si este tenía recursos económicos suficientes.

En la SAP Badajoz 23 enero 2003, el causante desheredó a sus hijas citando, al efecto, los dos ordinales del artículo 853 CC, estimando probado el tribunal los siguientes hechos: el padre fue ingresado en el hospital por un cáncer, atestiguando los testigos que sus hijas nunca le cuidaron ni le prestaron atención; una testigo afirmó que, antes de separarse de su esposa, encontró al causante solo, sin comida ni medicinas pese a su enfermedad, siendo objeto de desprecio por parte de las hijas; otra testigo, amiga de una de las desheredadas, reconoció que la hija negaba la paternidad del causante, que no le dirigía la palabra, y que le dispensaba un trato despectivo. El tribunal, ante tales hechos, declaró justa la desheredación, subsumiendo la falta de atención y de cuidados en la «atención médica» que luce como uno de los elementos de la prestación alimenticia en el artículo 142 CC, sin perjuicio de considerar que, igualmente, hubo un maltrato.

En la SAP Santa Cruz de Tenerife 26 abril 2013, citada en el apartado donde tratamos la designación de la causa desheredativa en testamento[1088], la testadora, según vimos, desheredó a los legitimarios invocando el artículo 853.2ª, acreditándose en juicio que hubo «auténtico y prolongado abandono de los hijos y nietas respecto a su madre y abuela», quedando probado que los desheredados «se desentendieron afectivamente de su madre», especialmente durante su última enfermedad, teniendo que ser atendida en todas sus necesidades básicas por otros familiares; a pesar de que dichos hechos, a día de hoy, se podrían incardinar en lo que la STS 3 junio 2014 llamó *maltrato psicológico*, la sentencia dijo que el afecto y los cuidados se subsumen, más bien, en la negativa a prestar alimentos, descartando, no obstante, que la desheredación fuese injusta, a pesar de que el artículo 853.1ª CC no fue citado en el testamento

Similar criterio adoptó la SAP Madrid 19 septiembre 2013[1089], donde la testadora desheredó a su hijo y a dos nietas citando el artículo 853.1ª CC. La madre, con capacidad económica y con tres hijos, quedó a su vejez al cuidado de dos de ellos, negándose el desheredado a cuidarle personalmente rotándose con sus hermanos, desembocando posteriormente esta negativa del hijo en un absoluto abandono afectivo, careciendo de comunicación con la madre. La sentencia, a pesar de reconocer el derecho de las nietas desheredadas a percibir su legítima en virtud del artículo 857 CC, estimó justa la desheredación del hijo, interpretando que por alimentos no cabía entender únicamente la ayuda material imprescindible para «el sustento, habitación, vestido y asistencia médica y educación que contempla el artículo 142 del Código Civil, sino también todo lo que es indispensable para ello», debiéndose exigir, siguiendo la sentencia, «una actitud activa de atenciones, incluyendo las afectivas».

1088 Apartado 6.3 del Capítulo I.

1089 SAP Madrid 19 septiembre 2013 (TOL 4.055.049).

Finalmente, citaremos la SAP Albacete 4 marzo 2016[1090], que es especialmente interesante porque se enfrentó a una especie de *tertium genus*, esto es, un supuesto donde la causante tenía medios económicos, pero que, por su estado de salud, precisaba de la ayuda económica o personal de sus hijos. La madre, según consta en la sentencia, requería de un soporte o cobertura para procurarse una movilidad mínima, precisado de la ayuda de terceras personas para las actividades cotidianas, ya que «no podía por sí sola vestirse, levantarse de la cama ni cambiarse los pañales». Estos hechos eran conocidos por la desheredada, que sabía a través de terceros el estado de salud precario de la madre, no colaborando en dicho sustento. Realmente, la sentencia es ambigua en torno al hecho, no baladí, relativo a la existencia o no de capacidad económica de la causante, pero consideró justa la causa de desheredación fundamentada en la negativa a prestar alimentos. En palabras de la sentencia, aunque la *obligación de dar alimentos* «no comprenda dar cariño, compañía o interés personal, sí que abarca en casos de que el necesitado no pueda cubrirlas por sí mismo, el soporte o cobertura de las necesidades materiales (económicas o de dedicación), precisas para procurar la movilidad mínima del causante, su aseo, alimento y atención médica; bien se lleve a cabo dicha cobertura personalmente por el propio obligado o descendiente (aún de modo alterno si han de compatibilizarse necesidades propias del alimentista también) o bien por tercero por encargo del obligado o incluso mediante una asignación económica si ello fuera suficiente», precisando que la obligación *de alimentar* «comprendería, así, las obligaciones coadyuvantes, mediales o instrumentales para que la persona necesitada se sustente, se vista y pueda ser asistida médicamente, cuando no pueda realizarlas por sí misma, lo que excede del mero cariño o interés personal aunque no suponga, porque no

[1090] SAP Albacete 4 marzo 2016 (TOL 5.688.083).

lo necesite el afectado/a, cubrir necesidades directas de tipo económico o médico».

Solo podremos escrutar positivamente esta última sentencia partiendo de la premisa de que la madre, aunque tuviere recursos económicos, no tenía bienes suficientes para procurarse las prestaciones que, por su precaria de salud, precisaba. Dando así por cierto el estado de precariedad económica, estamos de acuerdo con el fallo, pues si la hija se negó a proporcionar ayuda económica a la madre para que esta, por ejemplo, contratara a un cuidador y también se negó, en defecto de asignación económica, a satisfacer personalmente dichas necesidades (art. 149 CC), ayudándola en el quehacer diario, la abulia y el desinterés de la hija se podían subsumir, sin necesidad de una interpretación extensiva, en el artículo 853.1ª CC. Ahora bien, si se hubiese acreditado que la desheredante podía contratar, con sus recursos, a un tercero, la negativa de la hija, difícilmente, podía ser causa de desheredación por la vía del artículo 853.1ª CC, sin perjuicio de que el desinterés y la nula relación se pudieren reconducir en clave de maltrato psicológico, habida cuenta de que ya en 2016, fecha de la sentencia, el Alto Tribunal había abordado la interpretación extensiva del artículo 853.2ª CC.

C) Tesis negativa: en torno a la interpretación restrictiva de los artículos 142 y 853.1ª CC

Las sentencias que, en cambio, descartan que la negativa del legitimario a prestar cuidados o tener una relación familiar o afectiva se pueda subsumir en el artículo 853.1ª CC, aun cuando el causante tuviere capacidad económica para procurárselos a través de terceros, ora entrando en una residencia ora contratando a un cuidador doméstico, son abundantes, reseñándose a continuación algunas de ellas, pues la exposición completa provocaría, sin duda, el hastío del lector y, quizás, del que escribe estas líneas.

La SAP Jaén 1 diciembre 1995, se enfrentó a la posibilidad de subsumir un supuesto de abandono en la negativa a prestar alimentos. El padre tenía recursos económicos suficientes para subsistir, pero «vivió en soledad en los últimos años de su vida alojado en una residencia cuyo gastos sufragaba el mismo». El tribunal declaró que estos hechos, así como «la falta de cariño, de calor humano, de atenciones al padre o desconsideración a las necesidades de la edad», son irrelevantes desde la perspectiva de los alimentos[1091].

Una de las resoluciones destacables, dejando a salvo la conocida STS 4 noviembre 1997, es la SAP León 13 abril 2005[1092], que enjuició un caso donde el padre desheredó a los hijos fruto de su primer matrimonio citando el artículo 853.1ª CC, designando heredera a su cónyuge de segundas nupcias. Quedó acreditado en juicio que el padre, que sufrió una hemorragia cerebral de la que se recuperó, percibía una pensión de gran invalidez, era propietario de un vehículo adaptado y realizaba viajes y excursiones con total independencia, adquiriendo antes de fallecer un nuevo vehículo, una vivienda con plaza de garaje y una bodega anexa, residenciándose la desheredación en que los hijos, por el distanciamiento que hubo a causa de

---

1091 Igualmente, cabe citar la SAP Asturias 18 diciembre 1999, que decía lo siguiente en el fundamento de derecho segundo: «Por lo que respecta a la única hija del testador, puesto que don Francisco G. en ningún momento había solicitado, ni precisaba solicitar alimentos de su aludida hija, dado que contaba con suficientes ingresos para vivir desahogadamente como prejubilado de la empresa Ensidesa -no menos de 250.000 ptas. al mes-, mientras que, por el contrario, la hija carecía de recursos propios y era quien, en ocasiones, solicitaba y recibía ayudas económicas de su padre. De ahí que, por mucha amplitud que pretenda darse al concepto de alimentos, prescindiendo de la norma del art. 142 del Código Civil, que la define con un sentido puramente económico, no es posible estimar acreditada en el supuesto enjuiciado la causa de desheredación del art. 853.1º, de haber negado la hija sin motivo legítimo alimentos a su padre».

1092 SAP León 13 abril 2005 (TOL 622.848).

la crisis matrimonial con la madre de estos, dejaron de visitarle. La sentencia declaró injusta la desheredación, esgrimiendo que no podía interpretarse la obligación de alimentos «en forma extensiva incluyendo toda clase de cuidados y atenciones, incluso las de naturaleza afectiva, sino las específicas del art. 142 del Código Civil comprensivo de lo indispensable para el sustento, habitación, vestido y asistencia médica».

Igualmente, la SAP Ourense 4 abril 2008[1093], estimó injusta la desheredación a dos hijas porque estas, según parece, negaron a su padre cualquier relación. Amén de que en dicho proceso no se acreditó la situación de necesidad económica del desheredante, llegándose incluso a sospechar que tenía más recursos que las hijas, al percibir una pensión y haber obtenido la mitad de la sociedad de gananciales que tenía con la que fue su esposa, el tribunal dijo que la asistencia moral y afectiva no debe confundirse con la necesidad material, siendo esta última la que justificaría la prestación de alimentos.

Similar razonamiento secundó la SAP Castellón 21 julio 2009[1094], en la que el causante desheredó a una de sus nietas porque esta, según el testamento, le negó alimentos. Conforme a los hechos acreditados en el proceso, el causante, que percibía una pensión, tenía medios para procurarse sus necesidades básicas, recriminándole a la nieta que no estuviera pendiente de su medicación ni le hiciese la comida, además de que, al contrario que otros descendientes, no fuera nunca a visitarle. El tribunal, no sin antes calificar como censurable el comportamiento de la desheredada, expuso que no llegó a constatarse en juico «la carencia de dichos alimentos, sino la de cuidados y atenciones propias de un familiar tan cercano», lo que excede de la causa de desheredación prevista en el artículo 853.1ª CC.

1093 SAP Ourense 4 abril 2008 (TOL 1.335.664).

1094 SAP Castellón 21 julio 2009 (TOL 6.881.467).

Misma motivación deslizó la SAP Guipúzcoa 19 diciembre 2016[1095], que ante otro caso de abandono emocional que sufrió un padre que percibía una pensión de jubilación, además de la renta del alquiler de un inmueble, rechazó la eficacia de la desheredación por la negativa a prestar alimentos, ya que no se cumplían sus presupuestos. Igualmente, la SAP Zamora 23 julio 2019[1096], que, en un supuesto donde la madre desheredó al hijo citando, al efecto, los dos ordinales del artículo 853 CC, dijo, en cuanto a la subsunción de la falta de relación y cuidado en la negativa a prestar alimentos, que «tampoco pueden hacerse equivalente a la causa del artículo 853.1 del Código Civil las consideraciones de tipo ético que realiza la demandada como la necesidad de cariño, cuidado y atención por parte de su hijo y resto de familiares».

D) Toma de postura

Ha llegado el momento de volcar nuestro posicionamiento, el cual no tiene pretensión de solucionar aquí todos los problemas, de ahí que, a fin de no solaparnos con posteriores apartados, reservaremos unas líneas para las siguientes páginas. Realmente, no es nuestra intención criticar la tesis positiva; consideramos que supuso en su momento un noble intento de condenar aquellas manifestaciones de insolidaridad familiar, abandonando, aunque fuere mediante una interpretación extensiva de los artículos 142 y 853.1ª CC[1097], el mantra de la interpretación restrictiva de la desheredación, lo que repre-

---

1095 SAP Guipúzcoa 19 diciembre 2016 (TOL 5.997.969).

1096 SAP Zamora 23 julio 2019 (TOL 7.496.977).

1097 Según Cabezuelo Arenas, A. L. y Castilla Barea, M.: «La obligación de alimentos como obligación familiar básica», en AA.VV., *Tratado de Derecho de la Familia, Volumen I,* Aranzadi, Pamplona, 2017, p. 200, la concepción amplia de alimentos se justificaba porque era la única vía que permitía la desheredación ante el distanciamiento y falta de afecto que constituye hoy el maltrato psicológico, aun teniendo los padres recursos económicos.

sentó, aunque fuere implícitamente, un desligamiento de su naturaleza sancionadora. No obstante, ello no empece para negar nuestra adhesión a la misma, no sin antes reconocer que partimos con ventaja, pues, al tiempo de escribir estas líneas, el Tribunal Supremo ha desarrollado una hermenéutica, más o menos afortunada, sobre el maltrato psicológico, avalando, en algunos casos, la desheredación de aquellos legitimarios que, a sabiendas de la situación de vulnerabilidad en que se halla su ascendiente, lo abandona afectivamente. Dicho esto, reflejaremos nuestra opinión mediante la exposición de los siguientes puntos:

1. Creemos que, en ningún caso, la falta de una relación familiar se debe ligar al concepto de alimentos y, por ende, a la causa prevista en el artículo 853.1ª CC. Dicha idea podría ser loable antes de 2014, pero una vez que se dictó la STS 3 junio 2014, la falta de relación afectiva o familiar debe subsumirse, de *lege lata*, en el maltrato de obra. Haciendo abstracción respecto a si el causante tuviere o no capacidad económica, la tesis contraria no resistiría, a nuestro juicio, algunas cuestiones como la que se presenta a continuación: ¿prosperaría una demanda de juicio verbal del ascendiente, ejercitada conforme al artículo 250.1.8º LEC, en reclamación de alimentos al descendiente, pidiendo en concreto aquel una relación familiar mínima con su estirpe? Evidentemente, no, la prestación de alimentos parte de una obligación estrictamente económica o patrimonial, siendo requisito *sine qua non* que el presunto alimentista no tenga recursos económicos suficientes para satisfacer las necesidades descritas en el artículo 142 CC.

2. Se podría reprochar que esta postura es extraordinariamente fácil de exponer hoy día, donde el causante quizás pueda desheredar a causa de un absoluto abandono por medio del artículo 853.2ª CC; pero, sin perjuicio de que antes de la famosa STS 3 junio 2014 ya había resoluciones dictadas en segunda instancia que daban cobertura al maltrato psicológico mediante la interpretación extensiva del maltrato de obra, y no a través

de la negativa a prestar alimentos, obsérvese que es más fácil castigar el abandono afectivo del testador vulnerable a través de la subsunción en el maltrato de obra que mediante el ensanchamiento del concepto de alimentos. Puede confirmarse esta teoría parangonando la Ley 4ª, Título VII, de la Sexta Partida, con el artículo 672.2º del Proyecto de 1851: mientras aquella norma decía que se podía desheredar al hijo cuando este «*á sabiendas é sañudamente mete manos airadas en su padre para ferirle, é para prenderle*», esta tarificaba como causa, sencillamente, el «maltrato de obra», desligándose García Goyena de la fórmula de Las Partidas para dar «cierta latitud al Juez» ante las diversas manifestaciones de maltrato que pudieran concurrir[1098]. En este sentido, es lógico pensar que la ausencia de relación familiar respecto al testador vulnerable o que se encontrare en un estado de salud precario, susceptible de sucumbir emocionalmente ante el olvido del hijo, se integrará con más facilidad en el maltrato de obra que en la negativa a prestar alimentos.

3. Por otro lado, no es lo mismo una ausencia de relación familiar que la falta de cuidados. Hemos descartado que lo primero sea subsumible en la negativa a prestar alimentos, pero, ¿cabe decir lo mismo respecto al descendiente que, teniendo o no una mínima relación familiar con el ascendiente y sabiendo que este precisa de cuidados o ayuda en el quehacer diario por su estado de salud precario, se niega a proporcionárselos? Aquí hay que responder conforme a dos hipótesis:

a. La primera obedece al supuesto en el que el ascendiente tuviere recursos económicos suficientes y, a pesar de ello, reclama la ayuda del hijo a fin de evitar entrar en una residencia o contratar a un tercero que, como cuidador doméstico, conviva con aquel en la vivienda total o parcialmente. A nuestro modo de ver, es requisito *sine qua non* para el advenimiento del deber

---

1098 García Goyena, F.: *Concordancias, motivos y comentarios del Código Civil español, Tomo II,* op. cit., p. 116.

de alimentos que el que lo reclame carezca de medios o recursos económicos. Si los posee, nada podrá reclamar al potencial alimentante[1099], salvo que se quiera desvirtuar el concepto de alimentos, como han hecho, con un excesivo celo paternalista, otros ordenamientos, entre los que cabe citar el artículo 25.2 del Código de las Familias cubano, que dispone que la prestación de alimentos abarca, al igual que prevé el artículo 142 CC, «todo lo que es indispensable para satisfacer las necesidades de sustento, habitación, vestido, conservación de la salud», pero amplia el concepto hasta el paroxismo al decir que también comprende la «recreación, cuidado personal y afectivo».

b. La segunda hipótesis se trata de aquella donde el causante no tenga recursos económicos o estos sean insuficientes para satisfacer los cuidados que precisa por sus limitaciones de salud. Aquí, evidentemente, podrá reclamar al hijo la satisfacción del deber de alimentos, pues para actividades de la vida cotidiana como la relacionada con la ingesta de alimentos, el vestido o el aseo precisa la ayuda de un tercero, pudiéndose relacionar perfectamente esta ayuda con lo que la SAP Albacete 4 marzo 2016 calificó como «obligaciones coadyuvantes, mediales o instrumentales», incardinables, evidentemente, en el artículo 142 CC. Ahora bien, ni en ese escenario el hijo estará obligado a cuidar personalmente al progenitor, al consagrar el artículo 149 CC el derecho de opción del alimentante, diciendo que este podrá, «a su elección», satisfacer los alimentos «pagando la pensión que se fije, o recibiendo y manteniendo en su propia casa al que tiene derecho a ellos», perdiendo este derecho, similar al de las obligaciones alternativas[1100], «en cuanto

1099 De la misma opinión es De Barrón Arniches, P.: «Libertad de testar y desheredación en los Derecho civiles españoles», op. cit., pp. 38 y 39.

1100 Lasarte Álvarez, C.: *Derecho de familia. Principios de Derecho Civil, Tomo sexto* (revisada y actualizada con la colaboración de Sáinz-Cantero Caparrós, B.), op. cit., p. 358.

contradiga la situación de convivencia determinada por el alimentista por las normas aplicables o por resolución judicial, y también «cuando concurra justa causa o perjudique el interés del alimentista menor de edad».

Este derecho de opción tiene como fundamento hacer menos gravosa la obligación impuesta al alimentante[1101]. Ahora bien, no debe omitirse que el derecho a elegir corresponde al alimentante, no al alimentista, y, por ende, ningún reproche cabe hacer, desde la perspectiva del artículo 853.1ª CC, al descendiente que, rehusando cuidar personalmente al ascendiente, le sufraga el dinero necesario para que pueda ver satisfecha su necesidad de cuidados.

A nuestro argumento, se podría argüir que es razonable y justificado que si el ascendiente, amén de precisar recursos económicos, se encontrare en una situación de vulnerabilidad, precisando del cariño y afecto del hijo en el epílogo de su vida, pueda exigir una situación de convivencia con este a fin de que le proporcione los cuidados necesarios, decayendo el derecho de opción del alimentante por apreciarse, según la termino-

---

1101 Así se infiere de su precedente inmediato, que es el artículo 78 de la Ley de matrimonio civil de 18 de junio de 1870, que decía que «[el] alimentista tendrá que vivir en compañía del que debiera satisfacer los alimentos, en el caso de que éste justifique no poder cumplir de otro modo su obligación por la escasez de su fortuna». Aunque aquí se tratase más bien de una obligación facultativa y no tanto alternativa, pues la posibilidad de la prestación *in natura* se supeditaba a que el alimentante justificara su escasa fortuna, la *ratio legis* del precepto era, sin duda, hacer menos gravosa para el obligado el cumplimiento de la prestación de alimentos, viniendo avalado este fundamento por la jurisprudencia [STS 24 junio 1946 (TOL 4.455.703)] y por la doctrina, pudiendo citarse a Gutiérrez Fernández, que, en relación a la citada norma decimonónica, decía que «los alimentos que viviendo en familia se prestan casi sin sentir, serían una carga insoportable si hubieran de pagarse en metálico ó de otro modo viviendo cada individuo por separado» (GUTIÉRREZ FERNÁNDEZ, B.: *Códigos o estudios fundamentales sobre el Derecho Civil Español, Tomo I*, Madrid, 1871, p. 599).

logía del artículo 149 CC, una «justa causa». Sin perjuicio de que consideremos que la excepción de la justa causa se puede apreciar tanto si el alimentista es menor como si es mayor de edad[1102], creemos que dicha excepción no está pensada para el supuesto relatado. A este respecto, si bien es cierto que la obligación de alimentos está arraigada en la solidaridad familiar, no impone un modo concreto de garantizar dicho fin, apreciándose más bien la justa causa cuando, al margen de cualquier resolución judicial previa que imponga un régimen de convivencia con otra persona distinta al alimentante, el hecho de compartir morada sea insostenible por motivos que tengan una entidad suficiente[1103], sin que el alimentista, que carece de la titularidad del derecho de opción, tenga la posibilidad, al margen de la justa causa, de exigir una situación de convivencia con el alimentante a fin de que este le preste cuidados[1104].

1102 El hecho de que la redacción actual del segundo párrafo del artículo 149 CC parta de la modificación operada por la Disposición final 3ª de la LOPJM puede inducir a pensar que solo es aplicable la excepción de la justa causa cuando el alimentista sea menor de edad, pero coincidimos con Mondejar Peña es que es extensible cuando el alimentista es mayor de edad (MONDEJAR PEÑA, Mª. I.: «La obligación de alimentos entre parientes como medio privado de satisfacción de las necesidades ante los procesos de envejecimiento y de la población española: análisis actual y tendencias de futuro», *Revista jurídica Universidad Autónoma de Madrid*, núm. 14, 2006, p. 340).

1103 *Mutatis mutandi*, así lo prevé el artículo 237-10.2 CCCat, que contempla como uno de los supuestos que permite excepcionar el derecho de opción de la prestación de alimentos «que la convivencia sea inviable».

1104 Aunque no versara sobre un caso de obligación de alimentos, nos parece interesante sacar a colación la SAP Madrid 3 junio 2005. La demandante estaba usando un piso en virtud de un contrato de arrendamiento con un tercero, cuando su madre y el hermano le impidieron acceder al mismo, alegando estos como oposición a la demanda que la demandante tenía obligación de prestarle alimentos a su madre, solicitando que los prestara manteniendo a esta en la casa donde aquella vivía. El tribunal, con un criterio que compartimos, desestimó la pretensión, diciendo que la facultad de optar por las alternativas que ofrece el artículo 149 CC corresponde al alimentante, sin

Es más, en aras de la seguridad jurídica, no sobraría que el artículo 152 CC, que regula las causas de cese del deber de alimentos, contemplara como causa de extinción, aunque quizás su calificación sería más bien de suspensión, la negativa del alimentista a aceptar la opción elegida por el alimentante conforme al artículo 149 CC, pues si aquel se niega a aceptar la forma de cumplimiento por la que se decantó el obligado, es paladino que no podrá invocar, a la postre, la negativa a prestar alimentos si deseara materializar la desheredación, pues que no haya visto satisfechas sus necesidades básicas a costa del legitimario se fundamentó, sin duda, en una causa a él mismo imputable.

Quizás, se pudiera debatir si, de *lege ferenda*, convendría contemplar que decaiga el derecho de opción del alimentan-

---

que pudiere la madre, so pretexto del derecho de alimentos, «imponer a ésta la presencia no deseada de aquella en su vivienda». Un caso parecido al anterior enjuició la SAP Madrid 22 junio 2016 (TOL 5.836. 408), en el que una hija, junto a su marido, presentaron una demanda contra la madre de aquella solicitando que se le condenara abandonar la vivienda en la que residían los tres; la demandada convivía con el matrimonio desde el año 1999, sin abonar renta alguna, fundamentándose el uso en la mera liberalidad del matrimonio, que cuya propiedad le correspondía, teniendo que tolerar los demandantes, además, conductas agresivas de la demandada, que hacían la convivencia imposible. Aunque aquí la madre no invocara ex profeso una supuesto obligación de alimentos a cumplir por la hija, adujo que formaba parte de la unidad familiar y que en su día ayudó al matrimonio a comprar la vivienda. La sentencia avaló la pretensión del matrimonio, declarando que el derecho de alimentos no constituye una obligación de prestarlos en la propia vivienda (art. 149 CC), además de que, debiéndose interpretar los derechos conforme al deber de buena fe, ni la ética ni la moral obliga «a los hijos a recoger y a tener en su compañía a los padres mayores, en todo tipo de situaciones», zanjando la controversia arguyendo que «no podríamos aceptar que los actores estén ejercitando la acción de desahucio en contra de los principios que regulan la buena fe, pues simplemente defienden su derecho a llevar una vida independiente de la madre en una situación en que se han generado graves dificultades de convivencia en el seno de la familia».

te si el que reclamara alimentos fuese un ascendiente que se encontrare en una situación de vulnerabilidad, a fin de que este, en los últimos años de su vida, viva en compañía de sus seres queridos. Es más, creemos que, a propósito de la cita que hemos hecho del Derecho cubano, habría sido mejor que el Código de las familias cubano contemplara en el artículo 32, que regula las formas de cumplimiento, esta posibilidad, antes que prostituir en el artículo 25.2 el concepto de la prestación de alimentos.

Con esta hipotética reforma, se podría decir que se pondría en el centro a la persona vulnerable, en la empresa de evitar que sea cuidada por un tercero ajeno a la familia o encontrarse en la tesitura de pernoctar en una residencia de ancianos. Sin embargo, no nos convence esta posibilidad, pues, al margen de la desheredación, hay que advertir que la obligación para el alimentante se tornaría más gravosa de lo que ya supone que el legislador contemple, al abrigo de la solidaridad familiar, que este tenga que descapitalizarse para sufragar las necesidades básicas de los parientes enumerados en el artículo 143 CC y, sobre todo, hay que evitar construir el silogismo de que si los cuidados los presta el familiar, el que los recibe será mejor atendido, pues no siempre es la mejor opción. Piénsese, por ejemplo, en el hijo, que, carente de una formación que ostentan los profesionales del sector, tenga que cuidar al progenitor, máxime cuando el nivel especializado de los cuidados, que no pueda sufragar por sí mismo el ascendiente, sea imprescindible en las fases avanzadas de la ancianidad o de una enfermedad[1105].

Todo ello sin perjuicio de que, en el contexto de los alimentos, no somos de la opinión de que el Derecho pueda ni

---

1105 Así lo defiende MONDEJAR PEÑA, Mª. I.: «La obligación de alimentos entre parientes como medio privado de satisfacción de las necesidades ante los procesos de envejecimiento y de la población española: análisis actual y tendencias de futuro», op. cit., p. 343.

deba imponer a los hijos u otros descendientes la obligación de consagrar personalmente la vida a sus progenitores o abuelos, pues, de ser así, se verían en la tesitura de renunciar a su proyecto vital y a formar su propia familia, reduciendo a su mínima expresión lo que la doctrina alemana denominó *libertad de acción*[1106], máxime cuando las necesidades del ascendiente, desprovisto de recursos económicos, pueden estar igualmente cubiertas, incluso mejor, a través de un profesional. Y esto sin perder de vista que, en no pocas ocasiones, el mantenimiento de los ascendiente en la propia vivienda es un foco de enfrentamientos y tensiones, como consecuencia de la heterogeneidad de caracteres propios de personas que no comparten la misma generación, y de quienes, alcanzada la tercera edad, se encuentran en una etapa en la que la capacidad de adaptación no es la misma que la que tenían en otro tiempo, siendo contraproducente, a nuestro juicio, imponer al alimentante el confinamiento del achacoso progenitor en un domicilio que, en ocasiones, es de pequeñas dimensiones, máxime si tiene que compartir techo con el cónyuge e hijos de aquel.

4. Creemos que, con estas consideraciones, hemos resuelto el debate sobre el concepto de alimentos. No obstante, recientemente Morera Villar ha expresado que, por alimentos, no debe entenderse solo la satisfacción de las prestaciones del artículo 142 CC, sino también la compañía y la conservación de la relación familiar[1107]. Realmente, la autora no aporta más de lo que ya habían expresado las sentencias de principios de

---

1106 Sobre dicho concepto, puede verse MARTÍNEZ VÁZQUEZ DE CASTRO, L.: *El principio de libre desarrollo de la personalidad en el ámbito privado*, Civitas, Madrid, 2010, pp. 21 y 22, que lo define, al margen del tema que estamos tratando, como el derecho que tiene el individuo a «un proyecto de libertad individual de carácter general» y a «decidir libremente su proyecto vital, así como a cambiarlo cuantas veces quiera, e incluso a no tenerlo propiamente».

1107 MORERA VILLAR, B.: «La desheredación en el Código Civil de los hijos y descendientes por denegación de alimentos al testador», op. cit., p. 319.

la presente centuria respecto a la ampliación del concepto de alimentos, por lo que entendemos que su teoría, así como de la doctrina de las sentencias citadas *supra*, hoy superada, ha sido refutada en los puntos anteriores. Pero como, según algunos, lo que abunda quizás no daña, nos sumergiremos, brevemente, en la STS 2 julio 2019[1108].

Hace dos décadas, el legislador, por medio de la Ley 41/2003, añadió un apartado 7º al artículo 756 CC, contemplando como causa de indignidad el hecho de no prestar las «atenciones debidas» a las personas con discapacidad, «entendiendo por tales las reguladas en los artículos 142 y 146 del Código Civil». Sin llegar a profundizar aquí en dicha causa, existía la duda de si por atenciones debidas debían comprenderse únicamente las que prevé el artículo 142 CC, dada la remisión a este precepto que hace el artículo 756.7º CC, o también conceptos tales como la atención, el cuidado o la existencia de una relación familiar. Como no podía ser de otro modo, el precepto daría la cara en un caso, como dijera gráficamente López y López, lleno de huesos, de carne y sangre, y así ocurrió en el supuesto que desembocó en la STS 2 julio 2019, en el que dos abuelos desheredaron a la hija por abandono, desatención total hacia sus progenitores, e injuria grave y reiterada de palabras; en cuanto a las nietas, legitimarias por derecho de representación, no las desheredaron. A pesar de ello, la hija presentó una demanda pidiendo que se declarara injusta la desheredación, y, a pesar de los efectos automáticos del artículo 857 CC, planteó, subsidiariamente, que en caso de que no se estimara la acción principal, se reconociera el derecho a la legítima de las tres hijas[1109]. En primera instancia se desestimó la acción

---

1108 STS 2 julio 2019 (TOL 7.387.266).

1109 Creemos que esta acumulación eventual de acciones obedeció a la picaresca del abogado para evitar la condena en costas en caso de que se estimara justa la desheredación, aprovechándose, quizás, de la ignorancia o indulgencia

principal, sin perjuicio de reconocer, aunque fuere superfluo, el derecho de las nietas a percibir la legítima. El demandado presentó recurso de apelación, planteando la declaración de indignidad de las nietas, el cual fue desestimado. En casación, el tribunal declaró como hechos probados, respecto a las nietas, que estas «cortaron toda relación con sus abuelos a partir del año 2004», y que, a pesar de que estos eran personas dependientes, desde el año 2000 las tres nietas les negaron toda la ayuda que precisaban para la casa y la higiene personal, sin importarles las limitaciones que tenían los abuelos, los cuales acabaron ingresando en una residencia de ancianos en el año 2005.

Dada cuenta que los abuelos tenían una discapacidad y que no desheredaron a las nietas, se planteó en casación si se podían subsumir en el artículo 757.7° CC las presuntas obligaciones personales de «cuidado, seguimiento y relación emocional» que no cumplieron las legitimarias. El tribunal, no sin antes decir que la reforma de 2003 hubiera sido una ocasión propicia para incluir el abandono y las obligaciones de contenido personal en las causas de indignidad[1110], dijo que, lo que la STS 3 junio 2014 tachó como maltrato emocional o psico-

---

del juzgado, pues, siendo inútil la pretensión subsidiaria de que se declarara el derecho de las nietas a suceder a los abuelos, por la aplicación automática del derecho de representación (cfr. art. 857 y quinto párrafo del artículo 814 CC), no habría habido una estimación parcial de la demanda, sino una desestimación total, y, probablemente, en materia se costas se habría condenado a la demandante en virtud del artículo 394.1 LEC, en vez de aplicar, como hizo el juzgado *a quo*, el artículo 394.2 LEC,

1110 Previamente, Hernández Ibáñez, C.: «La causa séptima de indignidad sucesoria: una medida de protección jurídica para personas discapacitadas», *Revista de Derecho UNED*, núm. 1, 2006, p. 189, entre otros, dijo que debería «haberse incluido el cuidado y atención personal del discapacitado, a pesar de que la obligación alimenticia, como se ha señalado, tenga un carácter netamente patrimonial».

lógico, no podía incardinarse en la negativa a prestar alimentos[1111], sin perjuicio de que pudiera servir como causa de desheredación por la vía del artículo 853.2ª CC[1112-1113].

1111 Previamente, otros tribunales abogaron por esta exégesis, como la SAP Burgos 29 marzo 2019 (TOL 7.259.135).

1112 Así se expresó, *ad pedem litterae*, el punto 3º fundamento de derecho cuarto de la sentencia: "La sentencia recurrida no desconoce la doctrina de la sala, pero entiende que lo mantenido por ella para el maltrato de obra como causa de desheredación, integrando en él el maltrato psicológico y emocional, no puede trasladarse a la causa de incapacidad para suceder por indignidad que es objeto de debate. La realidad social, cultural y los valores del momento no son otros que los que contempla la Ley 41/2003, de 18 de noviembre, sobre protección patrimonial de personas con discapacidad, esto es, en respuesta a una demanda social de los valores del momento respecto de estas personas. Por tanto, para acudir a la interpretación flexible de esta concreta causa no se pueden utilizar los motivos que proporcionaron la del maltrato de obra a efectos de desheredación. Tal argumento se refuerza porque el art. 756 CC ha sido reformado por la LJV, y en su Exposición de Motivos afirma que «se introduce, por considerarse necesario su adaptación a la nueva realidad social y desarrollo legislativo en el ámbito penal, una nueva regulación de las causas de indignidad para suceder». Si la reforma tiene incidencia en el abandono, hubiese sido ocasión propicia a los valores del momento incluir en las «atenciones debidas» (art. 756.7ª CC) obligaciones de contenido personal. Nada de esto se hizo y como sostiene la sentencia recurrida ese maltrato psicológico o emocional no puede considerarse como una negación de alimentos, que es en lo que se concreta las atenciones debidas. Que no cabe confundir una y otra atención se colige del art. 853 CC, que contempla la negación de alimentos y el maltrato de obra, en el que jurisprudencialmente se integraría el emocional o psicológico, como causas diferentes de desheredación en sus n.º 1.º y 2.º".

1113 Cuatro años antes de la comentada sentencia, además de Hernández Ibáñez, citada *supra*, González Carrasco, Mª. C.: «Comentario a la Sentencia del Tribunal Supremo de 3 de junio de 2014», *Revista de Cuadernos Civitas de Jurisprudencia Civil*, núm. 97/2015 (BIB 2015\334), pp. 4 y 5, ya negaba la posibilidad de subsumir el abandono afectivo tanto en el artículo 853.1ª como en el artículo 767.7º CC. Asimismo, Vaquer Aloy, A.: «La protección del testador vulnerable», op. cit., p. 1074, también expuso, antes de la STS 2 julio 2019 y en relación al artículo 756.7º CC, que el foco de atención

Se podría esperar que nos rasgáramos las vestiduras por el razonamiento y fallo de esta sentencia, más aun valorando la crítica que hemos hecho a la naturaleza sancionadora de la indignidad y a la consiguiente interpretación restrictiva de sus causas, pero no consideramos que la decisión merezca una crítica negativa. Es cierto que, al principio de esta obra, hemos abogado por la interpretación extensiva de las causas de desheredación, atendiendo a que, ante la pasividad del legislador, prácticamente, son las mismas desde 1889, siendo insuficientes para dar respuesta a muchos de los conflictos familiares que hoy día existen y que no tienen puede canalizarse a través de la desheredación. En cuanto a la causa del artículo 756.7° CC, la resolución comentada fue la primera que, en sede casacional, entraba de lleno en su interpretación. El Tribunal Supremo se enfrentaba a un texto legal que no contemplaba como causa de indignidad el abandono o el rechazo por parte del sucesor a prestar cuidados, sino que, para definir lo que son las «atenciones debidas», se remitía expresamente al concepto de alimentos del artículo 142. Cabe señalar, además, que, en el momento de dictarse la sentencia, la doctrina jurisprudencial que permitía englobar el maltrato de carácter psicológico en el maltrato de obra, se encontraba, más o menos, consolidada. Con estos mimbres, el Alto Tribunal, a nuestro juicio, de forma correcta, focaliza la negativa a prestar las «atenciones debidas» en el concepto de alimentos, remitiendo el abandono o el rechazo del sucesor a prestar cuidados, en su caso, al ámbito del maltrato psicológico. En defitiniva, la STS 2 julio 2019 tuvo el firme propósito de diferenciar o, dicho de otra manera, de no solapar el maltrato psicológico y la negativa a prestar alimentos. De haber estimado el recurso el Tribunal Supremo, por

---

de las *atenciones debidas* «no es el cuidado del causante en su vertiente más personal», sino «la negación de lo necesario para el sustento, habitación, vestido o asistencia médica (alimentos en toda su extensión), siempre que se le hubiese reclamado al indigno el pago de los alimentos».

apreciar que la causa 7ª del art. 756 CC comprendía también la falta de cuidado y atención al alimentista, el abandono que produjere una perturbación emocional al testador se hubiera reconducido en el futuro, tanto por la vía del artículo 853.2ª CC como por la negativa a prestar alimentos del artículo 853.1ª CC, dándose la paradoja de que un mismo hecho se podría subsumir en dos causas distintas[1114-1115].

De lo dicho, dos conclusiones se imponen, una ya dicha y otra que exponemos ahora: la primera es que la obligación de alimentos es exclusivamente patrimonial o económica, por lo que precisa, como mínimo, que el alimentista carezca de recursos económicos para satisfacer las necesidades tasadas por

---

1114 En Perú, el deslinde entre los alimentos y el abandono está clarificado, aunque se regule, al igual que hace el artículo 853.2ª CC con el maltrato de obra y la injuria grave de palabra, en el mismo ordinal, pues el artículo 744.2 del Código Civil peruano prevé como causa de desheredación de los descendientes, por un lado, «haber negado sin motivo justificado los alimentos», y, por otro, «haber abandonado al ascendiente encontrándose éste gravemente enfermo o sin poder valerse por sí mismo».

1115 Así lo explica el fundamento de derecho segundo de la SAP Asturias 23 noviembre 2021 (TOL 8.780.745): «De igual modo es rechazable el argumento de la recurrente al vincular la causa de indignidad al maltrato previsto en el ordinal 2 del art. 853 CC como causa justa de desheredación y la doctrina jurisprudencial sobre su interpretación y contenido (recogida en nuestras sentencias de 1-12-2018 y 22-04-2020), pues se trata de institutos jurídicos distintos que responden a presupuestos distintos; y así es que expresamente el precitado art. 853 se remite a los supuestos de los números 2, 3, 5 y 6 del art. 756, es decir, con exclusión de la causa de indignidad del nº 7 y aún, y además, añade la de haber negado el hijo o descendiente alimentos a su causante sin motivo alguno y haberle maltratado de obra, quedando así en evidencia el distinto ámbito de una y otras causas, en cuanto que la primera viene vinculada al auxilio económico para atención de las necesidades básicas del causante (art. 142 CC), mientras que la segunda (tanto más con la vigente doctrina jurisprudencial sobre su interpretación y alcance) se adentra en el ámbito de las relaciones personales (de trato, relación y afectividad) entre el causante y el hijo o descendiente desheredado».

el artículo 142 CC y que el alimentante tenga suficientes bienes para procurarse su propia subsistencia y la del alimentista, teniendo aquel dos formas para cumplir la obligación, que son las que, a tal efecto, prevé el artículo 149 CC, correspondiendo al obligado, no al alimentista, la elección; la segunda es que hubiese sido redundante, estéril e inocuo que el legislador, en 2003 o posteriormente, a la hora de remitirse a las causas de indignidad al tipificar las causales de desheredación, se hubiese remitido al artículo 756.7ª CC, pues lo que prevé el precepto tiene exactamente la misma cobertura a través los artículos 853.1ª, 854.2ª y 855.3ª CC[1116], que contemplan como causa de desheredación la negativa a prestar alimentos.

2.1.2. La existencia de una situación previa de necesidad

Una vez abordado el concepto de alimentos, que es la parte de más envergadura de la causa tratada, nos centraremos en los presupuestos del artículo 853.1ª CC, siendo uno de ellos que el presunto alimentista padezca una situación de necesidad económica que le impida tener cubiertas las prestaciones enumeradas en el artículo 142 CC.

Dicho presupuesto, como apunta Padial Albás, es relativo, pues dependerá de las circunstancias del potencial alimentista, no teniendo que «identificarse con la absoluta indigencia», ya que la necesidad debe «apreciarse en atención al contexto social y las circunstancias personales del alimentista»[1117]. Como dijimos en el anterior apartado, la edad o el estado de salud del alimentista es un hecho que, sin duda, puede ser determinante para fijar el *quantum* de la prestación alimenticia, ya que los

---

[1116] Jordano Fraga, F.: *Indignidad sucesoria y desheredación (Algunos aspectos conflictivos de su recíproca interrelación)*, op. cit., pp. 27 y 28.

[1117] Padial Albás, A.: *La obligación de alimentos entre parientes*, op. cit., pp. 108 y 109.

alimentos, aunque no puedan identificarse con el afecto o con que el alimentante conviva y preste cuidados personalmente al alimentista, sí comprende las obligaciones coadyuvantes, mediales o instrumentales para que la persona, carecente de recursos económicos, tenga cubiertas todas las necesidades que marca el artículo 142 CC[1118].

Una pregunta que siempre ha estado presente en nuestras reflexiones es si puede considerarse que está en una situación de necesidad aquel ascendiente que, pese a no tener liquidez suficiente para tener satisfechas sus necesidades básicas, tiene bienes que, aunque en el momento de la hipotética reclamación no generen rentas, son potencialmente aptos para generarlas o, sin necesidad de generar liquidez, le permitan, mediante su administración o disposición, ver satisfechas las necesidades que marca el artículo 142 CC. Sobre el particular, Puig Peña consideraba que el hecho de no tener rentas, pero sí un capital, aunque fuese improductivo, era un hecho que podría, en no pocos casos, descartar el estado de necesidad[1119].

1118 Coincidimos con Ragel Sánchez, L. F.: «Artículo 853», op. cit., p. 6286, en que la causa debe interpretarse conforme a las prescripciones del Título VI del Libro I del Código Civil, no abarcando el incumplimiento de la obligación convencional de alimentos que tenga como partes contratantes al causante y al legitimario. Así, pudiendo englobar este contrato prestaciones que van más allá que las previstas en el artículo 142 CC y no siendo necesario un estado de necesidad del «alimentista» -más bien todo lo contrario, pues como contrato sinalagmático y oneroso representa una manifestación de riqueza al tener como contraprestación, *ex* artículo 1791 CC, la «transmisión de un capital en cualquier clase de bienes y derechos»-, si el hijo contratante se niega a la postre a cumplir lo pactado no se podrá decir, *stricto sensu*, que ha habido una negativa a prestar alimentos, salvo que este, renuente a respetar el principio *pacta sunt servanda*, se negase a devolver lo percibido por el causante en la órbita del contrato y le deje sin recursos económicos para sufragar sus necesidades más básicas.

1119 Puig Peña, F.: *Tratado de Derecho Civil Español, Tomo II, Derecho de familia Vol. II, Paternidad y filiación*, op. cit., p. 271.

En nuestra opinión, el hecho de que el causante tenga, por ejemplo, un bien inmueble, aunque sea en el cual resida, en un hecho que, sin perjuicio de que no tiene porqué relacionarse con la opulencia económica, descartará, en muchos casos, el éxito de la reclamación de alimentos al legitimario y, por ende, la desheredación por el artículo 853.1ª CC. La titularidad de uno o varios inmuebles, aun no siendo aptos desde el momento en el que surge el estado de necesidad para generar frutos, puede coadyuvar a que el ascendiente tenga cubiertas todas sus necesidades; pudiendo, sin necesidad de venderlos o enajenarlos, desde perfeccionar una hipoteca inversa hasta un contrato de alimentos con un tercero a fin de que este, en palabras del artículo 1791 CC, le proporcione toda la «asistencia» que precisa[1120].

Ahora bien, puede ser que la perfección de los negocios jurídicos que permitan al causante, carente de liquidez, tener cubiertas sus necesidades más inmediatas requieran de un tiempo, que puede ir desde días hasta semanas. Si, en esta coyuntura, el descendiente le niega injustificadamente lo necesario para satisfacer las necesidades más perentorias al ascendiente, aquel incurrirá en la causa del artículo 853.1ª CC, aunque se probare que otras personas, ante la negativa del descendiente, se prestaron a ayudar al causante.

Por otro lado, no se puede considerar que esté en una situación de necesidad económica aquel ascendiente que pueda ver cubiertas sus necesidades básicas mediante prestaciones o

---

1120 Puede verse, sin ánimo exhaustivo, la SAP Valencia 12 febrero 2002 (TOL 231.441), SAP Cáceres 23 julio 2004, SAP Madrid 8 mayo 2013 (TOL 3.859.598), SAP Navarra 28 julio 2016 (TOL 5.940.978), y SAP Málaga 25 enero 2018.

ayudas públicas y renuncie a ellas o se abstenga en solicitarlas, dado el carácter subsidiario de la obligación de alimentos[1121-1122].

Asimismo, si el ascendiente, en situación de necesidad, no se ha quedado sin alimentos porque terceros, no huérfanos de bonhomía, se lo han sufragado al margen de cualquier relación contractual[1123], coincidimos con Manresa y Navarro o Valley de Goytisolo en que es posible la desheredación por la causa del artículo 853.1ª CC[1124-1125]

1121 LASARTE ÁLVAREZ, C.: *Derecho de familia. Principios de Derecho Civil, Tomo sexto* (revisada y actualizada con la colaboración de SÁINZ-CANTERO CAPARRÓS, B.), op. cit., p. 351.

1122 La SAP Guipúzcoa 30 septiembre 2008 (TOL 1.480.094), descartó la desheredación por la negativa a prestar alimentos, entre otras cosas, porque el causante «se resistió no ya a solicitar ayuda a las distintas instituciones asistenciales, sino incluso a recibirla»

1123 Nos remitimos, entre otras, a la SAP Guipúzcoa 18 febrero 2002, donde el padre, que malvivió con una exigua pensión «insuficiente para atender sus necesidades más básicas e indispensables», desheredó a sus hijas por negarle injustificadamente alimentos, no siendo óbice para el éxito de la desheredación que el testador fuera en su día ayudado por sus hermanas para poder subsistir, máxime valorando que estas estaban obligadas en última lugar a prestarle alimentos según el orden de prelación del artículo 144 CC.

1124 MANRESA Y NAVARRO, J. M.: *Comentarios al Código Civil español, Tomo VI,* op. cit., pp. 608 y 609, y VALLET DE GOYTISOLO, J.: *Limitaciones de Derecho sucesorio a la facultad de disponer, Tomo I, Las legítimas,* op. cit., p. 685.

1125 Esto parece ser que ocurrió en la SAP Asturias 12 marzo 2007 (TOL 2.547.318), donde la desheredada, nieta del testador, se negó a prestarle alimentos, concurriendo la circunstancias de que el abuelo, cuyo recursos económicos eran escasos, tuvo que recurrir a la caridad de terceros, impidiéndole además la nieta a mejorar su fortuna bloqueando la liquidación de la herencia cuya causante era la abuela, cónyuge del testador. En palabras del fundamento de derecho tercero: «Desde ese momento, es decir, desde el fallecimiento de la madre de la actora (ocurrido en mayo del 2000), la demandante se desentendió realmente de sus abuelos y el dato de que durante un tiempo la hija de la actora, biznieta de aquéllos, fuera a visitarlos con cierta frecuencia, en nada obsta a la realidad de la efectiva desatención por parte de la deman-

2.1.3. ¿Es necesaria una previa reclamación por parte del alimentista?

Es recurrente en la doctrina que ha estudiado con más o menos profundidad la desheredación plantearse esta cuestión a la hora de analizar el artículo 853.1ª CC.

Manresa y Navarro consideraba suficiente la negativa del legitimario «probada por cualquier medio» y, en caso de reclamación judicial que concluyere con una sentencia condenatoria, que su posterior cumplimiento avalaría la desheredación si constó la negativa[1126], explicando, citando el artículo 756 CC, que cuando la ley hace precisa una sentencia condenatoria lo dice claramente, al contrario que el artículo 853.1ª CC[1127].

---

dante, que si bien conocía que su abuelo percibía ingresos por su pensión de jubilación, más la que también recibió posteriormente por viudez, no ignoraba la situación de necesidad del mismo, ya que, por un lado, precisaba la ayuda de tercera persona para atender, primero, a las necesidades de su esposa antes de fallecer y, segundo, las suyas propias derivadas de su edad y propia enfermedad, como manifestó la persona que después de la marcha de la actora se dedicó a cuidarlo, junto con la esposa, hasta su fallecimiento; y por otro, que cuando menos en dos ocasiones fue advertida de dicha situación de necesidad por el abogado de su abuelo, cuando intentó realizar gestiones a efectos de liquidar con la citada la herencia de la abuela a fin de obtener liquidez y atender los pagos de la profesional que le atendía diariamente, a lo que se opuso ésta. Dicha necesidad aparece igualmente reflejada en el mismo testamento del citado, cuando reconoce una deuda por importe de 3.000 €, 1.500 prestados por un sobrino y otros 1.500 anticipados por la profesional que lo atendía, ambas cantidades destinadas para atender a su sostenimiento, como así lo afirma. Por lo tanto, existió la exteriorización de la necesidad real del citado y la desatención por parte de la demandante, por otro lado corroborada por los testimonios de personas que conocían por razones de parentesco o amistad al testador y a la misma actora».

1126 También Vallet de Goytisolo, J.: *Limitaciones de Derecho sucesorio a la facultad de disponer, Tomo I, Las legítimas,* op. cit., p. 685.

1127 Manresa y Navarro, J. M.: *Comentarios al Código Civil español, Tomo VI,* op. cit., p. 609.

Scaevola, en cambio, decía que, si el hijo negaba injustamente alimentos al padre y este, aun considerándose con razón para ello, decidía no promover pleito en reclamación de alimentos, acudiendo a otros medios distintos como «la limosna, la beneficencia pública y hasta la caridad de otros parientes ó amigos», posteriormente no podría desheredar por esta causa. El autor argumentaba su posicionamiento destacando que el padre «tenía abiertas las puertas de los Tribunales para la reclamación de los alimentos, y á ellos debió acudir para que se le satisficieran; si dejó de hacerlo, debe entenderse legalmente que aceptó la conducta del hijo, renunciando á la petición de alimentos y no dejando lugar, por consecuencia, para su concesión ó negativa»[1128].

A nuestro juicio, el hecho de que el progenitor no haya promovido un proceso no será óbice para el éxito de la desheredación por el artículo 853.1ª CC si antes del otorgamiento del testamento el legitimario, conocedor de la situación de necesidad económica del ascendiente, le negó injustificadamente los alimentos, pues dicha negativa patenta, amén de una vulneración del deber de respeto filial, un ataque a la solidaridad familiar que no le hará merecedor de la legítima. Se podría decir, siguiendo a Scaevola, que, si la desheredación ha de ser posterior a la «negativa injusta», los requisitos de la causa de desheredación no se darán si, parafraseando al autor, esta injusticia no ha sido previamente apreciada por los tribunales[1129]. Sin embargo, coincidimos con Manresa y Navarro en torno a que los requisitos pueden ser probados por cualquier medio de prueba admisible en Derecho, sin necesidad, insisti-

1128 Mucius Scaevola, Q.: *Código civil, Tomo XIV*, op. cit., p. 897.

1129 Mucius Scaevola, Q.: *Código civil, Tomo XIV*, op. cit., pp. 897 y 898.

mos, de que la causa vaya respaldada por una sentencia condenatoria[1130].

Respecto a la reclamación extrajudicial, a pesar de que la STS 20 junio 1959[1131] deslizó que era necesaria una reclamación, aunque no fuese judicial, tampoco la consideramos imprescindible si puede probarse que el legitimario tenía conocimiento del estado de necesidad del ascendiente. Como dice Rebolledo Varela, «la exteriorización evidente y cierta del estado de necesidad de asistencia física y/o económica conocida por el descendiente obligado a prestar alimentos y la pasividad del mismo debe ser considerada causa de desheredación del art. 853.1 CC a pesar de no existir una petición expresa de los alimentos que dé origen a una negativa ilegítima, pues ha de considerarse que el deber de los alimentos de los hijos hacia sus ascendientes surge desde el primer momento en que tienen conocimiento claro del estado de necesidad y de la urgencia a prestar los cuidados y atenciones necesarias sin que tengan que ser requeridos para ello sin que, en todo caso, la reclamación de alimentos que haya de ser realizada necesariamente por el ascendiente sino que, atendiendo a las circunstancias del caso concreto, pueda ser realizada en su interés por un tercero»[1132].

Previamente, algunos tribunales venían declarando que no era necesaria la reclamación judicial o extrajudicial si se podía probar el conocimiento por los legitimarios de la situación de necesidad del ascendiente, siendo ejemplo de ello la SAP Vizcaya 15 junio 2001[1133], que dijo, a la hora de resolver el recurso

---

1130 En la misma senda, SÁNCHEZ ROMÁN, F.: *Estudios de Derecho Civil, VI. 2, Derecho de sucesión,* op. cit. 1115.

1131 STS 20 junio 1959 (TOL 4.349.498).

1132 REBOLLEDO VARELA, Á. L.: «Problemas prácticos de la desheredación eficaz de los descendientes por malos tratos, injurias y abandono asistencial de los mayores», op. cit., p. 404.

1133 SAP Vizcaya 15 junio 2001 (TOL 107.443).

de apelación de los desheredados, que «necesariamente tenía que existir una reclamación de alimentos a los efectos de nacer la obligación de atención por parte de los hijos a favor de su padre», siendo suficiente que «esa necesidad sea cierta y evidente para que el deber de los hijos para con su padre nazca». También la SAP Guipúzcoa 18 febrero 2002, sostuvo que, al reputar justa la desheredación de unas hijas que permitieron que su padre malviviera con una exigua pensión y siendo auxiliado por sus hermanas, que «no es necesario que los alimentos hayan sido reclamados judicialmente, bastando que tal deber de prestar alimentos se deduzca inequívocamente de una situación de abandono físico y asistencial de forma que hubiera dado lugar al reconocimiento judicial en el caso de haberse planteado, por esta vía ante la negativa del legitimario a cumplir la exigencia legal»[1134].

Es interesante la SAP Islas Baleares 15 noviembre 2016[1135], que aunque estimara acreditado que el padre reclamó alimentos al hijo desheredado, dijo que, sin perjuicio de ello, y siendo una *rara avis* que en el ámbito familiar existan requerimiento notariales o a través de burofax, se puede acreditar el conocimiento del legitimario de la situación de necesidad del progenitor y, por ende, estimar fundada la desheredación, mediante la prueba indiciaria, como el conocimiento por el hijo de los modestos recursos económicos del padre, que aquel conocía, a través de terceros, que a este le habían diagnosticado una grave enfermedad que le impedía trabajar o que, debido a la enfermedad, el desheredado sabía que los gastos para las necesida-

---

1134 También la SAP Alicante 24 octubre 2014 (TOL 4.671.880), que, aunque lo dijera al margen de la *ratio decidendi*, expuso, al enumerar los presupuestos del artículo 853.1ª CC, que «no es necesario que hayan sido reclamados judicialmente, bastando que la negativa se pruebe por cualquier medio, con arreglo al art. 850 CC».

1135 SAP Islas Baleares 15 noviembre 2016 (TOL 5.909.309).

des que marca el artículo 142 CC aumentaron exponencialmente, no pudiéndolos sufragar sino con la ayuda de terceros.

2.1.4. Examen del motivo legítimo que exoneraría del deber de alimentos

En relación con dicho presupuesto, Scaevola, que interpretaba que previa a la desheredación era necesario que se dictase una sentencia condenatoria que reconociese el derecho a los alimentos del ascendiente, mencionaba que la resolución judicial debía «apreciar que la negativa obedecía á temeridad ó a mala fe», explicando que el concepto de temeridad es «menos amplio que el del dolo»[1136]. No sabemos a qué se refería el autor con el recurso a la mala fe o temeridad; quizás, pretendió identificar aquellas situaciones en las que el legitimario sabía que, mediante la negativa injustificada a prestar alimentos a su ascendiente, colocaría a este en una situación de mendicidad, ante la ausencia de otros obligados a dispensarle alimentos o personas cercanas que, sin estar obligadas por la ley, le sufragaran todo lo imprescindible para tener sus necesidades cubiertas. En cualquier caso, la mala fe o temeridad constituye de un presunto requisito que la doctrina posterior ha descartado expresa o implícitamente.

Manresa y Navarro, con relación a la mala fe y temeridad, se opuso radicalmente a la exigencia de dicho requisito, argumentando que «ni se obliga al padre á promover cuestión judicial á sus hijos, ni exige la mala fe ó temeridad judicialmente declarada, caso poco frecuente»; a juicio del autor, el artículo 853.1ª CC «sólo exige la existencia de un hecho: negarse sin motivo legítimo á suministrar alimentos»[1137]. Sánchez Román,

---

1136 Mucius Scaevola, Q.: *Código civil, Tomo XIV*, op. cit., p. 898.

1137 Manresa y Navarro, J. M.: *Comentarios al Código Civil español, Tomo VI*, op. cit., p. 609.

sin llegar a refutar la tesis de Scaevola, dijo que la expresión «motivo legítimo» debía relacionarse con las causas del cese del deber de alimentos que enumera el artículo 152 CC, salvo la relativa a la «muerte del alimentista» (art. 152.1º CC)[1138], a la que añadió posteriormente Vallet de Goytisolo, como inaplicable, la del artículo 152.5º CC, pues esta se refiere a aquellas situaciones donde el ascendiente es el obligado y el descendiente el potencial alimentista[1139].

En cambio, en la actual centuria Rebolledo Varela ha resucitado la teoría de Scaevola, al decir, no sin previamente proponer que «habrá que estarse al caso concreto», que la negativa a prestar alimentos tiene que ser «de mala fe o al menos culposa». De sus anotaciones a pie de página deducimos que el autor se refiere a aquellos casos donde el descendiente, supuestamente de buena fe, niega extrajudicialmente los alimentos al ascendiente, en la «creencia racional» de que a este no le asiste la razón, ya sea porque dispone de recursos económicos o porque el legitimario solo posee bienes para su propia subsistencia y los miembros de la familia nuclear (cónyuge e hijos), que son prioritarios conforme al orden de prelación del artículo 144 CC. Si la sentencia no es condenatoria, es evidente que la negativa a prestar alimentos obedecía a un motivo justo o legítimo, pero si es condenatoria, según el autor, no por ello «hay una actuación culposa en el descendiente para que pueda

1138 Sánchez Román, F.: *Estudios de Derecho Civil, VI. 2, Derecho de sucesión,* op. cit. 1115.

1139 Vallet de Goytisolo, J.: *Limitaciones de Derecho sucesorio a la facultad de disponer, Tomo I, Las legítimas,* op. cit., p. 685

ser desheredado», dado el «carácter sancionador que tiene la desheredación»[1140-1141].

A nuestro juicio, si el descendiente le niega la mínima ayuda al ascendiente para que pueda atender a sus necesidades más perentorias, teniendo aquel medios para ello -computando a tal efecto su propia subsistencia y la de sus hijos y cónyuge (art. 144 CC)-, la sentencia condenatoria, que como hemos dicho arriba no es necesaria, será una prueba indubitada que acredite la desheredación y que permita descartar la existencia del «motivo legítimo», aunque el legitimario a raíz del fallo haya cumplido su obligación, máxime cuando, por mor de la negativa, el ascendiente se ha visto obligado a invertir esfuerzos y energías en incoar un proceso judicial.

Por lo tanto, y a modo de recapitulación, consideramos que el motivo legítimo que avale la negativa del descendiente a prestar alimentos puede resumirse en los siguientes hechos:

1. En primer lugar, que el ascendiente no esté en una situación de necesidad económica, es decir, conforme a lo dicho en anteriores apartados, que carezca de recursos económicos suficiente para atender a las necesidades que marca el artículo 142 CC, debiéndose tener en cuenta que la necesidad económica es relativa, pudiendo variar según la edad o la situación de discapacidad o enfermedad del alimentista.

2. En segundo lugar, también existirá un motivo legítimo que avale la negativa del descendiente legitimario

---

1140 Rebolledo Varela, Á. L.: «Problemas prácticos de la desheredación eficaz de los descendientes por malos tratos, injurias y abandono asistencial de los mayores», op. cit., pp. 405 y 406.

1141 También Ordás Alonso, M.: *La desheredación y sus causas. Derecho civil común y derecho civiles forales y especiales*, op. cit., p. 283, que se remite a la tesis de Rebolledo Varela.

cuando concurra alguna causa de extinción o cese del deber de alimentos de las comprendidas en los ordinales 2°, 3° y 4° del artículo 152 CC, o, cuando habiendo concretado el alimentante la forma en la que pretende cumplir su deber de alimentos conforme al artículo 149 CC, el alimentista se negare a aceptarla, ratificándonos en lo dicho más arriba en torno a que, de *lege ferenda*, esta posibilidad se debería incluir en el artículo 152 CC, concretándose, más que en una causa de cese del deber, en una suspensión, pues el alimentante estará exento de cumplir la obligación hasta que el alimentista no acepte la opción escogida por aquel.

3. En tercer lugar, también existirá una causa razonable para no prestar los alimentos cuando el legitimario tenga a otras personas, principalmente cónyuge e hijos, que necesiten alimentos y aquel no tenga fortuna bastante para proporcionárselos, a su vez, al ascendiente, dada cuenta del orden de prelación del artículo 144 CC.

2.1.5. La negativa a contribuir, equitativamente, al levantamiento de las cargas familiares como conducta que, en determinadas circunstancias, puede entrar en la dinámica conceptual de la negativa a prestar alimentos

En el Derecho de familia hay múltiples relaciones jurídicas que son fuentes de derechos y deberes que tienen como sustrato el vínculo matrimonial o de filiación. Respecto a la relación de filiación, a veces, en la sociedad está arraigada la idea de que, siendo el hijo menor de edad, este solo será acreedor de derechos, cuya contrapartida, los deberes, han de cumplir, inexorablemente, los progenitores; sin embargo, los hijos, aun siendo menores de edad, no están exentos de cumplir determinados deberes que, a tal efecto, consagra el artículo 155 CC. Así, por un lado, los hijos deberán «obedecer a sus padres mientras permanezcan bajo su potestad y respetarles siempre» (art. 155.1° CC), y, por otro, deberán «contribuir equitativamente, según sus posibilidades, al levantamiento de las cargas de la familia mientras convivan con ella" (art. 155.2° CC)[1142]. Este último deber, es predicable del hijo con independencia de la edad, ya que el precepto supedita la exigencia del deber al hecho de la convivencia, que puede ir más allá de la minoría de edad, bien por generosidad de los progenitores, que llegan a la abnegación de la asistencia, bien porque el hijo, aunque tenga recursos económicos, no tenga los suficientes para alcanzar la independencia o la salida del hogar paterno.

Al tratar la desheredación del menor de edad, hemos dicho que el menor podrá ser desheredado si tiene las suficientes facultades intelectivas y volitivas para comprender la causa desheredativa concreta que se le imputa y que su comportamiento supuso una relajación, cuando no un quebranto, de la solidaridad familiar. En este contexto, al examinar allí la casuística el lector pudo comprobar que todos los supuestos que han desembocado en los tribunales se refieren a desheredaciones donde el menor había sido desheredado por injuriar o maltratar al ascendiente (art. 853.2ª CC), brillando por su ausencia aquellas donde la causa alegada fuera la negativa a prestar alimentos. A ello coadyuva la interpretación restrictiva que han secundado los tribunales y el propio Tribunal Supremo en torno al concepto de los alimentos, que hace necesario, como hemos visto, que el ascendiente tenga una situación de necesidad económica y que el descendiente obligado tenga medios económicos para procurar la satisfacción de los conceptos enu-

---

1142 Según la doctrina, este deber fue incorporado al artículo 155 CC por la Ley 11/1981 para compensar la supresión del usufructo paterno sobre los bienes del hijo [CASTÁN TOBEÑAS, J.: *Derecho civil español, común y foral, Tomo quinto, Derecho de familia, Volumen segundo, Relaciones paterno-filiales y tutelares* (revisada y puesta al día por García Cantero, Gabriel, y CASTÁN VÁZQUEZ, José María), Reus, Madrid, 1995, p. 314].

merados en el artículo 142 CC. Es cierto que, partiendo de este planteamiento, el menor difícilmente podrá ser desheredado por la negativa a prestar alimentos, toda vez que, sujeto a la patria potestad, raramente podrá configurarse como alimentante en la relación paternofilial, máxime cuando los progenitores, más que un deber de alimentos, deberán cumplir un deber de mantenimiento hasta la mayoría de edad del hijo.

Ahora bien, aunque el hijo menor de edad no pueda asumir el rol de alimentante respecto a los ascendientes, ello no es óbice para que tenga que cumplir, durante la minoría de edad, el deber de contribuir equitativamente al levantamiento de las cargas familiares. Podría pensarse que plantear esta hipótesis de desheredar por el incumplimiento de dicho deber obedece al intento de dar respuesta a supuestos tan excepcionales que se podrían identificar con una raya en el agua; pero, en nuestra opinión, el acceso hoy día a distintas fuentes de ingresos por parte de los menores no es una entelequia si pensamos en el ecosistema digital en el que estamos inmersos, donde cualquiera puede acceder a las redes sociales y monetizar el contenido a costa de sacrificar derechos como la intimidad personal o la propia imagen, sin olvidar aquellos menores artistas o deportistas que gozan de suculentos beneficios, sino directamente por el ejercicio de la actividad, si a través de contratos de patrocinio o de publicidad.

No desconociendo que hay casos donde los progenitores exijan a los hijos que habiten en la vivienda familiar que colaboren o ayuden al sostenimiento de las cargas familiares, hemos de plantear si los hijos, sean menores o mayores de edad, podrán ser desheredados por incumplir tal deber, sobre todo teniendo en cuenta que el mismo tiene el mismo fundamento que el deber de alimentos, que no es otro que la solidaridad familiar[1143].

1143 Así lo dicen expresamente, entre otros, Bercovitz Rodríguez-Cano, R.: «Comentario a los arts. 154 a 161 CC y 164 a 168», en AA.VV., *Comentarios a la reformas de Derecho de Familia, Tomo II*, Tecnos, Madrid, 1984, p. 1058; Díez

Para resolver esta cuestión, hemos de atender, en primer lugar, al concepto «cargas de la familia» que luce en el artículo 155.2º CC. Según Díez García, hay que utilizar como patrón de referencia el artículo 1362.1º CC, a fin de entender que las cargas familiares son los gastos de sostenimiento familiar, pudiéndose englobar en el concepto tanto los «gatos alimenticios», como «todos los gastos devengados en la vida cotidiana de la familia incluso aunque no sean necesarios, siempre que sean adecuados a sus concretas circunstancias económicas»[1144]. En su opinión, el deber de contribución del hijo no está supeditado a la «exigencia de que las cargas resulten necesarias», siendo la necesidad exigible solo para el caso de que los progenitores dispongan de los bienes del menor incluidos en el artículo 166 CC, debiéndose ponderar en la exigencia del deber «la mayor o menor necesidad de la familia, sus gastos cotidianos», así como de otros factores, como la edad y formación del hijo, la composición de su patrimonio o los frutos que el mismo genera[1145]. Similar opinión maneja Linacero de la Lafuente, que expone que, aunque las cargas de la familia se puedan identificar con los gastos que enumera el artículo 1362.1º CC, arguye, a renglón seguido, que el precepto es simplemente «ejemplificativo», pudiéndose ampliar su ámbito «en función

---

García, H.: «Artículo 155», en AA.VV., *Comentarios al Código Civil, Tomo II*, Tirant lo Blanch, Valencia, 2013, p. 1585; Herrero Oviedo, M.: «Artículo 155», en AA.VV., *Comentarios al Código Civil, Tomo I (Arts. 1 a 267)*, Tirant lo Blanch, Valencia, 2023, p. 1274.

1144 Díez García, H.: «Artículo 155», op. cit., p. 1586.

1145 Díez García, H.: «Artículo 155», op. cit., pp. 1586 y 1587.

de las circunstancias de las familias, del nivel de vida de las mismas y, en general, de los usos sociales»[1146-1147].

Aunque en virtud de las aportaciones hechas hasta ahora el deber de contribuir a las cargas familiares pueda identificarse con una cuestión puramente económica, entendemos que va más allá, abarcando tanto las contribuciones materiales como las económicas. Las primeras son aquellas encaminadas a satisfacer las necesidades domésticas básicas de la familia, como participar en el adecentamiento de las dependencias de la vivienda[1148], mientras que las segundas son predicables respecto a los hijos que tengan ingresos o algún bien capaz de generar frutos.

Focalizando ahora nuestra atención en si el incumplimiento del deber de contribuir al sostenimiento de las cargas de la familia puede constituir una causa de desheredación, hay que tener en cuenta que el hijo, aunque sea menor de edad y, por ende, sujeto a la patria potestad, puede adquirir bienes tanto a título lucrativo como oneroso Si los bienes del menor están sujetos a la administración paterna no habrá problemas, toda vez que los progenitores podrán destinar sus frutos al levantamiento de las cargas de la familia, sin tener la obligación de rendición de cuentas (art. 165 CC). Ahora bien, como quiera que hay determinados bienes del menor que quedan excluidos de la administración paterna en virtud del artículo 164 CC, es

---

1146 Linacero de la Fuente, Mª.: «Régimen económico conyugal II. Disposiciones generales del sistema de organización del matrimonio. Publicidad registral», en AA.VV., *Tratado de Derecho de familia. Aspectos sustantivos. Procedimientos. Jurisprudencia. Formularios.* Tirant lo Blanch, Valencia, 2021, p. 243.

1147 Igualmente, Herrero Oviedo, M.: «Artículo 155», op.cit., p. 1274.

1148 Así lo establece el artículo 9 *ter* LOPJM, que con un rótulo que reza «Deberes relativos al ámbito familiar», dispone que los menores «deben participar y corresponsabilizarse en el cuidado del hogar y en la realización de las tareas domésticas de acuerdo con su edad, con su nivel de autonomía personal y capacidad, y con independencia de su sexo».

posible que los progenitores, sin posibilidad de destinar unilateralmente los frutos que produzcan al sostenimiento de la familia, vean como este destina los mismos a cualquier fin suntuario, guiado por deseos egoístas y alejados de la solidaridad familiar. Esta situación, injusta e intolerable, puede agravarse si los progenitores están en una situación de precariedad, pues verán que, no pudiendo administrar los bienes del hijo porque su precedencia derive de alguno de los supuestos del artículo 164 CC, este se muestre renuente a cumplir del deber de contribuir a las cargas de la familia.

Aunque el incumplimiento del deber del hijo carezca de respuesta directa en nuestro ordenamiento jurídico[1149], más aun siendo menor, toda vez que los progenitores tendrán que tolerar, inexorablemente, la convivencia de aquel en la vivienda, a nuestro juicio, este comportamiento puede considerarse un motivo de desheredación mediante una interpretación extensiva del artículo 853.1ª CC.

No vamos a ocultar que nos inspiró a tomar partido por esta postura el caso que desembocó en la SAP Huesca 20 julio 1993. Los hechos fueron los siguientes: un padre demandó a su hijo mayor de edad, con base en el artículo 155.2° CC, pidiendo al juzgado que le condenase a abonar la cantidad de dos mil pesetas al mes. La madre, aunque no fue demandada, se opuso en el juicio a dicha medida; hecho que tuvo en cuenta el tribunal en virtud de las prescripciones de la ley aragonesa, dada cuenta que la ley por entonces vigente decía que correspondían a

---

1149 No ocurre lo mismo con el cónyuge que se niega a sujetar sus bienes al levantamiento de las cargas del matrimonio, ya que, en virtud del artículo 1318 CC, el juez podría dictar las medidas cautelares oportunas para asegurar su cumplimiento y los anticipos necesario. Quizás, de *lege ferenda*, el legislador debería establecer una disposición análoga para reclamar judicialmente dicho deber cuando incumba a los hijos menores y sus bienes estén excluidos de la administración paterna.

ambos cónyuges las decisiones sobre la economía familiar. Sin embargo, lo que nos llamó la atención fue el razonamiento que expuso la sentencia en el fundamento de derecho cuarto en relación al artículo 155.2º CC (cursiva propia): «Si dicha norma se entiende referida también a los hijos mayores de edad que continúan en situación de convivencia con la familia, nos encontramos en una norma que, como el respeto a los padres, a que se refiere el núm. 1.º, establece unos principios de conducta no susceptibles de exigencia judicial directa, como la que se pretende en autos, sino que, como valoración de esa conducta, sus efectos negativos, en caso de incumplimiento, se derivan por la aplicación de distintos institutos jurídicos en que puede tenerse en cuenta: *desheredaciones*, calificación de los gastos de alimentación como colacionables y la aplicación o inaplicación de las obligaciones alimenticias, etc.».

Como se puede ver a través de la palabra señalada en cursiva, el tribunal, *obiter dicta*, dijo que el incumplimiento del deber del hijo de contribuir a las cargas familiares podría ser objeto, en un eventual caso, de una desheredación. Viendo el pasaje transcrito, y aunque no creamos que el supuesto descrito tuviere la suficiente entidad para fundamentar una desheredación, pensamos en aquellos casos donde los progenitores, precisando de la ayuda del hijo por sus escasos recursos económicos y teniendo este, ya sea menor o mayor de edad, suficientes para cumplir el deber de contribuir a las cargas de la familia, se niegue, disfrutando del hogar paterno y condenando a los progenitores a vivir, sino en la miseria, sí en la escasez. Ante esta conducta, que, sin duda, quebranta la arquitectura de la solidaridad familiar, buscamos una respuesta.

Manejamos, dada cuenta del vacío legal, dos opciones: una, consistente en integrar dicha conducta en el maltrato psicológico; otra, subsumirlo en el artículo 853.1ª CC mediante una interpretación extensiva del precepto. Al final nos decantamos por esta última opción, atendiendo a que, el supuesto descrito, implica, más bien un deber crematístico o pecuniario, pues el legitimario no sufre una descapitalización económica a costa de que los progenitores se mantengan en la carestía de recursos, como sucede, *mutatis mutandi*, con la obligación de alimentos[1150].

Si los alimentos, según jurisprudencia consolidada, se fundamentan en la solidaridad familiar[1151], al igual que el deber de contribuir a las cargas familiares, y el maltrato psicológico, según la STS 3 junio 2014, se integra en la dinámica conceptual del maltrato de obra, nosotros decimos ahora que la negativa injustificada del hijo a contribuir al levantamiento de las cargas de la familia también puede formar parte del dinamismo conceptual de la negativa a prestar alimentos, al menos, hasta que concluya el letargo del legislador. Para sostener esta teoría partimos que se deben dar las siguientes circunstancias:

1. En primer lugar, que, tratándose de un hijo menor de edad sujeto a la patria potestad, este tenga el suficiente discernimiento para conocer conceptos tan elementales como la solidaridad familiar.

2. En segundo lugar, que el menor, con suficientes bienes, tenga la administración de los mismos, quedando excluido los progenitores de la posibilidad de destinar sus fru-

---

1150 Obsérvese que en el deber de alimentos, cuando el potencial alimentante se niega, sin motivo legítimo, a prestarlo a aquel pariente que lo precisare, no experimenta la descapitalización que supondría cumplir tal deber si tuviere recursos económicos para ello. Lo mismo ocurre caundo el hijo se niega a contribuir, equitativamente y según sus posibilidades, al levantamiento de las cargas de la familia, ya que sus recursos no serán objeto de ningún desplazamiento patrimonial en interés de la familia.

1151 Véase la STS 1 marzo 2001 (TOL 4.924.464): «La obligación de prestar alimentos, se basa en el principio de la solidaridad familiar y que tiene su fundamento constitucional en el artículo 39.1 de la Constitución Española que proclama que los poderes públicos han de asegurar la protección social, económica y jurídica de la familia».

tos al levantamiento de las cargas de la familia; pues, en caso contrario, si los progenitores pudieren destinar los mismos a tal fin, difícilmente se podrá reprochar al hijo el incumplimiento del deber previsto en el artículo 155.2° CC, ya que hubiese bastado con que aquellos hicieran valer la posibilidad que les brinda el artículo 165 CC, salvo que, *de facto*, el hijo, mediante una actitud insolidaria y hostil, y al margen de las previsiones del Código Civil, le niegue a los progenitores la administración y la posibilidad de que los frutos de los bienes van al objeto de cumplir el deber de contribución a las cargas familiares.

3. En último lugar, y a pesar de que el deber del art. 155.2° CC se pueda exigir siempre, entendemos que para que dicho incumplimiento merezca el reproche de la desheredación, es necesario que los progenitores, por sus escasos recursos, precisen de la ayuda del hijo para vivir en condiciones dignas y que este esté en condiciones de procurarla.

Lo dicho es extensible al hijo mayor de edad, pues, como hemos dicho, dicho deber será exigible mientras el hijo conviva en la vivienda familiar (art. 155.2° CC). Se podría pensar que, al ser el hijo mayor de edad, si los progenitores necesitan la ayuda de aquel, por encontrarse en una situación de necesidad, deberán articular la pretensión a través de una reclamación de alimentos, dada cuenta que, extinta la patria potestad, no habrá ningún óbice para que el hijo se erija como alimentante. Pero piénsese en que hay casos donde, recién alcanzada la mayoría de edad, el hijo, aunque obtenga ingresos del trabajo o de la industria, quizás no sean suficientes para lograr la independencia económica, disfrutando de todas las comodidades del hogar paterno sin dispensar ninguna ayuda a los progenitores, destinando sus ingresos a fines meramente suntuarios y particulares. Por ello, si el hijo, que abusa de la generosidad y bonhomía de los progenitores, y estando estos sumidos en la precariedad, no teniendo bien más valioso que la vivienda familiar, se niega a contribuir, equitativamente, y según sus posibilidades, al levantamiento de las cargas de la familia, podrá, a nuestro juicio, ser desheredado mediante una interpretación extensiva del artículo 853.1ª CC, siempre que, de las circunstancias del caso concreto, se pueda entender que dicha negativa se integra en la dinámica conceptual de la negativa a prestar alimentos.

Entiéndase que se hace esta propuesta hermenéutica sin perjuicio de que, de *lege ferenda*, se contemple como causa de desheredación la negativa injustificada del legitimario a contribuir al levantamiento de las cargas familiares.

2.2. El maltrato de obra en sentido estricto

En este trabajo trataremos en apartados distintos el maltrato de obra *stricto sensu*, entendido, generalmente, como uso por el descendiente de la fuerza o la compulsión física contra el causante, y, por otro, el maltrato psicológico, pues pese a que haya conductas que, según la jurisprudencia, puedan entrar en la dinámica conceptual del maltrato de obra, vemos menester, por razones sistemáticas, darles un tratamiento independiente.

A decir verdad, la presente causa no presenta más complicación que aquella que pueda ofrecer la casuística, cuyo análisis, si nos basamos en los precedentes, solamente puede ser superficial o tangencial, habida cuenta de que las resoluciones a las que tenemos acceso, que son aquellas dictadas en apelación o en casación, omiten datos del supuesto que nos impiden valorar la justicia del fallo.

El antecedente de la presente causa se sitúa en la Ley 4ª, Título VII, de la Sexta Partida, que contemplaba la desheredación del hijo cuando este «*á sabiendas é sañudamente mete manos airadas en su padre para ferirle, é para prenderle*». Sin duda, la literalidad de la causa estaba relacionada, como veremos a continuación, con la violencia física; pero García Goyena, redactor del Proyecto de Código Civil de 1851 se apartó del texto de Las Partidas, optando por la fórmula del maltrato de obra a la hora de contemplar las causas de desheredación de hijos y descendientes. Dicha elección se fundamentó en dar «cierta latitud al Juez» a la hora de valorar el comportamiento de los legitimarios[1152], ya que la palabra maltrato podía englobar varias manifestaciones de ataques contra la solidaridad familiar que, sin duda, podían provocar al testador el mismo daño e incluso mayor que el uso de la violencia estrictamente física.

No obstante, el desenvolvimiento histórico de la causa ha ido ligado, lamentablemente, con la violencia física, contribuyendo a ello el artificioso tratamiento de la desheredación como una norma sancionadora que debe ser objeto de una interpretación restrictiva.

Scaevola, al estudiar el maltrato de obra, vinculó la causa, no solo a la violencia física que se manifestaba, según él, en «poner manos airadas» al padre[1153], sino también a las figuras delictivas del Código Penal que castigaban los ataques contra la integridad física, diciendo que si el artículo 756.2º C castigaba «los delitos de parricidio y homicidio y sus tentativas, claro está que los delitos de lesiones castigados en los artículos 429 á 437 del Código penal, son ante todo y sobre todo, los que constituyen los malos tratamientos de que nace la facultad de la desheredación»[1154]. Al mismo tiempo, excluía como causa de desheredación, en determinados casos, la antigua falta de lesiones, hoy delito leve[1155], pues aquella podían «ser tan rela-

---

1152 García Goyena, F.: *Concordancias, motivos y comentarios del Código Civil español, Tomo II,* op. cit., p. 116.

1153 Mucius Scaevola, Q.: *Código civil, Tomo XIV,* op. cit., p. 901.

1154 Mucius Scaevola, Q.: *Código civil, Tomo XIV,* op. cit., p. 900.

1155 Véase la Disposición derogatoria única de la Ley Orgánica 1/2015, de 30 de marzo, que derogó el Libro III, so pretexto del principio de intervención mínima (apartado I del Preámbulo).

tivamente leve y tan disculpable, por las circunstancias que la hayan rodeado, que parezca una pena excesivamente dura la desheredación»[1156].

Otros, como Manresa y Navarro, estimaba que todo acto que se pudiere comprender «en las palabras maltratar de obra, por insignificante que parezca, se halla contenido en esta causa, produzca ó no lesiones, siempre que se realice con intención y no por imprudencia ó por falta de discernimiento, y con mayor motivo si constituye un atentado contra la vida de los padres, no castigado en virtud de sentencia»[1157]. Postura parecida manejó Sánchez Román, que, desligándose de Scaevola, explicaba que los malos tratamientos de obra comprenden todas las demás agresiones[1158] de carácter personal ó contra la persona del testador, en todos sus grados, incluso el de lesiones, cualquiera que sea su gravedad, lo mismo delitos que faltas, pero no por imprudencia, temeraria ni simple, puesto que falta el elemento moral de la intención tan indispensable para esta aplicación civil, derivada del hecho delictivo»[1159].

Puig Peña también excluía del maltrato de obra los actos culposos, pues consideraba que en el legitimario tenía que concurrir un «dolo específico», propugnando que la causa fuese valorada con un «temperamento equitativo», por cuanto las agresiones más leves, como un pequeño empujón, no debían tener «la significación grave que la desheredación

---

1156 Mucius Scaevola, Q.: *Código civil, Tomo XIV*, op. cit., p. 901.

1157 Manresa y Navarro, J. M.: *Comentarios al Código Civil español, Tomo VI*, op. cit., p. 610.

1158 Decía «todas las demás agresiones» porque los atentados contra la vida del testador, que relacionaba con el parricidio, los subsumía en el atentado previsto en el artículo 756.2º CC (Sánchez Román, F.: *Estudios de Derecho Civil, VI. 2, Derecho de sucesión,* op. cit., p. 1115).

1159 Sánchez Román, F.: *Estudios de Derecho Civil, VI. 2, Derecho de sucesión,* op. cit., pp. 1115 y 1116

representa»[1160]. Vallet de Goytisolo no aportó más de lo que había dicho la doctrina precedente; simplemente adujo que el maltrato de obra tenía que ser interpretado con «un criterio flexible, con necesario arbitrio judicial», rechazando la asimilación rígida de la causa a las «figuras delictuales tipificadas en el Código penal» y que fuera necesario, para que se pudiere declarar justa la desheredación, el dictado de una sentencia penal[1161], citando a tal efecto la STS 4 noviembre 1904, que, como veremos a continuación, rechazó en un supuesto de injuria grave de palabra que fuese necesaria una previa condena penal del legitimario, aportando sólidos argumentos.

A nuestro juicio, y ciñéndonos al maltrato de obra *stricto sensu,* cualquier ataque físico, por acción u omisión, injustificado, extramuros de lo que hoy entendemos por imprudencia[1162], justificaría, sin necesidad de una sentencia penal condenatoria, esta causa de desheredación, siempre que el legitimario posea las suficientes facultades intelectivas y volitivas para comprender que dicha agresión atenta contra los pilares fundamentales de la solidaridad familiar. Todo ello sin perjuicio de que, además de la agresión física, existen múltiples conductas, como veremos luego, que pueden integrarse en el concepto de maltrato de obra[1163].

1160 Puig Peña, F.: *Tratado de Derecho Civil Español, Tomo V, Sucesiones, Vol. II, Relaciones sucesorias particulares,* op. cit., p. 432.

1161 Vallet de Goytisolo, J.: *Limitaciones de Derecho sucesorio a la facultad de disponer, Tomo I, Las legítimas,* op. cit., p. 687.

1162 Decía Puig Peña, F.: *Tratado de Derecho Civil Español, Tomo V, Sucesiones, Vol. II, Relaciones sucesorias particulares,* op. cit., p. 421, que si «no ha habido intención de ofender ni ha intervenido una culpa grave, no puede decirse que se ha resentido el orden familiar».

1163 Comentaba Ragel Sánchez, L. F.: «Artículo 853», op. cit., p. 6287, lo siguiente: «Los *malos tratos de obra* se refieren a cualquier actuación del descendiente que haya producido *vejación* al ascendiente que deshereda. El vejamen comprende

2.3. La injuria grave de palabra

Dispone el artículo 853.2ª CC que es causa de desheredación de hijos y descendientes el haber «injuriado gravemente de palabra». En el intento de descifrar esta causa, organizaremos la exposición del modo que sigue: en primer lugar, trataremos el concepto de la injuria grave de palabra, y, en concreto, si la expresión que luce en el artículo 853 CC debe equipararse al tipo delictivo de injurias que prevé el Código Penal, que distingue entre las injurias en sentido estricto y la calumnia; en segundo lugar, veremos si, para apreciar la causa de desheredación, es necesaria una condena penal previa; en tercer y último lugar, trataremos el contexto de la causa, pues para que la injuria se configure como causa justa de desheredación deberán valorarse y ponderarse las circunstancias y el contexto de la familia.

Cuando se publicó el Código Civil, el artículo 471 del Código Penal de 1870, vigente en 1889, decía que era injuria «toda expresión proferida ó acción ejecutada en deshonra, descrédito ó menosprecio de otra persona», calificándose, según el artículo 472, como graves, las siguientes: «1°. La imputación de un delito de los que no dan lugar a procedimiento de oficio; 2°. La de un vicio ó falta de moralidad, cuyas consecuencias puedan perjudicar considerablemente la fama, crédito ó interés del agraviado. 3°. Las injurias que por su naturaleza, ocasión ó circunstancias fueren tenidas en el concepto público por afrentosas. 4°. Las que racionalmente merezcan la calificación de graves, atendido el estado, dignidad y circunstancias del ofendido y del ofensor». En cuanto a la calumnia, el artículo 467 la tipificaba como delito, definiéndola como «la falsa imputación de un delito de los que dan lugar á procedimientos de oficio».

el maltrato físico, la molestia, la persecución, el perjuicio y hacer padecer a la persona vejada».

Adentrándonos en el Código Penal de 1995, la diferencia entre la injuria y la calumnia es más patente, pues donde el artículo 208 CP define la injuria como «la acción o expresión que lesionan la dignidad de otra persona, menoscabando su fama o atentando contra su propia estimación», el 205 CP dispone que es calumnia «la imputación de un delito hecha con conocimiento de su falsedad o temerario desprecio hacia la verdad».

Respondiendo a la pregunta, tan manida en la doctrina, en torno a si la calumnia es subsumible en la injuria grave de palabra a los efectos de desheredación, cabe responder afirmativamente: como hemos visto, cuando se publicó el Código Civil, la línea divisoria entre la injuria y la calumnia no eran tan nítida como ahora, pues donde hoy la imputación de un delito con conocimiento de su falsedad se subsume, conforme al Código Penal de 1995, en el delito de calumnia, en el texto de 1870 la imputación de un delito era subsumible tanto en la injuria como en la calumnia, radicando la diferencia entre uno y otro tipo delictivo en que la imputación de un delito se penaría como calumnia y no como injuria si la imputación de un tipo delictivo era «de los que dan lugar á procedimiento de oficio»

Por lo tanto, la palabra injuria del artículo 853.2ª CC debe entenderse, como decía, entre otros, Scaevola, en «su sentido vulgar y amplio, comprensivo, ante todo, de la calumnia, como la mayor y más grave de todas las ofensas»[1164-1165]. También rechazó la asimilación rígida de la injuria con los tipos delictivos que protegieren el honor Vallet de Goytisolo, que propuso que la causa se interpretara con «un criterio flexible, con necesario arbitrio judicial, para lo cual no debe tratarse de asimilar rígi-

---

1164 Mucius Scaevola, Q.: *Código civil, Tomo XIV,* op. cit., p. 903.

1165 Véase también Manresa y Navarro, J. M.: *Comentarios al Código Civil español, Tomo VI,* op. cit., pp. 610 y 611; Sánchez Román, F.: *Estudios de Derecho Civil, VI. 2, Derecho de sucesión,* op. cit., p. 1116

damente las expresiones del precepto civil con figuras delictuales tipificadas en el Código penal»[1166].

Relacionado con lo anterior, recién publicado el Código Civil, los primeros comentaristas del artículo 853.2ª CC se preguntaron si para que la injuria se pudiese configurar como una justa causa de desheredación era necesario una sentencia penal condenatoria previa. Scaevola, en 1898, dijo que era necesaria una condena penal previa, pues, al igual que dijera respecto a la negativa a prestar alimentos, donde defendió que era necesaria una sentencia del juez civil que condenara al pago de los mismos, entendía que, de lo contrario, quedaría al arbitrio del ascendiente la desheredación por injurias[1167]. Sin embargo, el Tribunal Supremo, en la STS 4 noviembre 1904, razonó que no es necesaria una sentencia penal condenatoria para desheredar por la injuria grave de palabra, razonándolo del siguiente modo: «1º porque la ley sólo exige este requisito previo cuando haya incurrido el hijo en un delito que lleve consigo la pena de interdicción civil; 2º porque correspondiendo a los herederos del testador la prueba de la certeza de la causa de desheredación si el heredero la negare, a tenor del art. 850 del Código, no sería esta prueba compatible con la desheredación hecha en un fallo anterior que necesariamente vendría a prejuzgarla; 3º porque la necesidad de ejercitar por medio de querella la acción penal por el delito de injurias podría dificultar, y tal vez hacer ilusorio, el derecho de carácter civil concedido al padre, sobre no compadecerse tampoco con la ritualidad y las exigencias de un procedimiento criminal con la intimidad de los vínculo familiares y los deberes de sumisión y respeto en el hijo, de que no es dable prescindir en las relaciones del Derecho, aunque por el mismo hayan sido olvidadas; y 4º porque

---

1166 Vallet de Goytisolo, J.: *Limitaciones de Derecho sucesorio a la facultad de disponer, Tomo I, Las legítimas,* op. cit., p. 687.

1167 Mucius Scaevola, Q.: *Código civil, Tomo XIV,* op. cit., pp. 902-904.

la gravedad de las injurias de que se trata queda evidentemente patentizada con la simple enunciación de las palabras en que consisten y que en la sentencia recurrida se determinan, al consignar que son las que expresan los testigos que sobre ello fueron interrogados»[1168].

Por otro lado, que el artículo 853.2ª CC se refiera a la injuria grave «de palabra» no debe ligarse, a efectos de la desheredación, a que carecerían de relevancia las injurias proferidas por otros medios, máxime en el contexto digital en el que estamos inmersos. Así, puede constituir una injuria cualquier palabra o gesto que, valorado según el contexto de la familia, difame o atente contra la dignidad o el honor del causante, ya se haga oralmente, por escrito o a través de gesto obsceno, como podría ser que el hijo escupa al ascendiente o le haga un corte de manga. Así lo entendió, con buen criterio, Puig Brutau[1169] o Puig Peña, diciendo este último que la expresión del aserto «no debe ser interpretada en su sentido estricto y pueden, por tanto, y aún con mayor razón, tener igual significado las injurias por escrito e incluso provocadas por vías de hecho»[1170]. También, Ragel Sánchez, que expuso que, pese a la dicción del artículo 853.2ª CC, emplee la expresión *de palabra*, «existen *gestos obscenos* cuya exteriorización equivalen a un grave insulto»[1171].

Un ejemplo de que las injurias no tienen que ser necesariamente orales se puede ver a través del caso que dio lugar a

---

1168 Tampoco exigió una sentencia penal condenatoria la STS 16 julio 1990, que estimó justa la desheredación de unas hijas que llamaron al padre «cabrón» e «hijo de perra».

1169 Puig Brutau, J.: *Fundamentos de Derecho Civil, Tomo V, Volumen III,* op. cit., p. 226.

1170 Puig Peña, F.: *Tratado de Derecho Civil Español, Tomo V, Sucesiones, Vol. II, Relaciones sucesorias particulares,* op. cit., p. 432.

1171 Ragel Sánchez, L. F.: «Artículo 853», op. cit., p. 6289.

la SAP Cádiz 7 junio 2004[1172], donde un padre desheredó a su hijo por las expresiones injuriosas vertidas en un artículo publicado en un periódico; aunque el artículo en cuestión fuese dirigido a la madre recién fallecida del desheredado, esposa del causante, el mismo culpaba a este de la muerte de la madre del desheredado, desvelando toda suerte de datos de la vida privada familiar del matrimonio[1173]. Según la sentencia, con independencia de que el hijo tuviere o no razón en la «expresión de sentimientos tan profundos» en un momento tan difícil de su vida, el hecho de «sacarlos a la luz pública a través de un medio periodístico, achacando a su padre culpas y comportamientos relativos a la vida privada familiar y al mismo tiempo tan negativos, fueran o no ciertos, supone una actitud impregnada de tal dureza y gravedad que estimamos justificada la cláusula hereditaria». Además, el tribunal se desligó de aquella corriente que propugnaba que las injurias, para poder ser calificadas de graves, tenían que tener una connotación delictiva, al decir que «no es preciso que hayan de coincidir, para que puedan calificarse como graves, con las expresiones que merecerían una condena por delito, dándose muchos supuestos de deshe-

---

1172 SAP Cádiz 7 junio 2004 (TOL 478.791).

1173 Las expresiones escritas por el hijo figuran en la misma sentencia: "«conociste a mi padre, al cual nunca sinceramente he podido calificar demasiado bien, porque os hizo la vida imposible a ti y a mi abuela». «Desde pequeño te he visto luchar contra los elementos. Primero, el elemento se llamó Bernardo, mi padre, quien no paró de ponerte las cosas difíciles, hasta el punto de que tu madre murió de tu misma enfermedad a cuenta de las trabas y "putadas" que mi padre te hizo». «Te he visto ir esposada al Juzgado cada lunes porque me llevabas a las playas de Marruecos y mi padre, por tocar las narices, te denunciaba cada lunes». «Te he visto llorar, y contigo he compartido momentos que para un niño son horribles aunque no se den cuenta de la situación, como cuando nos echaron de nuestro hogar de Ceuta por el embargo ficticio que José I.: socio de mi padre y éste, inventaron para quedarse con una casa que te correspondía por derecho». «El fracaso de mi padre es que si cae así de enfermo ¿quién le cuidará con tanto amor?".

redaciones eficaces en la casuística de los Tribunales en que se consideran graves meros insultos que en un procedimiento penal como mucho serían calificados como faltas aunque socialmente pueden ser tachados de graves».

Finalmente, no toda expresión que atente contra el honor o dignidad del causante puede constituirse como causa de desheredación, pues, además de que sea preciso el *animus iniuriandi* del legitimario, hay que valorar, como dijera en su día Puig Peña, el contexto en el que se vierten, y, en especial, «el tono de la familia, la conducta filial en general y, desde luego, el signo de cultura social en el momento en que se produce la ofensa»[1174]. Así, conforme a este planteamiento se ha estimado que no es justa la desheredación por injuria respecto a las expresiones vertidas por el descendiente en un juicio, donde simplemente se limitó a contestar a las preguntas del abogado[1175], u aquellas otras expresadas por escrito en el seno de un proceso judicial en un texto escrito por el abogado del legitimario[1176]. En definitiva, habrá que valorar todos los factores subjetivos y circunstancias, siendo necesario atender al signi-

---

1174 PUIG PEÑA, F.: *Tratado de Derecho Civil Español, Tomo V, Sucesiones, Vol. II, Relaciones sucesorias particulares,* op. cit., p. 433.

1175 La STS 28 junio 1993 dispuso, en un caso donde la hija, en el proceso de divorcio de los padres, declaró que su padre tenía una amante, lo siguiente: "El contenido de la declaración que prestó la actora en el procedimiento de divorcio, como bien dice el Tribunal «a quo», vino forzada por el contenido de la pregunta y la obligación de decir verdad, y de cualquier modo, estuvo ausente el «animus injuriandi», indispensable en estos casos".

1176 Véase el fundamento de derecho undécimo de la STS 14 marzo 1994 (TOL 1.665.978): «Dice la recurrente que injuria grave de la actora fueron los ataques al honor del padre hechos por doña Purificación P. C., pero el motivo no puede prosperar por las razones expuestas en la sentencia por la Audiencia, esto es, que el escrito no fue redactado por doña Purificación sino por su abogado, que fue hecho en defensa de los derechos que creía que asistían a su cliente, y no hubo propósito de agraviar. Ante tales razones sólo una interpretación subjetiva y parcial puede permitir entrar a valorar

ficado gramatical de las palabras presuntamente injuriosas, la intención de quien las pronuncia, las circunstancias de tiempo y lugar, el grado de cultura y el ambiente de los implicados[1177], y, no menos importante, especialmente cuando se trata de un legitimario menor de edad, la educación o instrucción que recibió del descendiente[1178].

2.4. El maltrato psicológico: especial referencia a la ausencia de relación familiar

A buen seguro, mucho de los poseedores de esta obra la abrirán, desde un primer momento, por esta página, aventurándonos a afirmar que lo tratado en los anteriores capítulos tendrá para parte del gremio jurídico una importancia residual o ínfima, en la creencia de que sobre la desheredación todo lo que se tenía que decir ya se ha dicho, salvo en lo atinente al maltrato psicológico, que es el tema de rabiosa actualidad.

Rogamos que, previamente a la lectura de este epígrafe, el que nos lea se remita al principio de este trabajo, en concreto, al segundo epígrafe del primer capítulo, pues allí, el tiempo dirá si en balde o no, hemos hecho una revisión de la naturaleza sancionadora de la desheredación, apostando, firmemente, porque la figura en sí y, especialmente, sus causas, puedan ser objeto de una interpretación conforme a todos los cánones hermenéuticos del artículo 3 CC, con independencia de que el resultado hermenéutico que se alcance implique una interpretación extensiva. Asimismo, sirviéndonos de lo allí expuesto, también hemos abogado por la posibilidad de la analogía, ya

una situación contrariando además el carácter absolutamente restrictivo con que deben aplicarse las causas de desheredación».

1177 SAP A Coruña 18 diciembre 2023 (TOL 9.943.093).

1178 Gómez Valenzuela, M. Á.: «La desheredación del menor de edad», op. cit., pp. 439, 455 y 456.

que, insistimos, la desheredación ni es una sanción, ni es una pena, como tampoco es, de acuerdo con el léxico del artículo 4.2 CC, una norma excepcional, simplemente es una figura que materializa el principio general, que no es sino la libertad de testar, excluyendo lo que, paradójicamente, es la excepción al principio, que no es otro que la legítima, teniendo que desenvolverse la desheredación conforme a la regla general, la cual se fundamenta en la autonomía de la voluntad.

Dicho esto, quizás a modo de desahogo, esbozaremos a continuación la singladura cronológica de lo que hoy se conoce como maltrato psicológico para luego, como ha sido recurrente en este trabajo, defender nuestro planteamiento.

2.4.1. Línea seguida por la jurisprudencia antes de 2014: reivindicación de la STS 26 junio 1995 como el verdadero punto de inflexión

Lo que hoy se conoce como maltrato psicológico, cuyo concepto analizaremos más temprano que tarde, no siempre fue reconocido por la jurisprudencia como hecho determinante capaz de subsumirse en las causas de desheredación de hijos y descendientes, bajo el argumento de que, aunque las situaciones de abandono protagonizadas por los hijos sean reprochables moralmente, devienen irrelevantes a efectos de la desheredación, correspondiendo su enjuiciamiento, en su caso, al tribunal de la conciencia. Sin duda, la claudicación del Tribunal Supremo en enjuiciar algunos hechos que, quizás hoy día, podrían motivar una desheredación, se ha debido a la concepción de que esta es una sanción, que debe ser irremediablemente objeto de una interpretación restrictiva a los fines de salvaguardar, curiosamente, la excepción a la libertad de testar, que no es otra que la legítima. Lo veremos ahora a través de la glosa de las sentencias dictadas por el Alto Tribunal.

La primera resolución a la que tiene interés remontarse es la STS 28 junio 1993, donde un padre desheredó a su hija invocando en testamento el artículo 853.2ª CC. Se deduce de la sentencia que los padres de la desheredada se divorciaron y que el padre, durante el matrimonio, tuvo un romance con la empleada del hogar. Dado el sistema causalista de separación y divorcio que regía antes de ser derogado en 2005, la hija fue citada a declarar en condición de testigo sobre los hechos que motivaron la crisis matrimonial, declarando esta, al ser preguntada en juicio, que su padre mantuvo una relación extramatrimonial, estando casado, con la empleada del hogar. En lo que al abandono respecta, también se alegó en el proceso que hubo una «falta de relación afectiva y comunicación entre la hija y el padre», especialmente, un «abandono sentimental sufrido por éste durante su última enfermedad» y una «ausencia de intereses» mostrado por la hija en relación a los problemas del padre. El tribunal, respecto a las presuntas injurias vertidas por la hija en juicio, dijo, con acierto, no que podían ser tachadas como tal, pues su testimonio vino forzado por el contenido de la pregunta que se le planteó en juicio y la obligación de decir la verdad, brillando por su ausencia el *animus injuriandi.* En lo atinente a la ausencia de relativo afectiva, que se prolongó hasta la última enfermedad del padre, adujo que «son hechos que de ser ciertos, corresponden al campo de la moral, que escapan a la apreciación y a la valoración jurídica, y que en definitiva sólo están sometidos al Tribunal de la conciencia».

Creemos que el problema de esta sentencia no reside tanto en el fallo como en la motivación, pues, valorando que hubo una crisis matrimonial entre los progenitores y que esta se debió, al parecer, a la infidelidad del padre con la empleada del hogar, no sabemos que otros hechos subyacieron para que la hija rompiera amarras con el progenitor. Las relaciones familiares son complejas y se desenvuelven en la intimidad, pudiendo ostentar la desheredada poderosas razones, que quizás no fueron objeto de debate en juicio, para desligarse afectivamente del causante. Nunca lo sabremos, e insistimos en que aquí reside el problema: que el Tribunal Supremo claudicara de ahondar en por qué la hija negó toda relación a un padre que, no es descartable, padeciera un daño emocional por el abandono, parangonable, *mutatis mutandi*, al daño físico que pudiere causar un maltrato de obra. Todo lo contrario, se sirvió del razonamiento que empleó por primera vez la STS 30 septiembre 1975 para sacarlo a relucir cual espada de Damocles.

Dos años después, la STS 26 junio 1995 estudió otro caso de desheredación no exento de complejidad partiendo de los hechos probados en primera instancia, que no fueron desvirtuados en casación. El desheredado convivía con su madre, a la sazón desheredante, y su esposa en lo que era la vivienda conyugal. La esposa, al parecer, no tenía buena relación con la madre, hecho que propició que aquella expulsara a esta de la vivienda, ante la mirada impasible del hijo, quien, en palabras del tribunal, no adoptó ninguna medida para remediar el hecho afrentoso. Tras este episodio, la madre pasó a «ocupar otra vivienda inmediata o cercana en estado ruinoso y sin otras atenciones y ayudas que las de una sobrina», situación que se prolongó hasta su fallecimiento. La línea de defensa del desheredado fue que él nunca llegó a emplear la compulsión física contra la madre y, por ende, el episodio descrito no se podía subsumir en el maltrato de obra del artículo 853.2ª CC; a lo que la sentencia dijo, en cambio, que sí merecía la «descalificación moral y física» propia del maltrato, no siendo necesario que el legitimario emplee la fuerza física, «máxime cuando el estado de cosas que sigue a la salida de la casa de la madre, continúa durante años en los que ésta, vive precariamente sin ser mínimamente atendida en modo alguno por el descendiente»[1179].

1179 En su día, Ragel Sánchez, L. F.: «Artículo 853», op. cit., p. 6287, se mostró muy crítico con la STS 26 junio 1995, diciendo lo siguiente: «No creemos que esta decisión haya sido acertada. Cuando un cónyuge expulsa del hogar

Es un hecho notorio que, tanto para en el ámbito académico como para en no pocos medios de comunicación social, la STS 3 junio 2014 fue un parteaguas en la hermenéutica de las causas de desheredación. Sin embargo, si hay que residenciar en alguna resolución el punto de inflexión en la interpretación del maltrato de obra, a nuestro juicio, sería en la STS 26 junio 1995[1180]. El tribunal, partiendo del vituperable razonamiento de la STS 30 septiembre 1975, que hemos criticado *ab initio* de este trabajo, podría haber dicho que el maltrato de obra censurable en la desheredación es el protagonizado por el legitimario, no por el cónyuge, y siendo este y no aquel el que expulsó del domicilio a la causante, ningún reproche cabía hacer al hijo que, lejos de emplear la compulsión física, se

---

a un pariente de su consorte, se crea un problema de primera magnitud, que hay que ponderar debidamente. Podría entenderse que la permanencia del ascendiente de un cónyuge en el hogar de éste está supeditada a que los dos miembros del matrimonio lo consientan, no pudiendo imponerse esa convivencia cuando el cónyuge del descendiente se opone a ella. Si fue la esposa del hijo la que expulsó a su suegra, el mal trato lo ejerció ella y se trataba de una conducta personal que no era extensible a su marido; que éste aceptara los hechos consumados puede obedecer a la obligación de colocar el interés de la familia -la formada por el matrimonio y los hijos convivientes- por encima de otras consideraciones, por muy dolorosa que fuera esa decisión. Ninguna norma obliga a un hijo mayor de edad y casado a convivir con su ascendiente, por lo que en el caso no hubo conducta omisiva del hijo y marido, ni tampoco existieron malos tratos hacia su madre. Problema distinto es que el hijo hubiera negado indebidamente alimentos a su madre, que vivió precariamente en la etapa que siguió a la expulsión, pero eso no se discutió en el procedimiento».

1180 Pérez Escolar, M.: «Causas de desheredación y flexibilización de la legítima», op. cit., pp. 1145 y 1146, dijo, en relación a dicha sentencia, que valoró un supuesto de *maltrato psicológico.* Igualmente, Gago Simarro, C. y Antuña García, P.: «La ausencia de relación familiar: ¿justa causa de desheredación de hijos y descendientes?», op. cit., p. 1211, dicen que la novedad de las SSTS 3 junio 2014 y 30 enero 2015 es relativa, pues ya la STS 26 junio 1995 realizó una «interpretación flexible del maltrato de obra».

mostró impasible; además, en cuanto al precario estado en el que desembocó la vida de la desheredante, recluida en una casa ruinosa y sin tener noticias del hijo incluso durante su última enfermedad, la sentencia podría haber dicho que dichos hechos corresponderían en todo caso al campo de la moral, irrelevantes jurídicamente, y que, a lo sumo, podrían estar sometidos al enjuiciamiento del tribunal de la conciencia, dada la interpretación restrictiva que debe presidir la aplicación de toda norma sancionadora.

Nada de esto dijo la citada sentencia, todo lo contrario: desligándose de la interpretación restrictiva de las causas de desheredación so pretexto de que la figura es una sanción, consideró, aunque no lo dijera de este modo en la motivación, que la expresión «maltrato» puede albergar muchas manifestaciones, no todas ellas relacionadas con la compulsión física. Quizás, si este hecho afrentoso se hubiere dado estando vigentes Las Partidas, el éxito de la desheredación habría sido más dificultoso, pues por aquel entonces se penalizaba al hijo que «*á sabiendas é sañudamente mete manos airadas en su padre para ferirle, é para prenderle*», sin embargo, como dijera García Goyena, se sustituyó en el artículo 672.2° del Proyecto de 1851 dicha causa, relacionada con el empleo de la fuerza física, por la del maltrato de obra, precisamente, para que el juez tuviese más laxitud a la hora de apreciar la causa, dadas las distintas exteriorizaciones de maltrato que pueden darse[1181]. Precisamente, la STS 26 junio 1995 decidió alinarse al cambio descrito, comprendiendo que, estéril sería el reconocimiento legal de la desheredación, cuyo arquitrabe es la autonomía de la voluntad, si la misma está recluida forzosamente en una prisión jurídica, esperando que el verdugo de la sanción y el mantra de la interpretación restrictiva le dé sepultura.

1181 García Goyena, F.: *Concordancias, motivos y comentarios del Código Civil español, Tomo II*, Madrid, 1852, p. 116.

Tenemos que andar dos años hacia adelante para encontrarnos otro pronunciamiento del Tribunal Supremo, el cual ya hemos citado cuando abordamos el valor relativo de la cosa juzgada de las sentencias relativas a la desheredación. Siendo francos, no podemos hacer una valoración exhaustiva de la STS 4 noviembre 1997 en lo que se refiere a las causas del artículo 853.2ª CC, pues la resolución no hace una exposición, más o menos, exhaustiva, de los hechos objeto de enjuiciamiento. Al parecer, el causante desheredó a sus hijos por los dos ordinales del artículo 853 CC, con base en que los hijos no convivieron con él ni mantuvieron relación alguna, privándole «al testador de su presencia en vida para confortarle de sus dolencias mortales y ni siquiera acudieron al entierro». La sentencia expuso que dichos hechos no son subsumibles en ninguna de las causas de desheredación, amparándose en el carácter sancionador de la desheredación y de su interpretación restrictiva, que impide, en palabras de la resolución, extender su aplicación «a casos no previstos en la ley».

Desde un enfoque simplificador y reduccionista, dada cuenta de que cada relación familiar y cada supuesto se inserta dentro de un ecosistema propio, la única diferencia, en cuanto a los hechos, entre las SSTS 26 junio 1995 y la 4 noviembre 1997, es que, mientras que en aquella el legitimario presenció pasivamente como su esposa expulsaba de su domicilio a la causante, en esta tal episodio no se produjo, focalizándose la similitud en que en ambas los respectivos progenitores quedaron relegados al olvido por parte de sus estirpes.

2.4.2. La gestación del maltrato psicológico

En el ámbito de la apelación, mientras que había sentencias que secundaban el sendero de la interpretación restrictiva del maltrato de obra, otras, con una mira aperturista, no se quedaron de brazos cruzados, abogando por una línea que, por aquel entonces, solo podía ser tachada de vanguardista.

La SAP Córdoba 5 diciembre 2000 es una clara muestra de lo expuesto, al estimar justa una desheredación de un hijo que, viendo vagar a su anciano padre solo por la calle y yendo aquel conduciendo un vehículo, se negó a recogerlo, y que, no contento con ello, también lo expulsó de la casa donde el anciano vivía, intentando enmascarar posteriormente este último hecho en juicio alegando que su padre se fue voluntariamente. Además, los otros hijos, también desheredados, aunque no fueron protagonistas de los hechos descritos, sí lo fueron respecto a la desatención a su padre durante la última enfermedad y de la «ausencia de comunicación y de interés por él».

Mención aparte merece la SAP Palencia 20 abril 2001, donde un hijo demandó a su madre con pretensión de recuperar un piso inscrito a nombre de esta y en el que habitaba con frecuencia, ocasionándole, además de preocupaciones y gastos, un «evidente quebranto psicológico» que trajo causa «en la defensa que tuvo que ejercitar para defender su propiedad», que a la postre se probó que pertenecía a esta y no al hijo. El tribunal tuvo que dirimir si tal hecho constituía o no un maltrato de obra; sirviéndose del deber de respeto filial, extensible incluso cuando el hijo alcanza la mayoría de edad (art. 155.1° CC), entendió que por maltrato de obra debía entenderse «toda aquella acción u omisión tendente a causar un menoscabo físico o psíquico, en este caso, al progenitor y testador, con el consiguiente menoscabo o sufrimiento en el que lo recibe, sin justificación inmediata en la propia actitud del testador». Partiendo de este innovador concepto, dijo que las circunstancias descritas sí debían considerarse que constituían un «maltrato psicológico», máxime cuando, por el devenir de los acontecimientos, se reveló absolutamente injustificado y muestra de una falta de respeto del hijo hacia la madre que, sin duda, le originaron un «quebranto y un sufrimiento» que encaja en el maltrato de obra del artículo 853.2ª CC[1182].

De esta exégesis tomó buena nota Barceló Doménech que, en el ámbito de la doctrina, fue uno de los principales impulsores por la evolución de la desheredación[1183]. El autor, aunque no se desligara de conceptuar la desheredación como una sanción, dijo que comportamientos como los que enjuició la SAP Palencia 20 abril 2001 repercuten en «la dignidad de la persona en el seno de la familia que se materializa en el derecho a no ser sometido a malos tratos», reconociendo que se puede tratar mal al padre o a la madre «por medios y vías diferentes a lo que es la agresión física» y que no por ello no merecen una sanción en virtud del artículo 853.2ª CC, pues, a su juicio, «hay malos tratos psíquicos tan graves o más que los físicos», que pueden penalizarse dada la amplitud del «maltrato de obra» que, al contrario que la fórmula empleada por Las Partidas, no debe relacionarse, obligatoriamente, con la compulsión física[1184].

1182 Igualmente, la SAP Las Palmas 28 febrero 2009 (TOL 6.732.224), que abogó por interpretar el artículo 853.2ª CC con un «criterio flexible», subsumiendo «la situación de abandono, pública y notoria», que citó el padre en el testamento en el concepto de maltrato de obra.

1183 También Lasarte Álvarez, C.: «Abandono asistencial de la tercera edad y desheredación de los descendientes en la España contemporánea», op. cit., pp. 367 y 368, que en 2007 criticó de forma vehemente la STS 28 junio 1993, entendiendo el autor que el «absoluto abandono asistencial» merece el calificado de maltrato, y que este puede ser de obra o de palabra. En la misma senda, Romero Coloma, A. Mª.: «El maltrato de obra como causa de desheredación de hijos y demás descendientes», op. cit., pp. 9 y 10.

1184 Barceló Doménech, J.: «La desheredación de los hijos y descendientes por maltrato de obra o injurias graves de palabra», *Revista Crítica de Derecho Inmobiliario,* núm. 682, 2004, pp. 495 y 496.

2.4.3. Reconocimiento jurisprudencial del maltrato psicológico: una historia de avances y retrocesos

De estas situaciones, paradigmas de una ausencia del deber de respeto filial, se hicieron cargo las instituciones legislativas de Cataluña, que ampliaron las causas de desheredación, contemplando desde 2008 el artículo 451-17.2 letra e) CCCat, aunque fuere a costa de mermar la seguridad jurídica, la «ausencia manifiesta y continuada de relación familiar entre el causante y el legitimario, si es por una causa exclusivamente imputable al legitimario»[1185]. Así, se pasó a regular dos causas distintas, tarificadas en distintas letras del meritado del artículo: por un lado, la ausencia de relación familiar, y, por otro, el «maltrato grave al testador, a su cónyuge o conviviente en pareja estable, o a los ascendientes o descendientes del testador»[1186].

1185 Así lo admite y reconoce el propio legislador catalán en el Preámbulo de la Ley 10/2008: «Con relación al desheredamiento, es destacable la adición de una nueva causa, que es la ausencia manifiesta y continuada de relación familiar entre el causante y el legitimario por causa exclusivamente imputable a este último. A pesar de que, ciertamente, el precepto puede ser fuente de litigios por la dificultad probatoria de su supuesto de hecho, que puede conducir al juzgador a tener que hacer suposiciones sobre el origen de desavenencias familiares, se ha contrapesado este coste elevado de aplicación de la norma con el valor que tiene como reflejo del fundamento familiar de la institución y el sentido elemental de justicia que es subyacente».

1186 En Aragón, la Ley 3/2024, de 13 de junio, de modificación del Código de Derecho Foral de Aragón en materia de capacidad jurídica de las personas, ha ampliado las causas de desheredación de manera similar que en Cataluña. Por un lado, tipifica como causa, en la letra e) del artículo 510 CDFA, la «ausencia manifiesta y continuada de relación familiar entre el causante y el legitimario, si es por causa principalmente imputable al legitimario» y, por otro, contempla como causa independiente, en la letra c), el maltrato grave, el cual, siguiendo la literalidad de la reforma, puede ser «de obra o psicológico».

Veamos a continuación como se han resuelto, ante la abulia y desidia del legislador patrio, las situaciones de abandono por el Tribunal Supremo[1187].

A) La STS 3 junio 2014: ¿una resolución mitificada?

La relevancia de la STS 3 junio 2014 en el ámbito de la literatura jurídica es evidente si cualquiera visualiza el aumento exponencial de la bibliografía sobre la desheredación a partir de dicha fecha, en que han proliferado por doquier los autores que han mostrado su interés en valorar el supuesto cambio de paradigma de la sentencia, como si esta fuese la panacea del giro jurisprudencial. En nuestra opinión, el verdadero punto de inflexión fue el de la STS 26 junio 1995.

Sumergiéndonos en los hechos objeto de enjuiciamiento, el causante tenía dos hijos, viviendo con estos y su esposa en Alemania. Al tiempo de producirse la crisis matrimonial, los hijos tomaron partido por la madre, relegando al olvido al padre, que vivía solo en su habitación, mientras que la madre y los hijos convivían en la vivienda que tenían en Alemania. Cuando esto sucedió, los hijos, según estimó probado la sentencia dictada en segunda instancia, eran personas maduras que «decidieron no solo solidarizarse con la versión de la madre en la crisis matrimonial, sino además, conscientemente, sancionar con el desprecio y el abandono al supuesto culpable, el padre», quien se vio obligado a regresar a España, falleciendo seis años después de su regreso, sin que los hijo «supiesen de su enfermedad, ni mantuviesen contacto alguno, ni le hicieran visita en dicho periodo». Además de todo lo anterior, se estimó proba-

1187 Muchas de las sentencias que citaremos a continuación distan de poder calificarse como jurisprudencia en sentido estricto, ya que son pocos los razonamientos que, en puridad, puedan ser catalogados como *ratio decidendi* del caso, representando más bien argumentos elaborados *obiter dicta*, como aquel de la STS 30 septiembre 1975 que dijo que las causas de desheredación debían ser objeto de una interpretación restrictiva.

do por la prueba testifical que el hijo le llegó a romper las gafas al padre y que este, que le reclamó «asistencia y cuidados» a los hijos, llegó, a pesar de tener varios inmuebles en Barcelona, a pasar ciertas «calamidades en los últimos años de su vida sin que sus hijos le atendieran»[1188]. Todos estos hechos motivaron que el padre acabase desheredando a los dos hijos en 2001, alegando, respecto a la hija, que le negó injustificadamente al testador «asistencia y cuidados», además de «haberle injuriado gravemente de palabra» y, en cuanto al hijo, por injurias graves de palabra y maltrato de obra.

La demanda presentada por los desheredados fue desestimada en primera y en segunda instancia, colocándolos en la tesitura de presentar un recurso de casación, denunciando la infracción del artículo 853.2ª CC. La desestimación del recurso se estructuró en los siguientes motivos:

1. En primer lugar, dice la sentencia que, aunque no quepa la analogía ni la interpretación extensiva de las causas de desheredación, ello «no significa que la interpretación o valoración de la concreta causa, previamente admitida por la ley, deba ser expresada con un criterio rígido o sumamente restrictivo», debiendo ser los malos tratos y las injurias graves objeto de «una interpretación flexible conforme a la realidad social, al signo cultural y a los valores del momento en que se producen»[1189].

1188 Las expresiones entrecomilladas son las que figuran en la sentencia dictada en segunda instancia [SAP Málaga 30 marzo 2011 (TOL 2.668.335)].

1189 A raíz de este pasaje, la doctrina, no pocas veces, ha relacionado la exégesis de la desheredación con la interpretación sociológica. A nuestro juicio, el abandono que se produjo en el caso que resolvió la STS 3 junio 2014 es tan reprocable, desde el punto de vista del deber de respeto filial (art. 155.2° CC), como el que pudiere producir hace cincuenta años. Es por ello por lo que hemos reivindicado, en el segundo epígrafe de esta obra, que la interpretación sociológica no debe gravitar, exclusivamente, en la desheredación, sino en el binomio que conforman legítima-desheredación, pues las distintas reformas que ha sufrido el sistema legitimario corroboran, sin

2. En segundo lugar, señala que el maltrato psicológico, «como acción que determina un menoscabo o lesión de la salud mental de la víctima, debe considerarse comprendido en la expresión o dinamismo conceptual que encierra el maltrato de obra», sentando su fundamento en la dignidad de la persona como nuevo germen o núcleo de los derechos constitucionales, la cual debe ser «su proyección en el marco del Derecho de familia como cauce de reconocimiento de los derechos sucesorios, especialmente de los derechos hereditarios de los legitimarios del causante, así como en el propio reconocimiento de la figura en el campo de la legislación especial; caso, entre otros, de la Ley Orgánica de protección integral de la violencia de género, 1/2004».

3. En tercer lugar, expone que la inclusión del maltrato psicológico, como una causa que fundamenta la desheredación, viene «reforzada por el criterio de conservación de los actos y negocios jurídicos que esta Sala tiene reconocido no solo como canon interpretativo, sino también como principio general del derecho», con una clara proyección, en el Derecho sucesorio, en relación con el principio *favor testamenti.*

A raíz de todo lo expuesto, la sentencia pone el foco en el caso concreto, esgrimiendo que lejos de un «abandono emocional», que según el tribunal es expresión «de la libre ruptura de un vínculo afectivo o sentimental», lo que se produjo en el caso es un maltrato psicológico de los hijos, «del todo incompatible con los deberes elementales de respeto y consideración que se derivan de la relación jurídica de filiación, con una conducta de menosprecio y de abandono familiar que quedó evidenciada en los últimos siete años de vida del causante en

---

lugar a dudas, que la legítima ha dejado de contemplarse como un derecho absoluto de los legitimarios a fin de erigirse como una institución en la que puede ponderarse otros intereses en juego, siendo uno de ellos, como no podía ser de otro modo, la dignidad del causante.

donde, ya enfermo, quedó bajo el amparo de su hermana, sin que sus hijos se interesaran por él o tuvieran contacto alguno; situación que cambió, tras su muerte, a los solos efectos de demandar sus derechos hereditarios».

Realmente, el tribunal no aportó nada nuevo a la exégesis que desarrolló la STS 26 junio 1995: simplemente reconoció, como ya hiciera en 1995, que existen varias manifestaciones de maltrato que no deben relacionarse, única y exclusivamente, con la compulsión o el maltrato físico, y que en la medida que suponen una infracción del deber de respeto que debe guiar las relaciones familiares, pueden subsumirse en el maltrato de obra. En lo que en absoluto estamos de acuerdo, como ya hemos dicho cuando tratamos la naturaleza jurídica de la desheredación, es en el hecho de que simplemente hubo interpretación flexible de las causas de desheredación; realmente, se interpretó teleológicamente el artículo 853.2ª CC, desembocando en una interpretación extensiva de la causa desheredativa[1190]. Respecto a la teoría de la conservación de los actos y

---

1190 ARROYO AMAYUELAS, E.: y FARNÓS AMORÓS, E.: «Entre el testador abandonado y el legitimario desheredado ¿A quién prefieren los tribunales?», *InDret*, abril 2015, pp. 7 y 8, pusieron en duda, como no podía ser de otro modo, que la STS 3 junio 2014 realmente no se hubiera desligado de la *prohibición* de la analogía y de la interpretación extensiva. GÓMEZ-CORNEJO TEJEDOR, L.: «El cambio de sesgo en la jurisprudencia en torno a las causas de desheredación en el Derecho común español», *Revista Crítica de Derecho Inmobiliario*, núm. 755, 2016, pp. 1611 y 1623, afirmó, directamente, que el Tribunal Supremo interpretó extensivamente el artículo 853.2ª CC, al igual que NICASIO JARAMILLO, I. Mª.: «¿Fundamenta la solidaridad familiar la legítima en la interpretación del Tribunal Supremo?», op. cit., p. 142 y DUPLÁ MARÍN, Mª. T.: «Hacia la desheredación de los descendientes: ¿incumplimiento del deber de alimentos y/o maltrato de obra», en AA.VV.: *Tratado de derecho de mayores*, Civitas, Madrid, 2024, p. 427. Otros autores, como PÉREZ VALLEJO, A. Mª.: «Progenitores e hijos ausentes: el maltrato psicológico a debate como causa de desheredación», *Revista Crítica de Derecho Inmobiliario*, núm. 800, 2023, p. 3513, sin llegar a afirmar que se tratase de una interpretación extensiva,

negocios jurídicos, como dijera la doctrina, fue un mero adorno retórico[1191] que, ni tan siquiera, era aplicable, en sentido estricto, al caso, pues no se trataba de valorar la formalidad extrínseca del testamento o de la cláusula desheredativa, sino, simplemente, de enjuiciar si el abandono alegado por el testador era subsumible o no en el maltrato de obra, valiéndose el tribunal, con independencia del resultado, de los cánones hermenéuticos cristalizados en el artículo 3 CC. Es más, consideramos que el tribunal, en vez de citar teorías o principios no relacionados con el caso, podría haber invertido esfuerzos en desarrollar la extrapolación de la doctrina del abuso del derecho o del enriquecimiento injusto al binomio legítima y desheredación[1192], o, como hemos hecho nosotros, desligar esta figura de su inexistente espíritu sancionador. A mayor abundamiento, se podría decir que el tribunal desarrolló un concepto del maltrato psicológico, pero, en puridad, este ya estaba latente en la STS 26 junio 1995, así como en otras previas de

han dicho que el Tribunal Supremo se apartó de «la interpretación literal y restrictiva de la norma».

1191 Arroyo Amayuelas, E.: y Farnós Amorós, E.: «Entre el testador abandonado y el legitimario desheredado ¿A quién prefieren los tribunales?», op. cit., p. 8, e Infante Ruiz, F. J.: «Indignidad y desheredación. Una visión actual», op. cit., p. 462.

1192 Precisamente, López Azcona, a la hora de analizar la STS 19 febrero 2019 (TOL 7.083.001), que estudiaremos más adelante, dice que, habida cuenta de que el Juzgado *a quo* estimó la pretensión del padre de extinguir los alimentos respecto a un hijo mayor de edad, hubiere sido deseable que, a tenor de que la sentencia mencionó el enriquecimiento injusto, «que el Juzgado verificase la concurrencia de los presupuestos requeridos para apreciar la existencia del enriquecimiento injusto y, en particular, la inexistencia de una causa que justifique el enriquecimiento patrimonial experimentado por los hijos alimentistas, en virtud de la pensión de alimentos, a costa del correlativo empobrecimiento del padre alimentante» (López Azcona, A.: «La incidencia de la falta de relación familiar en los alimentos debidos a los hijos mayores», *Revista de Derecho Civil*, op. cit., p. 119).

tribunales de instancia, aunque no empleara dicho *nomen*. Lo planteamos del siguiente modo: ¿Quién tiene el mérito de un invento: el que lo bautiza con un nombre o el inventor?

En lo atinente a la bifurcación entre abandono emocional y maltrato psicológico, la perspicuidad de la sentencia brilla por su ausencia, incurriendo, a nuestro juicio, en una prestidigitación. A juicio de Arroyo Amayuelas y Farnós Amorós, con la distinción, que las autoras califican de confusa[1193], la sentencia parece dar a entender que, por un lado, tenemos el maltrato psicológico, representando por un abandono familiar que quiebra el deber de respeto que se deben entre sí progenitor e hijo, y, por otro, el abandono emocional, «expresión de la *libre* ruptura de un vínculo afectivo o sentimental», no pudiendo el juez «entrar a valorar ese comportamiento *libre* y mucho menos sancionarlo»[1194]. Algaba Ros discrepa, asimismo, con la STS 3 junio 2014; definiendo la autora el abandono emocional como aquel que se produce por una falta de relación afectiva y de comunicación respecto del testador dependiente que «necesita cuidados, atención y/o afecto de sus descendientes», estima que el abandono descrito sí es relevante como causa de desheredación, pues, partiendo del significado de la RAE del verbo abandonar, que según una de sus acepciones consiste en dejar o desamparar a alguien, la conducta, en cuanto implica desasistir y desatender al ascendiente, es incompatible con los deberes de la relación jurídica paternofilial[1195].

1193 También Carrau Carbonell, J. M.: «La desheredación por maltrato psicológico y su dificultad de aplicación práctica», op. cit., p. 252.

1194 Arroyo Amayuelas, E.: y Farnós Amorós, E.: «Entre el testador abandonado y el legitimario desheredado ¿A quién prefieren los tribunales?», op. cit., p. 8

1195 Algaba Ros, S.: «Maltrato de obra y abandono emocional como causa de desheredación», op. cit., pp. 10 y 11.

En opinión de Barceló Doménech, que diez años antes realizó importantes aportes para que se acogieran otras formas de maltrato, más allá del físico, como causa de desheredación, el alcance de la STS 3 junio 2014 no consistió en «acoger la mera desafección familiar», sino en considerar como maltrato psicológico aquella pérdida de contacto familiar, ausencia de relación o abandono emocional que tenga «entidad suficiente»[1196]. Para Zurita Martín la diferencia entre el maltrato psicológico y el abandono emocional estriba en que aquel, para que pueda fundamentar una desheredación del descendiente, precisa que la actitud del legitimario «provoque un sentimiento de zozobra o pesar en el progenitor incompatible con los deberes elementales de respeto y consideración que se derivan de la relación de filiación», una conducta activa de menosprecio «que vaya más allá de la pura conducta omisiva de no visitarle o prestarle asistencia en los últimos años de su vida»[1197]. En la misma senda, Ordás Alonso, para quien la STS 3 junio 2014 no admitió la posibilidad de desheredar por la simple ausencia de relación familiar, sino que se «exige algo más, un plus» que deslinde entre el abandono y «aquellas otras rupturas que pudiéramos denominar cualificadas»[1198].

Si visualizamos al alimón las SSTS 26 junio 1995 y 3 junio 2014 podemos ver que, en cuanto a los hijos desheredados, no solo hubo simple ausencia de relación familiar: en la de 1995 la madre fue expulsada por la esposa del hijo de la vivienda, ante la mirada impasible de este que no hizo nada para evitarlo, viviendo sus últimos años en condiciones precarias, mientras

---

1196 Barceló Doménech, J.: «Abandono de las personas mayores y reciente doctrina del Tribunal Supremo español sobre la desheredación por causa de maltrato psicológico», op. cit., p. 296.

1197 Zurita Martín, I.: «La protección de la libertad de testar de las personas vulnerables», op. cit., pp. 107 y 108.

1198 Ordás Alonso, M.: *La desheredación y sus causas. Derecho civil común y derecho civiles forales y especiales*, op. cit., pp. 319 y 320.

que en 2014 la impugnación de la desheredación del hijo, omitiendo la ausencia de relación, habría corrido la misma suerte en cuanto a la desestimación de su pretensión, pues quedó acreditado en sucesivas instancias que este le llegó a romper las gafas a su padre, pudiéndose subsumir este hecho en el maltrato de obra en sentido estricto. Quizás, el caso de la hija de esta última sentencia sea más complejo, pues siendo desheredada por injurias graves de palabra y por negarse a prestarle cuidados, las injurias no llegaron a acreditarse en juicio y ningún episodio de violencia física protagonizó respecto al padre. En cualquier caso, lo cierto es que el desheredante de este caso, cuando más necesitaba la cercanía de sus hijos por su delicado estado de salud, fue olvidado por estos, pudiendo decirse que, amén de una ausencia de relación, esta se produjo en el momento de más vulnerabilidad del causante.

B) La STS 30 enero 2015: un expolio económico que causó un estado de zozobra

Un año después de la archiconocida sentencia recién comentada, el Alto Tribunal volvió a pronunciarse sobre un supuesto de desheredación en la STS 30 enero 2015, en que una madre desheredó a su hijo citando el artículo 853.2ª CC, remitiéndose, en la misma cláusula desheredativa, a un procedimiento judicial iniciado por la desheredante, que a la fecha del otorgamiento del testamento estaba pendiente de resolver el recurso de casación presentado ante el Tribunal Supremo, en un procedimiento a través del cual había instado la revocación de una donación efectuada a sus hijos y nietos, alegando que las había efectuado «bajo engaño y coacción». Al fallecimiento de la donante, el Alto Tribunal había considerado, en la STS 28 septiembre 2011 que la donación de varios inmuebles a favor del hijo desheredado era nula de pleno derecho, aplicando el artículo 1269 CC, al estimar acreditado que el donatario acudió a la notaria aportando los documentos necesarios para la preparación de la escritura de donación y la designación de los bienes que tenían que ser objeto de la liberalidad, y todo ello «sin contar con la voluntad y el consentimiento de su madre», que, estando convencida de que se refería a un solo inmueble, y no a todo su patrimonio inmobiliario, creó en ella, ya en la ancianidad, una «situación de sorpresa» que la llevó a prestar un consentimiento que estaba viciado.

Tocaba resolver si este expolio económico podía prosperar para privar de la legítima al hijo. Aunque la fundamentación de la sentencia no fuese paradigma de brillantez técnica, pues se valió de los razonamientos, ya criticados, de la STS 3 junio 2014, expuso que el desheredado incurrió en un maltrato psicológico, al provocarle a su madre un «estado de zozobra y afectación profunda» que le acompañó en los últimos años de su vida, «tras la maquinación dolosa de su hijo para forzarla, a finales del año 2003, a otorgar donaciones en favor suyo, y de sus hijos, que representaban la práctica totalidad de su patrimonio personal».

La sentencia expuso que la conducta del hijo se integraba conceptualmente en el concepto de maltrato de obra, considerando que el maltrato no solo puede albergar una manifestación de violencia física o psicológica, sino también económica, pues a raíz de un comportamiento abusivo, subrepticio y manipulador del legitimario, se despojó a la causante, sin su aquiescencia, al estar su voluntad viciada, de todo su patrimonio. Es más, en tanto en cuanto la STS 28 septiembre 2011 dijo que las donaciones eran nulas de pleno derecho, por mor del artículo 1269 CC, consideramos que, con independencia del maltrato, los hechos se podían subsumir, ya sea a través de una interpretación extensiva de la norma o mediante una aplicación analógica, en el artículo 756.5° CC, que es causa de indignidad y, por la remisión de los artículos 852 y 853 CC, también de desheredación. Obsérvese que el precepto prevé como causa el que, «con amenaza, fraude o violencia, obligare al testador a hacer testamento o a cambiarlo». Es cierto que la madre del supuesto no quedó obligada mediante fraude a otorgar testamento; peor aún, dispuso de la mayor parte de su patrimonio en vida a favor de su hijo y nieto, quedando privada de los bienes más cuantiosos de su patrimonio. Si se puede considerar repulsivo que el hijo, mediante fraude, obligue a su madre a otorgar testamento, más lo será, sin duda, que por el mismo medio comisivo le obligue a donar su patrimonio. Siendo ello así, y de la misma manera que reputados autores como Albaladejo sostuvieron que el artículo 713 CC, que, *de facto*, regula una causa de indignidad[1199], no solo se aplicara al testamento cerrado, sino también al ológrafo[1200], nosotros decimos, parrafeando la doctrina del Tribunal Supremo, que los hechos de la STS 30 enero 2015 entran en la dinámica conceptual del artículo 756.5º CC, pudiendo servir en el futuro para fundamentar tanto una indignidad como una desheredación.

Dicho esto, lo que nos vuelve a llamar la atención es que el Tribunal Supremo, valiéndose de la STS 3 junio 2014, niegue que la desheredación no puede ser objeto de una interpretación extensiva. Ciertamente, ante el supuesto de hecho de la sentencia había dos posibilidades: una, consistente en secundar una interpretación restrictiva y negar la desheredación bajo el argumento de que el maltrato de obra debe ir acompañado de una agresión física[1201]; otra, que implica inexorablemente

---

1199 Lacruz Berdejo, J. L.: «Indignidad e incapacidad», op. cit., p. 77; Albaladejo García, M.: *Curso de Derecho Civil, V, Derecho de sucesiones,* op. cit., p. 82; Pérez de Vargas Muñoz, J.: «Incidencias del nuevo Código Penal sobre la causa tercera de indignidad del artículo 756 del Código Civil», op.cit., p. 70.

1200 Albaladejo García, M.: *Curso de Derecho Civil, V, Derecho de sucesiones,* op. cit., p. 85.

1201 Precisamente, la SAP Castellón 24 julio 2013 (TOL 3.972.220), que fue objeto del recurso de casación que dio lugar a la STS 30 enero 2015, se valió de la interpretación restrictiva de la causa desheredativa para estimar la pretensión del hijo desheredado: «De ahí la conclusión que hemos alcanzado por mucho que pueda repeler el comportamiento del apelante y afectivamente hubiere afectado como es lógico a su madre dado lo determinado por el Tribunal Supremo. Lo que acontece es que, aunque la desheredación es una institu-

abandonar la regla *odiosa sunt restrigenda* y el reconocimiento de que la desheredación es una sanción y que, por ende, la figura no debe ser necesariamente objeto de una interpretación restrictiva, entendiendo que la palabra maltrato no tiene que hilvanarse, inexorablemente, con la compulsión física, aceptando que existen otros comportamientos activos u omisivos del legitimario que pueden provocar el mismo daño que una agresión física

Sin duda, hay que abogar por la segunda posibilidad, a fin de estar a la funcionalidad de la fórmula que, con dicho cometido, acogió el Proyecto de 1851 y que heredó el Código Civil. En todo caso, atendiendo a nuestro planteamiento, respecto a esta y otras causas es preciso despojar a la desheredación de los cánones hermenéuticos que solo puedan dar como resultado una interpretación restrictiva.

C) La STS 27 junio 2018

La STS 27 junio 2018 ya ha sido comentada por partida doble en este trabajo: la primera fue en relación a la designación de la causa en testamento, pues el testador, que se limitó a citar literalmente «los artículos 848 y siguientes del Código Civil» para desheredar a la hija, se valió de documentos extratestamentarios que no acreditaban, *per se*, el maltrato de obra, para cubrir la formalidad, que no cumplió, del artículo 849

---

ción de derecho civil concedida al testador para reprimir las graves faltas de aquellos que debieren heredarle (Sentencia del Tribunal Supremo de 1 de febrero de 2008), por el criterio restrictivo ya señalado, con la regla general de la intangibilidad de la legítima y naturaleza sancionadora de este instituto que igualmente ya fue apuntada, no puede extenderse su aplicación a casos diversos de los contemplados expresamente en la regulación legal (el art. 848 del C. Civil habla de que la desheredación sólo podrá tener lugar por alguna de las causas que expresamente señala la ley), y de ahí que aunque puedan concurrir casos análogos o más graves, entre los que perfectamente pudiere comprenderse el presente, los mismos quedan al margen de dicho instituto».

CC; la segunda fue al tratar de la reconciliación, pues el causante mandó una carta a la hija mostrando su deseo de reanudar la relación familiar, valorando el tribunal si las expresiones proferidas podían ser interpretadas como una reconciliación o perdón que dejara sin efecto la desheredación (art. 856 CC). A lo allí expuesto nos remitimos.

Aunque la desheredación era ineficaz por razones de forma, al designar el desheredante la causa con una extraordinaria ambigüedad, en contra de lo dispuesto en el artículo 849 CC, permitió al tribunal verter unas consideraciones sobre la ausencia de relación familiar. Anunciando el tribunal que «solo una falta de relación continuada e imputable al desheredado podría ser valorada como causante de unos daños psicológicos», tal circunstancia no pudo apreciarse en dicho caso, porque la falta de relación comenzó cuando la desheredada injustamente tenía nueve años, acordando por aquel entonces el juzgado que dirimió la crisis matrimonial entre los progenitores la «suspensión de visitas entre el padre y la hija por ser contrarias a su interés, dada la relación conflictiva entre la menor y el padre y, sobre todo, entre la menor y la pareja del padre», concluyendo que «el origen de esa falta de relación familiar no puede imputarse a la hija, dado que se trataba de una niña».

No creemos que esta sentencia merezca mucho comentario, teniendo en cuenta que, aunque el tribunal hubiera estimado probado que la desheredada incurrió en un maltrato psicológico, la desheredación no habría tenido éxito igualmente por cuestiones de forma. Simplemente, esta sentencia fue la primera piedra que colocó el Tribunal Supremo para consagrar el requisito de que, la ausencia de relación familiar incardinable en su caso en el maltrato psicológico, debe ser imputable al legitimario, careciendo de relevancia aquella que ha sido causada o motivada por el comportamiento del desheredante.

D) La STS 19 febrero 2019: reconocimiento de la ausencia de relación familiar, imputable al legitimario, como posible causa del cese del deber de alimentos y, en su caso, de desheredación

La STS 19 febrero 2019 no trató un caso de desheredación, sino que dictaminó acerca de si la ausencia de relación familiar entre los hijos y el progenitor alimentante podría ser causa del cese del deber de alimentos en virtud del artículo 152.4° CC, que, como hemos visto, exonera al alimentante de dicha obligación cuando el alimentista, sea o no legitimario, «hubiese cometido alguna falta de las que dan lugar a la desheredación».

Los hechos objeto de litis fueron los siguientes: un padre presentó una demanda de modificación de medidas solicitando la extinción de la pensión de alimentos que pagaba a los hijos mayores de edad, alegando, además de una disminución de la capacidad económica y una falta de aprovechamiento en los estudios, la «nula relación personal de los alimentistas con el alimentante». Acordándose en segunda instancia la extinción de los alimentos, la madre, que era quien tenía legitimación pasiva, presentó un recurso de casación que, finalmente, fue estimado. El tribunal expuso su motivación en torno a los siguientes argumentos:

1. El tribunal esgrime que las modernas estructuras familiares son caldo de cultivo de situaciones en las que los progenitores «han perdido contacto con alguno o todos de sus hijos», o, que sin que sean nulas, son «francamente malas», habiéndose incrementado en los últimos tiempos, dada cuenta de la proliferación de las crisis matrimoniales, que conllevan la yuxtaposición de núcleos familiares «con hijos de un vínculo anterior y otros del posterior, con intereses no siempre uniformes». Habida cuenta de la ausencia de reformas del Código Civil, el tribunal reconoce que se ha hecho un esfuerzo por adaptarlas a la realidad social.

2. La sentencia niega que exista una contradicción respecto al hecho de que se diga que las causas desheredativas tienen que ser objeto de una interpretación restrictiva y, a su vez, se haya abogado por una interpretación flexible para acoger el maltrato psicológico, arguyendo que hay que diferenciar dos planos: «De un lado admitir esa extensión de las concretas causas previstas haciendo una interpretación flexible conforme a la realidad social, al signo cultural y a los valores del momento en que se producen, a la espera de que el legislador aborde la reforma legislativa para su positivación. De otro, hacer una interpretación rígida y restrictiva a la hora de valorar la existencia de tales causas, en atención al espíritu sancionador que las informa».
3. Citando la ausencia de relación familiar como causa prevista expresamente por el Derecho foral catalán, reconoce lo evidente: que el Código Civil no la recoge, pero, poniendo en valor la «solidaridad intergeneracional» y la iniquidad que supone que «quien renuncia a las relaciones familiares y al respaldo y ayuda de todo tipo que éstas comportan, pueda verse beneficiado después por una institución jurídica que encuentra su fundamento, precisamente, en los vínculos parentales», afirma, expresamente, que la causa, por la vía de la «interpretación flexible de las causas de desheredación», es extrapolable al Derecho común, siempre que se pruebe rigurosamente que «la falta de relación» es manifiesta y que es «imputable, de forma principal y relevante al hijo».

Trasladando lo expuesto al caso concreto y valorando que la sentencia objeto de recurso condenó la ausencia de relación haciendo abstracción de «si la reiterada e ininterrumpida carencia de relaciones afectivas y de comunicación es achacable al padre o a los hijos, aspecto éste que es irrelevante en este momento dada la mayoría de edad de ésta», descarta extinguir los alimentos, porque no da por probado que la ausencia de relación fuese imputable a los alimentistas, reiterando, nuevamente, que, por mor de la interpretación «restrictiva» y la «prueba rigurosa», no podía apreciarse que concurriera causa de extinción de la pensión de alimentos.

No nos engañemos por la pirueta jurídica de la sentencia: el reconocimiento de la ausencia de relación familiar como causa de desheredación es paradigma de una interpretación extensiva. Cuando el tribunal dice, para disimular en vano su contradicción, que una cosa es la interpretación flexible y otra es hacer «una interpretación rígida y restrictiva a la hora de valorar» la ausencia de relación, está confundiendo lo que es la interpretación de la norma, que es dotar, según la hermenéutica del artículo 3 CC, de sentido y alcance al artículo 853.2ª, con la valoración de la prueba. Es decir, cuando el tribunal descartó la extinción de la pensión de alimentos porque no se probó que la ausencia de relación fuese imputable a los hijos, no interpretó restrictivamente el maltrato de obra, todo lo contrario, sino que, previa admisión de la amplitud del concepto a situaciones como el abandono imputable al legitimario, estimó como no probado uno de los presupuestos para que la causa, interpretada previamente de manera extensiva, pudiese motivar la desheredación o el cese de los alimentos. Es decir, reputándose probada la ausencia de relación, no se llegó a probar que la misma fuese imputable a los hijos; por ende, no es que la causa fuese objeto de una interpretación restrictiva, sino que, ampliando el significado del maltrato de obra hasta extenderlo a la ausencia de relación imputable al legitimario, como hace el legislador catalán, se valoró la prueba practicada en el proceso, llegándose a la conclusión de que uno de los presupuestos de la causa no fue probado. Lo dicho no es una interpretación restrictiva, sino simplemente exigir que, dada la extrapolación al Derecho común de la ausencia de relación familiar del sistema catalán, se pruebe todos los elementos que configuran la causa de desheredación según la literalidad del artículo 451-17.2 letra e) CCCat.

Partiendo del artículo 451-17.2 letra e) CCCat, planteamos lo siguiente: si se acreditara, respecto a un causante con vecindad civil catalana, que hubo una «ausencia manifiesta y continuada de relación familiar», pero no se llega a probar que esta fuese imputable al legitimario, ¿se estaría interpretando restrictivamente la causa? No, simplemente se estaría exigiendo la probanza, conforme al artículo 217 CC, de los presupuestos que avalarían la aplicación de la causa, sin necesidad de restringir ni ampliar el significado de la norma. Sin embargo, cuando contempla el artículo 853.2ª el maltrato de obra como causa de desheredación y el tribunal subsume la ausencia de relación en el precepto, está interpretando extensivamente la norma y, al exigir la prueba de que la ausencia de relación sea imputable a los alimentistas, no la interpreta restrictivamente, sino que exige, como es lógico, que los presupuestos de la causa, objeto de una previa interpretación extensiva, estén suficientemente probados.

Al margen de lo expuesto, esta sentencia, aunque su razonamiento, como el de tantas otras, fuese *obiter dicta*, supuso una evolución respecto a la doctrina de la STS 3 junio 2014, al desligarse el tribunal de la exigencia de que la ausencia de relación tuviese que causar al testador o al alimentante una perturbación emocional[1202].

1202 También lo valoró así Sánchez González, Mª. P.: «Un paso más hacia la flexibilización de las causas de desheredación del Código Civil (Comentario a la STS 104/2019, de 2 de febrero), *Revista Jurídica del Notariado*, núm. 108-109, enero-junio 2019, p. 527, y Echevarría de Rada, Mª. T.: «La ausencia de relación familiar como causa autónoma de desheredación de hijos y descendientes», *LA LEY*, núm. 22, 2019, pp. 12 y 13, diciendo esta que «el Tribunal Supremo ha acudido a la vía de la interpretación flexible de la causa 2ª del art. 853 CC, para integrar el supuesto de la ausencia absoluta de relación entre el padre e hijo imputable de modo principal y relevante a este último y, por tanto, permitir, la extinción de la pensión de alimentos para los hijos mayores de edad, conforme al art. 152 CC». Vives Velo de Antelo, P.: «La

E) La STS 13 mayo 2019: acusaciones de brujería y un abandono que se subsumió en el maltrato psicológico

Los hechos que sirven de base a la STS 13 mayo 2019 son los siguientes: una madre otorgó testamento el 3 de agosto de 2019, desheredando a su hijo porque le manifestó reiteradamente que «está llena de maldades y brujerías y que la casa, igual que ella, está también embrujada y llena de maldades, dejándola sola y abandonada», a pesar de que esta tenía una enfermedad crónica desde diez años antes del otorgamiento del testamento, la cual se agravó paulatinamente hasta el punto de acabar postrada en una silla de ruedas. En cuanto a su otro hijo, también lo desheredó porque le culpó de todos los males que había padecido, negándole la condición de madre y rechazándole cualquier tipo de comunicación.

---

desheredación por maltrato psicológico: comentario de la STS 104/2019», op. cit., p. 480, mencionó que «el Tribunal Supremo se ha visto obligado a llevar a cabo una interpretación en exceso extensiva de la ausencia de trato, alejándose del criterio que había sostenido en sentencias anteriores, que habían exigido una conducta activa y un daño psíquico demostrado para la acreditación del maltrato psicológico» A juicio de Gago Simarro, C. y Antuña García, P.: «La ausencia de relación familiar: ¿justa causa de desheredación de hijos y descendientes?», op. cit., p. 1220, la sentencia «no aluce a la necesidad de incardinar la falta de relación familiar como conducta subsumible en el maltrato psicológico, sino que parece admitir automáticamente dicha falta de relación imputable al legitimario como causa de desheredación sin entrar a analizar si dicha situación ocasionó un perjuicio grave en la salud mental del testador». Ribera Blanes, B.: «Maltrato psicológico y abandono afectivo como causa de desheredación», op. cit., p. 2488, expresó lo siguiente: «En definitiva, la influencia del derecho catalán en el pronunciamiento del TS en la sentencia de 19 de febrero de 2019 es evidente porque, por un lado, admite que la falta de relación familiar en sí misma considerada sea suficiente para desheredar, y en consecuencia, extinguir, los alimentos que el padre debe prestar al hijo, y, por otro lado, porque el TS exige prácticamente los mismos requisitos que el legislador catalán, esto es, que la falta de relación sea manifiesta (se olvida de mencionar que sea continuada) e imputable de forma principal y relevante al hijo».

La SAP Vizcaya 5 noviembre 2015, estimado acreditados los hechos descritos en el testamento, confirmó la desheredación, expresando que los términos maltrato e injuria deben ser interpretados «en sentido amplio e integrador, que abarque no solo el maltrato físico y el proferir palabras injuriosas, sino también todo daño o sufrimiento psicológico infligido por cualquiera de los herederos legitimarios hacia el testador, debiendo incluirse a modo de ejemplo, la falta de cariño, el menosprecio, el desentenderse y no prestar la dedicación debida a los progenitores mayores o necesitados, aun sin llegar al caso más grave de incurrir en el incumplimiento de la obligación moral y legal de prestar alimento a los progenitores (previsto especialmente como causa de desheredación en el apartado 1° del art. citado), en su doble vertiente de proveer a las necesidades alimenticia y de vivienda, por un lado, y de atención, afecto y cuidados, por otro, procurando que los progenitores que lo necesiten se sientan en todo momento acompañados, asistidos y protegidos, ya que lo contrario, supone una conducta que en los estándares actuales, se ha de calificar como de mezquina y que, por lo tanto, puede y debe ser sancionada y, sin duda, ser considerada como motivo suficiente de desheredación con el fin de evitar que los legitimarios que incurran en ellas se vean favorecidos en detrimento de otras personas, sean o no familiares, que los han sustituido en la obligación moral y legal de subvenir a esas necesidades».

En casación, los desheredados, entre los innumerables motivos que plantearon, indicaron la infracción del artículo 853.2ª CC, resolviendo el recurso, lacónicamente, la STS 13 mayo 2019, al entender que los hechos que constaban en testamento y acreditados en primera y segunda instancia, constituían «una conducta de menosprecio y abandono familiar respecto de su madre, sin justificación alguna y sólo imputable a los mismos».

F) La STS 24 mayo 2022

Como se ha visto, en 2019 el Tribunal Supremo, remitiéndose al Derecho foral catalán, admitió que la ausencia de relación familiar entre el causante y el legitimario pudiera ser causa de desheredación de hijos y descendientes mediante una interpretación flexible del maltrato de obra. Algunos magistrados del Alto Tribunal, ufanos por el contenido de la sentencia, no dudaron en comentar sus bondades, como Magro Servet, que reconoció que a partir de la resolución la falta de relación podía ser causa de desheredación o de cese del deber de alimentos, siempre que esta fuera «imputable, de forma principal y relevante, al hijo», apelando a que, tras lo que él denomino una «clara línea jurisprudencial», se modificara el Código civil para reflejar la nueva realidad social[1203].

Sin embargo, la continuidad de la jurisprudencia brilló por su ausencia, dando un giro la STS 24 mayo 2022[1204] respecto a lo que dijo su predecesora. Aquí, la testadora otorgó testamento el 3 de noviembre de 2024, teniendo como legitimarios a tres hijos y a dos nietas, hijas esta de un hijo premuerto. Respetando la legítima de los hijos, desheredó a sus nietas por «haberla maltrato de obra». Las desheredadas impugnaron la desheredación, contestando a la demanda sus tíos, hijos de la causante, aduciendo que se había producido un completo «abandono desafecto y desatención por parte de las actoras hacia su abuela y hacia su padre, cortándose sin causa ni justificación alguna y por su libre determinación toda relación», momento a partir del cual las nietas «iniciaron un paulatino alejamiento de la abuela y que muy probablemente el detonante del distanciamiento fueron los conflictos entre los padres de las demandantes acerca de la liquidación de gananciales y la compensación

---

1203 Magro Servet, V.: «El Código Civil ante la extinción de la obligación de alimentos y desheredación de padres a hijos por maltratos», *Diario La Ley*, núm. 9466, 2019, pp. 1-6.

1204 STS 24 mayo 2022 (TOL 8.996.156).

económica pretendida por la madre, en especial respecto del negocio familiar de camping». La sentencia dictada en segunda instancia[1205] consideró probado que las desheredadas, tras la crisis matrimonial de los padres y teniendo aquellas 18 años, se fueron alejando progresivamente del padre y de la abuela paterna, viviendo en una casa situada en un camping familiar hasta 2004, fecha en la que la abuela, que según parece era la propietaria y se la cedió en su día al matrimonio en precario, ejerció una acción de desahucio para que la que era su nuera y sus nietas abandonaran la casa, momento a partir del cual las nietas se marcharon a otro municipio a estudiar. A pesar de que previamente la relación era prácticamente nula, con el desahucio fue completamente inexistente.

Como dijo la sentencia objeto de recurso, se trata de una historia de desencuentros familiares donde la crisis matrimonial entre progenitores quebró los lazos afectivos, produciéndose en un periodo donde las nietas, entre la adolescencia y la mayoría de edad, tomaron partido por la madre, desligándose del padre premuerto y de la familia paterna, distanciamiento que se agravó cuando las desheredadas fueron demandadas por la abuela para que se marcharan de la vivienda donde, probablemente, habían vivido toda su infancia.

La STS 24 mayo 2022 podría haber resuelto, partiendo de los hechos descritos, razonando que no se estimó probado que la ausencia de relación fuese principalmente imputable a las nietas. Sin embargo, expuso, tras negar que hubiere habido un maltrato de obra o un menoscabo psicológico consecuencia del comportamiento de las nietas, lo siguiente: "El legislador sigue manteniendo como límite a la voluntad del causante la necesidad de expresar una «justa causa» de desheredación para privar de la legítima a los legitimarios. Esta sala ha admitido

1205 SAP Burgos 5 diciembre 2018 (TOL 7.030.244).

que los tribunales pueden interpretar con arreglo a la realidad social las causas legales de desheredación. Por ello, como afirmamos en la sentencia 401/2018, de 27 de junio, una falta de relación continuada e imputable al desheredado, ponderando las circunstancias del caso, podría ser valorada como causante de unos daños psicológicos y, en consecuencia, podría encuadrarse en una de las causas de privación de la legítima establecidas por el legislador. Sin embargo, la aplicación del sistema vigente no permite configurar por vía interpretativa una nueva causa autónoma de desheredación basada exclusivamente, sin más requisitos, en la indiferencia y en la falta de relación familiar, puesto que el legislador no la contempla. Lo contrario, en la práctica, equivaldría a dejar en manos del testador la exigibilidad de la legítima, *privando de ella a los legitimarios con los que hubiera perdido la relación con independencia del origen y los motivos de esa situación y de la influencia que la misma hubiera provocado en la salud física o psicológica del causante*" (cursiva propia).

Donde la STS 19 febrero 2019 dijo, con referencias a la causa de la ley catalana, que la misma era extrapolable al Derecho común siempre que se probare que la «falta de relación» era «imputable, de forma principal y relevante al hijo», ahora dice la STS 24 mayo 2022 que la ausencia de relación familiar, imputable al legitimario, no puede ser una causa de desheredación, sino que solamente podría subsumirse en el maltrato si causa al testador unos «daños psicológicos», que dicho sea de paso, difícilmente se podrán probar, pues ni un informe psicológico podrá acreditar el nexo causal de la afección que pudiere padecer el testador.

Por otro lado, que la ausencia de relación equivalga, como sostiene la sentencia, a «dejar en manos del testador la exigibilidad de la legítima», se podría afirmar solo si si la causa prevista en el Derecho foral catalán se reformase, consagrando el sistema fáctico de abandono proponen Arroyo Amayuelas y Farnós Amorós, en el que la nula relación, con independencia de los antecedentes o la causa de la ruptura, sea suficiente para desheredar[1206]; pero supeditándose en el artículo 451-17.2 letra e) CCCat a que la ausencia de relación familiar, además de continuada y manifiesta, sea «por una causa exclusivamente imputable al legitimario»[1207], es paladino que la legítima no está a merced de la simple autarquía civil del causante, sino que debe fundamentase en la ausencia de relación y que esta se deba al legitimario.

G) La STS 19 abril 2023

Aunque ya hemos hecho referencia a la STS 19 abril 2023 al tratar de la prueba la causa de desheredación, repasaremos someramente los hechos para poner en contexto el razonamiento respecto al abandono que se alegó en el testamento.

Un padre otorgó el 17 de agosto de 2005 testamento abierto notarial, disponiendo que, desde que se separó judicialmente de su esposa, fue maltratado de obra e injuriado gravemente por sus dos hijos, no teniendo relación alguna con ellos, desconociendo sus domicilios, y no mostrando ningún interés en conocer su situación personal y económica. En el mismo testamento, designó heredera a su «compañera». Fallecido el testador en 2012, la hija desheredada presentó demanda contra la heredera, solicitando que se declarase injusta la desheredación dispuesta contra ella y su hermano. A pesar de que la parte demandada no contestó a la demanda, siendo declarada en

---

1206 Arroyo Amayuelas, E.: y Farnós Amorós, E.: «Entre el testador abandonado y el legitimario desheredado ¿A quién prefieren los tribunales?», op. cit., p. 22.

1207 Dijo la SAP Barcelona 31 marzo 2016 (TOL 5.715.080), que «la mera desaparición de los vínculos afectivos entre parientes próximos, incluso manifestada en forma de ausencia notoria y continuada de relación familiar, no es justa causa de desheredación. Un escenario de desafección de esa trascendencia solo autoriza a desheredar cuando la rotura de los lazos familiares es exclusivamente imputable al legitimario».

situación de rebeldía, el juzgado desestimó la demanda. La hija presentó recurso de apelación, que también fue desestimado.

Contra dicha sentencia, la desheredada presentó recurso de casación por la aplicación indebida del artículo 853.2ª en relación con los artículos 850 y 851 CC, alegando que no constaba que la ausencia de relación citada en testamento le fuere imputable a ella y a su hermano, sino que la ruptura se produjo a raíz de la crisis matrimonial entre el padre y la madre, sin que constara que aquel hubiese intentado mantener una mínima relación familiar, amén de que tampoco existía prueba alguna de la existencia de haberse producido una lesión a la salud mental del testador.

El Tribunal Supremo estimó el recurso, diciendo respecto al presunto maltrato psicológico: «Aun cuando tras la separación de sus progenitores y posterior salida del domicilio familiar del padre, que inició otra vida familiar, la demandante no hubiera intentado contactar con él, la falta de relación no permite afirmar, salvo en el terreno especulativo, la existencia de un maltrato psicológico ni de un abandono injustificado, sobre lo que no existe prueba alguna, prueba que incumbía a la designada heredera, que no se ha personado en el procedimiento, desconociéndose igualmente si el padre realizó algún intento de ponerse en contacto o conocer la situación de su hija».

H) La STS 5 junio 2024

La última sentencia dictada hasta la fecha por el Tribunal Supremo ha sido la STS 5 junio 2024[1208]. Un padre desheredó a su hija en testamento otorgado el 22 de junio 2015, citando el artículo 853.2ª y las SSTS 3 junio 2014 y 30 enero 2015, y haciendo constar los siguientes motivos en el testamento: «Que desde que se produjo su divorcio, es decir, hace más de treinta años, no tiene relación alguna con su citada hija, por

[1208] STS 5 junio 2024 (TOL 10.060.127).

lo que considera que existe una clara situación de abandono hacia el testador, por parte de la misma. En consecuencia, el testador considera que ha habido un maltrato psicológico por parte de su citada hija, lo que determina una falta de afecto y cariño que como hija le corresponden, habiéndose dado una clara situación de abandono, e incluso, no estar atendido en estos momentos en los que se encuentra gravemente enfermo, siendo del conocimiento de la citada hija el estado en que se encuentra».

El juzgado *a quo* desestimó la demanda, constatando la situación de abandono, aunque no otorgó relevancia a quién fue el culpable de la ruptura[1209], presentando la desheredada un recurso de apelación, el cual fue desestimado por la SAP Sevilla 7 marzo 2019, que, previa cita de las SSTS 3 junio 2014 y 30 enero 2015, dijo que, «habiéndose consignado en el testamento la causa de desheredación y habida cuenta los hechos declarados probados, este tribunal considera que concurre la misma por tener encaje en el maltrato psicológico que una hija no tenga contacto alguno con su padre durante un período de casi treinta años, que no se alegue por la hija ninguna causa para tal desafección, que consta acreditado que causó dolor, desasosiego y zozobra a su padre, sobre todo tras serle diagnosticada a éste una enfermedad en el mes de marzo de 2015 que conducía inexorablemente a un fatal y rápido desenlace, pese a lo cual e informada de tal circunstancia no acudió a visitar a

---

[1209] En palabras de la SJPI Sevilla 24 julio 2017: «No es misión del juzgador determinar quién fue culpable de que se produjera y perpetuara la situación descrita en los términos más objetivos posibles. Con todo, nos limitaremos a constatar que se trata de una situación consolidada de abandono, desafecto y desatención que debió afectar a la estabilidad emocional del causante, tal y como refleja en el testamento, máxime al ser sabedor del pronóstico fatal de su enfermedad, por lo que debe primar la voluntad del testador de excluir a su descendiente de la legítima sobre el derecho de esta a percibir una parte del patrimonio dejado al fallecimiento»

su padre, con lo que hubiera podido producirse el perdón o reconciliación».

La hija presentó un recurso extraordinario por infracción procesal y un recurso de casación ante el Tribunal Supremo. Respecto a este último, la recurrente alegó que, desde la separación de sus padres, el padre no le prestó ninguna asistencia, ni intentó tener un mínimo contacto con ella, pretiriéndola en dos testamentos anteriores que otorgó en 2003, arguyendo, además, que habiendo enfermado el causante en los últimos meses de vida, no constaba que necesitara especial ayuda, y aunque tuvo conocimiento de la enfermedad, «no hubo tiempo material de que el testador se sintiera abandonado y dolido» por su ausencia. A juicio de la desheredada, no basta la mera falta de comunicación y desafección para la desheredación, sino que es necesario ir más allá, debiéndose averiguar a quién le fue imputable la ruptura.

Expondremos sintéticamente los argumentos de la STS 5 junio 2024, que ya adelantamos, merece una crítica positiva:

1. La sentencia comienza su fundamentación diciendo que, con arreglo a un «criterio finalista» y «ajustado a la realidad social» del maltrato de obra, es posible apreciar como causa de desheredación el comportamiento de los hijos que, de manera injustificada, han desarrollado una conducta incompatible con los «deberes elementales de respeto y consideración que deriva de la filiación, a través del menosprecio o el abandono de sus progenitores».
2. Dicho comportamiento, que puede ser consistir tanto en un menosprecio como un abandono, es susceptible de generar un daño emocional o psicológico equiparable que permite equiparar el maltrato psicológico al maltrato de obra, debiéndose «ponderar y valorar si, en atención a las circunstancias del caso, el distanciamiento y la falta de relación son imputables al legitimario y además han causado un menoscabo físico o psíquico al testador

> con entidad bastante como para poder reconducirlos a la causa legal del maltrato de obra», y, aunque no se pueda prescindir de a quien le sea imputable la «falta de trato», ni de la existencia de un «daño», es posible su apreciación «*a partir de la misma situación de menosprecio o abandono injustificado*» (cursiva propia).

Partiendo de estas consideraciones, la sentencia declara injusta la desheredación, al estimar que «no es la hija la que libremente rompió un vínculo afectivo o sentimental, sino que tal vínculo no ha existido desde su niñez, sin que sea reprochable a la hija, que tenía siete años cuando se produjo la separación de los progenitores, la ausencia de contacto y relación con el padre», considerando que fue la hija, y no el padre, la que fue abandonada, desarrollando todas sus etapas de la vida, desde la infancia hasta la adolescencia, «sin contar con la presencia de un padre que cumpliera todos los deberes, incluidos los afectivos, propios de la relación paternofilial». Además, la sentencia no omite que el padre no realizó «el más mínimo esfuerzo o intento para, a partir de la mayoría de edad de la hija, iniciar una relación paternofilial inexistente con su hija», todo lo contrario, no «sentía ni quería sentir la hija como propia, tal como resulta de los testamentos otorgados por el padre años antes de que se le diagnosticara la enfermedad por la que finalmente falleció, y en los que expresó que no tenía hijos», a lo que se añade las declaraciones de los testigos, que cuando falleció el causante «se sorprendieron de que tuviera una hija». En definitiva, para el tribunal no fue «la hija quien, rompiendo normales y exigibles normas de comportamiento abandona al padre enfermo (quien, por otra parte, no precisaba ayuda para su cuidado), sino que es el padre quien, tras haber abandonado a la hija siendo una niña, pretende hacer recaer sobre ella el reproche y las consecuencias de que no sintiera afecto por él, pese a haberla abandonado siendo una niña».

Dicho esto, en el siguiente apartado aprovechamos para escrutar esta sentencia y volcar nuestra postura en torno al maltrato psicológico.

2.4.4. Propuesta hermenéutica del maltrato psicológico

Presumiéndose ciertos los hechos relatados por la STS 5 junio 2024, estamos de acuerdo con el razonamiento y con el fallo. No obstante, lo relevante de la resolución fue lo siguiente: mientras que la STS 24 mayo 2022 dijo, previa cita de la ausencia de relación familiar contemplada como causa desheredativa en Cataluña, que la falta de relación imputable al legitimario solo puede ser causa de desheredación en el Derecho común si el maltrato producía unos daños psicológicos, que, en nuestra opinión, son de difícil probanza[1210], la STS 5 junio 2024 ha sostenido en su fundamentación, igualmente, que la ausencia de relación imputable al legitimario que produzca al testador un daño puede entrar en la dinámica conceptual del maltrato de obra, pero aportando el matiz relativo a que podrá apreciarse la existencia del daño «a partir de la misma situación de menosprecio o abandono injustificado».

1210 Así lo confirma García Goldar: «La exigencia de sufrimiento psicológico es, desde luego, un requisito complicado, pues hay que apreciar la existencia o no del daño causado al desheredante y, en este sentido, cabe tener en cuenta que no todas las personas tienen la piel *igual de fina;* lo que a una le puede causar un daño irremediable, a otra no le afectará lo más mínimo» (García Goldar, M.: «La nueva doctrina del Tribunal Supremo sobre maltrato psicológico y desheredación: ¿aplicable también en los derechos civiles autonómicos?», op. cit., p. 2488. Estamos de acuerdo, a lo que añadimos nosotros que el hecho de que no afecte superlativamente al testador psicológicamente no impide que el abandono se pueda considerar como una forma de maltrato, máxime si este es injustificado y el causante ha intentado, sin éxito, tener una mínima relación.

Se podría decir que ambas resoluciones dicen lo mismo, pero, a nuestro juicio, la expresión entrecomillada de la última sentencia, aunque fuese *obiter dicta,* representa un giro hacia lo que *debe ser,* pues, como ya dijimos cuando tratamos la prueba de la desheredación, la perturbación emocional o el daño psicológico es un hecho difícil de probar, y no necesariamente porque serán los herederos y no el testador, ya fallecido, quiénes tendrán que probarlo, como dice De Barrón Arniches[1211], sino por tratarse de un padecimiento que, amén de estar dotado de gran subjetividad, se sitúa en la esfera del arcano íntimo del causante. Algunos autores, a raíz de la STS 3 junio 2014, hicieron varias propuestas para que facilitar, en la ladera fáctica, la acreditación de este requisito, que van desde la aportación del testimonio de terceros que acreditaren, al menos indiciariamente, la afección psicológica del causante, hasta la presentación de un informe psicológico, que dudosamente podrá acreditar el nexo causal, que haga constar los daños emocionales que el comportamiento de los legitimarios generó al testador. Por no decir aquellos autores o tribunales que, para desligarse de la causa catalana, exigían que el abandono fuese «cualificado»[1212], en el sentido de que no solo la

---

1211 De Barrón Arniches, P.: «La evolución de la jurisprudencia en materia de desheredación por maltrato psicológico al causante: una vuelta de tuerca para ganar en seguridad jurídica (a propósito de la Sentencia del Tribunal Supremo de 19 de abril de 2023)», *Anuario de Derecho Civil,* tomo LXXVII, 2024, p. 373.

1212 Sin perjuicio de los autores citados al comentar la STS 3 junio 2014, puede verse Represa Polo, Mª P.: *La desheredación en el Código Civil,* op. cit., pp. 150 y 160, que afirma, respecto a la conexión entre la ausencia de relación y el maltrato psicológico, que lo importante, respecto a aquella, no son los hechos, «sino el resultado», pues, a su juicio, la única posibilidad de desheredar por este motivo es que, junto a la nula relación, se pruebe que dicha conducta «es constitutiva de maltrato psicológico», o que el testador «requería determinada asistencia por su edad o estado de salud», siendo posible en este último caso, siguiendo a la autora, la desheredación por la negativa a prestar alimentos

ausencia de relación, aunque fuere imputable al legitimario, bastaba para apreciar el maltrato psicológico, sino que era preciso algo más, como que el legitimario, además de abandonar al progenitor, realizase otras conductas -algunas de las cuales se podrían incluso subsumir en otras causas de desheredación-, que el testador estuviere en una situación de vulnerabilidad o que, precisando cuidados, los descendientes se lo negasen[1213].

---

siempre que haya un «estado de necesidad, reclamación de alimentos y negación injustificada». Recientemente Gago Simarro y Antuña García han dicho, al amparo de la presunta proscripción de la analogía y de la interpretación extensiva, que «la mera ausencia de relación afectiva entre el testador y el legitimario, aun cuando sea imputable en exclusiva a este último no puede ser constitutiva de causa legal de desheredación, sino que debe concurrir un plus, una conducta activa, por acción u omisión, dirigida dolosamente a menoscabar o lesionar la salud mental del testador sin justificación alguna» (GAGO SIMARRO, C. y ANTUÑA GARCÍA, P.: «La ausencia de relación familiar: ¿justa causa de desheredación de hijos y descendientes?», op. cit., p. 1124). Incluso no faltan quienes, de *lege ferenda,* postulan que se incluya la ausencia de relación familiar como causa de desheredación pero exigiendo que se produzca un daño, como García Goldar: «no es desaconsejable que se siga requiriendo la existencia de maltrato psicológico; al fin y al cabo, la mera ausencia de relación familiar no debería *castigarse* si no produce daño alguno en el testador» (GARCÍA GOLDAR, M.: «La nueva doctrina del Tribunal Supremo sobre maltrato psicológico y desheredación: ¿aplicable también en los derechos civiles autonómicos?», op. cit., p. 2492).

1213 Por ejemplo, la SAP Burgos 5 diciembre 2018: «A pesar de que la jurisprudencia extiende el ámbito de aplicación de la causa segunda del artículo 853 a situaciones nuevas, que no son constitutivas de maltrato de obra, y que por eso se llama maltrato psicológico, el Tribunal Supremo y la mayor parte de la jurisprudencia menor no ha incluido dentro del maltrato psicológico lo que puede calificase como *ausencia manifiesta y continuada de relación familiar entre el causante y el legitimario por causa exclusivamente imputable a este último* , que por el contrario sí es causa de desheredación en el derecho catalán después de la aprobación del Libro cuarto del Código civil de Cataluña, relativo a las sucesiones por la Ley 10/2008. Ciertamente la ausencia manifiesta y continuada de relación familiar entre el causante y el legitimario por causa exclusivamente imputable a este último, puede causar en el primero la desa-

En este sentido, Pérez Vallejo ha dicho recientemente, a propósito de comentar la STS 19 febrero 2019, que, a su juicio, de la ausencia de relación familiar no cabe deducir un maltrato psicológico. Según Pérez Vallejo, primero, «porque el maltrato psicológico no se presume, en el entendimiento que el debilitamiento del vínculo afectivo o emocional entre padre e hijo no puede equipararse a un maltrato psicológico»; segundo, «porque para que pudiera prosperar (arts. 853.2 CC y 152.4 CC), tiene que ir encaminado a producir intencionada o dolosamente un daño psicológico, que debe quedar debidamente acreditado»[1214].

Hace cuatros años, al comentar la STS 3 junio 2014, mostramos nuestra disconformidad con dichas teorías y con la sentencia en sí, diciendo por aquel entonces que para nosotros la falta de relación entre el testador y el legitimario, por causa que

zón y el sufrimiento moral que la parte apelante dice que sufrió doña María Purificación con el distanciamiento de sus nietas. Sin embargo, a nadie se le escapa que por mucho dolor que cause en una persona el alejamiento de sus parientes más próximos, sobre todo cuando este no ha hecho nada por merecer ese trato, son causas de desheredación distintas el maltrato de obra, que permanece en el Código Civil como causa de privación de la legítima, y la nueva causa de desheredación introducida en el derecho catalán [...] Por otra parte, los hechos en los que la parte apelante basa su petición de mantenimiento de la desheredación no son tan graves como los que han dado lugar a la calificación de maltrato psicológico en las dos sentencias del Tribunal Supremo. En estas se había dado, bien la falta de relación con uno de los padres, que era el testador, durante los siete años en que estuvo enfermo, en que quedó al cuidado de una de sus hermanas, bien el vaciamiento del patrimonio del causante forzando a que este realizara donaciones en favor del heredero. Por el contrario, en el supuesto de autos lo que hay es una decisión de las actoras de no tener relación ni con su padre ni con su abuela, sin ningún episodio de maltrato de obra ni de palabra, lo que está mucho más cerca de la ausencia manifiesta y continuada de relación familiar del derecho catalán».

1214 Pérez Vallejo, A. Mª.: «Progenitores e hijos ausentes: el maltrato psicológico a debate como causa de desheredación», op. cit., p. 3503.

no le fuera imputable a aquel, debía representar un motivo suficiente para la desheredación, sin necesidad de que se tuviese que acreditar el daño psicológico que podría haber causado al causante dicha situación, ya que tal olvido del ascendiente por parte del legitimario atentaba y atenta contra la propia razón de ser de la legítima y de la solidaridad familiar[1215]. Es decir, desde nuestro punto de vista, la mera ausencia de relación, por una voluntad injustificada y arbitraria del legitimario, supone de por sí una manifestación de maltrato[1216], sin que sea

---

1215 GÓMEZ VALENZUELA, M. Á.: «El internamiento de padres y ascendientes como causa de desheredación», op. cit., pp. 414 y 415.

1216 Como dijo ECHEVARRÍA DE RADA, T.: *La desheredación de hijos y descendientes: interpretación actual de las causas del artículo 853 del Código Civil*, Reus, Madrid, 2018, p. 113, es «difícil concebir un supuesto en el que la ausencia de relación con un hijo no origine cierto padecimiento al progenitor que lo sufre». GONZÁLEZ HERNÁNDEZ, R.: «La ausencia de relación familiar como causa de desheredación de los descendientes», *Revista Crítica de Derecho Inmobiliario*, núm. 775, 2019, p. 2610, adujo que, aunque la ausencia de contacto no puede ser sin más causa de desheredación «si no va acompañado de angustia o padecimiento para el testador», al no poder equipararse el maltrato psicológico con el mero abandono emocional, «en no pocos casos el hecho mismo de la dejación emocional de unos hijos hacia sus padres producirá en estos un estado de zozobra y afectación digno de ser considerado». CARRAU CARBONELL, J. M.: «La desheredación por maltrato psicológico y su dificultad de aplicación práctica», op. cit., pp. 252 y 253, no sin antes reconocer la dificultad intrínseca de diferenciar el maltrato psicológico y el abandono emocional, y a pesar de decir que, en su opinión, «la ruptura absoluta de comunicación, extendida en el tiempo» puede ser causa de desheredación cuando «haya provocado un verdadero padecimiento en el testador», aporta un detalle interesante al explicar los criterios por los que se puede saber si concurre la causa de desheredación «en primer lugar, el tiempo durante el cual la relación familiar ha sido inexistente (no es lo mismo un distanciamiento puntual que una completa ausencia de relación paterno filial); y en segundo lugar, el *padecimiento que ello ha infringido en el testador, el cual a pesar de ser un criterio subjetivo, es fácilmente identificable cuando el testador se explica abiertamente, y en confianza, al Notario para darle a conocer su voluntad*» (cursiva nuestra). Efectivamente, pues si el testador, que ha padecido el abandono

dable exigir la prueba de un daño, pues el mero hecho de la injustificada ausencia de relación que lleve al causante a testar y a materializar la desheredación lleva inherente que este ha sufrido un daño, el mismo que pueden generar otros hechos que, sin ligarse a la violencia física, cabe subsumir en otras causas de desheredación no relacionadas con el maltrato de obra. Planteamos dialécticamente: ¿alguien podrá mantener que la negativa del hijo a prestar alimentos al progenitor que se encuentra en situación de necesidad no provocará a este un daño emocional? Evidentemente no, máxime si ha articulado la desheredación.

Ahora, cuatro años después, nos ratificamos, como no podía ser de otro modo, en dicha postura, máxime después de haber dedicado no pocas líneas a desvirtuar la naturaleza sancionadora de la desheredación y apostar por la posibilidad de la interpretación extensiva de las causas desheredativas. Ya lo dijimos al comienzo de este trabajo, ante la desidia del legislador, y dada cuenta de que las causas de desheredación parten de una redacción decimonónica, que impide a la desheredación garantizar su supervivencia y cumplir su función, hay dos opciones: abordar un análisis descriptivo de la jurisprudencia y crítico de la ley, limitándonos a hacer una propuesta de *lege ferenda*, o, sin desdeñar lo anterior, ofrecer interpretaciones innovadoras, evolutivas y vanguardistas. Nosotros hemos optado, sin ambages, por esta segunda opción.

La expresión «maltrato de obra» tiene una naturaleza polisémica, que puede englobar muchas manifestaciones. Precisamente, el empleo de dicha expresión no fue casualidad en el Proyecto de 1851, pues, según se infiere de la motivación vertida por García Goyena, supuso un intento de desligar la

---

físico o emocional del legitimario, sin justificación suficiente, materializa la desheredación, será porque tal conducta omisiva, desligada del deber de respeto filial, alberga, por sí misma, un daño.

causa desheredativa de la agresión física, o, si se quiere, del hecho de que solo pudiese ser causa de desheredación poner o meter las «manos airadas» al padre. Siendo esto así, el punto de mira de la interpretación sociológica que reivindicamos no debe ser necesariamente de la desheredación o la causa desheredativa en sí misma considerada, pues tan abandono es el que se materializa hoy como el que se produjo hace décadas; por el contrario, conforme a nuestro planteamiento, la interpretación sociológica debe mirar hacia el binomio legítima y desheredación. Siendo la libertad de testar la regla general, la legítima su excepción y la desheredación la excepción de la excepción, hemos dicho que esta debe desenvolverse conforme a los principios que inspiran la regla, y, partiendo de esta idea, es indudable la legítima de hoy no es la misma que la de finales del siglo XIX, tal y como acreditan las reformas producidas durante la anterior y la presente centuria, todas ellas encaminadas a fortalecer la autonomía de la voluntad y la protección de otros intereses que no se identifican, necesariamente, con la protección a ultranza de los legitimarios.

A partir de esta premisa y, no menos importante, que la desheredación, en sentido estricto, no es una sanción, sino un acto causalista que debe ser interpretado conforme a los medios previstos en el artículo 3 CC, con independencia del resultado al que se llegue, apreciamos, como derivación lógica, que el maltrato que luce en el artículo 853.2ª puede englobar varias manifestaciones graves de insolidaridad familiar que no necesariamente están relacionadas con la violencia física, máxime cuando otras conductas, más allá de aquellas que consisten en el uso de la compulsión física, pueden provocar el mismo daño a aquellas personas que ya se sitúan en la ancianidad. No en vano, en la definición de maltrato a personas mayores de la Organización Mundial de la Salud (OMS) se recogen varios medios de maltrato a las personas, inclusive el psicológico, el emocional o, directamente, el abandono: «acto o varios actos repetidos que le causan daño o sufrimiento, o también la no adopción de medidas apropiadas para evitar otros daños, cuando se tiene con dicha persona una relación de confianza. Este tipo de violencia constituye una violación de los derechos humanos y puede manifestarse en forma de maltrato físico, sexual, psicológico o emocional; maltrato por razones económicas o materiales; abandono; desatención; y del menoscabo grave de la dignidad y el respeto»[1217-1218].

Reconocemos que defender que la ausencia de relación familiar sea una causa de desheredación, mediante la interpretación extensiva del maltrato de obra, es una postura que, amén de que a algunos les pueda parecer extravagante si se compara con las aportaciones de la doctrina que han abogado por la interpretación restrictiva, está cargada de subjetividad, pues lo que para nosotros es una manifestación de maltrato y de quebrantamiento de la solidaridad familiar, para otros no lo será, sin descartar aquellas posiciones que consideren, y no por ello dejen de ser respetables, que el Derecho no debería entrar a valorar dichos comportamientos omisivos o que solo

---

1217 Puede consultarse el siguiente enlace: https://www.who.int/es/news-room/fact-sheets/detail/abuse-of-older-people (última visualización el 10 de octubre de 2024). También se puede incluir la ausencia de relación familiar en el concepto de maltrato a personas mayores que recoge la Organización Mundial de la Salud en la Declaración de Toronto: «El maltrato a personas mayores se define como la acción única o repetida, o la falta de la respuesta apropiada, que causa daño o angustia a una persona mayor y que ocurre dentro de cualquier relación donde exista una perspectiva de confianza»

1218 Es más, en la obra editada por el Ministerio de Trabajo y Asuntos Sociales de España en 2005, denominada, *Malos tratos a personas mayores: Guía de actuación*, se realiza un ensayo del concepto de maltrato psicológico que acoge la ausencia de relación familiar: «Causar intencionadamente angustia, pena, sentimientos de indignidad, miedo o estrés mediante actos verbales o no verbales. *Ejemplo: Amenazas (de daño físico, de institucionalización, etc), insultos, burla, intimidación, humillaciones, infantilización en el trato, indiferencia hacia su persona, darle tratamiento de silencio, aislamiento, no respetar sus decisiones, ideas o creencias, etc.*».

sean objeto de enjuiciamiento en determinadas circunstancias. Nos hacemos cargo de ello, y ya adelantamos al lector que para nosotros lo deseable es que, *ex lege*, se reconozca de la primacía la voluntad del testador, sin estar a merced del sistema legitimario, aunque ello suponga que esta obra quede relegada al olvido, pues sin legítima no hay desheredación[1219]. Pero teniendo unas reglas de juego, que no podemos omitir, solamente podemos invertir esfuerzos en que la *voluntas testatoris*, junto a la represión de lo que nosotros estimamos son expresiones de insolidaridad familiar, sean suficientes para conseguir la desheredación, sin necesidad de esperar a que el legislador se digne a cumplir su función.

Retomando nuestra teoría en torno a que la ausencia de relación familiar pueda subsumirse en el maltrato, creemos que el razonamiento expuesto *obiter dicta* por la STS 5 junio 2024 se acerca, sin duda, a la causa del Derecho foral catalán. Ahora bien, así como la ausencia de relación familiar prevista en Ca-

1219 Hay autores que, antes que ampliar las causas de desheredación, apuestan por derogar, directamente, la legítima, como el magistrado emérito del Tribunal Supremo O´Callaghan Muñoz, miembro de la sala que dictó la famosa STS 3 junio 2014, que preguntado por un periodista de El País en torno a si convendría ampliar las causas desheredativas, respondió que era menester «eliminar la legítima» (O´Callaghan Muñoz, X.: «A vueltas con la desheredación y a revueltas con la legítima», op. cit., p. 3). Barceló Doménech plantea similar escenario: «Incluso podemos afirmar, sin temor a equivocarnos, que el debate supera ampliamente la figura de la desheredación y entra de lleno en un escenario de revisión del Derecho sucesorio del Código civil. Los nuevos modelos familiares, el aumento de la esperanza de vida, la protección de las personas mayores (en muchos casos, de muy avanzada edad cuando fallecen), etc., están demandando mayor libertad de testar» (Barceló Doménech, J.: «Abandono de las personas mayores y reciente doctrina del Tribunal Supremo español sobre la desheredación por causa de maltrato psicológico», op. cit., pp. 301 y 302).

taluña no precisa la existencia de ningún daño psicológico[1220], nosotros hemos dicho que el olvido por parte del legitimario representa una manifestación de maltrato capaz de generar un daño que se puede apreciar, simplemente, partiendo «de la misma situación de menosprecio o abandono injustificado»[1221]. Y

1220 No estamos de acuerdo con De Almansa Moreno-Barrera, L. J.: «¿Debe introducirse en el Derecho civil común la "falta de relación familiar" como causa para desheredar a hijos y otros descendientes?», op. cit., p. 35, que, al estudiar la causa de la normativa catalana, se plantea si es un requisito que, además de la ausencia de relación, la misma coloque al causante en una «situación precaria», contestando afirmativamente: «La ley no lo exige pero el citado principio general del Derecho que obliga a interpretar restrictivamente las normas limitativas de derechos parece imponer que la falta de relación familiar provoque una situación precaria en el causante, aunque no lo coloque en situación de reclamar alimentos y no un simple desafecto hacia su hijo». En contra, puede verse, entre otros, Cabezuelo Arenas, A. L.: «Supresión de alimentos por negativa de tratar al progenitor pagador. Obstáculos legislativos y jurisprudenciales que impiden que prosperen esta tipo de pretensiones, op. cit., p. 280, que dice que «los catalanes no requieren que la ausencia de trato repercuta en la salud psíquica del alimentante, por no identificar esta causa desheredatoria con el maltrato».

1221 Parece no estar de acuerdo con esta idea Arroyo Amayuelas, E.: y Farnós Amorós, E.: «Entre el testador abandonado y el legitimario desheredado ¿A quién prefieren los tribunales?», op. cit., p. 10, que dicen que «no hay nada más alejado del maltrato psicológico que la falta de trato». No obstante, nos inclinamos más por el planteamiento de Infante Ruíz, que, refutando expresamente a las citadas autoras, expuso lo siguiente: «Pero, ¿acaso no hay algo peor que la indiferencia, acaso no se puede infligir un impacto psicológico a los padres cuando se rompe la relación afectiva con ellos durante años y se les abandona a su suerte en los últimos años de vida, y todo ello ante los intentos de estos por retomar la relación con sus hijos, quienes responden con la negativa? La psicología moderna advierte que no existe un concepto unívoco de maltrato psicológico y que incluye tanto las amenazas de causar un daño como el abandono, la humillación, la privación del contacto, el aislamiento y cualquier táctica o comportamiento de abuso psicológico. Los comportamientos y tácticas de los maltratadores comprenden tanto acciones negligentes (*neglectful tactics*), tales como por ejemplo denegar las responsabilidades afectivas (lo que incluye el abandono emocional),

aquí surge el problema, pues, atendiendo a la heterogeneidad de caracteres y de relaciones familiares, cada una con su propia idiosincrasia e historia, no toda ausencia de relación familiar será sintomática de maltrato, pudiendo tratarse, simplemente, de un desapego entre dos personas que deciden, sin demasiada algarabía, romper la relación o, simplemente, se resignan a presenciar la defunción de la relación familiar por inanición.

Por ello, estimamos que, para que la ausencia de relación continuada y manifiesta se pueda integrar en el maltrato, es necesario que concurran, como mínimo, dos circunstancias:

1. En primer lugar, que el causante haya intentado, sin éxito, tener una mínima relación con el legitimario y que este, sin suficiente justificación, se la haya negado. Una mínima relación que se ha de valorar según las circunstancias de la familia, sin que pueda exigirse, inexorablemente, la cercanía física si hay una imposibilidad logística para ello, y sin que el causante pueda reclamar, so pretexto de mantener una relación familiar, que el legitimario conviva con él o le preste cuidados.

Respecto a los cuidados, así como cuando analizamos el artículo 853.1ª CC rechazamos que el hijo, como alimentante, tuviese que cuidar personalmente del ascendiente, aunque este estuviere en una situación de necesidad económica, ahora

minimizar, ignorar y negar u olvidar comportamientos, como acciones conscientes (*deliberate tactics*), entre las que por ejemplo se encuentran, insultar o controlar posesivamente, criticar el comportamiento o ridiculizar, degradar a la persona y acosarla» (Infante Ruiz, F. J.: «Indignidad y desheredación. Una visión actual», op. cit., p. 461). En similiar línea puede verse, más recientemente, Díaz Alabart, que apunta que maltratar es «tratar mal», y que el maltrato «puede hacerse de muchas formas, con violencia física o verbal o incluso con una pasividad de actuación cuando lo obligado sea actuar» [Díaz Alabart, S.: «El maltrato psicológico como causa de desheredación de hijos y descendientes», *Cuadernos de Derecho Transacional* (octubre 2024), vol. 16, núm. 2, p. 533].

también descartamos que, existiendo una relación familiar, la negativa del hijo a prestar cuidados al progenitor pueda constituir un maltrato psicológico.

El deber de respeto filial no debe justificar aquellas conductas imperativas de los progenitores tendentes a monopolizar la vida de su descendencia, reduciendo el espacio de libertad del descendiente a su mínima expresión, más en aquellos casos en que los hijos han constituido su propia familia, la cual, en no pocas ocasiones, tendrán que conciliar con las exigencias inherentes al mercado laboral. Somos conscientes de que llegará una etapa en la vida del progenitor en que, ya en la ancianidad o en la enfermedad, precisará de la colaboración, sino el sustento doméstico, de terceros para los quehaceres diarios. En este escenario, la negativa del hijo a cuidar personalmente al ascendiente no debe concebirse siempre como un gesto de egoísmo, pues, poniendo el foco en el descendiente, puede ser un camino tortuoso lidiar con los constantes padecimientos del ascendiente en soledad y sin la preparación necesaria. Estas situaciones, no solo dañan emocionalmente al propio descendiente que se siente desbordado, sino también al propio ascendiente, que en vez de estar rodeado de profesionales en un centro o tener la cercanía de un cuidador doméstico, es cuidado por el descendiente a costa de que este sacrifique la atención que requiere su propia familia nuclear.

Sabemos que no pocos autores y sentencias, al tratar la desheredación por maltrato psicológico, hacen referencia a la falta de cuidados por parte del hijo[1222]. Generalmente, se trata

---

1222 Véase, a título de ejemplo, García Rubio, Mª. P.: «Relaciones de cuidado y Derecho sucesorio: algunos apuntes», op. cit., pp. 494 y 496, que disertando sobre la posibilidad de desheredación de aquel legitimario que «no haya atendido a las necesidades de cuidado del causante», dio entender que dichas muestras de «ingratitud» pueden incluirse en la causa del artículo 451-17.2 letra e) CCCat.

de supuestos donde, junto a una ausencia o nefasta relación familiar, el hijo abandona a su suerte al progenitor, yuxtaponiéndose varios hechos que, juntos todos ellos, son capaces de integrar el maltrato psicológico. Sin embargo, nuestro punto de vista es que, existiendo una relación familiar, la negativa del hijo a prestar cuidados al ascendiente no es, necesariamente, una exteriorización de maltrato, sobre todo si aquel, en defecto del achacoso progenitor, adopta una actitud activa para que un tercero realice dicha función.

Decimos esto último porque puede haber casos *tertium genus*, donde el ascendiente precise de cuidados y, teniendo recursos económicos para sufragar una residencia, contratar a un cuidador doméstico o perfeccionar un contrato de alimentos o, no teniéndolos, pero pudiendo ser acreedor de las prestaciones que reconoce la Ley 39/2006, de 15 de diciembre, de Promoción de la Autonomía Personal y Atención a las personas en situación de dependencia, no posea las suficientes facultades intelectivas y volitivas para el ejercicio de la capacidad jurídica y activar dichos mecanismos. Situación nada extraña, dado el Estado burocratizado en el que estamos inmersos. En este contexto, puede suceder que el hijo, que tiene una relación familiar con el progenitor, que puede ir desde llamarlo por teléfono o visitarlo de cuando en cuando, adopte una actitud parsimoniosa, dejando al progenitor morir poco a poco, huérfano durante años de la atención y de los cuidados que precisa y desconociendo el ascendiente que existen medios, ya sea en el sector público o en el sector privado, que le permitirían mejorar su calidad de vida y morir con dignidad. A veces, el ascendiente que se encuentra en esta travesía fallece en la ignorancia o, si se pone remedio a esta situación, puede llegar a adquirir conciencia de los años que vivió, innecesariamente, en la penuria asistencial, siendo posible incluso que llegue a la conclusión de que los hijos, sin llegar a negarle la relación familiar ni protagonizar un episodio de maltrato físico o verbal, se inhibieron de proporcionarle la ayuda que precisaba para, aguardando su fallecimiento, percibir la legítima. Es más, puede ocurrir que, en la medida en que siente y padece los vínculos afectivos, desee otorgar testamento, premiando a aquellas personas que, sin tener vínculo de parentesco o careciendo de la condición de legitimarios, le brindaron en su día la ayuda que necesitaba.

Quizás, la desheredación por maltrato psicológico por hechos como los descritos resulte complicada, máxime cuando ningún episodio de violencia física o verbal se produjo y los hijos, para lograr la convicción del juez respecto a que la desheredación es injusta, aporten todo tipo de pruebas que acrediten que mantuvieron una relación familiar mínima con el progenitor. Ante esta problemática, quizás la solución no reside tanto en la interpretación exclusiva del artículo 853.2ª CC sino en la del tercer párrafo del artículo 756.2º CC, que prevé como causa de indignidad, y también de desheredación por el reenvío de los artículos 852 y 853 CC, el hecho de que el sucesor sea *removido* «del ejercicio de la curatela de una persona con discapacidad por causa que le sea imputable, respecto a la herencia del mismo». A nuestro modo de ver, si el progenitor precisare de una medida de apoyo para el ejercicio de la capacidad jurídica a fin de poder proveerse de los cuidados que le sean necesarios, la inactividad del hijo en promover la constitución de una curatela o, directamente, dotarle de la ayuda que necesita el ascendiente ejerciendo él mismo la guarda de hecho, es un hecho que, parafraseando al Tribunal Supremo, entra dentro de la dinámica conceptual de la remoción de la curatela.

Brillando el rigorismo en la reforma del artículo 756.2º CC por su ausencia, al omitir como causa de indignidad, entre otras conductas, la extinción de la guarda de hecho por causa imputable al guardador[1223], a pesar del «reforzamiento» de la guarda hecho como una «institución jurídica de apoyo[1224], consideramos que si se puede remover al curador por conducirse «mal en su desempeño por incumplimiento de los deberes propios del cargo» (art. 278 CC), y, por ende, ser declarado posteriormente indigno, el mismo reproche cabe hacer, en el ámbito de la indignidad y de la desheredación, a aquel descendiente que, a sabiendas de que el progenitor precisaba de apoyo, se inhibió en proporcionárselos a través de la guarda de hecho o rehusó instar el expediente de jurisdicción voluntaria para la constitución de una curatela.

Con este planteamiento no queremos decir, ni mucho menos, que el cuidado se pueda subsumir en el concepto de apoyo y, por ende, se predique que el hijo tenga el deber de cuidar al progenitor, pues como ya defendimos en otro trabajo, apoyo y cuidado son conceptos completamente distintos[1225]. Sin em-

---

1223 Es cierto que, al contrario que en la curatela, el legislador no reguló la remoción del guardador, sino directamente la extinción de la guarda de hecho por varias causas (art. 267 CC). La mayoría de ellas no tienen porqué estar relacionadas con el mal desempeño de la guarda por parte del guardador, como las previstas en los tres primeros ordinales del artículo 267 CC; sin embargo, el artículo 267.4º CC prevé la extinción cuando «la autoridad judicial lo considere conveniente». Cláusula ambigua donde Nieto Alonso subsume, entre otros supuestos, el hecho de que el guardador de hecho «no la viniere ejerciendo adecuadamente» (NIETO ALONSO, A.: «Artículo 267», op. cit., p. 330).

1224 Apartado III del Preámbulo de la LAPCD.

1225 Sin perjuicio de recomendar la lectura de los argumentos que en su día defendimos al tratar la distinción entre el concepto de apoyo y los cuidados, pasamos a transcribir un pasaje de lo que expusimos en sede de conclusiones: «El concepto de apoyo, tal y como a nuestro juicio fue articulado por la CDPD, trata de garantizar, mediante la asistencia o la representación, el ejercicio de la capacidad jurídica de aquellas personas que por el deterioro de sus facultades tienen limitaciones en el proceso de formación de la voluntad, siendo un error concebir que la persona que ejerza la medida de apoyo tenga que

bargo, de no querer o poder el hijo cuidar personalmente al progenitor y no gozando este de las suficientes facultades intelectivas y volitivas para ejercer su capacidad jurídica y activar los mecanismos que le permitan tener cubierta su necesidad de cuidado, la desidia de aquel en promocionar una medida de apoyo es, sin duda, un ataque a la solidaridad familiar que, si no es posible integrar en el maltrato psicológico, podría entrar dentro de la dinámica conceptual del artículo 756.2º CC.

Ahora bien, es posible que esta postura que mantenemos sea refutada bajo el argumento de que es necesario, para esta construcción, que el causante tenga una discapacidad psiqui-

---

asumir, inexorablemente, funciones de cuidado. Una cosa es que los juzgados y tribunales valoren y pongan en alza, a la hora de designar curador, que la persona con una discapacidad grave esté conviviendo con otra que, amén de poder auxiliarla en el ejercicio de la capacidad jurídica, la cuide, y otra es que la parte dispositiva de la resolución judicial encomiende al curador tareas arraigadas al cuidado. El apoyo, ya sea el curador o el guardador de hecho, deberá, de no querer convivir con la persona con discapacidad y prestarle cuidados, asistir o representar a esta para que tengan cubiertas todas sus necesidades, pudiéndose extender sus funciones desde asistirla o representarla en la contratación de un cuidador doméstico, hasta promover las acciones pertinentes para solicitar las ayudas públicas a fin de que se le provea de un cuidador» (Gómez Valenzuela, M. Á.: «En torno a la naturaleza jurídica del apoyo: distinción entre el concepto de apoyo y los cuidados», en AA.VV., *Temas Actuales de Derecho Privado III*, Aranzadi, Pamplona, 2024, pp. 192 y 193). Es decir, actualmente, no existe un derecho subjetivo a exigir a un pariente el cuidado personal. En este sentido, si el causante está en una situación de necesidad económica y precisa de cuidados, este tendrá derecho a alimentos, no teniendo obligación el alimentante de cuidarlo personalmente, por mor del artículo 149 CC. Asímismo, si el causante tuviere mermadas las facultades intelectivas y volitivas y, a su vez, precisa de cuidados, a lo que tendrá derecho es a una medida de apoyo y, en el caso de que un pariente, ya sea un hijo o un hermano, la ejerza, este tendrá que asistir o representar a la persona con discapacidad en el ejercicio de su capacidad jurídica, sin que el cuidado personal se pueda subsumir, inexorablemente, en la arquitectura de la medida de apoyo.

ca que le impida o dificulte ejercer su capacidad jurídica. En nuestra opinión, podrá tener una medida de apoyo, como defendimos en otro trabajo[1226], toda persona que la precise, con independencia de que la merma de sus facultades intelectivas o volitivas se deba a una enfermedad psicológica. Es más, creemos que el pecado original reside, no tanto en la LAPCD[1227], sino en la CDPD, pues pese a evolucionar hacia el modelo social, se infiere del título del texto internacional que su ámbito de aplicación se refiere a las persona con discapacidad, focalizando, además, en su artículo 1, la aplicación de las medidas de apoyo a aquellas personas que tengan deficiencias físicas, mentales, intelectuales o sensoriales *a largo plazo,* pudiendo ser

---

1226 Gómez Valenzuela, M. Á.: «La *testamenti factio* activa: una reivindicación de la intervención de las medidas de apoyo en el negocio testamentario», op. cit., pp. 122-125.

1227 Hay autores que, de *lege lata,* consideran aplicables las medidas de apoyo a cualquier persona que las precise, con independencia de si tiene o no una enfermedad de orden psicológico. Puede verse Quesada Sánchez, que dice lo siguiente: «Por tanto, sin perder la perspectiva de lo que sea la discapacidad propiamente dicha, entendida en el sentido administrativo, social o laboral, y cómo estos conceptos deban ser tenidos en cuenta a la hora de aplicar la nueva legislación civil, no cabe duda de que nuestra norma va más allá, e incluye a discapacitados en sentido estricto, pero también a todo tipo de personas necesitadas de apoyo para ejercitar su capacidad jurídica, como personas mayores de edad con pérdida de facultades o problemas mentales o, en su caso, incluso físicos, si ubicaran a la persona en el ámbito objetivo de la norma que estudiamos [...] Y parece razonable que la interpretación que se haga de estos artículos, por tanto, no sea estricta ni restrictiva a la hora de exigir la necesaria conexión con la discapacidad en su sentido más exacto, sino que es razonable que superemos dicho concepto a la hora de aplicar estas normas y atender a toda persona necesitada de apoyo para el ejercicio de su capacidad jurídica, en el sentido indicado» (Quesada Sánchez, A. J.: "Cuestiones generales. Sobre el sentido de la «discapacidad» en la nueva ley", op. cit., p. 28). También De Barrón Arniches, que defiende la operatividad de las medidas de apoyo en situaciones de vulnerabilidad, como la vejez y la última enfermedad (De Barrón Arniches, P.: «Personas con discapacidad y libertad para testar», op. cit., p. 467).

que haya otras personas que, por los efectos de determinados medicamentos u otras circunstancias, no ligadas *stricto sensu* a una enfermedad, precisen igualmente de una medida de apoyo. En cualquier caso, como quiera que, a los efectos del artículo 756.2º, la referencia a persona con discapacidad debe entenderse a aquella «que haga precisa la provisión de medidas de apoyo para el ejercicio de la capacidad jurídica», según prevé la Disposición adicional 4ª CC, estimamos que, entra dentro de la órbita de la interpretación por la que apostamos, que la causa afecte a toda persona que, por la merma de sus facultades intelectivas y volitivas, precisare de una medida de apoyo, con independencia del origen de esta necesidad[1228]. No obstante, lo deseable es que el legislador, ora patrio ora internacional, elabore una norma que reconozca, sin ambages y con la suficiente perspicuidad, la operatividad del apoyo, si se quiere, a otros colectivos que, sin duda, lo precisan igual que las personas con discapacidad, como así lo ha contemplado el artículo 30 de la Convención Interamericana sobre la protección de los derechos humanos de las personas mayores, aprobada el 15 de junio de 2015 por la Organización de los Estados Americanos, que consagra la obligación de los Estados partes de adoptar «las medidas pertinentes para proporcionar acceso a la persona mayor al apoyo que puedan necesitar en el ejercicio de su capacidad jurídica».

1228 La STS 18 septiembre 2024, ya citada, es acreedora de más defectos que virtudes, sobre todo, por el tratamiento que hizo de la curatela que constituyó, al equipararla al derogado complemento de capacidad que contemplaba la ley antes de la reforma de la LAPCD. No obstante, un pasaje de la resolución avala nuestro planteamiento de poder aplicar las medidas de apoyo a cualquier persona que las precise, con independencia de una discapacidad psíquica: «Tiene razón el recurrente en que lo relevante no es tanto el diagnóstico de una enfermedad o trastorno psíquico que genera la situación concreta de discapacidad, como las concretas necesidades que provoca para el ejercicio de los derechos de esa persona».

2. En segundo lugar, donde el Derecho foral catalán prevé, como causa de desheredación, la ausencia de relación familiar cuando es exclusivamente imputable al legitimario, nosotros abogamos porque sea suficiente que resulte *esencialmente* imputable al legitimario[1229], de modo análogo a como lo contempla, según la reciente reforma articulada en Aragón, la letra e) del artículo 510 CDFA, que prevé como causa de desheredación la ausencia manifiesta y continuada de relación familiar si es «por una causa *principalmente* imputable al legitimario».

Reconocemos que a la hora de plantear nuestra propuesta hermenéutica carecemos de las limitaciones propias de tener una causa específica positivada que regule la ausencia de relación como causa de desheredación. El concepto de maltrato es amplio, y donde el artículo 451-17.2 letra e) CCCat dice que la ausencia de relación familiar debe ser exclusivamente imputable al legitimario, el interprete del artículo 853.2ª CC puede desligarse de la dicción catalana y proponer, como hacemos ahora nosotros, que para que la ausencia de relación familiar sea constitutiva de maltrato, además de la previa reclamación del causante, que haga patente una voluntad de este de querer tener una relación familiar, es preciso que la falta de relación sea esencialmente imputable al descendiente.

Las relaciones familiares, además de heterodoxas, son complejas, y exigir que la falta de relación se deba exclusivamente al legitimario se acerca a lo utópico ante la dificultad de im-

---

1229 Aquí hemos hecho una rectificación respecto a lo que dijimos hace cuatro años, pues en vez de proponer que la ausencia de relación no sea imputable al testador, ahora apostamos porque sea esencialmente imputable al legitimario. Ello se debe a que, tratándose de menores de edad, puede ser que la ausencia de relación no sea imputable al causante, pero tampoco al legitimario, pudiendo estar la voluntad de este mediatizada por la de un tercero, como puede ser el otro progenitor que ejerza a la sazón la guarda y custodia; sin duda, el *mobbing* familiar puede constituir el talón de Aquiles de la desheredación por una ausencia de relación.

putar a una de las partes la ruptura[1230]. En el actual contexto social hay crisis matrimoniales o familiares por doquier, y aunque se pueda comprender que el hijo tome partido por un progenitor, que no pocas veces coincidirá con el que tenga la guarda y custodia si se trata de un menor, ello no siempre justifica que, gozando el descendiente de suficientes facultades intelectivas, relegue al ostracismo al progenitor al que culpó de la ruptura. Así, aunque no se le pueda exigir al hijo que tenga devoción hacia el progenitor que, en su día, tenía simplemente un régimen de visitas, y que, quizás, decidiera poner fin al vínculo matrimonial o familiar, ello no justifica que le niegue una mínima relación, sobre todo cuando la irritación y la exacerbación de toda crisis matrimonial se evaporan por el inexorable paso del tiempo.

Por esta razón, y sin perder de vista que el deterioro de la relación familiar puede atribuirse, en menor o mayor medida a ambos, abogamos aquí por el uso, *mutatis mutandi*, de la teoría de la causalidad adecuada, propia del Derecho de daños. Conforme a la misma, habiendo varias causas, debe considerarse causa relevante aquel hecho o conjunto de circunstancias de los cuales quepa esperar la producción de un resultado, siendo los demás acontecimientos periféricos e irrelevantes[1231]. Extrapolando esta razonamiento a la ausencia de relación familiar, y teniendo presente que la conducta previa del ascendiente puede ser relevante para valorar la negativa del legitimario, se trataría de determinar a quién cabe atribuir la causa jurídicamente relevante de la ausencia de relación: si la causa es

---

1230 ARROYO AMAYUELAS, E.: y FARNÓS AMORÓS, E.: «Entre el testador abandonado y el legitimario desheredado ¿A quién prefieren los tribunales?», op. cit., p. 18, apuntan la dificultad existente a la hora de imputar la ruptura a una de las partes, pues «en la generalidad de los supuestos, habrá culpa de ambas partes».

1231 ROCA TRIAS, E. y NAVARRO MICHEL, M.: *Derecho de daños*, op. cit., pp. 204 y 205.

imputable al causante, porque este en el pasado no fue precisamente un ángel guardián del legitimario, la negativa de este a mantener una relación obedecerá a un motivo legítimo; en cambio, si la negativa del legitimario a mantener una relación no se justifica o es desproporcionada en relación a la conducta previa del testador, la negativa estará huérfana de un motivo legítimo y, por ende, la ausencia de relación podrá fundamentar la desheredación. Como apunta Vaquer Aloy, que hizo una construcción similar[1232], hechos tales como «el carácter más o menos agrio del causante o las nuevas nupcias o la relación de pareja sobrevenida del causante no actuarían como causa determinante en caso de falta de relación»[1233].

Tal es la adhesión por nuestra parte a esta teoría que estimamos que, en una futura reforma del Código Civil, si se contemplase la ausencia de relación familiar u otra fórmula análoga como causa de desheredación, debe rechazarse el modelo catalán, y evitar, en cuanto a la imputabilidad, el adverbio «exclusivamente».

La propuesta de Arroyo Amayuelas y Farnós Amorós nos parece interesante. Las autoras abogan por lo que ellas denominan un «modelo puramente fáctico», donde lo único relevante fuese la ruptura o la ausencia de relación familiar sin importar si fue culpa del causante o del legitimario. Sin perjuicio de que ello, como ellas mismas reconocen, daría como resultado una asimetría respecto al resto de causas de desheredación, en nuestra opinión implicaría, además, consagrar *de facto* la absoluta libertad de testar, pues al causante le bastaría con romper

---

1232 Según Vaquer Aloy, A.: «Acerca del fundamento de la legítima», op. cit., p. 16: «La imputación en exclusiva de la falta de relación familiar al legitimario para que la desheredación sea justa debe sustituirse hermenéuticamente por la imputación eficiente: la falta de relación debe ser imputable al legitimario en un juicio de causalidad eficiente, aunque no sea la única causa posible».

1233 Vaquer Aloy, A.: «Acerca del fundamento de la legítima», op. cit., p. 16.

todo vínculo con el legitimario para materializar la desheredación. Siendo esto así, en lugar de abogar por el modelo fáctico, nosotros vemos más digno de loa derogar el sistema legitimario. Pero a riesgo de que ello no sea posible, básicamente por depender de los designios del legislador, nos inclinamos por la propuesta en torno a prever la ausencia de relación familiar, como causa de desheredación, siempre que se deba a una causa *esencialmente* imputable al legitimario.

Retomando la propuesta hermenéutica que hemos defendido, a buen seguro habrá autores que no se adhieran a la misma, so pretexto de que la ausencia de relación familiar y el maltrato psicológico son causas distintas, parangonando el Derecho foral catalán con la exégesis de la STS 3 junio 2014; pero vamos a plantear lo siguiente: supongamos, en un escenario hipotético, que en Cataluña o en cualquier otro territorio con Derecho foral se regula, expresamente, el «abuso económico» como causa de desheredación[1234], sirviéndose de la experiencia de la STS 30 enero 2015, que estimó justa la desheredación de un hijo que, subrepticiamente, despojó a su madre de su patrimonio. Nos preguntamos dialécticamente: ¿se podría decir, si se dieran análogos hechos, que la desheredación es injusta porque el expolio económico o patrimonial es una causa distinta al maltrato psicológico y, por ende, es imposible de englobarlo en el artículo 853.2ª CC? En nuestra opinión no. De lo que se trata, en clave hermenéutica, es de apostar por

---

1234 Ya hay algunas propuestas que van en la dirección de contemplar el abuso económico como causa de indignidad o de desheredación, como aquella de Vaquer Aloy, que aboga porque el artículo 756 CC acoja en el ordinal 7º una clausula abierta que contemple varias formas de maltrato cuando se tratare de un causante vulnerable o dependiente: «Tratándose de la sucesión de una persona vulnerable/dependiente, las personas con derecho a la herencia que hubieran abusado de ella física, psicológica o económicamente» (VAQUER ALOY, A.: «El maltrato al causante vulnerable: a favor de una nueva causa de indignidad sucesoria», *Anuario de Derecho Civil,* tomo LXXIII, 2020, p. 1092).

una exégesis que vaya al compás de la solidaridad familiar y que, en una futura reforma, la previsión de nuevas causas de desheredación permita reducir el uso residual, interpretación extensiva mediante, del maltrato de obra. Hasta entonces, nos inclinaremos por ofrecer soluciones, que en nuestra opinión, son vanguardistas y que suponen un fortalecimiento de la libertad de testar.

Y decimos más, si en un futuro el legislador se aventura a ampliar las causas de desheredación, no consideramos que se pudiere decir que la ausencia de relación familiar, el expolio económico u otras conductas no relacionadas con la violencia física no constituían, en puridad, un maltrato. Aunque la reforma de 2008 de Cataluña, contemplando la ausencia de relación familiar como causa de desheredación, lo omitiera de su Preámbulo, haciendo referencia solamente al fundamento familiar de la legítima y al sentido elemental de justicia, no nos cabe duda de que subyacía en la ley la idea de que el abandono o el olvido injustificado del legitimario era una forma de maltrato. Un maltrato intrínseco a la propia causa; y, aunque no sea un requisito de la misma, el legislador catalán comprendió que el olvido no deseado por el causante y sin razón que justificara la conducta del legitimario, era una actitud que, *per se*, generaba un daño al testador que lo padecía, corroborándose el daño o la afección si el pariente olvidado se tomaba la molestia de materializar la desheredación. Insistimos, aunque, como hemos dicho más arriba, la causa prevista en el Derecho foral catalán no requiera, como presupuesto, que el causante haya padecido un daño, ello no desvirtúa, en nuestra opinión, que la ausencia de relación imputable al legitimario sea una forma de maltrato. Por ende, en Cataluña, conocedor el legislador de la atávica regla de la interpretación restrictiva, o proscripción de la interpretación extensiva, en materia de desheredación y del principio de seguridad jurídica, no dudó en reformar la ley para contemplar lo que era y es una modalidad de maltrato, que no impide que, en el Derecho común, pueda acogerse mediante la interpretación de lo que hoy se conoce como maltrato de obra.

Corolario de todo lo dicho es que actualmente entra en la dinámica conceptual del maltrato otras conductas, no relacionadas directamente con la ausencia de relación familiar, que pueden tener cobertura a través de la interpretación del artículo 853.2ª CC, sirviendo, a título de ejemplo, las amenazas. Aunque las amenazas se yuxtapongan, en la generalidad de los casos, a la presencia de insultos o agresiones en un supuesto de desheredación, obsérvese que, de seguirse una interpretación restrictiva, ya sea de las injurias o del maltrato, las expresiones amenazantes, que no fueran avaladas por una sentencia condenatoria en el orden penal (art. 756.1º y 2º CC), serían irrelevantes, al no estar contempladas en el artículo 853.2ª CC. Este planteamiento, a nuestro modo de ver, es inadmisible.

Es por ello por lo que, con independencia de que se prevea en una reforma la ausencia de relación como causa de desheredación, reivindicamos que, de *lege ferenda*, se mantenga como causa el maltrato, suprimiéndose la expresión «de obra», de manera análoga a la norma prevista en la letra c) del artículo 451-17.2 CCCat, que contempla como causa de desheredación el «maltrato grave al testador, a su cónyuge o conviviente en pareja estable, o a los ascendientes o descendientes del testador»[1235].

[1235] A propósito de la apuesta por incluir en el concepto de maltrato otras conductas no relacionadas con la compulsión física, como la amenazas, puede verse, entre otros, el concepto de maltrato que ensaya la STSJ Cataluña 2 febrero 2017 (TOL 6.033.342): «El maltrato emocional o psicológico se da en aquellas situaciones en las que una persona vinculada a otra, la hace sufrir con descalificaciones, humillaciones, discriminación, ignorando o menoscabando sus sentimientos siendo ejemplos de ese tipo de maltrato, el abandono emocional, la descalificación, la violencia verbal, las amenazas, el control excesivo, el chantaje afectivo o la presión moral, el desprestigio o las descalificaciones ante personas del entorno familiar, laboral, etc. del

3. CAUSAS DE DESHEREDACIÓN DE ASCENDIENTES Y CÓNYUGE

3.1. La pérdida de la patria potestad

El artículo 854.1ª CC prevé como causa para desheredar a los padres y ascendientes «[haber] perdido la patria potestad por las causas expresadas en el artículo 170», mientras que el artículo 855.2ª CC contempla como causa de desheredación del cónyuge «[las] que dan lugar a la pérdida de la patria potestad». Se podría decir que la causa es la misma, sin embargo, entre ambas existen diferencias que podrían provocar, de secundarse una interpretación restrictiva, resultados perniciosos, como veremos a continuación.

Poniendo el foco en la causa de desheredación de padres y ascendientes, conforme a la literalidad del artículo 854.1ª y del artículo 170 CC será necesario que uno de los progenitores haya perdido la patria potestad en virtud de «sentencia[1236] fundada en el incumplimiento de los deberes inherentes a la misma o dictada en causa criminal o matrimonial»[1237]. Ahora bien, uno de los problemas que presenta esta causa es que no todo incumplimiento de los deberes paternofiliales dará lugar

---

afectado, las burlas y cualquier tipo de castigo que no sea físico, siempre que estos actos tengan la suficiente intensidad para producir un menoscabo en la salud mental de la persona que los padece».

1236 Vallet de Goytisolo, J.: *Limitaciones de Derecho sucesorio a la facultad de disponer, Tomo I, Las legítimas,* op. cit., p. 691, puso énfasis en su día en la necesidad de la existencia de una «sentencia condenatoria».

1237 Así como un progenitor puede perder la patria potestad tras la incoación de un proceso *ad hoc,* también se puede decretar la pérdida en un proceso de separación, nulidad o divorcio del matrimonio (art. 92.3 CC), o en un proceso penal, ya sea como pena principal o accesoria (Mucius Scaevola, Q.: *Código civil, Tomo XIV,* op. cit., p. 917).

a la privación de la patria potestad, pues, conforme a la exégesis del Tribunal Supremo, la privación «reviste un carácter excepcional aplicable a aquellos supuestos, en los que concurran circunstancias extremas, que pongan en grave peligro la educación y formación de los hijos, no bastando la concurrencia de causas objetivas», sino «que ha de atenderse a criterios relativos a la concreta oportunidad»[1238]. De acuerdo con el canon de la jurisprudencia, aunque concurra objetivamente un incumplimiento de los deberes inherentes a la patria potestad, la decisión debe ponderar, conforme al *favor minoris*, si la privación es conveniente o no para el menor. Es decir, aunque el progenitor haya hecho dejación de los deberes que le incumben, actuando con una ceguera absoluta o relativa hacia el principio de solidaridad familiar, es posible que conserve la patria potestad si se revela en el proceso que no hay suficientes razones para la privación, o por el hecho, en palabras de algunos tribunales, de que conviene al menor conservar la figura paterna[1239].

Al margen de lo expuesto, otro de los problemas que presenta la literalidad de la causa, es que, de secundarse una interpretación restrictiva, la misma no será aplicable hasta que se haya dictado una sentencia que suponga la pérdida de la patria potestad, siendo posible que, tras la incoación del proceso y que el hijo menor de edad haya materializado la desheredación, este fallezca, pudiéndose archivar el proceso por una carencia sobrevenida del objeto procesal, pues la patria potestad

---

1238 Por todas, véase la STS 23 mayo 2019 (TOL 7.260.577).

1239 Véase la SAP Álava 26 marzo 2019 (TOL 7.263.777), que pese a que el padre no pagaba la pensión de alimentos y estuviese varios años sin tener, por voluntad propia, relación con su hijo, confirma la sentencia de primera instancia, la cual desestimó la privación de la patria potestad, pese a reconocer que, probablemente, transcurrirían otros cuatro años y medio de incumplimientos tuitivos.

se extingue por fallecimiento del hijo (art. 169.1° CC)[1240]. De este modo, el progenitor desheredado porque, precisamente, no ha sido un ángel guardián, podría percibir la legítima que le corresponde ya que, al tiempo de la apertura de la sucesión del hijo, la sentencia acordando la pérdida de la patria potestad brillaba por su ausencia. Este problema, curiosamente, no existe cuando de la desheredación del cónyuge se trata, pues el artículo 855.2ª CC no exige, como el artículo 854.1ª CC, que el progenitor haya perdido la patria potestad, sino, simplemente, que este haya protagonizado una causa de las que dan lugar a la pérdida de la patria potestad[1241-1242].

1240 Precisamente, esto ocurrió en la STS 26 marzo 1993 (TOL 1.655.867), en la cual, la madre solicitó en su día la privación de la patria potestad del padre, alegando un incumplimiento de este de los deberes inherentes a la misma. A pesar de que el Tribunal Supremo consideró probado que el padre, que no convivía con el hijo, no pagó, reiteradamente, la pensión de alimentos, rehusó valorar la pretensión de la madre, diciendo lo siguiente: «Esta declaración, en su caso, podría incidir o dar lugar a una posible casación de la sentencia recurrida, respecto al extremo de la privación de la patria potestad por parte del padre demandado, si no se diera la circunstancia de carecer en estos momentos los demandantes de un interés jurídico respecto a su petición inicial, pues no es posible privar a nadie de aquello que no tiene. El hijo Manuel M. C. nació el día 30-11-1972, es decir alcanzó la mayoría de edad y se produjo su emancipación, el día 30-11-1990, fecha en que se terminó la patria potestad del padre [arts. 314, 315 y 169-2° del Código Civil y 12 de la CE]. Esta terminación legal de la patria potestad por parte de la persona que la ostentaba, impide dictar la declaración que autoriza el art. 170 del Código Civil, y esto con independencia de que en su día hayan concurrido o no las circunstancias que pudieran fundamentar tal declaración».

1241 Es curioso que la doctrina clásica haya hecho un tratamiento idéntico de ambas causas, cuando, conforme a su literalidad, aunque parecidas, no dicen lo mismo. Véase, por ejemplo, SÁNCHEZ ROMÁN, F.: *Estudios de Derecho Civil, VI. 2, Derecho de sucesión,* op. cit., p. 1124, y MANRESA Y NAVARRO, J. M.: *Comentarios al Código Civil español, Tomo VI,* op. cit., p. 619.

1242 Según RAGEL SÁNCHEZ, L. F.: «Artículo 855», op. cit., pp. 6293 y 6294, cuando se trata de la desheredación entre cónyuges, «tanto la privación de la patria

Es decir, así como para que el hijo pueda desheredar al progenitor es necesaria la incoación de un proceso que desemboque en una sentencia que prive al progenitor de la patria potestad, si la desheredación la articula el cónyuge bastará que el consorte, sencillamente, haya incumplido alguno de los deberes paternofiliales respecto al hijo común que, objetivamente, pudiere provocar la pérdida de la patria potestad, sin necesidad, conforme a la literalidad del artículo 855.2ª CC, de incoar ningún proceso judicial ni que un juez entre a valorar si la eventual privación redunda o no en el interés del menor.

Por otro lado, así como los abuelos pueden desheredar a los nietos si estos, por ejemplo, los han injuriado o maltratado, no puede predicarse la misma consecuencia a la inversa, pues aquellos, por evidentes razones, nunca podrán tener la patria potestad, que corresponde a los progenitores[1243]. Es más, si por cualquier circunstancia los abuelos fueren guardadores de hecho del nieto y este acaba siendo declarado en desamparo porque no le dispensaron al menor la necesaria asistencia (arts. 172 y 237 CC), no podrán, de mantener el mantra del carácter sancionador de la desheredación y su interpretación restrictiva, ser desheredados, pues huelga decir que la guarda de hecho no es lo mismo que la patria potestad, amén de que la situación descrita no se subsume, conforme a la literalidad

---

potestad como la denegación de alimentos deberán referirse a los hijos *comunes* del desheredante y desheredado».

1243 Según Puig Peña, F.: *Tratado de Derecho Civil Español, Tomo V, Sucesiones, Vol. II, Relaciones sucesorias particulares*, op. cit., p. 435, el artículo 854.1ª CC «afecta única y exclusivamente a los *padres* y no a los ascendientes en general». También Puig Brutau, J.: *Fundamentos de Derecho Civil, Tomo V, Volumen III*, op. cit., p. 228, Busto Lago, J. M.: «Artículo 854», op. cit., p. 1124, y, más recientemente, Noriega Rodríguez, L.: *El régimen jurídico de la privación de la patria potestad*, Aranzadi, Pamplona, 2021, p. 236, dice, en relación al artículo 854.1ª CC, que el precepto «sólo se aplicará a los progenitores porque son los únicos que pueden ostentar la titularidad de la patria potestad».

del artículo 756 CC, en ninguna de las causales de indignidad, salvo que dicha ceguera respecto a la relación familiar tuviere como resultado el dictado de una sentencia por la comisión de un delito contra los derechos y deberes familiares o, como apunta Algaba Ros, los abuelos fuesen removidos por resolución firme de la tutela o del acogimiento familiar (art. 756.2º CC)[1244].

Pero aquí no desembocan los problemas de la causa objeto de estudio. Pues si el progenitor injuria o maltrata, de obra o psicológicamente, al descendiente mayor de edad, resultará que, extinta la patria potestad por haber alcanzado la mayoría de edad (art. 169.2º CC), el agraviado no podrá desheredar al ascendiente legitimario, salvo que los hechos tuvieren entidad suficiente para considerar que tienen una connotación delictiva y se dictare, tras la tramitación de un proceso judicial, una sentencia penal (arts. 756.1º y 2º CC).

En definitiva, todo un despropósito que coloca al hijo o al nieto en una encrucijada que lesiona, a todas luces, el principio de igualdad constitucional, pues los mismos hechos pueden ser relevantes para que el ascendiente desherede al descendiente (art. 853.2ª CC), pero no al revés[1245], no siendo admisible, en la actual centuria, semejante falta de reciprocidad de las causas de desheredación[1246]. Lo curioso es que esta crítica a la falta de

---

1244 Algaba Ros, S.: «Artículo 854», op. cit., p. 4164.

1245 Así lo pone de manifiesto Ordás Alonso, M.: *La desheredación y sus causas. Derecho civil común y derecho civiles forales y especiales*, op. cit., p. 285: «Mientras que los hijos pueden ser desheredados por maltratar de obra o injuriar gravemente a los padres o ascendientes, los padres o ascendientes no puede [sic] ser desheredados por haber maltratado de obra o injuriado gravemente de palabra los hijos o descendientes [sic] a no ser que hubieran incurrido en hechos que tengan encaje en alguna de desheredación específicamente tipificada en el artículo 854 CC».

1246 Véase lo que expuso en su día Ragel Sánchez, L. F.: «Artículo 854», op. cit., p. 6292: «No existe en el Código Civil un precepto semejante al art. 155.1º

reciprocidad en la desheredación se denunció hace años por la doctrina pero en sentido contrario, pues así como el abandono del progenitor al hijo estaba contemplado como causa de indignidad y, por el reenvío del artículo 854 CC, también de desheredación, no ocurría lo mismo si el descendiente abandonaba al ascendiente, a la vista de que, por aquel entonces, la doctrina entendía, de acuerdo con la interpretación restrictiva del maltrato de obra, que el abandono, en la órbita del artículo 853 CC, pertenecía al campo de la moral, pudiendo ser enjuiciado, en su caso, por el tribunal de la conciencia.

Efectivamente, el artículo 756. 1° CC, antes de ser reformado por la LJV, decía que eran incapaces de suceder por causa de indignidad los «padres que abandonaren, prostituyeren o corrompieren a sus hijos». El precepto fue de aplicación en la STS 23 abril 2018[1247-1248], cuyos hechos, a los efectos que aquí interesan, resumiremos a continuación:

CC que obligue a los padres a respetar siempre a sus hijos. En consonancia, la conducta injuriosa de obra o de palabra de los padres hacia sus hijos no se recoge en el art. 854 CC como causa de desheredación. Teniendo en cuenta que las causas de desheredación son tasadas, sólo habrá motivo legal para desheredar al ascendiente cuando los malos tratos de obra sean de tal entidad que se puedan encuadrar en el atentado contra la vida del descendiente testador (art. 756.2°.CC) o en violencia ejercida sobre él para obligarle a hacer testamento o a cambiarlo, o impedirle otorgar testamento o revocar el que tuviere hecho (art. 756.5° y 6° CC). Del mismo modo sólo la acusación calumniosa del padre o ascendiente hacia el descendiente (art. 756.3° CC) será causa de desheredación. No deja de ser chocante que un maltrato de obra hacia un abuelo sea causa de desheredación aunque no exista la obligación legal de respetar siempre a los abuelos, y que no sea causa de desheredación un maltrato de obra hacia un hijo mayor de edad que no está sometido a la patria potestad».

1247 STS 23 abril 2018 (TOL 6.586.856).

1248 Comenta la citada sentencia, Cabezuelo Arenas, A. L.: «Padre declarado indigno de suceder a su hijo, un menor paralítico cerebral, por manifestar por escrito que nunca le quiso ni deseó su nacimiento. Aplicación del anterior

Una madre presentó una demanda promoviendo la declaración de indignidad del padre respecto al hijo menor de edad que tenían en común, el cual falleció a causa de una enfermedad. La demandante alegó que el padre había desatendido completamente al hijo, a pesar de que este, que llegó a estar quince meses ingresado en el hospital, tenía una gran dependencia debido a una parálisis cerebral. El padre, además de no tener relación alguna con el menor, adeudaba una cantidad que superaba los treinta mil euros en concepto de pensión de alimentos, siendo tal su abulia que ni llegó a comparecer en el proceso incoado a instancias de la madre, donde esta solicitó la privación de la patria potestad, el cual no llegó a concluir mediante sentencia porque el hijo menor falleció, el día 10 de diciembre de 2013, durante su tramitación. Ante tales hechos, el Tribunal Supremo aplicó la norma vigente al tiempo de la apertura de la sucesión, ratificando la interpretación de la sentencia dictada en segunda instancia, que dijo que el abandono va más allá de la simple exposición, incluyendo también «el rompimiento absoluto, por toda la vida, de la relación paternofilial desde la infancia del hijo, desentendiéndose de las obligaciones de alimentarle y representarle en el ejercicio de las acciones para él provechosas».

Excepcionando el impago de la pensión de alimentos, que tiene cobertura a través del artículo 854.2ª CC, nos planteamos lo siguiente: supongamos que, omitiendo los alimentos, el padre abandonó al hijo menor de edad, no interesándose por él durante toda su enfermedad y rehusando cualquier tipo de contacto con el menor, y que la madre, diligente, presentó una demanda solicitando la privación de la patria potestad, no llegándose a dictar sentencia porque el hijo falleció durante el curso del proceso; dada la reforma del artículo 756.1º CC,

---

art. 756.1 CC en lugar del art. 756.7 CC. STS de 23 de abril de 2018 (Sala de lo Civil). (RJ 2018, 1753)», *Revista de Derecho Patrimonial*, núm. 46/2018.

¿podría el padre ser declarado indigno o desheredado si los hechos descritos se diesen respecto a una sucesión de un hijo que falleció tras la entrada en vigor de la LJV, que borró de un plumazo el abandono como causa de indignidad y de desheredación? De seguirse una interpretación restrictiva, desde luego que no, a tenor de la literalidad de los ordinales 1º y 2º del artículo 756 CC y de que el artículo 854.1º CC supedita la desheredación del progenitor a que haya perdido la patria potestad. Por lo tanto, la falta de reciprocidad que denunció en el pasado la doctrina respecto a las causas de desheredación, pues el abandono era relevante para desheredar al ascendiente (art. 753.1º CC) pero no al descendiente, por la interpretación restrictiva del maltrato de obra (art. 853.1ª CC)[1249], sigue presente pero al revés, pues así como el abandono puede ser causa de desheredación del descendiente, no ocurrirá lo mismo si el que ha abandonado al descendiente ha sido el ascendiente[1250], salvo que dicho abandono cristalice en una pérdida de

---

1249 De Almansa Moreno-Barrera, L. J.: «¿Debe introducirse en el Derecho civil común la "falta de relación familiar" como causa para desheredar a hijos y otros descendientes?», op. cit., pp. 32 y 33; Manzano Fernández, Mª M.: «La exclusión del hijo en la herencia del testador (Una visión actualizada de la desheredación en el Código Civil)», op. cit., p. 1851 y 1857; De Barrón Arniches, P.: «Libertad de testar y desheredación en los Derecho civiles españoles», op. cit., p. 38; Gómez-Cornejo Tejedor, L.: «El cambio de sesgo en la jurisprudencia en torno a las causas de desheredación en el Derecho común español», op. cit., pp. 1613 y 1614; Vaquer Aloy, A.: «Acerca del fundamento de la legítima», op. cit., p. 8, y «Derecho a la legítima e intereses subyacentes», op. cit., pp. 69, 70 y 86.

1250 Ahora, autoras como García Goldar, M.: «La nueva doctrina del Tribunal Supremo sobre maltrato psicológico y desheredación: ¿aplicable también en los derechos civiles autonómicos?», op. cit., p. 2489, denuncian la falta de reciprocidad porque «el maltrato psicológico como justa causa de desheredación solo puede ser empleado por los progenitores u otros ascendientes de grado más remoto, como por ejemplo, los abuelos, pero no en un escenario inverso, es decir, no sería posible desheredar a los padres por esa misma causa».

la patria potestad (art. 854.1ª CC) o en una condena penal por sentencia firme (art. 756.1º y 2º CC).

En nuestra opinión, el artículo 854.1ª CC no puede sino valorarse como una causa fallida, porque, como hemos dicho, y reiteramos ahora a modo de recapitulación, no permite dar respuesta a los siguientes supuestos que, a todas luces, lesionan la solidaridad familiar:

a. Si el progenitor maltrata, abandona o injuria al hijo menor de edad no será posible la desheredación, salvo que dichos hechos vayan avalados por una sentencia que prive al progenitor de la patria potestad o lo condenen por uno de los delitos enumerados en los ordinales 1 y 2ª del artículo 756 CC[1251].

b. Si el menor es declarado en desamparo porque los progenitores incumplen los deberes tuitivos y aquel estuviere desprovisto de la necesaria asistencia moral y material, tampoco podrá desheredar a los progenitores porque la declaración de desamparo no tiene como efecto principal la *pérdida* de la patria potestad, sino solo su suspensión (art. 172 CC)[1252], sin perjuicio de que la Entidad Pública o el Ministerio Fiscal promuevan la privación de

---

1251 Precisamente, García Rubio, Mª. P. y Otero Crespo, M.: «Capacidad, incapacidad e indignidad para suceder», p. 262, han criticado la estrecha vinculación de las causas de indignidad con el Derecho Penal.

1252 Puig Peña, F.: *Tratado de Derecho Civil Español, Tomo V, Sucesiones, Vol. II, Relaciones sucesorias particulares,* op. cit., p. 435 decía que el artículo 854.1ª solo se aplicaba a los supuestos de privación total y absoluta de la patria potestad, «nunca a los supuestos de mera suspensión». También Puig Brutau, J.: *Fundamentos de Derecho Civil, Tomo V, Volumen III,* op. cit., p. 228, que dijo lo siguiente: «Si toda esta materia es de interpretación restrictiva, no cabe estimar que concurre causa de desheredación cuando la patria potestad quede sólo en suspenso en virtud de lo dispuesto en otro artículo del Código, el 170». En cambio, Sánchez Román, F.: *Estudios de Derecho Civil, VI. 2, Derecho de sucesión,* op. cit., p. 1120, entendía que también era aplicable cuando el

la patria potestad, que, dada la saturación de la administración de justicia, conllevará un periodo más o menos dilatado de tiempo.

c. Si el progenitor maltrata, abandona o injuria al hijo mayor de edad, tampoco podrá ser desheredado conforme al artículo 854.1ª CC, ya que, extinta la patria potestad por la mayoría de edad, no cabe incoar un proceso solicitando su privación.

d. En último lugar, si los abuelos u otros ascendientes de origen más remoto, no tienen relación o maltratan o injurian al descendiente, este tampoco podrá desheredarlos porque, por un lado, los abuelos no son titulares de la patria potestad y, por otro, es posible que dichos hechos no acaben siendo objeto de un enjuiciamiento penal que concluya con una sentencia condenatoria, ya sea por una carencia sobrevenida del objeto procesal, al fallecer el descendiente, porque, pese a quebrantar la solidaridad familiar, no tienen la entidad suficiente para que merezcan el reproche penal, o porque, sencillamente, el descendiente rehúsa ejercitar acciones penales contra sus familiares, sin perjuicio de que, coetáneamente o después, en la intimidad, decida desheredarlos.

Nuevamente nos volvemos a encontrar ante un conflicto que ha sido una constante en este trabajo: o criticamos la ley y hacemos una propuesta de *lege ferenda*, o, además, intentamos dar una solución hermenéutica. No extrañará al lector que nos aventuremos por la segunda opción. Esta problemática, quizás, es más compleja que aquella que consistía en subsumir el abandono de los descendientes en el concepto de maltrato, pues así como la palabra maltrato es polisémica, pudiendo abarcar

---

juez, en virtud del artículo 171 CC, en vez de privar al progenitor de la patria potestad, le suspendiera en el ejercicio de esta.

múltiples manifestaciones de insolidaridad familiar, aquí no tenemos el apoyo de dicho concepto, ausente en el artículo 854 CC, sino que tenemos que idear una solución que, quizás, llegue a los confines de la analogía. No obstante, abogamos porque los hechos descritos más arriba puedan fundamentar, sin perjuicio de la indignidad, una desheredación[1253], y ello por los siguientes motivos:

1. En primer lugar, es discutible que la voluntad del legislador fuese que el incumplimiento de los deberes familiares por parte de los progenitores solo pudiese fundamentar una desheredación si ha tenido como resultado la *pérdida* de la patria

---

1253 No obstante, autores clásicos, como MANRESA Y NAVARRO, J. M.: *Comentarios al Código Civil español, Tomo VI*, op. cit., p. 610, justificaron que la injuria y el maltrato de obra no se contemplasen como causa de desheredación de los ascendientes del siguiente modo: «No es raro que no se aplique á los ascendientes. Los padres pueden castigar severamente á sus hijos, maltratándoles de obra ó de palabra, y lo que en ellos es una facultad, no puede motivar su desheredación, aunque el abuso se castigue. En cambio, los malos tratamientos son causa racional de divorcio, y realizándose por los descendientes en la persona de sus ascendientes, constituyen una grave ofensa, un acto contrario al derecho natural, que la ley con razón permite castigar. Los padres ó los ascendientes en general pueden perdonar esa ofensa, mas la ley no debe negarle ese arma, ó imponerles como forzosa una legítima inmerecida». Huelga decir que dicho razonamiento no es aplicable hoy día, máxime en un contexto en el que la facultad de corrección paterna se derogó del artículo 154 CC por la Ley 54/2007, de 28 de diciembre, de Adopción internacional, mal llamada «ley del cachete». El apartado IV de la Exposición de Motivos de la ley justificó la derogación de tal facultad en la Convención sobre los Derechos del Niño: «Por otro lado se aprovecha el evidente vínculo que une la adopción con la protección de los menores para abordar la reforma de los artículos 154, 172, 180 y 268 del Código Civil. Además de mejorarse la redacción de estos preceptos, se da respuesta de este modo a los requerimientos del Comité de Derechos del Niño, que ha mostrado su preocupación por la posibilidad de que la facultad de corrección moderada que hasta ahora se reconoce a los padres y tutores pueda contravenir el artículo 19 de la Convención sobre los Derechos del Niño de 20 de noviembre de 1989».

potestad (art. 854.1ª CC), pues en el artículo 855.2ª, a la hora de contemplar las causas de desheredación entre cónyuges, se dice que se podrá desheredar al cónyuge por los hechos que «dan lugar a la pérdida de la patria potestad», sin mencionar en ningún momento que se tenga que producir la perdida de la patria potestad[1254]. Este antinomia, debe ser objeto de una interpretación que ensanche la libertad de testar, que es la regla general y arquitrabe del Derecho sucesorio, y reduzca a su mínima expresión la excepción, que es la legítima.

2. En segundo lugar, y para el caso de que se confronte nuestro criterio al amparo de que no es extensible a los abuelos, ya que no son titulares de la patria potestad, nosotros decimos que, así como el Tribunal Supremo ha interpretado que el maltrato psicológico puede ser una causa de desheredación de los hijos por quebrantar el deber de respeto filial (art. 155.1° CC), no cabe ninguna duda que dicha exégesis del maltrato psicológico es extensible cuando el abuelo desherede al nieto, aunque para tales parientes no se contemple, legalmente, el deber de respeto, ya que el artículo 155.1° CC, al contrario que otros ordenamientos[1255], regula solo dicho deber en el contexto de la relación paternofilial, empleando, respectivamente, los términos «hijos» y «padres».

3. En tercer lugar, respecto a todos los supuestos descritos, podemos hacer aquí acopio de la jurisprudencia recaída en

---

[1254] En sentido contrario opinaban, entre otros, MANRESA Y NAVARRO, J. M.: *Comentarios al Código Civil español, Tomo VI,* op. cit., p. 619, PUIG PEÑA, F.: *Tratado de Derecho Civil Español, Tomo V, Sucesiones, Vol. II, Relaciones sucesorias particulares,* op. cit., p. 439, PUIG BRUTAU, J.: *Fundamentos de Derecho Civil, Tomo V, Volumen III,* op. cit., p. 228, y VALLET DE GOYTISOLO, J.: *Limitaciones de Derecho sucesorio a la facultad de disponer, Tomo I, Las legítimas,* op. cit., p. 696.

[1255] Véase la letra a) del artículo 149 del Código de las Familias cubano, que dice que son deberes de las hijas y los hijos menores de edad «[respetar] a sus madres, padres y demás parientes».

materia de revocación de las donaciones por ingratitud, máxime cuando, según la doctrina, la revocación de la donación presenta el mismo fundamento que la desheredación[1256], sin perjuicio de que, al igual que la desheredación, aquella también ha sido conceptuada como una sanción[1257], que debe ser objeto de una interpretación restrictiva[1258].

Omitiendo otras resoluciones paradigmáticas, como la STS 13 mayo 2000, nos centraremos ahora en la STS 20 julio 2015. Una madre, amparándose en la demanda en los ordinales 1° y 3° del artículo 648 CC, solicitó la revocación de las donaciones otorgadas a favor de su hija, basándose en que esta la había maltratado, exteriorizándose el maltrato en «varios episodios de trato despectivo y humillante que culminaron en una bofetada a su padre e insultos e injurias graves a su madre». A pesar de que los hechos expuesto por la madre en la demanda, y acreditados en el proceso civil, no fueron objeto de un enjuiciamiento penal que declarase que eran constitutivos de delito, conforme al principio de improrrogabilidad de la jurisdicción penal, el tribunal, dijo que el artículo 648.1° CC[1259] debe ser objeto de una interpretación flexible, «respecto a la falta de precisión técnica con la que se refiere al concepto de delito y a los concretos derechos o bienes protegidos (persona, honra y otros bienes), por lo que el precepto debe interpretarse, en sentido laxo, con relación a todo posible delito por el que

---

1256 Puig Brutau, J.: *Fundamentos de Derecho Civil, Tomo V, Volumen III*, op. cit., p. 212.

1257 Lacruz Berdejo, J. L.: «La donación», op. cit., p. 149.

1258 De la Válgoma, Mª.: «Revocación de las donaciones por ingratitud. Análisis del artículo 648.2° del Código Civil», op. cit., p. 396, y Pérez de Ontiveros Baquero, M. C.: «La revocación de las donaciones por ingratitud del donatario», op. cit., pp. 588 y 589.

1259 El artículo 648.1° CC dispone que la donación podrá ser revocada si «el donatario cometiere algún delito contra la persona, el honor o los bienes del donantes».

pudiera resultar ofendido el donante en su gratitud, como a la innecesaridad que, a tales efectos, se haya producido previamente una sentencia penal condenatoria, ni tan siquiera que el procedimiento penal se haya iniciado; bastando la existencia de una conducta del donatario socialmente reprobable, que revistiendo caracteres delictivos, aunque no estén formalmente declarados como tales, resulte ofensiva para el donante».

Valga esta exégesis, para abogar porque las manifestaciones de maltrato de obra o psicológico de ascendientes a descendientes descritas se puedan integrar, sin necesidad de sentencia condenatoria o de una sentencia que prive de la patria potestad, en algunas de las causas desheredación que, a día de hoy, contempla la ley, ya sea a través de la subsunción en los ordinales 1º y 2º del artículo 756 CC o en el artículo 854.1ª CC. Todo ello sin perjuicio de que, en una futura reforma, lo deseable sea que estos comportamientos, que representan un abuso de derecho y una suerte de enriquecimiento injusto si el ascendiente llegare a adquirir la legítima, se contemplasen como causa de desheredación con independencia del pariente legitimario que protagonice la ofensa, como, en este momento, prevé el artículo 451-17.2 CCCat, que enumera las causas de desheredación sin hacer distinción entre ascendiente, descendiente y cónyuge.

3.2. El atentado de uno de los padres contra la vida del otro

Dispone el artículo 854.3ª CC que es causa para desheredar a los padres y ascendientes haber «atentado uno de los padres contra la vida del otro, si no hubiere habido entre ellos reconciliación». De manera análoga, establece el artículo 855.4ª que es causa para desheredar al cónyuge haber «atentado contra la vida del cónyuge testador, si no hubiere mediado reconciliación».

No deja de ser sorprendente que si el hijo desea desheredar al progenitor porque este ha atentado contra su vida tendrá, de abogarse por la interpretación restrictiva de la desheredación, serias dificultades, porque, por un lado, el artículo 854.3ª CC solo contempla como causa para desheredar al progenitor que este haya atentado contra la vida del otro, omitiendo el atentado contra el propio causante; y, por otro lado, si el progenitor ha atentado contra la vida del hijo, este no tendrá causa para desheredarlo a no ser que el atentado haya motivado una privación de la patria potestad (art. 854.1ª CC), o una sentencia condenatoria firme (art. 756.1º CC)[1260]. Todo ello sin perjuicio de que, al igual que el artículo 854.1ª CC, la literalidad del artículo 854.3ª CC solo castiga los atentados protagonizados por uno de los progenitores contra el otro, omitiendo aquellos que pudieren haber cometido otros legitimarios como los abuelos, ya sea contra otros ascendiente del testador o contra este[1261].

El dislate de la causa no acaba aquí, pues de una lectura del artículo 854.3ª se infiere que la misma está compuesta por dos requisitos: que el progenitor haya atentado contra el otro y que no haya habido entre ambos reconciliación. El precepto, al contrario que el artículo 856 CC, contempla una reconci-

---

1260 Decía MUCIUS SCAEVOLA, Q.: *Código civil, Tomo XIV*, op. cit., p. 920, recién publicado el Código Civil, lo siguiente en cuanto al artículo 854.3ª CC: «Observaremos, en último lugar, que la presente causa de desheredación se refiere solamente al padre y á la madre. Cualquier atentado entre dos de los demás ascendientes, ó entre éstos y uno de los padres, se regirá, pues, por lo dispuesto en el núm. 2.º del art. 756, careciendo del límite que respecto á los padres encuentra el Código en su posterior reconciliación».

1261 VALLET DE GOYTISOLO, J.: *Limitaciones de Derecho sucesorio a la facultad de disponer, Tomo I, Las legítimas*, op. cit., p. 669, decía que la causa «se circunscribe al atentado de un padre al otro, no incluyendo al perpetrado por o contra otros ascendientes». En opinión de Busto Lago, la interpretación restrictiva de las causas de desheredación no permite la aplicación de esta causa al caso del atentado de un ascendiente de grado ulterior contra la vida de su cónyuge respectivo» (BUSTO LAGO, J. M.: «Artículo 854», op. cit., p. 1124).

liación que se produce, no entre el causante y el legitimario desheredado, sino entre este y una persona que no es la que materializa la desheredación, sustrayendo esta de la autonomía de la voluntad del causante. En su día, Manresa y Navarro, entre otros autores, decía que si «el mismo cónyuge perdona, á los hijos toca también perdonar»[1262-1263], propugnando la mayoría de la doctrina que, a efectos del artículo 854.3ª CC, cabía entender que se había producido una reconciliación entre los cónyuges o progenitores si ambos vivían «bajo un mismo techo», quedando en agua de borrajas la causa, aunque hubiese sido dispuesta por el hijo en testamento[1264].

Respecto a qué debe entenderse por «haber atentado», la segunda acepción de la RAE relaciona el verbo con «intentar, especialmente un delito», mientras que la tercera acepción lo identifica con «cometer un atentado». El significado del verbo no aporta mucho, sin embargo, el significado del sustantivo *atentado* aporta algo de luz en el intento de depurar la causa. Descartando la primera y tercera acepción, que relacionan la palabra con la agresión o el delito contra una autoridad, vemos que la segunda dice que debe entenderse por atentado la «agresión contra la vida o la integridad física o moral de

---

1262 MANRESA Y NAVARRO, J. M.: *Comentarios al Código Civil español, Tomo VI,* op. cit., p. 617.

1263 También SÁNCHEZ ROMÁN, F.: *Estudios de Derecho Civil, VI. 2, Derecho de sucesión,* op. cit., p. 1122, que decía lo siguiente: «El fundamento moral y racional de que la reconciliación entre los cónyuges, de los cuales uno atentó contra la vida del otro, borre esta causa de desheredación, es evidente, pues si ha mediado el perdón entre los padres por aquel agravio, no es lógico que subsista en los hijos, para el efecto de ser causa de desheredación del padre ó madre, que cometió el atentado».

1264 MUCIUS SCAEVOLA, Q.: *Código civil, Tomo XIV,* op. cit., pp. 919 y 920; SÁNCHEZ ROMÁN, F.: *Estudios de Derecho Civil, VI. 2, Derecho de sucesión,* op. cit., p. 1122; PUIG PEÑA, F.: *Tratado de Derecho Civil Español, Tomo V, Sucesiones, Vol. II, Relaciones sucesorias particulares,* op. cit., p. 437.

alguien». En nuestra opinión, toda acción u omisión que menoscabe la vida o la integridad física o moral del progenitor es subsumible en el artículo 854.3ª CC, sin que sea necesario, como recientemente ha dicho Represa Polo, el dictado de una sentencia penal condenatoria[1265]. No obstante, y habida cuenta que el artículo 756.1° CC diferencia el «atentado contra la vida» y la «violencia física y psíquica», no es descartable que otros autores identifiquen el artículo 854.3ª CC con la tentativa de homicidio o de asesinato o con aquellas acciones contra el otro progenitor guiadas por un *animus necandi*[1266], quedando fuera de la órbita de la causa aquellos atentados que, al margen de cualquier intento de quitarle la vida, solo tenían como fin lesionar su integridad física o mental[1267].

1265 Represa Polo, Mª P.: *La desheredación en el Código Civil,* op. cit., p. 171.

1266 Así lo entendió, entre otros, Mucius Scaevola, Q.: *Código civil, Tomo XIV,* op. cit., p. 900, que decía lo siguiente: «Si los atentados contra la vida, á que se refiere el repetido art. 756, son solamente los delitos de parricidio y homicidio, y sus tentativas, claro está que los delitos de lesiones castigados en los artículos 429 á 437 del Código penal, son ante todo y sobre todo, los que constituyen los malos tratamientos de que nace la facultad de la desheredación».

1267 Así se pronuncian, entre otros, Noriega Rodríguez respecto a la expresión *atentado contra vida* que luce en el artículo 756.1° CC: «Por último y en relación al planteamiento sobre si únicamente se contempla la muerte dolosa o culposa o se incluye también la imprudente, la doctrina cualificada entiende que debe existir intencionalidad en la causación del delito, postulado que compartimos dado que lo que se pretende es sancionar una actuación determinada a causar la muerte del causante, excluyendo aquellas situaciones en las que no existe *animus necandi.* Por otro lado, sí quedaría incluida la tentativa por cuanto el precepto sanciona el atentado, aunque no se consiga el objetivo. Asimismo, se entiende que se aplicaría el precepto cualquiera que fuese la forma de participación en la muerte del causante, bien autoría o complicidad, arts. 28 y 29 CP respectivamente, excluyendo el encubrimiento regulado en el art. 451 CP Respecto a la cooperación al suicido, existen discrepancias, no quedando claro su inclusión para algunos autores y asumiéndolos otros. A nuestro juicio, dado que se intenta provocar la muerte del sujeto, aunque

En cualquier caso, de poco sirve abogar por una interpretación evolutiva de la palabra atentado, a fin de integrar en la expresión varias manifestaciones de maltrato, como así hicimos respecto al maltrato de obra, si la reconciliación entre los progenitores deja sin efecto la desheredación materializada por el hijo con independencia de su voluntad.

3.3. El incumplimiento grave y reiterado de los deberes conyugales: una causa desheredativa para la reflexión

No vamos a ocultar el hastío que nos supuso afrontar, en un primer momento, este apartado. A estas alturas, es un hecho notorio que, dada la generalización del divorcio desde la Ley 30/1981 y la derogación del modelo causalista y bifásico de separación y divorcio desde la Ley 15/2005, la desheredación entre cónyuges es un recurso en desuso, máxime cuando el artículo 834 CC solo reconoce al cónyuge la condición de legitimario respecto a su consorte si aquel no se hallare separado de este legalmente o de hecho. No obstante, la formulación de la causa prevista en el artículo 855.1ª CC nos llamó a la reflexión, como veremos a continuación.

El precepto dispone que es justa causa para desheredar al cónyuge haber «incumplido grave o reiteradamente los deberes conyugales»[1268], que, a la sazón, son los previstos en el Capítulo V, Título IV del Libro I (arts. 66 a 71 CC). Antes, la

---

de forma indirecta, sí podría ser incluido» (NORIEGA RODRÍGUEZ, L.: *La indignidad para suceder en el Derecho común; especial referencia a sus causas*, op. cit., p. 34).

1268 LACRUZ BERDEJO, J. L.: «La desheredación», op. cit., p. 529, seguido de VALLET DE GOYTISOLO, J.: «Artículo 855», en AA.VV., *Comentario del Código Civil, Tomo I*, Ministerio de Justicia, Madrid, 1993, p. 2098, interpretaban que el incumplimiento se pone en alternativa, en el sentido de que debía ser grave, o bien menos grave pero entonces reiterado.

formulación era distinta, contemplándose como causa de desheredación entre cónyuges las «que dan lugar a la separación personal, según el artículo 105 CC»; este precepto tipificaba como causas legítimas de separación las siguientes: 1. El adulterio de cualquiera de los cónyuges; 2. Los malos tratamientos de obra, las injurias graves o el abandono del hogar. 3. La violencia ejercida por un cónyuge sobre el otro para obligarle a cambiar de religión. 4. La propuesta del marido para prostituir a su mujer. 5. El conato del marido o de la mujer para corromper a sus hijos o prostituir a sus hijas, y la connivencia en su corrupción o prostitución. 6. La condena del cónyuge a reclusión mayor.

Con la reforma de la Ley 30/1981, mal llamada en su época por los medios de comunicación como la *ley del divorcio*, pues no solo instauró el divorcio como medio de disolver el matrimonio, sino que modificó otros preceptos, no huérfanos de importancia[1269], se amplió, a nuestro modo de ver, la posibilidad de desheredación entre cónyuges, pues el artículo 855.1ª CC dejó a atrás el sistema rígido del artículo 105 CC al que se remitía, para pasar a incorporar una formulación no exenta de contenido axiológico, que coadyuvaba a que el juez interpretara los hechos invocados en la desheredación al compás del incumplimiento de los deberes conyugales, como así se demostró en la práctica forense.

No vamos a desgranar aquí el significado de los deberes conyugales, pues se trata de una empresa que, a tenor de la aplicación residual de la desheredación entre cónyuges, no merece un tratamiento exhaustivo en esta obra[1270]. Simplemente nos

---

1269 Para un análisis de la magnitud de la reforma puede verse LACRUZ BERDEJO, J. L.: SANCHO REBULLIDA, F. A. y AA.VV., *El nuevo régimen de la familia. Matrimonio y divorcio*, Cuadernos Civitas, Madrid, Madrid, 1982.

1270 El lector, si lo desea, puede remitirse a otros estudios que han ahondado en los deberes conyugales en relación con la desheredación, como el trabajo que

limitaremos a comentar algunas sentencias que han aplicado el artículo 855.1ª CC, para luego reflexionar sobre una cuestión que trasciende este apartado, irradiando su importancia a todo el instituto de la desheredación.

Sin duda, con la actual redacción del artículo 855.1ª CC vigente, la resolución más relevante en lo que respecta a la desheredación entre cónyuges es la STS 25 septiembre 2003[1271]. Los hechos, según la sentencia, fueron los siguientes: los cónyuges vivían en Venezuela, padeciendo el marido «una grave enfermedad diagnosticada como cáncer maligno, que precisó de dos intervenciones quirúrgicas» practicadas en 1993 y 1994; la esposa, lejos de estar con su marido, regresó a España, no prestándole ningún tipo de asistencia moral o física, ni apoyo ni comprensión, pese a que, según la prueba practicada, la esposa tenía libre disponibilidad para trasladarse a Venezuela. Ante la desheredación materializada por el esposo citando el artículo 855.1ª CC, el juzgado estimó justa la desheredación, siendo ratificada la decisión por el Tribunal Supremo, diciendo que la legitimaria incumplió el deber de ayuda y socorro mutuo (arts. 67 y 68 CC), concurriendo un «efectivo incumplimiento grave y reiterado» de los deberes conyugales que no quedó desvirtuado por el hecho «de haberse promovido demanda de separación, que precisaba sentencia y los derechos sucesorios del cónyuge viudo se mantienen en conformidad al artículo 834».

Escasos días después de la referenciada resolución del Tribunal Supremo, se dictó la SAP A Coruña 30 septiembre 2003[1272], donde la esposa fue desheredada por incumplir el deber de ayuda y socorro mutuo. El esposo, que tenía un «delicado esta-

---

en su día publicó Romero Coloma, A. Mª.: «El incumplimiento de deberes conyugales como causa de desheredación», *Diario La Ley*, núm. 8058, abril 2013.

1271 STS 25 septiembre 2003.

1272 SAP A Coruña 30 septiembre 2003.

do de salud», se vio obligado en 1995, por la esposa, a salir de la vivienda familiar, so pretexto de que esta iba a «disfrutar en solitario de unas vacaciones» y no quería que su cónyuge, durante su ausencia, residiese en el domicilio. Meses después, la esposa abandona definitivamente la vivienda familiar, dejando el inmueble en un estado deplorable. Tras este episodio, el marido, enfermo, fue acogido en el domicilio de sus hermanos. El tribunal no dudó en subsumir dichos hechos en el artículo 855.1ª CC, al considerar que hubo un incumplimiento de los deberes comprendidos en el artículo 67 y 68 CC.

Hechos y razonamiento similares se dieron cita en la SAP Ciudad Real 21 diciembre 2005[1273]. Aquí el marido, que padecía diabetes, desheredó a su esposa porque en los momentos más difíciles de su enfermedad precisó de «verdadera ayuda» de tercera personas, estando huérfano de atención por su consorte. Una de las alegaciones que planteó en apelación la esposa es, previa cita de las SSTS 26 marzo 1993 y 4 noviembre 1997 -que, en el ámbito de la desheredación de descendientes, dijeron que el abandono era una circunstancia irrelevante para la desheredación, teniendo que ser juzgada en todo caso por el tribunal de la conciencia- que la causa de desheredación tenía que ser objeto de una interpretación restrictiva. El tribunal, desvirtuando dicha alegación, dijo que la causa objeto de *litis* no era el maltrato de obra, sino el incumplimiento de los deberes conyugales; y, en la medida en que quedó probado que no hubo una mera pérdida de afecto, sino que el eje central del comportamiento reprochado consistía en una ausencia total por parte de la esposa de atención médica y personal al causante que se hallaba en «en una posición de desvalimiento que le obligó a recurrir al resto de su familia, padres y hermanos para su subsistencia», hubo un verdadero incumplimiento del

---

1273 SAP Ciudad Real 21 diciembre 2005 (TOL 794.293).

deber de «auxilio que le imponía el deber de matrimonial» que, sin duda, justificaba la desheredación.

Parejo canon hermenéutico secundó la SAP León 29 diciembre 2011[1274]. En el proceso quedó acreditado que en el año 1995 la esposa «abandonó el domicilio familiar donde convivía con el causante, siendo muy esporádicas las visitas que realizó al mismo, desentendiéndose de su esposo precisamente en el momento que más precisaba apoyo y compañía como consecuencia de agravarse su dolencia». El tribunal dijo que, antes de la Ley 30/1981, «se exigía para desheredar al cónyuge que hubiere incurrido en causa de separación personal y además que no vivieran juntos», pero con la reforma se modificó el artículo 855.1ª CC, bastando para la desheredación «el incumplimiento grave y reiterado de los deberes conyugales, figurando entre ellos el vivir juntos y ayudarse mutuamente». Y, en este contexto, expone la sentencia que ni la prohibición de la interpretación extensiva ni la analogía en la desheredación, pueden impedir apreciar como justa la desheredación objeto de enjuiciamiento.

4. ¿CONVENDRÍA ESTABLECER UNA CAUSA ABIERTA DE DESHEREDACIÓN DE TODOS LOS LEGITIMARIOS?

Valgan las sentencias citadas en el anterior apartado para percatarse de que muchas situaciones que la doctrina, desde la última década del pasado siglo, reclamaba que fuesen causa de desheredación de hijos y descendientes, tuvieron una acogida favorable, a través del artículo 855.1ª CC, cuando de desheredar al cónyuge se trataba. La formulación de la causa recogida en el precepto y su exégesis jurisprudencial nos han hecho cavilar, y, ya sea en el marco normativo de la desheredación

---

1274 SAP León 29 diciembre 2011 (TOL 2.398.446).

actual o en el contexto del régimen de privación sucesoria que defendimos al principio de esta obra[1275], donde la desheredación y la indignidad se refunden en una misma figura, cuyo desenvolvimiento dependa de que el causante refleje la causa en testamento y también de que la misma afectara o no a un legitimario, nos hemos planteado si, a fin de ampliar la libertad de testar y facilitar lo que hoy día es la desheredación, convendría, en vez de tipificar causas nuevas u otras ya previstas en algunos Derecho forales, como la ausencia de relación familiar, establecer una causa abierta de desheredación.

No se podría decir que esta propuesta sería innovadora, pues, precisamente, el artículo 855.1ª CC, a la hora de tipificar la causa de desheredación entre cónyuges, se remite a los deberes conyugales, deberes que, sin duda, están dotados de un potente contenido axiológico, cuya valoración dependerá, sino de la discrecionalidad del juzgador, sí de las circunstancias de cada caso concreto. También en otros ordenamientos jurídicos se puede contemplar la previsión de causas abiertas[1276], como en el Código de las Familias cubano, que, huérfanos de la desheredación, o de un régimen de privación sucesoria que tenga como arquitrabe la autonomía de la voluntad, contempló como causa de cese de la obligación legal de alimentos, en la letra e) del artículo 39, la siguiente: «cuando el alimentista incurre en algún comportamiento que atente contra la solidaridad familiar o en alguna manifestación de violencia contra el alimentante».

[1275] Nos remitimos a lo dicho en el apartado 5.1.3. del Capítulo I.

[1276] En Austria, Grecia, Croacia, República Checa, Finlandia o Eslovenia se contempla como causa el conducirse el legitimario de manera inmoral; en Suiza se prevé el infringir gravemente los deberes de familia frente al testador; y en Japón es causa de desheredación cometer una falta grave contra el testador (véase el estudio de Derecho comparado de Arroyo Amayuelas, E.: y Farnós Amorós, E.: «Entre el testador abandonado y el legitimario desheredado ¿A quién prefieren los tribunales?», op. cit., p. 4).

La causa de la norma cubana, en los primeros borradores del texto, no estaba prevista[1277]. Todo lo contrario, se regulaban las causas de cese de los alimentos de modo similar a lo que hoy contempla, *mutatis mutandi*, el artículo 152 CC, pero omitiendo la causa del artículo 152.4º CC, dado que en Cuba ya no se regulaba la desheredación; el artículo 152 CC, a nuestro juicio, sirvió de inspiración a la regulación cubana[1278]. La razón era obvia: no habiendo en Cuba una figura como la desheredación desde 1987, contemplándose solo la incapacidad sucesoria[1279], que desempeña allí una función similar a la que hace hoy en España la indignidad, no era extrapolable al texto cubano la literalidad del artículo 152.4º CC, que prevé que cesará la obligación de dar alimentos cuando el alimentista, «hubiese cometido alguna falta de las que dan lugar a la desheredación». En esta coyuntura, el legislador cubano tenía dos posibilidades: o bien hacer una remisión a las causas de inca-

---

1277 Véase la versión 22, de 1 de agosto de 2021, del Anteproyecto de Código de las Familias.

1278 El artículo 52 de la versión 22 del Anteproyecto decía que cesaba la obligación legal de alimentos por las siguientes causas: «a) por muerte o por declaración judicial de presunción de muerte, del alimentante; b) por muerte o por declaración judicial de presunción de muerte, del alimentista; c) cuando los recursos económicos del obligado a prestar alimentos se reduzcan hasta el punto de no poder satisfacerlos sin desatender sus propias necesidades, y, en su caso, las de su cónyuge, pareja de hecho afectiva e hijas e hijos menores de edad y de los mayores de edad con apoyo intenso con facultades de representación a su abrigo; d) cuando el alimentista arribe a la edad laboral y no esté en una situación de discapacidad que le imposibilite obtenerlos por sí mismo, ni incorporado a institución nacional de enseñanza que le impida dedicarse regularmente al trabajo remunerado; y e) cuando cese la causa que hizo exigible la obligación de suministrar los alimentos». Salvo algunas modificaciones, su regulación era muy similar a la prevista en el artículo 135 del Código de Familia de 1975. Este cuerpo legal, a la hora de regular los alimentos en los artículos 121 a 136, heredó la estructura y la redacción del Título VI del Libro I del Código Civil español.

1279 Nos remitimos a los artículos 469 y 470 del Código Civil cubano.

pacidad sucesoria, más vanguardistas, dicho sea de paso, a las que hoy regula nuestro Código Civil, o crear una causa *ad hoc*. Finalmente, abogó por esta segunda opción.

Ahora nos preguntamos lo siguiente: suponiendo que el legislador español optara por modernizar las causas de desheredación, ¿sería conveniente que incluyera, si se quiere como causa de cierre, cualquier comportamiento que atentase contra la solidaridad familiar o, al igual que hace hoy el artículo 855.1ª CC respecto a la desheredación entre cónyuges, el incumplimiento de los deberes familiares? Cuestión muy difícil de resolver. Seguramente, aquellos que equiparan la desheredación con la norma penal descartarán esta posibilidad, por vulnerar el principio de tipicidad, subsumible a su vez en el principio de seguridad jurídica, a pesar de que el Código Penal contempla figuras delictivas extraordinariamente ambiguas[1280]. Otros, como Barba, a fin de facilitar la desheredación y ampliar la libertad de testar, verán con buenos ojos esta opción[1281]. Nosotros, a día

---

1280 Por citar algún tipo delictivo, véase, *ad exemplum*, el artículo 173 CP, que castiga con una pena de prisión de seis meses a dos años el «que infligiera a otra persona un trato degradante».

1281 Barba, V.: «Libertad de testar, una idea del sistema italiano», op. cit., pp. 222 y 223, apuesta por introducir la desheredación en el Derecho italiano, abogando por qué se contemplase una verdadera cláusula general, según la cual el causante podrá desheredar a los legitimarios en caso de *violación de los deberes de solidaridad*. Razona su postura del modo que sigue: «Aunque esta cláusula general pueda parecer excesivamente genérica y sujeta al riesgo de interpretaciones difíciles, considero inadecuado identificar supuestos concretos de desheredación, ya que éstos, aunque tendrían el mérito de garantizar una mayor seguridad jurídica, correrían el riesgo de no dar cobertura a todos los casos que la merecen. Soy muy consciente de que la introducción de esta cláusula general corre el riesgo de abrir un amplio litigio, ya que las autoridades judiciales podrían dar aplicaciones muy diferentes de la cláusula, sin embargo, considero mayor y peor el riesgo de dejar casos importantes sin resolver sobre la base de una identificación de supuestos de hecho específicos. La introducción de una desheredación así formulada

de hoy, la descartamos, y expondremos a continuación nuestros motivos, los cuales quizás mañana sean refutados por nosotros mismos, sin necesidad de que un tercero lo haga, pues se trata de una cuestión que perturba el sueño de los justos, no estando exenta de profundas cavilaciones.

En nuestra opinión, mantener las causas de desheredación tal y como están, añadiendo una causa residual como el atentado contra la solidaridad familiar o el incumplimiento de los deberes familiares, es un cajón de sastre para la subjetividad[1282], pudiendo servir tanto para ampliar la libertad de testar como para limitarla, pues expedientes como la solidaridad familiar, que constituye lo que la doctrina ha denominado un concepto jurídico indeterminado, están sujetos a múltiples interpretaciones; así, lo que para algunos puede constituir un motivo suficiente que justifique la desheredación, para otros no lo será, residenciándose en el juez de turno la valoración de una causa que no ha sido definida por el legislador con la suficientes nitidez y perspicuidad. En este sentido, aunque admitamos que

---

sería perfectamente coherente con los principios constitucionales y con el principio de solidaridad familiar, hasta el punto de que me atrevo a afirmar que, sin la introducción de tal desheredación, la institución de la legítima queda sin fundamento constitucional».

1282 Arroyo Amayuelas, E.: y Farnós Amorós, E.: «Entre el testador abandonado y el legitimario desheredado ¿A quién prefieren los tribunales?», op. cit., p. 23, realizan la siguiente reflexión sobre las causas abiertas en materia de desheredación y el Derecho foral catalán: «Si bien un sistema que describa taxativamente los motivos de privación de la legítima deja sin sanción comportamientos que acaso también merecerían ser considerados graves, la inseguridad jurídica y la dificultad de resolver en justicia es el precio que habrá que pagar si, por el contrario, es el juez quien en cada caso debe decidir cuándo existe causa de privación. La sociedad española y, en particular, la catalana, deben ser conscientes de que la liberalización de las causas de desheredación, dando paso a cláusulas abiertas y más flexibles, no solo incrementa la litigiosidad, sino que tampoco se traduce necesariamente en resultados más equitativos».

las causas de desheredación deban ser interpretadas conforme a todos los medios hermenéuticos del artículo 3 CC, con independencia de que el resultado interpretativo sea el de una interpretación extensiva, dada cuenta que hemos rechazado la naturaleza sancionadora de la desheredación, creemos que el legislador nunca debe inhibirse en diseñar el supuesto de hecho de las normas, pues a quién le corresponde el poder de legislar es a él, no a los jueces y tribunales[1283]. Es decir, a pesar de que, con el devenir del tiempo, se revele que el texto de la ley no puede, por sí solo y con exactitud, dar respuesta a los problemas del futuro, y la norma tenga que ser necesariamente interpretada para que pueda seguir cumpliendo su función, corresponde al poder legislativo, y no al judicial, regular aquellas situaciones que, por el desvalor de la acción, merecen la consecuencia de la desheredación.

Este trabajo, quizás, sea un ejemplo patente de esta idea. Nosotros, por ejemplo, hemos dicho que la ausencia de relación familiar puede fundamentar una desheredación, y hemos propuesto, de *lege ferenda*, que se contemple *ad hoc* dicha causa, siempre que la nula relación sea *esencialmente* o *principalmente* imputable al legitimario, en la convicción de que, rara vez, una relación familiar se romperá por culpa exclusiva de una de las partes. Otros, en cambio, pueden estimar que la ausencia de relación no es un motivo suficiente que avale la desheredación, o, reconociendo que sí, supediten el abandono, como hace hoy

---

1283 Huelga decir que esta toma de postura no constituye una contradicción respecto a la línea aperturista que hemos defendido respecto a las causas de desheredación que, a día de hoy, contempla la ley, pues debe entenderse que nuestra apuesta por la posibilidad de la interpretación extensiva se halla en un contexto en el que las causas de desheredación, *mutatis mutandi*, son esencialmente las mismas que cuando se publicó el Código Civil. Por ello, en el ámbito de una reforma, lo lógico será que el legislador aspire a la perspicuidad de la norma, al compás del principio de seguridad jurídica.

el Derecho foral catalán, a que la ruptura sea «exclusivamente imputable al legitimario».

No acaba aquí el debate, a fin de patentar los conflictos que podría plantear tipificar una causa extraordinariamente ambigua como es la relativa a los ataques contra la solidaridad familiar, pues donde nosotros vemos que la negativa del legitimario a cuidar personalmente al ascendiente no debe ser, *per se*, causa de desheredación, otros quizás consideren que los hijos, cuando el progenitor llega a la ancianidad, deben consagrar su vida a sus padres, aunque suponga que estos renuncien en parte a su proyecto de vida personal o a la familiar nuclear que han formado, y que una negativa a prestar cuidados se puede reputar como una violación de la solidaridad familiar. Nos ratificamos en lo dicho: si el descendiente no quebranta el deber de respeto filial y tiene una relación familiar con el ascendiente, la cual se ha de valorar según las circunstancias del caso concreto, la negativa de aquel a cuidar personalmente al progenitor que precisare de cuidados no puede motivar una desheredación, aunque otro descendiente se dignara en la vejez del causante a cuidarlo. Pese a que neguemos que la desheredación carezca de una naturaleza sancionadora o punitiva, no se puede ocultar que la figura, en sí misma, alberga un reproche capaz de crear en el legitimario objeto de ella un estigma; partiendo de esta premisa, si un descendiente, en detrimento de otro, cuida personalmente al progenitor, este, por voluntad del causante, podrá tener un beneficio en la sucesión consistente en la percepción del tercio de mejora e, incluso, de libre disposición, al contrario que aquellos otros hijos que, sin llegar a negarle una relación familiar al causante, rechazaron cuidarlo personalmente, que verán limitada su percepción a su cuota parte de legítima estricta; sin perjuicio de que el progenitor que desee recompensar al hijo por los cuidados que vaya a recibir, también podrá perfeccionar con él un contrato de alimentos y transmitirle en vida bienes que podrían quedar extramuros de la herencia al tiempo del fallecimiento, dada la onerosidad del contrato.

En caso de que no se hubiere perfeccionado un contrato de alimentos con el hijo cuidador se podría reputar injusto que este, que lo ha cuidado personalmente, vea compartida su adquisición en la herencia con sus hermanos, pero estamos en la convicción de que la solución pasa por transformar, reducir o, incluso, derogar la legítima, consagrando la libertad de testar, antes que contemplar una causa de desheredación como la falta de cuidados, que no siempre constituye un incumplimiento del deber de respeto filial o un atentado contra la solidaridad familiar, sobre todo cuando el descendiente tiene que atender también a su familiar nuclear, la cual no está siempre exenta de sus propios problemas o, quizás, no reside en el mismo municipio que el causante.

Todo ello sin perjuicio de lo que dijimos más arriba cuando debatimos sobre la posibilidad de subsumir la mera falta de cuidados del hijo, que sí tiene una relación familiar con el progenitor, en las causas 1ª y 2ª del artículo 853 CC: la negativa del hijo a cuidar personalmente al ascendiente no debe concebirse siempre como un gesto de egoísmo o como un incumplimiento del deber de respeto filial (art. 155.1º CC), como tampoco el hecho de que el hijo cuide personalmente al progenitor es siempre sintomático de que este estará mejor atendido, máxime cuando, por la enfermedad o la ancianidad, sea menester que esté rodeado de profesionales durante las veinticuatro horas del día.

Valga lo expuesto para poner de manifiesto la enorme subjetividad e inseguridad jurídica que implicaría tipificar una causa de desheredación como el atentado contra la solidaridad familiar, además de que la previsión de una causa abierta, a buen seguro, convertiría en residuales las restantes, pues otros comportamientos hoy previstos, como la injuria, el maltrato de obra o la negativa a prestar alimentos, son paradigma de ataques contra la solidaridad familiar. Se nos podría refutar con el argumento de que debe ser el causante mediante la desheredación, y no tanto el juez, el que enjuicie si, en un asunto concreto, se ha vulnerado o no el principio de la solidaridad familiar o si se ha quebrantado los deberes familiares que incumbe a cada legitimario; a lo que decimos nosotros que, para garantizar dicho fin, sería menester, simple y llanamente, consagrar la libertad de testar o transformar la legítima, en vez de apostar por una causa de desheredación extraordinariamente ambigua.

Por lo tanto, nuestra propuesta pasa, en el contexto de un único régimen de privación sucesoria, por contemplar nuevas causas de lo que hoy se conoce como desheredación, como la negativa injustificada del descendiente a contribuir, equitativamente, al levantamiento de las cargas familiares, la ausencia de relación esencial o principalmente imputable al legitimario, el abuso económico, de modo análogo a la propuesta de Vaquer Aloy[1284], o la falta de ayuda o de promoción de una medida de apoyo para el causante que la precisare. A buen seguro, aparecerán en la práctica forense otros comportamientos que merezcan el reproche de la desheredación y no se puedan subsumir en las nuevas causas: la solución pasa, a nuestro juicio, por reformar la causa relativa al maltrato, desligándolo de la expresión «de obra» que hoy actúa de comparsa en el artículo 853.2ª CC, para poder incardinar en el *maltrato* múltiples comportamientos que, sin poder subsumirse con exactitud en otras causas, pueden provocar un daño al testador. A título de ejemplo y sin ánimo exhaustivo, cabe citar las amenazas o el maltrato al animal doméstico como medio para victimizar al causante o a algunos de sus ascendientes, descendientes, cónyuge o pareja de hecho, pues así como el maltrato a los anima-

---

1284 Vaquer Aloy, A.: «El maltrato al causante vulnerable: a favor de una nueva causa de indignidad sucesoria», op. cit., p. 1092

les de compañía puede tener incidencia a la hora de fijar el régimen de convivencia con un hijo menor de edad (art. 92.7 CC), también puede ser un hecho que, por representar una forma de maltrato en sí, justifique la desheredación.

Se nos podría refutar que, partiendo de nuestra propuesta, seguiría existiendo una causa residual que acoja otras conductas no previstas, expresamente, por el legislador; es cierto, pero obsérvese que la expresión «maltrato» tiene unos contornos más definidos que otros conceptos jurídicos indeterminados, como el atentado contra la *solidaridad familiar* o el incumplimiento de los *deberes familiares*, ya que, atendiendo a esta última fórmula, que implicaría, en caso de descendientes, la remisión al artículo 155 CC, nos planteamos: ¿Qué conductas representan, exactamente, un incumplimiento del deber de respeto filial? O, dicho de otro modo y a título de ejemplo, ¿la negativa del hijo que tiene una relación familiar con el progenitor a cuidarlo personalmente es una manifestación de incumplimiento del deber de respeto previsto en el artículo 155.1° CC? Sin duda, se tratan de cuestiones difíciles de responder.

Evidentemente, no hace falta decir, dado que ha sido el leitmotiv de este trabajo, que para que el maltrato opere como causa residual de la desheredación es necesario poner en el centro del sistema la dignidad del causante y la libertad de testar, en la empresa de que la desheredación quede liberada de la prisión en la que ha estado recluida, so pretexto de su naturaleza sancionadora, a fin de que la figura, así como sus causas, puedan interpretarse conforme al fundamento del binomio legítima y desheredación que hemos defendido en este estudio.

Bibliografía

ALBA FERRÉ, E.: «La comparecencia ante el notario de las personas con discapacidad tras la Ley 8/2021», *Actualidad Jurídica Iberoamericana*, núm. 17 *bis*, diciembre 2022.

ALBALADEJO GARCÍA, M.:

- *Curso de Derecho Civil, V, Derecho de sucesiones*, Bosch, Barcelona, 1982.
- «Artículo 756», en AA.VV., *Comentarios al Código Civil y Compilaciones forales, Tomo X, Vol. 1º*, Edisofer, Madrid, 1987.
- «Los cambios introducidos en el artículo 665 por la Ley de modificación del Código Civil en materia de testamentos», *Revista de Derecho Privado*, núm. 76, 1992.
- «Es mejora presunta, y se mantiene como tal, la donación que, aun no hecha como mejora, exceda, y en lo que exceda, de la legítima estricta del donatario y de la parte libre juntas», *Revista de Derecho Privado*, núm. 81, 1997.
- *Curso de Derecho Civil, V, Derecho de sucesiones*, Bosch, Barcelona, 1997.
- *La mejora*, Colegio de Registradores de la Propiedad, Mercantiles y Bienes Muebles de España, Madrid, 2003.
- *Curso de Derecho Civil, V, Derecho de Sucesiones* (edición revisada y puesta al día por DÍAZ ALABART, S.) Edisofer, Madrid, 2014.
- *Curso de Derecho Civil, V, Derecho de Sucesiones* (edición revisada y puesta al día por DÍAZ ALABART, S.), Edisofer, Madrid, 2015.

ALBIEZ DOHRMANN, K. J.: «La capacidad jurídica para contratar de las personas con discapacidad tras la Ley 8/2021, de 2 de junio», en AA.VV., *La reforma civil y procesal en materia de discapacidad. Estudio sistemático de la Ley 8/2021, de 2 de junio*, Atelier, Barcelona, 2022.

ALFARO GUILLÉN, Y.: «El otorgamiento de testamento durante la vejez: recomendaciones de *lege data* para la autorización notarial en Cuba», en AA.VV., *Homenaje a José Castán Vázquez. Liber Amicorum*, Tirant lo Blanch, Valencia, 2019.

ALGABA ROS, S.:

- *Efectos de la desheredación*, Tirant lo Blanch, Valencia, 2002.
- «Maltrato de obra y abandono emocional como causa de desheredación», *InDret*, abril 2015.

- «Artículo 756», en AA.VV., *Comentarios al Código Civil, Tomo III (Arts. 744 a 1155)*, Tirant lo Blanch, Valencia, 2023.
- «Artículo 854», en AA.VV., *Comentarios al Código Civil, Tomo III (Arts. 744 a 1155)*, Tirant lo Blanch, Valencia, 2023.

Alonso Martínez, M.: *El Código civil en sus relaciones con las legislaciones forales*, 1884.

Álvarez Lata, N.:

- «Artículo 282», en AA.VV., *Comentarios al Código Civil*, Aranzadi, Pamplona, 2021.
- «Artículo 662», en AA.VV., *Comentarios al Código Civil*, Aranzadi, Pamplona, 2021.
- «Artículo 663», en AA.VV., *Comentarios al Código Civil*, Aranzadi, Pamplona, 2021.
- «Artículo 665», en AA.VV., *Comentarios al Código Civil*, Aranzadi, Pamplona, 2021.

Álvarez Álvarez, H.: «El alcance de la desheredación: la desheredación parcial», en AA.VV., *Estudios de Derecho de sucesiones. Liber Amicorum T.F. Torres García*, LA LEY, Madrid, 2014.

Álvarez Royo-Villanova, S.: «La prestación del consentimiento informado por la persona con discapacidad», en AA.VV., *La reforma de la discapacidad (Volumen 2)*, Fundación del Notariado, Madrid, 2022.

Alventosa del Río, J.:

- «Reforma en Derecho de sucesiones», en AA.VV., *La discapacidad: una visión integral y práctica de la Ley 8/2021, de 2 de junio*, Tirant lo Blanch, Valencia, 2022.
- *La curatela tras la Ley 8/2021*, Tirant lo Blanch, Valencia, 2022.

Amorós Guardiola, M.: «De las capitulaciones matrimoniales», en AA.VV., *Comentarios a las reformas del Derecho de familia*, vol. II, Tecnos, Madrid, 1984.

Arana de la Fuente, I.: «Notas sobre la mejora tácita», en AA. VV., *Estudios de Derecho de sucesiones. Liber Amicorum T.F. Torres García*, LA LEY, Madrid, 2014.

Aranda Rodríguez, R.: «La desheredación», en AA.VV., *Estudios sobre las limitaciones dispositivas mortis causa en el Derecho común: la legítima y las reservas hereditarias*, Aranzadi, Pamplona, 2023.

Arnau Moya, F.: «Aspectos polémicos de la Ley 8/2021 de medidas de apoyo a las personas con discapacidad», *Revista Boliviana de Derecho*, núm. 33, enero 2022.

ARROYO AMAYUELAS, E.: y FARNÓS AMORÓS, E.: «Entre el testador abandonado y el legitimario desheredado ¿A quién prefieren los tribunales?», *InDret*, abril 2015.

ATXUTEGI GUTIÉRREZ, J.: *Apartamiento y desheredación en el Derecho civil vasco*, Atelier, Barcelona, 2022.

BARBA, V.:

- «Temas e interpretaciones del Derecho sucesorio italiano», *Revista Boliviana de Derecho*, núm. 32, junio 2021.
- «El sistema de la legítima en el Derecho cubano. Los herederos especialmente protegidos», en AA.VV., *Perfiles del Derecho Sucesorio Cubano*, Olejnik, Chile, 2021.
- «La sucesión de los legitimarios en Italia. Principios, problemas y propuestas», en AA.VV., *Los desafíos contemporáneos de la legítima hereditaria*, Olejnik, Chile, 2021.
- «Capacidad para otorgar testamento, legitimarios y protección de la persona con discapacidad», *LA LEY Derecho de familia*, núm. 31, 2021.
- «Legados otorgados a legitimarios. Función, imputación y asunción de la carga en el Derecho español e italiano», *Anuario de Derecho Civil*, tomo LXXVII, 2024.
- «Libertad de testar, una idea del sistema italiano», en AA.VV., *Autonomía privada, familias y herencias*, Colex, A Coruña, 2024.

BARCELÓ DOMÉNECH, J.:

- «La desheredación de los hijos y descendientes por maltrato de obra o injurias graves de palabra», *Revista Crítica de Derecho Inmobiliario*, núm. 682, 2004.
- «Abandono de las personas mayores y reciente doctrina del Tribunal Supremo español sobre la desheredación por causa de maltrato psicológico», *Actualidad Jurídica Iberoamericana*, núm. 4, 2016.

BARRIO GALLARDO, A.: «El ocaso de las legítimas largas», en AA.VV., *Las legítimas y la libertad de testar. Perfiles críticos y comparados*, Aranzadi, Pamplona, 2019.

BAYOD LÓPEZ, C.: «Capacidad de las personas por razón de la edad. Uno de los modelos (¿a exportar?) de la legislación civil española», en AA.VV., *Capacidad y protección de las personas menores de edad en el Derecho*, Olejnik, Chile, 2021.

BATLLE VÁZQUEZ, M.: «Invalidez de la desheredación parcial en nuestro Derecho», *Anales de la Universidad de Murcia*, 1952.

Beltrán de Heredia y Onís, P.:

- Beltrán de Heredia y Onís, P.: *La obligación legal de alimentos entre parientes*, Universidad de Salamanca, Salamanca, 1958.
- «Incapacidad para testar del que habitual o accidentalmente no se halla en su sano juicio», *Revista de Derecho Privado*, núm. 50, 1963.

Bercovitz Rodríguez-Cano, R.:

- «Comentario a los arts. 154 a 161 CC y 164 a 168», en AA.VV., *Comentarios a la reformas de Derecho de Familia, Tomo II*, Tecnos, Madrid, 1984.
- «Sobre la Ley 8/2021, para el apoyo a las personas con discapacidad en el ejercicio de su capacidad jurídica», *Revista Jurídica del Notariado*, núm. 113, julio-diciembre 2021.

Bermejo Pumar, Mª. M.: «La legítima», en AA.VV., *Instituciones de Derecho Privado, Tomo V, Sucesiones, Volumen 3º*, Civitas, Madrid, 2001.

Berrocal Lanzarot, A. I.: «El maltrato psicológico como justa causa de desheredación de hijos y descendientes», *Revista Crítica de Derecho Inmobiliario*, núm. 748, 2015.

Binder, J.: *Derecho de Sucesiones*, Labor, Barcelona, 1953.

Blandino Garrido, Mª. A.:

- «La adjudicación de la empresa familiar y en pago de la legítima: el artículo 1056. II CC», en AA.VV., *Cuestiones civiles y mercantiles en la empresa familiar*, Wolters Kluwer, Madrid, 2022.
- *El defensor judicial*, Tirant lo Blanch, Valencia, 2024.

Blasco Gascó, F.: *La mejora irrevocable*, Tirant lo Blanch, Valencia, 1991.

Bonete Satorre, B.: «El testamento de las personas con discapacidades sensoriales y otras discapacidades», *Revista Jurídica de Castilla y León*, núm. 53, enero 2021.

Bonet Ramón, F.: *Código civil comentado con sus Apéndices forales*», Aguilar, Madrid, 1962.

Bongiovanni, V.: «La desheredación en el ordenamiento italiano a la luz de las novedades introducidas por la reforma en materia de filiación», en AA.VV., *La libertad de testar y sus límites*, Marcial Pons, Madrid, 2018.

Bosch Capdevilla, E.: «El cálculo de la legítima de los descendientes en los derechos civiles españoles», en AA.VV., *La libertad de testar y sus límites*, Marcial Pons, Madrid, 2018.

Burgos Pérez de Andrade, G.: «Comentario a los art. 662-686 del Código civil», en AA.VV., *Comentarios del Código civil, Tomo IV*, Bosch, Barcelona, 2000.

BUSTO LAGO, J. M.:

- «Artículo 806», en AA.VV., *Comentarios al Código Civil*, Aranzadi, Pamplona, 2021.
- «Artículo 819», en AA.VV., *Comentarios al Código Civil*, Aranzadi, Pamplona, 2021.
- «Artículo 821», en AA.VV., *Comentarios al Código Civil*, Aranzadi, Pamplona, 2021.
- «Artículo 849», en AA.VV., *Comentarios al Código Civil*, Aranzadi, Pamplona, 2021.
- «Artículo 852», en AA.VV., *Comentarios al Código Civil*, Aranzadi, Pamplona, 2021.
- «Artículo 851», en AA.VV., *Comentarios al Código Civil*, Aranzadi, Pamplona, 2021.
- «Artículo 854», en AA.VV., *Comentarios al Código Civil*, Aranzadi, Pamplona, 2021.
- «Artículo 856», en AA.VV., *Comentarios al Código Civil*, Aranzadi, Pamplona, 2021.
- «Artículo 857», en AA.VV., *Comentarios al Código Civil*, Aranzadi, Pamplona, 2021.
- «Artículo 973», en AA.VV., *Comentarios al Código Civil*, Aranzadi, Pamplona, 2021.

CABANAS TREJO, R.: «Observaciones irrespetuosas sobre la ley 8/2021 para la práctica notarial», *Blog Notarios y Registradores*.

CABEZUELO ARENAS, A. L.:

- «Revocar un testamento anterior hecho a favor de unos parientes para beneficiar a un extraño… ¿es indicativo de la falta de capacidad del testado o de vicio en su voluntad? A propósito de las «disposiciones no naturales» hechas por testadores vulnerables», *Revista Aranzadi Doctrinal*, núm. 5/2017 (BIB 2017\1691).
- *Maltrato psicológico y abandono afectivo de los ascendientes como causa de desheredación (art. 853.2 CC)*, Tirant lo Blanch, Valencia, 2018.
- «Padre declarado indigno de suceder a su hijo, un menor paralítico cerebral, por manifestar por escrito que nunca le quiso ni deseó su nacimiento. Aplicación del anterior art. 756.1 CC en lugar del art. 756.7 CC. STS de 23 de abril de 2018 (Sala de lo Civil). (RJ 2018, 1753), *Revista de Derecho Patrimonial*, núm. 46/2018.
- «La supresión de las pensiones alimenticias de los hijos por negarse a tratar al progenitor pagador. Relación entre el derecho

de comunicación del progenitor no conviviente y la relevación de pago de los alimentos», *Revista de Derecho Patrimonial*, núm. 49/2019 (BIB 2019\6805).

Cabezuelo Arenas, A. L. y Castilla Barea, M.: «La obligación de alimentos como obligación familiar básica», en AA.VV., *Tratado de Derecho de la Familia, Volumen I*, Aranzadi, Pamplona, 2017.

Calaza López, S.: *Procesos de familia y división de patrimonios*, Civitas, Pamplona, 2015.

Calvo Vidal, F.: «La preterición. Sus efectos (el mundo no está precisamente lleno de preteridos)» en AA. VV., *Estudios de Derecho de sucesiones. Liber Amicorum T.F. Torres García*, LA LEY, Madrid, 2014.

Cámara Lapuente, S.:

- *La exclusión testamentaria de los herederos legales*, Civitas, Madrid, 2000.
- «Artículo 827», en AA.VV., *Comentarios al Código Civil, Tomo III (Arts. 744 a 1155)*, Tirant lo Blanch, Valencia, 2023.

Cañizares Laso, A.: «Disposiciones transitorias», en AA.VV., *Comentarios al Código Civil, Tomo V (Arts. 1583 a Disposiciones adicionales)*, Tirant lo Blanch, Valencia, 2023.

Capilla Roncero, F.:

- «Nulidad e impugnabilidad del testamento», *Anuario de Derecho Civil*, núm. 1, 1987.
- «Artículo 813. Prohibición de privar de la legítima», en AA.VV., *Código Civil comentado, Vol. 2*, Civitas, Madrid, 2016.
- «Artículo 819», en AA.VV., *Código Civil Comentado, Volumen II*, Civitas, Madrid, 2016

Carol Rosés, F.: «Una revisión desde la doctrina y la jurisprudencia de la testamentifacción de las personas con la capacidad judicialmente modificada y con discapacidad», *Revista Crítica de Derecho Inmobiliario*, núm. 764, 2017.

Carrasco Perera, Á.:

- «Brújula para navegar en la nueva contratación con personas con discapacidad, sus guardadores y curadores, *Centro de Estudios de Consumo* 2021.
- «Contratación por discapacitados con y sin apoyos», *Revista CESCO de Derecho de Consumo*, núm. 42 2022.

Carrau Carbonell, J. M.: «La desheredación por maltrato psicológico y su dificultad de aplicación práctica», *Revista de Derecho Civil*, vol. II, núm. 2 (abril-junio, 2015).

Casado Casado, B.: *El Derecho Sancionador Civil. Consideraciones generales y supuestos*, Universidad de Málaga, Málaga, 2009.

Castán Pérez-Gómez, S.: «Bases romanísticas del derecho de representación sucesoria», en AA.VV., *Fundamentos romanísticos del derecho contemporáneo*, BOE, Madrid, 2021.

Castán Tobeñas, J.:

- *Derecho Civil. Tomo tercero. Derecho de familia. Derecho de sucesiones*, Reus, Madrid, 1942.
- *Derecho civil español, común y foral, Tomo sexto, Derecho de sucesiones, Volumen primero, La sucesión en general. La sucesión testamentaria* (revisada y puesta al día por Castán Vázquez, J. M.: y Batista Montero-Ríos, José), Reus, Madrid, 1989.
- *Derecho civil español, común y foral, Tomo quinto, Derecho de familia, Volumen segundo, Relaciones paterno-filiales y tutelares* (revisada y puesta al día por García Cantero, Gabriel, y Castán Vázquez, José María), Reus, Madrid, 1995.
- *Derecho Civil español, común y foral, Tomo sexto, Derecho de sucesiones, volumen segundo* (revisada y puesta al día por Román García, Antonio M.), Reus, Madrid, 2015.

Castilla Barea, M.:

- «Disposición Transitoria Segunda», en AA.VV., *Comentarios al Código Civil, Tomo IX*, Tirant lo Blanch, Valencia, 2013.
- «Disposición Transitoria Duodécima», en AA.VV., *Comentarios al Código Civil, Tomo IX*, Tirant lo Blanch, Valencia, 2013.

Castro-Girona Martínez, A.:

- «Nuevos retos para el notariado tras la Convención de Nueva York», en AA.VV., *Nuevos orientaciones del Derecho Civil de Europa*, Aranzadi, Pamplona, 2015.
- «Artículo 225», en AA.VV., *Comentario articulado a la reforma civil y procesal en materia de discapacidad*, Civitas, Pamplona, 2022.

Cervilla Garzón, Mª. D.: «Apuntes sobre el fideicomiso de residuo como fórmula de protección de la persona con discapacidad tras la reforma de la Ley 8/2021», en AA.VV., *Personas vulnerables y Derecho*, Tirant lo Blanch, Valencia, 2024.

Clemente de Diego, F.: *Instituciones de Derecho Civil español, Tomo III*, Imprenta de Juan Pueyo, Madrid, 1932.

Cobas Cobiella, Mª. E.:

- «Capacidad para testar», en AA.VV., *Derecho de sucesiones,* Tirant lo Blanch, Valencia, 2017.
- «El sistema legitimario español. Una nueva configuración en orden a los nuevos modelos familiares», *Actualidad Jurídica Iberoamericana,* núm. 17 *bis,* diciembre 2022.

COLINA GAREA, R.: «Artículo 1004», en AA.VV., *Comentarios al Código Civil,* Aranzadi, Pamplona, 2021.

COSTAS RODAL, L.: *Autonomía y apoyo de la persona con discapacidad en el ámbito sucesorio tras la Ley 8/2021,* Tirant lo Blanch, Valencia, 2024.

CREMADES GARCÍA, P.: *Sucesión mortis causa de la empresa familiar: la alternativa de los pactos sucesorios,* Dykinson, Madrid, 2014.

CRESPO MORA, C.: «Las obligaciones de familiares: la obligación de alimentos entre parientes», en AA.VV., *Manual de Derecho Civil, Volumen V, Derecho de familia,* Wolters Kluwer, Madrid, 2021.

CUENCA GÓMEZ, P.: «El sistema de apoyo en la toma de decisiones desde la Convención Internacional sobre los Derechos de las Personas con Discapacidad: principios generales, aspectos centrales e implementación en la legislación española», *Revista electrónica de Derecho de la Universidad de La Rioja (REDUR),* núm. 10, 2012.

DÁVILA GARCÍA, J.: «Herederos y legitimarios en el Registro de la Propiedad», *Revista Crítica de Derecho Inmobiliario,* núm. 209, 1945.

DE ALMANSA MORENO-BARRERA, L. J.: «¿Debe introducirse en el Derecho civil común la "falta de relación familiar" como causa para desheredar a hijos y otros descendientes?», *Aletheia: Cuadernos Críticos del Derecho,* núm. 1, 2012.

DE AMUNÁTEGUI RODRÍGUEZ, C.:

- «Testamento otorgado por personas que sufren discapacidad psíquica o tienen su capacidad modificada judicialmente», *Revista de Derecho Privado,* núm. 4, 2018.
- «Derecho de sucesiones y discapacidad: retos y cuestiones problemáticas», en AA.VV., *Derecho de sucesiones y discapacidad: retos y cuestiones problemáticas,* Fundación coloquio jurídico europeo, Madrid, 2020.
- «El artículo 665 CC», en AA.VV., *Comentarios a la Ley 8/2021 por la que se reforma la legislación civil y procesal en materia de discapacidad,* Aranzadi, Pamplona, 2021.
- «Tratamiento de la discapacidad en la regulación de la sucesión en el Código Civil», en AA.VV., *Dolencias del Derecho civil de sucesiones.*

130 años después de la aprobación del Código Civil español, Tirant lo Blanch, Valencia, 2022.

De Barrón Arniches, P.:

- «Libertad de testar y desheredación en los Derecho civiles españoles», *InDret*, octubre 2016.
- «Personas con discapacidad y libertad para testar», *Actualidad Jurídica Iberoamericana*, núm. 12, 2020.
- «La evolución de la jurisprudencia en materia de desheredación por maltrato psicológico al causante: una vuelta de tuerca para ganar en seguridad jurídica (a propósito de la Sentencia del Tribunal Supremo de 19 de abril de 2023)», *Anuario de Derecho Civil*, tomo LXXVII, 2024.

De Castro y Bravo, F.:

- *Derecho civil de España, Tomo II*, Madrid, 1952.
- *Derecho civil de España. Parte General, Tomo I*, Instituto de Estudios Políticos, Madrid, 1955.
- *El negocio jurídico*, Civitas, Madrid, 1985.
- *Estudios jurídicos del profesor Federico de Castro*, Vol. 2, Centro de Estudios Registrales, Madrid, 1997.

De la Cámara Álvarez, M.: *Compendio de Derecho sucesorio*, LA LEY, Madrid, 2011.

De la Iglesia Monje, Mª. I.: «Imposibilidad de los abuelos de ver y mantener relaciones con sus nietos: supuesto de maltrato psicológico y causa de desheredación», *Revista Crítica de Derecho Inmobiliario*, núm. 780, 2020.

De la Válgoma, Mª.: «Revocación de las donaciones por ingratitud. Análisis del artículo 648.2º del Código Civil», *Revista general de legislación y jurisprudencia*, núm. 251, 1981.

De Salas Murillo, S.:

- «Reconsideración de la prohibición de suceder: el caso del tutor o curador», *Derecho Privado y Constitución*, núm. 35, 2019.
- «Significado jurídico del apoyo en el ejercicio de la capacidad jurídica de las personas con discapacidad: presente tras diez años de la Convención», *Revista Doctrinal Aranzadi Civil-Mercantil*, núm. 5/2018 (BIB 2018\8655).
- «Artículo 269», en AA.VV., *Comentarios al Código Civil*, Aranzadi, Pamplona, 2021.

De la Cámara Álvarez, M.:

- «El derecho de representación en la herencia testada y la preterición de los herederos forzosos», *Revista de Derecho Notarial,* enero-marzo, 1955.

- *Compendio de Derecho sucesorio,* LA LEY, Madrid, 2011.

Delgado Juega, L.: «Reflexiones en torno a desheredación, preterición y registro en el Derecho común», en AA.VV., *Libro homenaje al profesor Manuel Albaladejo García, Vol. 1,* Universidad de Murcia, Murcia, 2004.

De Pablo Contreras, P.: «Sentencia del Tribunal Supremo de 29 de abril de 2009. La incapacitación en el marco de la Convención sobre los derechos de las personas con discapacidad», en AA.VV., *Comentarios a las sentencias de unificación de doctrina (Civil y Mercantil), Vol. 3º,* Dykinson, Madrid, 2010.

De Torres Perea, J. M.: «La discapacidad y la reforma de las normas sucesorias», en AA.VV., *La reforma civil y procesal en materia de discapacidad. Estudio sistemático de la Ley 8/2021, de 2 de junio,* Atelier, Barcelona, 2022.

De Verda y Beamonte, J. R.:

- «Primeras resoluciones judiciales aplicando la Ley 8/2021, de 2 de junio, en materia de discapacidad», *Diario La Ley,* núm. 10021, 2022.

- «Principios generales inspiradores de la reforma en materia de discapacidad, interpretados por la reciente jurisprudencia», en AA.VV., *La discapacidad: una visión integral y práctica de la Ley 8/2021, de 2 de junio,* Tirant lo Blanch, Valencia, 2022.

Díaz Alabart, S.:

- «Derecho de sucesiones y discapacidad», en AA. VV., *El nuevo sistema de apoyos a las personas con discapacidad y su incidencia en el ejercicio de la capacidad jurídica,* Aranzadi, Pamplona, 2022.

- «La indignidad para suceder y la desheredación. Algunas reflexiones tras la promulgación de la Ley (8/2021)», en AA.VV., *La persona con discapacidad en el Derecho de sucesiones,* Aranzadi, Pamplona, 2023.

- «El maltrato psicológico como causa de desheredación de hijos y descendientes», *Cuadernos de Derecho Transacional* (octubre 2024), vol. 16, núm. 2.

Díez García, H.:

- «Artículo 155», en AA.VV., *Comentarios al Código Civil, Tomo II,* Tirant lo Blanch, Valencia, 2013.

- «La impugnación del testador otorgado por persona que no puede testar ex art. 663.2º CC (entre la tutela a la libertad de testar y la expectativa a heredar)», *Derecho Privado y Constitución*, núm. 4, 2022.

DÍEZ GARCÍA, H.: «Artículo 756», en AA.VV., *Comentarios al Código Civil, Tomo IV*, Tirant lo Blanch, Valencia, 2013.

DIEZ-PICAZO, L.: «El negocio jurídico del Derecho de familia», *Revista General de Legislación y Jurisprudencia*, núm. 6, 1962.

DIEZ-PICAZO, L. y GULLÓN, A.:

- *Sistema de Derecho Civil, Volumen I, Introducción. Derecho de la persona. Autonomía privada. Persona jurídica*, Tecnos, Madrid, 1990.
- *Sistema de Derecho Civil, Volumen IV, Derecho de familia. Derecho de sucesiones*, Tecnos, Madrid, 1990.

DI LORENZO, G.: *Testamento ed esclusione dalla successione*, Giuffré Editore, Milano, 2017.

DOMÍNGUEZ LUELMO, A.:

- «La reforma del derecho de sucesiones en la Ley 8/2021: derecho sustantivo y derecho transitorio», en AA.VV., *El nuevo Derecho de las capacidades*, Wolters Kluwer, Madrid, 2021.
- «La sucesión *mortis causa* en los casos de premuerte y renuncia del instituido», *Revista Jurídica del Notariado*, núm. 117, julio-diciembre 2023.
- «Artículo 1041», en AA.VV., *Comentarios al Código Civil, Tomo III (Arts. 744 a 1155)*, Tirant lo Blanch, Valencia, 2023.
- «Artículo 1042», en AA.VV., *Comentarios al Código Civil, Tomo III (Arts. 744 a 1155)*, Tirant lo Blanch, Valencia, 2023.

DOMÍNGUEZ LUELMO, A. y ÁLVAREZ ÁLVAREZ, H.: «La sucesión intestada», en AA.VV., *Manual de Derecho Civil, Volumen VI, Derecho de sucesiones*, Wolters Kluwer, Madrid, 2021.

DONADO VARA, A.: «Humanización de la justicia: retos procesales en los procesos de familia. La judicialización de la guarda de hecho bajo el nuevo paradigma de la discapacidad», *LA LEY Derecho de Familia*, núm. 33, 2022.

DOMÍNGUEZ MARTÍNEZ, P.:

- «Disposición transitoria tercera», en AA.VV., *Comentarios al Código Civil*, Aranzadi, Pamplona, 2021.
- «Disposición transitoria duodécima», en AA.VV., *Comentarios al Código Civil*, Aranzadi, Pamplona, 2021.

DUPLÁ MARÍN, Mª. T.: «Hacia la desheredación de los descendientes: ¿incumplimiento del deber de alimentos y/o maltrato de obra», en AA.VV.: *Tratado de derecho de mayores,* Civitas, Madrid, 2024.

DURÁN ALONSO, S.: «Capacidad de obrar en personas con deterioro cognitivo: el papel de los notarios en España a la luz de la Ley 8/2021», *Revista Boliviana de Derecho,* núm. 34, julio 2022.

ECHEVARRÍA DE RADA, T.:

- *La desheredación de hijos y descendientes: interpretación actual de las causas del artículo 853 del Código Civil,* Reus, Madrid, 2018.
- «La ausencia de relación familiar como causa autónoma de desheredación de hijos y descendientes», *LA LEY,* núm. 22, 2019.
- «La acción de impugnación de la desheredación injusta: plazo de ejercicio. Comentario a la sentencia del Tribunal supremo de 25 de septiembre de 2019», en AA.VV., *Comentarios a las sentencias de unificación de doctrina (Civil y Mercantil), Vol. 11,* Dykinson, Madrid, 2020.
- «La capacidad testamentaria de la persona con discapacidad a la luz de la Ley 8/2021, de 2 de junio», en AA.VV., *El ejercicio de la capacidad jurídica por las personas con discapacidad tras la Ley 8/2021 de 2 de junio,* Tirant lo Blanch, Valencia, 2022.

ESCRICHE, M. J.: *Diccionario razonado de legislación y jurisprudencia,* t. VI, Madrid, 1876.

ESPEJO LERDO DE TEJADA, M.:

- «Mejora presunta por donación: su exclusión del sistema de nuestro Código. Comentario a la Sentencia del Tribunal Supremo de 29 de mayo de 2006 (RJ 2006, 3343)», *Revista Aranzadi de Derecho Patrimonial,* núm. 18, 2007.
- *La legítima en la sucesión intestada en el Código Civil,* Marcial Pons, Madrid, 1996.
- «Artículo 806», en AA.VV., *Código Civil Comentado, Volumen III,* Civitas, Pamplona, 2016.
- *Tendencias reformistas en el Derecho español de sucesiones. Especial consideración al caso de las legítimas,* Wolters Kluwer, Madrid, 2020.

ESPIÑEIRA SOTO, I.: «¿Puede la sentencia de incapacitación privar de la capacidad de testar al incapacitado con una declaración genérica de incapacidad plena?», *Revista de Derecho Civil,* vol. II, núm. 2 (abril-junio, 2015).

Estévez Abeleira, T.: «Interpretación del maltrato de obra del art. 853.2 del CC: líneas jurisprudenciales», en AA.VV., *Fundamentos romanísticos del derecho contemporáneo,* BOE, Madrid, 2021.

Farnós Amorós, E.: «Desheredación por ausencia de relación familiar: ¿hacia la debilitación de la legítima?», en AA.VV., *Estudios de Derecho de sucesiones. Liber Amicorum T.F. Torres García,* LA LEY, Madrid, 2014.

Fernández de la Iglesia, E.: «La solidaridad familiar y su relación con la indignidad como causa de la desheredación y con la revocación de las donaciones por ingratitud», *Revista Crítica de Derecho Inmobiliario,* núm. 802, 2024.

Fernández Martínez, M.: «Las formas de propiedad como estatuto jurídico regulado en la Constitución Cubana», en AA.VV., *La constitucionalización de las instituciones del Derecho Civil cubano,* Olejnik, Chile, 2020.

Fernández Lozano, J. L.: «Capacidad para otorgar testamento y capacidad para suceder», en AA.VV., *La reforma de la discapacidad (Volumen 2),* Fundación del Notariado, Madrid, 2022.

Florit Fernández, C.: *Alimentos debidos a los hijos,* Juruá, Porto, 2020.

Gago Simarro, C.:

- «La preterición de los descendientes», en AA.VV., *Fundamentos del derecho sucesorio actual,* Marcial Pons, Madrid, 2018.
- *Las donaciones en la sucesión hereditaria,* Aranzadi, Pamplona, 2021.
- «Sentencia firme e indignidad para suceder», *InDret,* 2023.

Gago Simarro, C. y Antuña García, P.: «La ausencia de relación familiar: ¿justa causa de desheredación de hijos y descendientes?», *Revista Crítica de Derecho Inmobiliario,* núm. 784, 2021.

Gallego Domínguez, I.: «La desheredación en el Código Civil», en AA.VV., *Derecho de sucesiones contemporáneo. Aspectos civiles y fiscales,* Tirant lo Blanch, Valencia, 2020.

Galicia Aizpurua, G.:

- «Notas a la Ley 5/2015, de 25 de junio, de Derecho civil vasco», *Actualidad Jurídica Iberoamericana,* núm. 4, febrero 2016.
- «Tutela cuantitativa de la legítima en el Código Civil: cuestiones dudosas y jurisprudencia relevante», *Cuadernos de Derecho Privado,* 7, septiembre-diciembre 2023.

García Goldar, M.: «La nueva doctrina del Tribunal Supremo sobre maltrato psicológico y desheredación: ¿aplicable también en los derechos civiles autonómicos?», *Revista Crítica de Derecho Inmobiliario*, núm. 786, 2021.

García Goyena, F.:

- *Concordancias, motivos y comentarios del Código Civil español, Tomo I*, Madrid, 1852.
- *Concordancias, motivos y comentarios del Código civil español, Tomo II*, Madrid, 1852

García-Granero, J.: «Estudio dogmático sobre la mejora», *Revista de Derecho Privado*, octubre 1949.

García-Ripoll Montijano, M.: «Aptitud mental y capacidad testamentaria antes y después de la sentencia de incapacitación. Comentario a la STS de 15 de marzo de 2018 (RJ 2018,1090)», *Cuadernos Civitas de Jurisprudencia Civil*, número 108, 2018.

García Rubio, Mª. P.:

- «Relaciones de cuidado y Derecho sucesorio: algunos apuntes», en AA.VV., *Estudios de Derecho de sucesiones. Liber Amicorum T.F. Torres García*, LA LEY, Madrid, 2014.
- «Algunas propuestas de reforma del Código Civil como consecuencia del nuevo modelo de discapacidad. En especial en materia de sucesiones, contratos y responsabilidad civil», *Revista de Derecho Civil*, vol. V, núm. 3 (julio-septiembre, 2018).
- «Las medidas de apoyo de carácter voluntario, preventivo o anticipatorio», *Revista de Derecho Civil*, vol. V, núm. 3 (julio-septiembre, 2018).
- «Legítimas en el Derecho español. Diversidad, complejidad y retos que plantean sobre la legítima del Código Civil», en AA.VV., *Los desafíos contemporáneos de la legítima hereditaria*, Olejnik, Chile, 2021.
- «La reforma operada por la Ley 8/2021 en materia de apoyo a las personas con discapacidad: planteamiento general de sus aspectos civiles», en AA.VV., *El nuevo Derecho de las capacidades*, Wolters Kluwer, Madrid, 2021.
- «Reseña bibliográfica de Vives Velo de Antelo, Mª Patricia: *Razones para mantener la legítima y propuesta de regulación*, Fundación del Notariado, Madrid, 2024», *Anuario de Derecho Civil*, Tomo LXXVII, 2024.

García Rubio, Mª. P. y Otero Crespo, M.: «Capacidad, incapacidad e indignidad para suceder», en AA.VV., *Tratado de Derecho de sucesiones, Tomo I*, Aranzadi, Pamplona, 2016.

García Valdecasas, G.: «La legítima como cuota hereditaria y como cuota de valor», *Revista de Derecho Privado,* 1963.

Garrido de Palma, V. M.: «La desheredación y la exclusión», R*evista Jurídica del Notariado,* núm. 53, enero-marzo 2005.

Gaspar Lera, S.:

- *La acción de petición de herencia,* Aranzadi, Pamplona, 2001.
- «Preterición de descendiente sobrevenido al testamento. Calificaciones y acciones sucesorias tardías», *Revista de Derecho Civil,* vol. VII, núm. 5, octubre-diciembre, 2020.

Genovés Amorós, C.: «La desheredación y las reservas», *Revista de Derecho Privado,* 1947.

Gete-Alonso y Calera, Mª. C.: «Conceptuación de la capacidad: del paternalismo a la autonomía», en AA.VV., *Capacidad y protección de las personas menores de edad en el Derecho,* Olejnik, Chile, 2021.

Gomá Salcedo, J. E.: *Instituciones de Derecho Civil común y foral, Tomo I, Parte General y Derecho Reales,* Bosch, Barcelona, 2004.

Gómez Calle, E.: *La responsabilidad civil de los padres,* Montecorvo, Madrid, 1992.

Gómez Laplaza, Mª. C. y Díaz Alabart, S.: «La capacidad testamentaria de los incapacitados», en AA. VV., *Estudios de Derecho de sucesiones. Liber Amicorum T.F. Torres García,* LA LEY, Madrid, 2014.

Gómez-Cornejo Tejedor, L.: «El cambio de sesgo en la jurisprudencia en torno a las causas de desheredación en el Derecho común español», *Revista Crítica de Derecho Inmobiliario,* núm. 755, 2016.

Gómez Valenzuela, M. Á.:

- «El internamiento de padres y ascendientes como causa de desheredación», *Revista Boliviana de Derecho,* núm. 30, 2020.
- «La desheredación del menor de edad», *Revista Boliviana de Derecho,* núm. 32, 2021.
- «Problemática de testar mediante medios digitales en tiempos de epidemia: análisis, de *lege lata* y de *lege ferenda,* de la modernización de las formas testamentarias», en AA.VV., *Declaración de voluntad en un entorno virtual,* Aranzadi, Pamplona, 2021.
- «Matrimonio, capitulaciones matrimoniales y sociedad de gananciales conforme a las últimas reformas en materia de discapacidad», *Revista de Derecho de Civil,* vol. IX, núm. 3 (julio-septiembre, 2022).

- «La *testamenti factio* activa: una reivindicación de la intervención de las medidas de apoyo en el negocio testamentario», *Revista de Derecho Civil,* vol. X, núm. 5 (octubre-diciembre, 2023).
- «En torno a la naturaleza jurídica del apoyo: distinción entre el concepto de apoyo y los cuidados», en AA.VV., *Temas Actuales de Derecho Privado III,* Aranzadi, Pamplona, 2024.
- «La imputación de las donaciones recibidas por el hijo que repudia la herencia (a propósito de la Sentencia del Tribunal Supremo de 18 de diciembre de 2018)», en AA.VV., *Temas actuales de Derecho Privado IV,* Aranzadi, Pamplona, 2025.

González Carrasco, Mª. C.: «Comentario a la Sentencia del Tribunal Supremo de 3 de junio de 2014», *Revista de Cuadernos Civitas de Jurisprudencia Civil,* núm. 97/2015 (BIB 2015\334).

González Porras, J. M.: «Artículo 685», en AA.VV., *Comentarios al Código Civil y compilaciones forales, Tomo IX,* EDERSA, Madrid, 1987.

González Hernández, R.: «La ausencia de relación familiar como causa de desheredación de los descendientes», *Revista Crítica de Derecho Inmobiliario,* núm. 775, 2019.

Guilarte Martín-Calero, C.:

- «Algunas reflexiones acerca de la incapacitación, la rehabilitación y la privación de la patria potestad [Comentario a la sentencia del Tribunal Constitucional de 9 de octubre de 2002 (STC 174/2002)], *Actualidad Civil,* núm. 24, 2003.
- «La capacidad para testar: una propuesta de reforma del artículo 665 del Código Civil», en AA.VV., *Estudios de Derecho de sucesiones. Liber Amicorum T.F. Torres García,* LA LEY, Madrid, 2014.
- «Comentario de la Sentencia del Tribunal Supremo de 15 de marzo de 2018 (146/2018). Capacidad para testar de persona sometida a curatela: contenido de la sentencia de modificación de la capacidad de obrar y alcance del artículo 665 del Código civil», en AA.VV., *Comentarios a las sentencias de unificación de doctrina (Civil y Mercantil), Vol. 11,* Dykinson, Madrid, 2010.

Gutiérrez Fernández, B.: *Códigos o estudios fundamentales sobre el Derecho Civil Español, Tomo I,* Madrid, 1871.

Hermida Bellot, B.: «Personas con discapacidad intelectual y medidas de apoyo en el ejercicio de su derecho a otorgar testamento. Análisis de la reforma operada por la Ley 8/2021», *Actualidad Jurídica Iberoamericana,* núm. 17 *bis,* diciembre 2022.

HERNÁNDEZ GIL, A.: «La indignidad sucesoria: naturaleza jurídica, declaración judicial y efectos», *Revista de Derecho Privado,* 1961.

HERNÁNDEZ IBÁÑEZ, C.: «La causa séptima de indignidad sucesoria: una medida de protección jurídica para personas discapacitadas», *Revista de Derecho UNED,* núm. 1, 2006.

HERRERO OVIEDO, M.: «Artículo 155», en AA.VV., *Comentarios al Código Civil, Tomo I (Arts. 1 a 267),* Tirant lo Blanch, Valencia, 2023.

HIDALGO GARCÍA, S.: «Algunas consideraciones sobre las mejoras tácitas», en AA.VV., *Estudios jurídicos en homenaje al profesor Luis Díez-Picazo,* Civitas, Madrid, 2002.

INFANTE RUIZ, F. J.: «Indignidad y desheredación. Una visión actual», en AA.VV., *Cuestiones actuales en materia de mediación, familia y sucesiones,* Wolters Kluwer, Madrid, 2020.

JORDANO FRAGA, F.:

- «La capacidad general del menor», *Revista de Derecho Privado,* octubre 1984.
- *Indignidad sucesoria y desheredación (Algunos aspectos conflictivos de su recíproca interrelación),* Comares, Granada, 2004.

JUÁREZ TORREJÓN, Á.: «Concepto y naturaleza jurídica de la legítima», en AA.VV., *Estudios sobre las limitaciones dispositivas mortis causa en el Derecho común: la legítima y las reservas hereditarias,* Aranzadi, Pamplona, 2023.

LACRUZ BERDEJO, J. L.:

- «Algunas consideraciones sobre el objeto de la acción subrogatoria», *Anuario de Derecho Civil,* núm. 4, 1950.
- *Derecho de Familia. El matrimonio y su economía,* Bosch, Barcelona, 1963.
- «El derecho de acrecer», en AA.VV., *Derecho de sucesiones conforme a las leyes de 13 mayo y de julio de 1981,* Bosch, Barcelona, 1981.
- «Indignidad e incapacidad», en AA.VV., *Derecho de sucesiones conforme a las leyes de 13 mayo y de julio de 1981,* Bosch, Barcelona, 1981.
- «La capacidad para disponer mortis causa», en AA.VV., *Derecho de sucesiones conforme a las leyes de 13 mayo y de julio de 1981,* Bosch, Barcelona, 1981.
- «La legítima», en AA. VV., *Derecho de sucesiones conforme a las leyes de 13 mayo y de julio de 1981,* Bosch, Barcelona, 1981.
- «Legítima de los descendientes por naturaleza. La mejora. Fiducia. Pago en dinero», en AA. VV., *Derecho de sucesiones conforme a las leyes de 13 mayo y de julio de 1981,* Bosch, Barcelona, 1981.

- «La preterición (Tutela de la legítima formal)», en AA.VV., *Derecho de sucesiones conforme a las leyes de 13 mayo y de julio de 1981*, Bosch, Barcelona, 1981.
- «La desheredación», en AA.VV., *Derecho de sucesiones conforme a las leyes de 13 mayo y de julio de 1981*, Bosch, Barcelona, 1981.
- «Régimen común de la reserva pendiente», en AA.VV., *Derecho de sucesiones conforme a las leyes de 13 mayo y de julio de 1981*, Bosch, Barcelona, 1981.
- «La donación», en AA.VV., *Derecho de obligaciones, Volumen tercero, Contratos y cuasicontratos*, Bosch, Barcelona, 1986.

Lacruz Berdejo, J. L.: y Sancho Rebullida, F. A.: «Vicios y medios de impugnación», en AA.VV., *Derecho de sucesiones conforme a las leyes de 13 mayo y de julio de 1981*, Bosch, Barcelona, 1981.

Lacruz Berdejo, J. L.: Sancho Rebudilla, F. A. y AA.VV:

- *El nuevo régimen de la familia. Matrimonio y divorcio*, Cuadernos Civitas, Madrid, Madrid, 1982.
- *Elementos de Derecho Civil, V, Sucesiones* (revisada y puesta al día por Rams Albesa, J.), Dykinson, Madrid, 2001.

Lafuente Sánchez, R.: «Hacia un sistema unitario europeo en materia de ley aplicable a las sucesiones internacionales», *Cuadernos de derecho transnacional*, vol. 5, núm. 2, 2013.

Lasarte Álvarez, C.:

- «Abandono asistencial de la tercera edad y desheredación de los descendientes en la España contemporánea», en AA.VV., *La protección de las personas mayores*, Tecnos, Madrid, 2007.
- *Derecho de sucesiones. Principios de Derecho civil VII*, Marcial Pons, Madrid, 2011.
- *Derecho de familia. Principios de Derecho civil. Tomo VI*, Marcial Pons, Madrid, 2010.
- *Parte general y Derecho de la persona. Principios de Derecho Civil I* (revisada y actualizada con la colaboración de Yáñez Vivero, F.), Marcial Pons, Madrid, 2021.
- *Derecho de obligaciones. Principios de Derecho Civil, Tomo segundo* (revisada y actualizada con la colaboración de Adame Martínez, M. Á., Palacios González, D., y Simón Moreno, H.), Marcial Pons, Madrid, 2021.

- *Derecho de familia. Principios de Derecho Civil, Tomo sexto* (revisada y actualizada con la colaboración de SÁINZ-CANTERO CAPARRÓS, Belén), Marcial Pons, Madrid, 2021.
- *Derecho de sucesiones. Principios de Derecho Civil, Tomo séptimo* (revisada y actualizada con la colaboración de CERVILLA GARZÓN, Mª. D., y GARCÍA PÉREZ, C. L.), Marcial Pons, Madrid, 2021.

LECIÑENA IBARRA, A.: «Reflexiones sobre la formación de la voluntad negocial en personas que precisan apoyos en el ejercicio de su capacidad jurídica», *Revista de Derecho Civil*, vol. IX, núm. 1 (enero-marzo, 2022).

LEGERÉN-MOLINA, A.: «La relevancia de la voluntad de la persona con discapacidad en la gestión de los apoyos», en AA.VV., *Claves para la adaptación del ordenamiento jurídico privado a la Convención de Naciones Unidas en materia de discapacidad*, Tirant lo Blanch, Valencia, 2019.

LETE DEL RIO, J. M.: «Sujetos de las capitulaciones matrimoniales», *Anuario de Derecho Civil*, t. XXXVI, 1983.

LLAMAS POMBO, E.: *Manuel de Derecho civil, Volumen VII, Derecho de daños*, Wolters Kluwer, Madrid, 2021.

LLEDÓ YAGÜE, F.:

- *Derecho de sucesiones. V. I. Delación, legítimas, reservas*, Universidad de Deusto, Bilbao, 1992.
- *Compendio de Derecho de sucesiones*, Dykinson, Madrid, 1998.

LINACERO DE LA FUENTE, Mª A.:

- *Régimen patrimonial de la patria potestad*, Montecorvo, Madrid, 1990.
- «Régimen económico conyugal II. Disposiciones generales del sistema de organización del matrimonio. Publicidad registral», en AA.VV., *Tratado de Derecho de familia. Aspectos sustantivos. Procedimientos. Jurisprudencia. Formularios.* Tirant lo Blanch, Valencia, 2021.

LÓPEZ AZCONA, A.: «La incidencia de la falta de relación familiar en los alimentos debidos a los hijos mayores», *Revista de Derecho Civil*, vol. XI, núm. 3 (julio-septiembre, 2014).

LÓPEZ FRÍAS, A.: «La posición del hijo desheredado y de sus descendientes en el reparto convencional de los bienes hereditarios», *Revista de Derecho Privado*, núm. 4, julio-agosto 2024.

López Beltrán de Heredia, *C.: Computación, imputación y colación de las donaciones en la sucesión mortis causa*, Tirant lo Blanch, Valencia, 2009.

LÓPEZ Y LÓPEZ, Á. M.:

- «Conversaciones con difuntos», *Quaderni fiorentini per la storia del pensiero giuridico moderno,* Vol. 29º, núm. 1, 2000.
- «El derecho a la propiedad privada y a la herencia. Función y límites», en AA.VV., *Comentarios a la constitución socio-económica de España,* Comares, Granada, 2002.

LÓPEZ MAZA, S.: «Artículo 756», en AA.VV., *Comentarios al Código Civil,* Aranzadi, Pamplona, 2021.

LÓPEZ PELÁEZ, P.: «La responsabilidad civil de los daños causados por menores de edad: criterios de atribución», en AA.VV., *La capacidad de obrar del menor: nueva perspectivas jurídicas,* Exilibris, Madrid, 2009.

LÓPEZ R. GÓMEZ, N.: *Tratado teórico-legal del Derecho de Sucesiones según los precedentes históricos del Derecho de Castilla, el Código civil y las especialidades de las Legislaciones forales, Tomo I,* Imprenta y Librería Nacional y Extranjera de Andrés M.: Valladolid, 1896.

LÓPEZ SÁNCHEZ, C.: *La responsabilidad civil del menor,* Dykinson, Madrid, 2003.

LÓPEZ SAN LUIS, R.: *El derecho de representación en la sucesión testamentaria,* Comares, Granada, 2013.

LORA-TAMAYO RODRÍGUEZ, I.:

- «Comparecencia de una persona con discapacidad ante el notario», *Revista del Instituto de Ciencias Jurídicas de Puebla,* México, Año IX, no. 36, 2015.
- *Reforma civil y procesal para el apoyo a las personas con discapacidad,* Lefebvre, Madrid, 2021.

LUCAS FERNÁNDEZ, F.: «Artículo 685», en AA.VV., *Comentarios al Código Civil y compilaciones forales, Tomo IX,* EDERSA, Madrid, 1987.

MAGARIÑOS BLANCO, V.: *Libertad para ordenar la sucesión. Libertad de testar,* Dykinson, Madrid, 2022.

MAGRO SERVET, V.: «El Código Civil ante la extinción de la obligación de alimentos y desheredación de padres a hijos por maltratos», *Diario La Ley,* núm. 9466, 2019.

MANRESA Y NAVARRO, J. Mª.:

- *Comentarios al Código Civil español, Tomo XII,* Imprenta de la Revista de Legislación, Madrid, 1907.
- *Comentarios al Código Civil español, Tomo V,* Imprenta de la Revista de Legislación, Madrid, 1910.
- *Comentarios al Código Civil español, Tomo VI,* Imprenta de la Revista de Legislación, Madrid, 1911.

- *Comentarios al Código Civil español, Tomo VII,* Imprenta de la Revista de Legislación, Madrid, 1911.
- *Comentarios al Código Civil español, Tomo VII,* Imprenta de la Revista de Legislación, Madrid, 1914.

MANZANARES SAMANIEGO, J. L.: «La pena de interdicción civil», *Anuario de Derecho penal y ciencias penales,* 1979.

MANZANO FERNÁNDEZ, Mª. M.:

- «La exclusión del hijo en la herencia del testador (Una visión actualizada de la desheredación en el Código Civil)», *Revista Crítica de Derecho Inmobiliario,* núm. 756, 2015.
- «Preguntas y respuestas sobre el artículo 857 del Código Civil. La legítima del descendiente del desheredado», *LA LEY,* núm. 6235/2015.

MARÍN LÓPEZ, M. J.: «Artículo 756», en AA.VV., *Comentarios al Código Civil,* Aranzadi, Pamplona, 2009.

MARÍN SALMERÓN, A.: «La interpretación jurisprudencial del art. 853.2 del CC: maltrato de obra, maltrato psicológico y ausencia de relación manifiesta y continuada imputable al legitimario», en AA.VV., *Retos del Derecho de sucesiones en el siglo XXI,* Reus, Madrid, 2023.

MARTÍNEZ DE AGUIRRE ALDAZ, C.: «Curatela y representación: cinco tesis heterodoxas y un estrambote», en AA.VV., *Claves para la adaptación del ordenamiento jurídico privado a la Convención de Naciones Unidas en materia de discapacidad,* Tirant lo Blanch, Valencia, 2019.

MARTÍNEZ ESPÍN, P.:

- «Artículo 814», en AA.VV., *Comentarios al Código Civil, Tomo IV,* Tirant lo Blanch, Valencia, 2013.
- «Artículo 695», en AA.VV., *Comentarios al Código Civil, Tomo IV,* Tirant lo Blanch, Valencia, 2013.
- «Artículo 696», en AA.VV., *Comentarios al Código Civil, Tomo IV,* Tirant lo Blanch, Valencia, 2013.
- *Lecciones de Derecho Civil. Derecho de sucesiones,* Tecnos, Madrid, 2020.
- «Artículo 1080», en AA.VV., *Comentarios al Código Civil,* Aranzadi, Pamplona, 2021.

MARTÍNEZ FERNÁNDEZ, Á.: «Pasado y presente de la Cautela Socini», en AA.VV., *Fundamentos del derecho sucesorio actual,* Marcial Pons, Madrid, 2018.

MARTÍNEZ GALLEGO, E. Mª.: «La desheredación», *Actualidad Civil*, núm. 13, 2006.

MARTÍNEZ MARTÍNEZ, Mª.: *La sucesión intestada: revisión de la institución y propuesta de reforma*, Boletín Oficial del Estado, Madrid, 2016.

MARTÍN MELÉNDEZ, Mª. T.: «La causa de indignidad para suceder del artículo 756.7.º del Código Civil», en AA. VV., *Estudios de Derecho de sucesiones. Liber Amicorum T.F. Torres García*, LA LEY, Madrid, 2014.

MARTÍNEZ RODRÍGUEZ, N.:

- *La obligación legal de alimentos entre parientes*, LA LEY, Madrid, 2002.
- «Donaciones a los hijos en concepto de mejora», en AA. VV., *Estudios de Derecho de sucesiones. Liber Amicorum T.F. Torres García*, LA LEY, Madrid, 2014.

MARTÍNEZ VÁZQUEZ DE CASTRO, L.: *El principio de libre desarrollo de la personalidad en el ámbito privado*, Civitas, Madrid, 2010.

MARTÍNEZ VELENCOSO, L. M.: «El maltrato psicológico como causa de revocación de la donación», *Diario La Ley*, núm. 8633, octubre 2015.

MARTOS CALABRÚS, Mª A.: *Las solemnidades del testamento abierto notarial*, Comares, Granada, 2000.

MESA MARRERO, C.:

- *La capacidad para testar: aspectos problemáticos y criterios jurisprudenciales*, Bosch, Madrid, 2017.
- «Artículo 665», en AA.VV., *Comentario articulado a la reforma civil y procesal en materia de discapacidad*, Civitas, Pamplona, 2022

MIQUEL GONZÁLEZ DE AUDICANA, J. Mª.:

- «Derecho de acrecer y mejora», en AA.VV., *Estudios de Derecho Civil en homenaje al Profesor Dr. José Luis Lacruz Berdejo*, Vol. II, Bosch, Barcelona, 1992.
- «Reflexiones sobre la legítima», en AA.VV., *Estudios de Derecho de sucesiones. Liber Amicorum T.F. Torres García*, LA LEY, Madrid, 2014.

MONDEJAR PEÑA, Mª. I.: «La obligación de alimentos entre parientes como medio privado de satisfacción de las necesidades ante los procesos de envejecimiento y de la población española: análisis actual y tendencias de futuro», *Revista jurídica Universidad Autónoma de Madrid*, núm. 14, 2006.

MORERA VILLAR, B.: «La desheredación en el Código Civil de los hijos y descendientes por denegación de alimentos al testador», *Revista Boliviana de Derecho*, núm. 36, julio 2023.

MORENO-TORRES HERRERA, Mª. L.:

- *Las obligaciones de mantenimiento entre familiares,* Dykinson, Madrid, 2013.
- *Estudios sobre el deber de alimentos,* Reus, Madrid, 2021.

MORGADO FREIGE, Mª. P.: «La apreciación de la capacidad por el notario en el otorgamiento del testamento abierto», *Anuario Facultad de Derecho,* Universidad de Alcalá XIV, 2021.

MUCIUS SCAEVOLA, Q.: Código *civil, Tomo XIV,* Imprenta de Ricardo Rocas, Madrid, 1898.

NICASIO JARAMILLO, I. Mª.: «¿Fundamenta la solidaridad familiar la legítima en la interpretación del Tribunal Supremo?», en AA.VV., *Autonomía privada, familias y herencias,* Colex, A Coruña, 2024.

NIETO ALONSO, A.:

- «Reseña Bibliográfica de Carolina Mesa Marrero: La capacidad para testar: aspectos problemáticos y jurisprudenciales», *Revista de Derecho Civil,* vol. V, núm. 1, (enero-marzo, 2018).
- «Capacidad del menor de edad en el orden patrimonial civil y alcance de la intervención de sus representantes legales», *Revista de Derecho Civil,* vol. III, núm. 3 (julio-septiembre 2016).
- «Artículo 267», en AA.VV., *Comentario articulado a la reforma civil y procesal en materia de discapacidad,* Civitas, Pamplona, 2022.
- «La interpretación y calificación como mejora tácita de disposiciones "inter vivos" y "mortis causa"», *Actualidad Jurídica Iberoamericana,* núm. 20, febrero 2024.

NORIEGA RODRÍGUEZ, L.:

- *El régimen jurídico de la privación de la patria potestad,* Aranzadi, Pamplona, 2021.
- *La indignidad para suceder en el Derecho común; especial referencia a sus causas,* Aranzadi, Pamplona, 2023

NÚÑEZ NÚÑEZ, Mª.: «La persona con discapacidad intelectual ante el otorgamiento de testamento abierto notarial», en AA.VV., *La voluntad de la persona protegida. Oportunidades, riesgos y salvaguardias,* Dykinson, Madrid, 2018.

O´CALLAGHAN MUÑOZ, X.:

- *Compendio de Derecho Civil, Tomo I, Parte general,* Editorial Universitaria Ramón Areces, Madrid, 2012.
- *Compendio de Derecho Civil. Tomo II. Derecho de obligaciones,* Editorial Universitaria Ramón Areces, Madrid, 2012.

- *Compendio de Derecho Civil, Tomo V, Derecho de sucesiones,* Editorial Universitaria Ramón Areces, Madrid, 2012.
- «A vueltas con la desheredación y a revueltas con la legítima», *Actualidad civil,* núm. 5, mayo 2015.
- *Compendio de Derecho Civil, Tomo IV, Derecho de la familia* (revisado y puesto al día por FERNÁNDEZ GONZÁLEZ, Mª B.), Editorial Universitaria Ramón Areces, Madrid, 2022.

ORDÁS ALONSO, M.: *La desheredación y sus causas. Derecho civil común y derecho civiles forales y especiales,* Wolters Kluwer, Madrid, 2021.

OSSORIO MORALES, J.: *Manual de sucesión testada,* Instituto de Estudios Políticos, Madrid, 1957.

PADIAL ALBÁS, A.: *La obligación de alimentos entre parientes,* Bosch, Barcelona, 1997.

PALLARES NEILA, J.: «La participación en la toma de decisiones: el instrumento que permite el apoyo en el ejercicio de la capacidad jurídica», *Actualidad Civil,* núm. 3, 2020.

PÁRAMO Y DE SANTIAGO, C.: «Capacidad para otorgar testamento notarial abierto (comentario a la STS de 15 de marzo de 2018)», *CEFLegal. Revista práctica de derecho. Comentarios y casos prácticos,* núm. 208, 2018.

PARRA LUCÁN, Mª Ángeles, «Las legítimas en la propuesta de Código Civil elaborada por la Asociación de Profesores de Derecho civil», en AA.VV., *Las legítimas y la libertad de testar. Perfiles críticos y comparados,* Aranzadi, Pamplona, 2019.

PASCUAL QUINTANA J. M.: «La desheredación en el Derecho español: su desenvolvimiento histórico», *Separata facticia de la Revista de la Facultad de Derecho de la universidad de Oviedo,* 1955.

PEÑA BERNALDO DE QUIRÓS, Manuel:
- «La naturaleza de la legítima», *Anuario de Derecho Civil,* núm. 4, 1985.
- «La naturaleza de la legítima», *Anuario de Derecho Civil,* núm. 2, 1986.

PEREÑA VICENTE, M.:
- «Derechos fundamentales y capacidad jurídica. Claves para una propuesta de reforma legislativa». *Revista de Derecho Privado,* núm. 4, 2014.
- «Estudio crítico del nuevo régimen de la *testamenti factio* activa desde una perspectiva técnica jurídica», *Actualidad Civil,* núm. 13, 2025.

Pérez de Ontiveros Baquero, M. C.: «La revocación de las donaciones por ingratitud del donatario», en AA.VV., *Tratado de las Liberalidades. Homenaje al Profesor Enrique Rubio Torrano,* Aranzadi, Pamplona, 2017.

Pérez Escolar, M.: «Causas de desheredación y flexibilización de la legítima», en AA.VV., *Estudios de Derecho de sucesiones. Liber Amicorum T.F. Torres García,* LA LEY, Madrid, 2014.

Pérez de Vargas Muñoz, J.: «Incidencias del nuevo Código Penal sobre la causa tercera de indignidad del artículo 756 del Código Civil», *Revista Jurídica del Notariado,* abril-junio 1996.

Pérez Gallardo, L. B.:

- *Estudios sobre la legítima asistencial,* Organización Nacional de Bufetes Colectivos, La Habana, 2016.
- «El testamento otorgado con apoyos por personas con discapacidad: ¿una quimera?», *Revista Crítica de Derecho Inmobiliario,* núm. 782, 2020.
- «La comparecencia asistida en el instrumento publico notarial: especial referencia a la curatela asistencia», en AA.VV., *Un nuevo orden jurídico para las personas con discapacidad,* Wolters Kluwer, Madrid, 2021.
- «Autonomía progresiva y capacidad para testar de las personas menores de edad», *Revista de Derecho Privado,* núm. 1, enero-febrero 2021.
- «El testador vulnerable y las influencias indebidas. Los antídotos que dispensa el artículo 753 del Código Civil (a propósito de la reforma sobre la capacidad jurídica en el Derecho español), en AA.VV., *El ejercicio de la capacidad jurídica por las personas con discapacidad tras la Ley 8/2021 de 2 de junio,* Tirant lo Blanch, Valencia, 2022.

Pérez Ramos, C.: «El problema de la capacidad de obrar de los discapaces», *El notario del siglo XXI,* no. 42, 2012.

Pérez Simón, M.: «La legítima en el Código Civil ruso. Un análisis histórico y comparado», *InDret,* enero 2016.

Pérez Vallejo, A. Mª.: «Progenitores e hijos ausentes: el maltrato psicológico a debate como causa de desheredación», *Revista Crítica de Derecho Inmobiliario,* núm. 800, 2023.

Pizarro Moreno, E.: «El arbitraje testamentario (mejor, sucesorio). Propuestas de *lege ferenda*», en AA.VV., *Autonomía privada, familias y herencias,* Colex, A Coruña, 2024.

Planas Ballvé, M.:

- «La capacidad para otorgar testamento», en AA.VV., *Un nuevo orden jurídico para las personas con discapacidad,* Wolters Kluwer, Madrid, 2021.

- ¿Cuándo la falta de relación entre causante y legitimario puede considerarse una causa legítima de desheredación?», *Diario LA LEY,* núm. 10660, febrero 2025.

Prendes Carril, P.: «Naturaleza jurídica de la responsabilidad concursal de los administradores sociales tras la STS de 23 de febrero de 2011», *Actualidad Jurídica Aranzadi,* núm. 825/2011 (BIB 2011\1144).

Puig Brutau, J.:

- *Fundamentos de Derecho Civil, Tomo V, Volumen II,* Bosch, Barcelona, 1963.

- *Fundamentos de Derecho Civil, Tomo V, Volumen III,* Bosch, Barcelona, 1964.

Puig Ferrol, L. y Roca i Trias, E.: *Institucions del Dret civil de Catalunya,* Bosch, Barcelona, 1988.

Puig Peña, F.:

- *Tratado de Derecho Civil Español, Tomo II, Derecho de familia Vol. II, Paternidad y filiación,* Editorial Revista de Derecho Privado, Madrid, 1963.

- *Tratado de Derecho Civil Español, Tomo IV, Obligaciones y contratos Vol. I, Teoría general de la obligación,* Editorial Revista de Derecho Privado, Madrid, 1946.

- *Tratado de Derecho Civil Español, Tomo V, Sucesiones, Vol. II, Relaciones sucesorias particulares,* Editorial Revista de Derecho Privado, Madrid, 1963.

Puy Muñoz, F. P.: *Lecciones de Derecho Natural, vol. 1,* Santiago de Compostela, 1970.

Quesada Páez, A.: «Legítimas y desheredación», *Revista Aranzadi Doctrinal,* núm. 3/2015 (BIB 2015\559).

Quesada Sánchez, A. J.: "Cuestiones generales. Sobre el sentido de la «discapacidad» en la nueva ley", en AA.VV., *La reforma civil y procesal en materia de discapacidad. Estudio sistemático de la Ley 8/2021, de 2 de junio,* Atelier, Barcelona, 2022.

Quicios Molina, M. S.: «Artículo 152», en AA.VV., *Comentarios al Código Civil,* Aranzadi, Pamplona, 2021.

Ragel Sánchez, L. F.:

- «El perdón de conductas ofensivas en la donación y en la sucesión *mortis causa*», *Anuario de la Facultad de Derecho. Universidad de Extremadura*, núm. 16, 1998.
- *La Cautela gualdense o Socini y el artículo 820.3.º del Código Civil*, Dykinson, Madrid, 2004.
- «Artículo 819», en AA.VV., *Comentarios al Código Civil, Tomo V*, Tirant lo Blanch, Valencia, 2013.
- «Artículo 825», en AA.VV., *Comentarios al Código Civil, Tomo V*, Tirant lo Blanch, Valencia, 2013.
- «Artículo 848», en AA.VV., *Comentarios al Código Civil, Tomo V*, Tirant lo Blanch, Valencia, 2013.
- «Artículo 849», en AA.VV., *Comentarios al Código Civil, Tomo V*, Tirant lo Blanch, Valencia, 2013.
- «Artículo 851», en AA.VV., *Comentarios al Código Civil, Tomo V*, Tirant lo Blanch, Valencia, 2013.
- «Artículo 853», en AA.VV., *Comentarios al Código Civil, Tomo V*, Tirant lo Blanch, Valencia, 2013.
- «Artículo 854», en AA.VV., *Comentarios al Código Civil, Tomo V*, Tirant lo Blanch, Valencia, 2013.
- «Artículo 855», en AA.VV., *Comentarios al Código Civil, Tomo V*, Tirant lo Blanch, Valencia, 2013.
- «Artículo 856», en AA.VV., *Comentarios al Código Civil, Tomo V*, Tirant lo Blanch, Valencia, 2013.
- «Artículo 857». en AA.VV., *Comentarios al Código Civil, Tomo V*, Tirant lo Blanch, Valencia, 2013.
- «Artículo 973». en AA.VV., *Comentarios al Código Civil, Tomo V*, Tirant lo Blanch, Valencia, 2013.
- «La mención de la legítima en el registro de la propiedad por la vía del art. 15 LH», *Revista Aranzadi Doctrinal*, núm. 11/2019 (BIB 2019\9587).
- «Acceso de la legítima al Registro de la Propiedad por cauces diferentes al art. 15 LH», *Revista Aranzadi Doctrinal*, núm. 3/2020 (BIB 2020, 8831).

Rebolledo Varela, Á. L.:

- «El legitimario ante la desheredación de hecho», *Revista Doctrinal Aranzadi Civil-Mercantil*, vol. III (BIB 1995\164).

- «Problemas prácticos de la desheredación eficaz de los descendientes por malos tratos, injurias y abandono asistencial de los mayores», en AA.VV., *La familia en el Derecho de sucesiones: cuestiones actuales y perspectivas de futuro*, Dykinson, Madrid, 2010.

REDONDO TRIGO, F.: «La declaración de la voluntad de mejorar mediante el cauce de la donación *inter vivos*: Comentario de la sentencia del Tribunal Supremo de 29 de julio de 2013)», en AA.VV., *Comentarios a las sentencias de unificación de doctrina (Civil y Mercantil), Vol. 6*, Dykinson, Madrid, 2016.

REPRESA POLO, Mª P.: *La desheredación en el Código Civil*, Reus, Madrid, 2016.

RIBERA BLANES, B.: «Maltrato psicológico y abandono afectivo como causa de desheredación», *Actualidad Jurídica Iberoamericana*, núm. 17 *bis*, diciembre 2022.

RIBOT IGUALADA, J.: «La nueva curatela», en AA.VV., *Claves para la adaptación del ordenamiento jurídico privado a la Convención de Naciones Unidas en materia de discapacidad*, Tirant lo Blanch, Valencia, 2019.

RIVAS MARTÍNEZ, J. J.:

- *Derecho de Sucesiones Común y Foral. Tomo I*, Dykinson, Madrid, 2009.
- *Derecho de sucesiones común y foral, Tomo III*, Dykinson, Madrid, 2009.
- «Artículo 685», en AA.VV., *Código Civil Comentado, Vol. 2*, Civitas, Pamplona, 2011.

RIVERA FERNÁNDEZ, M.:

- *La desheredación: ¿puede el testador privar a su parientes más próximos de su parte en la herencia?*, Tecnos, Madrid, 1990.
- *La preterición en el Derecho común español*, Tirant lo Blanch, Valencia, 1994.
- *Derecho de sucesiones. A propósito de la jurisprudencia de nuestro Tribunal Supremo (2019-2024)*, Atelier, Barcelona, 2025.

ROCA SASTRE, R. Mª.:

- «Naturaleza jurídica de la legítima», *Revista de Derecho Privado*, Vol. 28, 1944.
- «Estudios de comparación y adaptación a la legislación y jurisprudencia españolas», en AA. VV., *Tratado de Derecho Civil, T. V, Derecho de sucesiones, Vol. I*, Bosch, Barcelona, 1976.
- *Estudios sobre sucesiones, Tomo II*, Madrid, 1981.

ROCA-SASTRE MUNCUNILL, L.:

- *Derecho de Sucesiones, Tomo I,* Bosch, Barcelona, 1989.
- *Derecho de Sucesiones, Tomo II,* Bosch, Barcelona, 1991.

ROCAS TRÍAS, E.:

- «Artículo 665», en *Comentarios a las reformas del Código Civil (desde la Ley 21/1987, de 11 de noviembre a la Ley 30/1991, de 20 de diciembre),* Tecnos, Madrid, 1993.
- «Una reflexión sobre la libertad de testar», en AA.VV., *Estudios de Derecho de sucesiones. Liber Amicorum T.F. Torres García,* LA LEY, Madrid, 2014.

ROCA TRIAS, E. y NAVARRO MICHEL, M.: *Derecho de daños,* Tirant lo Blanch, Valencia, 2020.

RODA Y RODA, D.: «Reflexión sobre la prestación de alimentos a los hijos mayores de edad. Especial referencia a las malas relaciones como causa de extinción de la pensión, según la Jurisprudencia», *Revista de Derecho Familia,* núm. 99/2023 (BIB 2023.

RODRÍGUEZ GUITIÁN, A. Mª:

- *La capacidad de testar: especial referencia al testador anciano,* Civitas, Madrid, 2006.
- «Artículo 662», en AA.VV., Código Civil Comentado, Vol. 2, Civitas, Pamplona, 2011.

RODRÍGUEZ MARTÍNEZ, Mª. E.: «Legítimas y libertad de disposición del causante (1)», *La Ley,* núm. 8865, 2016.

ROGEL VIDE, C.:

- *Alimentos y auxilios necesarios para la vida,* Reus, Madrid, 2012.
- *El derecho a la herencia en la Constitución,* Reus, Madrid, 2017.
- *Revocabilidad de la donación por ingratitud del donatario,* Reus, Madrid, 2024.

ROMERO COLOMA, A. Mª.:

- *La desheredación. De hijos y descendientes, padres y ascendientes, y del cónyuge. Estudio doctrinal y jurisprudencial de sus causas,* Bosch, Barcelona, 2005.
- «Testamento e intervalos lúcidos», *Actualidad Jurídica Aranzadi,* núm. 860/2013 (BIB 2013\724).
- «La capacidad de testar y su problemática jurídica», *Revista de Derecho de Familia,* núm. 56/2012 (BIB 2013\14773).

- «El incumplimiento de deberes conyugales como causa de desheredación», *Diario La Ley*, núm. 8058, abril 2013.
- «El maltrato de obra como causa de desheredación de hijos y demás descendientes», *Revista Aranzadi Doctrinal*, núm. 3/2014 (BIB 2014\1461).

ROYO MARTÍNEZ, M.: *Derecho sucesorio «mortis causa»*, Edelce, Sevilla, 1951.

RUBIO GARRIDO, T.:

- «Nulidad del testamento por alcoholismo crónico y dolo y fraude captatorio sufrido. Nulidad de los cargos testamentarios deferidos y alcance de la nulidad de los actos ejecutados por tales cargos. Posible convalidación y pérdida de la legitimación activa por actos propios. Comentario a la Sentencia del TS núm. 685/2009, de 5 de noviembre», *Revista de Derecho Patrimonial*, núm. 24/2010 (BIB 2010\158).
- RUBIO GARRIDO, T.: «Artículos 662-666», en AA.VV., *Comentarios al Código Civil, Tomo V*, Tirant lo Blanch, Valencia, 2013.
- *La partición de la herencia*, Aranzadi, Pamplona, 2017.
- «Cambios en materia sucesoria introducidos por la Ley 8/2021, de 2 de junio», en AA.VV., *La reforma de la discapacidad (Volumen 2)*, Fundación del Notariado, Madrid, 2022.

RUIZ-RICO RUIZ, J. M.:

- «Capacidad jurídica y discapacidad. Las vías impugnatorias de los actos celebrados por la personas del discapacitado. La desaparición del principio del protección del interés del discapacitado», en AA.VV., *La reforma civil y procesal en materia de discapacidad. Estudio sistemático de la Ley 8/2021, de 2 de junio*, Atelier, Barcelona, 2022.
- «La absoluta predominancia de la voluntad del discapacitado: determinación y su verdadero alcance. Supuestos posibles en los que no funcionará la voluntad actual o hipotética del discapacitado», en AA.VV., *La reforma civil y procesal en materia de discapacidad. Estudio sistemático de la Ley 8/2021, de 2 de junio*, Atelier, Barcelona, 2022.
- «El régimen jurídico de la guarda de hecho», en AA.VV., *La reforma civil y procesal en materia de discapacidad. Estudio sistemático de la Ley 8/2021, de 2 de junio*, Atelier, Barcelona, 2022.

SÁENZ DE SANTA MARÍA VIERNA, A.: «Elogio de la desheredación», *Anuario de la Facultad de Derecho*, Universidad de Extremadura, núm. 29, 2011.

SALINAS QUIJADA, F.: «Navarra en el Proyecto isabelino de Código civil de 1851 y en las Concordancias de García Goyena», *Príncipe de Viena,* núm. 173, 1984.

SÁNCHEZ GÓMEZ, A.:

- «Hacia un nuevo tratamiento jurídico de la discapacidad. Reflexiones a propósito del Proyecto de Ley de 17 de julio de 2020 por la que se reforma la legislación civil y procesal para el apoyo a las personas con discapacidad en el ejercicio de su capacidad jurídica», *Revista de Derecho Civil,* vol. VII, núm. 5 (octubre-diciembre, 2020).
- «Capacidad capitular de las personas con discapacidad psíquica o intelectual», *Revista de Derecho Privado,* núm. 6, 2020.

SÁNCHEZ GONZÁLEZ, Mª. P.:

- «Límites constitucionales a la libertad de testar», en AA.VV., *La libertad de testar y sus límites,* Marcial Pons, Madrid, 2018.
- «Un paso más hacia la flexibilización de las causas de desheredación del Código Civil (Comentario a la STS 104/2019, de 2 de febrero), *Revista Jurídica del Notariado,* núm. 108-109, enero-junio 2019.

SÁNCHEZ JORDÁN, Mª. E.: «Reclamación de reembolso de cantidades satisfechas por la madre para el mantenimiento y atención del hijo menor desde su nacimiento. Comentarios a las SSTS (Sala de lo Civil, Pleno), números 537/2016 y 574/2016, de 29 y 30 septiembre (RJ 2016, 4457 y RJ 2016, 4844), *Revista de Derecho Patrimonial,* núm. 42/2017 (BIB 2017\895).

SÁNCHEZ ROMÁN, F.:

- *Estudios de Derecho Civil, VI. 1, Derecho de Sucesión,* Analecta, Pamplona, 1910.
- *Estudios de Derecho Civil, VI. 2, Derecho de sucesión,* Analecta, Pamplona, 1910.
- *Estudios de Derecho Civil, VI. 3, Derecho de sucesión,* Analecta, Pamplona, 1910.

SÁNCHEZ VALLE, Mª. R.: «El desapego familiar y el maltrato psicológico como causa de desheredación. El estado de la cuestión en la jurisprudencia, en AA.VV., *Autonomía privada, familias y herencias,* Colex, A Coruña, 2024.

SANMARTÍN ESCRICHE, F. y LACALLE SERER, E.: *Comentarios a la Ley 15/2015, de la jurisdicción voluntaria,* Tirant lo Blanch, Valencia, 2017.

SERRANO CHAMORRO, Mª. E.:

- «Consideraciones sobre la capacidad jurídica versus capacidad de ejercicio tras los nuevos cambios legislativos: criterios jurisprudenciales», *Actualidad Civil,* núm. 2, 2022.
- «¿El maltrato psicológico puede ser una causa de desheredación justa?», en AA.VV., *Condiciones y negocios jurídicos mortis causa,* Tirant lo Blanch, Valencia, 2023.

Solé Resina, J.: «El testamento. Los codicilos y las memorias testamentarias», en AA.VV., *Derecho de sucesiones vigente en Cataluña,* Tirant lo Blanch, Valencia, 2011.

Suárez, L. y Estenóz, Y.: «La desheredación a la luz de la dignidad humana y la solidaridad familiar. Valoraciones del sistema sucesorio cubano», *Revista Boliviana de Derecho,* núm. 37, enero 2024.

Tena Piazuelo, I.: *La prestación de alimentos a los hijos tras la ruptura de pareja, pensiones, gastos, vivienda,* Aranzadi, Pamplona, 2015.

Torres Costa, Mª. E.:

- *La capacidad jurídica a la luz del artículo 12 de la Convención de Naciones Unidas sobre los derechos de las personas con discapacidad,* Agencia Estatal Boletín Oficial del Estado, Madrid, 2020.
- «Artículo 22.2. C)», en AA.VV., *Comentario articulado a la reforma civil y procesal en materia de discapacidad,* Civitas, Pamplona, 2022.

Torres García, T. F.:

- «Artículo 685», en AA.VV., *Comentarios del Código Civil, Tomo II,* Ministerio de Justicia, Madrid, 1991.
- «La legítima en el código civil español: un panorama general», en AA.VV., *Las legítimas y la libertad de testar. Perfiles críticos y comparados,* Aranzadi, Pamplona, 2019.

Torres García, T. F. y Domínguez Luelmo, A.:

- «La legítima en el Código Civil (I)», en AA.VV., *Tratado de legítimas,* Atelier, Barcelona, 2012.
- «La legítima en el Código Civil (II), en AA.VV., *Tratado de legítimas,* Atelier, Barcelona, 2012.

Torres Murciano, J. M.: «La desheredación por el reservista. Notas sobre el art. 973, párrafo 2.º del Código Civil, *Revista General de Legislación y Jurisprudencia,* 1943.

Valladares Rascón, E.: «Artículo 1036» (actualizado Ordás Alonso, M.), en AA.VV., *Comentarios al Código Civil,* Aranzadi, Pamplona, 2021.

Vallet de Goytisolo, J.:

- «La mejora tácita. Hacia la fijación de un concepto y concreción de una prohibición», Conferencia pronunciada en la Academia Matrinense del Notariado el día 24 de enero de 1950.
- «¿Puede desheredarse parcialmente o bajo condición?», *Revista de Derecho Notarial*, julio-diciembre 1957.
- «El apartamiento y la desheredación», *Anuario de Derecho Civil*, 1968.
- *Limitaciones de Derecho sucesorio a la facultad de disponer, Tomo I, Las legítimas*, Instituto Nacional de Estudios Jurídicos, Madrid, 1974.
- «Aclaraciones acerca de la naturaleza de la legítima», *Anuario de Derecho Civil*, núm. 3, 1986.
- *Panorama del Derecho de sucesiones. I. Fundamentos*, Civitas, Madrid, 1982.
- *Panorama de Derecho de sucesiones, II, Perspectiva dinámica*, Civitas, Madrid, 1982.
- «El principio del favor partitionis», *Anuario de Derecho Civil*, 1990.
- «Artículo 855», en AA.VV., *Comentario del Código Civil, Tomo I*, Ministerio de Justicia, Madrid, 1993

VALLS I XUFRÉ, J. M.: «El papel del notario en el nuevo régimen de apoyos», en AA.VV., *El ejercicio de la capacidad jurídica por las personas con discapacidad tras la Ley 8/2021 de 2 de junio*, Tirant lo Blanch, Valencia, 2022.

VAQUER ALOY, A.:

- «Reflexiones sobre una eventual reforma de la legítima», *InDret*, julio 2007.
- «La protección del testador vulnerable», *Anuario de Derecho Civil*, tomo LXVIII, 2015.
- «Acerca del fundamento de la legítima», *InDret*, octubre 2017.
- «El maltrato al causante vulnerable: a favor de una nueva causa de indignidad sucesoria», *Anuario de Derecho Civil*, tomo LXXIII, 2020.
- «La desheredación de los legitimarios menores de edad (a propósito de la RDGSFP de 15 de enero de 2024), *Anuario de Derecho Civil*, tomo LXXVII, 2024.

VAQUERO PINTO, Mª. J.: «Artículo 1301», en AA.VV., *Comentarios al Código Civil*, Aranzadi, Pamplona, 2021.

VARELA GIL, C.: «La *querella inofficiosi testamenti*», en AA.VV., *Temas actuales de Derecho Privado* II, Aranzadi, Pamplona, 2023.

VATTIER FUENZALIDA, C.: *El derecho de representación en la sucesión "mortis causa"*, Montecorvo, Madrid, 1986.

VELA SÁNCHEZ, A. J.:

- «La indignidad sucesoria por ofensas *post mortem* al causante en el Código civil español, *Anuario de Derecho Civil*, Tomo LXXIV, 2021.
- «El contrato de vitalicio como alternativa apropiada a la desheredación», *Anuario de Derecho Civil*, tomo LXXVI, 2023, julio-septiembre.

VERDERA IZQUIERDO, B.: «La problemática derivada del otorgamiento de testamento por personas ancianas», *Revista Crítica de Derecho Inmobiliario*, núm. 744, 2014.

VERDERA SERVER, R.: *Contra la legítima*, Fundación Notariado, Madrid, 2022.

VICENTE MARTÍNEZ, M. Á.: «Comentarios a la Ley 30/1991, de 20 de diciembre, de modificación del Código Civil en materia de testamentos», *Revista jurídica de Castilla-La Mancha*, núm. 15, 1992.

VIVES VELO DE ANTELO, P.:

- «La desheredación por maltrato psicológico: comentario de la STS 104/2019», en AA.VV., *Cuestiones actuales en materia de mediación, familia y sucesiones*, Wolters Kluwer, Madrid, 2020.
- *Razones para mantener la legítima y propuesta de regulación*, Fundación del Notariado, Madrid, 2024.

ZURILLA CARIÑA, Mª Á.:

- «Artículo 665», en AA.VV., *Comentarios al Código Civil*, Aranzadi, Pamplona, 2009.
- «Artículo 827», en AA.VV., *Comentarios al Código Civil*, Aranzadi, Pamplona, 2021.

ZURITA MARTÍN, I.:

- «La protección de la libertad de testar de las personas vulnerables», en AA.VV., *La libertad de testar y sus límites*, Marcial Pons, Madrid, 2018.
- «Requisitos y límites del ejercicio de la facultad de testar por las personas con discapacidad», *Actualidad Jurídica Iberoamericana*, núm. 16 *bis*, 2022.

Anexo de sentencias y resoluciones

Tribunal Supremo

STS 7 junio 1893 (TOL 5.071.929)
STS 24 junio 1897 (TOL 5.067.674)
STS 25 octubre 1901
STS 19 noviembre 1901
STS 19 diciembre 1903 (TOL 5.063.049)
STS 4 noviembre 1904 (TOL 5.854.897)
STS 25 junio 1905
STS 27 junio 1908 (TOL 5.056.991)
STS 18 diciembre 1908
STS 22 enero 1913 (TOL 5.049.801)
STS 18 noviembre 1915 (TOL 5.048.751)
STS 6 julio 1916
STS 8 junio 1918 (TOL. 5.045.672)
STS 16 noviembre 1918 (TOL 5.045.639)
STS 14 abril 1925 (TOL 5.038.696)
STS 7 enero 1928 (TOL 5.036.779)
STS 4 junio 1928 (TOL 5.036.046)
STS 27 noviembre 1929
STS 20 mayo 1931 (TOL 5.033.544)
STS 3 noviembre 1931 (TOL 5.033.357)
STS 5 diciembre 1939
STS 25 marzo 1940
STS 14 diciembre 1940 (RJ 1940, 1135)
STS 16 febrero 1945 (TOL 4.458.402)
STS 11 febrero 1946 (TOL 4.455.732)
STS 24 junio 1946 (TOL 4.455.703)
STS 28 febrero 1947 (TOL 4.452.460)
STS 13 noviembre 1948 (TOL 4.461.694)

STS 24 marzo 1953 (TOL 4.446.594)
STS 6 febrero de 1954 (TOL 4.385.080)
STS 25 marzo 1954 (TOL 4.385.411)
STS 17 mayo 1957 (RJ 1957, 2164)
STS 17 octubre 1958 (TOL 4.351.262)
STS 23 enero 1959 (TOL 4.348.959)
STS 2 junio 1959 (TOL 4.349.563)
STS 20 junio 1959 (TOL 4.349.498)
STS 23 junio 1960 (TOL 4.339.688
STS 27 abril 1961 (TOL 4.337.343)
STS 3 octubre 1961 (TOL 4.336.980)
STS 16 junio 1962 (TOL 4.333.344)
STS 29 diciembre 1962 (TOL 4.333.777)
STS 11 mayo 1964 (TOL 4.324.639)
STS 30 septiembre 1964 (TOL 4.324.074)
STS 12 noviembre 1964 (TOL 4.324.345)
STS 18 abril 1967
STS 17 junio 1967 (TOL 4.301.233)
STS 26 noviembre 1968 (TOL 4.276.828)
STS 11 marzo 1971 (TOL 4.268.350)
STS 10 mayo 1972 (TOL 4.261.478)
STS 24 octubre 1972 (TOL. 4.262.002)
STS 9 julio 1974 (TOL 4.253.385)
STS 30 septiembre 1975 (TOL 4.251.070)
STS 9 octubre 1975 (RJ 1975, 3583)
STS 14 abril 1977 (TOL 4.247.469)
STS 3 octubre 1979 (TOL 1.741.196)
STS 1 junio 1980 (RJ 1980, 2409)
STS 17 junio 1980 (TOL 1.740.508)
STS 20 febrero 1981 (TOL 1.740.202)
STS 18 junio 1982 (TOL 1.739.425)
STS 19 julio 1982 (TOL 1.739.061)
STS 7 octubre 1982 (TOL 1.739.050)

STS 10 marzo 1983 (TOL 1.738.765)
STS 2 diciembre 1983 (TOL 7.511.892)
STS 13 julio 1985 (TOL 1.737.018)
STS 21 junio 1986 (TOL 4.822.072)
STS 10 abril 1987 (TOL 1.739.185)
STS 11 febrero 1988 (TOL 1.735.509)
STS 11 marzo 1988 (TOL 1.735.339)
STS 10 abril 1988 (TOL 1.735.122)
STS 10 junio 1988 (TOL 1.735.070)
STS 19 diciembre 1988 (TOL 1.733.529)
STS 17 marzo 1989 (TOL 1.732.112)
STS 21 abril 1990
STS 9 mayo 1990 (TOL 1.730.465)
STS 16 julio 1990 (TOL 1.720.661)
STS 22 enero 1991 (TOL 1.728.173)
STS 24 abril 1991 (TOL 1.728.932)
STS 10 junio 1991 (TOL 1.727.016)
STS 21 octubre 1991
STS 22 noviembre 1991 (TOL 1.728.561)
STS 31 diciembre 1991 (TOL 1.728.595)
STS 7 enero 1992 (TOL 7.498.546)
STS 22 junio 1992 (TOL 1.661.912)
STS 28 noviembre 1992 (TOL 1.655.462)
STS 26 marzo 1993 (TOL 1.655.867)
STS 28 junio 1993 (TOL 1.663.032)
STS 5 octubre 1993 (TOL 189.673)
STS 3 noviembre 1993
STS 14 marzo 1994 (TOL 1.665.978)
STS 5 abril 1994 (TOL 1.666.699)
STS 12 abril 1994 (TOL 1.666.730)
STS 20 mayo 1994 (TOL. 1.665.440)
STS 1 diciembre 1994 (TOL 1.666.383)
STS 31 octubre 1995 (TOL 1.668.108)

STS 26 junio 1995 (TOL 1.668.607)
STS 11 marzo 1996 (TOL 1.669.442)
STS 29 mayo 1996 (TOL 5.153.391)
STS 6 julio 1996 (TOL 216.859)
STS 8 julio 1996 (TOL 217.713)
STS 4 noviembre 1996 (TOL 216.749)
STS 15 noviembre 1996 (TOL 11.799)
STS 18 febrero 1997 (TOL 215.061)
STS 21 abril 1997 (TOL 5.114.497)
STS 28 junio 1997 (TOL 215.270)
STS 14 octubre 1997 (TOL 216.483)
STS 4 noviembre 1997 (TOL 215.345)
STS 24 enero 1998 (TOL 170.574)
STS 27 enero 1998 (TOL 7.285)
STS 6 abril 1998 (TOL 14.806)
STS 14 abril 1998 (TOL 5.156.976)
STS 6 mayo 1998 (TOL 5.119.892)
STS 12 mayo 1998 (TOL 5.156.876)
STS 19 septiembre 1998 (TOL 5.156.973)
STS 24 octubre 1998 (TOL 5.157.094)
STS 8 abril 1999 (TOL 1.645)
STS 31 julio 1999 (TOL 5.120.306)
STS 22 diciembre 1999 (TOL 5.157.403)
STS 30 diciembre 1999 (TOL 5.157.417)
STS 31 enero 2000 (TOL 1.780)
STS 8 febrero 2000 (TOL 1.787)
STS 12 abril 2000 (TOL 4.927.027)
STS 13 mayo 2000 (TOL 2.615)
STS 24 mayo 2000 (TOL 4.927.084)
STS 26 septiembre 2000
STS 15 febrero 2001 (TOL 99.681)
STS 1 marzo 2001 (TOL 4.964.793)
STS 31 marzo 2001 (TOL 131.059)

STS 11 diciembre 2001 (TOL 4.924.425)
STS 11 diciembre 2001 (TOL 4.924.464)
STS 12 abril 2002 (TOL 4.975.464)
STS 9 julio 2002 (TOL 202.882)
STS 21 abril 2003 (TOL 1.071.098)
STS 15 septiembre 2003 (TOL 311.902)
STS 25 septiembre 2003 (TOL 314.125)
STS 23 diciembre 2003 (TOL 340.964)
STS 26 marzo 2004 (TOL 365.373)
STS 29 marzo 2004 (TOL 365.401)
STS 31 marzo 2004 (TOL 365.393)
STS 23 noviembre 2004 (TOL 536.336)
STS 24 noviembre 2004 (TOL 527.627)
STS 23 diciembre 2004 (TOL 645.286)
STS 30 marzo 2005 (TOL 613.530)
STS 29 septiembre 2005
STS 22 febrero 2006 (TOL 843.360)
STS 17 marzo 2006 (TOL 866.955)
STS 29 mayo 2006 (TOL 952.796)
STS 15 junio 2007 (TOL 1.123.884)
STS 20 julio 2007 (TOL 1.123.956)
STS 26 septiembre 2007 (TOL 1.150.980)
STS 4 octubre 2007 (TOL 1.156.485)
STS 18 octubre 2007 (TOL 1.61.168)
STS 24 enero 2008 (TOL 1.256.805)
STS 26 abril 2008 (TOL 1.324.483)
STS 24 octubre 2008 (TOL 1.393.347)
STS 29 abril 2009 (TOL 1.514.778)
STS 4 noviembre 2009 (TOL 1.748.420)
STS 5 noviembre 2009 (TOL 1.748.175)
STS 21 enero 2010 (TOL 1.773.349)
STS 23 febrero 2011 (TOL 2.063.687)
STS 20 mayo 2011 (TOL 2.136.962)

STS 28 septiembre 2011 (TOL 2.246.826)
STS 21 noviembre 2011 (TOL 2.299.929)
STS 23 diciembre 2011 (TOL 2.3888.783)
STS 11 enero 2012 (TOL 2.394.685)
STS 20 marzo 2012 (TOL 2.494.144)
STS 11 octubre 2012 (TOL 2.673.860)
STS 9 mayo 2013 (TOL 3.671.048)
STS 24 junio 2013 (TOL 3.800.142)
STS 29 julio 2013 (TOL 3.971.688)
STS 11 septiembre 2013 (TOL 4.001.236)
STS 27 noviembre 2013 (TOL 4.032.276)
STS 14 enero 2014 (TOL 4.075.911)
STS 26 marzo 2014 (TOL 4.177.207)
STS 3 junio 2014 (TOL 4.395.123)
STS 1 julio 2014 (TOL 4.468.983)
STS 25 noviembre 2014 (TOL 4.576.250)
STS 10 diciembre 2014 (TOL 4.748.252)
STS 22 enero 2015 (TOL 4.708.541)
STS 30 enero 2015 (TOL 4.748.346)
STS 12 febrero 2015 (TOL 4.839.330)
STS 19 febrero 2015 (TOL 4.839.330)
STS 24 abril 2015 (TOL 5.000.676)
STS 13 mayo 2015 (TOL 5.000.594)
STS 23 junio 2015 (TOL 5.190.968)
STS 23 junio 2015 (TOL 5.205.655)
STS 20 julio 2015 (TOL 5.512.942)
STS 14 octubre 2015 (TOL. 5.534.898)
STS 20 octubre 2015 (TOL 5.534.846)
STS 4 noviembre 2015 (TOL 5.550.396)
STS 11 febrero 2016 (TOL 5. 645.215)
STS 2 marzo 2016 (TOL 5.656.949)
STS 17 marzo 2016 (TOL 5.673.726)
STS 25 abril 2016 (TOL 5.708.241)

STS 7 julio 2016 (TOL 5.775.242)
STS 29 septiembre 2016 (TOL 5.832.223)
STS 30 septiembre 2016 (TOL 5.832.224)
STS 6 octubre 2016 (TOL 5.843.362)
STS 19 diciembre 2016 (TOL 5.916.654)
STS 16 mayo 2017 (TOL 6.113.490)
STS 20 julio 2017 (TOL 6.213.806)
STS 27 septiembre 2017 (TOL 6.369.632)
STS 4 octubre 2017
STS 25 octubre 2017 (TOL 6.408.393)
STS 8 noviembre 2017 (TOL 6.427.812)
ATS 31 enero 2018 (TOL 6.509.379)
STS 7 marzo 2018 (TOL 6.538.335)
STS 15 marzo 2018 (TOL. 6.548.076)
STS 23 abril 2018 (TOL 6.586.856)
STS 27 junio 2018 (TOL 6.660.360)
STS 19 febrero 2019 (TOL 7.083.001)
STS 12 marzo 2019 (TOL 7.119.477)
STS 10 abril 2019 (TOL 7.199.719)
STS 13 mayo 2019 (TOL 7.238.960)
STS 23 mayo 2019 (TOL 7.260.577)
STS 27 junio 2019 (TOL 7.355.271)
STS 2 julio 2019 (TOL 7.387.266)
STS 17 septiembre 2019 (TOL 7.509.203)
STS 25 septiembre 2019 (TOL 7.513.080)
STS 5 noviembre 2019 (TOL 7.580.066)
STS 17 diciembre 2019
STS 23 octubre 2020 (TOL 8.181.622)
STS 11 marzo 2021 (TOL. 8.377.026)
STS 19 octubre 2021 (TOL 8.628.066)
STS 24 mayo 2022 (TOL 8.996.156)
STS 19 abril 2023 (TOL 9.524.362)
STS 13 junio 2023 (TOL 9.617.059)

STS 24 enero 2024 (TOL 9.856.587)
STS 30 mayo 2024 (TOL 10.040.059)
STS 5 junio 2024 (TOL 10.060.127)
STS 23 octubre 2024 (TOL 10.254.855)
STS 18 septiembre 2024 (TOL 10.197.239)
STS 18 diciembre 2024 (TOL 10.331.197)

Tribunal Constitucional

STC núm. 34/2003, de 25 de febrero (TOL 246.499)
STC núm. 57/2005, de 14 de marzo (TOL 609.864)

Tribunal Europeo de Derechos Humanos

STEDH 13 junio 1979 (TOL 168.773)
STEDH 22 diciembre 2004 (TOL 9.086.199)
STEDH 1 diciembre 2009 (TOL 9.071.369)

Tribunal de Justicia de la Comunidad Económica Europea

STJCE 27 junio 2000 (TOL 9.935.159)

Tribunal de Justicia de la Unión Europea

STJUE 26 octubre 2006 (TOL 1.083.257)
STJUE 21 diciembre 2016 (TOL 7.984.659)
STJUE 9 julio 2020 (TOL 7.998.252)

Tribunales Superiores de Justicia

STSJ Cataluña 2 febrero 2017 (TOL 6.033.342)

Audiencias Provinciales

SAP Huesca 20 julio 1993
SAP Badajoz 19 abril 1994
SAP Jaén 1 diciembre 1995
SAP Murcia 11 junio 1999
SAP Asturias 18 diciembre 1999
SAP Madrid 7 marzo 2000
SAP Murcia 5 octubre 2000
SAP Córdoba 5 diciembre 2000
SAP Pontevedra 16 febrero 2001

SAP Palencia 20 abril 2001 (TOL 100.947)
SAP Vizcaya 15 junio 2001 (TOL 107.443)
SAP Jaén 10 diciembre 2001 (TOL 140.073)
SAP Burgos 1 febrero 2002
SAP Pontevedra 7 febrero 2002
SAP Valencia 12 febrero 2002 (TOL 231.441)
SAP Guipúzcoa 18 febrero 2002
SAP Cáceres 15 mayo 2002 (TOL 7.716.686)
SAP Badajoz 29 noviembre 2002 (TOL 7.717.222)
SAP Vizcaya 4 diciembre 2002 (JUR 2003, 92270)
SAP Alicante 31 enero 2003
SAP Badajoz 23 enero 2003 (JUR 2003, 128167)
AAP Burgos 11 abril 2003
SAP Islas Baleares 19 septiembre 2003 (TOL 358.178)
SAP A Coruña 30 septiembre 2003
SAP Cádiz 7 junio 2004 (TOL 478.791)
SAP León 15 julio 2004 (TOL 514.131)
SAP Cáceres 23 julio 2004 (TOL 467.241)
SAP Valencia 8 octubre 2004 (TOL 1.612.155)
SAP León 13 abril 2005 (TOL 622.848)
SAP Murcia 22 abril 2005
SAP Madrid 3 junio 2005
SAP Valladolid 5 diciembre 2005 (TOL 802.299)
SAP Ciudad Real 21 diciembre 2005 (TOL 794.293)
SAP Teruel 30 diciembre 2005 (TOL 817.263)
SAP Salamanca 12 mayo 2006 (TOL 6.295.577)
SAP Segovia 18 octubre 2006 (TOL 6.019.323)
SAP Valencia 5 febrero 2007 (TOL 1.140.708)
SAP Asturias 12 marzo 2007 (TOL 2.547.318)
SAP Valencia 21 enero 2008 (TOL 1.300.164)
SAP Ourense 4 abril 2008 (TOL 1.335.664)
SAP Guipúzcoa 30 septiembre 2008 (TOL 1.480.094)
SAP Las Palmas 28 febrero 2009 (TOL 6.732.224)

SAP Castellón 21 julio 2009 (TOL 6.881.467)
SAP Castellón 23 diciembre 2009 (TOL 5.220.350)
SAP Málaga 5 marzo 2010
SAP Málaga 21 mayo 2010 (TOL 5.365.306)
SAP Pontevedra 15 diciembre 2010 (TOL 2.042.414)
SAP Málaga 30 marzo 2011 (TOL 2.668.335)
SAP León 29 diciembre 2011 (TOL 2.398.446)
SAP Granada 11 octubre 2012 (TOL 2.724.575)
SAP Murcia 19 noviembre 2012 (TOL 2.725.219)
SAP Barcelona 5 diciembre 2012 (TOL 3.014.801)
SAP Santa Cruz de Tenerife 26 abril 2013 (TOL 3.963.490)
SAP Madrid 8 mayo 2013 (TOL 3.859.598)
SAP Valencia 10 julio 2013 (TOL 3.995.261)
SAP Asturias 15 julio 2013 (TOL 3.890.837)
SAP Valencia 16 julio 2013
SAP Castellón 24 julio 2013 (TOL 3.972.220)
SAP Madrid 19 septiembre 2013 (TOL 4.055.049)
SAP Murcia 19 septiembre 2013 (TOL 3.960.628)
SAP Madrid 8 octubre 2013 (TOL 4.056.720)
SAP Vizcaya 19 diciembre 2013 (TOL 4.315.545)
SAP Alicante 24 octubre 2014 (TOL 4.671.880)
SAP Málaga 26 diciembre 2014 (TOL 5.220.769)
SAP León 27 marzo 2015 (TOL 4.893.722)
SAP Barcelona 7 mayo 2015 (TOL 5.400.071)
SAP Asturias 8 mayo 2015 (TOL 5.006.530)
SAP Salamanca 27 mayo 2015 (TOL 5.090.702)
SAP Cantabria 21 septiembre 2015 (TOL 5.646.091)
SAP Barcelona 30 septiembre 2015 (TOL 5.566.686)
SAP Vizcaya 5 noviembre 2015 (TOL 5.673.400)
SAP Pontevedra 2 diciembre 2015 (TOL 5.614.114)
SAP Santa Cruz de Tenerife 14 diciembre 2015 (TOL 5.679.267)
SAP Barcelona 14 enero 2016 (TOL 5.661.599)
SAP Asturias 1 febrero 2016 (TOL 5.643.632)

SAP Albacete 4 marzo 2016 (TOL 5.688.083)
SAP Barcelona 31 marzo 2016 (TOL 5.715.080)
SAP Sevilla 16 junio 2016 (TOL 6.426.293)
SAP Madrid 22 junio 2016 (TOL 5.836. 408)
SAP Navarra 28 julio 2016 (TOL 5.940.978)
SAP Vizcaya 13 octubre 2016 (TOL 5.911.175)
SAP Islas Baleares 15 noviembre 2016 (TOL 5.909.309)
SAP Asturias 2 diciembre 2016 (TOL 5.930.084)
SAP Guipúzcoa 19 diciembre 2016 (TOL 5.997.969)
SAP Oviedo 15 marzo 2017 (TOL 6.080.972)
SAP Jaén 5 abril 2017 (TOL 6.196.017)
SAP Valencia 22 mayo 2017 (TOL 6.488.267)
SAP Cádiz 26 junio 2017 (TOL 6.824.096)
SAP Madrid 7 julio 2017 (TOL 6.340.167)
SAP Barcelona 23 enero 2018 (TOL 6.502.252)
SAP Málaga 25 enero 2018 (TOL 6.661.464)
SAP Valencia 4 abril 2018 (TOL 6.586.362)
SAP Asturias 22 junio 2018 (TOL 6.796.055)
SAP Burgos 5 diciembre 2018 (TOL 7.030.244)
SAP Madrid 17 diciembre 2018 (TOL 7.091.347)
SAP Cádiz 31 octubre 2018 (TOL 7.014.858)
SAP Islas Baleares 3 diciembre 2018 (TOL 7.021.090)
SAP Burgos 5 diciembre 2018 (TOL 7.030.244)
SAP Sevilla 7 marzo 2019 (TOL 7.295.881)
SAP Álava 26 marzo 2019 (TOL 7.263.777)
SAP Burgos 22 marzo 2019 (TOL 2.55.097)
SAP Burgos 29 marzo 2019 (TOL 7.259.135)
SAP Ciudad Real 9 mayo 2019 (TOL 7.320.971)
SAP Zamora 23 julio 2019 (TOL 7.496.977)
SAP Pontevedra 12 febrero 2020 (TOL 7.931.138)
SAP Valladolid 29 mayo 2020 (TOL 8.021.144)
SAP Badajoz 14 septiembre 2020 (TOL 8.103.605)
SAP Islas Baleares 10 septiembre 2021 (TOL 8.653.342)

SAP Cádiz 27 octubre 2021 (TOL 8.764.765)
SAP Madrid 18 noviembre 2021 (TOL 8.823.792)
SAP Orense 22 noviembre 2021 (TOL 8.782.115)
SAP Asturias 23 noviembre 2021 (TOL 8.780.745)
SAP Asturias 1 diciembre 2021 (TOL 8.790.858)
SAP Valladolid 7 diciembre 2021 (TOL 8.831.538)
SAP Cantabria 31 marzo 2022 (TOL 8.958.679)
SAP Cantabria 5 octubre 2022 (TOL 9.292.253)
SAP A Coruña 18 diciembre 2023 (TOL 9.943.093)

Juzgados de Primera Instancia

SJPI Cantabria 8 octubre 2014
SJPI Sevilla 24 julio 2017
SJPI Tafalla 23 noviembre 2021

Tribunales extranjeros

Sentencia *Corte di Cassazione* 20 junio 1967
Sentencia *Corte di Cassazione* 23 noviembre 1983
Sentencia *Corte di Cassazione* 18 junio 1944
Sentencia del Tribunal Constitucional alemán 19 abril 2005
Sentencia *Corte di Cassazione* 25 mayo 2012
Sentencia del Tribunal Supremo de la Federación Rusia 29 mayo 2012
Sentencia Tribunal Supremo Cubano, Sala de lo Civil y de lo Administrativo, núm. 232, de 24 de marzo de 2003

Dirección General del Registro y del Notariado

RDGRN 15 octubre 1871
RDGN 27 marzo 1981
RDGRN 3 marzo 1989
RDGRN 4 mayo 1999 (TOL 132.710)
RDGRN 13 septiembre 2001 (TOL 76.887)
RDGRN 31 marzo 2005
RDGRN 14 mayo 2010 (TOL 1.943.766)
RDGRN 23 mayo 2012 (TOL 2.570.720)
RDGRN 19 abril 2013 (TOL 3.711.534)

RDGRN 21 noviembre 2014 (TOL 4.565.479)

RDGRN 29 enero 2016 (TOL 5.638.652)

RDGRN 6 julio 2016 (TOL 5.806.679)

RDGRN 20 julio 2016 (TOL 5.832.237)

RDGRN 1 septiembre 2016 (TOL 5.843.151)

RDGRN 27 marzo 2017 (TOL 6.023.636)

RDGRN 25 mayo 2017 (TOL 6.156.214)

RDGRN 1 agosto 2018 (TOL 6.790.033)

RDGRN 2 agosto 2018 (TOL 6.790.023)

RDGRN 5 octubre 2018 (TOL 6.846.116)

RDGRN 6 marzo 2019 (TOL 7.128.871)

RDGRN 3 octubre 2019 (TOL 7.586.052)

Dirección General de Seguridad Jurídica y Fe Pública

RDGSJFP 5 noviembre 2020 (TOL 8.211.810)

RDGSJFP 28 enero 2021 (TOL 8.314.103)

RDGSJFP 10 febrero 2021 (TOL 8.324.159)

RDGSJFP 25 febrero 2021 (TOL 8.408.987)

RDGSJFP 9 junio 2022 (TOL 9.148.688)

RDGSJFP 24 octubre 2023 (TOL 9.775.219)

RDGSJFP 15 enero 2024 (TOL 9.883.558)

tirant
PRIME